国家社会科学基金重大项目（11&ZD039）资助

# 住房保障改革与创新研究

邓宏乾　陈　峰　邓红平　陈淑云　贾傅麟 等/著

科 学 出 版 社

北　京

## 内 容 简 介

本书从“保障水平的适度性”“公平与效率的协调性”“运行机制的可持续性”视角，重点研究我国住房保障与住房市场协调性问题，住房保障制度对房地产市场影响机制，公共租赁住房初次分配、再分配机制及优化，保障性住房后期营运管理、营运机制及保障性住房居住区治理，住房保障模式及保障体系重构等问题。对建立以公平价值为取向的住房保障制度，实现“住有所居”的目标，实现住房保障公共服务均等化，健全和完善住房保障的运营监管机制，促进住房保障体系可持续发展长效机制的建立有重要的现实意义。

本书具有理论性、前瞻性、应用性等特点，适合住房保障理论研究者、住房保障实际工作者、高等学校学生等阅读。

**图书在版编目（CIP）数据**

住房保障改革与创新研究/邓宏乾等著. —北京：科学出版社，2020.3

ISBN 978-7-03-059488-4

Ⅰ. ①住… Ⅱ. ①邓… Ⅲ. ①住宅-社会保障制度-研究-中国 Ⅳ. ①D632.1

中国版本图书馆 CIP 数据核字（2018）第 256657 号

责任编辑：邓 娴 / 责任校对：贾娜娜

责任印制：张 伟 / 封面设计：无极书装

科 学 出 版 社 出版

北京东黄城根北街 16 号

邮政编码：100717

http://www.sciencep.com

北京虎彩文化传播有限公司 印刷

科学出版社发行 各地新华书店经销

*

2020 年 3 月第 一 版 开本：720 × 1000 B5

2020 年 3 月第一次印刷 印张：16 1/2

字数：320 000

**定价：148.00 元**

（如有印装质量问题，我社负责调换）

# 前　　言

本书的研究对建立以公平价值为取向的住房保障制度，构建公平且富有效率的住房保障体系，实现“住有所居”的目标有重要的现实意义；对解决中低收入家庭住房问题，实现住房保障公共服务均等化，健全和完善住房保障的运营监管机制，促进住房保障体系可持续发展长效机制的建立等具有重要意义。

一个国家和地区住房保障制度实施是否成功，主要取决于两个关键环节：一是由政府提供的各类保障性住房是否与低收入家庭的住房需求相匹配；二是保障性住房分配是否公平、营运管理是否高效及可持续。本书从“保障水平的适度性”“公平与效率的协调性”“运行机制的可持续性”视角，重点研究住房保障与住房市场的协调性、住房保障公平与效率的协调、保障性住房匹配机制、保障性住房后期营运管理等问题，揭示住房保障健康发展的基本规律，探寻住房保障健康发展的长效机制。

## 一、住房保障与住房市场的协调性问题研究

以住房支付能力的测度为核心，从保障制度是否存在“应保未保”“保不应保”等机会公平视角，以居民收入分层数据和住房保障的收入标准为基础，构建边界识别分位数函数与住房配给分配公平度模型，并从租赁式住房保障和产权式住房保障视角研究住房保障与住房市场的协调性问题。通过构建托宾等计量模型，研究湖北省6个市（县）的租赁保障模式对住房消费市场和劳动力市场的影响程度。实证研究显示，不同租赁保障模式会对住房消费市场和劳动力市场产生显著影响。两种住房租赁保障模式——实物配租、租赁补贴对保障对象的住房消费均有促进效应，但促进效应并不相同。租赁补贴给予的是现金补贴，并未限制补贴资金的使用方向，这就容易使得家庭将补贴用于非住房消费，而实物配租则有效避免了补贴资金外溢问题。因此，实物配租的住房消费促进效应大于租赁补贴。在劳动力供给方面，两种住房租赁保障模式均存在负激励效应，对劳动力供给都有抑制作用；两种住房租赁保障模式均存在福利陷阱问题，导致贴近准入线家庭表现出依赖住房补贴而倾向于选择不增加劳动供给水平，而实物配租的福利陷阱问题更为严重。通过产权保障对居民整体居住水平提高的程度，度量住房保障对市场的冲击程度。实证研究显示，经济适用住房供给在人均居住面积处于低

水平时，对住房市场产生正向挤入效应；但随着人均居住面积增加，对住房市场的有效供给产生挤出效应。公积金贷款也具有类似效应，随着人均居住面积的增加，住房公积金个人住房抵押贷款对商业性个人住房抵押贷款，由开始的正向挤入效应转变为挤出效应。

## 二、公租房配租机制研究

住房保障的基本目的是解决居民的基本居住需求，实现“住有所居”的社会目标。保障住房分配机会均等、分配公平是我国制定住房保障政策的基础和出发点，也是价值取向应遵循的基本准则。以公共租赁住房（以下简称公租房）为主体的住房保障体系是我国住房保障制度改革和发展的重点，公租房分配包括初次分配和再分配，主要研究初次分配和再分配的匹配机制问题，为优化和改进公租房分配机制提供科学依据。一是分析武汉、北京、深圳、天津、重庆、杭州、南京、成都、广州、海口等 10 个城市公租房初次分配的匹配机制及存在的主要问题，在此基础上，根据我国公租房匹配中供求状况、信用体系、分配管理的特征，提炼出现实中实际运行的匹配机制，设置相应的实验条件与环境，与理论中稳定配置的延迟接受（Gale-Shapley，G-S）机制进行全面、系统、稳健的比较和检验。实验还通过改变被试设计（被试间设计、被试内设计）、改变实验中匹配小组的人数（5 人一组、10 人一组）、控制优先权随机性（计算机模拟所有可能的优先权随机结果）、控制个体风险偏好程度来验证实验结果的稳健性。先后招募了 240 名不同专业的大学生并将其随机分成 42 组被试参加被试间、被试内设计的实验，进行公租房匹配博弈实验，检验中国现实公租房中采用的不完全信息随机序列独裁（incomplete information random serial dictatorships，IIRSD）机制与匹配理论中证明有效的 G-S 机制之间的性能。研究结果表明，G-S 机制在匹配的效率和公平性上始终优于 IIRSD 机制。顶层交易循环（top trading cycles，TTC）机制的运用能大幅提高匹配效率，其执行效率与随机匹配（random allocation，RA）机制一样高效，而其社会效率则能满足帕累托最优，TTC 机制的公平性显著高于 RA 机制。二是分析北京、深圳、杭州、南昌公租房再分配机制及存在的主要问题，公租房的调整是一类较为复杂的再分配问题，难点在于原租户与新租户间公平及效率的权衡。目前将原租户与新租户分开配租的机制，是既非帕累托最优也非公平的机制。在混合配租下，保留权利的序列独裁（serial dictatorships，SD）机制，不能保证原租户的福利不下降，虽然是非帕累托最优的机制，却是公平的机制。为完善和改进公租房再分配交换的公平与效率，我们提出了放松原租户的偏好表达限制，使得租户充分表达自己的真实偏好，利用信息系统运用 Gale 的顶层交易循环（Gale’s top trading cycles，G-TTC）机制自动寻找循环圈，集中多次自动进行两两交换，提高执行效率并得到帕累托最优的结果。

## 三、保障住房后期营运管理机制问题

保障住房后期营运管理机制问题是影响住房保障可持续发展的关键问题。一是以武汉市公租房的后期管理为例，分析公租房后期管理中面临的管理资金难以持续、后期管理参与主体责任不清、缺乏合理的退出机制及补贴发放与保障对象收入在时间上不匹配等问题。其中，保障性住房的营运资金能否覆盖日常运行费用并保持收支平衡是保障性住房营运的可持续性面临的主要问题。从公租房租金定价及补贴的视角，分别以重庆公租房的建设运营一体化模式及武汉市租赁社会房源纳入公租房运营的“洪山模式”为个案，对公租房营运资金的平衡问题进行分析，提出通过建立投资基金、吸引社会资金、加大财政投入等方式有效解决公租房运营资金难题，同时公租房通过实施市场租金，按照入住对象收入不同进行分类补贴、建立收支两条线及通过共有产权住房实现房屋建设资金回收等方式解决运营资金难题。二是保障性住房的社区治理是影响住房保障政策成败的关键因素之一，由于我国保障性住房在城市地域和空间结构上相对集中，这种基于非血缘和地缘关系形成的居住区，其社区治理也相对复杂。我们提出在公租房运营机构、租户委员会、物业公司、社区居委会协同管理的基础上，构建“四方协同、五位一体”新的公租房社区治理模式，解决公租房居住区管理难题。

## 四、建立住房保障可持续发展长效机制的政策建议

“十二五”期间，我国住房保障制度和保障体系不断完善，住房保障成效显著，保障性住房覆盖面超过20%。但是，住房保障制度还存在着一些较为突出的问题，主要有：①住房保障制度缺乏顶层设计，致使住房保障政策陷入“解决问题—补丁性政策—新的问题—弥补性对策—新的困境”的不良循环，住房保障政策往往偏离了住房公共政策目标。②住房保障政策具有明显的社会排斥特性，现行住房保障政策将新就业人口、城市外来人口、非户籍人口等全部排除在外，保障性住房分配不公。③保障性住房监管运行机制不健全，导致在实际运行过程中偏离住房保障目标。一是保障性住房重建设、轻管理；二是保障性住房建设资金和住房保障补贴资金严重短缺，融资问题成为政府严重的包袱；三是保障性住房后期营运管理机制不健全。④保障性住房资源闲置，造成保障性住房短缺资源浪费。⑤保障性住房集中建设，加剧了保障对象的社会隔离。

为解决上述问题，建立健全住房保障可持续发展的体制机制，提出以下政策建议：①明确住房保障目标，促进住房基本公共服务均等化目标的实现。从我国

目前的经济社会发展阶段来看，住房保障应与整个社会保障制度相协调，住房保障不能泛化为社会普遍的住房福利，防止过度的住房保障，以满足居民基本住房需求为基本原则，科学确定住房保障目标。住房保障的总体目标是：以住房保障持续、健康发展为核心，以发展性保障、货币保障、户籍与非户籍保障并重的城乡统一的住房保障为重点，构建以租赁式、货币补贴为主，政府主导、市场参与的住房保障体系，促进住房保障与住房市场的协调发展，逐步实现住房保障基本公共服务均等化和“住有所居”的社会目标。②构建以租赁式、货币补贴为主的住房保障体系。2014 年，我国正式将廉租房并入公租房体系，实行了“两房并轨”。从住房保障可持续发展来看，建议取消“产权式”住房保障，将现有公共租赁住房、经济适用住房、共有产权住房等统一归并至公租房体系中，构建以公租房、市场化的货币补贴为主的保障供给体系。同时，大力培育住房租赁企业，通过减免增值税、房产税、所得税等政策降低房屋租赁税负水平，引导社会为保障对象提供可供租赁的社会住房，逐步形成“政府主导、市场参与”的租赁式住房保障体系。并轨后，将一部分共有产权住房、经济适用住房、棚户区改造安置房等并入普通住房，政府对普通住房进行干预和政策支持，以提高居民的住房消费能力。主要包括：一是普通住房用地应采用协议方式出让，以降低普通住房用地的价格。二是实行普通住房限购、限价政策，即严格规定城镇居民家庭只能购买或持有一套普通住房，并作为基本政策长期坚持。三是对符合条件的普通住房购买者提供低首付、购房利息补贴、住房还贷额所得税前扣除等政策支持，以提高其住房消费能力。③健全住房保障的土地供应、投融资、财政保障机制。一是优先保证保障性住房用地需求，建立保障性住房专项土地储备制度，确保土地有效、及时供应。二是创新保障性住房建设投融资机制。制定保障性住房的资金支持政策，构建引导社会资金投入为主的保障性住房投融资机制，建立保障性住房融资平台，发挥市场机制作用，吸引社会民间资本、住房公积金、信托资金、房地产投资信托基金等投资保障性住房建设，采取项目融资模式，引导社会机构参与保障性住房投资、建设和运营，逐步形成政府引导、市场化运作的保障性住房投融资机制。三是改革现有保障性住房财政资金分类管理办法，设立住房保障基金，住房保障资金纳入财政预算。④构建完善的住房保障监管体系。一是制定严格的保障性住房规划、设计、建设标准，在保障性住房建设中全面推行绿色建筑标准。二是严格准入条件，确保分配公平。健全和完善住房保障信息管理系统，为保障性住房政策合理、公平地实施提供基础信息数据支撑；完善申请、审核、公示、轮候、复核、退出等制度，实行保障房源、分配过程、分配结果“三公开”。三是建立以激励机制为主的退出机制，破解“保障性住房退出难”困境。对已不符合条件、主动退出公租房的保障对象给予原已缴的房屋租金折算成货币按一定比例返还，激励其主动退出；完善违约惩戒机制，提高违约成本。⑤创新住房保障后期营运机制，促进住房保障可持续发展。一是设立保障性住房经租机构，负责保障性住房的后期营运管理。可成立社会化和专业化的公租房公司，或设立非营利性的住房营运组织，实行企业化运作。二是创新物业服务模式，促进保障性住房物业管理的良性循环。探索社区居委会、业主委员会、物业服务企业、房管部门、保障性住房运营机构“五位一体”的联动机制，构建“政府服务、居民自治、市场运作”的保障性住房管理服务模式。制定扶持保障性住房物业服务发展的优惠政策。⑥健全住房保障法规，将住房保障纳入法制轨道。目前现有住房保障体系中的经济适用住房、公租房、共有产权住房、棚户区改造安置房等各有其相关政策法规，没有可以统领住房保障制度的上位法规，致使住房保障中的许多问题难以得到有效解决。因此，为使住房保障工作规范化、法制化，应尽快构建以“住房保障条例”为核心的住房保障法规政策体系，以确保住房保障规范、有序运行。

研究成果具有以下特色和创新：①研究视角的创新。从“保障水平的适度性”“公平与效率的协调性”“运行机制的可持续性”视角，重点研究如何实现住房保障与住房市场协调、公共财政负担能力与个人负担能力协调、住房保障公平与效率协调、住房保障政策目标与价值取向协调，以及保障性住房匹配机制的建立和保障性住房后期营运管理等问题，以揭示住房保障健康发展的基本规律，探讨住房保障健康发展的长效机制。②研究方法的创新。我国住房保障的已有研究文献绝大部分采用定性和规范分析方式，难以为政府提供精准的政策决策参考。在本书研究中，一是突出量化研究和实证研究，主要表现在：构建边界识别分位数函数与住房配给分配公平度模型，对住房保障与住房市场的协调性进行实证研究；通过构建非线性面板计量模型，实证研究产权性住房保障和公积金贷款对住房市场的影响；运用托宾模型、概率单位模型等计量模型，以湖北省 6 个市（县）为例，实证研究租赁保障（实物配租、租赁补贴）模式对住房消费和劳动力供给的影响程度；运用消费者选择模型，比较分析保障对象在不同补贴模式下的选择行为；以居住水平和福利水平为评价指标，构建住房补贴效率、公平评价函数，为科学确定补贴标准、保障范围提供理论依据。二是首次将实验经济学方法运用到住房保障研究中，研究保障住房初次分配和再分配问题。先后招募了 240 名不同专业的大学生并将其随机分成 42 组被试参加被试间、被试内设计的实验，进行公租房匹配博弈实验，为优化和改进公租房分配机制提供科学依据。三是案例研究与实证研究相结合。本书属应用研究，实践性强，其基本假设、理论模型和评判标准及体系等都需经过实证检验，在实证研究的基础上，对深圳、武汉、黄石等若干典型城市住房保障案例进行剖析，使理论研究建立在科学的基础上，使研究成果符合改革实际和具有可操作性。四是实地调研采集的数据量大。对深圳市、武汉市、黄石市、襄阳市、宜昌市和麻城市等地进行大量实地调研，采集保障家庭数据 6600 多份。对住房保障满意度进行抽样调查，采集数据 600 多份，并对调研数据进行分析与实证研究。③学术观点的创新。一是提出构建符合我国国情的、可持续的、“发展性保障、需求保障（货币保障）、户籍与非户籍保障并重”的城乡统一的住房保障体系的改革总目标。二是在实证研究和规范研究的基础上，提出取消产权式住房保障，统一并轨至公租房体系中，构建以租赁式、货币补贴为主的住房保障体系。三是首次研究租赁保障（实物配租、租赁补贴）模式对住房消费和劳动力供给的影响程度。四是住房保障的责任主体是政府，但并不排斥市场机制的作用，保障性住房的投资建设、资金融通、供给、后期营运管理应实行市场化运作，政府提供政策支持及财政支持，以实现住房保障可持续发展。

本书研究成果可为构建中国特色的住房保障体系与完善住房保障制度提供理论支撑，为住房保障制度改革提供政策选择和操作性方案，为政府相关部门制定住房保障政策提供决策参考。同时，对拓展和深化住房保障理论研究也有重要的理论价值。

邓宏乾

2017 年 5 月 30 日

# 目　录

# 第一章　住房保障与市场协调的演进历程

中华人民共和国成立后逐步确立了社会主义公有制经济基础，国家全面负责住房的建设与分配，住房配给或极低住房租金成为这一时代的特征，力图以政府供给住房及公平分配为化解住房问题的根本出路。然而，在“先治坡，后垒窝”的经济发展思路指导下，政府供给的住房总量极为有限，而公平的分配不仅没有改善人们的住房条件，而且使得“公平陷阱”成为解决住房问题难以逾越的障碍。而我国现有住房保障体系的逐步形成，以及住房市场的培育与发展，正是在这样的历史背景中起步、拓展和深化的。不考察中华人民共和国成立后住房制度的历史演变，就难以理解我国现有住房保障与市场之间的关系，也就难以把握已有住房保障制度的深层次问题。因此，本章将梳理中华人民共和国成立以来，住房保障与市场关系的演变历程，分析现有住房保障制度在住房制度变革中的主要功效及存在的问题。

## 一、无市场机制的传统住房福利制度(1949～1979年)

我国住房体系的逐步形成始于住房福利制度，而传统住房福利制度有其自身的形成背景和演化逻辑，并取得了一定的成绩，但更多的是需要认真反思。

### (一)住房福利制度的形成

我国住房福利制度的特征为“低租金、高补贴、福利性、配给式”，这一特征的逐渐形成有其深刻的历史背景，既有深刻的思想基础，也有一定的实践经验；既有苏联人的示范效应，也是我国现实的需要。

#### 1. 住房福利的思想基础与住房福利的示范效应

我国住房福利制度思想在一定程度上来源于有关社会财富均衡分配的政策思想，如春秋时期，齐国晏婴就曾提出“权有无，均贫富”的思想；孔子在《论语·季氏》提出“不患寡而患不均，不患贫而患不安。盖均无贫，和无寡，安无倾”的见解等，但福利思想更多来源于马克思与恩格斯关于住房问题的论述。马克思和恩格斯在总体上反对工人阶级拥有自己的住房，认为工人阶级拥有住房会降低革命的斗争意志，且与无产阶级本质相背离；恩格斯在《论住宅问题》中阐述，工人必须负起沉重的抵押债务，才能得到这种住所，于是他们就真正变成了自己主人的奴隶；他们被束缚在只好同意接受向特卖所提出的任何条件。而对于工人阶级普遍存在的住房问题，恩格斯提出的解决思路是，“现在各大城市有足够的住宅，只要合理使用，就可以立即帮助解决真正的‘住宅缺乏’问题。当然，要实现这一点，就必须剥夺现在的房主，让没有房子住或现在住得很拥挤的工人搬到这些住宅里去。只要无产阶级取得了政权，这种有关福利的措施就会像现代国家剥夺其他东西和占据住宅那样容易实现了”（恩格斯，1951）。这一理论也成为我国建立住房福利制度的思想基础。

苏联住房福利的示范起到了重要作用。1945 年苏联在世界反法西斯战争中取得胜利，其科技、军事和经济发展也取得了巨大成效，这使得不久之后诞生的社会主义国家——中国很难怀疑此模式是不成功的。因此，“苏联范式”对中国及其他社会主义国家产生了极强的示范效应，当然也包含其住房福利制度。而苏联的住房福利制度是列宁对恩格斯住宅问题的解读和实施；相关文献显示（中共中央马克思恩格斯列宁斯大林著作编译局，1995；中共中央马克思恩格斯列宁斯大林著作编译局，1964；布哈林和普列奥布拉任斯基，1982），列宁主张住房公有化，其思维曾经历了全盘否定住房个人所有，到部分承认住房个人所有的转变，但终归对住房个人所有的承认非常有限；而在住房建设中，国家承担了绝大部分的责任，到 1939 年国家的公共住宅几乎占苏联城市住宅的 2/3。

2. 住房福利的实践经验与现实选择

为普通民众谋福利一直是中国共产党领导革命的中心任务之一，尤其体现在土地革命中。在 1927～1949 年，实行没收一切土地归国有(1927 年《中国共产党土地问题党纲草案》, 1928 年《井冈山土地法》)→没收地主一切土地归国有(1928 年《土地问题决议案》，1929 年《兴国土地法》)→没收地主一切土地归农民所有(1933 年《关于实行土地登记》)→减租减息(1942 年《关于抗日根据地土地政策的决定》)→耕者有其田制度(1946 年《关于土地问题的指示》，1947 年《中国土地法大纲》)，这些土地政策都体现了为民所有、调动一切积极因素的思路；而 1948 年《关于城市中公共房产问题的决定》拟定以租养房政策，其租金由折旧费、管理费、维修费构成，实质上确定了住房分配具有一定的福利性质，这些实践经验为以后的住房制度确定了方向，规范了居民的住房行为。

另外，中华人民共和国成立后我国面临严峻的国际形势，政府既需要巩固国内局势，维护国家主权，也需要争取有利的国际条件，实现国家福利制(包含住房福利)来调动一切积极因素。为解决当时中国大批军队入城、大量人群无家可归，城市住房奇缺、资金严重匮乏等现实问题，住房福利制度成为应对时局的正确抉择。

因此，我国住房福利制度的形成有其深刻的历史背景，此时建立带有福利性与保障性的住房制度对于保障老百姓生活，缓解城市住房问题，安定人心，稳定社会秩序，巩固新生政权，恢复和发展国民经济都起到了积极的作用。

## (二)住房福利制度的政策演化

我国住房福利制度由一系列的具体政策组成,分析 1948～1979 年这一阶段的住房政策有利于我们了解这一时期政府在住房领域内的主要任务,如表 1-1 所示。

**表 1-1　中国住房福利制度的主要住房政策(1948～1979 年)**①

| 时间 | 主要住房政策(制度) | 主要内容 |
|---|---|---|
| 1948 年 | 《关于城市中公共房产问题的决定》 | 确定“以租养房”的政策，租金主要由折旧费、管理费、维修费构成 |
| 1949 年 | 《公房公产统一管理的决定》 | 根据《中国人民政治协商会议共同纲领》和其他政策，对属于地主、官僚资本家、反革命、战犯、汉奸及国民党政府的房地产分别进行了接管、没收、征收、征用 |
| 1951 年 | 《城市房地产税暂行条例》 | 对城市房产免税对象、征税标准进行规定 |
| 1952 年 | 《关于加强城市公有房产管理的意见》 | 再次强调“以租养房”政策。租金标准应当包括折旧费、管理费、维修费、房地产税和适当利润，实际征收租金时应考虑群众的负担能力 |
| 1954 年 | 《关于修改契税暂行条例的通知》 | 对房屋买卖典当、赠予或交换等，对征收契税的方式、税率进行规定 |
| 1955 年 | 《中央国家机关工作人员住用公家宿舍收租暂行办法》 | 由供给制待遇向薪金制待遇转化，为照顾国家干部，住房采取低租金制的过渡性办法 |
| 1956 年 | 《关于目前城市私有房产基本情况及进行社会主义改造的意见》 | 通过国家经租、公私合营等方式对私有房屋进行社会主义改造 |
| 1957 年 | 《关于劳动工资和劳保福利问题的报告》 | 指出租金福利化的问题，并提出调整公有住房租金的计划 |
| 1961 年 | 《关于加速城市私人出租房屋社会主义改造工作的联合通知》 | 通过付给房主租金对私房改造，通过对私营企业所占用的土地由国家赎买收归国有的形式，使得城市土地以公有制为主体，从而从根本上确立了城市房地产的社会主义公有制 |
| 1963 年 | 《关于对华侨出租房屋进行社会主义改造问题的报告》 | |
| 1964 年 | 《关于私有出租房屋社会主义改造问题的报告》《关于对港澳同胞出租房屋进行社会主义改造问题的报告》 | |
| 1965 年 | 《关于制止降低公有住宅租金标准问题的报告》 | 针对住房租金过低、住房失修等问题，强调制止公有住房租金降低，贯彻“以租养房”原则 |
| 1978 年 | 《关于自筹资金建设职工住房的通知》 | 全民制企业住房建设资金应在企业基金中优先安排；住房所需材料主要由地方自筹，并纳入计划 |
| 1979 年 | 《关于重申制止降低公有住宅租金标准的通知》 | 制止降低公有住宅租金标准 |

① 《新中国 60 周年经济史记之房地产业》，http://finance.ifeng.com/news/special/hybjfdcy/[2009-08-26]；《中国住房变迁 50 年》，https://wenku.baidu.com/view/866de311f18583do4964595f.html[2016-01-31]。

从表 1-1 可以看到，在这一时期，我国政府在住房领域开展的主要工作有：一是处于 1949～1955 年，对住房流转的相关规定。二是大体处于 1949～1964 年，对大资本家等住房资源的没收、征收及私有住房的公有制改造。三是公有住房租金标准确定，这一任务一直贯穿于整个住房福利时期及住房福利制度改革时期，围绕着住房采取一定福利租金制(以“以租养房”原则收取租金)还是完全福利租金制(象征性收取极低租金)来展开。租金政策的变化是 1948～1979 年住房保障制度的主要特征，也是这一阶段住房制度风险显化、风险全局化的重要因素。

1948 年 12 月，中共中央下发《关于城市中公共房产问题的决定》，在强调建立公共房产管理机构，统一管理与分配一切公共房产的同时，确定了“以租养房”的原则，制定了租金标准；此时房租基本包括了折旧费、管理费、维修费三项因素[①]，接近成本租金水平，是一种典型的福利租金；其后，1952 年颁布《关于加强城市公有房产管理的意见》，对公有住房管理的方针是“统一管理，以租养房”，对私有住房管理的方针是“奖励修建，保养现有房屋”，此时公有住房租金构成按折旧费、修缮费、管理费、地租和税金五项因素计算，是成本租金的水平。因此，从 1949～1955 年，全国几个大城市如上海、天津、广州等的租金标准，都贯彻了“以租养房”的原则，达到或接近成本租金的水平，在调节供需关系和加强公有住房维修养护上，发挥了积极的作用。然而，1955 年颁布的《中央国家机关工作人员住用公家宿舍收租暂行办法》成为“以租养房”向“低租金制”(或者完全福利租金)转变的分水岭，这个办法是国家机关工作人员供给制改为薪金制时期的过渡办法，主要为了照顾干部的负担能力。但此时的租金只有房屋修缮费的一半左右，房租价格已经大幅度地背离了价值，这个办法公布实施后，全国各大城市相继比照这个标准，大幅度地降低当地的租金标准，引起了我国租金价格政策上的一次大变化。尽管这一变化曾引起有关部门的注意，如 1957 年，周恩来总理所做的《关于劳动工资和劳保福利问题的报告》就指出房屋租金的几大问题，并提到调整公有住房租金，但马上遇到了 1958 年的“大跃进”。1965 年，《关于制止降低公有住宅租金标准问题的报告》明确制止降租，才使降租之风停下来，但有些城市的房租稍有回升。1979 年国家城市建设总局颁布的《关于重申制止降低公有住宅租金标准的通知》中明确提出，公有住房租金标准应以“以租养房”为原则确定，不得任意降低住房租金标准。

### (三)住房福利制度的风险与原因分析

我国传统福利住房制度有着诸多弊端，如低租金制等所导致的住房资金链断裂、住房质量低劣、全局性住房短缺等风险的显化，而住房国家统建、行政分配

① 《浅谈公有住房租金改革问题》，www.ggj.gov.cn/gzdt/dfjgswdt/201104/t201104.12_9789. htm[2000-08-08]。

等也会对居民的住房消费心理产生潜在影响。下面从住房建设、住房租金、住房分配等方面来分析住房福利制度存在的风险，并剖析其存在的原因。

1. 住房建设体制的风险与原因分析

这一时期，住房的建设体现为阻止私人建房而由国家出资建设。其中，国家出资建房具体体现为：国家财政拨划的住房投资跟随基建项目下达到具体的企业，企业按统一规划方式各自组织力量，以分割的小生产方式进行住宅建设①。从制度定位的角度来看，这一模式存在明显的定位不准问题。首先体现为阻止私人建房，其与住房租金管制结合，不仅使得私人不能建房，而且导致房主不愿改善和维修住房，一些房主甚至将住房拆掉买砖和木料，形成增量不足、存量减少的趋势。其次是由国家出资建房，即新增住房的投资仅为国家这一单一投资主体，而住房投资资金需求的巨大性与来源渠道单一性矛盾必然导致住房资金的匮乏，从而引致住房建设不足。最后则是住房建设脱离需求的生产者导向体制进一步加剧了住房矛盾，制度运行风险凸显。例如，在“一五”期间，在苏联的影响下，住房设计部门注重了住房质量，但忽视了住房标准，从而导致多户合住一套住房问题的产生；而 1958～1965 年，又片面追求降低造价标准，忽视建筑质量，从而导致房屋缺乏抗震能力。历史已验证了我国这一阶段住房建设制度定位及其运行所存在的巨大风险。

图 1-1 为改革开放前我国城镇住房建设投资的基本情况，数据显示“一五”

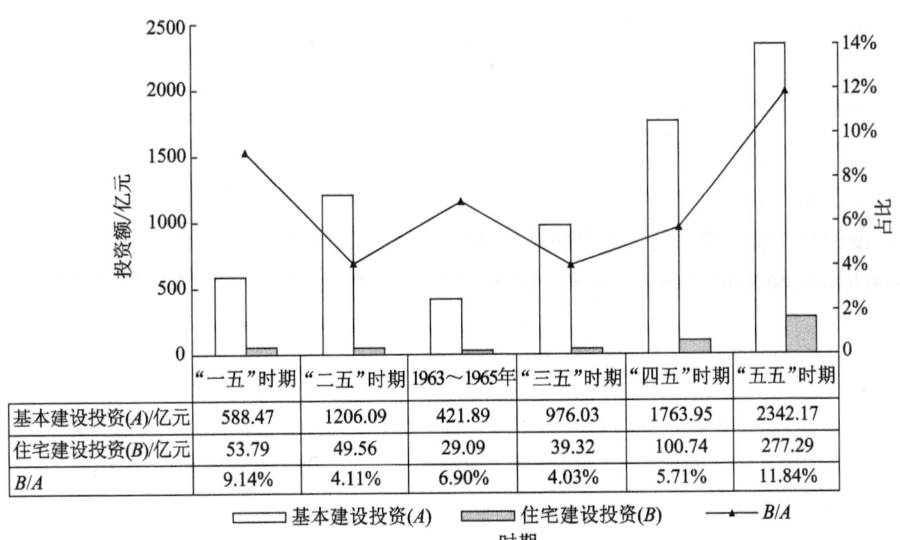


| | “一五”时期 | “二五”时期 | 1963～1965年 | “三五”时期 | “四五”时期 | “五五”时期 |
|---|---|---|---|---|---|---|
| 基本建设投资(*A*)/亿元 | 588.47 | 1206.09 | 421.89 | 976.03 | 1763.95 | 2342.17 |
| 住宅建设投资(*B*)/亿元 | 53.79 | 49.56 | 29.09 | 39.32 | 100.74 | 277.29 |
| *B*/*A* | 9.14% | 4.11% | 6.90% | 4.03% | 5.71% | 11.84% |

图 1-1　改革开放前我国城镇住房建设投资的基本情况

资料来源：根据《中国固定资产投资统计年鉴》(1950～1995 年)整理

① 国家出资建房的方式还有上海模式，即由房屋管理局先建，然后房屋管理局再切块分配给企业。《浅谈公有住房租金改革问题》，www.ggj.gov.cn/gzdt/dfjgswdt/201104/t20110412_9789.htm[2000-08-08]。

期间住宅建设投资占基本建设投资的比重约为 9.14%，“二五”和“三五”期间分别为 4.11%和 4.03%,“五五”期间所占比重略大一些,增加到 11.84%。而 1953～1979 年的同一时期，日本、英国、美国的住宅建设投资比重分别为 14%～21%、16%～26%、15%～33%，我国与这些国家相比差距十分明显。再加上我国人口的快速增长，人均居住面积由中华人民共和国成立初的 4.5 平方米下降到 1978 年的 3.6 平方米，住宅领域的风险显化为全局性问题，提高人均居住面积已成为我国住房改革的最基本问题。

2. 住房低租金政策的风险与原因分析

租金制度的确立始于 1948 年东北解放区战时军事共产主义体制下的租金制度，租金由折旧费、管理费、维修费三项构成，是一种典型的福利租金，其后在 1952 年调整为折旧费、修缮费、管理费、地租和税金构成的成本租金，可实现住房的简单再生产，但实际征收中考虑了群众的负担能力。这一制度定位实质上表明国家需要每年为住房提供相应的住房补贴，才能维持住房的简单再生产，必须由国家投入大量资金实现住房的扩大再生产，才能满足人们的住房需求，这一潜在内涵显然与当时的财力矛盾。不仅这一制度存在这样的潜在矛盾，而且在政策执行期间颁布的《中央国家机关工作人员住用公家宿舍收租暂行办法》规定，为中央工作人员提供更低廉的租金。这进一步导致住房租金难以维持住房的基本维修，低租金所蕴含的住房供给风险更为突出。这一风险与对社会主义本质认识不足相结合①，形成了我国几十年的国家住房福利制。

低租金制度的风险不仅体现在政策本身的定位与执行过程中的风险，更体现在与其他制度的结合导致住房短缺的全局性问题。低租金制导致企业每年需要投入大量资金对住房加以维护，企业建房越多，维护费用越高，包袱越重，致使住房建设资金短缺问题陷入恶性循环，不仅住房的扩大再生产难以实现，而且难以维持住房的简单再生产；同时，国家在苏联撤资等困难时期，采取“先治坡，后垒窝”的方针，导致住房供应受到了严重的抑制，以及与“人多力量大”的人口政策等多因素结合，导致住房供求缺口越拉越大。低租金制风险成为住房问题的根本性问题之一。

3. 住房分配体制的风险与原因分析

福利分房制度是国家通过对职工工资中的住房消费因素进行统一扣除，政府统一建房，以实物形式向职工分配并无偿使用的过程而完成的。这一阶段，住房分配以单位为分配主体，实行无偿的实物福利分配制度，分配手段为行政分配方

① 苏联经济建设取得成功，以及美苏对抗中苏联占据上风，让人们坚信社会主义制度的优越性，优越性的特点就是福利高，而住房低租金的福利制度是社会主义本质的体现。

式——对居民来讲是一种无须代价(极低租金)的分房方式，分房的主要标准以职级、工龄和家庭人口等非经济因素为依据，与职工的劳动贡献基本脱离。然而，一方面，住房的行政分配在一定程度上导致了分配不均，分房过程中会出现寻租行为和不正之风。而分房主体的单位制导致不同单位之间出现了住房不平等现象。结果以平均为价值取向的分配模式却导致了分配的不公，社会公平性风险凸显，尤其住房制度改革过程中将这一风险固化，从而使福利分房制度成为大多数人不满意的一种分配制度。另一方面，这一分配模式排斥经济杠杆的调节作用，即居民对住房的需求并不受自身经济支付能力的制约，从而导致了住房需求的无限性，进而助长了以权谋房的不正之风。住房完全福利制的福利对象是在城市居住的具有城市身份的群体。同时，这一模式的轮候制度，形成了居民“等、靠、要”的住房消费观念。

另外，住房管理制度与其他环节脱钩及流转制度缺乏也是传统住房福利制度风险凸显的重要制度因素，导致住房领域各方面效率低下，进而导致房地产市场萧条、建筑业萎缩等。因此，这些制度设计不合理、制度之间难协调，制度运行出现偏差、制度执行监督不严，以及对社会主义认识的偏差等各方面的因素，导致我国传统住房福利制度存在缺陷，进而导致该领域成为我国经济体制改革最早、持续时间最长的领域之一。

## 二、引入市场机制的住房福利制度改革(1980～1998年)

住房福利制度改革的核心是引入市场机制。具体而言，我国采取了“摸着石头过河”“走一步、看一步”，或者是“干中学”的探索模式，原有住房制度改革从试点、推广再到全面展开和深入，有着相应的思想与理论准备，有着比较丰富的实践试点准备；而在全面展开中又经过多次变革，以及相应制度的配套改革，最终形成了以市场机制配置住房资源为主体的现代住房制度。

### (一)住房福利制度改革的酝酿

住房福利制度的改革主要从理论和实践的角度进行了比较充分的准备。住房福利制度改革的思想、理论与实践准备，可从邓小平关于住房问题的思考、住房的属性问题、住房的二次分配理论及改革试点实践的酝酿准备几个方面来分析。

#### 1. 邓小平关于住房问题的思考

邓小平的住房思想分别体现在1978年9月和1980年4月的两次讲话中。第一次指出：“解决住房问题能不能路子宽些，譬如允许私人建房或者自建公助，分期付款，把个人手中的钱动员出来，国家解决材料。”第二次提出：“城镇居民个人可以购买房屋，也可以自己盖。不但新房可以出售，老房子也可以出售。可以一次付款，也可以分期付款，10年、15年付清。住宅出售后，房租恐怕要调整。要联系房价调整房租，使人们考虑到买房合算。因此要研究逐步提高房租。房租太低，人们就不买房子了。繁华的市中心和偏僻地方的房子，交通方便地区和不方便地区的房子，城区和郊区的房子，租金应该有所不同。将来房租提高了，对低工资的职工要给予补贴。这些政策要联系起来考虑。建房还可以鼓励公私合营或民建公助，也可以私人自己想办法。”①

这些思想基本涵盖了迄今为止的中国住房制度改革的绝大部分内容。例如，“不但新房可以出售，老房子也可以出售”是关于公有住房出售的思想；“要联系房价调整房租”是租售比要合理的思想；“将来房租提高了，对低工资的职工要给予补贴”是提租补贴的思想；“可以一次付款，也可以分期付款，10年、15年付清”是住房金融的思想；“建房还可以鼓励公私合营或民建公助，也可以私人自己想办法”是住房投资主体多元化的思想。

2. 住房的属性问题

关于住房属性的探讨，理论界发端于1980年，展开于1981～1984年。探讨开始于社会主义条件下城镇住宅是否为商品这一问题。既然住房可以用于买卖交换，住房价值由生产住房的社会必要劳动时间所决定，且遵循价值规律、住房价格围绕价值上下波动等，即住房具有一般商品的共性特征，因而住房是商品在理论界达成了共识。但争论焦点是住房在具有商品属性的同时是否还具有福利属性。持住房仅有商品属性观点的人认为，住房福利制度改革的目的并不仅是解决住房供应绝对短缺这一工业化中的普遍问题，而且是采取一种新的制度安排，使得住房问题在最经济和满足最多居民需要的层面上得到解决。持两重性观点的人认为，住房是一种特殊的商品，即使在市场经济条件下也应对低收入人群进行保障。因而住房的商品属性是否必然导出“住房商品化”的政策结果值得商榷。福利住房的存在是世界各国工业化与城市化过程中的必然现象，全部住房商品化是否就是住房福利制度改革的最终目标值得怀疑。住房的两重属性这一结论在今天看来仍然具有现实意义。从讨论的结果来看，住房的商品属性成为住房福利制度改革的理论基础，但必要的住房保障不能作为否认住房商品化的依据，恰恰相反，住房商品化过程正是在政府的干预和调节下进行的。从保障方式与演变趋势看，也主要是通过经济手段而不是福利手段来实现的，这些探讨都涉及有关住房制度改革的方向与整体趋势。

① 《1978年邓小平讲话拉开中国住房改革序幕》，http://www.china.com.cn/book/txt/2007-11/05/content_9178591.htm [2007-11-05]。

### 3. 住房的二次分配理论

真正对持续近 30 年的住房福利制度产生第一次实质性冲击的试点改革是提租补贴平衡方案，而这一方案的实施及其变革有其内在的理论基础——二次分配理论。十二届三中全会《中共中央关于经济体制改革的决定》提出发展有计划的商品经济后，理论界开始从住房体制与整个经济体制的关系角度探索和研究住房制度改革问题。把住房制度作为城市分配制度的一个重要方面，反思传统分配理论中的住房分配问题,形成了影响深远的住房二次分配理论和提租补贴(包括提租增资)思路。二次分配理论认为，传统住房制度是国家首先通过对职工工资中的住房消费工资进行统一扣除，然后政府统一建房，以实物形式(国民经济的第二次分配)向职工分配并无偿使用的过程而完成的。因而，可以认为职工工资中没有包含或只有很少的住房消费工资。调整公有住房租金的同时应该给予职工足够的住房消费补贴①。

随后产生了修正的二次分配理论。实践证明提租补贴平衡方案的设计没有考虑到我国住房制度的一个基本特点是住房的单位所有。而单位所有制下住房投入不均衡、住房资金投入与来源无序等使得提租补贴平衡方案在实际实施中面临多重阻力。因而理论界开始考虑旧的住房分配制度，认为 1978 年以前，国家的住房分配主要是实物形式，很少有货币工资形式，基本适应于当时的住房低租金制，职工基本上没有住房货币积累。改革开放以来，尤其是 1985 年后，随着城市经济体制改革和分配制度变革的推进，国家对职工工资的扣除逐渐减少，逐渐增加了职工住房分配的货币额，基于住房分配的货币收入增加在低租金制度下并没有用于购、租住房，而沉淀为居民储蓄或用于其他商品消费。从住房分配结果来看，国家对住房消费工资的统一扣除并没有公平地再分配给每个职工。城市与城市之间、行业与行业之间、不同所有制单位之间与单位内部之间住房拥有状况都有很大差别。因而，一部分职工来源于传统住房分配体制的住房收入远远超过了国家对其住房工资的扣除，而另一部分职工则没有得到国家对其住房工资扣除后的再分配，或者仅得到了其中一部分。

因此，住房属性探讨、住房二次分配理论及邓小平关于住房问题的思考为我国住房制度的改革奠定了坚实的理论基础，为住房制度改革顺利推进提供了坚实的思想动力。

### 4. 住房福利制度改革试点实践的酝酿准备

试点→推广→全面展开是渐进性改革的具体操作路径，是中国经济体制改革

① 1984 年烟台、唐山、蚌埠三市住房试点改革方案及国务院第一个城镇住房制度改革总体方案的基本内容就是二次分配理论所提出的提租补贴或提租增资的改革思路。

的基本逻辑，住房领域也不例外。在 1979～1991 年，我国住房福利制度的改革就经历了多次试点，为住房改革的全面启动到顺利实现公有住房自有化和商品化及住房资源的市场机制配置提供了宝贵经验。

住房福利制度的改革经历了 1979～1981 年、1982～1985 年及 1986～1991 年的三段试点过程，试点的城市、住房的定价、成效等如表 1-2 所示。

**表 1-2 住房福利制度试点改革的基本内容**

| 时间 | 改革核心 | 试点城市 | 售价 | 成效 | 主要不足及影响因素 | 备注 |
|---|---|---|---|---|---|---|
| 1979～1981 年 | 全价售新建公有住房 | 柳州、梧州、南宁、西安，后推广到 60 多个城市 | 以土建成本定价，征地、拆迁、配套市政等由政府解决 | 证明职工有购房欲望，也有一定潜力，公有住房可以卖给个人 | 销售仅占新建 0.05%；房价相对于当时工资过高，无配套政策 | 可分期付款；以政府统建新房销售为主，后扩展到少量旧有公有住房 |
| 1982～1985 年 | 补贴出售，“三三制” | 郑州、沙市、常州、四平等，后扩大到 160 个城市 300 个县镇 | 个人、单位、政府各占 1/3，售价以土建成本为标准，约高于土建成本 | 出售公有住房 1 亿多平方米，冲击了住房国家分配的观念，抑制了住房分配不正之风 | 政府单位负担过重；租售比悬殊，买房不如租房。同时遭到住房宽裕户反对 | 分期付款到 20 年；以政府统建新房销售为主，后扩展到旧有公有住房 |
| 1986～1991 年 | 提租补贴 | 烟台、常州、蚌埠、唐山、沈阳、株洲、上海等 | 以提租的方式，促进住房全成本销售 | 调整产权单位与住户的关系，达到了抑制住房无限需求的目的 | 增资对于困难企业来说难以承受，而职工增资部分并没有用于住房消费，遭到了来自单位和个人的抵制 | 售房方案导致了与目标相反的效果，通胀与政治风波导致了方案的流产 |

在三次住房福利制度改革试点过程中，真正对旧有住房制度产生实质性冲击的是 1986 年开始的以提租补贴为核心的改革试点。此次改革及后继改革的推进是以二次分配理论和修正的二次分配理论为基础，出现以空转、实转为起点的各种模式的住房改革。

空转起步方案约有三种：一是烟台的“提租发券，空转起步，一步到位”的方案，是指一次性将公有住房租金提高到成本租金的同时，按职工工资的一定比例发给租住公有住房者等额住房券，而后通过收房租把住房券收回。二是蚌埠的“提租发券，空转起步，滚动前进，逐步向实转过渡”的方案，把公有住房租金提高到准成本租金标准，按照职工标准工资的一定系数发放住房券，并采取“以证代券，差额结算，沉淀统筹，纳入住宅基金”的流转方式，通过调整租金，形成合理的房屋租卖比价。同时提供多种优惠，鼓励职工私人购买住宅。三是沈阳的“大企业先行一步，试点起步，分批改革，渐进就位”的方案。

实转起步的模式有很多种，可分为两类：第一类是一步到位的实转起步方案，第二类是渐进就位的实转起步方案。第一类中有四种不同的方案：一是常州的筹资提租、实转起步方案，即不用住房券的形式过渡，直接用现金收入实付，其特点是增资额大于提租额。二是“公房抵押，以息代租”的株洲方案，即以住房面积和质量为收取押金的依据，交纳押金后不再收取房租。存入银行房地产信贷部的住户押金，任何单位和个人都不得动用，押金利息由产权单位用于房屋维修和管理。三是“推行公积金、提租发补贴、配房买债券、买房给优惠、建立房委会”的上海方案。四是“统一政策、自求平衡、一步就位，分批实施”的成都方案，即对要求住房福利制度改革的单位，成熟一个、批准实施一个，不搞一刀切。第二类约有两种方案：一是“全面规划、小步密走、逐年提租、发给补贴”的佛山方案，即房租与补贴都逐年增加。二是“提租补贴、劳(工资比例)人(职工人头)结合、建立基金、分步实转”的唐山方案，即提租与住房补贴都是三步到位。

### (二)住房福利制度改革的政策与特征分析

住房福利制度改革过程中，颁布了一系列的政策法规，深入分析政策变迁轨迹与变迁的特征，有助于理顺改革的进展与不足。

#### 1. 住房福利制度改革的主要政策

我国住房福利制度的改革是由一系列的具体临时性改革政策和一些中长远的条例、规则、法规等组成，具体见表1-3。

**表1-3　中国住房福利制度改革历程中的主要住房政策(1980～1998年)**①

| 时间 | 主要住房政策 | 主要内容 |
|---|---|---|
| 1980年5月 | 《关于加强住宅建设工作的意见》 | 国家建设委员会转发国家城市建设总局意见，促进企业集资建房，组织私人建房，试行公有住房出售 |
| 1980年6月 | 《全国基本建设工作会议汇报提纲》 | “允许私人建房、私人买房，准许私人拥有自己的住房”，揭开住房制度改革的序幕 |
| 1981年4月 | 《关于组织城镇职工、居民建造住宅和国家向私人出售住宅经验交流会情况的报告》 | 私人建房经验：民建公助，公建民助，互助互建，自筹自建，以及住宅销售试点经验(利率优惠，材料来源，统一认识) |
| 1982年3月 | 《关于城市(镇)房地产产权、产籍管理暂行规定》 | 审查、确认房屋土地所有权，房屋土地产权登记制度，房屋土地产权档案管理 |

①《新中国60周年经济史记之房地产业》，http://finance.ifeng.com/news/special/hybjfdcy/[2009-08-26]；《中国住房变迁50年》，https://wenku.baidu.com/view/866de311f18583do4964595f.html[2016-01-31]。

续表

| 时间 | 主要住房政策 | 主要内容 |
|---|---|---|
| 1982 年 4 月 | 《关于出售住宅试点工作座谈会情况的报告》 | 国务院原则同意国家建设委员会和国家城市建设总局的报告，选定常州、郑州、沙市、四平进行新房建设后补贴出售的试点 |
| 1984 年 10 月 | 《关于扩大城市公有住宅补贴出售试点的报告》 | 国务院批转了城乡建设环境保护部的报告，批准了包括北京、天津、上海在内的全国 82 个城市作为第二批试点城市 |
| 1986 年 3 月 | 《关于城镇公房补贴出售试点问题的通知》 | 停止了“三三制”住房补贴出售的办法，恢复了按住宅的建造成本全价出售的办法 |
| 1986 年 11 月 | 《烟台市城镇住房制度改革试行方案》 | 1987 年 8 月 1 日烟台住房制度改革方案试行 |
| 1987 年 1 月 | 《关于加强商品房屋建设计划管理的暂行规定》 | 决定自 1987 年起，各地商品房建设纳入估计计划 |
| 1988 年 2 月 | 《国务院关于印发在全国城镇分期分批推行住房制度改革实施方案的通知》 | 住房制度改革实施方案：实施提租补贴、租售结合，实行成本价计租；另外，随着工资调整，逐步将住房补贴纳入工资，以市场租金计租。住房制度改革内容包括分配体制、建设体制、金融体制、住房产业政策等多方面内容 |
| 1988 年 2 月 | 《国务院办公厅关于转发国务院住房制度改革领导小组鼓励职工购买公有旧住房意见的通知》 | 国务院办公厅关于转发国务院住房制度改革领导小组的通知，涉及公有住房优先购买权、优惠价政策、首付款、税收、流通方面的政策 |
| 1988 年 7 月 | 《加快出售旧公房，将房改纳入物价、工资改革方案的意见》 | 将企业和行政事业单位住房券发放额的 20%或 50%纳入职工工资(未获得通过)；将物价指数纳入计划控制指数中；加快出售旧公房，收回的资金 20%上缴给中央财政，20%购买国库券来支持物价、工资改革 |
| 1988 年 10 月 | 《中国工商银行关于发展住房专项储蓄存贷款业务的几点意见》 | 住房储蓄作为专项资金，存贷挂钩，住房专项存贷款利率适当变通，加强住房专项储蓄存贷款业务的管理 |
| 1989 年 5 月 | 《国务院批转国家计委关于加强商品房屋建设管理请示的通知》 | 商品房屋建设计划，商品房屋必须有计划地销售，加强商品房屋开发建设资金管理，商品房屋开发建设项目要纳入清理整顿范围 |
| 1991 年 6 月 | 《关于继续积极稳妥地进行住房制度改革的通知》 | 继续提出合理地调整现有公有住房租金，出售公有住房的同时，强调实行新房新政策，以使新建住房不再进入旧的住房体制，有利于今后住房制度改革的顺利进行，即强调增量住房制度改革 |
| 1991 年 10 月 | 《关于全面推进城镇住房制度改革的意见》 | 从改革公有住房低租金制度入手，将公有住房的实物福利分配逐步转变为货币工资分配制度。这是我国住房制度改革的一个纲领性文件 |
| 1992 年 11 月 | 《城市国有土地使用权出让转让规划管理办法》 | 编制城市国有土地使用权出让规划和计划，包括地块数量、用地面积、地块位置、出让步骤等，保证城市国有土地使用权的出让有规划、有步骤、有计划地进行 |

续表

| 时间 | 主要住房政策 | 主要内容 |
|---|---|---|
| 1994年1月 | 《中华人民共和国土地增值税暂行条例实施细则》 | 转让国有土地使用权、地上的建筑物及其附着物，取得收入的单位和个人为土地增值税的纳税义务人，应依照本条例缴纳土地增值税 |
| 1994年7月 | 《中华人民共和国城市房地产管理法》 | 关于土地使用权出让、划拨，房地产开发，房地产转让、抵押、租赁、中介服务机构及房地产权属登记管理的相关规定 |
| 1994年7月 | 《国务院关于深化城镇住房制度改革的决定》 | 基本内容为："三改"，即改变住房福利性体制，住房建设投资改变为国家、个人、单位三者合理负担的体制；改国家和单位建房、分房、维修和管理住房的体制；改住房实物福利分配方式；"四建"，即建立新住房制度；建立住房公积金制度；建立住房信贷体系；建立交易市场和房屋维修，管理市场 |
| 1995年1月 | 《国家安居工程实施方案》 | 确定了实施国家安居工程的目的和基本原则，建设规模、资金来源和资金运用，安居工程的规划和建设实施，城市申报条件和审核程序 |
| 1997年4月 | 《个人住房担保贷款管理试行办法》 | 对贷款对象和条件、贷款程序、贷款期限与利率、贷款抵押、质押或保证、房屋保险、抵押物或质物的处分进行规范 |
| 1998年5月 | 《关于加大住房信贷投入，支持住房建设与消费的通知》 | 全面实现购房按揭政策，鼓励住房消费 |
| 1998年7月 | 《国务院关于进一步深化城镇住房制度改革加快住房建设的通知》 | 停止住房实物分配；提出住房供应体系和住房供应政策，调整住房投资结构，发放住房个人贷款等 |

从以上住房制度改革的规章制度演化过程可以看到，我国住房制度的改革进程缓慢，政策变更比较频繁，思想和意识形态、权力结构、经济条件和社会转变等都是住房制度变迁缓慢的重要制约因素，改革方向和变迁策略共识的缺乏是改革进程中政策改变频繁的重要原因。

2. 住房福利制度变迁的特征分析

基于以上住房福利制度改革的主要政策，可将其特征归纳如下。

第一，住房福利制度变迁是以国家为主导的强制性制度变迁。由于住房供给落后于住房需求，住房强劲的消费需求对政府有限的财政能力形成了极大的压力。因此，要推动国家主动对住房资源的配置制度进行变革，促进住房福利制度供给与需求的均衡。

第二，住房福利制度变迁的渐进性和问题导向性。由于城市住房制度改革涉及"姓公姓私""社会主义优越性"等思想认识问题，涉及建设、土地、规划、税收、财政、银行等多个相关部门，每个方面变革都会对住房福利制度变迁产生重要影响，而改革过程中政策定位、政策执行等对原有住房福利制度变迁路径依赖是改革渐进性特征形成的主要影响因素之一。问题导向性也是制度变迁的另一主要特征，是指遇到一个问题解决一个问题的思路，在问题解决过程中特别强调不同群体利益之间的协调，这也是改革进程缓慢的重要原因之一。

第三，住房福利制度的变迁以思想理论变革为基础，如住房的属性问题、二次分配理论问题、土地的使用权和所有权分离问题，以及土地使用权可以转让、买卖、出租，这些理念的变革为住房福利制度的变革奠定了理论基础。

第四，租金制度和产权制度变革是住房福利制度变迁的主线，新房新改、旧房慢改，以增量全面启动改革是住房福利制度变迁的主要路径，在避免重大摩擦中推动着改革前行。

第五，以住房分配货币化政策、住房分层供应政策、旧有公有住房市场出售政策和住房个人抵押贷款政策为主轴的住房制度系统化的改革模式，使得市场逐步成为我国住房资源配置的基础性机制。

### 3. 住房福利制度改革路径依赖的特征分析

几十年的住房福利分配制度形成了现存体制既得利益的压力集团，他们基于自身利益对原有住房制度有着强烈的需求，形成了中国住房制度改革特有的福利依赖路径，主要体现为以下三个方面。

第一，住房供给制度的路径依赖。住房福利制度体制下，国家住房投资下放到企业，通过企业住房的建设、分配、管理、维修等，形成以企业单位所有为主体的住房公有制，完全不同于其他社会主义国家特别是苏联、原东欧社会主义国家的以国家所有为主体的住房公有制。这一模式在改革进程中并没有弱化，反而在一定阶段一定程度上不断强化，表现为改革进程中，政府对企业放权让利的经济体制改革，为企业住房建设资金的获得提供有效的途径。单位职工住房需求的压力促进了企业加大住房建设规模①，而这一模式实质上是原有福利模式的进一步强化，也为既得利益集团获利提供了条件。

第二，住房分配制度的路径依赖。我国改革是一种渐进性改革，是通过试点到推广再到全面展开的过程，而试点过程至少需要十年。在这十年中，占绝大多数的非试点企事业单位，是住房实物分配制度，行政分配方式，职级、工龄、人口分配标准及分配轮候制度全面、充分演绎的十年，是相关利益集团不断学习，

① 有资金没有土地来源的企业，则通过市场购买实现职工分房的需求。

将"位置"能力转化为真正实际利益的十年①。

第三，住房消费制度的路径依赖。一方面，福利住房的建设促进了福利消费模式迅速蔓延，是既得利益集团牟取福利住房利益的时期；另一方面，试点改革也体现了住房福利制度的路径依赖。例如，"三三制"中公有住房补贴出售，将福利租房的消费模式转变为准产权式的分房模式、提租补贴中的小步提租方式等，是典型的福利制度路径依赖。而增量房改革为避免改革的阻力，也具有福利制度的一些特征。

## 三、住房福利制度市场化改革的主要成效与问题

以1998年为分界线，住房福利制度改革成功过渡为住房分配货币化、住房资源配置市场化，改革取得明显成效，住房保障与市场的协调性得以极大改善，但同时孕育着风险。

### （一）住房福利制度改革的主要成效

住房福利制度改革的成效主要体现为城镇居民居住水平有了明显提高，住房建设与住房分配体制改革取得了突破，住房市场机制逐步形成。

#### 1. 城镇居民居住水平明显提高

在住房福利制度改革中，分别经历了补贴出售新建住房阶段（1980～1985年）、提租增资与"三三制"售房阶段（1986～1991年），"三改四建"阶段（1994～1998年），各阶段分别取得了一定的成效，集中体现为城镇居民的居住水平明显提高。例如，1980年城镇居民人均居住面积为3.9平方米，到1985年，人均居住面积改善为5.2平方米，1990年为6.7平方米，1995年增加到8.1平方米，而到住房福利制度转向市场配置的启动时期，人均居住面积已达到9.78平方米，是改革之初的2.5倍。因此，住房福利制度改革的过渡阶段是城镇居民人均居住水平明显提高的阶段。

#### 2. 住房建设与住房分配体制改革取得突破

住房福利制度的改革成效更体现为原有住房福利体制下住房建设模式、住房配给模式的突破，为市场化解决居民住房问题提供了制度基础。

住房制度改革起步阶段，中央就提出住宅建设要发挥中央政府、地方政府和个人三方面的积极性。1980年，上海住宅建设工作会议就提出"在统一领导和统

① 改革开放前，由于住房物质匮乏，相关利益集团将位置能力转化为实际经济利益的能力是比较有限的，而住房整体短缺、非流通特征等及人们其他基本需求未满足的情况下，住房公平性显得不太突出。

一规划下，实行国家统建和企业自建相结合”的方针，将企业作为住房供应的主体之一，解决了住房供应渠道单一的问题。1994 年，《国务院关于深化城镇住房制度改革的决定》将住房建设投资由国家、单位统包的体制变革为国家、单位和个人合理负担的体制，同时首次提出鼓励集资合作建房，继续发展住房合作社。1998 年后，房地产开发商成为住房供应的主体，城镇居民住房需求主要来源于市场，投资建设体制由政府负担成功转化为市场承担。另外，住房消费也逐步改变福利配给的模式，新建住房补贴出售、提租增资、公有住房出售等显示了住房消费的逐步商品化，而在其他各项配套制度改革下，1998 年成功实现了住房分配货币化，将居民消费成功推向市场，实现了住房分配体制改革的重大突破。

3. 住房市场机制逐步形成

住房福利制度改革的推进促进了住房领域的逐步市场化。改革之初，深圳经济特区房地产公司和香港妙丽集团合作开发东湖丽苑小区，该小区成为中国第一个准商品住房小区。1981 年 3 月，深圳物业管理公司成立，成为中国第一家专业物业管理公司。而 1987 年 12 月中国“土地第一拍”，以及各项房地产法规制度更为住房供应市场形成奠定了基础。另外，住房公积金制度试点、推行和全面推广，实施个人住房长期贷款，以货币化分房代替实物分房，等等，使得居民住房支付能力得到有效提高，住房需求得以迅速扩大，成为住房市场机制形成的重要推手。此后，市场成为居民解决住房问题和改善居住水平的主要途径，城镇人均居住水平持续、快速上涨，并取得骄人成绩。

## （二）住房福利制度改革的潜在风险

1980～1998 年住房福利制度改革也出现了各种各样的问题，表现为原有制度风险的累加、改革政策的定位与执行风险等。

1. 原有住房福利制度的风险沉淀

住房福利制度改革起因于住房的绝对短缺，改革取得了一定成效，但原有住房福利制度的风险却在某些方面得到强化，风险呈现不断累加趋势。

(1)原有住房福利制度风险的沉淀。原有住房福利制度风险就是公有住房制度风险。低租金改革作为住房福利制度改革的核心，一直没有根本性改变。很多地方公有住房租金仅提升到准成本租金或成本租金水平，且并不随维修费、管理费的增长而做适当调整，依然具有明显的福利性质，原有租金制度的风险依然存在(如不能实现公有住房的简单再生产，国家财政负担大，滋生腐败等)，成为我国租赁市场一直发育不健全的因素之一。而鼓励公有住房自有化，大量公有住房出售，政府控制公有住房存量锐减，导致政府在干预和调节住房市场中处于不利地位。

(2) 原有住房制度风险的沉淀更体现为公平性风险的加剧。第一，原有福利制度不公平性分配的加剧。1978～1994 年，经济体制改革过程中，国有企业改革实施对企业放权让利的方案，从而提高了企业为职工建房的能力，但东西部企业之间、大城市与小城市之间、行业与行业之间、国有企业与集体企业之间、大企业与小企业之间，国家住房投资的直接划拨有着很大差异，同时自身筹资能力也不同，导致了区域之间、行业之间、企业之间职工住房的极大不公平问题。而随着企业住房建设能力的加强，企业控制的住房资源的相对增多，住房单位公有制的行政分配方式为分房寻租行为提供了可能性，是原有福利制度路径依赖带来的后遗症。

2. 住房供应体系的制度风险

1998 年是我国住房制度改革的分水岭，形成了最低收入家庭租赁廉租住房、中低收入家庭购买经济适用住房，其他收入高的家庭购买或租赁商品住房的住房供应体系。但体系的形成是以问题导向性为特征的，加之执行中的协调性注定了住房供应体系将面临众多风险。

(1) 过度市场化问题。住房具有消费品属性的同时还具有投资品的属性，这一属性在市场繁荣时期将带来住房价格的膨胀，在人们预期与投机的作用下逐渐脱离住房的基本价值，具体表现为住房泡沫风险。住房市场泡沫显然与人们对市场的心理预期、人们的理性投机行为和从众行为、住房市场信息的不对称等有着极强的联系，而这正是市场经济，尤其是市场经济初级阶段的主要特征。

(2) 低收入人群住房问题。住房市场化改革解决了我国住房资源配置效率低下问题，但住房公平或低收入人群住房问题却是市场本身所固有的缺陷；在原有住房不公平风险累积与叠加的情况下，原有住房资源占有匮乏的人群逐渐从社会的高净值人群中分离出来，中低收入人群住房问题将会成为社会民生中主要问题之一，其问题是否成功解决将成为我国社会转型的重要制约因素。然而，在改革过程中初步确立的经济适用住房制度、廉租住房制度、住房公积金制度，明显具有问题导向性特征，也具有渐进协调性特征，这导致了制度目标群体模糊、配给机制不健全、缺乏腾退机制等，更未考虑到制度设计中的公平性问题，进而使得住房保障制度的运行存在多重不确定性，在市场机制为主导的情况下，各项住房保障制度存在的潜在风险将逐一显现和加剧。经济适用住房、住房公积金制度的改进，廉租住房的强力推行，出台限价房政策和公租房政策等，正是以化解这些风险为目标的手段，但能否真正起到规避风险的作用是需要我们深入思考和分析的问题。

## 四、主要结论

本章梳理了我国住房保障与市场协调性的演进历程，重点集中于对我国传统住房福利制度特征及其存在的问题，以及传统住房福利制度市场化改革的特征、成效与存在问题的分析，可得如下主要结论。

第一，我国住房福利制度形成与恩格斯住宅福利思想、苏联住房福利示范、土地改革福利实践及应对国内外复杂环境等有着密切联系。然而，在这种住房福利制度下，住房建设中国家为唯一投资主体，住房消费中极低租金制和住房分配中福利分配完全排斥市场化机制、排斥经济杠杆的调节作用，同时在其他因素影响下，不仅没有缓解城镇居民住房问题，而且与中华人民共和国成立初期相比，反而使得住房问题进一步恶化。

第二，住房福利制度市场化改革的推动力可归功于邓小平关于住宅问题的提出、住房商品属性争论、二次分配理论和住房制度改革试点经验总结等。住房福利制度改革的成功具体体现为居民居住水平的提高、原有住房体制的突破和住房市场机制的基本形成。然而，住房福利制度改革作为一种政府主动强制性的制度变迁，其改革路径具有明显的问题导向性和渐进协调性等特征，而这些特征是以制度设计不完善和公平性风险加剧为代价的，与市场固有风险相结合，必将使得初步建立起来的住房保障体系面临众多不确定性因素。

# 第二章　我国保障性住房政策演变、发展及主要问题

始于20世纪70年代末80年代初的住房制度改革，大致经历了“住房商品化(1979～1990年)—住房市场化(1991～1997年)—住房分配货币化与社会化(1998～2007年)—住房市场化与住房保障(2007年至今)”等阶段。客观来看，住房制度改革是我国经济体制改革较成功的领域，住房改革取得了巨大的成效。主要表现：①居民的住房水平得到了提高。从改革之初人均住房面积不足3.6平方米提高到2016年的36.6平方米[①]，居民的住房环境和住房质量得到了明显改善。②基本确立了通过市场机制配置住房资源的机制。通过住房市场化和社会化的改革，居民在住房问题上由“单位人”彻底转变为“社会人”，破除了单位福利分房的旧体制，基本实行了住房投资、分配、消费的社会化和市场化，有效地发挥了市场机制在住房资源分配中的决定性作用。③推动了相关产业及国民经济的发展。房地产业增加值占国内生产总值的比重从1996年的1.69%增加到2017年的6.6%[②]，房地产业已成为国民经济的支柱产业。但是，住房市场化改革过程中也存在着一些不可忽视的问题，如市场化过度、房价过高、住房保障发展滞后、中低收入家庭住房困难等问题，这些问题已严重影响了国民经济的健康发展和社会的和谐。下面重点分析我国保障住房政策的演变、发展及存在的主要问题。

## 一、我国住房保障政策演变与发展

自20世纪90年代以来，我国先后出台了经济适用住房政策、集资合作建房政策、廉租住房政策、公租房政策、棚户区改造政策、共有产权住房政策等住房保障政策，建立了产权式保障和租赁式保障的基本框架。

### (一)经济适用住房政策

经济适用住房是政府限定住房面积、供应对象及规定上市交易条件，实行政

① 《居民收入持续较快增长 人民生活质量不断提高——党的十八大以来经济社会发展成就系列之七》，http://dangjian.people.com.cn/nl/2017/0711/c412885-29397056.html[2018-10-11]。

② 通过国家统计局相关数据整理所得。

府指导价格，具有保障性质的政策性商品住房[①]，属产权式保障住房。经济适用住房政策始于 1994 年。1994 年，国家明确提出“建立以中低收入家庭为对象、具有社会保障性质的经济适用住房供应体系和以高收入家庭为对象的商品房供应体系”[②]的住房“双轨供应”体系，并明确规定经济适用住房的占有量不少于当年住房新增住房总量的 20%。同年建设部出台了《城镇经济适用住房建设管理办法》，对经济适用住房供应对象、土地供应方式、政策优惠、价格、上市交易条件等做出了明确规定。1998 年，国家全面实行住房分配货币化，停止住房实物分配，并提出建立和完善以经济适用住房为主的多层次城镇住房供应体系[③]。2003 年，正式将经济适用住房定位为具有保障性质的政策性商品住房，对建设标准、供应对象和销售价格等实行严格的管制[④]。将 1998 年确定的“建立和完善以经济适用住房为主的多层次城镇住房供应体系”改变为“让多数家庭购买或承租普通商品住房”，合理确定经济适用住房供应对象的具体收入线标准和范围，实质上是将经济适用住房的供给对象由“中低收入家庭”收缩为“中等偏下收入家庭”。2004 年，建设部、国家发展和改革委员会（以下简称国家发改委）、国土资源部、中国人民银行出台了《经济适用住房管理办法》，规定：将经济适用住房严格控制在中小套型，套住房面积控制在 60～80 平方米，供应对象为无房或现住房面积及家庭人均收入符合市(县)人民政府规定的标准及以下的住房困难家庭。2007 年，国家调整了经济适用住房政策[⑤]。主要包括：一是将经济适用住房供应对象调整为低收入住房困难家庭，并与廉租住房相衔接。二是经济适用住房建筑面积控制在 60 平方米左右。三是严格经济适用住房上市交易管理，经济适用住房购买者需自住 5 年及以上方可上市交易；不满 5 年的，购房人因特殊原因确需转让经济适用住房的，由政府按照原购买价格并考虑折旧和物价水平等因素回购。四是经济适用住房购买者拥有的住房产权为有限产权。五是明确了经济适用住房上市交易的收益分配政策。经济适用住房上市交易后，转让人须按商品住房市场价格与经济适用住房购买价格差价的一定比例缴纳土地增值收益。2010 年，住房和城乡建设部(以下简称住建部)出台了《关于加强经济适用住房管理有关问题的通

---

① 《经济适用住房管理办法》，http://www.gov.cn/zwgk/2007-12/01/content_822414.htm[2018-10-11]。

② 《国务院关于深化城镇住房制度改革的决定》，http://www.gov.cn/zhuanti/2015-06/13/content_2878960.htm[2018-10-11]。

③ 《国务院关于进一步深化城镇住房制度改革加快住房建设的通知》，http://hqjt.hit.edu.cn/b0/fc/c7761a176380/page.psp[2018-10-11]。

④ 《国务院关于促进房地产市场持续健康发展的通知》，http://www.gov.cn/zhengce/content/2008-03/28/content_4797.htm[2018-10-11]。

⑤ 《国务院关于解决城市低收入家庭住房困难的若干意见》，http://www.gov.cn/zhengce/content/2008-03/28/content_4673.htm[2018-10-11]；《经济适用住房管理办法》，http://www.gov.cn/zwgk/2007-12/01/content_822414.htm[2018-10-11]。

知》，进一步规范了经济适用住房准入条件、使用管理、上市交易收益分配及产权等问题。2011年以后，国家有关住房保障、房地产宏观调控文件中较少提及“经济适用住房”，将各类保障性住房统一称为“保障性安居房”。2012年起，一些地方取消经济适用住房，将其并入公租房体系中，如武汉市、南京市等城市；一些地方将经济适用住房调整为“共有产权住房”，如北京、上海、深圳等城市。

### （二）集资合作建房政策

集资合作建房是在单位集资人或合作社成员协商一致的基础上，自筹资金建房并自主管理的一种住房建设方式。最初是从住宅合作社演变过来的，在住房制度改革之初，为解决国有企业职工住房困难，住宅合作社开始诞生。1986年，上海市成立了我国第一家住宅合作社——新欣住宅合作社。随后在武汉、北京、天津等城市开始进行探索和实践，并取得一定的经验和较好的社会效果。1992年国务院住房制度改革领导小组、建设部、国家税务总局出台的《城镇住宅合作社管理暂行办法》界定，住宅合作社是指经市（县）人民政府房地产行政主管部门批准，由城市居民、职工为改善自身住房条件而自愿参加，不以营利为目的的公益性合作经济组织，具有法人资格，根据住宅合作社和社员个人的出资情况，确定住房产权。主要有三种方式：一是合作住宅全部由住宅合作社出资（含政府和社员所在单位给予的优惠和资助）建设的，其产权为住宅合作社所有；二是合作住宅由社员个人出资建设的，其产权为社员个人所有；三是合作住宅由住宅合作社和社员个人共同出资建设的，其产权为住宅合作社与社员个人共同所有。并明确规定了合作住宅的管理、进入与退出机制，合作住宅不得向社会出租、出售；社员家庭不需要住宅时，须将住宅退给本住宅合作社，住宅合作社以重置价结合成新计算房价，按原建房时个人出资份额向社员个人退款①。我国住宅合作社有两种类型：一类是系统型或单位型住宅合作社；另一类是社会型住宅合作社。社会型住宅合作社由当地人民政府的有关机构如建设部门、工会等牵头成立，无购房渠道的单位职工或住房困难家庭可申请参加。住宅合作社形式现已退出历史舞台，由后期的集资合作建房模式所取代。1991年，国家改革住房投资和建设体制，将过去由国家、企业统包的住房投资体制逐步调整为“国家、集体、个人三方面共同负担的住房投资体制。各地政府应大力支持单位或个人的集资、合作建房”②。2004年，将集资、合作建房纳入经济适用住房体系，按经济适用住房政策进行管理③。

① 《城镇住宅合作社管理暂行办法》，https://www.lawxp.com/statute/s941348.html[2018-09-12]。

② 《国务院办公厅转发国务院住房制度改革领导小组关于全面推进城镇住房制度改革意见的通知》，http://www.gov.cn/zhengce/content/2016-10/18/content_5121083.htm[2018-09-12]。

③ 《经济适用住房管理办法》，http://www.gov.cn/zwgk/2007-12/01/content_822414.htm[2018-09-12]。

2007 年，建设部等七部委发布的《经济适用住房管理办法》对集资合作建房进行了严格的界定，只有“距离城区较远的独立工矿企业和住房困难户较多的企业，在符合土地利用总体规划、城市规划、住房建设规划的前提下，经市、县人民政府批准，可以利用单位自用土地进行集资合作建房”。新征国有建设用地不得组织集资合作建房，同时，明确规定各级国家行政机关不得进行集资合作建房。

### （三）廉租住房政策

1999 年，建设部出台了《城镇廉租住房管理办法》，这标志我国廉租住房政策正式开始实施。廉租住房政策实施之初，保障对象为城镇最低收入家庭中的住房困难家庭(即“双困”户)，属于住房救济范畴。2003 年，《城镇最低收入家庭廉租住房管理办法》明确规定，廉租住房保障对象为住房困难的城镇最低收入家庭，保障标准为“原则上不超过当地人均住房面积的 60%”；实行“租赁住房补贴为主，实物配租、租金核减为辅”的保障方式，但各地在实际执行中，是以“实物配租”为主。2005 年，国家将城镇廉租住房制度建设纳入地方人民政府工作的目标责任制管理。2006 年底，我国所有城市建立了廉租住房制度。2007 年，国家将廉租住房制度的保障范围从城市最低收入住房困难家庭扩大到低收入住房困难家庭，做到应保尽保[①]。同年建设部等部委颁布了《廉租住房保障办法》，进一步明确了保障方式、资金来源、准入、分配与监管等问题。①保障方式：实行货币补贴的，补贴额度按照城市低收入住房困难家庭现住房面积与保障面积标准的差额、每平方米租赁住房补贴标准确定；实行实物配租的，配租面积为城市低收入住房困难家庭现住房面积与保障面积标准的差额，实物配租的住房租金标准实行政府定价。②资金来源：财政预算资金、住房公积金增值收益、廉租住房租金收入等。2014 年，李克强总理在《政府工作报告》中明确提出，“推进公租房和廉租房并轨运行”[②]。2014 年起，公租房和廉租住房正式实行并轨运行，廉租住房并入公租房体系。

### （四）公租房政策

公租房是指限定住房面积标准和租金水平，向城镇中等偏下收入住房困难家庭、新就业无房人员及城镇外来务工人员提供的租赁性保障住房，以解决住房保障“夹心层”人员的住房问题，即既不符合廉租住房和购买经济适用住房准入条件，又无能力购买商品住房的人员。公租房首次将城镇非户籍人口纳入住房保障范围，弥补了原有住房保障供给体系的缺陷。2010 年，住建部等七部委颁布了《关

---

① 《国务院关于解决城市低收入家庭住房困难的若干意见》，http://www.gov.cn/zhengce/content/2008-03/28/content_4673.htm[2018-10-11]。

② http://www.gov.cn/zhuanti/2014gzbg_gw.htm。

于加快发展公共租赁住房的指导意见》，明确指出，“公共租赁住房供应对象主要是城市中等偏下收入住房困难家庭。有条件的地区，可以将新就业职工和有稳定职业并在城市居住一定年限的外来务工人员纳入供应范围”。此后，各地开始推行和实践公租房政策，逐步形成了有特点的公共租赁模式，典型的有“重庆模式”“黄石模式”“深圳模式”“武汉洪山模式”。2012 年，住建部出台了《公共租赁住房管理办法》，对公共租赁住房的分配、运营、使用、退出和管理等做出了具体规定。主要政策：①准入条件。申请者在本地无住房或者住房面积低于规定标准；收入、财产低于规定标准；申请人为外来务工人员的，在本地稳定就业达到规定年限。具体标准由各地因地制宜制定，如武汉市规定，申请人须持有武汉市常住户口，人均月收入低于 3000 元(单身 3500 元)，无房户或人均住房建筑面积低于 16 平方米；申请人为新就业职工及在汉外来务工人员的，无房且未租住公房，人均月收入低于 3000 元(单身职工平均月收入 3500 元以下)，申请人须与用人单位签订一年以上(含一年)期限的劳动(聘用)合同，且正常缴纳社会保险金或住房公积金。②分配政策。公租房实行轮候制，轮候期一般不超过 5 年。③租赁管理政策。租赁期限一般不超过 5 年；租金标准略低于同地段住房市场租金水平；公租房产权人及其委托的经营管理单位负责公租房及其配套设施的维修养护，以确保公租房的正常使用。此外，还出台了公租房收回及需腾退的相关政策。2014 年，公租房和廉租住房正式实行并轨运行，至此，确立了以公租房为主体的住房保障体制。

### (五)棚户区改造政策

棚户区改造被纳入住房保障范围始于 2007 年[①]，2009 年住建部等部委出台了《关于推进城市和国有工矿棚户区改造工作的指导意见》，确定棚户区改造的基本目标及优惠政策。2015 年，国务院出台了《国务院关于进一步做好城镇棚户区和城乡危房改造及配套基础设施建设有关工作的意见》，确定了 2015～2017 年棚户区改造任务，三年共完成城市危房、城中村等各类棚户区住房 1800 万套(其中 2015 年 580 万套)。棚户区改造的政策主要有[②]：①棚户区改造享受经济适用住房的优惠政策，免缴城市基础设施配套费等行政事业性收费。②资金政策。一是财政资金支持，主要包括中央、省级政府财政补助；市(县)政府将棚户区改造资金列入年度财政预算；可通过省区市人民政府代发地方政府债券筹集资金。二是金融政

① 《国务院关于解决城市低收入家庭住房困难的若干意见》，http://www.gov.cn/zhengce/content/2008-03/28/content_4673.htm[2018-10-11]。

② 《国务院关于进一步做好城镇棚户区和城乡危房改造及配套基础设施建设有关工作的意见》，http://www.gov.cn/zhengce/content/2015-06/30/content_9991.htm[2018-10-11]；《关于棚户区改造有关税收政策的通知》，http://www.gov.cn/zwgk/2013-12/13/content_2547370.htm[2018-10-11]。

策支持。鼓励金融机构为棚户区改造项目提供中长期贷款；允许开发银行通过专项过桥贷款对符合条件的棚户区改造实施主体提供过渡性资金贷款；鼓励社会资本参与棚户区改造等。③税收政策。对企事业单位转让旧房并纳入棚户区改造安置房源且增值额未超过扣除项目金额20%的，免征土地增值税；对回购已分配的改造安置住房继续作为改造安置房源的，免征契税；对改造安置住房建设用地免征城镇土地使用税等税收优惠政策。对棚户区改造安置住户取得的拆迁补偿款免征个人所得税；购买改造安置住房的，按规定免征或减半征收契税等。④棚户区改造货币化安置政策。为破解棚户区改造安置难题，实行了棚户区改造货币化安置与去房地产库存有机结合起来的政策，并实施了货币补贴、存量商品住房回购等一系列政策，既有效解决了原棚户区居民的住房问题，又加快了空置房的消化。2015 年、2016 年全国棚户区改造货币化安置比例分别达到 29.9%和48.5%，各地不断创新棚户区改造政策，逐步形成了“政府引导型、市场主导型、棚户区居民自主型和开发企业主导型”等棚户区改造模式。

### （六）共有产权住房政策

共有产权住房由购买者与政府（或住房建设单位）按各自出资比例持有住房产权，购买者可将政府持有的产权逐步购买，变为全部产权；在共有期间，购买者需支付政府产权部分的租金。政府将原来经济适用房的用地由划拨改为出让，将出让土地与划拨土地之间的价差（土地使用权出让金及减免的基础设施配套费用）显化为政府出资，由原经济适用房暗补变成明补，从而形成住房共有产权。2007年江苏省淮安市首创了共有产权经济适用房模式，即中低收入住房困难家庭购房时，可按个人与政府的出资比例，共同拥有房屋产权。2014 年，《政府工作报告》中明确指出，“针对不同城市情况分类调控，增加中小套型商品房和共有产权住房供应”[①]。2014 年国家确定了北京、上海、深圳、淮安、成都、黄石为全国共有产权住房改革的试点城市。目前试行的共有产权住房与原保障性住房相比，其主要特征有：①政府以出让方式供地，土地实行有偿、有期限使用，与其他保障性住房相比，土地产权关系更明晰。②政府将过去的暗补变为明补，政府将国有土地使用权出让金及减免的基础设施配套费用显化为政府出资，并以出资额持有住房产权。③价格形成机制市场化。原经济适用住房的价格采用的是非完全成本定价机制（不包括土地出让金、基础设施配套费用），实行的是政府定价。从目前试点城市看，北京、上海、深圳、淮安四个城市实行以市场导向为主的定价机制；成都、黄石两个城市实行成本导向的价格形成机制。

① 《政府工作报告》，http://www.gov.cn/guowuyuan/2014-03/14/content_2638989.htm[2018-10-11]。

## 二、我国保障性住房建设情况

20世纪90年代中期，我国提出建立以中低收入家庭为对象、具有社会保障性质的经济适用住房供应体系，经济适用住房成为住房保障的重点。1997～2010年经济适用住房累计投资9064亿元，占住宅总投资的5.69%；经济适用住房累计新开工面积63 723.3万平方米①(表2-1)；2010年后，经济适用住房没有被单独统计，被并入保障住房一并统计。

**表2-1　1997～2010年经济适用住房投资情况①**

| 年份 | 投资/亿元 | | 新开工面积/万米² | | 销售面积/万米² | |
|---|---|---|---|---|---|---|
| | 经济适用住房 | 住宅 | 经济适用住房 | 住宅 | 经济适用住房 | 住宅 |
| 1997 | 185.5 | 1 539.4 | 1 720.6 | 10 996.6 | 1 211.9 | 7 864.3 |
| 1998 | 270.9 | 2 081.6 | 3 466.4 | 16 637.5 | 1 666.5 | 10 827.1 |
| 1999 | 437.0 | 2 638.5 | 3 970.4 | 18 797.9 | 2 701.3 | 12 997.9 |
| 2000 | 542.4 | 3 312.0 | 5 313.3 | 24 401.2 | 3 760.1 | 16 570.3 |
| 2001 | 599.7 | 4 216.7 | 5 796.0 | 30 532.7 | 4 021.5 | 19 938.7 |
| 2002 | 589.0 | 5 227.8 | 5 279.7 | 34 719.3 | 4 003.6 | 23 702.3 |
| 2003 | 622.0 | 6 776.7 | 5 330.6 | 43 853.9 | 4 018.9 | 29 778.8 |
| 2004 | 606.4 | 8 837.0 | 4 257.5 | 47 949.0 | 3 261.8 | 33 819.9 |
| 2005 | 519.2 | 10 860.9 | 3 513.4 | 55 185.1 | 3 205.0 | 49 587.8 |
| 2006 | 696.8 | 13 638.4 | 4 379.0 | 64 403.8 | 3 337.0 | 55 422.9 |
| 2007 | 820.9 | 18 005.4 | 4 810.3 | 78 795.5 | 3 507.5 | 70 135.9 |
| 2008 | 970.9 | 22 440.9 | 5 621.9 | 83 642.1 | 3 627.3 | 59 280.4 |
| 2009 | 1 134.1 | 25 613.7 | 5 354.7 | 93 298.4 | 3 058.8 | 86 184.9 |
| 2010 | 1 069.2 | 34 026.2 | 4 909.5 | 129 359.9 | 2 748.9 | 93 376.6 |

2008年以后，住房保障体系逐步完善，逐步形成了以城镇低收入住房困难家庭为主的廉租住房制度、以中等偏下收入住房困难家庭为主的公租房保障制度(2014年廉租住房和公租房体系并轨运行)，这对解决中低收入家庭住房问题起到了重要作用。据统计，“十一五”期间已建保障房1100万套(户)；“十二五”期间，建设城镇保障性住房和棚户区改造住房4013万套(户)②，完成计划的115%，保障性住房覆盖面超过20%。2016年，全国棚户区改造开工606万套(户)。

① 根据《中国统计年鉴》(1998～2011年)的数据整理计算。

② 《中华人民共和国国民经济和社会发展第十三个五年规划纲要》。

## 三、住房保障制度存在的主要问题

### (一)住房政策偏离了住房公共政策目标

住房问题事关国计民生和社会的长治久安，国际上把政府是否介入住房问题作为衡量现代住房制度的一个重要标志。世界上大多数国家十分重视住房问题，通过制定和实施适应本国特点的住房政策，调整住房分配关系，从而公平、有效率地解决公民的住房问题。因此，住房政策属于社会公共政策的范畴。但是，在我国住房制度改革过程中，把住房政策作为产业政策来对待，将住房政策与房地产政策混为一谈，如将房地产业确定为国民经济的支柱产业，导致重视房地产政策、轻视具有公共品性质的住房政策。同时，将住房改革目标与手段混淆。住房改革的目标是提高居民居住水平和居住质量，但从我国住房改革历程来看，改革过程中将目标和手段混淆，如在住房体制改革中实施的旧有公有住房出售政策、住房自有化政策等，将“住有所居”曲解为“居者有其屋”，重住房投资功能、轻住房社会功能，重住房经济属性、轻社会属性，这种扭曲的住房政策助长了房地产投资投机行为。另外，将住房政策等同于住房保障政策，泛化为住房保障，如我国实施的经济适用住房、共有产权住房、棚户区改造住房等，其实质是产权式保障，同时，不同的准入机制导致了群体间的制度性受益差异较大，究其根源是没有将市场与政府的边界、住房保障与住房市场分清楚，住房资源配置严重扭曲。同时，住房保障没有得到应有的重视，对住房保障制度缺乏顶层设计和长远规划，致使住房保障政策陷入“解决问题—补丁性政策—新的问题—弥补性对策—新的困境”的不良循环，阻碍了住房保障政策目标的实现和住房保障的可持续发展。

### (二)住房保障政策具有明显的社会排斥特性，保障住房分配不公

客观上住房系统具有体现社会分层结构和空间分层结构的特性，然而，住房中所体现的社会排斥却被忽略。有学者认为每个社会都有一种“住房供给结构”，这个结构本身存在极大的社会排斥性。以收入水平和住房状况为分配标准的住房保障体系，是一种跳跃的、断层式的住房保障体系，主要体现为保障对象的断层与保障利益的悬崖效应。其一，保障对象的断层。目前住房保障准入条件较为苛刻，直接后果是出现了“内夹心层”(指既不符合公租房的申请条件，又无力购买经济适用住房的人群)和“外夹心层”(指既不符合购买经济适用住房条件，又无力在市场上购买商品住宅的人群)，“应保未保”问题较为突出，“夹心层”人群被排除在住房保障范围外。其二，保障利益的悬崖效应。目前各种住房保障往往是按照收入标准来界定准入条件的，只有一定收入线下的居民才有资格享受住房

保障，线上居民则没有资格享受，由此造成住房保障福利出现严重的悬崖效应，两者享受的福利差距少则上万元，多则达几十万元，有的城市达上百万元。这无疑会造成住房保障福利陷阱，促使部分保障对象为享受某阶层的住房保障福利，主动放弃自身发展的机会，从而既挫伤了整个社会劳动致富的积极性，也对劳动力市场产生了挤出效应，削弱了住房保障对社会福利的总体提升效应。另外，同一保障层次内也存在着横向不公平。从理论上说，对同一层次的保障对象应给予相同对待，不应有任何的歧视性和不公平对待。实际上，同一层次的保障对象却获得了不同水平的住房保障。以武汉市的廉租住房(现已并入公租房体系中，但实际上还是按原廉租住房政策执行)为例，实物配租与货币补贴差异较大。实物配租的租金标准按公有住房租金标准的50%缴纳[公有住房租金为1.5元/(米$^{2}$·月)]，而货币补贴的标准按上年度市场平均租金的60%确定[目前市场租金约为20元/(米$^{2}$·月)]，实物配租所获得利益远超货币补贴所得的经济利益，这明显有失公平。

## (三)住房保障政策多变，缺乏连续性和科学性

我国各种保障住房政策出台具有相应的问题背景，是一种问题导向的“补丁式”制度设计。经济适用住房政策的出台是20世纪90年代推行住房改革市场化，切断住房实物分配，实行住房分配货币化、社会化的产物，其目的是通过准市场化方式解决中低收入家庭住房问题，同时对未享受传统福利性质的住房居民给予一次性补偿。廉租住房(现已并入公租房体系)是为了解决低收入人群居住困难问题，对城镇户口的最低收入家庭提供救济性的住房保障；公租房政策是在房价高涨背景下，为解决“夹心层”人群、外来务工人员、新就业人口住房消费能力严重不足而出台的。共有产权政策的出台是为了解决城镇中低收入住房困难家庭住房问题，也为了解决旧城改造下的拆迁户安置问题。这种“头痛医头，脚痛医脚”的“补丁式”住房保障设计固然可以更有针对性地解决某一特定时期的突出矛盾，但是缺乏整体性的制度顶层设计，使得住房保障政策不科学、不连续、不协调，其结果导致住房保障效率低下。

(1)经济适用住房政策。一是供给对象界定模糊。2007年之前，其供给对象为中低收入家庭；2007年改为城市低收入家庭；2008年后又变为中低收入家庭和低收入家庭。中低收入家庭和低收入家庭的住房消费能力是不同的，而经济适用住房是产权式住房保障，实行的是只售不租的政策，其结果导致地方政府无所适从。二是经济适用住房的地位没有得到保障。1994年，国家明确规定经济适用住房的占有量应占住房总量的20%以上；1998年提出建立“以经济适用房为主”的住房供应体系，但事实上，经济适用住房的投资一直较低，1998～2003年所占比重平均仅为11.52%；2004～2006年下降到5.33%；2007～2010年平均在4%左右。1997～2010年经济适用住房累计投资9064亿元，占住宅总投资的5.69%；累计

新开工面积 63 723.3 万平方米，占住宅总开工面积的 8.7%[①]。2000 年以后，经济适用住房开工面积占住宅总开工面积的比例呈逐年下降趋势。1999～2007 年竣工成套的经济适用住房总数为 4 158 935 套，仅占中低收入家庭总数的 4.08%；2007 年新增城镇家庭 478 万户，2007 年竣工的经济适用住房 356 580 套，仅占新增中低收入家庭总数的 12.43%。2010 年以后许多城市停止了经济适用住房建设。三是上市交易限制政策难以执行。现行政策规定，经济适用住房购买者居住不满 5 年的，不得直接上市交易；从政策来看，规定经济适用住房一定年限不准上市交易的目的是保证住房保障的公平性。但事实上，数量不少的经济适用住房购买者因收入提高购买了商品住宅，将原经济适用住房私下出租或私下交易，从而获得增值收益。政策规定，经济适用住房购买者居住不满 5 年的，因特殊原因确需转让的，由政府按照原价格并考虑折旧和物价水平等因素进行回购。到目前为止，全国还未回购过一宗经济适用住房。经济适用住房本应在体制内循环却大量地在体制外交易，大量的增值收益流归原经济适用住房的购买者，造成社会分配极不公平。

(2)共有产权住房政策。一是供给对象。试点的 6 个城市将共有产权住房的供给对象限定为本市户籍家庭，将非本市户籍人口排除在外，这不符合构建统一的住房保障体系的要求。二是价格政策。关于共有产权住房的初始定价，北京、上海、深圳、淮安采取市场导向定价法，并实行最高限价；成都、黄石采取成本定价法，实行政府定价。市场导向定价法以周边商品住房的均价作为制定价格的依据，对减轻购房者的购房压力作用有限。成本定价法以住房开发成本(主要包括征地拆迁补偿费、土地出让金、土地开发成本、房屋建筑安装成本、配套设施建设成本、开发费用及 3%的利润)为基础来确定共有产权住房初始价格，难以吸引社会资本投资建设共有产权住房。关于共有产权住房增购、回购价格问题[②]，若购房者增购剩余部分产权，5 年内按初始价格购买，5 年后则以购买时点的市场价格购买；而政府(或投资者)回购共有产权人的产权时，不论在何时，均以初始价格回购。从政策来看，房价上涨成为政策设计者的固有思维，这种制度设计对购买者不公平，有失公允，不利于共有产权住房的有效配置和流转。三是产权政策。从共有形式看，北京、上海、深圳在商品房、经济适用房中实行产权共有；淮安、成都在普通商品住房、公租房(先租后买)中实行产权共有；黄石主要有棚改型住房、普通商品住房、保障性住房三类共有形式。试点城市共有产权分割依据及产权比例见表 2-2。从共有主体来看，北京、上海实行的是政府与个人共有；深圳、淮安、成都、黄石主要是政府与个人，政府、企业与个人，企业与个人共有。从

① 根据《中国统计年鉴》(1998～2011 年)的数据整理计算。

② 增购价格是指共有产权购买者继续购买政府(或投资者)持有产权时的价格；回购价格是购房人退出共有产权住房时，政府(或投资者)作为共有产权人购买购房人持有的产权份额的价格。

理论上说，确定产权份额应以各自投资额为依据。政府的出资份额主要是土地出让金(土地出让金不等于地价，地价包括征地拆迁补偿费、土地开发费、土地出让金已缴税费等)及减免的基础设施配套费,政府享有的产权份额应以政府的出资额在房价中所占比例来确定;社会投资者的产权份额以其投资额占房价的比例确定。但是，试点城市关于共有产权份额的确定缺乏科学依据，在某种程度上是人为确定的产权比例，损害了购房人的利益。从试点的实际效果看，除一线城市以外，共有产权住房认可度不高，群众普遍不接受。

**表 2-2 试点城市共有产权分割依据及产权比例**

| 城市 | 产权共有类型 | 产权分割依据 | 政府或投资者持有产权比例 |
| --- | --- | --- | --- |
| 北京 | 自住型商品房 | (市场价格–销售均价)/市场价格 | 视实际价格差确定 |
| 上海 | 经济适用房共有 | (市场价格–销售基准价格)/市场价格 | 30%～50% |
| 深圳 | 安居型商品房共有 | 市场评估价(1–70%) | 30% |
| 淮安 | 普通商品住房、公租房等共有 | 政府与个人共有：政府出资不超过 40% | 不超过 40% |
| | | 政府、企业与个人：政府出资 20%，企业出资 10% | 20% |
| 成都 | 普通商品住房、公租房共有 | (土地出让收入+基础设施配套费)/销售基准价格 | 30%～50% |
| 黄石 | 棚改型住房共有 | (安置还建房面积–个人产权面积)/安置还建房面积 | 按实际计算 |
| | 普通商品住房共有 | (住房面积–个人购房面积)/住房面积 | 按实际计算 |
| | 保障性住房共有 | 50%土地出让金、减免的政府性基金、行政事业性收费和地方配套 | 按实际计算 |

(3)棚户区改造政策。一是棚户区改造范围问题。目前将旧城改造与更新、城中村改造、城市道路建设等划入棚户区改造范围，享受棚户区改造优惠政策，任意扩大棚户区改造范围使政府背负沉重的包袱。二是拆迁补偿问题。棚户区改造的被拆迁人对补偿安置有较高的预期，引发的矛盾纠纷多；拒迁有明显上升趋势，增加了拆迁成本，严重影响棚户区改造的实施和进展。

### (四)保障性住房监管、运作机制不健全，难以保证住房保障可持续发展

保障性住房监管、运行机制不健全、不完善，导致在实际运行过程中偏离住房保障目标，难以建立促进保障性住房可持续发展的长效机制。①保障性住房重建设、轻管理。住房保障是一项重要的民生工程，保障性住房年度开发建设完成情况是中央政府考核地方政府的一项重要指标，因此地方政府相当重视，但由于

认识上的偏差，重建设、轻管理的现象较为普遍，地方政府主要重视保障房项目建设，保障住房的开工、竣工计划是其工作重点，而忽视项目建设的监督管理，导致保障性住房质量较差。②保障性住房建设资金和住房保障补贴资金严重短缺，融资问题成为政府严重的包袱。目前，住房保障资金主要有中央财政专项补助资金、省级财政配套资金及地方政府财政资金。中央财政专项补助资金主要包括中央预算内投资中安排的廉租住房补助资金及廉租住房建设专项补助资金(现已并入公租房补贴)、公租房建设的补贴资金、城市棚户区(旧城)改造补贴资金、工矿棚户区改造补贴资金。省级财政配套资金主要包括公租房建设配套资金和对棚户区以奖代补给予的资金。地方政府财政资金主要包括财政年度预算资金、住房公积金增值收益在扣除风险准备金和管理费用之后的余额、土地出让金净收益的10%、经济适用住房上市交易向政府缴纳的土地收益等。保障性住房财政资金的使用是与其保障供给体系相对应的，其保障资金“各有其位”、专款专用，严格限定其各自的使用范围，相互之间不能“错位”。分散且“各有其位”的保障性住房财政资金使用政策，一方面使保障性住房财政资金受政策的限制而大量闲置，难以发挥财政资金的杠杆作用；另一方面使有限的住房保障财政资金难以发挥“乘数”效用。同时，地方政府基本上是借助其融资平台举债筹集保障性住房建设资金的，从而加重了地方政府的财政负担。特别是中西部地区，绝大部分县(市)是“吃饭财政”，需要安排的民生工程支出项目较多，财力十分紧张。财政预算仍无法足额安排保障性安居工程建设配套资金，特别是保障房项目的基础设施建设资金和配套服务建设的资金无法保障。③保障性住房后期管理机制不健全。一是物业管理滞后，目前虽然大批保障房已被分配入住，但被保障对象大部分为低收入群体，物业管理费收缴困难，加之财政补贴资金不到位，资金无法保障，导致物业管理难。二是退出机制不健全。没有建立完善的住房保障信息管理系统，难以及时了解保障对象经济状况变化情况和监管保障性住房使用状况。由于信息不对称，无法完全实现对被保障对象的动态监管，保障性住房退出难，不利于保障性住房可持续运营和发展。

### (五)保障性住房资源闲置，造成保障性住房短缺资源浪费

一方面是保障性住房资源短缺，住房保障供应难以满足保障需求；另一方面又存在着大量的保障性住房空置现象。以深圳市坪山新区为例，2013 年坪山新区可供应的保障性住房有燕子岭配套员工宿舍 1042 套(面向企业员工)、万科金域缇香 231 套、深业东晟时代 522 套、深业御园 224 套(面向中低收入家庭和人才)等项目共 2019 套。截至 2013 年底，仅燕子岭配套员工宿舍共出租 95 套，其余三个

项目共收到申请配租配售材料 109 份，空置房源约占 90%[①]。保障性住房空置现象较为普遍，其主要原因是：第一，保障性住房土地属行政划拨，地方政府不能获得土地出让收入，因此，保障性住房选址远离市区，城市公共配套、基础设施配套严重滞后。第二，保障性住房质量较差。第三，保障性住房标准缩水。受建设资金的影响，地方政府建设保障性住房时，面积越来越小。比如，一些县(市)公租房面积仅为 20～30 平方米，不能满足保障对象的住房需求。

### (六)保障性住房集中建设，加剧了保障对象的社会隔离

成片集中建设的保障性住房将原来分散居住的被保障对象按收入差异集中起来，特别是其中的低收入人群，他们在经济收入、价值观念、生活方式、就业能力、受教育水平等方面具有一定的共性，但存在着明显的地区差异。这种共性与差异，通过分类的保障性住房集中起来，变得具有易识别性，并以居住区域为介质固化为低收入者的社会身份标签，经过一定时间的积累会形成凸显的地域歧视与群体歧视。标签化的社会排斥机制将逐步使保障对象难以融入城市主流社会，久而久之他们可能会失去自信，偏离社会主流价值观，由此，可能导致低收入群体从居住的“标签化”走向群体的“边缘化”，进而导致严重的社会问题，甚至可能会产生保障性住房“区域贫困与恶化”现象，西方国家“贫民窟”的教训值得我们重视。可见，成片集中建设保障性住房可能会人为制造社会隔离，使保障对象难以分享社会进步与城市发展成果，难以融入城市主流社会，不利于和谐社会的构建。

① 数据来源于原深圳市规划和国土资源委员会坪山管理局。

# 第三章　住房保障与市场协调性的现状评估

住房是人类生存载体的一种重要资源，其特殊性决定市场机制与政府干预这两种资源配置方式合理协调发展，才能促进人类住房问题的解决。若过度依赖某种资源配置方式，则极有可能导致居民住房问题的出现。具体而言，住房保障与市场之间的协调性问题包含两个方面：一是住房资源配置过度依赖于市场，而住房保障发展滞后，导致中低收入人群住房问题突出；从两者之间的协调性视角而言，住房保障制度存在“应保未保”问题，这是住房保障中机会公平评价的一个方面。二是市场配置住房资源受政府过度干预。住房福利制度改革过程中引入市场机制的住房供给，然而市场机制配置资源基本失灵或并未成为资源配置的基础性机制，政府却成为住房供给的主体，且在理论上政府承担了过重的住房保障任务，体现为在住房保障供给中，存在“保不应保”的问题，这是住房保障问题中机会公平评价的另一个方面。

因此，住房保障与住房市场协调问题的相关文献综述，主要从住房市场与住房问题、住房支付能力与住房问题、住房保障的公平性问题三个方面展开综述。同时，以住房支付能力的测度为核心，对我国住房保障与市场之间的协调性进行评估。

## 一、文献综述

### (一)国外相关文献综述

世界发达国家的住房保障发展已有一百多年的历史，目前已有研究中，关于住房市场对住房保障直接影响的文献较少，更多集中于住房支付能力与住房保障方面。

#### 1. 住房市场与住房问题

对于住房市场与住房问题的研究，国外文献较少，多零散地分布于如下两个主题。一是少量的关于住房市场的失灵问题分析，二是少量的关于美国次贷危机的起因及其后果的分析。

(1)住房市场失灵问题分析。Harris(2003)认为，与其他商品相比，住房商品是复杂的，如产品之间差异大、住房增量所占比例较小、住房价值与其周围的环境服务相关、购买住房需要分期付款等。另外，住房市场不能够满足社会对住房的需求，影响了居民的社会福利，并且市场失灵很普遍，因此政府应通过规制、税收、补贴和直接提供住房等措施对市场进行干预，促进居民基本住房问题的解决。贝尔琴等(2003)认为，住房的需求与供给存在着4种不均衡形式：供需静态不均衡、供需动态不均衡、供需空间不均衡和供需的质量不均衡。在所有发达国家，政府试图通过介入社会住房市场，或通过修改现行政策的漏洞，或同时采取两种措施以减少住房市场的不均衡状况。Bowie(2009)针对英国住房信贷紧缩、住房成交量下降的现象，借鉴早期英国和其他国家的住房政策经验，提出英国住房政策应从住房市场不受干预向政府管制转变，以确保住房市场和可支付住房计划的长期稳定。

(2)美国次贷危机的起因及其后果的分析。美国次贷危机是典型的住房金融市场过度化问题，关于其起因及后果的文献很多，但与住房问题相关的文献却很少。Schuetz等(2008)利用纽约2000～2005年的数据分析抵押品赎回权丧失对邻近物业价值的影响，认为随着次贷危机恶化，房价下跌，抵押品不赎回的比率上升，一方面使得邻近物业蒙受价值损失，另一方面也使得低收入者失去住处，住房问题突出。Gwinner和Sanders(2009)详细介绍了美国次贷危机产生的原因，包括发放贷款不是依据借款人支付能力而是依据抵押品价值及发放次级债券是为中低收入者融资等；提出了一些对新兴市场的建议，包括合理控制借贷者的负债收入比、为中低收入者提供小额信贷支持等，以期通过有别于次级抵押贷款金融支持的方式解决中低收入人群的住房问题。Whalen(2008)认为次级抵押贷款危机的根源之一是政府的住房政策，即政府为了解决中低收入人群的住房问题，由美国政府发起，上千家公司、协会和政府机构参与，共同利用金融创新技术，力图利用住房市场的方式来增加可以支付住房的数量，但最终却以更多人群住房问题的出现为代价。Raquel Rolnik作为联合国适当住房问题的特别报告员，认为次贷危机把人们带入了一个更为冷酷的现实：很多人因无法偿还房屋贷款而失去自己的住房，法院拍卖无法赎回房屋的数量不断增加，仅在美国就将累及数百万住房拥有者和房客；然而就像住房问题在次贷和金融危机中被忽略一样，面临住房被收回拍卖的人们也没有引起各国政府的足够关注；她认为次贷和金融危机不仅折射出多年来占主导地位的住房观念的根本缺陷，同时折射出仅依靠市场机制无法为人们提供适当和可支付的住房这一基本事实。

2. 住房支付能力与住房问题

住房支付能力以住房市场为评价的基本环境，用以反映居民支付能力的现状，一般采用“住房可支付能力”(housing affordability)这一词条用于政府的住房保障政策制定(Whitehead，1991)。国外此类文献较多，一般可分为两个层面。

第一个层面是住房可支付能力的衡量指标、影响因素及其对策。在测度指标中，Burke 和 Ralston (2004) 将住房可支付能力的测度方法分为两大阵营，即住房优先和非住房优先，其中住房优先包含住房支出收入比例法、房价收入比例法，而非住房优先主要包含剩余收入法。有关住房可支付能力的影响因素分析较多。Kim (1993) 分析了韩国的住房可支付能力问题，认为韩国城镇居民住房可支付能力低的原因在于政府直接干预未能阻止房价上升，并建议通过金融、税收等手段降低房价，从而解决住房可支付能力问题。Bramely (1994) 讨论了 20 世纪 80 年代末期 90 年代初期英国住房制度所经历的一场与其他国家一样的可支付能力危机，认为利率快速上升是导致可支付能力危机的重要原因。van Willem 和 Hirayama (1994) 分析日本的住房可支付能力问题时，发现地价暴涨使住房成本快速上升，高房价是导致住房可支付能力问题的主要原因。Ong (2000) 从需求方的现金流视角分析了可支付能力问题，认为可支付能力是收入、抵押贷款比率的函数，提出可以通过调整金融政策提高可支付能力。Birrell 和 Healy (2003) 研究了 1996～2001 年悉尼海外移民与房价的变化，发现海外移民增加导致住房价格上升，从而引发住房可支付能力危机。Thomson (2004) 研究发现，低收入、高房价等原因造成可支付能力问题很普遍，提出应通过职业培训、就业扶持、鼓励公司创造就业机会等提高居民收入，另外政府应通过提供抵押或小额贷款扶持、低成本保险、建立住房信托基金、减免物业税等途径提高居民的住房可支付能力。Eric 和 Skaburskis (2004) 研究表明，在住房租金与住房价格的传导机制中，土地价格是影响住房可支付能力的决定性因素，认为最根本的对策是政府要采用政策手段对土地租金进行干预。Quigley 和 Raphael (2004) 指出，住房价格因品质提高而上升，而房价提高也源自土地利用规划减少了住房供应，导致房价、租金的提高，这些因素都对居民住房可支付能力产生影响。Beer 等 (2007) 研究了住房可支付能力与规划的关系，认为城市规划限制了土地供应并增加了开发商的额外成本，成为诱发住房可支付能力危机的主要原因。Burke 和 Ralston (2004) 认为要从供给和需求两个层面采取措施来提高住房可支付能力，除了在需求层面给予租金补贴并免除税收外，在供给层面要采取折扣价供应土地、容积率奖励、土地税减免、印花税减免、政府授权等手段。

第二个层面是住房可支付能力与住房问题。Burke 和 Ralston (2004) 在分析住房可支付能力测度的作用时指出，住房可支付能力的测度可以应用于：第一，判定潜在的贫困人口以确定住房补贴标准；第二，评价住房制度，如公共住房供给、联邦租金补助等；第三，评判住房补贴获得者的福利；第四，指导可支付住房的供给具体应用中，Thalmann (1999，2003) 采用收入余额指标及一些反映住房设施过度消费、过度支付的指标，来区分由于高租金和由于低收入而产生的住房可支付能力问题，并运用瑞士的案例计算这些指标，更精确地知晓哪些群体需要一般的收入资助及哪些群体需要特定的住房资助(仅仅是传统测度法估计的 1/4)。Rakodi(1995)在研究津巴布韦低收入人群的住房支付问题时提出，住房可支付能力应考虑家庭可能的收入占住房及设施成本的比例和家庭能够从其他渠道调动的资源，包括家庭自身及外部家庭和信用。Kamete(2001)认为，家庭对于能调动的金融资源的考虑使得住房可支付能力的研究更加具有现实性，因为它反映了低收入群体的重要社会经济特征，并且与正式金融机构的金融支持区分开来。Bramley 和 Karley(2005)在研究英国可支付住宅问题与贫穷紧密相关的问题时指出：收入余额方法相对于住房消费比例方法是一种更加严密的方法；运用基于收入余额指标的住房可支付能力评价方法，可以更加准确地判断低收入家庭的住房问题，从而使得住房保障政策更加有效率。政府可以根据地区经济和社会发展状况，调查低收入家庭的收支状况，确定基本生活标准和基本居住标准，再以此为依据，制定适应性的住房保障政策。然而，Bourassa(1996)很早就指出剩余收入法专注于某一最低收入水平家庭的非住房消费，将支付能力的焦点由住房消费转向了非住房消费，未能有效解决比率法的其他问题。此外，剩余收入法还存在一个致命的缺陷，就是未能确定合理的非住房消费最低标准。Nelson(1994)从供求失配视角阐明了美国住房供给计划的不足，指出尽管这些计划增加了对低收入家庭来说可支付性住房的供给，但是没有能够为收入很低或非常低的家庭提供相应的可支付性住房，住房保障通过国民收入的再分配，为住房支付能力弱的住房困难群体提供基本住房消费，其本质是维护社会公平。毋庸置疑，我国住房保障制度设计是以社会公平为价值取向的，但在制度设计与运行过程中，问题导向性特征使得我国现有住房保障制度面临着外在性公平问题与内在性公平问题，而这往往是保障制度存在是否合理、发展是否可持续的必要前提，也是评价住房保障制度优劣的客观标准。

3. 住房保障的公平性问题

关于公平的讨论由来已久，而公平问题的讨论多集中于收入分配。西方经济学中公平观可分为功利主义公平观、古典自由主义公平观和罗尔斯主义公平观三大类。庇古的福利经济学以功利主义为其理论基础，将收入分配的公平性问题作为增进国家经济福利的重要手段。他认为，在收入分配领域中，要增加社会经济福利就必须实现收入分配的均等化。古典自由主义公平观具体体现为对功利主义平均分配观的批判和对自由市场竞争中机会平等的推崇。罗尔斯主义公平观主张社会上状况最差的人的福利最大化，是包含平等主义思想、重视社会最少受惠成员的公平观。然而，公平性评价同时具有主观感知性。因此，亚当斯于 1967 年从激励的角度提出了公平理论，该理论从人的动机和知觉的关系出发，认为人的工作积极性不仅与个人实际报酬多少有关，而且与人们对报酬的分配是否感到公平更为密切；人们总会自觉或不自觉地将自己付出的劳动代价及其所得到的报酬与他人进行比较，并对公平与否做出判断；公平感直接影响职工的工作动机和行为。

国外文献中有较多关于住房保障制度的公平性问题及相关评价。关于住房保障制度的公平性问题评价，可简单地分为住房政策或住房保障制度公平性方面评价和包含公平性方面的整体性综合评价。公平性方面评价中，Gyourko 和 Linneman (1989) 基于经验数据，从公平与效率的视角对纽约城租金控制政策进行分析，他们认为，基于社会经济分层线考察，租金控制并没有导致个体之间收益的变动，而目标群体甄别的无效性使得收益没有产生任何分布效应，即租金控制并没有改善资源的分布问题。Cutts 和 Olsen (2002) 针对美国 section 8[①]住房计划的补贴是否太高进行经验分析，研究显示 section 8 住房补贴计划的补贴超过了受惠家庭在市场上租赁符合标准住房的租金，建议在补贴总量不变的情况下降低补贴水平来扩大覆盖面，改变符合条件的目标群体中获得补贴者和未获得补贴者之间的水平不公平问题等，包含了对 section 8 的公平性评价。Hoeksmit 和 Diamond (2003) 从政策公平性、政策效率等各种不同标准的角度，探讨了住房金融补贴制度的设计与实施，也探讨了对政策性住房金融的公平性评价。整体综合性评价中，一般将公共财政标准，如经济效率、公平性等多重标准加以综合，分析整体或单项住房补贴制度。Le Blanc (2005) 对住房保障制度评价的分析框架中，试图将各层面的公平性问题，如水平公平、垂直公平等方面纳入住房保障制度综合评价的关键性指标。

## （二）国内相关文献综述

我国理论界对住房领域中市场与保障问题的研究主要集中在以下几方面。

### 1. 住房市场与住房问题

我国住房市场化的改革方向直接起因于住房福利制度所形成的居民居住水平持续下降。然而，住房市场化的过度必然导致市场房价高增长性的高位运行，中低收入人群住房问题凸显。吴莲 (2007) 认为，我国房地产业大体经过启蒙、起步、渐进到洪水漫滩式的突进等四个阶段，既解决了一部分城市居民的住房问题，也构筑了一大产业，同时带来了社会成本过大、房价过高、国家宏观调控失灵、居民利益遭受到损害等问题。尹晓红 (2009) 认为，我国住房市场化方向的确立，虽然在一定程度上活跃了市场，增加了住房供给，但特有的土地所有制、政府角色错位、住房过度市场化、住房市场失灵，尤其是宪法保障制度的不完善，使得住房问题成为当代中国人面临的一项十分严峻的生存考验。张敦福 (2010) 认为，目

① 美国第 8 类房屋补助计划，即政府通过补贴房租资助低收入家庭的住房计划。

前住房问题的主要层面有三个：一是房价暴涨，超过普通百姓的购买能力。二是投资性购房比例和住房空置率高。三是地方政府把房地产开发作为支柱产业，从中获取过高税费收入。而住房过度市场化的社会后果则是不同阶层和群体之间的社会差距明显扩大。因此，张敦福认为，解决住房问题的根本之道在于把其作为社会问题而非纯经济问题对待，以社会政策而非经济政策应对，国家和政府应当把住房作为基本民生问题，通过建设各阶层、各群体利益共享的消费者社会解决城市中低收入人群的住房问题。钱滔(2010)、龚强和许蔓(2010)、王弟海等(2015)、杨俊(2010)分别撰文，认为房地产需求面与供给面不同步的市场化改革是导致我国房地产市场种种矛盾局面的根源，投资性需求主导则引发了种种不利后果。

2. 住房可支付能力与中低收入人群住房问题

国内住房可支付能力问题的研究在近几年呈上升趋势，相关研究分析多集中于以下两个层面：第一个层面是关于住房可支付能力评价指标的研究，如房价收入比、住房可支付能力指数、剩余收入法、考虑通勤因素的住房可支付能力指数等，以及相关指标的讨论与拓展(杨文武，2003；沈久沄，2006；余凌志和屠梅曾，2008；陈杰等，2016；周仁等，2010)；对住房可支付能力的主要影响因素分析，如住宅价格、家庭收入、融资方式、住房公积金、经济基本面等(耿媛元和刘洪玉，1999；战友和王伟，2008；周京奎，2010)；指标分析中，也考虑了住房支付能力的稳定性问题(沈悦和张学峰，2011)。第二个层面是基于住房支付能力对居民住房承受能力的现状评价(宏观经济研究院投资研究所课题组，2005；虞晓芬，2004；王丽艳和王振坡，2007；张清勇，2007；向肃一和龙奋杰，2007；吴刚，2009；李进涛等，2009)。

住房可支付能力与中低收入人群住房问题之间存在相关关系。房价变动导致中低收入居民可支付能力变动，而可支付能力下降必然需要政府给予住房保障。汤腊梅(2010)通过构建基于收入增长的住房支付能力模型,测度全国及10个样本城市的住房可支付能力，结果表明，全国有40%的家庭通过市场不能满足其基本的住房需要，要求政府给予住房保障；有10%的低收入家庭要求廉租住房保障。杨赞等(2010)应用剩余收入法测算了北京市居民的住房可支付能力，比较了已购房改公有住房家庭和首次购房家庭的住房可支付能力，认为北京不同收入群体住房可支付能力存在明显的差异，中低收入家庭购买能力不足，拥有房改公有住房能提高家庭的住房可支付能力，经济适用房和限价商品房对提高中低收入家庭住房可支付能力的作用很小。赵奉军等(2011)从收入分配结构角度分析我国城镇中低收入居民住房可支付能力，认为以住房需求为主导的政策性和商业性金融支持因素导致了住房可支付能力不足，建议通过调整住房供给结构、建设保障房，建立住房供给双轨制，以提高城镇中低收入居民住房的支付能力。郭玉坤和杨坤(2009)

依据住房消费收入比、房价收入比等衡量住房支付能力的指标，采用统计分组法与倒推法相结合的方法来划分和识别城镇住房保障对象，认为我国现阶段城镇住房保障对象应涵盖城镇居民中的最低收入户、低收入户和中等偏下收入户，保障住房覆盖率应为40%。

3. 住房保障的公平性问题

国内文献也有较多关于住房保障及相关保障政策的公平性评价，但多集中于定性分析。师元梅(2009)将视角集中于住房保障对象，认为现有住房保障中并不包含城市“夹心层”、农民工，也缺乏针对农村弱势群体的住房保障制度研究，同时存在住房保障对象的公平性缺失问题。谷俊青(2010)对我国2007～2009年廉租住房、经济适用住房、限价住房政策实施效果进行梳理和评价，并提出相应的政策建议，包含对制度运行的公平性分析；葛伶俊(2009)从社会公正的角度对住房保障制度进行了定性评价，认为在当前住房保障制度建设和实施中存在公共财政投入不足，投资比例过小，保障性住房供需严重失衡，保障对象甄别制度设计滞后，保障效率低下，保障对象有些错位等问题；政策监管严重缺位，住房保障制度实施过程中出现了非预期结果，政策预期效果大打折扣。梁绍连和杜德斌(2007)基于经济适用住房制度、廉租住房制度和住房公积金制度，研究我国住房保障政策的公平性问题，认为目前实施的住房保障政策存在政策覆盖面公平性缺失、政策目标对象偏离和制度在一定程度上扩大贫富差距等问题，同时从政策设计、住房建设、资格审核和住房管理等方面对公平性问题的产生原因进行了深入探讨，并提出了保障公平的政策建议。余凌志和屠梅曾(2007)基于住房保障对城镇住房市场的影响和制度内部公平与效率的分析框架进行分析，重点从城镇住房保障制度是否保障了城镇住房市场失灵的领域、城镇住房保障制度是否保证了每一个应受益人都有得到相应保障的机会、城镇住房保障制度是否使所有实际受益人的利益分配合理化三个方面分析现有住房保障制度的公平性；并从正式制度、非正式制度、实施机制方面提出我国城镇住房保障制度的系统优化建议。

从住房市场与住房问题、住房支付能力与住房问题、住房保障的公平性问题的国内外文献综述可以看到，住房保障制度和住房市场的协调性与很多因素相关，如政治体制、土地所有权制度、银行信贷系统、贫困水平、城市化水平和住房供应市场的差异等，但住房支付能力成为保障与市场两者之间联系的关键。然而，国外已有文献侧重于住房保障制度的社会效应评价，基本没有住房保障与市场之间的协调性研究，国内已有研究也处于类似情况，同时与我国住房保障历程较短且处于不断调整之中，住房保障制度运行数据少且不连续的基本现状有关。本章利用可以得到的数据，以住房支付能力测度及改进为主要工具，围绕住房保障制度，如经济适用住房制度、租赁保障住房制度等，是否存在“应保未保”“保不应保”等机会公平问题，对我国住房保障与市场之间的协调性进行合理评估。

## 二、住房保障与市场的协调性评估工具

如前所述，本节基于住房支付能力测度的角度，从保障制度是否存在“应保未保”“保不应保”等机会公平问题，评估住房保障与市场之间的协调性。

### （一）协调性评估工具

住房保障与市场是否协调，首先体现为居民支付能力与市场房价之间是否合理协调。当支付能力与市场房价不协调，且家庭在住房消费上存在支付困难问题时，政府应为家庭提供住房保障，使其“住有所居”。因此，可以用保障制度是否存在“应保未保”“保不应保”等机会公平问题，衡量居民支付能力与市场房价是否协调。当住房保障制度出现“应保未保”问题时，表明市场房价过高导致居民出现住房问题，这部分人群也没有机会从政府提供的保障中解决自身的住房问题，保障与市场之间出现了协调性问题。同样，如果政府提供的住房保障覆盖人群过多，甚至保障了那些可以通过自身努力在住房市场上解决自身住房问题的人群，那么市场机制将在住房市场上难以发挥基础性作用，也表明保障与市场之间出现了协调性问题。因此，可以通过住房保障制度的住房配给机会公平性指标评估住房保障与市场之间的协调性。

住房配给机会是指无法从市场获取住房消费的群体成为政府保障对象中的目标群体的概率。实践中，住房保障制度不断完善，尤其近几年，其覆盖面与保障标准呈现“提标扩面”的良好势头，但是我们还不清楚住房保障制度是否实现了所有住房支付困难群体的“住有所居”，或者住房保障制度是否存在覆盖面过广，从而导致对住房市场过度干预的问题。因此，住房配给机会是否合理，需要分析城市所有人群中存在住房支付困难人群的比例与政府政策所保障人群比例之间的关系。基于数据的可获得性，重点从收入标准进行探讨。

### （二）协调性评估函数的构建

利用市场房价及目标人群的住房可支付能力，从理论上测算政府需要保障人群的边界分位数，并与政府出台政策所界定的保障标准所对应的边界分位数进行比较。

#### 1. 住房配给机会获取的公平性界定

以收入为衡量基准，由低到高将不同收入划分为最低收入人群(0～10%)，低

收入人群(10%～20%)，中偏下收入人群(20%～40%)，中等收入人群(40%～60%)，中偏上收入人群(60%～80%)，高收入人群(80%～90%)，最高收入人群(90%～100%)，假定各收入分类均为均匀分布。设存在住房消费支付困难群体的可支配收入在收入百分比中的分位数为$\beta$，政府住房保障制度所设定的收入标准所对应的收入分位数为$\beta_0$。

住房获取配给机会的公平度(DEQ)可界定为

$$\mathrm{DEQ}=\frac{\beta-\beta_0}{\beta_0}\times 100\% \tag{3-1}$$

由式（3-1）可知，若 DEQ<0，表明政府的住房保障范围存在“保不应保”问题，即住房保障覆盖面过宽，将本不应纳入保障范围内的人群纳入制度保障范围，住房保障与市场的协调性出现问题。若 DEQ>0，表明政府的住房保障存在“应保未保”问题，即实际保障范围没能覆盖所有存在住房支付困难的群体，住房保障与市场的协调性出现问题。若 DEQ=0，表明政府的住房保障范围处于最优，达到了“应保全保”的最优范围，表明住房保障与市场之间协调。

式（3-1）显示，获取住房保障的机会关键在于保障标准的收入边界分位数和可支付收入边界分位数两个参数。基于市场住房价值和城市不同生活收入水平的城市居民家庭收支分组情况，构建保障标准的收入边界识别的分位数函数和住房可支付收入边界识别的分位数函数。

2. 住房配给机会收入边界识别的分位数

从政府住房保障标准收入边界识别的分位数函数及住房可支付收入边界识别的分位数函数两个角度，探讨住房配给机会收入边界识别的分位数函数。

1)政府住房保障标准收入边界识别的分位数函数

设由低到高的收入分组组中值的分位数分别对应于$\alpha_1$=5%，$\alpha_2$=15%，$\alpha_3$=95%，$\alpha_4$=50%，$\alpha_5$=70%，$\alpha_6$=85%，$\alpha_7$=95%，分位数端点记为$\alpha_0$=0，$\alpha_8$=100%；各边界分位数第$y$年对应的组中值记为$I_{\alpha_i}^{y}$，第$y$年政府住房保障的收入资格标准值记为$\mathrm{CI}^y$。由居民可支配收入分组的完备性性质可知，存在$\alpha_i$和$\alpha_{i+1}$使得$I_{\alpha_i}^{y} \leqslant \mathrm{CI}^y \leqslant I_{\alpha_{i+1}}^{y}$，同时假定收入在各分位数之间服从均匀分布，则政府住房保障标准的收入边界识别的分位数函数可构建如下：

$$\beta_0=\alpha_i+(\alpha_{i+1}-\alpha_i)\times\frac{\mathrm{CI}^y-I_{\alpha_i}^{y}}{I_{\alpha_{i+1}}^{y}-\mathrm{CI}^y} \tag{3-2}$$

2) 住房可支付收入边界识别的分位数函数

假定不考虑家庭受制于住房首付约束，依据住房市场价格和家庭住房消费支付能力两个角度分别进行分析。

若家庭第 $y$ 年从市场购房，每月需支付的水平记为 $\mathrm{AH}^y$，显然，等额本息贷款下，住房每月需支付的额度或水平与一套住房的市场价值及抵押贷款利率相关，则 $\mathrm{AH}^y$ 可表示为

$$\mathrm{AH}^y = \frac{r^y \cdot \mathrm{PH}^y \cdot S^y \cdot (1-\mathrm{RH}^y)}{1-(1+r^y)^{-12n}} \tag{3-3}$$

其中，$r^y$ 为第 $y$ 年住房抵押贷款月利率；$\mathrm{PH}^y$ 为第 $y$ 年住房市场的价格水平；$S^y$ 为第 $y$ 年住房市场单套住房的面积水平；$\mathrm{RH}^y$ 为第 $y$ 年住房首付比例；$n$ 为住房抵押贷款年限。

分析家庭收入用于住房消费实际能支付的水平所处于的收入边界分位数，需要分析家庭住房可支付水平分组所对应的组中值，记为 AI。住房可支付水平有三种衡量方案：一是房价收入比指标，合理范围在 3～6 倍内，但该指标难以反映不同收入结构的支付能力。二是月收入还款比指标，一般认为，若每月住房还贷额占可支配收入的 20%～30%，则对家庭其他必要消费不产生影响，但若占可支配收入的 50%时，则表明住房存在极度不可支付。当然，这一指标没有考虑到低收入人群必要的非住房消费占该类人群收入的比重。三是剩余收入法，即收入用于必要的非住房消费后的剩余额为住房消费可支付的最高额度，也是衡量住房消费可支付水平的可行方案。后两种方案在衡量不同收入结构的可支付能力方面具有较好的衡量价值，此处我们结合这两者的优势，给出第 $y$ 年家庭住房月可支付水平分组所对应的组中值函数 $\mathrm{AI}_{\alpha_i}^y$，可表示为

$$\mathrm{AI}_{\alpha_i}^y = \mathrm{POP}_{\alpha_i}^y \times \min\left(I_{\alpha_i}^y - (\mathrm{TC}_{\alpha_i}^y - \mathrm{HC}_{\alpha_i}^y), 50\% I_{\alpha_i}^y\right) \tag{3-4}$$

其中，$\mathrm{POP}_{\alpha_i}^y$ 为第 $y$ 年收入边界分位数为 $\alpha_i$ 所对应收入分组的家庭平均人口数；$\mathrm{TC}_{\alpha_i}^y$ 为第 $y$ 年收入边界分位数为 $\alpha_i$ 所对应收入分组的家庭总消费支出；$\mathrm{HC}_{\alpha_i}^y$ 为家庭住房消费支出。

根据式(3-2)、式(3-3)，住房可支付收入边界识别的分位数函数可构建如下：

$$\beta = \alpha_i + (\alpha_{i+1} - \alpha_i) \times \frac{\mathrm{AH}^y - \mathrm{AI}_{\alpha_i}^y}{\mathrm{AI}_{\alpha_{i+1}}^y - \mathrm{AI}_{\alpha_i}^y} \tag{3-5}$$

## 三、住房保障制度与市场的协调性评估

从产权性住房保障制度、租赁性住房保障制度是否存在“应保未保”“保不应保”的角度，评估住房保障制度与市场的协调性。

### (一) 产权性住房保障制度与市场的协调性评估

我国产权性住房制度主要包含经济适用住房制度[①]、限价住房政策，限价住房政策实施时间较短，并没有形成一个完整的政策体系，也缺乏相应的数据，因此，以经济适用住房制度的进入规制为标准，基于上一部分协调性评估函数中的边界识别分位数函数式(3-2)、式(3-5)和定义1，以武汉市为例，考察产权性住房保障制度与市场之间的协调性。

#### 1. 数据来源与说明

数据主要根据2006～2012年武汉市房地产年鉴、武汉市统计年鉴整理所得。表3-1为各收入分组的家庭平均人口数(POP)、家庭平均人均可支配收入分组组中值($I$)、家庭平均人均总消费支出分组组中值(TC)及家庭平均人均居住消费分组组中值(HC)。

**表3-1 武汉市不同收入水平的城市居民家庭收支分组情况(2005～2011年)**

| 项目 | | 2011年 | 2010年 | 2009年 | 2008年 | 2007年 | 2006年 | 2005年 |
|---|---|---|---|---|---|---|---|---|
| 最低收入户(对应边界分位数$\alpha$= 5%) | POP/人 | 3.32 | 3.3 | 3.25 | 3.21 | 3.2 | 3.08 | 3.06 |
| | $I$/元 | 772.19 | 558.69 | 529.63 | 477.34 | 478.32 | 387.31 | 396.84 |
| | TC/元 | 723.6 | 482.78 | 500.46 | 477.09 | 450.27 | 330.71 | 363.53 |
| | HC/元 | 132.25 | 47.54 | 66.14 | 44.72 | 62.7 | 50.29 | 60.18 |
| 低收入户(对应边界分位数$\alpha$ = 15%) | POP/人 | 3.15 | 3.2 | 3.27 | 3.13 | 3.28 | 3.1 | 3.1 |
| | $I$/元 | 1174.06 | 828.7 | 762.04 | 693.65 | 698.61 | 559.2 | 553.99 |
| | TC/元 | 918.67 | 696.83 | 621.7 | 551.68 | 538.72 | 513.83 | 477.63 |
| | HC/元 | 78.28 | 51.52 | 55.82 | 57.93 | 66.58 | 63.68 | 66 |

① 武汉市经济适用住房制度开始于20世纪90年代，到21世纪，经济适用住房制度存在的问题越来越突出，武汉市政府从2012年逐步取消经济适用住房制度，武汉市统计局从2012年不再统计经济适用住房数据。因此，本章利用截至2011年武汉市经济适用住房数据进行协调性评估。

续表

| 项目 | | 2011 年 | 2010 年 | 2009 年 | 2008 年 | 2007 年 | 2006 年 | 2005 年 |
|---|---|---|---|---|---|---|---|---|
| 中等偏下收入户（对应边界分位数 $\alpha = 30\%$） | POP/人 | 3.01 | 3 | 3.01 | 3.1 | 3.06 | 3.11 | 3.1 |
| | $I$/元 | 1494.45 | 1115.92 | 1025.69 | 906.03 | 902.49 | 726.06 | 696.18 |
| | TC/元 | 1056.03 | 892.61 | 811.65 | 676.28 | 751.39 | 586.98 | 579.8 |
| | HC/元 | 85.88 | 74.3 | 77.68 | 77.08 | 86.2 | 74.35 | 61.02 |
| 中等收入户（对应边界分位数 $\alpha = 50\%$） | POP/人 | 2.9 | 2.9 | 2.83 | 2.87 | 2.87 | 2.74 | 2.9 |
| | $I$/元 | 1834.74 | 1497.6 | 1370.29 | 1214.14 | 1136.07 | 961.44 | 865.13 |
| | TC/元 | 1392.77 | 1159.2 | 999.01 | 883.35 | 851.75 | 777.42 | 665.81 |
| | HC/元 | 99.78 | 107.74 | 94.92 | 66.65 | 94.39 | 76.91 | 73.9 |
| 中等偏上收入户（对应边界分位数 $\alpha = 70\%$） | POP/人 | 2.81 | 2.8 | 2.84 | 2.91 | 2.72 | 2.91 | 2.84 |
| | $I$/元 | 2302.85 | 1943.68 | 1814.08 | 1685.59 | 1431.09 | 1218.33 | 1074.16 |
| | TC/元 | 1714.32 | 1268.36 | 1202.92 | 1130.69 | 1028.01 | 844.88 | 797.6 |
| | HC/元 | 128.58 | 148.76 | 105.96 | 115.27 | 118.16 | 72.04 | 89.35 |
| 高收入户（对应边界分位数 $\alpha = 85\%$） | POP/人 | 2.52 | 2.6 | 2.73 | 2.81 | 2.58 | 2.51 | 2.41 |
| | $I$/元 | 2945.65 | 2639.55 | 2479.03 | 2231.52 | 1827.06 | 1575.06 | 1283.28 |
| | TC/元 | 2017.08 | 1525.06 | 1528.92 | 1557.95 | 1111.66 | 996.21 | 964.37 |
| | HC/元 | 129.94 | 139.03 | 110.69 | 146.4 | 152.56 | 102.1 | 94.38 |
| 最高收入户（对应边界分位数 $\alpha = 95\%$） | POP/人 | 2.44 | 2.5 | 2.41 | 2.32 | 2.48 | 2.38 | 2.41 |
| | $I$/元 | 4509.02 | 5207.21 | 4074.25 | 3566.95 | 2517.11 | 2234.58 | 1842.83 |
| | TC/元 | 2823.34 | 3305.74 | 2420.62 | 1985.48 | 1764.34 | 1555.26 | 1142.66 |
| | HC/元 | 308 | 406.93 | 205.8 | 169.66 | 204.11 | 219.75 | 106.25 |

如表 3-2 所示，给出了其他相应参数数据。数据说明：HP 为商品住房平均价格，是商品住房销售额与销售面积的比值，需要注意的是，此时的住房销售额与销售面积不包含经济适用住房对应指标值。2006～2011 年 $S$ 为面向社会销售的经济适用住房销售面积与销售套数的比值，由于 2005 年、2009 年缺乏相应数据，通过数据平滑方式，分别以 85 平方米、87 平方米替代。$V_t$ 为经济适用住房的市场总价值，用于分析中低收入人群以经济适用住房面积为基准的住房市场价值可支付性，年利率 $r$ 以中国人民银行公布的五年期以上的贷款利率为基准，基准利

率执行期内加权平均后得到年利率。同时，将住房首付比 RH 与还款年限 $N$ 分别设定为 0.7 和 20 年。

**表 3-2　经济适用住房覆盖面公平性评估数据(2005～2011 年)**

| 项目 | 2011 年 | 2010 年 | 2009 年 | 2008 年 | 2007 年 | 2006 年 | 2005 年 |
| --- | --- | --- | --- | --- | --- | --- | --- |
| HP：(纯)商品住房平均价格/(元/米$^2$) | 6 357 | 6 568 | 5 461 | 4 978 | 4 824 | 3 574 | 3 025 |
| $S$：经济适用住房套均面积/米$^2$ | 76.34 | 83.30 | 87.00 | 86.54 | 86.64 | 86.92 | 85.00 |
| $V$：经济适用住房的市场总价值/元 | 480 971 | 510 551 | 475 064 | 430 784 | 417 891 | 310 693 | 257 099 |
| RH：住房首付比 | 0.7 | 0.7 | 0.7 | 0.7 | 0.7 | 0.7 | 0.7 |
| $r$：年利率 | 5.83% | 5.40% | 5.94% | 7.67% | 7.29% | 6.50% | 6.12% |
| $N$：还款年限/年 | 20 | 20 | 20 | 20 | 20 | 20 | 20 |
| $M$：每月还款额(等额本息)/元 | 1 011 | 1 045 | 1 016 | 1 055 | 994 | 695 | 558 |
| CI：政府保障标准/元 | 824 | 824 | 824 | 1196 | 1030 | 904 | 797 |

2001 年 2 月与 2004 年 10 月，《武汉市人民政府关于印发武汉市经济适用住房管理暂行规定的通知》与《武汉市经济适用住房购买资格核准工作暂行规定》对经济适用住房的进入条件进行了规制，收入规制界定为家庭人均收入低于本市城区居民人均可支配收入，具体执行以统计局上年度公布的收入为标准，并于 2004 年实行资格证登记制度。2008 年调整为家庭人均收入标准为上年度人均可支配收入 80%以下，具体执行的收入标准为 824 元，直至 2011 年仍维持在 824 元。

### 2. 产权性保障制度与市场协调性评估结果

以表 3-1 与表 3-2 的数据为基础，基于以上构建的收入边界分位数函数，从公平性角度评估制度准入规制的公平程度。由式(3-1)可得住房获取配给机会的公平度；由式(3-2)可得政府住房保障标准的收入边界识别的分位数；由式(3-3)可得住房每月需支付水平；由式(3-4)可得家庭住房月可支付水平分组组中值；由式(3-5)可得家庭住房可支付的收入边界识别的分位数。

由表 3-3 可知，武汉市经济适用住房的获取配给机会的公平度，2005～2011 年，住房保障与市场的协调性由“保不应保”的状态转向了“应保未保”的状态，这一点是政策准入标准由“中低收入群体”调整为“低收入人群”所引起的，也是由收入规制标准调整的滞后性所产生的，即 824 元实质上是以 2006 年的家庭人均可支配收入的 80%为标准的。值得引起重视的是，2007 年的标准处于“应保未保”状态，是 2007 年住房需支付的水平提高或房价增速过快引起的，也是房价过高导致政府应保范围大幅度膨胀的结果。

**表 3-3　经济适用住房获取配给机会的公平性评估(2005～2011 年)**

<table>
<tr><th colspan="2">项目</th><th>2011 年</th><th>2010 年</th><th>2009 年</th><th>2008 年</th><th>2007 年</th><th>2006 年</th><th>2005 年</th></tr>
<tr><td rowspan="7">$AI_{ai}$：家庭住房月可支付水平分组组中值</td><td>最低收入户收入/元</td><td>495</td><td>405</td><td>310</td><td>144</td><td>290</td><td>329</td><td>286</td></tr>
<tr><td>低收入户收入/元</td><td>852</td><td>723</td><td>641</td><td>626</td><td>743</td><td>338</td><td>441</td></tr>
<tr><td>中偏下收入户收入/元</td><td>1032</td><td>953</td><td>878</td><td>951</td><td>726</td><td>664</td><td>550</td></tr>
<tr><td>中等收入户收入/元</td><td>1763</td><td>1563</td><td>1319</td><td>1141</td><td>1087</td><td>715</td><td>792</td></tr>
<tr><td>中偏上收入户收入/元</td><td>2486</td><td>2246</td><td>2037</td><td>1950</td><td>1418</td><td>1296</td><td>1039</td></tr>
<tr><td>高收入户收入/元</td><td>3794</td><td>3294</td><td>2896</td><td>2304</td><td>2239</td><td>1709</td><td>996</td></tr>
<tr><td>最高收入户收入/元</td><td>4953</td><td>4756</td><td>4481</td><td>4063</td><td>2373</td><td>2140</td><td>1943</td></tr>
<tr><td colspan="2">AH：住房每月能支付水平/元</td><td>1287</td><td>1127</td><td>1016</td><td>1055</td><td>994</td><td>695</td><td>558</td></tr>
<tr><td colspan="2">$\beta_0$：应保障人群的边界分位数</td><td>30.23%</td><td>34.27%</td><td>36.26 %</td><td>40.93 %</td><td>44.86 %</td><td>42.27 %</td><td>30.66 %</td></tr>
<tr><td colspan="2">$\beta$：政府保障人群的边界分位数</td><td>27.54%</td><td>38.53%</td><td>18.53%</td><td>48.85%</td><td>40.92%</td><td>45.13 %</td><td>36.03%</td></tr>
<tr><td colspan="2">DEQ：住房获取配给机会公平度</td><td>9.77%</td><td>−12.4%</td><td>95.72%</td><td>−16.22%</td><td>9.62%</td><td>−6.35%</td><td>−14.90%</td></tr>
</table>

## (二)租赁性住房保障制度与市场的协调性评估

随着住房保障制度的推进与完善，产权性住房保障被逐步取消，公共租赁住房制度成为住房保障制度的主要形式。理论上而言，公租房保障也应与市场实行对接，即中低收入人群受制于收入难以购买市场住房，理应获得公租房保障。因此，基于公租房政策实际保障范围与应保障范围，分析公租房制度的住房配给机会公平度。

### 1. 数据来源与说明

“十二五”期间，公租房是住房保障的重点。武汉市开始探索公租房保障方式，根据住建部《公共租赁住房管理办法》，武汉市政府颁布《武汉市人民政府办公厅关于加快发展公共租赁住房的意见》和《武汉市公共租赁住房租赁管理暂行规定》，在洪山区南湖村和马湖村，试点公租房社会建设新模式，初步确定了武汉公租房的收入准入标准为：住房困难家庭的家庭人均收入标准为市最低月工资标准的两倍以下，实际执行标准为 1500 元。2013 年住房保障和房屋管理局公布《武汉市公共租赁住房租金和补贴管理暂行规定》，文件规定“城镇住房困难家庭人均月收入在 1000 至 2000 元(含)的，人均月补贴标准约为三环周边区域住宅平均市场租金价格的 30%”。2013 年，住建部、财政部、国家发改委颁布《关于公共租赁住房和廉租住房并轨运行的通知》。2014 年湖北省住房和城乡建设厅、财政厅、发改委颁布《关于做好公共租赁住房和廉租住房并轨运行的通知》。为加快推进两房并轨，武汉市颁布《关于进一步加强公共租赁住房管理的通知》，确定公租房实物配租分层保障标准为五层。其中，第五层实行市场租金；第四层为人均收入高于最低工资标准但低于武汉市人均可支配收入，且人均住房面积不超过 16 平方米的家庭。采取“市场租金、租补分离”的租金缴交方式，租金补贴标准按照市场平均租金水平的 30%确定。

表 3-4 和表 3-5 中，给出了测算 2011～2014 年公租房保障范围公平性评估的基础数据，如收入分组数据、商品住房平均价格、中小套型商品房套均面积、政府保障标准，以及依据年利率获得的住房每月需还贷水平。

**表 3-4　公租房获取配给机会的公平性评估分组基础数据(2011～2014 年)**

| 项目 | | 2011 年 | 2012 年 | 项目 | | 2013 年 | 2014 年 |
|---|---|---|---|---|---|---|---|
| 最低收入户（对应边界分位数 $\alpha$=5%） | POP/人 | 3.32 | 3.45 | 统计年鉴家庭收入分组未再统计本组相关统计数据 | | | |
| | $I$/元 | 772.19 | 954.01 | | | | |
| | TC/元 | 723.6 | 787.83 | | | | |
| | HC/元 | 132.25 | 57.71 | | | | |
| 低收入户（对应边界分位数 $\alpha$=15%） | POP/人 | 3.15 | 3.27 | 低收入户（对应边界分位数 $\alpha$=10%） | POP/人 | 3.27 | 3.09 |
| | $I$/元 | 1174.06 | 1388.31 | | $I$/元 | 1335.35 | 1289.33 |
| | TC/元 | 918.67 | 1053.64 | | TC/元 | 1163.10 | 1004.42 |
| | HC/元 | 78.28 | 79.94 | | HC/元 | 117.85 | 219.55 |
| 中等偏下收入户（对应边界分位数 $\alpha$=30%） | POP/人 | 3.01 | 2.84 | 中等偏下收入户（对应边界分位数 $\alpha$=30%） | POP/人 | 2.92 | 2.97 |
| | $I$/元 | 1494.45 | 1774.08 | | $I$/元 | 1953.26 | 2032.66 |
| | TC/元 | 1056.03 | 1357.33 | | TC/元 | 1625.12 | 1490.43 |
| | HC/元 | 85.88 | 115.83 | | HC/元 | 137.11 | 398.16 |
| 中等收入户（对应边界分位数 $\alpha$=50%） | POP/人 | 2.90 | 2.87 | 中等收入户（对应边界分位数 $\alpha$=50%） | POP/人 | 2.55 | 2.67 |
| | $I$/元 | 1834.74 | 2142.84 | | $I$/元 | 2346.41 | 2691.74 |
| | TC/元 | 1392.77 | 1429.07 | | TC/元 | 1595.54 | 1796.90 |
| | HC/元 | 99.78 | 121.74 | | HC/元 | 127.77 | 492.70 |
| 中等偏上收入户（对应边界分位数 $\alpha$=70%） | POP/人 | 2.81 | 2.77 | 中等偏上收入户（对应边界分位数 $\alpha$=70%） | POP/人 | 2.57 | 2.34 |
| | $I$/元 | 2302.85 | 2604.74 | | $I$/元 | 2916.99 | 3458.52 |
| | TC/元 | 1714.32 | 1794.97 | | TC/元 | 1844.03 | 2202.14 |
| | HC/元 | 128.58 | 142.90 | | HC/元 | 207.50 | 531.43 |

续表

| 项目 | | 2011 年 | 2012 年 | 项目 | | 2013 年 | 2014 年 |
|---|---|---|---|---|---|---|---|
| 高收入户（对应边界分位数 $\alpha$=85%） | POP/人 | 2.52 | 2.43 | 高收入户（对应边界分位数 $\alpha$=90%） | POP/人 | 2.24 | 2.13 |
| | $I$/元 | 2945.65 | 3154.84 | | $I$/元 | 4512.04 | 5351.88 |
| | TC/元 | 2017.08 | 2120.36 | | TC/元 | 2409.43 | 3183.55 |
| | HC/元 | 129.94 | 142.29 | | HC/元 | 143.86 | 861.92 |
| 最高收入户（对应边界分位数 $\alpha$=95%） | POP/人 | 2.44 | 2.63 | 统计年鉴家庭收入分组未再统计本组相关统计数据 | | | |
| | $I$/元 | 4509.02 | 4872.19 | | | | |
| | TC/元 | 2823.34 | 3048.72 | | | | |
| | HC/元 | 308.00 | 244.35 | | | | |

**表 3-5　公租房获取配给机会的公平性评估分组基础数据描述性统计(2011～2014 年)**

| 项目 | 2011 年 | 2012 年 | 2013 年 | 2014 年 |
|---|---|---|---|---|
| HP：(纯)商品住房平均价格/(元/米 $^2$) | 7755 | 7344 | 7717 | 7951 |
| $S$：中小套型商品房套均面积/米 $^2$ | 88.00 | 88.26 | 78.72 | 82.01 |
| RH：住房首付比 | 0.7 | 0.7 | 0.7 | 0.7 |
| $r$：年利率 | 6.60 | 6.82 | 6.55 | 6.52 |
| $N$：还款年限/年 | 20 | 20 | 20 | 20 |
| AH：住房每月能支付水平/元 | 1539 | 1487 | 1364 | 1461 |
| CI：政府保障标准/元 | 1500 | 1500 | 2000 | 2773 |

## 2. 租赁保障制度与市场协调性评估

依据表 3-4 和表 3-5 的原始数据，以及测算的住房每月应支付水平和家庭住房月可支付水平分组组中值，可得政府住房保障标准的收入边界分位数、家庭住房可支付的收入边界分位数和住房获取配给机会的公平度，2011～2014 年各年份的公平度值如表 3-6 所示。

**表 3-6　租赁住房获取配给机会的公平性评估(2011～2014 年)**

| 项目 | | 2011 年 | 2012 年 | 2013 年 | 2014 年 |
|---|---|---|---|---|---|
| $AI_{\alpha i}$：家庭住房月可支付水平分组组中值 | 最低收入户/元 | 600 | 772 | — | — |
| | 低收入户/元 | 1051 | 1356 | 949 | 1559 |
| | 中偏下收入户/元 | 1578 | 1513 | 1359 | 2793 |

续表

| 项目 | | 2011 年 | 2012 年 | 2013 年 | 2014 年 |
|---|---|---|---|---|---|
| $AI_{ai}$：家庭住房月可支付水平分组组中值 | 中等收入户/元 | 1571 | 2398 | 2241 | 3593 |
| | 中偏上收入户/元 | 2015 | 2639 | 3291 | 4046 |
| | 高收入户/元 | 2667 | 2860 | 5032 | 5700 |
| | 最高收入户/元 | 4865 | 5438 | — | — |
| AH：住房每月能支付水平/元 | | 1539 | 1487 | 1364 | 1461 |
| $\beta_0$：应保障人群的边界分位数 | | 28.89% | 27.56% | 30.12% | 9.37% |
| $\beta$：政府保障人群的边界分位数 | | 30.33% | 19.34% | 32.38% | 40.38% |
| DEQ：住房获取配给机会公平度 | | −4.99% | 29.81% | −7.48% | −330.93% |

注：—表示已无相应数据

2011～2014 年，武汉市公租房的住房获取配给机会的公平度 DEQ 基本小于 0，即制度保障范围存在“保不应保”的公平性问题，保障对市场干预较强。原因可归结于两个方面：一是从收入规制标准可以看到，保障人群的边界分位数均处于高位状态，对应分位数大体维持在 30%，即武汉市公租房保障的收入规制标准一直过高，存在公租房保障面过宽的问题。二是市场房价比较平稳，而居民收入增长相对较快，尤其在 2012～2014 年，市场住房月可支付的收入边界分位数相对偏低。

## 四、主要结论

通过构建收入边界分位数函数及补贴的人群分布函数，考察产权性住房保障制度、廉租住房保障制度是否存在“保不应保”“应保未保”问题，分析住房保障制度与市场之间的协调性，可得如下主要结论。

第一，产权性住房保障制度与市场之间存在比较严重的不协调性问题。从经济适用住房获取配给机会的公平性来看，边界分位数函数的构建与应用显示，2005～2011 年，武汉市政策性目标群体标准的制定使得目标群体边界范围发生改变，保障与市场的协调性问题由“保不应保”的状态转向了“应保未保”的状态；而 2007 年武汉市政府的住房保障范围理应处于“保不应保”的状态，然而在房价高涨的情况下显示为“应保未保”，这表明房价高涨将直接影响政策性目标群体准入标准政策制定的合理性。

第二，租赁性住房保障制度与市场之间也存在比较严重的不协调性问题。

公租房制度相对于产权住房保障制度，公平性风险主要体现为“保不应保”。实证研究显示，2011～2014年，武汉市公租房的住房获取配给机会的公平度DEQ基本小于0，即制度保障范围存在“保不应保”的公平性问题，保障对市场干预较强。

# 第四章　住房租赁保障制度对市场的影响机制研究

从政府制定保障政策的边界探讨住房保障与市场的协调性，仅是两者协调性评判的一个方面。显然，基于政策边界制定评估保障与市场之间的协调性，并不等同于对保障政策实际实施效果的评价。一是政府依据财政供给水平分层次、分阶段逐步给予保障人群住房保障，但保障边界内需要保障的人群并不等于实际保障人群。因而，实际保障对市场的影响与保障边界制度所测度的影响是存在一定差异的。二是政策的具体实施中，操作并未严格按照制定的政策执行，比如，暗箱操作导致非保障人群获得住房保障。三是第三章的评价基于数据的可得性，选取保障与市场边界界定的核心要件，如收入标准，对两者之间的协调性进行判断，但政策边界设置常常有多重条件，比如，除收入标准外，还有住房面积，但我们的评价并未涉及，这使得第三章的评价相对而言不完善，还需从另外的角度进行完善和补充。

基于此，本章依据实际的住房保障情况，测度住房保障对住房市场或住房消费的影响；同时拓展到一般意义上的市场，如劳动力市场等方面，考察住房保障与市场的协调性问题。

## 一、文献综述

住房租赁补贴以转移支付形式来增加家庭的可支配收入或降低住房消费价格，从而促进家庭增加住房消费，实现居住水平提升的政策目标。国内外有关住房补贴与住房消费的关系研究主要有两大类：一类文献是利用经济理论或经验数据，直接分析补贴政策对保障家庭住房消费的促进效应。在理论分析方面，Kemp (2000) 通过比较不同住房补贴政策，认为住房补贴是一项收入支持政策，能够提升家庭的住房可支付力，可有效促进家庭住房消费。高波 (2010) 通过比较我国廉租住房的实物配租和租赁补贴政策，认为两者均具有住房消费扩张效应。在经验研究方面，Koninga 和 Ridderb (1997) 利用荷兰住房需求调查数据、Le Blanc 和 Laferrère (2001) 利用法国住房调查数据都发现住房补贴对住房消费有积极的影响。此外，就补贴资金用于住房消费的程度而言，Priemus (2000) 通过比较荷兰与美国的住房补贴政策，发现美国的租房券政策效果较好，而荷兰的租金补贴政策存在严重的资金外溢现象，只有25%的补贴资金用于住房消费。周蕾(2008)通过对上海市廉租住房住户调查，发现租赁补贴资金容易被挪用于非住房消费，家庭居住条件改善并不明显。另一类文献则通过考察补贴政策对市场租金的影响，从而间接分析补贴政策对保障家庭住房消费的促进效应。Susin(2002)对美国，Laferrère 和 Le Blanc(2004)、Fack(2006)对法国，以及 Viren(2013)对芬兰的研究都发现住房补贴政策在短期内会增加住房有效需求，导致市场租金上涨，从而使得家庭住房消费的增量较少，居住水平改善有限，减弱了补贴政策的实施效果。

21世纪初，世界各国工业化过程中相继出现了城市住房问题，政府在解决城市居民住房问题的过程中，逐步建立了相应的住房保障体系，对低收入人群的住房政策及其影响的研究也随之大量涌现。其中，低收入人群住房供应方式与政府对低收入人群住房援助所产生的各种效应成为研究的重点。

在国外，低收入人群住房供应方式一直都是住房政策关注的焦点之一。针对政府是否应直接建设住房来解决低收入人群的住房问题，众多学者普遍接受的观点是，应减少政府直接供给公共住房，应更多依赖私人市场，即以租金补贴方式取代集中兴建公共住房的实物补贴模式(Ohls，1975；Olsen and Barton，1983；Kimm，1987；World Bank，1988；Israel，1990；Malpezzi，1994；Burman and Leonard，1992；Yeager，1996)。但也有学者持不同观点，如 Barton(1996)认为，低收入人群的住房供给方式与资助人数、管理方式等有关，对不同政策的评价很大程度上取决于一个人对国家经济未来的预期。Laferrère 和 Le Blanc(2004)基于法国住房补贴，认为住房补贴的效率及其对私人市场的影响优于政府直接建造公共住房，但住房补贴推高了住房市场的租金水平，因而难以评估两种方案总体福利的大小。Apgar(1990)认为，一个好的住房政策与政策目标、政策实施所产生的价格增长程度及外部效应有关，住房券政策在某些条件下可能是合适的，但并不是在任何情况和任何时候都是最优的政策。在经验数据分析中，Deng(2005)基于美国六大都市数据，从经验的角度论证了租金优惠券计划(rent voucher program)相对于低收入住房税收抵免(the low-income housing tax credits，LIHTC)计划更富有效率，尽管在各城市之间所体现的效率不同。Kirk(2006)针对美国已实行了20年的LIHTC计划进行实证分析。研究发现，随着税收减免额度上升，开发商开发的意愿更强，其产生的政策效果甚至超过了住房优惠券。低收入人群住房补贴效应成为人们关注的另一焦点。Murray(1999)、Malpezzi 和 Vandell(2002)分别应用横截面数据与时间序列数据探讨了住房补贴对市场住房的挤出效应。Lee(2007)则基于 Granger 因果面板模型分析公共住房投资与市场私人住房投资的互动关系，在设定好省市虚拟变量和年度虚拟变量的基础上，模型的实证研究显示，公共住房投资与市场私人住房投资之间存在非对称性的 Granger 因果关系，而挤出效应与城镇居民住房可获得比有关。Murdoch (2006) 依据得克萨斯州达拉斯城 20 年内单亲家庭住房销售记录，对 1.5 千米以内采用 LIHTC 模式建设或修缮的住房销售价值，与更近范围内 (如 0.5 千米以内) 所销售住房的价值进行比较，研究显示，较接近 LIHTC 的不动产比那些离其更远的不动产有略高的销售价格，与人们的经验判断相反。Shroder (2002) 重点关注低收入人群住房政策的间接效应，其基于美国住房援助间接效应分析的大量文献，综述了住房援助对受助家庭自给自足影响的主要证据，如是否从根本上破坏了家庭在住房领域向上迁移的能力。分析结果显示：住房援助对居民就业影响的证据缺乏有力的说服力；而对人力资本积累影响的证据不足；但住房援助与单亲家庭结构有着很强的联系。

尽管公租房相关问题与廉租住房相似，但直接针对公租房的研究很少，即国内对住房补贴方式的争论体现为对廉租住房提供住房货币补贴、支持实物配租、政策的相机抉择三种观点。住房货币补贴的倡导者中，姚玲珍 (2003) 认为租金货币补贴优于实物配租，有利于促进廉租住房保障体系的建立，有利于建立轮候配租制度，有利于建立解决“双困户”分级分批的解困机制。唐旭君 (2005) 也认为实物配租方式可能导致房地产市场退化、资源的浪费及许多其他社会问题。宋博通 (2001) 简单拓展了 Ohls 的住房过滤模型，基于政府兴建住房及货币补贴两种住房政策的定量模拟分析认为，从政府支出成本最小角度衡量，政府货币补贴政策比直接兴建住房的政策更为有效。而基于三市场住房过滤模型，许多学者也认为解决低收入人群住房问题应提倡货币补贴方式 (陈灿煌，2009；宋博通，2002；赖华东和蔡靖方，2007)。同样，也有许多学者认为不宜大量进行货币化补贴，应提倡政府兴建廉租住房。周晓红 (2010) 基于上海市廉租家庭调查，发现租金补贴大多转化为家庭收入而用于家庭日常支出，并没有起到改善低收入家庭居住现状的作用。张维军和张吕 (2010) 也持有同样的观点，认为租金补贴方式所占比例过大是弱化武汉市廉租住房保障工作效果的一个重要原因。陈予军 (2007) 认为货币配租是在实物配租的基础上产生的，不能先于实物配租，鉴于中国现阶段廉租住房房源潜在不足及地方政府建设廉租住房的动力不足等基本国情，应该严格要求地方政府建设一定数量的廉租住房，以实物配租形式为主。方建国 (2008) 认为“补砖头”的效率高于“补人头”的效率是有其前提条件的，并构建相应模型说明在动态补贴过程中，“补砖头”的效率高于“补人头”的效率。赵燕菁 (2005) 从廉租住房建设对宏观经济影响入手，论证政府在城市化高速发展阶段大规模介入房地产的必要性，认为应将廉租住房建设上升为国家战略，可一揽子解决高速城市化阶段社会财富的再分配、公共秩序建立、劳动力就业、金融泡沫风险等一些战略层面的问题；有利于把我国经济的成长更多地建立在自主的基础上，从而掌握更多的经济主权。在补贴模式的相机抉择分析中，熊国平等 (2009) 阐述了特定社会经济条件下廉租住房补贴方式的选择机制，认为可以根据地区的住房存量水平、政府住房保障财政支出、非营利住房机构成员数目、市场化率、福利水平等指标来选择适合的模式，地方政府应根据住房增量的需求和其财政能力来决策廉租住房的补贴方式。孙冰等(2005)归纳了国内外典型的中低收入家庭住房补贴形式，并对生产者补贴与消费者补贴的社会福利差异进行了比较，认为应根据现状，合理运用生产者补贴和消费者补贴设计可持续发展的住房补贴形式。

在租赁性住房保障中，除住房补贴模式争议之外，许多学者也对我国廉租住房制度(在很大程度上也是公租房)发展所受到的各种实际制约因素进行了探讨。冯宗容(2002)从廉租住房分配对象、分配标准、分配方式、分配程序及廉租住房在退出机制和管理机制方面存在的问题进行了剖析。任晓敏(2009)将廉租住房问题总结为财政资金支持不足，建设资金不稳定；实物配租的廉租住房比例小，建设和管理难度大；廉租住房房源紧缺，租金补贴有限，供需矛盾突出。王吓忠和巫月娥(2006)也对廉租住房对象、供给主体、房源、资金来源进行了分析。在融资渠道中，莫连光和郭慧芳(2006)认为廉租住房建设中，政府不应是唯一的出资主体，可通过信用担保、租金回收和兑现利息的形式吸引社会的闲置资金流入。聂梅生(2006)提议建立信托投资基金(real estate investment trusts，REITs)，其认为该方式是我国有效缓解廉租住房融资困境的有效手段。廖俊平和田一淋(2005)认为，中国廉租住房建设引入公私合伙制(public-private-partnership，PPP)模式具有较强可行性。在廉租住房退出机制研究中，刘颖(2009)从压力机制、推力机制、引力机制等方面分析如何构建我国廉租住房的退出机制。蔡玉峰(2009)认为，廉租住房的退出必须明确廉租住房的产权代理主体及其职能，租房期限实行合约制，从合理调整廉租住房租金及廉租住房产权的转让制约等方面入手。

综上所述，对于政府为解决低收入人群住房问题而干预住房市场，国内外学者已达成高度一致意见，但对于对住房市场的干预方式却存在重大分歧。与国外探讨各种不同形式的住房补贴所产生的直接效应和间接效应不同，我国住房租赁保障制度研究的特点是，受廉租住房、公租房制度发展历程短的约束，我国对住房补贴方式的探讨多基于国外理论的转述和再分析，较多的研究则在于分析如何使得住房租赁保障制度顺利运行，以及实现低收入人群“住有所居”的目标。本章将基于住房租赁保障制度的实际运行，首先，回顾我国廉租住房制度、公租房制度的演化历程及其实践；其次，从理论的角度分析和归纳不同住房补贴模式对住房消费与劳动供给的影响；最后，依据廉租房住户的调研数据，建立计量模型，分析廉租房补贴对保障对象的住房消费与劳动供给产生的影响。同时，分析不同补贴模式对住房消费与劳动供给影响的差异。

## 二、住房租赁保障制度概述

### (一)住房租赁保障制度

1. 概念界定

住房租赁保障制度是指政府为解决中低收入人群的住房问题，通过直接补贴或间接补贴的方式，采取租赁方式实现该类人群“住有所居”的一种住房制度安排。

2. 基本类型

第一，廉租房制度。廉租房制度主要通过租赁补贴、实物配租和租金核减三种补贴政策来解决城镇低收入住房困难家庭的住房问题，实施过程中，以租赁补贴为主，实物配租、租金核减为辅。

租赁补贴，也称为租赁住房补贴，是指政府向符合条件的申请家庭直接发放货币补助，由家庭在住房租赁市场上自行租住商品房的补贴方式，这种货币补助往往是以现金等形式直接发放给申请家庭。

实物配租是指政府为城镇低收入住房困难家庭提供租金相对低廉的普通住房，对承租户仅收取一些具有象征意义的租金，用以对廉租住房的日常维护和管理的一种补贴方式；其用地采用划拨形式，租金按照其维修费和管理费两项因素确定。

租金核减政策是指拥有公有住房产权单位按照当地政府的规定，在一定时期内对现已承租公有住房的城镇最低收入家庭给予租金减免的补贴方式。

第二，公租房制度。公租房是指由政府直接兴建，或以提供政策优惠方式引导社会资本兴建的专门面向城市中低收入住房困难家庭出租的租赁型保障性住房。当前，许多地区主要通过配物补租方式实施保障。

公租房制度的实际运行与廉租房相关政策类似，有租赁补贴、实物配租等。当前的配物补租主要是指政府首先给符合申请条件的家庭分配公租房，其次以略低于市场租金标准制定房租水平，依据申请家庭的住房可支付能力强弱，对不同层次家庭给予不同水平的租金减免。此外，其他各国或地区在实施住房保障过程中，也采用过其他类型的需求方补贴政策，如租房券、社会房东补贴等。租房券与租赁补贴相似，不同之处在于政府并不发放现金，而是给予与现金等价的租房券，属于限制性租赁补贴。

租房券是领取住房租赁补贴的一种支付凭证，由申请家庭领取租房券，到市场上租房，出租户凭租房券兑现租金。租房券，表面上看增加了保障家庭的可支配收入，但可支配收入增加额并不能用来进行非住房消费，只能进行住房消费。

社会房东补贴是指保障家庭在住房租赁市场中租住私人住房(一般由政府认

定符合一定标准的体面住房)，按照收入的一定比例向社会房东缴纳房租，社会房东的亏损通过政府补贴形式进行弥补，即政府向社会房东支付实际房租与市场租金的差额部分。

## (二)住房租赁保障制度的发展历程

作为一项惠民政策，我国住房租赁保障政策演变随着城市发展需要及住房市场环境变化，大致经历了如下四个阶段。

### 1. 制度建立阶段(1994～2002年)

1998年7月，国务院颁布了《国务院关于进一步深化城镇住房制度改革加快住房建设的通知》，决定停止住房的实物分配，逐步实行住房分配货币化，指出对不同收入家庭实行不同的住房供应政策，最低收入家庭租赁廉租住房，中低收入家庭购买经济适用住房，其他收入高的家庭购买、租赁市场价商品住房，要建立起以经济适用住房为主的多层次城镇住房供应体系。1999年4月，建设部根据《国务院关于进一步深化城镇住房制度改革加快住房建设的通知》，制定了《城镇廉租住房管理办法》，指出廉租住房是指政府和单位向具有城镇常住居民户口的最低收入家庭提供的租金相对低廉的普通住房，其房源主要包括公有住房、政府兴建和购置的住房，租金标准按照维修费和管理费两项因素确定，并规定当承租家庭收入超过当年最低收入标准时，应当按期腾退已承租的廉租住房。

### 2. 发展推进阶段(2003～2010年)

2003年12月，建设部等部门联合颁布了《城镇最低收入家庭廉租住房管理办法》，从保障面积标准、保障方式、补贴发放标准等方面，对原有《城镇廉租住房管理办法》进行完善。该文件规定，廉租住房保障面积标准原则上不超过当地人均住房面积的60%；保障方式应以发放租赁住房补贴为主，实物配租、租金核减为辅；租赁住房补贴标准按照市场平均租金与廉租住房租金标准的差额计算。该文件首次指出廉租住房资金的来源有三个：市与县财政预算安排资金、部分住房公积金增值收益和社会捐赠的资金，并规定限制集中兴建廉租住房，实物配租主要面向孤、老、病、残等特殊困难群体，租赁补贴资金直接拨付出租人，用于冲减房屋租金。

为规范城镇廉租住房、租金管理，完善廉租住房工作机制，2005年3月和7月建设部等部门相继颁布了《城镇廉租住房租金管理办法》《城镇最低收入家庭廉租住房申请、审核及退出管理办法》，具体给出了廉租住房租金计租单位等租金收取操作，详细规定了廉租住房的申请、审核和退出条件。鉴于多数城市未建立廉租住房制度，廉租住房工作推行缓慢，建设部于2006年8月出台了《城镇廉租住房工作规范化管理实施办法》，要求各地级市设置廉租住房管理机构、制订廉租住房保障的中长期规划及年度计划、建立健全城镇廉租住房档案管理制度，尽快建立廉租住房制度，实现廉租住房管理信息化。

随着住房制度改革深化，城镇化加速推进，多数城市房价持续攀升，中低收入家庭的住房问题日益凸显。2007 年 8 月，国务院颁布了《国务院关于解决城市低收入家庭住房困难的若干意见》，指出我国城市廉租住房制度建设相对滞后等问题，并给出了具体的制度完善方向。对于廉租住房制度，该文件规定了廉租住房保障的准入标准应包括家庭收入标准和住房困难标准两方面，可按城市人均可支配收入和人均住房水平的一定比例确定准入标准，保障范围由最低收入家庭扩大至低收入家庭，保障面积标准由当地家庭平均住房水平及地方财政承受能力等因素统筹研究确定。廉租住房保障实行租赁补贴、实物配租等相结合的方式，以发放租赁补贴为主，租赁补贴标准可按当地的保障面积标准和市场平均租金进行确定。文件还规定了廉租住房的建筑面积应控制在 50 平方米以内，主要在普通商品住房、经济适用住房小区中配建，也可以考虑相对集中建设，并且扩大了廉租住房保障资金来源，如住房公积金增值收益在提取贷款风险准备金和管理费用之后全部用于廉租住房建设，土地出让净收益用于廉租住房保障资金的比例不得低于 10%等。同时规定，廉租住房用地在土地供应计划中予以优先安排，并在申报年度用地指标时单独列出。

随后，建设部根据《国务院关于解决城市低收入家庭住房困难的若干意见》，相继出台了《廉租住房保障办法》《廉租住房保障资金管理办法》。其中，《廉租住房保障资金管理办法》规定了租赁补贴发放形式，将原有补贴资金给予房屋租赁方，改为将补贴资金直接支付给低收入家庭或房屋的租赁方。2008 年 3 月，财政部、国家税务总局为贯彻落实《国务院关于解决城市低收入家庭住房困难的若干意见》，出台了《财政部 国家税务总局关于廉租住房经济适用住房和住房租赁有关税收政策的通知》，规定免除廉租住房的租金收入营业税、房产税，以及廉租住房用地的城镇土地使用税，同时免除廉租住房相关的印花税。2010 年 4 月，建设部出台了《关于加强廉租住房管理有关问题的通知》，规定新建廉租住房选址应尽可能为交通便利、公共设施较为齐全的区域，完善廉租住房租赁补贴发放和管理制度，确保补贴资金专款用于改善居住条件。

### 3. 租赁保障扩面阶段(2010～2013 年)

随着廉租住房制度日益完善，城市低收入住房困难家庭的住房问题得到有效缓解，但住房保障的覆盖面比较小。随着商品房价格日益攀升、城镇化快速推进，中等偏下收入住房困难家庭、外来务工人员的居住条件也亟须改善。为此，2010

年6月，住建部等部门联合颁布了《关于加快发展公共租赁住房的指导意见》，指出大力发展公租房，将城市中等偏下收入住房困难家庭、外来务工人员纳入住房保障范围。该文件规定了公租房的租金水平要按照市场租金水平和供应对象的支付能力来确定，以配建和集中建设相结合的方式建设公租房，其建筑面积要严格控制在60平方米以下，租赁合同期限为3～5年，其租金收入实行“收支两条线”管理，还指出面向经济适用住房对象供应的公租房，建设用地实行划拨供应，其他方式投资的公租房，建设用地可以采用出让、租赁或作价入股等方式有偿使用。

2010年9月，财政部、国家税务总局出台了《财政部 国家税务总局关于支持公共租赁住房建设和运营有关税收优惠政策的通知》，规定免除公租房涉及的城镇土地使用税、印花税、契税、营业税、房产税等相关税收。2010年10月，住建部等部门颁布了《关于保障性安居工程资金使用管理有关问题的通知》，规定各城市在完成廉租住房保障任务前提下，可将从土地出让净收益中安排不低于10%的廉租住房保障资金用于发展公租房。2011年5月和6月，住建部、国家发改委办公厅相继出台了《关于切实落实保障性安居工程资金加快预算执行进度的通知》《关于利用债券融资支持保障性住房建设有关问题的通知》，明确指出地方政府可通过投资补助、注入资本金资金数额、税费优惠项目，以及贷款贴息幅度、贴息年限、成立融资平台公司发行企业债券等途径，完成建设保障性住房任务。

2011年9月，国务院办公厅出台了《国务院办公厅关于保障性安居工程建设和管理的指导意见》，指出要坚持加大公共财政的投入，同时发挥市场机制的作用，充分调动民间资本参与公租房建设和管理。同时，规定公租房的供应对象为城镇中等偏下收入住房困难家庭、新就业无房职工和在城镇稳定就业的外来务工人员，单套建筑面积应控制在40平方米左右，其租金标准按照略低于市场租金的原则进行确定，承租人在经济状况改善后，不再符合公租房保障条件的，应在期限内腾退。2012年6月，住建部等部门颁布了《关于鼓励民间资本参与保障性安居工程建设有关问题的通知》，详细规定了民间资本参与保障性住房建设和管理的具体方式，如直接投资或参股建设并持有、运营公租房，接受政府委托代建廉租住房和公租房，在商品住房项目中配建廉租住房和公租房及参与棚户区改造项目建设。

4. 并轨运行阶段(2013年至今)

为了提高住房保障运行效率、维护住房保障资源分配公平，住建部等部门于2013年12月，颁布了《关于公共租赁住房和廉租住房并轨运行的通知》，规定公租房和廉租住房并轨运行，并轨后统称为公租房，指出公租房租金按照市场租金水平确定，可根据保障对象的支付能力以租金减免形式实行差别化租金标准，地方政府可根据保障对象支付能力的变化，动态调整租金减免或补贴额度，直至按照市场价格收取租金。

2014 年 3 月，财政部出台了《关于做好公共租赁住房和廉租住房并轨运行有关财政工作的通知》，指出并轨后原廉租住房租赁补贴资金继续用于低收入住房困难家庭在租赁市场租赁时的补贴，对于租赁公租房的低收入住房困难家庭，应采取租金减免形式给予补贴，不再发放租赁补贴。2014 年 6 月，住建部出台了《住房城乡建设部关于并轨后公共租赁住房有关运行管理工作的意见》，指出并轨后公租房的供应对象为城镇低收入住房困难家庭、中等偏下收入住房困难家庭，及符合规定条件的新就业无房职工、稳定就业的外来务工人员，并且规定将已建成并分配入住的廉租住房统一纳入公租房管理。对于已入住的城镇低收入住房困难家庭，其租金水平仍按原合同约定执行；对于新增城镇低收入住房困难家庭，租赁政府投资建设的公租房，应采取租金减免方式予以保障，不宜按公租房租金水平先收后返。

## 三、住房租赁保障制度对市场影响的理论分析

一般来说，住房租赁保障制度与市场的协调性分析是基于宏观数据进行估计的，但我国住房租赁市场极不健全，到目前为止，租赁市场上基本没有相关的统计数据。即使这些年部分城市有廉租房数据，但公租房及相关联的指标数据却基本没有。为此，尝试通过住房保障制度对其保障居民的住房消费的影响来间接测度二者的协调性。若制度有效地促进了保障人群的住房消费，没有产生补贴外溢，则表明制度对住房市场的冲击较小；反之，则表明保障制度与市场之间存在不协调性问题。租赁保障制度是以实物或现金形式为中低收入家庭提供住房援助，促进其增加住房消费，从而实现居民居住水平改善的制度。然而，作为一项社会保障项目，政策在实施过程中也会对劳动力市场产生影响。

### （一）住房租赁保障制度对住房消费的影响

租赁保障的核心思想是通过转移支付形式来增加中低收入家庭的收入或改变住房这种商品的相对价格，追求效用最大化的中低收入家庭会调整最优消费组合，提升家庭居住水平。不同租赁保障政策会对保障家庭的住房消费行为产生不同的影响，按照其作用机理的不同，可分为收入支持和价格支持两大类政策。两类政策都会促进保障家庭增加住房消费，但其住房消费促进效应大小却有所不同。

1. 收入支持类政策

所谓收入支持，是指政府向保障家庭发放货币补助，以增加家庭的实际可支配收入，从而使得家庭增加住房消费。收入支持类政策并未改变住房消费的相对价格，仅改变了家庭的可支配收入水平，改变了家庭原有的预算约束线。如图 4-1 所示，在政府发放补贴以前，家庭的预算约束线为 $AB$，家庭的消费组合点为 $Q_1$，此时家庭的住房消费量为 $H_1$，非住房消费量为 $C_1$，家庭效用水平为 $U_1$。在家庭获得住房补贴后，由于家庭的可支配收入增加，家庭所面临的预算约束线从 $AB$ 向外平移至 $A'B'$。保障家庭根据自身消费偏好，将获得的补贴资金用于住房消费和非住房消费两个方面。预算约束线 $A'B'$与效用无差异曲线相切于点 $Q_2$，此时家庭的住房消费量为 $H_2$，非住房消费量为 $C_2$，家庭效用水平为 $U_2$。可以看出，保障家庭的住房消费量和非住房消费量均有所增加，效用水平也得到提升。

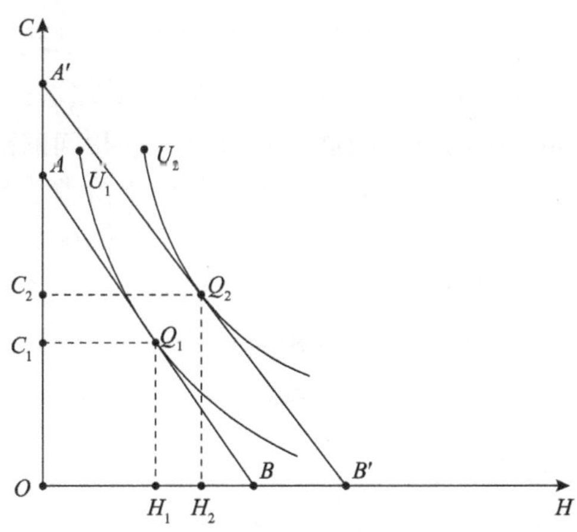


图 4-1　收入支持类政策下的家庭住房消费变化

2. 价格支持类政策

所谓价格支持，是指政府向保障家庭提供租房券或租金低廉的公共住房，从而降低家庭所面临的实际住房消费价格，促进家庭增加住房消费。价格支持类政策改变了家庭原有的预算约束线和住房消费的相对价格，但未改变家庭的可支配收入水平。如图 4-2 所示，在政府发放补贴以前，家庭的预算约束线为 $AB$，家庭的消费组合点为 $Q_1$，此时家庭的住房消费量为 $H_1$，非住房消费量为 $C_1$，家庭效用水平为 $U_1$。在家庭获得住房补贴后，由于家庭所面临的住房消费相对价格降低，家庭所面临的预算约束线从 $AB$ 向外平移至 $AB'$。保障家庭的预算约束线 $AB'$与效用无差异曲线相切于点 $Q_2'$，此时家庭的住房消费量为 $H_2'$，非住房消费量为 $C_2'$，家庭效用水平为 $U_2'$。可以看出，保障家庭的住房消费量和非住房消费量均有所增加，效用水平也得到提升。

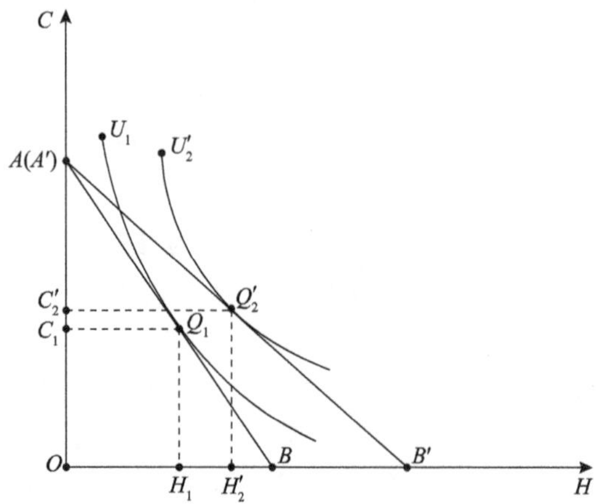


图 4-2　价格支持类政策下的家庭住房消费变化

由图 4-1 和图 4-2 可知，在住房消费方面，两类补贴政策均能促进保障家庭增加住房消费。考虑到收入支持类政策并未限制补贴资金的使用用途，保障家庭可以将补贴资金用于非住房消费。因此，在补贴资金相同的前提下，很大程度上收入支持类政策的住房消费促进效应不会大于价格支持类政策。在福利水平提升方面，两类补贴政策均能提高保障家庭的效用水平。但由于价格支持类政策改变了家庭所面临的住房消费相对价格，在家庭住房消费偏好不变的情况下，该政策会导致社会福利损失，因此在补贴资金相同的条件下，收入支持类政策所带来的家庭效用水平提高幅度大于价格支持类政策。

### （二）住房租赁保障制度对劳动供给的影响

租赁补贴在一定程度上可能会导致市场劳动供给的减少。如图 4-3 所示，横轴为劳动供给时间（$OT$ 方向，或闲暇时间为 $TO$ 方向），纵轴为居住水平；$U(T-t, h)$ 为劳动者闲暇时间与居住水平所构成的效用曲线，离点 $T$ 的距离越远，效用水平越高；假定政府对目标群体不实施住房保障政策，$I_{NS}$ 为没有获得政府住房补贴的收入预算约束曲线，是劳动力供给的增函数，斜率为单位时间工资率，此时与效用曲线的切点为 $A$，即此时向市场提供劳动 $t_1$ 小时，居住水平为 $h_1$ 时，达到效用最大化。若政府对目标群体实行住房保障政策，使目标群体中每户均达到基本体面的居住面积 $h$，即图 4-3 中的截距；分层补贴的思路使得政府依据家庭收入收取不同的租金，如收取家庭收入的 30%作为租金（用以体现垂直公平，但不影响家庭其他商品的正常消费）。显然，一定收入范围内，收入越高的家庭，政府收取的租金越高，补贴越少；收入越低的家庭，政府收取的租金越低，补贴越高，即目标家庭向社会提供的劳动时间越多，收入越多，则政府收取的租金也越多，在图 4-3 中体现为有补贴的收入预算约束曲线 $I_S$ 斜率的变小。因此，目标家庭依据政府收取租金的方式，会通过减少对市场劳动力供给的方式进行替代，实现效用的最大化，如图 4-3 中的均衡点 $B$，劳动供给时间减少为 $t_2$。

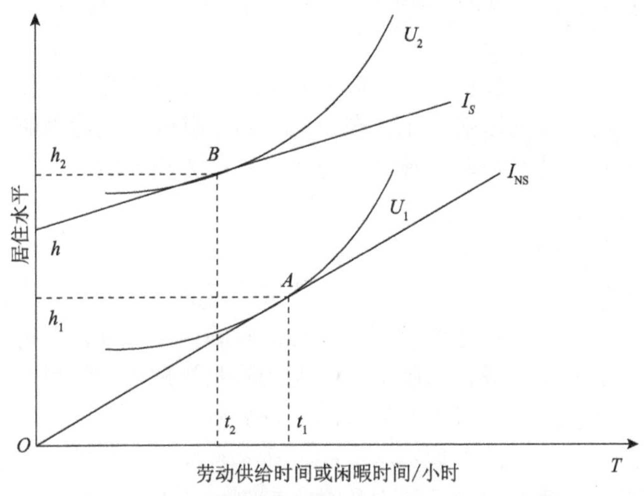


图 4-3 租赁补贴的劳动力供给效应分析示意图

实质上，除上述替代效应外，住房补贴也会产生收入效应而导致劳动力的供给减少，即政府的住房补贴对目标家庭来讲是收入的增加，因而会增加对闲暇商品的购买而导致市场劳动供给时间的减少①。

政府给予目标群体住房补贴的目的是促进目标群体获得居住、学习和就业的机会，使目标群体逐渐摆脱对政府福利的依赖，逐步成为对社会负责任的社会成员。然而，从以上住房补贴的替代效应与收入效应来考察，住房保障的存在使目标群体过多地依赖政府救助性补贴。

从以上分析可以看出，在外部市场环境不变的情况下，住房租赁保障政策会对保障家庭的住房消费行为产生积极影响，改变家庭原有的住房消费、非住房消费结构，促使家庭增加住房消费比重，达到提升家庭居住水平的政策目标。同时，在政策实施过程中，作为一项社会保障政策，住房租赁补贴可能会对家庭的劳动供给行为产生影响，使得家庭过度依赖补贴福利，表现出与住房保障相悖离的负激励效应，从而抑制家庭主动提高收入、再就业的积极性，存在福利陷阱问题。为此，课题组 2013 年深入湖北省武汉市、宜昌市、襄阳市和麻城市等四个市的廉租住房保障家庭开展调查，分析租赁保障政策对住房消费、劳动供给两个层面产生的影响,并比较收入支持类政策与价格支持类政策对保障对象影响程度的大小。

---

① 对住房补贴的收入效应存在争论，补贴带来的收入增加可能导致劳动力供给者增加对其他正常商品的购买，包括购买职业培训服务等，可有效提升劳动者的劳动技能，从而增加劳动者的收入，进而降低目标家庭对政府补贴的依赖。

## 四、住房租赁保障制度对住房消费影响的实证分析

### （一）研究假设

住房租赁补贴政策的住房消费效应大小取决于补贴资金用于住房消费的程度及补贴政策对市场租金的影响大小。在中国，对于低收入住房困难家庭，政府主要采用实物配租和租赁补贴两种补贴政策。实物配租指政府为住房家庭提供租金低廉的廉租住房，每月只收取远低于市场租金水平的租金，用于廉租住房的维护和管理，属于暗补。租赁补贴则是政府依据家庭人均收入和住房保障面积标准，每月给予一定金额的现金，用以增强家庭住房消费能力，让其到租赁市场中租住合适住房，属于明补。从补贴资金用于住房消费的程度分析，实物配租可有效地将补贴资金固化于住房消费，而租赁补贴无法限制补贴资金的用途，容易被挪用于非住房消费。从补贴政策对市场租金的影响分析，依据住房过滤原理，实物配租和租赁补贴对市场租金的影响不尽相同。在实物配租政策下，政府直接参与保障性住房的建设，导致低端商品住宅的需求下降，从而推动低端商品住宅的租金及供给下降，这样会延缓高端、中端商品住宅的过滤速度，促使高端、中端商品住宅的供给增多、租金下降。而在租赁补贴政策下，低收入家庭的住房消费能力上升，会导致低端商品住宅的需求及租金上升，这样会加快高端、中端商品住宅的过滤速度，促使高端、中端商品住宅的需求增多、租金上升。因此，可提出假设：实物配租、租赁补贴政策均有住房消费促进效应，但实物配租的住房消费促进效应大于租赁补贴。

### （二）变量及描述性统计

保障家庭作为理性经济人，在住房补贴政策引导和家庭可支配收入约束条件下，确定住房消费、非住房消费的消费比例，以实现家庭效用最大化。基于追求效用最大化这一目标，家庭在做出住房消费决策时，主要考虑住房补贴政策、家庭实际情况等因素。根据以往文献对家庭住房消费决策行为影响因素的研究及实际调查情况，我们选择如下变量作为模型中的被解释变量和解释变量。

(1) 住房消费变化（$\Delta$consum）。住房消费有购房消费、租房消费两种形式，由于调研对象为廉租住房保障家庭，其住房消费以租房形式进行，故用房租支出代表住房消费量。对于租赁补贴家庭，住房消费变化为保障后房租费用与保障前房租费用的差值。而对于实物配租家庭，住房消费变化不能进行类似计算，因为家庭保障后房租费用为廉租住房租金支出，该租金远低于同地段、同类型住房的市场租金，所以并不能以此衡量家庭保障后住房消费情况，故以廉租住房面积与周围市场租金的乘积代替家庭保障后房租费用。

(2) 补贴政策 (policy)。此次调研城市的廉租住房补贴政策有实物配租和租赁补贴两种。考虑到两种补贴政策对家庭住房消费、劳动供给的行为影响存在差异，我们引入补贴政策虚拟变量，分析两者之间的差异。

(3) 补贴额 (subsidy)。对于租赁补贴家庭，住房补贴额为家庭每月从政府处领取的现金补贴款。而对于实物配租家庭，由于实物配租属于暗补，无法直接得到家庭所获补贴款，我们用廉租住房面积与市场租金的乘积表示家庭实际应缴房租，然后以实际应缴房租与廉租住房租金的差值代表家庭所获补贴款。

(4) 其他控制变量。其他控制变量主要包括住房类型、年龄、家庭人口数、是否为低保、家庭收入、居住面积、市场租金和所在城市。其中，住房类型、是否为低保和所在城市均为虚拟变量①，如表 4-1 所示。

**表 4-1　变量名称、符号、定义与描述统计**

| 变量名称 | 符号 | 定义 | 平均值 | 标准差 |
|---|---|---|---|---|
| 住房消费变化 | Δconsum | 家庭保障后房租费用与保障前房租费用的差值/(元/月) | 209.1 | 286.3 |
| 补贴政策 | policy | 家庭享有的补贴政策：租赁补贴=1，实物配租 (基准组)=0 | 0.598 | 0.490 |
| 补贴额 | subsidy | 实物配租家庭的补贴额为廉租住房面积与市场租金的乘积，减去向政府缴纳的房租；租赁补贴家庭的补贴额为政府按月发放的补贴款/(元/月) | 330.2 | 266.8 |
| 住房类型 | type | 补贴前，家庭拥有的住房类型：市场租赁房=1，租借住房 (基准组)=0 | 0.543 | 0.498 |
| 年龄 | age | 户主的年龄/岁 | 46.11 | 10.10 |
| 家庭人口数 | family size | 家庭总人口数/人 | 2.555 | 1.052 |
| 是否为低保 | poor | 低保家庭=1，非低保家庭 (基准组)=0 | 0.620 | 0.486 |
| 家庭收入 | income | 补贴前，家庭成员月收入的总和/(元/月) | 856.1 | 486.2 |
| 居住面积 | house area | 补贴前，家庭居住面积/米 $^2$ | 27.89 | 19.92 |
| 市场租金 | market rent | 家庭所在区位的市场月租金水平/(元/米 $^2$) | 15.090 | 6.723 |

## (三) 模型选择与设定

对于样本家庭，若补贴前后租房费用不变，则住房消费变化值为零；若补贴后租房费用上升，则住房消费变化值为正。住房消费变化值虽为连续变量，但有

① 家庭具体区位是影响住房消费决策的重要因素，但多数样本家庭并未填写具体区位。考虑到家庭周围市场租金水平也能很好地反映出家庭的具体区位，我们以市场租金水平替代家庭具体区位。此外，为了控制城市个体效应，我们引入了 4 个城市虚拟变量。

较大比例的样本点取值为零，其变化决定模型属于截取回归模型，若直接采用最小二乘估计，则会导致估计值有偏且不一致，故我们采用托宾模型估计住房消费变化决定的影响因素。考虑到住房消费变化与补贴额之间的偏效应可能与补贴政策相关，我们将两者的交互项引入模型。计量模型 I 的设置形式如下：

$$\Delta\text{consum}_i = \alpha_0 + \alpha_1\text{policy} + \alpha_2\text{subsidy}_i + \alpha_3\text{policy}\times\text{subsidy}_i + \gamma X_i + \varepsilon_i \quad (4\text{-}1)$$

其中，$\Delta\text{consum}_i$ 为家庭 $i$ 的住房消费变化；policy 为所享有的补贴政策；$\text{subsidy}_i$ 为所获补贴额；$\text{policy}\times\text{subsidy}_i$ 为交互项；$\gamma$ 为系数；$X_i$ 为影响住房消费变化的其他变量；$\varepsilon_i$ 为随机扰动项。

同时引入补贴政策、补贴额，主要是因为住房补贴会从补贴政策、补贴额两方面影响保障家庭的住房消费行为。对于补贴额，在同一补贴政策下，保障家庭获得的补贴额越多，保障家庭的住房消费提升量就越大。而对于补贴政策，两种补贴政策对保障家庭住房消费行为的影响机制有差异，实物配租政策是降低保障家庭所支付的住房消费价格，而租赁补贴政策是增加保障家庭的可支配收入。即使在补贴额相同(租赁补贴明补与实物配租暗补的补贴款相等)的前提下，两种补贴政策对保障家庭的住房消费促进作用大小也会有所不同。例如，同样是 200 元补贴额,以实物配租形式所产生的效果与以租赁补贴形式所产生的效果是不同的。我们研究的目的是通过测度实物配租、租赁补贴的住房消费促进效应大小来验证在补贴额相同情况下，实物配租和租赁补贴的住房消费促进效应是否存在差异。为了可以测度出不同补贴政策下，补贴额每增加一单位，保障家庭的住房消费量提升多少，进而判断两种补贴政策的住房消费促进效应是否存在差异，同时引入了补贴政策、补贴额和两者的交互项。若只引入补贴政策，不引入补贴额，仅能粗略判断出实物配租家庭与租赁补贴家庭的住房消费提升量的差异，而忽视了这种差异可能是由两种补贴政策的补贴数额不同所引起的。因此，同时引入了补贴政策和补贴额两个变量。

家庭收入属于数值变量，是调研对象的家庭成员总收入。住房消费决策来自整个家庭,所以选用家庭成员总收入来考察不同收入水平对住房消费变化的影响。是否为低保属于二值变量，是依据调研时点前的家庭人均收入进行划定的，并不是家庭成员总收入。同时引入家庭收入变量和是否为低保变量的原因是考察在家庭成员总收入相同的情况下，低保家庭与非低保家庭的住房消费变化之间是否存在显著差异。

解释变量补贴政策、补贴额与模型中因变量住房消费变化并不存在明显的双向因果关系。根据实物配租、租赁补贴两种补贴政策对保障家庭的作用机制，只能判定出补贴政策、补贴额是影响住房消费变化的重要原因，但住房消费变化不是补贴政策、补贴额的原因。因为补贴政策和补贴额是政府根据保障家庭补贴前的收入水平、居住条件，分别实施不同的补贴政策、给予不同的补贴额，属于外生给定变量，而住房消费变化是保障家庭补贴前后的住房消费变化量。因此，模型不存在内生性问题。

$\alpha_1$ 表示在补贴额相同(明补与暗补的补贴款相等)情况下，两种补贴政策对保障家庭的住房消费促进效应是否有显著差异。$\alpha_2$ 表示补贴额每增加 100 元，保障家庭的住房消费提升量。考虑到补贴额对保障家庭的住房消费促进效应在不同补贴政策之间存在差异，也即补贴额对保障家庭的住房消费促进效应会随着补贴政策的变化而发生变化，我们引入了补贴政策和补贴额的交互项。若交互项系数 $\alpha_3$ 显著不为零，则说明补贴额对保障家庭的住房消费促进效应在不同补贴政策下确实存在差异。这样，在分析补贴额对保障家庭的住房消费促进效应时，应考虑交互项的系数 $\alpha_3$。$\alpha_2$ 衡量了实物配租的住房消费促进效应大小，$\alpha_2$ 与 $\alpha_3$ 的总和则衡量了租赁补贴的住房消费促进效应大小。

### (四)估计结果与分析

表 4-2 分析了住房补贴对住房消费变化影响的回归结果。由模型一、模型二和模型三的回归结果可知，逐次引入补贴额和其他变量后，补贴政策、补贴额对住房消费变化的影响效应是稳健的。观察模型三与模型四，比较可知，补贴额与补贴政策的交互项系数显著，表明住房补贴的住房消费促进效应大小与补贴政策相关。观察模型四与模型五，比较可知，补贴政策与家庭收入的交互项系数显著，表明住房消费变化与补贴政策之间的偏效应与家庭收入水平相关。为此，我们以模型五的回归结果作为分析基准。由于托宾模型中的估计值并不是对被解释变量的边际效应，模型回归中存在三个期望值，即被解释变量中潜变量的期望值、被解释变量的条件期望值及无条件期望值，对应存在三种边际效应，本节报告了第三种边际效应，对应的调整因子为 0.489。观察模型五，补贴政策对住房消费变化的影响显著且为负，说明在补贴额相同的前提下，与租赁补贴相比，实物配租所带来的住房消费提升量较大。可能的解释是，租赁补贴给予的是现金补贴，并未限制补贴资金的使用方向，容易使得家庭将补贴用于非住房消费，而实物配租则有效避免了补贴资金外溢问题。补贴额的系数显著为正，表明住房补贴政策存在住房消费促进效应，结合补贴额与补贴政策的交互项系数，可知实物配租的住房消费促进效应大于租赁补贴，证明了研究假设。根据补贴额的边际效应，可知实物配租的补贴额每增加 100 元，会带来住房消费增加 46.9 元。结合补贴额与补贴政策交互项的边际效应(−33.82)，可知租赁补贴的补贴额每增加 100 元，会带来住房消费增加 13.08 元。

**表 4-2 住房补贴对住房消费变化影响的托宾模型估计结果**

| 变量 | 模型一 | 模型二 | 模型三 | 模型四 | 模型五 | |
|---|---|---|---|---|---|---|
| | 估计值 | 估计值 | 估计值 | 估计值 | 估计值 | 边际效应 |
| policy<br>（补贴政策） | −746.8***<br>(13.55) | −292.9***<br>(17.57) | −198.8***<br>(16.46) | −78.7***<br>(23.96) | −126.4***<br>(26.51) | −61.93 |
| subsidy<br>（补贴额） | | 80.72***<br>(3.239) | 94.55***<br>(2.870) | 97.59***<br>(2.840) | 95.71***<br>(2.907) | 46.90 |
| policy×subsidy<br>（补贴政策×补贴额） | | | | −48.27***<br>(8.370) | −69.02***<br>(8.520) | −33.82 |
| income<br>（家庭收入） | | | −0.044***<br>(0.011) | −0.038***<br>(0.011) | −0.095***<br>(0.011) | −0.05 |
| policy×income<br>（补贴政策×家庭收入） | | | | | 0.106***<br>(0.018) | 0.05 |
| type<br>（住房类型） | | | −63.73***<br>(8.273) | −65.50***<br>(8.092) | −64.98***<br>(8.058) | −31.84 |
| age<br>（年龄） | | | 1.334***<br>(0.389) | 1.241***<br>(0.379) | 1.165***<br>(0.374) | 0.57 |
| family size<br>（家庭人口数） | | | −19.30***<br>(4.299) | −3.332<br>(4.386) | 4.569<br>(4.341) | 2.24 |
| poor<br>（是否为低保） | | | −53.07***<br>(8.868) | −35.23***<br>(8.725) | −22.68***<br>(8.788) | −11.11 |
| house area<br>（居住面积） | | | −1.838***<br>(0.243) | −1.867***<br>(0.238) | −1.755***<br>(0.236) | −0.86 |
| market rent<br>（市场租金） | | | 0.238<br>(1.188) | 0.264<br>(1.167) | 0.561<br>(1.152) | 0.28 |
| city（城市） | control | control | control | control | control | |
| constant<br>（常数项） | 650.8***<br>(12.05) | 15.49<br>(26.09) | 26.05<br>(36.20) | −40.13<br>(34.59) | −12.47<br>(34.04) | |
| $\hat{\delta}$ | 219.0***<br>(5.436) | 177.2***<br>(4.529) | 160.7***<br>(4.433) | 157.5***<br>(4.605) | 155.8***<br>(4.563) | |
| Pseudo $R^2$（伪 $R^2$） | 0.118 | 0.144 | 0.156 | 0.158 | 0.160 | |
| 观测值 | 2460 | 2460 | 2460 | 2460 | 2460 | |

注：为了克服横截面数据模型中容易出现的异方差问题，回归模型中均采用稳健的 robust 估计；括号内的数值为标准误差；限于篇幅，城市变量的系数未作汇报，control 表示控制了城市个体效应

***表示在 1%的显著水平下通过显著性检验

观察其他变量，只有家庭人口数和市场租金两个变量不显著，其他变量均显著。观察显著变量的系数，可知补贴前租住市场租赁房的家庭住房消费增加较多，

户主年龄大、居住面积小的家庭住房消费增加较多，而低保家庭的住房消费增加较少。根据家庭收入及其与补贴政策的交互项系数，可知享有租赁补贴收入相对较高家庭的住房消费增加较多，而享有实物配租收入相对较高家庭的住房消费增加较少。可能的解释是，对于租赁补贴，收入相对较高家庭倾向于将补贴资金用于增加住房消费，而收入相对较低家庭倾向于将补贴资金用于改善家庭生活，所以住房消费变化与家庭收入呈现正向关系；对于实物配租，在获得补贴前，与收入相对较低家庭相比，收入相对较高家庭的居住面积较大，住房消费较高，获得补贴后，两类家庭都居住政府提供的廉租住房，居住面积相差不大，住房消费相差不多，所以住房消费变化与家庭收入呈现反向关系。

## 五、住房租赁保障制度对家庭劳动供给的影响

### (一)研究假设

假设一：实物配租、租赁补贴政策均有劳动供给抑制效应，即随着补贴额的增加，保障家庭倾向于选择降低或维持原有收入水平。

作为一项社会保障，住房保障可能会对劳动供给产生抑制作用，且存在福利陷阱问题，主要表现为两种情况：一是“吸纳”现象，如住房保障边缘家庭有意减少或放弃工作，以减少收入水平达到住房保障准入条件要求；二是“滞留”现象，如已获保障家庭由于不愿放弃已享有的住房保障而拒绝或减少工作。近年来，我国住房保障问题的研究主要聚焦于住房保障制度本身，还未涉及住房补贴对劳动供给的影响研究，这可能是由我国住房保障制度建设起步较晚及有关保障家庭收入数据难以获取造成的。然而，纵观国外已有研究文献，不难发现其结论存在很大差异，可能与研究的数据选取和模型设置等有关。具体到我国实际情况，从补贴标准来看，以武汉市为例，实物配租的补贴标准(廉租住房租金标准)以是否为城镇低保家庭进行制定，家庭所获补贴款完全取决于其收入条件；租赁补贴的补贴标准则取决于是否为城镇低保家庭和住房保障面积标准两个条件，多数无自有产权住房家庭所获补贴款取决于其收入条件①。实物配租的补贴标准容易使得保障家庭面临较高的边际所得税税率，即随着收入提高，家庭所获补贴款将减少，造成其实际收入提高并不明显，损害了家庭主动提高收入的积极性。

假设二：实物配租、租赁补贴政策均存在福利陷阱问题，但实物配租的福利陷阱程度更为严重。

① 2013年，武汉市低保家庭和非低保家庭对应的廉租住房月租金标准分别为0.75元/米$^2$、1.5元/米$^2$，对应的租赁补贴发放标准分别为每人10元/米$^2$、7元/米$^2$，租赁补贴的住房保障面积标准为人均12平方米。

从准入标准来看，以武汉市为例，实物配租、租赁补贴的准入标准均以家庭人均收入、住房保障面积进行划分[①]。该标准制定容易导致住房补贴形成悬崖效应，产生福利陷阱问题。保障家庭在收入超过准入标准后，会丧失住房保障资格，损失原有全部补贴款。在补贴款损失额超过收入增加额的情况下，理性保障家庭不会主动提高收入，表现出过度依赖住房补贴，从而陷入福利陷阱。此外，住房补贴也会改变保障家庭的居住区位，不同补贴政策为家庭所带来的居住区位不同，从而影响家庭对住房补贴的依赖程度，导致福利陷阱程度存在差异。实物配租家庭只能被迫居住廉租住房小区，位置较为偏远并且周围缺少就业机会。无工作家庭难以找到合适工作，而有工作的家庭可能由于出行不便或通勤费用较高而放弃原有工作，从而加剧了家庭对住房补贴的依赖程度。而租赁补贴家庭则对居住区位的选择较为自由，获得现金补贴后，家庭住房消费能力增强，可根据家庭偏好，选择有利于工作或就业的居住区位，从而减轻了家庭对住房补贴的依赖程度。

## （二）变量及描述性统计

本节旨在测度两种补贴政策对保障家庭的住房消费与劳动供给的影响，故模型中的被解释变量为补贴前后家庭的住房消费变化和劳动供给变化，被解释变量为补贴政策、补贴额、是否贴近住房保障准入线（简称“是否贴近准入线”）等变量，如表 4-3 所示。

**表 4-3　变量名称、符号、定义与描述统计**

| 变量名称 | 符号 | 定义 | 平均值 | 标准差 |
|---|---|---|---|---|
| 住房消费变化 | Δconsum | 家庭保障后房租费用与保障前房租费用的差值/(元/月） | 209.1 | 286.3 |
| 劳动供给变化 | increas_earn | 补贴前后，家庭月收入的变化：收入增长=1，收入不增长或下降=0 | 0.620 | 0.485 |
| 补贴政策 | policy | 家庭享有的补贴政策：租赁补贴=1，实物配租（基准组）=0 | 0.598 | 0.490 |
| 补贴额 | subsidy | 实物配租家庭的补贴额为廉租住房面积与市场租金的乘积，减去向政府缴纳的房租；租赁补贴家庭的补贴额为政府按月发放的补贴款/(元/月） | 330.2 | 266.8 |
| 是否贴近准入线 | eligible | 以所在城市收入准入标准（2013 年）的 85%为分割点，若家庭补贴前的人均月收入超过分割点处收入，则表明贴近准入线=1，否则为不贴近准入线（基准组）=0 | 0.317 | 0.466 |
| 住房类型 | type | 补贴前，家庭拥有的住房类型：市场租赁房=1，租借住房（基准组）=0 | 0.543 | 0.498 |

① 2013 年，武汉市实物配租、租赁补贴的准入标准收入条件见本章变量说明部分，住房保障面积标准分别为人均 8 平方米、人均 12 平方米。

续表

| 变量名称 | 符号 | 定义 | 平均值 | 标准差 |
|---|---|---|---|---|
| 年龄 | age | 户主的年龄/岁 | 46.11 | 10.10 |
| 家庭人口数 | family size | 家庭总人口数/人 | 2.555 | 1.052 |
| 受教育水平 | educ | 户主的学历：小学及以下(基准组)=0，初中=1，中专或高中=2，大专及以上=3 | 2.313 | 0.759 |
| 是否为低保 | poor | 低保家庭=1，非低保家庭(基准组)=0 | 0.620 | 0.486 |
| 家庭收入 | income | 补贴前，家庭成员月收入的总和/(元/月) | 856.1 | 486.2 |
| 职业类型 | occup | 户主的工作类型：无工作(基准组)=0，临时工作=1，稳定工作=2 | 1.290 | 0.566 |
| 居住面积 | house area | 补贴前，家庭居住面积/米$^2$ | 27.89 | 19.92 |
| 市场租金 | market rent | 家庭所在区位的市场月租金水平/(元/米$^2$) | 15.09 | 6.723 |

注：2013 年，武汉、襄阳和兴山的准入标准分别为 600 元/月、570 元/月和 400 元/月；宜昌的实物配租准入标准为 440 元/月，租赁补贴准入标准为 700 元/月；麻城的实物配租、租赁补贴的准入标准分别为 300 元/月、400 元/月

(1) 劳动供给变化(increas_earn)。衡量劳动供给的常用指标有工作时间、工资收入两种。借鉴已有文献的做法，如 Olsen 等(2005)、Susin(2005)以补贴前后家庭收入的变化衡量劳动供给水平变化。由于部分样本家庭的收入并无变化，若直接以收入变化的绝对变化量进入模型，则容易导致估计值有偏。考虑到本章重点考察住房补贴政策是否对劳动供给有抑制作用及是否存在福利陷阱问题，我们按照补贴前后家庭收入是否增长来判定，将劳动供给变化变量转换成二值变量。补贴后，若家庭收入增长，其值为 1；若家庭收入不变或下降，其值为 0。

(2) 补贴政策(policy)。此次调研城市的廉租住房补贴政策有实物配租和租赁补贴两种。考虑到两种补贴政策对家庭住房消费、劳动供给的行为影响存在差异，我们引入补贴政策虚拟变量，分析两者之间的差异。

(3) 补贴额(subsidy)。对于租赁补贴家庭，住房补贴额为家庭每月从政府处领取的现金补贴款。而对于实物配租家庭，由于实物配租属于暗补，无法直接得到家庭所获补贴款，我们用廉租住房面积与市场租金的乘积表示家庭实际应缴房租，然后以实际应缴房租与廉租住房租金的差值代表家庭所获补贴款。

(4) 是否贴近准入线(eligible)。为了检验住房补贴是否存在悬崖效应，即福利陷阱问题，本节通过引入是否贴近准入线虚拟变量，考察贴近准入线与不贴近准入线两类保障家庭的劳动供给行为是否存在差异。我们以收入准入标准的不同百分比进行多次回归分析，发现收入准入标准的 85%最接近悬崖效应的分割点(悬

崖边界)，适合作为是否贴近准入线的判断标准①。保障前，若保障家庭的人均月收入超过分割点处收入，则表明贴近准入线；否则，为不贴近准入线。

(5)其他控制变量。其他控制变量包括住房类型、年龄、家庭人口数、受教育水平、是否为低保、家庭收入、职业类型、居住面积、市场租金和所在城市。其中，住房类型、受教育水平、是否为低保、职业类型和所在城市均为虚拟变量。受教育水平是分类变量，将其转化为三个虚拟变量，$educ_1$、$educ_2$和$educ_3$分别表示“初中”“中专或高中”“大专及以上”，基准组为“小学及以下”。职业类型也是分类变量，将其转化为两个虚拟变量，$occup_1$和$occup_2$分别表示“临时工作”和“稳定工作”，基准组为“无工作”。

### (三)模型选择与设定

劳动供给变化以人均收入是否增长代替，其决定模型属于二值选择模型，我们用概率单位模型估计劳动供给变化决定的影响因素。除补贴额变量外，我们还将是否贴近准入线变量引入模型,用以检验住房补贴政策是否存在福利陷阱问题。考虑到劳动供给变化与是否贴近准入线之间的偏效应可能与补贴政策相关，我们将两者的交互项引入模型。计量模型II的设置形式如下：

$$\begin{aligned} \text{increas\_earn}_i = {} & \beta_0 + \beta_1\text{policy} + \beta_2\text{subsidy}_i + \beta_3\text{eligible}_i + \beta_4\text{policy}\times\text{eligible}_i \\ & + \delta Z_i + \omega_i \end{aligned} \tag{4-2}$$

其中，$\text{increas_earn}_i$为家庭$i$的人均家庭收入是否增长；policy为所享有的补贴政策；$\text{subsidy}_i$为所获补贴额；$\text{eligible}_i$为是否贴近准入线；$\text{policy}\times\text{eligible}_i$为交互项；$Z_i$为影响家庭人均收入变化的其他变量；$\omega_i$为随机扰动项。

在住房租赁保障政策实施过程中,租赁补贴会表现出负激励效应和悬崖效应。这两种效应会使得保障家庭倾向于不增加劳动供给。负激励效应会使得获得补贴额越多的家庭越倾向于选择不增加劳动供给，而悬崖效应会使得贴近准入标准的家庭更倾向于选择不增加劳动供给。本节所研究的福利陷阱问题是由悬崖效应所引起的。悬崖效应会存在一个悬崖边界，即存在一个分割点(或跳跃点)。因此，我们在检验是否存在福利陷阱问题时，采用两分法，即引入虚拟变量，将样本群体分为两个子样本群体，两个子样本分别处于悬崖上、悬崖下，考察两类保障家庭的劳动供给行为是否存在差异。若存在显著差异，说明住房补贴存在悬崖效应，即存在福利陷阱问题；反之，说明不存在福利陷阱问题。我们认为，利用准入标

① 考虑到悬崖效应的分割点贴近住房补贴的收入准入标准，我们分别以收入准入标准的70%、75%、80%、85%和90%作为分割点，对劳动供给变化模型(4-2)(不含交互项)进行回归分析，比较是否贴近准入线变量前的系数值，发现收入准入标准的85%为分割点时，系数值最大，说明该分割点是最接近悬崖效应的分割点。

准的贴近程度(连续变量)可以衡量出家庭的人均收入逐渐增加所导致的家庭选择不增加劳动供给的概率，这在一定程度上可以反映出住房补贴是否存在福利陷阱问题，但不够准确。因为这种做法有一个前提假设，即不同人均收入层次保障家庭在选择是否增加劳动供给的行为方面存在差异。然而，现实中保障家庭选择增加或不增加劳动供给的概率值不可能都存在差异，如人均收入 300 元/月的家庭与人均收入 301 元/月的家庭的劳动供给行为应该是相同的。因此，在检验是否存在福利陷阱问题过程中，我们不能使用家庭人均收入与准入标准的差额或比例(连续变量)来检验是否存在福利陷阱问题。

为了衡量福利陷阱程度大小，我们通过引入 eligible 变量，将保障家庭分为两类：一类是贴近准入线的保障家庭(eligible=1)，另一类是不贴近准入线的保障家庭(eligible=0)。这两类家庭都在准入线以下，都属于住房补贴的对象。我们判断住房补贴是否存在福利陷阱的思路是，以这两类家庭的劳动供给行为是否存在显著差异来判断是否存在福利陷阱。若与不贴近准入线家庭相比，贴近准入线家庭倾向于不增加劳动供给，说明住房补贴存在福利陷阱问题。若与不贴近准入线家庭相比，贴近准入线家庭倾向于增加劳动供给，或者两类家庭的劳动供给行为没有显著差异，则说明住房补贴不存在福利陷阱问题。换句话说，可以通过观察计量模型中 eligible 变量的系数是否显著为负值，来判断住房补贴是否存在福利陷阱问题。若系数显著为负值，则说明存在福利陷阱问题；若系数显著为正值或不显著，则说明不存在福利陷阱问题。我们衡量福利陷阱程度的思路是，以两类家庭的劳动供给行为差异大小来衡量福利陷阱程度大小，即依据 eligible 变量的系数值大小进行衡量。

对于解释变量与解释变量中交互项的系数解释，我们借鉴了海蒂编著的《虚拟变量回归》(格致方法 · 定量研究系列)中第四章第一节“解释交互效应”的阐述方法。若$\beta_1$不显著，则说明在补贴额、是否贴近准入线相同的情况下，两种补贴政策所对应的保障家庭的劳动供给行为没有表现出显著差异；反之，则表现出显著差异。$\beta_2$表示在补贴政策、是否贴近准入线相同的情况下，每增加一元补贴，保障家庭选择不增加劳动供给的概率。若$\beta_2$显著为负，则说明住房补贴存在劳动供给抑制效应；反之，则说明住房补贴不存在劳动供给抑制效应。$\beta_3$表示在补贴政策、补贴额相同的情况下，贴近准入线家庭与不贴近准入线家庭的劳动供给行为差异。若$\beta_3$显著为负，则说明与不贴近准入线家庭相比，贴近准入线家庭更倾向于选择不增加劳动供给，住房补贴存在悬崖效应，即存在福利陷阱问题；反之，则说明住房补贴不存在悬崖效应，即不存在福利陷阱问题。若$\beta_4$显著不为零，则说明住房补贴所存在的福利陷阱程度与补贴政策相关。$\beta_3$衡量了在实物配租政策下，贴近准入线家庭与不贴近准入线家庭的劳动供给差异大小，即衡量了实物配租的福利陷阱程度大小；$\beta_3$与$\beta_4$的总和则衡量了在租赁补贴政策下，贴近准入线家庭与不贴近准入线家庭的劳动供给差异大小，即衡量了租赁补贴的福利陷阱程度大小。

## （四）估计结果与分析

表 4-4 分析了住房补贴对劳动供给变化影响的回归结果。观察补贴政策的系数，未控制补贴额等变量时，补贴政策的系数显著为正，说明与享有实物配租的家庭相比，享有租赁补贴的家庭倾向于增加劳动供给、提高收入水平。这可能是由于实物配租的补贴额较大，与享有租赁补贴的家庭相比，享有实物配租的家庭为获得高额补贴，更倾向于减少劳动供给、降低或维持原有收入水平。而在控制补贴额等变量后，补贴政策的系数变为不显著，说明在补贴额相同的前提下，两种补贴政策对家庭劳动供给的影响并没有显著差异。这也暗示着将补贴额引入模型是必要的，否则我们会得到错误的结论。由模型二和模型三的回归结果可知，引入其他变量后，补贴政策、补贴额和是否贴近准入线变量对劳动供给的影响效应是稳健的。观察模型三与模型四，相比可知，补贴政策与补贴额的交互项系数不显著，表明劳动供给变化和补贴额之间的偏效应与补贴政策无关，即住房补贴的劳动供给抑制效应大小与补贴政策无关。观察模型四与模型五，相比可知，补贴政策与是否贴近准入线的交互项系数显著，表明劳动供给变化和是否贴近准入线的偏效应与补贴政策相关，即住房补贴所存在的福利陷阱程度与补贴政策相关。为此，我们以模型五的回归结果作为分析基准。考虑到概率单位模型的估计值并不是变量的偏效应，故对模型五的估计值进行调整，得到其平均偏效应，即边际效应。

**表 4-4 住房租赁保障对劳动供给影响的 probit 估计**

| 变量 | 模型一 | 模型二 | 模型三 | 模型四 | 模型五 | |
|---|---|---|---|---|---|---|
| | 估计值 | 估计值 | 估计值 | 估计值 | 估计值 | 边际效应 |
| policy（补贴政策） | 0.136** | −0.174 | −0.205 | −0.255 | −0.223 | −0.084 |
| | (0.063) | (0.133) | (0.145) | (0.210) | (0.145) | |
| subsidy（补贴额） | | −0.083*** | −0.091*** | −0.092*** | −0.084*** | −0.032 |
| | | (0.022) | (0.025) | (0.026) | (0.025) | |
| policy×subsidy（补贴政策×补贴额） | | | | 0.019 | | |
| | | | | (0.058) | | |
| eligible（是否贴近准入线） | | −0.678*** | −0.685*** | −0.685*** | −0.849*** | −0.325 |
| | | (0.062) | (0.064) | (0.064) | (0.113) | |

续表

| 变量 | 模型一 | 模型二 | 模型三 | 模型四 | 模型五 | |
|---|---|---|---|---|---|---|
| | 估计值 | 估计值 | 估计值 | 估计值 | 估计值 | 边际效应 |
| policy×eligible（补贴政策×是否贴近准入线） | | | | | 0.246* | 0.091 |
| | | | | | (0.135) | |
| age（年龄） | | | 0.006* | 0.006** | 0.006* | 0.002 |
| | | | (0.003) | (0.003) | (0.003) | |
| $educ_1$（初中） | | | 0.103 | 0.105 | 0.094 | 0.036 |
| | | | (0.086) | (0.086) | (0.087) | |
| $educ_2$（中专或高中） | | | 0.129 | 0.130 | 0.127 | 0.048 |
| | | | (0.093) | (0.093) | (0.093) | |
| $educ_3$（大专及以上） | | | 0.254 | 0.255 | 0.249 | 0.091 |
| | | | (0.163) | (0.163) | (0.163) | |
| family size（家庭人口数） | | | −0.015 | −0.023 | −0.019 | −0.007 |
| | | | (0.035) | (0.042) | (0.035) | |
| poor（是否为低保） | | | 0.031 | 0.023 | 0.024 | 0.009 |
| | | | (0.063) | (0.067) | (0.064) | |
| $occup_1$（临时工作） | | | 0.219*** | 0.216*** | 0.207*** | 0.077 |
| | | | (0.077) | (0.077) | (0.077) | |
| $occup_2$（稳定工作） | | | 0.240* | 0.237* | 0.232* | 0.085 |
| | | | (0.129) | (0.129) | (0.128) | |
| city（城市） | control | control | control | control | control | |
| constant（常数项） | 0.236*** | 1.060*** | 0.658** | 0.691** | 0.654** | |
| | (0.060) | (0.187) | (0.276) | (0.295) | (0.275) | |
| Pseudo $R^2$（伪 $R^2$） | 0.083 | 0.121 | 0.125 | 0.125 | 0.126 | |
| 观测值 | 2460 | 2460 | 2460 | 2460 | 2460 | |

注：为了克服横截面数据模型中容易出现的异方差问题，回归模型中均采用稳健的 robust 估计；括号内的数值为标准误差；control 表示控制了城市个体效应

***、**和*分别表示在 1%、5%和 10%的显著水平下通过显著性检验

根据模型五的回归结果，可知补贴额对劳动供给的影响显著且系数值为负，说明获得补贴额较多的家庭倾向于选择不增加劳动供给，住房补贴存在劳动供给抑制效应，证明了假设一。由补贴额的边际效应可知，补贴额每增加 100 元，家庭选择不增加劳动供给的概率上升 3.2%。是否贴近准入线对劳动供给的影响显著且系数值为负，说明与不贴近准入线家庭相比，贴近准入线家庭倾向于选择不增加劳动供给，愿意维持原有收入水平，这表明住房补贴存在福利陷阱问题。结合是否贴近准入线与补贴政策的交互项系数，可知与租赁补贴相比，实物配租的福

利陷阱程度较为严重，从而证明了假设二。可能的解释是，虽然两种补贴政策都存在悬崖效应问题，导致贴近准入线家庭不愿放弃已享有的住房补贴而减少或维持原有劳动供给水平，但是实物配租所提供的廉租住房一般较为偏远、周围缺少工作机会，使得家庭成员很难就近找到合适工作，甚至会因交通不便而放弃原有工作，从而加剧家庭对住房补贴的依赖程度。而租赁补贴则通过发放现金补贴，增强家庭选择有利于工作或就业的居住区位的能力，在一定程度上减轻了家庭对住房补贴的依赖程度。根据是否贴近准入线的边际效应可知，对于实物配租，与不贴近准入线家庭相比，贴近准入线家庭选择不增加劳动供给的概率上升 32.5%。结合是否贴近准入线与补贴政策的交互项的边际效应(9.1%)可知，对于租赁补贴，与不贴近准入线家庭相比，贴近准入线家庭选择不增加劳动供给的概率上升 23.4%。

观察其他变量，只有年龄和职业类型两变量显著，其他变量均不显著。是否为低保的系数不显著，说明低保家庭与非低保家庭的劳动供给行为无显著差异。家庭人口数、受教育水平的系数不显著，说明家庭规模、户主的受教育程度不影响家庭的劳动供给行为。从户主年龄来看，户主年龄较大家庭倾向于选择增加劳动供给，提高家庭收入水平，户主年龄每增加 1 岁，家庭选择增加劳动供给的概率上升 0.2%。这可能是由于年龄较大户主所面临的家庭责任较大，对住房补贴的依赖程度较弱。从户主职业类型来看，户主有工作的家庭倾向于选择增加劳动供给，提高家庭收入水平。相对于无工作组而言，临时工作组和稳定工作组选择增加劳动供给的概率分别上升 7.7%、8.5%。可能的解释是，与无工作户主相比，有工作户主拥有一定的劳动技能，在一定程度上会减轻其对住房补贴的依赖程度。

## 六、小结

本章基于住房租赁保障制度的演化历程，深入分析了住房租赁保障制度不同补贴模式对保障对象的住房消费与劳动供给的影响，可做如下总结。

第一，两种住房租赁保障制度对保障对象的住房消费均有促进效应，但促进效应并不相同。租赁补贴给予的是现金，且并未限制补贴资金的使用方向，这容易使得家庭将补贴用于非住房消费，而实物配租则有效避免了补贴资金外溢问题。因此，实物配租的住房消费促进效应大于租赁补贴。具体而言，补贴额每增加 100 元，实物配租能够带来住房消费增加 46.9 元，而租赁补贴仅能增加住房消费 13.08 元。由于租赁补贴并未限制补贴资金的使用方向，其补贴资金存在严重的资金外溢现象。收入相对较高家庭倾向于将补贴资金用于增加住房消费，而收入相对较低家庭倾向于将补贴资金用于改善家庭生活。因此，租赁补贴对收入相对较高家庭的住房消费促进作用大，而对收入相对较低家庭的住房消费促进作用小。

第二，两种住房租赁保障制度对保障对象的劳动供给均有促进效应，但促进效应并不相同。两种补贴政策均存在负激励效应，对劳动供给有抑制作用，补贴额每增加100元，实物配租、租赁补贴家庭选择不增加劳动供给的概率上升3.2%。此外，两种补贴政策均存在福利陷阱问题，导致贴近准入线家庭表现出依赖住房补贴而倾向于选择不增加劳动供给。但实物配租所提供的廉租住房一般较为偏远、周围缺少工作机会，使得家庭很难就近找到合适工作，甚至会因交通不便而放弃原有工作，从而加剧了家庭对住房补贴的依赖程度。而租赁补贴通过发放现金，增强了家庭选择有利于工作或就业的居住区位的能力，在一定程度上减轻了家庭对住房补贴的依赖程度。因此，与租赁补贴相比，实物配租的福利陷阱问题较为严重。就福利陷阱程度而言，与不贴近准入线家庭相比，贴近准入线的实物配租、租赁补贴家庭选择不增加劳动供给的概率分别上升了32.5%、23.4%。

# 第五章　住房产权保障制度对市场的影响机制研究

"恒产者有恒心"，凸显资产保障对保障家庭具有极强的外部正效应，而住房则是绝大部分家庭的重要资产，尤其对中低收入家庭而言。因此，住房产权性保障是资产保障实现的重要形式，与租赁性保障相比，对社会稳定作用更为显著。产权性住房保障一次性给予保障对象更多的补贴，对市场的冲击可能更大，因此，产权性住房保障与市场的协调性问题面临更大的挑战。一般而言，住房领域协调发展的理想状态是市场归市场、保障归保障。换一句话说，产权性住房保障的目的就是提高市场上买不起房的家庭居住水平；若提高水平即为保障房供给水平，则保障对市场没有产生任何影响；若居住水平提高，但低于供给水平，则表明保障对市场产生了一定的挤出效应；若居住水平没有得到提高，则表明保障对市场产生了显著负效应。因此，本章首先研究产权保障目的的实现程度，或政策的目标效率；其次深入测度产权保障对住房市场产生的影响程度。

我国住房产权保障体系中，限价住房政策基本处于政策制定及部分城市初步实施的阶段，且处于不断调整、时断时续的状态，缺乏相应数据，无法评价和测度。数据获得相对容易的住房产权保障政策，主要有经济适用住房制度和住房公积金制度。若已有的相对公开的数据能支持政策实现制度预期目标，即政策目标效率较高，对市场没有产生显著负效应，则政策有其存在合理性。

## 一、文献回顾与评述

国外文献中有大量关于住房保障制度效率分析和运行效果的分析与评估。住房保障的综合评价分析中，Mayo (1986) 基于成本收益的分析框架，比较分析了美国和德国住房补贴计划的经济效率，重点集中于多种供给方补贴政策和多种需求方补贴政策无效率的原因与实证分析；Buckley 和 Kalarickal (2004) 则以定位、效率、透明度、管理监督成本和可持续性为基本标准评价了印度城市中五项住房计划的经济效率。Le Blanc (2005) 的研究则试图提供一个涵盖了各层面的、可用于不同补贴类别及国与国之间比较的标准分析模式，其评估标准可概括为补贴的管理监督成本、激励机制/满意度/政府责任、公开透明度、定位/纵向公平 (再分配)、覆盖面/横向公平、效率、明补或暗补的程度、可持续性、灵活性共计九个方面；

同时以摩洛哥1995～2004年的住房保障制度为例详细阐述了评估方案的运用。住房保障中不同政策的效率比较涉及了大量文献，如需求方住房补贴、供给方住房补贴的政策效率比较分析，具体见第三章、第四章中的相关文献综述。显然，这些政策效率的比较分析涵盖了政策目标效率的评价。例如，Malpezzi 和 Vandell(2002)在其研究中，控制其他政策变量(如公共住房、section 8 新建住房政策、section 236 住房政策)和需求方补贴变量(如租房券)的数量效应，建立的模型分析显示 LIHTC(美国为低收入人群建房或修缮设施税费减免的政策)住房数量与当前住房存量规模没有显著关系，表明补贴与未补贴住房之间存在很高的替代率，即高挤出效应导致政策目标效率低下。Murray(1999)应用时间序列的协整理论分析发现，自1935年以来，公共住房增加了社会住房存量，但购房补贴计划(section 235)和租房补贴计划(section 236)却极有可能没有增加整个住房存量，与1983年基于住房市场供需非均衡的时间序列模型估计的分析结果基本一致，类似的还有 Sinai 和 Waldfogel(2002)、Swan(1973)、Lee(2007)的研究。

国内文献也有大量关于住房保障政策效应的评价，与公平性评价一样多集中于定性分析。黄征学(2004)、李培(2008)等学者认为经济适用住房制度在生产、使用和消费环节上都存在着生产效率低下、没有退出机制、不可动态持续等多种内在缺陷。董藩和陈辉玲(2010)基于住房过滤模型对实物配租和货币补贴两种住房保障模式进行比较分析认为，实物配租模式相对于货币补贴模式来说，会降低存量房利用率、增加政府负担、阻碍退出机制的建立并冲击房地产市场，因而建议将低收入家庭划分为不同的保障层次，实施住房货币化梯度补贴方案；赖华东和蔡靖方(2007)也基于住房过滤模型持有相同的观点，认为城市住房保障政策短期内可实施供给方政策，长期来看都应转向需求方政策。实质上，第三章、第四章中的综述文献也大量内含了对住房保障制度的效率评价。制度或政策的综合性评价分析中，孙志波和吕萍(2010)从定性的角度提出了保障性住房政策方案评估标准、保障性住房政策评估标准和保障性住房政策结果评估标准，并构建了住房保障制度指标体系。具体评价分析中，车士义和郭琳(2009)，运用3E理论[①]对北京市经济适用住房政策的经济、效率和效果进行评估；高峰(2010)以房价收入比来考察北京市住房保障政策的实施效果；龙奋杰等(2006)则利用价格、竣工量和空置率对经济适用住房的绩效进行了简单评价；牛毅(2007)利用数据分析经济适用住房对居民居住面积的改善、稳定房价、配合宏观经济等方面的作用，并对经济适用住房的绩效进行了评估，但这些综合评价方法过于粗糙。王先柱和赵奉军(2009)、陈杰和王文宁(2010)则利用面板计量模型分析保障性住房稳定住房价格目标的可行性，尽管分析方法较为先进，但得出了相异的结论。

① 指价值的三个主要方面：经济(economics)、效率(efficiency)、效果(effectiveness)。

梳理以上国内外文献可以看到，国外住房保障或补贴制度历程长，不仅已形成相对比较完备的政策体系，而且积累的数据相对完善且可获得，多角度、多方法、不同方式的评价研究众多，既包括对住房保障政策目标效率的分析，也包含对经济效率的评估。然而，国外成熟的框架体系和评价方法难以简单运用到我国住房保障制度的评价中。在住房保障制度不断调整的阶段，由于数据缺乏或不连续，对我国住房保障制度的运行绩效难以准确地进行政策经济效率评价。评价的基础性问题是住房保障制度（或政策）是否实现了政策的预定目标，即是否实现了“住有所居”的基本目标。显然，已有评估文献对数据的简单罗列并不能得出令人信服的结论，本章将首先系统地分析经济适用住房制度和住房公积金制度的短期、长期目标，并进行简单评价，重点则放在制度运行过程中，在市场机制作用下，是否真正实现了制度中长期目标。

## 二、经济适用住房制度目标性风险评估

我国住房保障制度从建立到现在，一直处于动态调整阶段，而每一阶段目标都可能在调整变动，但也存在贯穿各阶段一直不变的制度目标。因此，需要分析各阶段短期目标的实现情况，分析制度运行是否存在偏离长期目标的潜在风险。

### (一)经济适用住房制度目标的总体分析与评价

制度目标实现情况分析的基础性问题是，理顺我国住房保障制度在不同历史环境下各阶段的短期目标与长期目标。

#### 1. 各阶段制度目标

1994 年 12 月《城镇经济适用住房建设管理办法》显示，以中低收入家庭为目标对象的经济适用住房建设，以提高城镇职工、居民居住水平为主要目的；而经济适用住房制度所贯彻的《国务院关于深化城镇住房制度改革的决定》文件显示，经济适用住房也承担了建立与社会主义市场经济体制相适应的新的城镇住房制度的任务，把住房实物福利分配的方式改变为以按劳分配为主的货币工资分配方式；更为具体的目标是房地产开发公司每年的建房总量中，经济适用住房要占20%以上。为贯彻国务院《关于进一步深化城镇住房制度改革加快住房建设的通知》的文件精神，建立和完善以经济适用住房为主的多层次城镇住房供应体系，1998 年 7 月，建设部等部委颁布《关于大力发展经济适用住房的若干意见》，指出发展经济适用住房的目的是建立适应社会主义市场经济体制和我国国情的住房供应体系，促进住宅业成为新的经济增长点，不断满足中低收入家庭日益增长的住房需求。为贯彻《国务院关于促进房地产市场持续健康发展的通知》《国务院

关于解决城市低收入家庭住房困难的若干意见》，2004 年 5 月和 2007 年 11 月的《经济适用住房管理办法》分别规定：市、县人民政府要根据当地经济社会发展水平、居民住房状况和收入水平等因素，合理确定经济适用住房的政策目标；此时，经济适用住房的政策目标体现为贯彻国务院所颁发的政策文件，即始终把改善群众居住条件作为城市住房制度改革和房地产业发展的根本目的，且后者明确规定了以低收入住房困难人群为目标群体。在房价高涨过程中，2003 年 4 月《关于进一步加强房地产信贷业务管理的通知》，2005 年 5 月《关于做好稳定住房价格工作的意见》，2006 年 5 月《关于调整住房供应结构稳定住房价格意见的通知》，2010 年 1 月《国务院办公厅关于促进房地产市场平稳健康发展的通知》，2010 年 4 月《国务院关于坚决遏制部分城市房价过快上涨的通知》等规定，经济适用住房作为住房供应结构调整的主要组成部分之一，被赋予了稳定住房价格或遏制住房市场价格过快增长的目标。

以上分析显示，经济适用住房制度经历了三个阶段：起步阶段目标明确；而 2004 年《经济适用住房管理办法》颁布后达到第二阶段，此时目标相对模糊；2007 年之后为目标相对明确的第三阶段。在第一阶段的目标中，包含市场份额目标、经济增长目标和转换住房分配机制目标。2004 年 5 月为第二阶段的开始，政策性住房取代经济适用住房并在住房市场占据主体地位，且具有保障性质，但没有对目标对象明确阐述，政策定位则由各地区确定；直到 2007 年，经济适用住房变革进入第三阶段，目标也明确转向低收入住房困难家庭。纵观各阶段，一致性目标主要体现为提高居民居住水平；而稳定住房价格或遏制住房价格过快增长，尤其 2003 年以来，也可看成是经济适用住房供给的主要目标之一。

2. 制度目标实现程度的简要评价

1998～2003 年，住房制度改革以市场化目标为改革价值取向，推动经济适用住房建设时更注重其商品属性。此时，目标主要体现为经济适用住房对住房市场化的贡献程度和经济适用住房对经济增长的贡献程度。2004 年之后，住房保障问题开始凸显，经济适用住房的目标更多体现为改善居民居住条件或稳定住房市场的价格水平。

1) 促进经济增长的目标评估

假设第 $t$ 期国内生产总值 $Y_t$ 由消费 $y_{1t}$、投资 $y_{2t}$、政府支出 $y_{3t}$ 和净出口 $y_{4t}$ 构成，即

$$Y_t = y_{1t} + y_{2t} + y_{3t} + y_{4t} \tag{5-1}$$

由式 (5-1) 不难得到，消费、投资、政府支出与净出口增长率 $g_{it}$ 和国内生产总值增长率 $G_{it}$ 之间的关系为

$$G_t = w_{1t-1}g_{1t} + w_{2t-1}g_{2t} + w_{3t-1}g_{3t} + w_{4t-1}g_{4t}, \quad w_{it-1} = y_{it-1}/Y_{t-1} \tag{5-2}$$

$w_{it-1}$ 为第 $t$–1 期各部分占国内生产总值的比重。式(5-2)表明第 $t$ 期的国内生产总值增长率是各相应部分增长率与上一期各部分占国内生产总值比重乘积之和。类似可粗略得到经济适用住房对经济增长率的贡献度 $w_{it-1}g_{it}$ 和贡献率 $w_{it-1}g_{it}/G_{it}$。

以武汉市为例，分析经济适用住房对武汉市经济增长的贡献度与贡献率，原始数据与计算结果如表 5-1 所示。

**表 5-1　武汉市经济适用住房投资对武汉市国民经济增长贡献测算**

| 项目 | 1998 年 | 1999 年 | 2000 年 | 2001 年 | 2002 年 | 2003 年 |
|---|---|---|---|---|---|---|
| 国内生产总值/亿元 | 1 015.89 | 1 085.68 | 1 206.84 | 1 347.8 | 1 492.24 | 1 662.18 |
| 国内生产总值增长率 | — | 6.87% | 11.16% | 11.68% | 10.72% | 11.39% |
| 经济适用住房开发投资/万元 | 46 441 | 150 054 | 138 969 | 199 287 | 141 435 | 144 544 |
| 经济适用住房开发投资增长率 | — | 223.11% | –7.39% | 43.40% | –29.03% | 2.20% |
| 经济适用住房开发投资占 GDP 比重 | 0.46% | 1.38% | 1.15% | 1.48% | 0.95% | 0.87% |
| 经济适用住房开发投资对武汉市经济增长贡献度 | — | 1.020% | –0.102% | 0.500% | –0.429% | 0.021% |
| 经济适用住房开发投资对武汉市经济增长贡献率 | — | 14.85% | –0.91% | 4.28% | –4.01% | 0.18% |

由表 5-1 可以清楚地看到 1999～2003 年，经济适用住房的投资受政府政策影响，对武汉市经济增长的贡献处于剧烈波动状态。但在经济处于萧条时期的 1999 年，经济适用住房为武汉市的经济增长做出了巨大贡献，贡献程度达到 1.02%，而对经济增长的贡献率为 14.85%。但其贡献程度与贡献率随着时间的推移，逐渐下降，到 2003 年仅为 0.021%、0.18%。

2) 促进住房领域市场化机制转换评估

1998 年开始的全方位性住房改革以市场化为目标，即住房领域的住房资源配置以市场机制为核心，商品性住房成为住房增量领域的主体，经济适用住房则为住房市场化改革中的关键一环。住房增量市场商品住房供给，可从房地产住房开发投资和竣工面积指标来表征未来与当前的市场化程度，如表 5-2 所示。

**表 5-2　武汉市经济适用住房在市场机制转换中的贡献分析(1998～2003 年)**

| 项目 | 1998 年 | 1999 年 | 2000 年 | 2001 年 | 2002 年 | 2003 年 |
|---|---|---|---|---|---|---|
| 城镇住宅投资(CI)/万元 | 711 349 | 716 742 | 915 866 | 1 036 771 | 1 132 433 | 1 448 614 |
| 住宅开发投资(EI)/万元 | 480 664 | 592 962 | 676 933 | 861 144 | 993 929 | 1 248 271 |

续表

| 项目 | 1998 年 | 1999 年 | 2000 年 | 2001 年 | 2002 年 | 2003 年 |
|---|---|---|---|---|---|---|
| 经济适用住房开发投资(JI)/万元 | 46 441 | 150 054 | 138 969 | 199 287 | 141 435 | 144 544 |
| 市场化程度(EI/CI) | 67.60% | 82.70% | 73.90% | 83.10% | 87.80% | 86.20% |
| 经济适用住房投资贡献度(JI/CI) | 6.53% | 20.94% | 15.17% | 19.22% | 12.49% | 9.98% |
| 城镇住宅竣工面积(CS)/万米$^2$ | 611.9 | 693.2 | 672.4 | 708.3 | 698.4 | 822.17 |
| 住宅开发竣工面积(ES)/万米$^2$ | 334.5 | 336.9 | 425.7 | 499.6 | 522.7 | 600.24 |
| 经济适用住房竣工面积(JS)/万米$^2$ | — | — | — | — | 102.792 8 | 79.756 3 |
| 市场化程度(ES/CS) | 54.70% | 48.60% | 63.30% | 70.50% | 74.80% | 73.00% |
| 经济适用住房竣工贡献度(JS/CS) | — | — | — | — | 14.72% | 9.70% |

表 5-2 中，住宅开发投资占城镇住宅投资比重一直处于高位运行，尤其到 2002 年，市场化程度达到了 87.8%。从各年份当年的市场化程度分析，可以看到住宅开发竣工面积占城镇住宅竣工面积比重除 1999 年外，一直在半数以上，市场性住房供给开始处于主导地位，且其所占比重呈现增长趋势，到 2002 年，住房市场化程度达 74.8%。

经济适用住房作为一种商品性住房，在促进住房市场化机制转变中起到了重要作用，可从经济适用住房投资和住房竣工面积指标等，分析经济适用住房在住房机制转换过程中的作用与贡献。表 5-2 显示，经济适用住房在住房分配机制转换过程中起到了重要作用。从投资角度来看，其对住房市场化的贡献程度曾达到 20.94%(1999 年)。从竣工面积指标来看，贡献率最高达到了 14.72%(2002 年)。而从市场上购买住房来看，经济适用住房的贡献率、销售面积指标显示其最高贡献率曾达 30.6%(1998 年)。

3)稳定住房价格水平评估

1998 年市场化改革使得住房需求得到充分释放，尤其到 2003 年，住房价格呈现快速增长趋势。此时，经济适用住房的供给为平抑供需矛盾、稳定住房价格做出了一定贡献，如表 5-3 所示。

**表 5-3　经济适用住房稳定住房价格的贡献分析**

| 项目 | 2004 年 | 2005 年 | 2006 年 | 2007 年 | 2008 年 | 2009 年 | 2010 年 | 2011 年 |
|---|---|---|---|---|---|---|---|---|
| 住宅销售额/万元 | 702 796 | 2 491 016 | 3 213 281 | 4 831 381 | 3 197 933 | 5 413 965 | 10 067 600 | 10 269 300 |
| 住宅销售面积/米$^2$ | 6 139 126 | 8 341 755 | 9 089 230 | 10 698 933 | 6 832 436 | 10 413 878 | 14 291 700 | 13 419 100 |

续表

| 项目 | 2004 年 | 2005 年 | 2006 年 | 2007 年 | 2008 年 | 2009 年 | 2010 年 | 2011 年 |
|---|---|---|---|---|---|---|---|---|
| 住宅销售价格/(元/米 $^2$) | 1 145 | 2 986 | 3 535 | 4 516 | 4 681 | 5 199 | 7 044 | 7 653 |
| 经济适用住房销售面积/米 $^2$ | 210 370 | 336 944 | 300 167 | 954 027 | 923 885 | 1 029 213 | 1 560 500 | 1 248 100 |
| 经济适用住房销售额/万元 | 40 859 | 69 806 | 71 696 | 130 864 | 256 769 | 289 460 | 460 348 | 375 636 |
| 纯商品住宅销售额/万元 | 661 937 | 2 421 210 | 3 141 585 | 4 700 517 | 2 941 164 | 5 124 505 | 9 607 252.5 | 9 893 664 |
| 纯商品住宅销售面积/米 $^2$ | 5 928 756 | 8 004 811 | 8 789 063 | 9 744 906 | 5 908 551 | 9 384 665 | 11 594 600 | 10 853 400 |
| 纯商品住宅销售价格/(元/米 $^2$) | 1 116 | 3 025 | 3 574 | 4 824 | 4 978 | 5 461 | 8 286 | 9 116 |
| 贡献率 | −2.47% | 1.29% | 1.11% | 6.82% | 6.35% | 5.03% | −6.76% | −16.90% |

表 5-3 中贡献率是指有经济适用住房供给与无经济适用住房供给时，商品住宅价格变动的幅度，即纯商品住宅销售价格相对于商品住宅销售价格变动的程度。由贡献率可以看出，经济适用住房的供给，在 2005 年之后起到了抑制商品住宅价格强劲上升的趋势，对稳定住房价格具有一定作用，但 2009 年后，却抬升了商品住宅价格。

4) 提高居民居住水平的评估

1997 年，我国的城市人均使用面积仅为 7.8 平方米，低水平的使用面积为住房市场带来了巨大压力。经济适用住房作为住房体系中的重要组成部分，在提高居住水平方面做出了一定贡献，如提高住房存量及增加城市人均建筑面积。表 5-4 给出了武汉市经济适用住房提高居民居住水平的基础数据。指标 1 是指年末城镇实有住宅建筑面积(万平方米)；指标 2 是指经济适用住房销售面积(平方米)；指标 3 是指城市人均建筑面积，其中 1996～2001 年数据为人均使用面积。由这些基础数据可看到，在 1996～2011 年，经济适用住房对住房供给产生了积极作用，其占住房总体新增供给的比重约为 9%；若从人均建筑面积测算，相当于在 16 年内，经济适用住房提高武汉市人均建筑面积约为 2.05 平方米(1996 年人均使用面积 7.5 平方米，折算成人均建筑面积，约为 9.5 平方米)。

**表 5-4 武汉市经济适用住房提高居民居住水平的基础数据分析**

| 指标 | 1996 年 | 1997 年 | 1998 年 | 1999 年 | 2000 年 | 2001 年 | 2002 年 | 2003 年 |
|---|---|---|---|---|---|---|---|---|
| 指标 1 | 5 328 | 5 568 | 5 850 | 5 900 | 6 210 | 6 697 | 8 628.56 | 9 046.9 |

续表

| 指标 | 1996年 | 1997年 | 1998年 | 1999年 | 2000年 | 2001年 | 2002年 | 2003年 |
|---|---|---|---|---|---|---|---|---|
| 指标2 | 224 229 | 199 363 | 650 728 | 491 983 | 107 337 | 264 883 | 789 317 | 762 318 |
| 指标3 | 7.5 | 7.8 | 8.1 | 8.5 | 8.8 | 9.65 | 22.16 | 23.93 |
| 指标 | 2004年 | 2005年 | 2006年 | 2007年 | 2008年 | 2009年 | 2010年 | 2011年 |
| 指标1 | 9 478 | 10 045 | 10 792 | 11 577 | 12 239 | 10 698 | 20 594 | 19 626 |
| 指标2 | 210 370 | 336 944 | 300 167 | 954 027 | 923 885 | 102.92 | 156.05 | 124.81 |
| 指标3 | 24.45 | 25.5 | 26.86 | 28.25 | 29.28 | 30.88 | 31.85 | 32.25 |

## (二)公共住房制度目标的风险评估

第三章第三节简要分析了各项住房保障制度实现的程度问题，其前提条件是住房保障制度对住房市场并不产生影响，或产生的影响极小。但公共财政理论知识让我们意识到，在住房市场供需基本平衡的情况下，政府财政支出增加必然导致私人领域支出的减少；同样的问题也会发生在住房领域，即增加经济适用住房供给，是否对市场住房供给产生挤出效应，是否对住房市场价格产生平稳和遏制的功效。显然，上述简要评价难以给出令人信服的解答。因此，本节试图基于面板数据模型，深入分析制度运行是否偏离了制度目标。

### 1. 提高居民居住水平的目标风险分析

住房制度是以提高居民居住水平为目的的根本性和长远性制度。然而，随着市场成为社会资源配置的基础性机制，对中低收入人群尤其是低收入人群的住房保障支出，如经济适用住房的建设，是否能整体提高居民的居住水平，提高程度有多大，能否达到简单测算的结果，这些显然与公共财政支出的前提条件及我国住房制度发展的历史阶段相关。

#### 1)风险形成的机理与模型设定

经济适用住房建设能否提高居民居住水平，换一个角度实质是经济适用住房建设是否增加了住房存量，增加的存量是否等于经济适用住房新增建设量；从增量住房市场考虑,经济适用住房建设量是否对市场性住房建设产生完全挤出效应、部分挤出效应或没有挤出效应，甚至吸纳效应。

在市场机制比较完善的住房市场，挤出效应的内在机理(或政策的效率风险)可从两个方面加以阐述。第一，经济适用住房新增量将可能导致对市场商品住房需求的减少，因而也减少了对市场新增商品住房的需求，即住房市场中，由于经济适用住房与商品住房的购买家庭并不属于同一档次收入群体，新增经济适用住房与新增商品住房之间的联系并非直接相互作用，而是通过各级住房子市场之间的过滤效应传导形成。一般来讲，经济适用住房的新增供给必然导致政策目标群体所对应子市场的住房需求减少，价格下降；在住房市场的过滤效应下，需求价格的下降必然吸引相邻子市场人群的进入，使得相邻子市场住房(如普通商品住房市场)需求下降，交易价格下降，进而导致交易量下降及新增住房供应量的减少，从而形成经济适用住房供给对商品住房供给的挤出效应。当然，若经济适用住房购买家庭包含非目标群体，则会直接对商品住房市场产生挤出效应。第二，新建经济适用住房与商品住房的建设中，住房生产要素的获取是一种竞争关系，如土地供给、金融支持供给等。新建住房必然消耗一定的实体资源(如土地、建筑材料等)和金融资源，因而新建经济适用住房必然导致普通商品住房所需资源供给量的减少。此时，对商品住房市场的影响则表现为商品住房供给量的减少。

目前住房市场机制不太完善，尤其我国，正处于住房领域市场机制初步形成但并不完善的阶段，人们居住水平正处于较低水平向高水平的过渡阶段。因而，经济适用住房供给，在收入过低、居住水平低下的年份或区域，促进了整体居住水平的提高；在市场化的初始阶段，经济适用住房建设、销售和管理的示范作用推动了商品住房建设，对商品住房建设具有吸纳效应；随着人们居住水平的不断提高，住房市场的过滤效应开始显现，过滤效应进而对商品住房市场产生挤出效应。

以上挤出效应的机理分析显示，商品住房新增供给与经济适用住房供给存在一定的内在联系，这种联系直接与住房存量(以人均居住面积衡量)及居民整体居住偏好的合意度相关。因此，公共住房政策的目标效率风险，可以通过公共住房新增量与商品住房市场新增量之间的内在相互作用程度加以衡量。具体面板计量模型构建如下：

$$\mathrm{arn}_{it} = c + \beta_1\mathrm{arj}_{it} + \beta_2\mathrm{hd}_{it} + \beta_3\mathrm{arj}_{it}\mathrm{hd}_{it} + \beta_4\mathrm{gdp}_{it} + \beta_5\mathrm{cost}_{it} + \delta_i + \gamma_t + \mu_{it} \quad (5\text{-}3)$$

其中，$\beta_1$～$\beta_5$ 分别为 $\mathrm{arj}_{it}$、$\mathrm{hd}_{it}$、$\mathrm{arj}_{it}\mathrm{hd}_{it}$、$\mathrm{gdp}_{it}$、$\mathrm{cost}_{it}$ 的相关系数，$\mu_{it}$ 为随机扰动项。为测算经济适用住房对新增商品住房供给的挤出效应，必须对新增商品住房供给中的各种其他效应进行合理分离剔除，如特定省级的区域效应、不同年份的时间效应、收入效应、各区域住房市场的发育程度及住房建设成本差异，因而对实证模型中的变量做如下设定：一是以 $\delta_i$ 表示第 $i$ 个省区市的固定区域效应，剔除区域差异对挤出效应的潜在影响；二是以 $\gamma_t$ 表示第 $t$ 年的年度固定效应，剔除各年份差异对挤出效应的潜在影响，同时这一变量的设置也有利于剔除潜在的导致数据非稳态的时间趋势；三是以建筑成本 $\mathrm{cost}_{it}$ 剔除住房新增供给中潜在的住房商业周期影响，也间接控制了区域人口增长、年龄结构及收入财富配置对住房供需的潜在影响；四是以国内生产总值 $\mathrm{gdp}_{it}$ 剔除各省区市经济实体规模差异的潜在影响。模型中，$\mathrm{arn}_{it}$ 为商品住房新增供给，一般用市场实际销售面积 $\mathrm{arxsn}_{it}$（剔除经济适用住房销售面积后的商品住房新增供给）表示；$\mathrm{arj}_{it}$ 为经济适用住房新增供给，一般以市场销售面积 $\mathrm{arxsj}_{it}$ 或新开工面积 $\mathrm{arkgj}_{it}$ 分别表示当期或未来新增供给；$\mathrm{hd}_{it}$ 为居民对住房面积偏好的合意度指标，以人均实际居住面积与居民理想居住面积的比值表示，其中居民理想居住面积以35平方米（2020年居住小康目标）表示。模型需重点分析被解释变量 $\mathrm{arn}_{it}$ 与解释变量 $\mathrm{arj}_{it}$ 之间相互作用的关系与程度。

经济适用住房新增供给与商品住房新增供给的相互作用关系及其程度，与住房合意度 $\mathrm{hd}_{it}$ 直接关联。当住房合意度低（直接表现为居住面积低下）时，经济适用住房供给并不会对商品住房新增供给产生挤出效应；但随居民住房合意度的提升，经济适用住房对商品住房新增有效供应的挤出效应将不断增大。也正是这一原因，模型(5-3)的设定中包含了 $\mathrm{arj}_{it}\mathrm{hd}_{it}$ 这一关键性变量，经济适用住房新增供给与商品住房新增供给的相互作用及其作用程度可表示为 $\partial \mathrm{arn}_{it} / \partial \mathrm{arj}_{it} = \beta_1 + \beta_3 \mathrm{hd}_{it}$，如果 $\beta_3 < 0$，则经济适用住房新增有效供给的挤出效应产生。基于各省区市经济适用住房制度的运行时期，考察这一现象是否发生。

2）数据与实证结果

数据及其统计特征。测量经济适用住房挤出效应的数据来源于各省区市各年份的统计年鉴和中国人民银行网站公布的相关数据。由于上海、西藏、云南三省区市的经济适用住房运行历程短或关键性变量数据缺失而不予考虑。所收集的数据包括全国28个省区市（不含上海、西藏、云南和港澳台）1999～2010年城镇地区的相关指标数据[①]，如表5-5所示。

**表5-5　挤出效应模型的变量界定与数据的统计描述**

| 变量 | 变量界定 | 均值 | 中值 | 最大值 | 最小值 | 标准差 | 样本数 | 组数 |
|---|---|---|---|---|---|---|---|---|
| $\log(\mathrm{arxsn}_{it})$ | 商品住房实际销售面积的对数 | 2.82 | 2.89 | 3.94 | 1.19 | 0.54 | 308 | 28 |
| $\log(\mathrm{arxsj}_{it})$ | 经济适用住房销售面积的对数 | 1.95 | 2.02 | 2.53 | 0.07 | 0.41 | 308 | 28 |
| $\log(\mathrm{arkgj}_{it})$ | 经济适用住房开工面积的对数 | 2.11 | 2.20 | 6.18 | 0.00 | 0.48 | 306 | 28 |
| $\mathrm{hd}_{it}$ | 住房居住合意度值 | 0.67 | 0.69 | 1.11 | 0.25 | 0.18 | 308 | 28 |
| $\log(\mathrm{gdp}_{it})$ | 人均国内生产总值的对数 | 4.03 | 4.01 | 4.68 | 3.41 | 0.25 | 308 | 28 |
| $\log(\mathrm{cost}_{it})$ | 商品房竣工房屋造价的对数 | 3.05 | 3.03 | 3.37 | 2.79 | 0.13 | 308 | 28 |

变量说明：以商品住房实际销售面积（arxsn）度量市场住房的有效供给，以经济适用住房销售面积（arxsj）或开工面积（arkgj）分别度量经济适用住房供给对商品住房供给的当期效应和预期效应。住房居住合意度（hd）以实际人均居住面积与

① 从2010年开始，较多省区市逐步取消经济适用住房政策，故数据截至2009年。

居民理想居住面积(35 平方米)的比值进行度量；在各省区市人均居住面积数据的收集中，人均居住面积涉及家庭人均使用面积、家庭人均居住面积和家庭人均建筑面积；其中，相关年份包含人均使用面积或人均居住面积或人均建筑面积，依据各统计数据之间比例关系，将指标统一为家庭人均建筑面积(可能不严格，但数据给出了住房存量的总体趋势)。变量 gdp、cost 是经过 cpi 价格指数平减后得到的变量实际价值指标数据。

模型的估计与检验。在挤出效应计量模型(5-3)中，如 gdp、cost、arxsn 等变量数据，一般具有非平稳性特征。尽管我们已在计量模型的设定中阐述了模型相关变量的设置及其作用，如三变量之间可能存在协整关系(需进一步检验)，以及年度哑变量设置有利于剔除模型中潜在的导致数据非稳态的时间趋势，但模型设置是否正确，必须考虑变量的非平稳性所导致的模型残差序列的非平稳性等(此时，模型估计为伪估计)，因而必须对模型估计残差的平稳性进行检验，确定模型估计的可靠性。

模型估计中，需要合理选择经济适用住房当期或预期效应对商品住房挤出效应的影响程度，我们依据变量和方程的显著性进行选择，具体估计如表 5-6 所示。

**表 5-6　经济适用住房挤出效应的模型估计[因变量：$\log(arxsn_{it})$]**

| 变量 | 模型一 | | 模型二 | | 模型三 | | 模型四 | |
|---|---|---|---|---|---|---|---|---|
| | 系数 | 标准差 | 系数 | 标准差 | 系数 | 标准差 | 系数 | 标准差 |
| $C$ | −3.6878** | 1.6656 | −3.3430** | 1.6354 | −3.9689** | 1.7183 | −4.7260*** | 1.7455 |
| $hd_{it}$ | 0.4920* | 0.2956 | 0.2892 | 0.3087 | 0.5565 | 0.3426 | 0.7506** | 0.3280 |
| $\log(gdp_{it})$ | 1.6138*** | 0.3789 | 1.5965*** | 0.3740 | 1.7021*** | 0.3911 | 1.8104*** | 0.3983 |
| $\log(cost_{it})$ | −0.1156 | 0.1261 | −0.1382 | 0.1249 | −0.1505 | 0.1334 | −0.1151 | 0.1350 |
| $\log(arxsj_{it})$ | 0.1374 | 0.0931 | | | | | | |
| $\log(arxsj_{it-1})$ | | | | | | | 0.2703** | 0.1105 |
| $\log(arkgj_{it})$ | | | 0.0376 | 0.1010 | | | | |
| $\log(arkgj_{it-1})$ | | | | | 0.1642 | 0.1241 | | |
| $\log(arxsj_{it})\times hd_{it}$ | −0.1772 | 0.1328 | | | | | | |
| $\log(arxsj_{it-1})\times hd_{it}$ | | | | | | | −0.3092** | 0.1507 |
| $\log(arkgj_{it})\times hd_{it}$ | | | −0.0784 | 0.1245 | | | | |
| $\log(arkgj_{it-1})\times hd_{it}$ | | | | | −0.2131 | 0.1469 | | |
| 样本数 | 308 | | 306 | | 279 | | 280 | |
| $R^2$ | 0.9679 | | 0.9684 | | 0.9667 | | 0.9669 | |

* 表示在 10%的水平下显著；**表示在 5%的水平下显著；***表示在 1%的水平下显著

表 5-6 中，模型一考察当期经济适用住房销售面积与商品住房销售面积的相互作用关系，但经济适用住房与商品住房之间相互作用系数并不显著，即政策性住房与商品住房之间当期关系并不显著。模型二考察经济适用住房预期与商品住房销售面积之间的相互作用关系，尽管经济适用住房对商品住房的挤出效应开始显现，但相互作用系数并不显著，这可能是由经济适用住房开工面积到转化为实际有效需求时滞过长所引起的。这一问题同样出现在模型三中。当然，我们也考虑了经济适用住房开工面积与销售面积及其滞后项的各种组合与商品住房销售面积的相互作用关系，但均存在系数不显著问题，系数不显著问题可能由上述的经济适用住房开工面积转化为实际有效需求的时滞过长所导致，也可能是由各变量之间存在共线性所导致。模型四对经济适用住房与商品住房之间的相互作用关系给出了较好的估计，估计系数基本显著，拟合优度达 0.9669，与模型一至模型三没多大差异，即商品住房的有效供给更受经济适用住房上一期有效供给的影响。此时，需要考查模型设定是否合理的问题。

模型检验中，含有非平稳数据使得模型估计后所产生的残差序列的平稳性检验极为重要，直接涉及模型设定的合理性。表 5-7 给出了模型四残差序列无截距项的各种检验结果。

**表 5-7　模型估计残差序列的平稳性检验**

| 检验方法 | 统计值 | 概率 | 组数 | 样本数 |
|---|---|---|---|---|
| 零假设：假设存在相同单位根 | | | | |
| LLC 检验 | −8.43626 | 0.0000 | 28 | 224 |
| 零假设：假设存在个体单位根 | | | | |
| ADF-FC 检验 | 140.398 | 0.0000 | 28 | 224 |
| PP-FC 检验 | 164.017 | 0.0000 | 28 | 252 |

注：LLC，即 Levin，Lin & Chu，是假设存在相同单位根的情形下，检验残差序列是否平稳的统计量；ADF-FC（ADF-Fisher Chi-square）和 PP-FC（PP-Fisher Chi-square）是假设个体存在单位根，检验残差序列是否平稳的统计量

残差的相同单位根检验及个体单位根检验一致认为残差序列不存在单位根，即残差序列是平稳的。因此，残差序列的平稳性检验再次验证了模型设定的合理性。

模型的稳健性检验。可基于样本时间的分段（如以 2004 年为分段年份）及样本组的分组（如分成东、中、西）分别考察模型估计的稳健性；同样可以对具有单位根过程的变量进行差分，使其转换为平稳变量，再进行估计。由于篇幅的限制，本节不给出相应的平稳性检验结果。

模型估计结果分析。从模型四的估计结果可以看到，模型变量系数的 $t$ 检验值显示，除成本变量的系数不显著外（可能住房销售更多与收入等其他因素有关），

其他变量系数均高度显著，各变量系数符号也与现实吻合。在各变量对商品住房销售面积的影响中，人均地区生产总值对住房销售面积的影响最大，系数达到了 1.81，而居民对住房居住满意度的系数也达到了 0.75。我们重点分析经济适用住房与商品住房之间的相互作用关系。由 $\log(\text{arxsj}_{it-1})$ 的系数 0.2703 可以看出，经济适用住房的有效供给在人均居住面积处于低水平时，对市场住房的有效供给将产生正向的吸纳效应，与本章第二小节理论分析一致。但当人均居住面积即将达到居民对居住水平的合意需求时，经济适用住房的有效供给将对商品住房的有效供给产生挤出效应，如目前，我国绝大部分省区市人均居住面积已接近城镇居民居住需求，截至 2009 年，$\text{hd}_{it}$ 均已接近 1，甚至部分省区市如浙江，人均居住面积已超过 35 平方米，此时，$\text{hd}_{i2009}=1$，经济适用住房挤出效应的综合系数为 0.2703–0.3092=–0.0389。不同类型住房销售面积的相互作用程度可做如下变换：

$$\partial\log\left(\text{arxsn}_{it}\right)/\partial\log\left(\text{arxsj}_{it}\right)=\beta_1+\beta_3\text{hd}_{it}$$
$$\Rightarrow\partial\text{arxsn}_{it}/\partial\text{arxsj}_{it}=\left(\beta_1+\beta_3\text{hd}_{it}\right)\cdot\text{arxsj}_{it-1}/\text{arxsn}_{it}$$

若 $t=2009$，$\text{hd}_{i2009}=1$，在全国水平下 $\text{arxsj}_{it-1}/\text{arxsn}_{it}=22.76$，此时有

$$\partial\text{arxsn}_{it}/\partial\text{arxsj}_{it}=-0.6578 \tag{5-4}$$

可以看出，目前经济适用住房的有效供给已对商品住房的有效供给产生了严重的挤出效应，经济适用住房有效供给每增加 1 平方米，将导致市场商品住房有效供给减少 0.6578 平方米，即经济适用住房新增供给仅 0.3422 平方米的存量效应。因此，通过经济适用住房制度供给以期达到提高居民居住水平的制度目标，在大多数居民居住水平全面提高的情况下，制度目标面临着严重的效率风险。

2. 稳定住房价格水平的目标效率风险分析

在很大程度上，增加经济适用住房供给是政府价格宏观调控的一项政策工具，尤其在 2003 年，全国房价普遍高涨之后，经济适用住房对稳定住房市场价格的作用越来越受到政府的重视，其原因之一就在于增加经济适用住房的供给有抑制甚至降低商品住房市场房价的功效。本节将从经验的角度考察经济适用住房是否存在稳定价格的功效，及其对价格的稳定程度。

1）风险形成的机理与模型设定

由于价格与供给量是表征市场均衡状态的两个主要变量，经济适用住房供给挤出效应的机理分析有利于我们深入分析经济适用住房供给与房价互动的内在机理。

经济适用住房供给可能导致商品住房市场房价下降，其原因可归结于如下两点：其一，若经济适用住房资格审核不严，此时经济适用住房的供给将直接导致商品住房需求人群的减少，而需求减少必然导致商品住房市场房价下降；其二，

即使经济适用住房资格审核严格，经济适用住房供给也将导致对应子市场需求人群的减少，在市场过滤效应的影响下，市场传导机制使得相邻商品住房市场需求人群减少，从而使得商品住房价格下降；当然，这一机制需要住房租赁市场和购买市场的价格机制能充分发挥作用为前提条件。从定性角度来判断，第一种现象更符合我国的实际现状。

经济适用住房供给也可能导致商品住房市场房价的高涨，其原因可归结为如下两点：其一，也是最重要的原因，在土地资源极为有限，尤其在我国耕地红线使得城镇住房建设用地极为紧张的情况下，经济适用住房建设用地占用过多，意味着商品住房用地的减少，即商品住房供给的减少。因此，经济适用住房供给导致商品住房供给用地减少，必然推动商品住房房价高涨。其二，银行信贷资源的有限性。经济适用住房对银行信贷依赖，在一定程度上也导致商品住房的银行信贷规模的降低，进而导致商品住房生产成本增加，房价上升。

因此，能否平稳房价关键在于经济适用住房对商品住房市场的需求影响力度更大，抑或对商品住房产品要素市场影响力更大，这两种力量对比，决定了经济适用住房供给作为一种调控政策是否有效率的问题。显然，这一问题，需要经验数据来给予回答。

为此，需要建立房地产价格方程。通常房地产价格方程(Meen，1990；Muellbauer and Murphy，1997)可以表示为实体经济基本因素(如收入)、市场住房有效供给量、住房信贷及住房建筑成本等变量的函数，因而其面板计量方程可设定如下：

$$\log(\mathrm{pn}_{it}) = c + \beta_1 \log(\mathrm{gdp}_{it}) + \beta_2 \log(\mathrm{arxsn}_{it}) + \beta_3 \log(\mathrm{credit}_{it}) + \beta_4 \log(\mathrm{cost}_{it}) + \mu_{it} \tag{5-5}$$

其中，$\mu_{it}$为扰动项；$\mathrm{pn}_{it}$为商品住房市场价格(纯商品住房销售额/纯商品住房销售面积)；以区域人均 $\mathrm{gdp}_{it}$ 度量居民收入；$\mathrm{arxsn}_{it}$ 为商品住房销售面积；$\mathrm{credit}_{it}$ 为住房信贷扩张，房地产资金来源中除自筹资金以外的其他资金都直接或间接地来源于金融，因此以这部分资金代表住房信贷扩张程度；$\mathrm{cost}_{it}$ 为住房竣工造价。显然，式(5-5)中各变量序列可能具有明显不平稳特征，若式(5-5)模型设定正确，则各变量之间具有协整关系。而对具有协整关系的变量估计，一般采用误差修正模型。因此，进一步建立如下误差修正模型：

$$\Delta\log(\mathrm{pn}_{it}) = c + \beta_1\Delta\log(\mathrm{gdp}_{it}) + \beta_2\Delta\log(\mathrm{arxsn}_{it}) + \beta_3\Delta\log(\mathrm{credit}_{it}) + \beta_4\Delta\log(\mathrm{cost}_{it}) + \beta_5 r_{it} + \beta_6 \mathrm{ecm}_{it} + \beta_7\Delta\log(\mathrm{pn}_{it-1}) + \beta_8 \mathrm{ratio}_{it} + \nu_{it} \tag{5-6}$$

面板误差修正模型与长期趋势面板方程相比，除原有变量外，增加了四项平稳性变量(变量面板数据均能通过面板平稳性检验)：误差修正项 $\mathrm{ecm}_{it}$、实际利率

$r_{it}$(为五年期贷款利率减去 cpi 指数)、$\Delta\log(pn_{it-1})$和 $ratio_{it}$，$ratio_{it}$定义为经济适用住房销售面积占市场商品住房销售面积的比例。$v_{it}$为扰动项。显然，增加 $ecm_{it}$ 项不存在质疑；而贷款利率作为一项住房成本直接影响房价的变动，其平稳性使得该变量可纳入面板误差修正模型中；而纳入变量$\Delta\log(pn_{it-1})$是为了考察价格的适应性预期对价格变动的作用；而经济适用住房作为住房供给的重要渠道，必然对商品住房市场需求和商品住房的产品要素市场产生直接影响，鉴于其面板数据的平稳性，将其纳入面板误差修正模型中。

2) 数据、实证模型的选择与估计

(1) 数据及其统计特征。经济适用住房对商品住房市场价格平稳效应测度的数据来源于各省区市各年份的统计年鉴和中国人民银行网站公布的相关数据。由于上海、西藏两个地区经济适用住房运行历程短或关键性变量数据缺失而不予考虑。所收集的数据包括全国 29 个省区市(不含上海、西藏和港澳台)1999～2009 年城镇地区的相关指标数据，具体如表 5-8 所示。

**表 5-8　房价平稳效应模型的变量界定与数据的统计描述**

| 变量 | 变量界定 | 均值 | 中值 | 最大值 | 最小值 | 标准差 | 样本数 | 组数 |
|---|---|---|---|---|---|---|---|---|
| $\log(gdp_{it})$ | 人均国内生产总值的对数 | 4.0210 | 4.0045 | 4.6817 | 3.4057 | 0.2527 | 319 | 29 |
| $\log(arxsn_{it})$ | 商品住房销售面积的对数 | 2.8220 | 2.8922 | 3.9402 | 1.1861 | 0.5408 | 319 | 29 |
| $\log(mon_{it})$ | 住宅开发资金来源总额的对数 | 6.4516 | 6.4698 | 7.7427 | 4.8419 | 0.5895 | 319 | 29 |
| $\log(monz_{it})$ | 住宅建设自筹资金的对数 | 5.9958 | 5.9957 | 7.1403 | 4.4874 | 0.5715 | 319 | 29 |
| $\log(cost_{it})$ | 商品房竣工房屋造价的对数 | 3.0482 | 3.0276 | 3.3716 | 2.7860 | 0.1295 | 319 | 29 |
| $r_{it}$ | 五年期以上实际贷款利率 | 0.0525 | 0.0532 | 0.1091 | −0.0293 | 0.0235 | 319 | 29 |
| $ratio_{it}$ | 经济适用住房销售面积占市场商品住房销售面积的比重 | 0.4191 | 0.4011 | 0.8838 | 0.0711 | 0.1699 | 319 | 29 |

(2) 实证模型的选择与估计。长期趋势面板估计模型的估计涉及混合估计模型、固定效应模型或随机效应模型的选择。$F$ 统计量检验显示，估计适宜采用混合估计模型，即模型(5-5)宜采用无个体影响的不变系数模型。同时，为区分不同区域经济适用住房供给对区域房价的稳定效应，模型估计同时分为全国、东部、中部、西部共计四个层面分别进行估计，估计结果如表 5-9 所示。

**表 5-9　各经济变量对各地区房价长期变化的面板估计(括号中为 $t$ 统计量)**

| 变量 | 全国 | 东部 | 中部 | 西部 |
|---|---|---|---|---|
| $C$ | −0.4439(−4.7847) | −1.1838(−7.9030) | −0.1597(−0.7962) | 0.4043(1.7949) |
| $\log(gdp_{it})$ | 0.3155(12.9127) | 0.3672(5.6795) | 0.4562(5.8933) | 0.3192(6.0378) |

续表

| 变量 | 全国 | 东部 | 中部 | 西部 |
|---|---|---|---|---|
| $\log(credit_{it})$ | 0.2160(11.8259) | 0.2909(7.5162) | 0.2109(5.3180) | 0.2281(4.7571) |
| $\log(arxsn_{it})$ | −0.1850(−8.7195) | −0.3202(−9.5873) | −0.1507(−3.3917) | −0.1816(−3.7703) |
| $\log(cost_{it})$ | 0.5374(11.0192) | 0.6787(9.5908) | 0.2267(2.0911) | 0.2362(3.0265) |
| $R^2$ | 0.8997 | 0.9314 | 0.8292 | 0.7201 |
| 调整的 $R^2$ | 0.8984 | 0.9285 | 0.8233 | 0.7082 |
| 样本容量 | 319 | 99 | 121 | 99 |

注：由于各省区市之间的经济结构存在较大差异，因此模型估计采用广义最小二乘法。东部包括北京、天津、广东、福建、浙江、江苏、辽宁、海南、山东；中部包括湖北、湖南、河南、河北、江西、安徽、山西、重庆、黑龙江、吉林、内蒙古；西部包括甘肃、贵州、广西、宁夏、新疆、青海、陕西、四川、云南

估计结果的可靠性还需检验残差的平稳性，如表 5-10 所示。

**表 5-10　模型估计残差序列的面板平稳性检验**

| 项目 | 全国 | 东部 | 中部 | 西部 | 全国 | 东部 | 中部 | 西部 | 全国 | 东部 | 中部 | 西部 |
|---|---|---|---|---|---|---|---|---|---|---|---|---|
| | $H_0$：假设存在共同单位根 | | | | $H_0$：假设存在个体单位根 | | | | $H_0$：假设存在个体单位根 | | | |
| 检验方法 | LLC | LLC | LLC | LLC | ADF-FC | ADF-FC | ADF-FC | ADF-FC | PP-FC | PP-FC | PP-FC | PP-FC |
| 统计值 | −4.81 | −4.39 | −4.37 | −2.57 | 113.92 | 43.05 | 51.90 | 35.04 | 113.28 | 43.51 | 47.99 | 34.27 |
| 概率 | 0.00 | 0.00 | 0.00 | 0.01 | 0.00 | 0.00 | 0.00 | 0.01 | 0.00 | 0.00 | 0.00 | 0.01 |
| 组数 | 29 | 9 | 11 | 9 | 29 | 9 | 11 | 9 | 29 | 9 | 11 | 9 |
| 样本数 | 288 | 89 | 107 | 89 | 288 | 89 | 107 | 89 | 290 | 90 | 110 | 90 |

注：LLC，即 Levin，Lin & Chu，是假设存在相同单位根的情形下，检验残差序列是否平稳的统计量；ADF-FC(ADF-Fisher Chi-square)和 PP-FC(PP-Fisher Chi-square)是假设个体存在单位根，检验残差序列是否平稳的统计量

由表 5-10 可以看出，基于全国、东部、中部、西部四个层面的估计，估计残差的面板序列均为面板平稳序列，说明了模型估计的合理性。从模型估计系数也可以看出，收入、信贷、成本和销售面积均对商品住房价格产生显著影响。考察经济适用住房所占比重对商品住房价格是否产生稳定效应，需要估计面板误差修正模型，具体估计结果如表 5-11 所示。

**表 5-11　各经济变量对各地区房价短期波动的面板估计(括号中为 $t$ 统计量)**

| 变量 | 全国 | 东部 | 中部 | 西部 |
|---|---|---|---|---|
| $C$ | −0.0089(−0.5702) | 0.0180(0.5225) | −0.0086(−0.3443) | −0.0419(−1.0686) |
| $\Delta\log(gdp_{it})$ | 0.8679 ***(4.7632) | 0.5625(1.0751) | 0.9492***(2.6974) | 1.1308 *(1.7880) |
| $\Delta\log(credit_{it})$ | 0.0882***(3.0317) | 0.1735 ***(3.1414) | 0.0628(1.2588) | 0.0734(1.0235) |

续表

| 变量 | 全国 | 东部 | 中部 | 西部 |
|---|---|---|---|---|
| $\Delta\log(cost_{it})$ | 0.1669$^{***}$(4.0795) | 0.0516(0.5781) | 0.1829$^{*}$(1.8520) | 0.2612$^{**}$(2.5412) |
| $\Delta\log(arxsn_{it})$ | −0.0117 (−0.4512) | 0.0087(0.1839) | −0.0248(−0.6127) | −0.0624(−1.3279) |
| $r_{it}$ | 0.3753$^{***}$(2.7187) | −0.1848(−0.7402) | 0.5198$^{**}$(2.2117) | 0.2521(1.1216) |
| $ecm_{it}$ | 0.1854$^{***}$(3.0803) | 0.1823$^{**}$(2.3009) | 0.2960$^{***}$(4.3580) | 0.3179$^{***}$(3.5747) |
| $\Delta\log(pn_{it-1})$ | −0.1493(−1.4238) | −0.0439(−0.3702) | −0.2949$^{***}$(−3.4883) | −0.2407$^{**}$(−2.2272) |
| $ratio_{it}$ | −0.0646$^{***}$(−3.8276) | −0.0446(−1.1588) | −0.0702$^{***}$(−2.7353) | 0.0080(0.2170) |
| $R^2$ | 0.4146 | 0.3444 | 0.4132 | 0.3409 |
| 调整的 $R^2$ | 0.3960 | 0.2715 | 0.3611 | 0.2677 |
| 样本容量 | 261 | 81 | 99 | 81 |
| D.W. | 1.7413 | 1.7498 | 1.5949 | 1.5741 |

*表示在 10%水平下显著；**表示在 5%水平下显著；***表示在 1%水平下显著

面板误差修正模型的估计显示，短期内商品住房价格的影响因素在各区域并不完全相同，重点分析经济适用住房有效供给比重与商品住房价格的相互作用机制。

从全国层面来看，经济适用住房供给比重增大的确起到了稳定商品住房价格的目的，经济适用住房供应比重每上升一个百分点，商品住房价格的增长率则下降 0.0646，这一现象同样出现在中部地区，为 0.0702，这可能说明经济适用住房的供给对商品住房需求的影响大于经济适用住房建设对住房产品要素市场的影响。究其原因，基于国内实际运行情况，商品住房需求所受影响可能更多在于经济适用住房资格审核不严而导致非目标群体挤占了经济适用住房。

然而，经济适用住房供给比重对商品住房价格的影响在各区域的影响机制并不相同。估计结果显示，东部地区和西部地区的影响系数在统计上并不显著，这表明经济适用住房供给对商品住房需求的影响所导致的价格下降作用，由于商品住房土地或金融贷款供给减少而被抵消，并没有起到抑制商品住房价格高涨的目的。仔细观察 $ratio_{it}$ 系数不难发现，东部地区系数为负，潜在表明供给经济适用住房可能有一定抑制作用，但东部地区土地供应整体呈现紧缺状态，使其价格下降的作用受到了重大干扰；西部地区与东部地区比较，尽管其 $ratio_{it}$ 系数和 $t$ 统计值很小且不显著，但其系数为正的结果仍出乎意料。其原因可能在于，尽管西部地区土地供应并不如东部地区紧缺，但西部省会城市经济适用住房建设选址更多集中于或靠近于交通发达的城市中心，经济适用住房的土地供给与商品住房的土地供给呈现竞争关系，其最终结果可能导致经济适用住房供给对住房产品要素市场的影响大于其对商品住房需求的影响，使其对价格可能具有抬升的效应。

## 三、政策性住房金融制度目标效率风险评估

住房公积金制度作为我国政策性住房金融制度，在我国住房制度改革中，在促进住房市场化改革及支持中低收入人群住房融资的不同阶段，应有着不同的阶段性制度目标。本节将首先简要分析不同阶段的目标实现程度，其次深入分析目标实现程度的潜在风险。

### （一）政策性住房金融制度目标的总体分析与评价

基于我国住房公积金制度的演变及历史环境，分析住房公积金制度在不同阶段的阶段性目标与长远目标，并对目标的实现程度进行简要评价。

#### 1. 住房公积金制度目标分析

自上海首推住房公积金制度以来，中国住房公积金制度的演变可划分为试点阶段(1991～1994年)、全国推广阶段(1994～1998年)、全面普及阶段(1998～2002年)和继续推进阶段(2002年至今)等四个阶段。

在整个阶段中，在全国层面具有典型意义的法律规范文件有：1994年7月颁布的《国务院关于深化城镇住房制度改革的决定》，文件要求按照“个人存储、单位资助、统一管理、专项使用”的原则建立住房公积金制度，并向全国各地逐步推广。该文件为住房公积金制度奠定了基本框架。1994年11月，首部全国性住房公积金法规《建立住房公积金制度的暂行规定》颁布。1999年3月，国务院颁布了第一部《住房公积金管理条例》。2002年3月，《住房公积金管理条例》在修订后重新发布，对住房公积金制度的目标、属性及具体运作方式进行了比较详细的界定，如覆盖面、使用范围、增值收益用途、风险防范、住房委员会构成等。从相关法律规范文件的表述来看，住房公积金制度目标为“推进住房商品化”“提高职工解决自住住房能力”“转换住房分配机制”“推进城镇住房制度改革”“促进城镇住房建设，提高城镇居民的居住水平”等。因此，住房公积金制度在这一阶段的目标主要是配合住房制度改革，促进住房商品化，转换住房分配机制，意图通过住房商品化的方式，达到提高居民居住水平的目的。

然而，2004年住房领域基本实现以市场为资源配置的基础性机制之后，住房公积金制度目标依然表述为提高居民居住水平，其运行机制并没有随环境的变化而进行调整，导致制度具体运行结果偏离了这一长期目标，遭到了普通民众和学者的质疑。其后，《住房公积金管理条例》在缴存人群、缴存率等方面进行了适度完善，如2008年12月颁布的《国务院办公厅关于促进房地产市场健康发展的若干意见》。2009年10月，住建部等七部门联合颁布《关于利用住房公积金贷款支持保障性住房建设试点工作的实施意见》，将住房公积金闲置资金用于经济

适用住房、公租房等保障性住房建设，并结合已有相关法规规定其增值收益可用于廉租住房建设，尽管住房公积金仍处于以普惠性住房保障为目标还是以特定群体保障为目标的模糊阶段，但其以解决中低收入人群住房困难的趋势在不断显化中。

2. 制度目标实现程度的简要评价

从以上住房公积金制度演变的历程可以看出，住房公积金制度一直以来以提高居民居住水平为制度目标，而在2004年以前的住房分配机制的转换过程中，其目标具体细化为通过市场机制的转换来提高居民居住水平。以武汉市为例，对住房公积金制度目标实现程度进行简要分析。

1) 促进住房领域市场化机制转换评估

由表5-12可以看出，2003年武汉市已形成由市场供应住房为主的基本格局。其间，住房金融为这一格局的形成奠定了坚实基础，住房公积金作为其重要组成部分，在推动住房分配机制的转换过程中起到了极为重要的作用。

**表 5-12 武汉市政策性个人住房金融与商业性个人住房金融贷款比较分析**

| 年份 | 委托性个人住房贷款(住房公积金) | | | | 自营性个人住房贷款余额 | | | | 比重(委托/(委托+自营)) | | | |
|---|---|---|---|---|---|---|---|---|---|---|---|---|
| | 余额/元 | 新增/元 | 户数/户 | 面积/万米$^2$ | 余额/元 | 新增/元 | 户数/户 | 面积/万米$^2$ | 余额 | 新增 | 户数 | 面积 |
| 1999 | 38 910 | — | — | — | 76 596 | — | — | — | 33.7% | — | — | — |
| 2000 | 80 525 | 56 212 | 14 185 | 104 | 211 186 | 177 123 | 17 663 | 112.2 | 27.6% | 24.1% | 44.5% | 48.1% |
| 2001 | 145 961 | 98 150 | 10 251 | 98 | 503 327 | 366 368 | 27 605 | 304.03 | 22.5% | 21.1% | 27.1% | 24.4% |
| 2002 | 208 067 | 99 310 | 12 612 | 108.92 | 940 130 | 574 081 | — | — | 18.1% | 14.7% | — | — |
| 2003 | 305 505 | 133 668 | 13 118 | 147.13 | 1 565 018 | 954 269 | — | — | 16.3% | 12.3% | — | — |

表5-12显示，1998年，武汉市启动住房分配货币化改革后，政策性个人住房金融(住房公积金)在推进职工购买市场住房的过程中具有显著作用。从委托性个人住房贷款余额比重来看，个人住房贷款比重均在15%以上，尤其在改革开始的前三年中，比重更高。而贷款户数比重更可以说明问题，2000年利用住房公积金贷款户数约占所有住房贷款户数的比重为44.5%，2001年达到了27.1%，相应的住房面积比重分别为48.1%、24.4%。这些数据都表征了住房公积金在推进住房商品化过程中所起到的重要作用。

2) 提高城镇居民居住水平评估

武汉市1992年开始实施住房公积金制度，表5-13为1992～2011年的住房公积金贷款发放金额情况，主要从个人住房贷款、经济适用住房项目贷款和单位集资建房贷款(2000年后停止)三个方面，共计贷款396.07亿元，再现了住房公积金在改善居民居住水平方面的主要成果，尤其在个人住房贷款方面，共计发放380.86亿元。

**表 5-13　武汉市 1992～2011 年住房公积金贷款发放金额一览表**　　单位：万元

| 年份 | 个人住房贷款 | 经济适用住房项目贷款 | 经济适用住房贷款 | 旧城危房改造贷款 | 单位集资建房贷款 | 合计 |
|---|---|---|---|---|---|---|
| 1992 | — | — | — | — | 2 344 | 2 344 |
| 1993 | — | 1 650 | — | 1 650 | 5 618 | 7 268 |
| 1994 | 10.5 | 5 145.6 | 3 845.6 | 1 300 | 12 146 | 17 302.1 |
| 1995 | 8.4 | 4 711.5 | 4 511.5 | 200 | 9 965 | 14 684.9 |
| 1996 | 194.7 | 7 800 | 7 400 | 400 | 18 455 | 26 449.7 |
| 1997 | 2 865.69 | 12 690 | 11 140 | 1 550 | 12 770 | 28 325.69 |
| 1998 | 14 775.8 | 11 160 | 10 660 | 500 | 23 970 | 49 905.8 |
| 1999 | 15 911.12 | 10 395 | 10 275 | 120 | 100 | 26 406.12 |
| 2000 | 43 835.67 | 2 500 | 2 500 | — | — | 46 335.67 |
| 2001 | 66 165.36 | — | — | — | — | 66 165.36 |
| 2002 | 81 926.6 | — | — | — | — | 81 926.6 |
| 2003 | 111 516.7 | — | — | — | — | 111 516.7 |
| 2004 | 152 953.9 | — | — | — | — | 152 953.9 |
| 2005 | 161 745.89 | — | — | — | — | 161 745.89 |
| 2006 | 187 253 | — | — | — | — | 187 253 |
| 2007 | 304 669.7 | — | — | — | — | 304 669.7 |
| 2008 | 192 585.28 | — | — | — | — | 192 585.28 |
| 2009 | 877 600 | — | — | — | — | 877 600 |
| 2010 | 823 015.13 | — | — | — | — | 823 015.13 |
| 2011 | 771 600 | 14 000 | — | — | — | 785 600 |

个人住房抵押贷款是制度建立的核心目标，尤其在1999年之后，表5-14详细显示了1997～2011年的个人住房抵押贷款的具体情况，主要包含贷款户数、贷款金额及支持购房建房面积三个指标。

**表 5-14　武汉市 1997～2011 年住房公积金个人住房抵押贷款发放情况一览表**

| 年份 | 贷款户数/户 | 贷款金额/亿元 | 同比增长 | 支持购房建房面积/万米$^2$ |
|---|---|---|---|---|
| 1997(含以前) | 1 264 | 0.31 | — | 8.67 |
| 1998 | 5 606 | 1.48(0.13) | 377.42% | 34.82 |
| 1999 | 5 333(54) | 1.59(0.83) | 7.43% | 55.80(27.28) |

续表

| 年份 | 贷款户数/户 | 贷款金额/亿元 | 同比增长 | 支持购房建房面积/万米 2 |
|---|---|---|---|---|
| 2000 | 7 120(163) | 4.38(0.1) | 103.72% | 73.59(1.47) |
| 2001 | 9 311(304) | 6.62(0.31) | 51.14% | 108.60(4.01) |
| 2002 | 11 825(787) | 8.19(0.9) | 23.72% | 101.01(7.91) |
| 2003 | 10 820(2299) | 11.15(2.88) | 36.14% | 116.83(30.3) |
| 2004 | 10 025(3012) | 15.29(5.09) | 37.13% | 135.72(40.78) |
| 2005 | 10 270(4700) | 16.17(7.02) | 5.76% | 120.46(52.08) |
| 2006 | 11 018(4768) | 18.73(8.55) | 15.83% | 107.85(47.83) |
| 2007 | 15 702(7460) | 30.47(15.76) | 62.7% | 160.02(78.66) |
| 2008 | 9 203(2480) | 19.26(5.58) | −36.78% | 167.19(72.62) |
| 2009 | 31 657 | 87.76 | 209.41% | 277.36 |
| 2010 | 29 509 | 82.3 | −6.22% | 310.63 |
| 2011 | 25 247 | 77.16 | −6.24% | — |
| 历年累计 | 219 937 | 428.01 | — | 1 778.55 |

表 5-14 中括号中数据对应于住房公积金贷款与商业住房贷款的组合数据。数据显示，219 937 户武汉市城镇居民从住房公积金贷款中获益，其贷款额度总计达 428.01 亿元，居民在公积金贷款支持下，截至 2010 年购房建房面积达到 1778.55 万平方米(其后统计数据缺失)。与 2010 年末 15 066 万平方米的城镇实有住宅建筑面积相对应，住房公积金支持购房建房面积约占住房存量的 12.15%，即住房公积金对提高居民居住水平的贡献率约为 12.15%。

另外，武汉市人均居住水平由 1997 年的 9.8 平方米(使用面积约 7.8 平方米)上升到 2011 年的 32.25 平方米。显然，经过十多年的制度建设，住房公积金在支持居民贷款购房建房方面起到了重要作用，这使得城市居民人均居住水平平均提高了(32.25−9.8)×12.15%=2.73 平方米，有效改善了城镇居民住房居住水平。

### (二)制度目标的偏离风险评估

上一小节简要分析了住房公积金制度目标的实现程度问题，毋庸置疑，近些年住房公积金制度在住房分配转换机制中发挥了重要作用，但是否达到了提高城镇居民居住水平的目标，或城镇居民居住水平的提高是否是住房公积金制度所产生的实际效应，受到了各方面的质疑。因此，本节试图分析住房公积金制度运行在一定程度上抑制了居住水平的提高；即使是简单测算的 1.8 平方米，也并非住房公积金制度运行的结果。

1. 目标偏离风险的理论分析

市场机制下，各种制度之间的相互作用使得以提高居民居住水平为目标的住房公积金制度面临着多重风险。

住房公积金贷款与商业性住房贷款之间的竞争关系，使得住房公积金贷款作为一种住房金融支持，在提高居民居住水平的贡献率方面受到严重质疑。我国商业性住房贷款发展历程较短，在1998年之后才得到迅速发展。住房公积金制度作为一种政策性住房金融，在住房金融发展的初始阶段，在支持住房公积金缴交家庭购房中发挥了重要作用。但随着商业银行住房抵押贷款条件的逐步宽松，两者之间的竞争关系越来越明显，即住房公积金贷款增加，在很大程度上必然导致商业住房抵押贷款需求的减少，或住房公积金贷款对商业住房抵押贷款将产生很大的挤出效应。尤其在目前住房公积金制度的运行机制下，公积金池资金的安全性决定住房公积金主要贷款对象为缴纳人群的中高收入者。一般来讲，这部分群体无需住房公积金贷款支持，也能通过商业住房市场购房来改善其居住水平。因此，住房公积金贷款对商业性住房贷款所产生的挤出效应，使得住房公积金制度难以实现其提高居民居住水平的制度目标。

2. 目标偏离风险的实证分析

本节重点分析住房公积金贷款对商业性住房贷款的挤出效应。

1）基本假设与模型设定

假设住房抵押贷款额度由经济基本因素和住房公积金抵押贷款共同决定。在一个完善的住房抵押市场中，住房抵押实际需求的基本经济影响因素主要包括居民实际可支配收入、需求人口、抵押贷款利率等，而影响供给的因素则包括中国人民银行对住房抵押贷款方面的各种限制条件，如抵押贷款额度与贷款期限的限制、银行准备金等。住房作为一项优良资产，金融机构自身一般意愿大量供给，因而住房抵押贷款主要由需求方决定。

住房公积金抵押贷款额度同样会对市场住房抵押贷款总量产生影响。一方面，在金融市场的初级阶段住房抵押机制不健全，居民居住水平低下时，住房公积金抵押贷款的出现，有利于市场金融主体开发住房抵押金融产品，对市场住房抵押将产生吸纳效应。另一方面，更为主要的是，在市场机制逐步完善的过程中，住房公积金贷款与商业性住房抵押贷款将形成竞争关系。具体表现为，住房公积金参与人群中的中高收入群体利用住房公积金贷款购房，必然导致该群体，至少当期不会利用商业性住房抵押贷款购房，对商业性住房抵押贷款总量直接产生挤出效应，即住房公积金支持居民购房建房所形成的居民居住水平的提高实质是以商业性住房抵押贷款对居住水平提高贡献率的降低为前提的。换一句话表述，住房公积金提高居民居住水平面临极大的市场挤出风险。

因此，商业性住房抵押贷款额度可表示为如下变量的函数：

$$\text{hml}_t = f(y_t, r_t, \text{hpf}_t, \text{hr}_t) \tag{5-7}$$

其中，$\text{hml}_t$ 为 $t$ 时期的商业性住房抵押贷款额度；$y_t$ 为居民可支配收入；$r_t$ 为住房抵押贷款利率；$\text{hpf}_t$ 为第 $t$ 期的住房公积金个人住房抵押贷款额度；$\text{hr}_t$ 为住房合意度，即市场住房存量套数与家庭户数的比值。

首先不考虑住房合意度对商业性住房抵押贷款额度的影响，以如下具体线性计量模型模拟上述商业性住房抵押贷款额度函数(5-7)：

$$\text{hml}_t = \beta_0 + \beta_1 \text{hpf}_t + \beta_2 y_t + \beta_3 r_t + \beta_4 \text{year}_t + \mu_t \tag{5-8}$$

理论上，$\beta_1 = \text{d(hml)/d(hpf)}$ 表示住房公积金贷款与商业性住房抵押贷款的相互作用程度，$\beta_1$ 绝对值的大小代表相互作用程度，若符号为正，代表住房公积金贷款对商业性住房贷款产生吸纳效应；反之，符号为负则代表产生挤出效应。$\beta_2 = \text{d}(\text{hml}_t)/\text{d}(y_t) < 0$，表示人均可支配收入的增加，使得人们的住房可支付能力增加，因而导致需要住房抵押的贷款额度减少；$\beta_3 = \text{d}(\text{hml}_t)/\text{d}(r_t) < 0$，表示抵押贷款利率越低，住房抵押贷款额度越高。变量 $\text{year}_t$ 为年度虚拟变量，用以反映政府政策变化对商业性住房抵押贷款和住房公积金抵押贷款的影响。2008 年全球金融危机的影响导致住房抵押市场出现了一定程度的萧条，武汉市政府在 2009 年采取积极的宏观货币政策，使得住房抵押贷款(包括住房公积金抵押贷款)的需求迅猛上升，因此，年度虚拟变量取值如下：

$$\text{year}_t = \begin{cases} 0, & t \neq 2009 \\ 1, & t = 2009 \end{cases} \tag{5-9}$$

若考虑住房可获得性对商业性住房抵押贷款的潜在影响，可以如下非线性计量模型模拟商业性住房抵押贷款额度函数(5-7)：

$$\text{hml}_t = \beta_0 + \beta_1 \text{hpf}_t + \beta_2 y_t + \beta_3 r_t + \beta_4 \text{year}_t + \beta_5 \text{hpf}_t \text{hr}_t + \varepsilon_t \tag{5-10}$$

此时，增加的变量 $\text{hr}_t$ 代表住房合意度对商业性住房抵押贷款的潜在影响；更为重要的是住房公积金贷款对商业性住房抵押贷款的边际影响可表示为 $\text{d}(\text{hml}_t)/\text{d}(\text{hpf}_t) = \beta_1 + \beta_5 \text{hr}_t$，表明住房公积金抵押贷款与商业性住房抵押贷款相互作用的强度(尤其是挤出效应)，随着住房合意度的提高而变化，一般有 $\beta_5 < 0$，即挤出效应随住房合意度的提高而增强。

2) 数据与实证分析

(1) 基础数据与数据处理。采用武汉市 1999～2009 年的年度数据(表 5-15) 分析经济基本因素和住房公积金贷款对商业性住房贷款的影响。运用居民消费价格指数为折扣因子，获得各变量实际值，如实际贷款额度、实际收入和五年期住房抵押实际贷款利率等。其中，住房抵押贷款利率来源于中国人民银行，同时将利率按照执行期内加权平均后得到年利率。家庭人均建筑面积指标缺乏 2001 年数据(已有数据为住房使用面积)，通过已有数据反向预测得到 2001 年家庭人均建筑面积。

**表 5-15　住房公积金个人抵押贷款挤出效应分析的基础数据**

| 年份 | 住房公积金个人住房贷款余额/万元 | 商业性个人住房贷款余额/万元 | 家庭人均可支配收入/元 | 居民消费价格指数 | 五年期住房抵押贷款利率 | 家庭人均建筑面积/米$^2$ |
|---|---|---|---|---|---|---|
| 1999 | 38 910 | 76 596 | — | — | — | — |
| 2000 | 80 525 | 211 186 | 6 761.00 | 100.60 | 6.21% | — |
| 2001 | 145 961 | 503 327 | 7 305.00 | 99.50 | 6.21% | 21.03 |
| 2002 | 208 067 | 940 130 | 7 820.24 | 98.60 | 5.82% | 22.16 |
| 2003 | 305 505 | 1 565 018 | 8 524.52 | 102.30 | 5.76% | 23.93 |
| 2004 | 442 652 | 2 482 377 | 9 564.05 | 103.30 | 5.84% | 24.45 |
| 2005 | 554 275 | 3 179 860 | 10 849.72 | 102.70 | 6.12% | 25.50 |
| 2006 | 633 846 | 3 890 243 | 12 360.00 | 101.40 | 6.50% | 26.86 |
| 2007 | 642 300 | 4 975 207 | 14 357.64 | 104.10 | 7.29% | 28.25 |
| 2008 | 692 600 | 5 143 799 | 16 712.44 | 105.70 | 7.67% | 29.28 |
| 2009 | 1 585 500 | 6 305 548 | 18 385.02 | 99.40 | 5.94% | 30.88 |

资料来源：依据武汉市房地产年鉴、武汉市统计年鉴(2001～2010 年) 整理

(2) 数据的简单处理。表 5-15 的原始数据中，住房公积金个人住房贷款余额及商业性个人住房贷款余额并非当年借贷出去的贷款额度，本节以贷款余额新增额度替代，即为当年贷款累出与还贷累进的差额构成，显然这一数据较抵押贷款额度可能能够更好地反映新增额度之间的相互作用关系。住房合意率数据则具有主观性。理论上，随着我国住房市场的逐渐完善，居民居住水平得以不断改善，居民从市场上获得住房的机会越来越大，住房合意率呈现不断上升的趋势。因此，为能具体度量住房合意率，类似表 5-14，我们以家庭人均建筑面积与标准人均建筑面积(“十一五”规划中，家庭人均建筑面积达到 35 平方米) 的比值进行度量，如表 5-16 所示。

**表 5-16　住房公积金个人抵押贷款挤出效应分析的基础数据预处理**

| 年份 | 住房公积金个人住房贷款余额新增净额(hpf)/万元 | 商业性个人住房贷款余额新增净额(hml)/万元 | 家庭人均可支配收入($y$)/元 | 实际抵押贷款利率($r$) | 住房合意率(hr) |
|---|---|---|---|---|---|
| 2000 | 41 615 | 134 590 | 6 761 | 0.056 1 | — |
| 2001 | 65 436 | 292 141 | 7 305 | 0.067 1 | 0.701 0 |
| 2002 | 62 106 | 436 803 | 7 820.24 | 0.072 2 | 0.738 7 |
| 2003 | 97 438 | 624 888 | 8 524.52 | 0.034 6 | 0.797 7 |
| 2004 | 137 147 | 917 359 | 9 564.05 | 0.025 4 | 0.815 0 |
| 2005 | 111 623 | 697 483 | 10 849.72 | 0.034 2 | 0.850 0 |
| 2006 | 79 571 | 710 383 | 12 360 | 0.051 0 | 0.895 3 |
| 2007 | 8 454 | 1 084 964 | 14 357.64 | 0.031 9 | 0.941 7 |
| 2008 | 50 300 | 168 592 | 16 712.44 | 0.019 7 | 0.976 0 |
| 2009 | 892 900 | 1 161 749 | 18 385.02 | 0.065 4 | 1.029 3 |

(3)模型估计与分析。分别以式(5-8)、式(5-10)为基础，考察各变量对商业性住房抵押贷款额度的影响，依据系数的显著性和拟合优度确定变量，估计结果见表 5-17。

**表 5-17　住房公积金个人抵押贷款挤出效应的模型估计**

模型：$\text{hml}_t = \beta_0 + \beta_1\text{hpf}_t + \beta_2 y_t + \beta_3 r_t + \beta_4\text{year}_t + \beta_5\text{hpf}_t\text{hr}_t + \varepsilon_t$（2000～2009 年）

| 变量 | 模型一 | | 模型二 | | 模型三 | | 模型四 | |
|---|---|---|---|---|---|---|---|---|
| | 系数 | 显著性 | 系数 | 显著性 | 系数 | 显著性 | 系数 | 显著性 |
| $C$ | 2.4064 | 0.1117 | 2.1706 | 0.0108 | 3.6248 | 0.0903 | 1.1951 | 0.0547 |
| $D$(log(hpf)) | −0.0348 | 0.8895 | −0.5049 | 0.0133 | −0.4823 | 0.0250 | 6.0231 | 0.0416 |
| $D$(log$y$) | −19.3885 | 0.1302 | −18.8334 | 0.0101 | −12.8330 | 0.1796 | −11.0622 | 0.0396 |
| year | — | — | 3.0082 | 0.0031 | 2.8964 | 0.0076 | 4.8392 | 0.0018 |
| $r$ | — | — | — | — | −33.3293 | 0.3967 | — | — |
| hr × $D$(log(hpf)) | — | — | — | — | — | — | −6.8815 | 0.0326 |
| 拟合优度 | 0.3463 | | 0.9025 | | 0.9204 | | 0.9727 | |

表 5-17 给出了模型估计的四种情形。模型一表示商业性住房贷款、住房公积金贷款及人均可支配收入之间的关系，拟合优度及系数的显著性表明模型难以拟合现实。

模型二表示在增加年度虚拟变量后，变量系数的显著性大约在 1%，呈高度显著状态，拟合优度由 0.4 不到跃升到 0.9025，得到了显著性改善，且系数符号也与模型假设高度吻合，表明这一模型充分显示了商业性住房贷款与住房公积金贷款之间的内在联系。例如，人均可支配收入系数为-18.8334，表明人均可支配收入每增加1元，将导致商业性个人住房抵押贷款余额增量大约减少19元。重点关注住房公积金个人住房抵押贷款对商业性个人住房抵押贷款的挤出效应，系数-0.5049表明住房公积金个人住房抵押贷款净额每增加1元,将导致商业性个人住房抵押贷款净额减少约0.5元。因此，从这一层面来分析，2001～2009年中，住房公积金个人抵押贷款所产生的人均居住面积提高的效应，是以商业性住房抵押贷款贡献率降低一半为代价的。或者说，这些年来，其实质提高效应仅为表征现象的一半左右。

模型三考虑到住房抵押贷款利率为影响住房抵押贷款净增额度的重要因素，而将其作为解释变量纳入模型，尽管使得拟合优度上升，也与模型设定符号完全吻合，但其自身及其他变量系数变得不再显著，表明利率对商业性住房抵押贷款净增额度的影响并不显著。另一种解释可能是住房公积金个人住房抵押贷款中已包含了利率因素(公积金抵押贷款利率一般随市场利率进行调整)，再增加利率反而使得模型系数显著性发生改变，即与这一变量存在共线性问题。因此，不需考虑利率对商业性住房抵押贷款净增额度的影响。

模型四考虑到在住房金融的初始阶段，城镇居民居住现状较差而导致住房合意度低，住房公积金可能对商业性住房抵押贷款产生吸纳效应，因此引入关键性重要变量——住房合意度。模型的拟合优度与模型变量系数清晰显示了变量引入的可行性。住房公积金个人住房抵押贷款系数为正，表明初始阶段住房公积金的确对商业性住房抵押贷款存在吸纳效应；然而，综合效应由$\beta_1+\beta_5 \mathrm{hr}_t$决定。因此，模型四估计显示，住房公积金的挤出效应随着住房合意度的增加越来越大，到2009年住房合意度约为1，挤出效应达到了0.8584。这表明，住房公积金贷款的挤出效应已接近完全挤出效应，变革住房公积金个人住房抵押贷款机制乃至其整体运行机制已迫在眉睫。

## 四、小结

本章基于住房制度改革的历程，分析了公共住房制度与政策性住房金融制度各历史阶段的政策目标，在简要评价各项制度目标实现程度的基础上，从经验角度重点分析了各项住房保障制度目标实现所面临的主要风险。可简要总结如下。

第一，经济适用住房制度建立与发展，直观上基本实现了制度设计的相应目标。以武汉市为例，1998～2003年，在以促进住房市场机制转换和促进经济增长为住房制度改革的主要阶段性目标中，经济适用住房供给为这些目标实现做出了应有贡献，仅经济适用住房投资对经济增长的贡献度，最高年份(1999 年)曾达到 1.02%，贡献率为 14.85%；而经济适用住房作为一种特殊的商品住房，在促进住房市场化机制转换中，其贡献度和贡献率(从投资角度)曾分别高达 20.94%、25.31%(1999 年)。2004～2010 年，经济适用住房供给主要是以稳定市场房价为主要目标之一。数据测算显示，2005 年之后经济适用住房供给有效抑制了商品住房价格强劲上升的趋势，尤其在 2007 年，对住房价格稳定贡献率达到了 6.82%。而 1994～2010 年作为经济适用住房制度的运行阶段，其制度目标(根本性目标)更在于提高城镇居民居住水平。武汉市例证显示，在此期间(1996～2009 年)经济适用住房总供给约占住房新增存量的 9%；而从人均居住面积测算，相当于 14 年内，经济适用住房供给提高武汉市人均建筑面积约 1.78 平方米。

第二，住房子市场之间及与住房要素市场之间的联动效应，使得经济适用住房制度的运行目标(提高居民居住水平，稳定住房价格)面临更多潜在风险。

1999～2009 年 29 个省区市的经济适用住房新增有效供给与住房新增有效供给相互作用的面板计量模型分析显示，经济适用住房的有效供给在人均居住面积处于低水平时，对市场住房的有效供给产生正向吸纳效应，但当人均居住面积逐渐达到人们的合意需要时，经济适用住房的有效供给对商品住房的有效供给产生挤出效应。以 2009 年为例，全国层面分析显示，经济适用住房有效供给每增加 1 平方米，将导致市场商品住房有效供给减少 0.6578 平方米；换言之，经济适用住房每新增 1 平方米，住房存量仅新增 0.3422 平方米，即经济适用住房供给以提高居民居住水平为目标，在居民居住水平全面提高的情况下，将面临严重的政策效率风险问题。

1999～2009 年 29 个省区市的经济适用住房供给比重与住房市场价格之间相互作用的面板计量模型分析显示，从全国层面而言，经济适用住房供应比重每上升 1 个百分点，商品住房价格增长率则下降 0.0646，而中部地区为 0.0702。但这一影响机制在各区域并不相同，东、西部地区的影响系数在统计上并不显著，说明经济适用住房供给对商品住房市场价格的平稳作用并不存在，甚至可能推动价格上涨(如西部地区的影响系数为正，尽管不显著)，这可能是由经济适用住房供给对住房要素市场的影响与经济适用住房供给对住房子市场需求的影响之间的价格效应相互作用，导致平稳作用并不显著。尽管经济适用住房供给具有稳定住房价格的功效，但房价的稳定可能更多归结于经济适用住房购买资格审核不严而导致住房市场需求减少的价格效应，即经济适用住房以平稳价格为目标，在住房产品生产要素稀缺(如土地)的情况下，面临着严重的政策效率风险问题。

第三，住房公积金制度建立与发展，直观上基本实现了制度设计的相应目标。以武汉市为例，1999～2003 年，住房公积金个人住房贷款余额比重均在 15%以上；

住房公积金贷款户数约占所有住房贷款户数比重曾高达44.5%(2000年)，相应年份所支持的住房面积比重为48.1%。而1992～2010年作为住房公积金制度的运行时期，其制度目标(根本性目标)更在于提高城镇居民居住水平。武汉市例证显示，在此期间(1992～2008年)住房公积金累计支持建房购房面积约占住房存量的9.73%，从家庭人均居住面积改善状况考虑，累计提高城市居民人均建筑面积1.795平方米。

第四，各类住房抵押贷款市场之间的联动效应，使得住房公积金制度的运行目标(提高居民居住水平)面临更多潜在风险。

1999～2009年武汉市住房公积金个人住房抵押贷款净增余额与商业性个人住房抵押贷款净增余额相互作用的非线性时序计量模型分析显示，住房公积金个人住房抵押贷款的供给，在人均居住面积处于低水平时，对商业性个人住房抵押贷款的有效供给产生正向吸纳效应，但当人均居住面积逐渐达到人们的合意需要时，住房公积金个人住房抵押贷款的有效供给对商业性个人住房抵押贷款的有效供给产生挤出效应。以2009年为例，住房公积金个人住房抵押贷款净增余额每增加1元，导致商业性个人住房抵押贷款净增余额减少0.1416元，即住房公积金个人住房抵押贷款的供给以提高居民居住水平为目标，在居民居住水平全面提高的情况下，将面临严重的政策效率风险问题。

# 第六章　公租房配租机制概述

## 一、研究背景及问题

保障国民享有基本的居住权利是政府最基本的职责，“住有所居”是我国政府2010年以来改善民生的重大举措，已取得了明显的成效。建立以公租房为主体的住房保障体系是我国住房保障制度改革和发展的重点。对于公租房这种价格机制不能充分发挥作用的社会保障资源，如何构建运行有序、治理良好的分配体系，以解决稀缺资源配置中的公平与效率问题是住房保障可持续发展的关键所在。

公租房分配可分为初分配和再分配两个阶段，主要研究框架如图6-1所示。

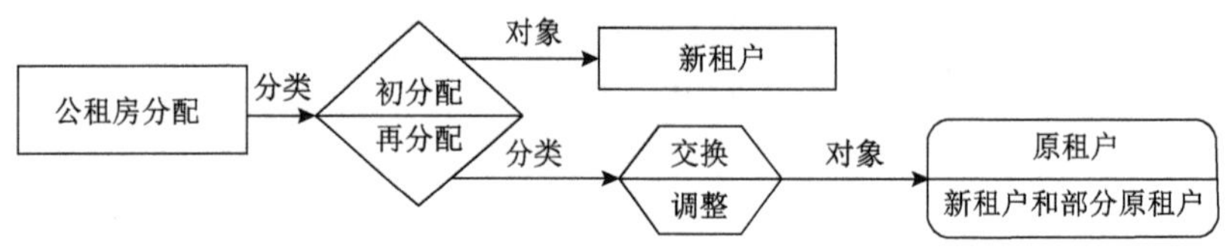


图6-1　公租房分配的分类和对象

公租房分配体系主要涉及公租房的准入、退出及配租制度。分配体系中的配租制度主要是由各省区市结合各地区的房源供给量、人口情况、经济现状等条件分别制定的。具体到实物配租，则主要研究如何把可供分配的公租房房源分配给满足准入条件的申请人，其关键环节又可分为双边偏好的表达及匹配机制的取舍。

住建部的《公共租赁住房管理办法》和各地对公租房的初分配规定较全面，却较少单独考虑再分配问题。而随着公租房初分配的结束，再分配中部分租户需求变化导致的调换要求应引起理论与实践界的重视。

当价格机制不能发挥作用时[①]，一个科学的匹配机制应该能“诱导”参与人诚实地表达偏好，并在这样的偏好下公平、有效地配置资源(Hylland and Zeckhauser, 1979)。因此，匹配机制的优劣常用偏好表达真实度、公平与效率等三种性能进行考量。在几种常用的优化机制中，理论上被证明能诱导参与人真实表达偏好并具稳定配置功能的匹配机制是G-S机制(Gale and Shapley，1962)，但实验证据也表

① 公租房租金一般是外生的、固定的，无讨价还价余地。

明其性能表现与匹配过程中参与人掌握的信息程度、能表达的偏好个数及风险厌恶程度相关(Pais and Pintér，2008；Calsamiglia et al.，2010；Klijn et al.，2013)。TTC 机制则被证明能诱导参与人真实表达偏好并达到帕累托有效的匹配性能。

虽然有理论表明了 G-S 机制、TTC 机制等在稳定配置资源方面的优势，但我国各地的公租房匹配机制却往往根据实际情况自行设计。对现行公租房初分配与再分配管理办法进行分析，检验其结果的公平与效率性能，并与理论上证明为稳定配置的机制进行比较，以寻求公租房分配机制的优化，是本书的研究重点之一。

我们将重点从理论上与实验上讨论和检验初分配与再分配机制优化问题。第一，归纳整理出具有中国特色的 IIRSD 机制，与理论上优化的 G-S 机制进行比较；第二，将具有鲜明特色的 RA 机制与理论上效率最优的 TTC 机制相比较；第三，从理论上区分初分配与再分配的差异，论证再分配机制改进的可行性。

## 二、文献回顾

住房匹配机制按照待分配的住房占用情况划分，可以大致归为两类，即初分配机制和再分配机制。初分配机制是指住房分配问题(house allocation problem)，即住房全部为新房和申请人全部为新人(之前没有占用任何住房)下的匹配机制研究。再分配机制包括两类：一是住房市场的匹配机制，该市场上每套住房都被一位有交换需求的申请人占用着；二是存在部分租户市场的匹配机制，该市场可供分配的房源既有空房，也有被有调换需求的申请人占用的已租房。无论初分配还是再分配，一套住房至多只能分给一位申请人。另外，初分配和再分配机制最后达到稳定配置的前提是参与者的偏好序与优先序是严格的。以下我们将从双边偏好及表达、初分配匹配机制和再分配匹配机制三方面来综述相关的研究文献。

### (一)双边偏好及表达

双边偏好包含房对人及人对房的偏好。房对人的偏好一般用优先序形式表达，目前是指由住房保障主管部门确定的轮候人选房顺序，又分为随机方式给出的优先序和综合评分产生的优先序。优先序与公平息息相关，是社会普遍关注的问题。因此，通常被要求公示，使之成为所有轮候人的共同知识。轮候人的偏好是轮候人对某房源的喜爱程度，偏好表达则指轮候人如何表达对所公布房源的喜好，简单方便的方式是以对房源的偏好序列形式表示。而轮候人的个人偏好属于私人信息，为保护自身的利益，在不同的匹配机制下可能会以不同的策略来表达。Roth(1982)的研究表明随意改变偏好表达机制将会导致偏好表达的真实度产生变化，进而导致匹配结果性能的改变。

Abdulkadiroğlu 和 Sönmez (1998) 最先阐述了在严格的参与者偏好优先序的条件下，即在任何情况下，双边参与者的每个匹配效用均不相同，G-S 机制和 TTC 机制是无策略的并能得到稳定配置结果的机制。

偏好序和优先序绝对严格的这个假设在现实生活中有时是不成立的。Ehlers (2002) 讨论了包含半严格偏好的情况。他证明了在住宅市场上申请者对一组不可分割的物品没有明确偏好（对于申请者来说可供选择的物品偏好按照严格降序排列，直到某物品与剩下的物品对于申请者而言无差异，即半严格偏好）的情况下，通过规则可以找出一个效率和无策略合谋兼具的、包含所有严格偏好的最大范围。

Roth (2008) 指出在弱偏好优先序条件下，匹配机制中可能存在的问题。Kesten (2004)、Erdil 和 Ergin (2008)、Abdulkadiroğlu 等 (2005a) 多角度地探讨了在弱偏好优先序的条件下，双边匹配机制的性能特点。Erdil 和 Ergin (2008) 提出了稳定循环的改进机制，该机制在弱偏好优先序的条件下，在效率上可以实现帕累托最优，但不能达到参与人偏好无策略。Abdulkadiroğlu 等 (2005b) 提出任何机制都不能够在优于消除弱偏好优先序的学生最优机制的同时，还能保证偏好无策略。

在单边匹配的情景中，Zhou (1990) 提出将学生按照某种合理的优先序进行排列的独裁机制是可以达到帕累托最优和偏好无策略的。聂海峰 (2007) 认为目前中国的高考平行志愿就等同于分数序列独裁机制，通过运行分数序列独裁的算法，得出这种机制是一种帕累托改进的结论。魏立佳 (2010) 研究了我国高考录取机制中偏好一致性和优先权的结构性质，并且揭示出完全信息和不完全信息等信息环境对高考录取机制中偏好的表达有重要影响。从完全信息和不完全信息条件下考生的不同偏好中，得出信息环境与高考录取机制之间的关系是密切的，即高考录取机制的配置效率与稳定性都与信息环境的强弱有关。

### （二）初分配匹配机制

#### 1. 初分配匹配机制理论

初分配匹配机制是指住房全部为空房与申请人全部为新来者（之前没有占用任何住房）情况下的匹配机制研究，与国外文献中的住房分配问题相对应。

如果房源管理者对轮候人完全无好恶，住房分配问题常被看作单边匹配问题。轮候人表达自己对各个房屋的偏好后，管理者先使用随机分配的方法将房源随机分给轮候人，然后按偏好运用 TTC 机制进行交换的匹配方式，被认为能实现帕累托最优的匹配（Abdulkadiroğlu and Sönmez，1998）。实践中，由于该类住房的福利性质，房源方的偏好常常以优先权的形式表现出来（Ergin，2002），而这种优先权常被研究者看作外生控制变量，此时，采用 SD 机制的分配能满足公平、效率及无策略目标(Zhou，1990)。

如果将优先权看作房源管理者对轮候人的偏好，则住房分配问题可以化作双边匹配(two-side matching)问题(Abdulkadiroğlu and Sönmez，1998)。可运用 G-S 机制(Gale and Shapley，1962)来求出稳定配置的均衡解。

关于双边匹配稳定配置的研究最早源于美国著名的经济学家 Gale 和 Shapley，他们通过研究大学录取机制及婚姻匹配等实际问题，提炼出著名的 Gale-Shapley 算法，也证明了 Gale-Shapley 算法的帕累托有效性与稳定性。Gale 和 Shapley(1962)指出可运用 G-S 机制来求得关于双边匹配稳定配置的均衡解，即在双边匹配的过程中，参与经济活动的双方应充分考虑每一方的满意度或偏好，应尽量通过合理的匹配方法，使双方对匹配结果都感到满意，以形成稳定的匹配，匹配的核心就在于获得稳定的匹配结果。继 Shapley 之后又有不少学者进一步地从理论的角度研究了 G-S 机制的机理与特性，很多学者认为，G-S 机制是能够同时满足公平、偏好无策略及诱导个人理性的最好机制 (Ergin，2002；Ehlers and Klaus，2013)。

2. *初分配匹配机制实验*

关于住房初分配匹配机制的研究目前大多都只停留在理论层面，涉及具体实验的研究比较少。国外文献中与初分配机制比较相似的就是大学录取制度，主要比较 Boston 机制、TTC 机制及 G-S 机制的性能。其中，Boston 机制的作用机理是学校严格按照所有学生的第一志愿、第二志愿的偏好顺序进行录取。假如某学校的录取名额已经被第一志愿的考生填满，那么即使有第二志愿考生的分数大大高于该校第一志愿的分数录取线，学校也无法录取该考生。因此，Boston 机制将会导致绝大多数考生被第一志愿录取，其他志愿几乎形同虚设，即产生高分低录和高分落榜的结果。在激烈的大学录取环境中，在 Boston 机制下，考生为保护自己的利益可能采取策略偏好以求得更好的录取结果。

Chen 和 Sönmez(2004)通过实验的方法分析了 Boston 机制、G-S 机制和 TTC 机制的性能，他们的实验结果表明 G-S 机制和 TTC 机制在稳定性、公平性、有效性方面都要优于 Boston 机制。而且，实验结果表明 G-S 机制的运行效果最好。同时,实验分析表明学生对两种机制的理解差异造成了 G-S 机制与 TTC 机制运行效果的不同。Pais 等(2011)的实验研究则表明，G-S 机制在匹配的过程中，其效率性和稳定性容易受到参与人获知信息量程度的影响，而 TTC 机制在匹配的稳定性和效率性方面都优于 Boston 机制和 G-S 机制。Abdulkadiroğlu 等(2005a)将 G-S 算法运用到分析纽约公立学校学生选择学校的机制中。其中纽约公立学校旧的招生体制原则是：首先，学生填报五所学校志愿；其次，由学校决定录取、等待还是拒绝。整个过程需要至少两轮，在多轮重复后，仍然没有被录取的学生由政府进行行政分配。在这个录取过程中，学生和学校均无法充分表达自己的偏好，造成最后录取效果的低效率。Roth 设计的新系统在综合运用 G-S 算法后，大大提升了录取的效率，也就是使得被行政分配的学生少于旧的招生体制。

Roth(1984)开创性地把双边匹配理论运用到美国医学院实习医生劳动力市场，针对美国医学院实习医生劳动力市场的不稳定性，深入探讨了美国医学院实习医生劳动力市场的匹配问题，给出了相应的匹配算法，并证明了该算法是帕累托最优和无策略的。随后，Roth 经过进一步的实践得出美国医学院实习医生劳动力市场之所以出现匹配失败的现象是不同地域等原因造成的。因此 Roth 和 Peranson(1999)提出了 Roth-Peranson 算法，该算法是按实习医生的偏好序进行匹配的一种 G-S 算法。另外 Haruvy 等(2006)通过平行实验及计算分析了在法律职员匹配市场中集中匹配和公告的作用，分析了该市场中的一些改革建议及采用改革方案所面临的问题。实验结果表明，虽然集中匹配交易和美国联邦法院公告对匹配效率并未起到很大作用，但是可以看出，数值模拟的计算方法能对劳动力市场的研究起到重要作用。

在国内，邓红平和罗俊(2016)首次将 G-S 机制引入我国公租房的初分配中，从理论上分析了 G-S 机制与目前国内实际采用的公租房匹配 IIRSD 机制的性能，并在实验室模拟我国公租房匹配情景，将不完全信息环境中运用随机摇号产生的序列作为轮候人的优先权顺序，考察轮候人在 G-S 机制与 IIRSD 机制下的偏好表达策略。同时分析了匹配中的策略行为与个人理性及风险偏好的关系；计算并检验由此带来的个人效用与整体福利变化；构建并引入无嫉妒公平分配指数来测度匹配结果的公平程度，从而直接比较了两种机制在公平、效率与无策略性等方面的效果。文章还通过改变被试设计、变换匹配小组人数、计算机模拟所有可能的优先权顺序检验了结果的稳健性。这些实验结果均表明，G-S 机制不仅能促使被试真实地表达自己的偏好，而且是比 IIRSD 机制更公平、更有效率的设计。

### (三)再分配匹配机制

#### 1. 再分配匹配理论

公租房再分配匹配机制可分为交换匹配机制与调整匹配机制两类(邓红平和卢丽，2017)。

(1)交换匹配机制。住房已被原租户全部占用情况下的交换匹配机制研究与国外文献中的住房市场(house market)相对应。该类研究首次将住房这类不可分割的物品纳入匹配理论的研究中，建立问题相关博弈模型，证明模型的核是非空的，并用 Gale 的顶层交易算法 G-TTC 来求出问题的唯一帕累托最优解(Shapley and Scarf，1974)。住房市场是较为典型的单边匹配(one-side matching)市场(Roth and

Postlewaite，1977），只需已占用一套住房的申请人提交对住房的偏好就可以进行房屋交换，并实现帕累托效率、无策略及个人理性的配置(Ma，1994)。TTC 机制也被称为关键机制(Sönmez and Ünver，2005)，其他许多研究中设计的机制都是以它为原型的改进，或将现实中应用的机制与之进行比较。

(2)调整匹配机制。若公租房再分配市场中，参与人包含原租户与新租户，可供分配的房源含已租房源与空房源，且一套房源至多只能匹配给一名申请者，该情境下的再分配问题我们称之为调整，与国外文献中存在的部分租户问题相对应。这类问题是一类更为复杂的住房分配问题，常见于美国许多大学的宿舍分配中。Abdulkadiroğlu 和 Sönmez(1999)的理论研究表明，随机序列独裁(random serial dictatorships，RSD)机制在存在部分租户的市场中并不是帕累托有效的匹配机制，他们设计并改进了 Gale 的 TTC 机制，并从理论上证明，在完全理性人的假设下，会比 RSD 机制更加有效；同时他们设计直观易懂的等价算法“你要我的房子，我要你的排序”(you request my house-I get your turn，YRMH-IGYT)来求解 TTC 机制的结果，且改进的 TTC 机制是可以达到帕累托最优、个人理性的，并且是防策略性的。Sönmez 和 Ünver(2005)进一步分析了针对 RSD 的两种改进调整机制。这两种机制分别为基于核的机制和 1999 年提出的改进的 TTC 机制。基于核的竞争机制下，原租户拥有自己的已租房不变，新租户则被随机分配一个空房；在此基础上，运行 G-TTC 机制得到了住房市场的核，并以此来调整市场的最终分配结果。基于核的机制是 TTC 机制的特例，但其偏向于新租户的特点受到批评。Sönmez 和 Ünver(2010)基于三个弱中性和连续性的公理，分析了 YRMH-IGYT 机制的全部特点，并证明 YRMH-IGYT 机制是帕累托有效率、个人理性、无策略、弱中性和连续性的。

2. 再分配匹配的实验

目前关于再分配匹配的实验研究多以存在部分租户的住房匹配为实验研究对象。Chen 和 Sönmez(2002)最早利用实验来检验再分配匹配机制的性能。他们通过开展实验室实验比较了美国大学宿舍分配常用的 RSD 机制与 TTC 机制(YRMH-IGYT)的性能。他们希望通过实验室实验来检验和证实，当有限理性个体加入不完全信息匹配市场时，TTC 机制与 RSD 机制在匹配中的真实效果。实验结果表明，TTC 机制下的效率与已有宿舍的学生参与分配的比例都显著高于 RSD 机制下的数据，但 TTC 机制下揭示被试真实偏好的比例与 RSD 机制并没有显著差异。Chen 和 Sönmez(2004)在上述实验的基础之上，加入了有选择的顶层交易循环(TTC-opt)机制。在相应的实验环境和实验条件设置下，研究者通过实验得出的实验结果表明，TTC 机制和 TTC-opt 机制的效率都是帕累托最优的，且显著高于 RSD 机制的效率。之后，Guillen 和 Kesten(2008，2012)利用实验方法比较了 G-S 机制和 TTC 机制在匹配大学宿舍时的表现。实验结果表明，G-S 机制在效率和已有住房的住户参与匹配的比例上都优于 TTC 机制，但二者在揭示被试真实偏好方面没有显著差异。另外，Guillen 和 Kesten (2008) 针对同样的问题提出了一种改进的 G-S 匹配机制，从理论上证明这种机制与麻省理工学院 (Massachusetts Institute of Technology，MIT) 机制是一样的。之后就 MIT 机制和 TTC 机制进行实验，实验结果表明两种机制下真实偏好的表达并无太大区别，但是 MIT 机制下匹配效率及原有学生的参与率都不如 TTC 机制高。就效率这一点而言，该实验的结论与 Chen 和 Sönmez (2004) 的实验结果是一致的。

### (四) 匹配机制评价方法

Hylland 和 Zeckhauser (1979) 指出当价格机制不能发挥作用时，一个科学的匹配机制应该能诱导参与人诚实地表达偏好，并在这样的偏好下公平、有效地配置资源。因此匹配机制的优劣常用偏好表达真实度、公平与效率等三种性能进行考量。Abdulkadiroğlu 和 Sönmez 指出，一旦人的理性和偏好无策略性得到保证，那么该机制就是帕累托最优的机制，得到的分配结果就是帕累托最优结果。个人理性是指，所有申请者都可以保证得到一个至少与其当前房屋一样好的房子，对于原租户而言，保证了他们申请新房时是没有风险的。简而言之，如果一个分配机制能够保证每个原租户得到不差于其原占用房源的房源，那么这个机制是个人理性的。偏好无策略，即偏好表达程度的衡量指标，是指说真话(表达真实偏好)是一个占优策略，无须表达不真实的偏好。如果一个分配机制中，任何申请者都无法从表达不真实的偏好这种行为中获益，那么该机制就是偏好无策略的。关于免于嫉妒的概念最早来源于 Foley (1967) 的陈述，主要用于考察人们的公平感。随后，经过 Kolm (1972) 和 Varain (1976) 的研究，进一步扩展了免于嫉妒的概念及其运用的范围，现在，免于嫉妒公平感在经济学和伦理学等领域得到了较为广泛的应用。在经济学及伦理学的领域，免于嫉妒标准就是指在一个经济社会中，每个人相对于其他人的选择都更加偏好其自身的选择，而且从整体的角度分析，如果没有嫉妒他人的情况，每个人都不会或者无法改变自己的选择，那么这个社会就是公平的。也就是说，当且仅当所有人对自己的偏好都没有异议，或者在交换后的状态与目前状态的偏好没有任何差异时，就称这样的状态是公平的。如果有人嫉妒，那么他就会倾向选择平等分配而不是现在的分配。

### (五) 文献述评

从以上偏好及表达、初分配和再分配住房匹配机制的国内外文献可以看出，初分配中空置住房与新申请者之间匹配的理论及实验文献主要通过分析与初分配比较类似的高考录取制度来分析机制的有效性，而这与我国公租房匹配存在着差异。而有关再分配的理论与实验，国外学者则多以存在部分租户再分配为实验对象，这一设定与国外学校在新生入学后会将老生考虑在内重新匹配住房的实际情况相符，而与我国实际的公租房租赁现实情况存在差异。

除了匹配对象的差别外，已有住房匹配实验研究与我国公租房匹配现状的重要不同之处还在于被试所拥有的信息。之前住房匹配实验中大多设置完全信息的环境，即实验中被试会被给定所有申请者在匹配到不同房型时的收益结构。但在实际公租房匹配中，申请人不可能知晓其他人对不同房型的喜好程度，且有相关匹配实验表明：被试对其他参与者偏好信息的知晓程度本身就会影响匹配机制的效果(Pais et al.，2011)。

虽然我国公租房分配制度的优化和设计是学界关注的重要社会问题，但缺乏总体性的实证依据和科学分析方法来检验各种机制对公租房匹配过程的具体作用，以及比较各种机制在匹配效率和公平性上的表现。而另外，国外与匹配机制有关的理论及实验研究仍然没有完全一致的结论，如匹配理论虽然证实了 G-S 机制、TTC 机制的优越性(Ergin，2002；Abdulkadiroğlu et al.，2005a)，但仍有实验研究表明，G-S 机制与 TTC 机制的性能既与被试掌握的信息程度相关(Pais and Pintér，2008)，也受参与人能表达的偏好个数的影响(Calsamiglia et al.，2010)。风险厌恶程度较强的参与人，G-S 机制下甚至会采用最大最小的偏好表达战略(Klijn et al.，2013)。此外，国外有关住房匹配的实验均是以大学生宿舍分配为主题所开展的研究，其实验中给定的信息、条件和环境都与我国公租房匹配的现实情况有较大的差别。

因此，在分析研究我国住房租赁匹配机制的过程中，我们需要提炼出国外关于初分配与再分配理论及实验研究与我国实际情况的相同或相似的部分，设置相应的环境和条件，将现实中实际运行的匹配机制与理论上稳定配置的机制进行分析、论证与检验。

## 三、双边偏好及表达

偏好及表达机制是公租房配租机制的重要组成部分，包括房对人及人对房的偏好。房对人的偏好一般用优先序形式表达，是指由专门机构确定的轮候人选房顺序。人对房的偏好是申请人对房源的喜爱程度，属于私人信息，为保护自身的利益，在不同的匹配机制下可能会以不同的策略表达出来。

在我国，一般由住房保障管理部门来充分代表民众的意愿，待分配的公租房的区位、数量、价格、优先序及匹配机制并不以需求方的意愿为转移。这样的分配特色要使待分配人感觉公平，则对政府的公信力要求颇高。在公租房的分配与再分配过程中，政府公信力可部分体现在知情权上，如建立专门网络平台公布详细的房源、优先序及匹配机制等信息，供申请人在选择之前查看，并给予申请人尽可能多的选择机会，以提升公租房分配结果的满意度。

### (一)公租房对轮候人的偏好及表达

在我国公租房配租过程中，最为住房保障管理部门及民众关注的偏好是公租房[①]对轮候人的偏好，即轮候人的选房顺序(优先序)，可分为随机方式给出的优先序和综合评价产生的优先序。

#### 1. 随机优先序

随机优先序依均匀分布随机给出轮候人的选房顺序，体现了机会均等式公平与执行的高效性。摇号过程中，每位轮候人被摇中某个序号的概率相同，属于等可能事件，体现了相对公平。加之计算机摇号的速度之快，充分体现了执行分配的高效率。从当前的初分配管理办法来看，采用随机方式产生优先序的城市占比50%以上，再分配调整也部分使用随机优先序。完全的随机序列难以照顾特殊困难群体的需求，与 RA 机制的效用难分伯仲。为此各地多考虑先分类后随机安排优先序的方式。例如，北京的属地优先、剩余调剂的随机摇号配租模式；重庆的人口控制及照顾特殊群体的摇号配租模式；广州的分级轮候、人口控制的摇号配租模式等。

管理部门以先分类后给出随机优先序再选房的机制来代替 RA 机制，期望提高分配的公平性与效率。但究竟结果如何，本书在实验室设计了相关实验，对其优缺点及可能的优化机制进行了详细的论证[②]。

#### 2. 综合评价优先序

将公租房优先分配给相对困难的家庭，使他们的住房条件得以改善，以提升社会整体福利是住房保障管理部门努力的方向，因而寄希望于综合评价法下的优先序来评价反映申请家庭的困难程度。常用考查指标有以下几个。

1) 家庭月收入情况

对于管理部门而言，公租房的租金收入将直接影响整个公租房的建设。所以考虑家庭的月收入情况就是变相地考察租金的回收情况。这关系到公租房能否可持续运转，只有当家庭月收入能够覆盖公租房的租金时，才能够使接下来的工作得以正常进行。

---

① 由管理部门作为房产方代表制定规则。

② 详见第七章有关论述。

2) 住房的改善情况

政府和申请者都希望住房情况能够得到改善，而且改善得越多越好。衡量住房得到改善的标准就是，申请者所申请到的公租房的面积相对于原有住房面积的涨幅。

3) 家庭人均住房面积

如果实际所达到的人均住房面积与最低人均住房面积的差额较大，则说明此套公租房对于申请家庭来说过大。考虑此因素有助于提高公租房分配过程中的效率。

4) 特殊群体

特殊群体主要是指家庭成员中有残疾人、烈士遗属、优抚对象和劳动模范等的群体。特殊群体是优先序的一个加分指标。考虑这个指标主要是因为这些特殊群体对公租房的需求更加强烈。还有一点就是，这些群体在现实生活中是需要社会给予一定照顾的。

指标评价能够对申请家庭多项基本情况进行量化，在单项指标的基础上还需要对申请人的需求进行综合评价，常用的评价方法有模糊综合评价法和数据包络分析法等。

### （二）轮候人对公租房的偏好及表达

优先序是社会关注的焦点，而轮候人对于公租房的偏好在现有分配机制下则较少被关注。在价格机制不能发挥作用的市场中，偏好代替价格成为稳定配置的关键因素，故而匹配机制的常用指标之一为偏好表达真实度。在双边匹配中双方的偏好及其表达对分配结果影响巨大；而单边匹配中仅以轮候人对公租房的偏好进行匹配，尤显其对分配结果公平与效率的重要性。

轮候人最简单的偏好表达方式是以序号的形式表现自己对公租房的喜好。事实上，轮候人在选择公租房时，还可结合自身情况对公租房进行综合考察。在不同的房源中按照自己的偏好进行权重分配，然后进行更为细化的综合选择。如果在匹配的过程中，管理者给出多种备选指标评价信息，使得申请者的需求更为细化，可能使偏好序列排列更为严格，匹配的结果与需求一致性更强。可将轮候人对公租房的评价分为以下指标。

#### 1. 住房所在地

住房所在地应该是所有轮候人最为关心的问题。因为它决定了轮候人入住后工作与生活的便利性。轮候人一般都希望住房的位置能够靠近城市中心或者工作地点，这样就可以减少出行成本或提高生活质量。

2. 租金

公租房主要是针对刚毕业大学生、低保户、外来务工人员而建立的。对于他们来说，承租能力是非常有限的。所以他们希望在所能承担的租金范围内能够获得公租房。一旦公租房租金超过他们所能承担的租金范围，申请者会因无力承担租金而最后选择放弃，从而使得公租房的配租效率降低。

3. 房屋设计和设备

设计合理、功能齐全、楼层合适的房屋能够大大提高轮候人的住房舒适度。好的房屋结构能提高轮候人家庭对生活的满意程度。

4. 环境

环境不仅包括周边的环境，也包括小区环境。一个良好的小区环境将直接决定申请者居住之后的满意度。而周边环境则决定生活的质量，如基础设施的建设及安全和出行等问题也广受申请者重视。对于大多数的申请者来说，上班需要乘坐不同的交通工具。而公租房所在的位置就决定了交通的便利程度。申请者更加愿意在合适的租金范围内选择交通更加便利的住房。

### （三）小结

公租房分配的公平与效率是政府公信力的体现。现阶段，公租房的配租过程对优先序的安排较为重视。RA 机制是最简单方便的分配方式，每个轮候人获得公租房的概率相同，但因为完全没有考虑到轮候人对公租房的表达而降低了整体分配效用。管理部门对这种随机方式的改进采用了分类随机优先序，这种方式将不同的群体分类并随机排序，以实现公租房保障困难群体的目的。虽然从理论上看综合评价法更能实现这一目的，但是从各地管理办法来看[①]，采用多指标综合评价法的地域极少，一般以轮候时间这样最简单的指标来代表，可见制定一个能平衡各方需求的综合评价指标的必要性。

公租房分配过程虽然部分满足轮候人的知情权，在一定程度上提高了公租房分配的效率，但一般较为忽略轮候人对公租房的偏好及表达。事实上，在价格机制不能充分发挥作用的公租房分配市场，轮候人偏好表达的个数、方式对配租结果影响极大，需要从理论到实验进一步详细论证。

① 详见第七章表 7-1。

# 第七章　公租房初分配机制的优化

## 一、引言

公租房初分配主要指房源全部为空房源与租户全部为新租户之间的分配问题。从住建部的《公共租赁住房管理办法》第三章的指导意见可看出，公租房初分配的配租基本流程如图 7-1 所示。

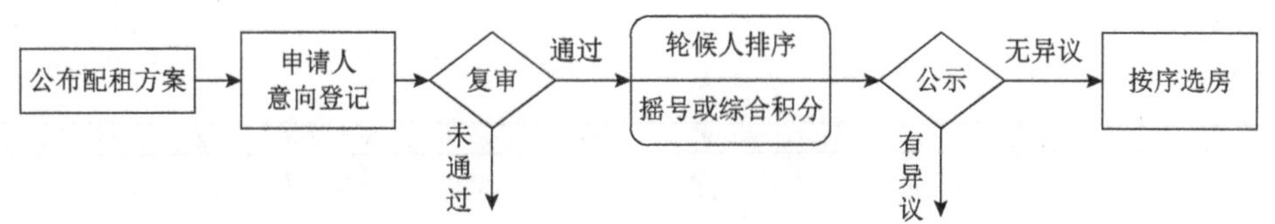


图 7-1　公租房配租的基本流程示意图

从图 7-1 中的内容可知，对通过复审的申请人(又称轮候人)进行排序后依次选房，是整个流程中的重要组成部分。实践中这一部分所引申出来的理论主题就是有关公租房匹配机制的研究，讨论的是在由两个不重叠的参与人集合(轮候人与房源)所构成的市场中，如何依据各自的偏好对参与双方进行匹配的问题(Gale and Shapley，1962；Shapley and Scarf，1974)。因为需要对轮候人进行排序以明确优先次序，所以这也是一个非市场机制下基于优先权与偏好表达的资源配置问题(Ergin，2002)。

优先权是指住房保障主管部门[①]采用某种标准或方法确定的轮候人选房顺序，可分为随机序和非随机序。实践中，通过随机摇号或抽签产生的序列是典型的随机序；而根据综合评分产生的序列则属于非随机序。轮候人的偏好是轮候人对某房源的喜爱程度，偏好表达则指轮候人如何表达对所公布房源的喜好，简单方便的方式是以对房源的偏好序列形式表示。从《公共租赁住房管理办法》来看，优先权是外生的[②]且通常要求公示，因此成为所有轮候人的共同知识；而轮候人的个人偏好却是私人信息，为保护自身利益，在不同的匹配机制下可能以不同的

① 住建部《公共租赁住房管理办法》规定优先权安排办法由直辖市和市、县级人民政府住房保障主管部门根据本地区实际情况确定，报本级人民政府批准后实施并向社会公布。

② 事实上，优先权安排是公租房分配制度结果的综合反映。

策略表达出来。

在初分配中，在给定合理的优先序下，理论上被证明具有稳定配置功能的机制有 RSD 机制、G-S 机制与 TTC 等机制。但我国各地的公租房匹配机制往往根据实际情况自行设计。我们对国内有地区代表性的十大城市的公租房管理办法中的配租机制进行了梳理，统计结果如表 7-1 所示。

**表 7-1　十城市匹配机制统计表**

| | 项目 | 杭州 | 南京 | 重庆 | 成都 | 广州 | 深圳 | 海口 | 北京 | 天津 | 武汉 |
|---|---|---|---|---|---|---|---|---|---|---|---|
| 优先权 | 配租入围 | 时间 | 时间 | 时间 | 摇号 | 摇号 | 时间 | 时间 | 时间 | 抽签 | 摇号 |
| | 选房排序 | 摇号 | 无 | 无 | 轮候顺序 | 无 | 入围顺序 | 摇号 | 摇号 | 摇号 | 摇号 |
| | 项目 | B | A | A | B | A | A 或 B | A | A 或 B | B | B |
| 偏好表达 | 是否分类登记 | 是 | 是 | 是 | 是 | 是 | 是 | 否 | 是 | 是 | 是 |
| | 可登记分类个数① | 1 | 1 | 1 | 1 | 1～3 | 1 | 无 | 1 | 1 | 1 |

注：选房方式：A 表示 RA 机制，即轮候人与房源随机配对；B 表示 SD 机制，即按选房优先顺序依次选房，第一名首先选择，第二名在余下的房源中选择，以此类推，若选房优先顺序为随机给定，衍生出 RSD 机制

从表 7-1 可看出，50%的城市对入围的轮候人以计算机随机摇号的方式给出选房优先序②；少量采用综合积分法的城市则以最简单轮候顺序为百分之百权重。而从当前配租方案看，匹配机制选择 RA 机制的城市与选择 RSD 机制的城市基本相当。RSD 机制假定随机序优先权的合理性，而 RA 机制则假定随机结果的合理性。

随机禀赋优先权下运用序列独裁分配房源称之为 RSD 机制。RSD 机制是完全信息下的匹配机制，被从理论和实验上证明能满足偏好无策略、公平且有效率；其缺点在于执行效率低，对于有限理性的轮候人，在短时间内消化大量迅速变化的信息，可能使其产生认知偏差。RA 机制简单明了，执行效率高，但轮候人的优先次序与偏好形同虚设，匹配结果也不考虑福利与公平问题。

从表 7-1 中还可以看到，在运用 RSD 机制进行匹配的城市中，均预先将房源进行分类，并规定轮候人可登记的分类数量(绝大多数时候只能选一类)。这种先分类登记、后按 RSD 机制进行匹配的机制我们称之为 IIRSD 机制。分类登记制度③期望通过对偏好表达的限制来提高公租房配租的执行效率与公平性。但在市场机制无法正常发挥作用的市场中，偏好取代了价格成为达到市场均衡的关键因

① 如按人口多少登记相应面积、房型；残疾人、新就业等照顾对象单独登记等。

② 30%的城市无优先权，20%的城市采用最简单的综合积分制——按轮候或入围时间排序。

③ 如将房源按区域分类登记、区内按社区分类登记、社区内按房型分类登记等。

素(Roth，1982)，随意改变偏好表达方式将会导致偏好表达的真实度产生变化，进而导致匹配结果性能的改变。此外，分类登记制度改变了轮候人决策的信息环境与行动秩序，使得 RSD 机制从完美信息动态博弈演变为不完全信息静态博弈的 IIRSD 机制。从博弈理论的视角看，不完全信息静态博弈难以求得均衡解。

现有初分配常用机制有 IIRSD 机制与 RA 机制。IIRSD 机制的普遍运用表明管理部门分配公平的主观认识与客观选择之间的差距，其原因主要在于对匹配机制科学论证的缺失。RA 机制的运用则表明综合评分优先序的困难，管理部门采用随机分配的无奈。然而是否可以对现有机制改进以提高公平与效率是本书的研究目的之一。

因此，我们试图引入稳定配置理论与实验方法对我国公租房配租市场进行新设计。

本章第三、第四及第五部分以公平为逻辑起点，在实验室构建不完全信息静态博弈的公租房配租情景，以真实的、有代表性的公租房型作为选择对象，以大学生被试为样本，考察有限理性的、拥有不同风险偏好的轮候人在 IIRSD 机制与 G-S 机制两种不同匹配机制下的决策行为，构建了无嫉妒公平分配指数来测度匹配结果的公平程度，同时检验了这些个体决策带来的分配执行效率与整体福利变化。最后，在稳健的实验证据基础上提出了一种可操作 IIRSD 机制的优化配租方案。

本章第六部分则以效率为逻辑起点，在实验室构建不完全信息静态博弈的公租房配租情景，以真实的、有代表性的公租房型作为选择对象，以大学生被试为样本，考察轮候人在 RA 机制与 TTC 机制下获得的个人收益及集体福利，同时考察了无嫉妒公平观下的随机优先权和先到先得优先权的公平程度，在实验证据基础上提出了一种以 RA 机制为初分配，通过 TTC 机制进行交换来改进社会福利的公租房配租方案。

## 二、相关机制的理论属性

本章我们将运用实验室实验，模拟不完全信息静态博弈情景，考察基于优先权和偏好表达的公租房与轮候人之间的匹配机制。在展开具体的实验设计和分析之前，需要对本章所研究的公租房匹配机制的前提假设、检验指标与运行规则等理论属性做一些概念性的定义和阐述。

为讨论方便，我们定义具有优先序 1，2，…，$m$ 的轮候人集合 $R=\{R_1, R_2, R_3,\cdots, R_m\}$；房源为房型集合 $H=\{H_1,H_2,H_3,\cdots,H_n\}$，每类不同的房型拥有不可分割的公租房套数集合 $Q=\{Q_1,Q_2,Q_3,\cdots,Q_n\}$，且 $\sum_{i=1}^{n}Q_i\leqslant m$，轮候人对公租房房

型的严格偏好集为 $P(R)$。对任意房型 $H_i$、$H_j$，若有 $H_iP(R_k)H_j$，则表示相对于房型 $H_j$，轮候人 $R_k$ 更偏爱于房型 $H_i$。房型 $H_m$ 对被试 $R_i$ 的价值为集合 $U=\{U_{im}\}$，其中 $U_{im}\leqslant 0$。也就是说，当 $R_i$ 匹配到房型 $H_m$ 时的效用为 $U_{im}>0$，而 $R_i$ 未匹配到房型 $H_m$ 时的效用就为 $U_{im}=0$。

我们假定优先权为外生控制变量，并假定无论配租时采用何种优先序，这种优先序都是合理的且对每类房型均无差异。实验过程中，我们将所有轮候人使用随机摇号程序产生的自然数序列作为优先序。从我国公租房管理办法来看，有着某种优先序的轮候人每人最多只能配租一套公租房，假定轮候人对房型集合中不同房型的偏好是有差异的，即对房型有着严格的偏好序，则会形成个数为 $n$ 的偏好序列。在不同的匹配机制中，轮候人能够表达的偏好个数处于整数区间 $[1,n]$ 之内。

在这样的假设前提下，我们分别考察轮候人在 IIRSD 机制与 G-S 机制一次性博弈时的偏好选择行为，以及 RA 机制与 TTC 机制的一次性博弈行为和由这样的决策产生的匹配结果的公平与效率。

### （一）IIRSD 机制与 G-S 机制的理论属性

考虑到公租房的保障属性，在 IIRSD 机制与 G-S 机制的比较中，公平成为我们重点关注的对象。而在价格机制不能发挥作用的市场中，资源稳定配置的概念在以优先权与偏好表达的资源匹配问题中可转化为无嫉妒主义公平观（Balinski and Sönmez，1999）。在此观点下的公平体现为充分尊重优先权，即意味着“当且仅当他人的优先权高于我时，我才不会因为自己选到的房子不如他人而嫉妒”。我们沿用此标准来考评 IIRSD 机制与 G-S 机制的公平属性。

非市场机制下资源得到稳定配置的前提条件是轮候人能够真实地表达自己的偏好（无策略），并按此偏好以优秀的机制进行匹配。一个匹配机制是无策略的意味着：对任意排序为 $k$ 的轮候人 $R_k$ 表达他的真实偏好的效用总是好于运用策略偏好的效用；换言之，不存在任意轮候人 $R_k$ 运用策略偏好能得到比表达真实偏好更好的效用。此时，真实表达偏好为轮候人的占优战略。

G-S 机制与 RSD 机制已被许多文献从理论上证明能诱导出行为人的真实偏好，进而运用相应规则进行分配能实现无嫉妒主义式公平。下面将介绍几种机制的运行规则，但只从理论上分析 IIRSD 机制的偏好表达与公平效率属性。

#### 1. RSD 机制

SD 机制可分为简单序列独裁机制和随机序列独裁（RSD）机制两种，两者的区别在于优先权的给定方式，简单序列是直接指定的优先权，这种优先权的指定可以有一定的规则，也可以没有规则而直接赋予每个人不同的优先权。例如，用评分法按照从高到低依次排序。而 RSD 机制则是随机地给参与者优先权，如摇号、抽签、抓阄。RSD 机制的运行规则如下。

(1) 管理部门随机给出所有轮候人的优先序列。

(2) 优先权排名第一的轮候人在所有房源中选择自己最喜爱的公租房。

(3) 排名第二的轮候人在余下的房源中选择自己最喜爱的公租房。

(4) 以此类推，直至房源分配完毕或者不再有轮候人选房为止。

RSD 机制属于完美信息的动态博弈，轮候人拥有所有房源信息、所有轮候人优先权信息，以及优先权排名在前的轮候人偏好与选择信息。如果轮候人的偏好序列是单调的，则 RSD 机制可让轮候人能真实地表达自己的偏好，且得到机会均等式下的无嫉妒公平及帕累托最优配置结果(Satterthwaite and Sonnenschein，1981)。

RSD 机制的完美表现需要以所有轮候人连续的优先权序列为前提条件。RSD 机制以随机摇号的方式给所有轮候人统一分配优先序，虽然简单易行、合理合规，但由于随机性强，不能区分轮候人尤其是重点保障对象的需求强度。将所有轮候人以综合积分法排出优先序是解决办法之一，但从国内外保障房的分配来看，综合积分的考评体系易于存在诸如指标或权重选取不合理、执行成本高、主观因素过多等缺点，容易遭受不公平的指责，因此目前在我国采用的地区较少。此外，当可分配的房源与人数较多时，RSD 机制分配不易运用计算机技术自动完成房源与轮候人之间的匹配，执行效率不够高。

2. IIRSD 机制

IIRSD 机制由 RSD 机制演变而来，是一种不完全信息随机序列独裁机制。当可供分配的房源较多时，将其按区、街道、项目地点或房型分类是提高匹配执行效率的常用方法。分类的另外一个目的则是管理部门既想运用随机方式产生优先序，又期望照顾其中某些弱势群体以体现公平的权宜之计。此时，管理部门规定某类房型专门留给某类群体选择。换句话说，某类轮候人只能在这类房型中进行登记。

当有分类时，有优先序的轮候人首先选择房型，其次才进行匹配。从当前各地的管理办法来看，在配租过程中，一般强行规定某类轮候人只能选择某类房型，或者让轮候人任意选择一个房型登记，显然前者比后者给予轮候人的选择机会更少。虽然可能出于公平的目的，但强行规定的未必就是轮候人最喜欢的，考虑到偏好表达在价格机制无法发挥作用市场匹配中的重要地位，本章将考察轮候人可任意选择一种房型的情况。

各地的管理办法进一步规定，无论采用何种选房方式，一经选定都不能随意更改。放弃选房的轮候人可以按照原顺序号再轮候 $n \geqslant 0$ 次，放弃次数达到 $n$ 次的，重新排序轮候。由于轮候人在登记房型时了解自己的偏好及房源信息，却不了解其他轮候人偏好与选择，所以 RSD 机制由于分类演变为不完全信息静态博弈的 IIRSD 机制，其运行规则如下。

(1)管理部门随机给出所有轮候人的优先序列。

(2)轮候人任意选择一种包括 $Q_i$ 套公租房的房型 $H_i$ 进行登记。

(3)登记结束后，管理部门取前 $m \leqslant Q_i$ 人入围。

(4)入围的 $m$ 位轮候人按 RSD 方式选房。

(5)无论房源分配完毕与否，本次分配结束。

(6)未入围的轮候人参与下一次配租。

IIRSD 机制的目的在于提高分配的执行效率或保证分配的无嫉妒式公平，而保证结果公平有效与轮候人表达的偏好密切相关。对任意排序为 $k$ 的轮候人 $R_k$，对某次配租方案 $X$ 中的任意房型 $H_i$ 与 $H_j$，有 $H_iP(R_k)H_j$，那么与 $R_k$ 有关的选房决策如下。

若 $k \leqslant Q_i$，则无论如何选择，$R_k$ 总能匹配到他所选择的房型 $H_i$。

若 $\sum Q_i > k > Q_i$，由于轮候人 $R_k$ 只能选择一个房型，且不了解其他人的偏好与选择，则 $R_k$ 的决策是困难的。

一方面，若 $R_k$ 选择登记房型 $H_i$，而集合 $R = \{R_1, R_2, R_3, \cdots, R_{k-1}\}$ 中却有 $L \geqslant Q_i$ 位轮候人的偏好 $H_iP(R_t)H_j(t<k)$，则 $R_k$ 被淘汰出本次配租；另一方面，若 $R_k$ 选择登记房型 $H_j$，而集合 $R = \{R_1, R_2, R_3, \cdots, R_{k-1}\}$ 中仅有 $L < Q_i$ 位轮候人的偏好为 $H_iP(R_t)H_j(t<k)$。此时，若存在轮候人 $R_w$ $(w>k)$，$H_iP(R_w)H_j$，且匹配到了房型 $H_i$，则必然引起 $R_k$ 的嫉妒。若不存在这样的 $R_w$，则房型 $H_i$ 剩余 $Q_i–L$ 套没匹配，这种情况不仅影响匹配执行效率，同时降低了没分到自己最喜爱房型的轮候人 $R_k$ 的福利。

可见，IIRSD 机制使轮候人 $R_k$ 的决策陷入无论选择房型 $H_i$ 或 $H_j$ 均可能面临损失的两难困境中，故对于轮候人 $R_k$ 来说，选择自己最喜爱的房型是符合个人理性的。此时，我们认定 IIRSD 机制下轮候人表达了他的真实偏好。那么，IIRSD 机制下轮候人的真实偏好表达是否为轮候人的占优策略呢？我们以一个简单的案例来进行分析，案例如表 7-2 所示。

**表 7-2　IIRSD 机制下真实偏好表达与策略偏好表达效用案例**

| 案例 | 项目 | | | |
|---|---|---|---|---|
| | $U$ | $R_1$ | $R_2$ | $R_3$ |
| 效用函数 | $H_0$ | 0 | 0 | 0 |
| | $H_1$ | 4 | 4 | 2 |
| | $H_2$ | 3 | 3 | 3 |
| | $H_3$ | 2 | 2 | 4 |

续表

| 案例 | 项目 | | | |
|---|---|---|---|---|
| 真实表达 | 轮候人 | $R_1$ | $R_2$ | $R_3$ |
| | 选房 | $H_1$ | $H_1$ | $H_3$ |
| | $U$ | 4 | 0 | 4 |
| 策略表达 | 轮候人 | $R_1$ | $R_2$ | $R_3$ |
| | 选房 | $H_1$ | $H_2$ | $H_3$ |
| | $U$ | 4 | 3 | 4 |

注：$H_0$表示无房状态

表 7-2 的案例中有优先序为 1、2、3 的三名轮候人 $R_1$、$R_2$ 和 $R_3$，有待分配的三种房型 $H_1$、$H_2$ 和 $H_3$，每种房型含有 1 套不可分割的公租房。从表 7-2 中的效用函数可看出他们最喜爱的房型分别为 $H_1$、$H_1$ 和 $H_3$。在 IIRSD 机制下，如果三位轮候人均真实表达他们的偏好，即 $R_1$、$R_2$ 和 $R_3$ 均理性地选择自己最喜爱的房型 $H_1$、$H_1$ 和 $H_3$，则他们匹配的效用分别为 $U_{11}=4$、$U_{20}=0$、$U_{33}=4$；而如果 $R_2$ 在偏好表达时运用策略，选择他第二喜爱的房型 $H_2$，这样的偏好表达下匹配的效用为 $U_{11}=4$、$U_{22}=3$、$U_{33}=4$。可见，对 $R_2$ 来说，此时真实表达偏好比策略表达偏好得到的匹配效用差，并且他会嫉妒 $R_3$ 分配到了房型 $H_3$。此外，运用策略得到的匹配结果是真实表达偏好匹配结果的一个帕累托改进，且真实表达偏好的匹配市场并未出清，导致执行效率降低。因此从理论上说，IIRSD 机制中轮候人的真实偏好表达并不是占优策略。

3. G-S 机制

以上分析可见，IIRSD 机制形成了轮候人偏好表达的困境，致使优先权得不到尊重，导致无嫉妒主义式不公平。从理论上讲，在同样的信息环境中与优先权下，能诱导轮候人真实表达偏好序列，实现稳定配置的最优机制是 G-S 机制，其运行规则如下。

(1) 管理部门随机给出所有轮候人的优先序列。

(2) 轮候人表达对所有房型的偏好。

(3) 查看所有轮候人第一个选择的房型。在所有将某一种房型作为第一选择的轮候人中，筛选出优先顺序最高的轮候人，让该轮候人暂时匹配这一种房型。

(4) 在余下还没有匹配到房型的轮候人中，查看他们第二个选择的房型。在这些将某一种房型作为第二选择的轮候人中(无论该种房型是否之前已经匹配到了轮候人)，筛选出优先顺序最高的轮候人，进而让该轮候人暂时匹配这一种房型。如果之前已经匹配到轮候人的房型，收到了比之前轮候人优先顺序更高的轮候人的申请，那么拒绝之前的轮候人，与优先顺序更高的轮候人匹配。

(5)重复前一个步骤，直到余下还没有匹配到房型的轮候人不能替代已经匹配到房型的轮候人(或者已经查看完第四个选择)。然后确定匹配到房型的轮候人成功选上该种房型，并且确定余下的轮候人没有选上任何房型，此时匹配过程结束。

### (二)RA 机制与 TTC 机制的理论属性

在讨论从公租房 RA 机制到 TTC 机制的改进时，我们以 RA 机制随机分配的结果为起点，运用 TTC 机制，达到改善轮候人分配效用的目的，此时社会福利成为我们首要考察的目标，其评价指标为帕累托最优，即达到这样一种资源分配的状态：在不使任何人境况变坏的情况下，而不可能使社会整体福利变得更好。

管理部门选择 RA 机制的目的在于，在实施分类制度将轮候人分入不同房型以后，RSD 机制以随机序为优先权依然会引发有关机会主义的讨论，以及 RSD 机制执行效率较低的考虑。但 RA 这种既不考虑优先序，也不考虑轮候人偏好的分配机制，从现有理论研究来看，不满足稳定配置的前提条件，难以达到稳定配置的结果。

#### 1. RA 机制

轮候人与房源随机配对，即如果有 $m$ 套空房源及 $m$ 位通过复审的轮候人，采用随机分配的方式将 $m$ 套空房源分给 $m$ 位轮候人。这种方式尤其在采用计算机自动处理方式时，执行效率非常高。这种方式回避了轮候人的优先权问题，但轮候人对房型的偏好却是无法回避的现实问题。

若对于集合 $R$ 中的任意轮候人 $R_i$ 与 $R_j$，在某次配租方案 $X$ 中，被随机分到了房型 $H_i$ 与 $H_j$，此时若有 $H_iP(R_j)H_j$，且 $H_jP(R_i)H_i$，则 $R_i$ 与 $R_j$ 交换各自分到的房型是一种帕累托改进。可见 RA 机制是有改进社会福利的余地的。

#### 2. TTC 机制

TTC 机制可以用于解决单边匹配的问题，即只考虑轮候人对房型的偏好，不考虑优先权问题，其已被许多文献从理论上证明能诱导出行为人的真实偏好，进而运用相应规则进行分配能实现帕累托最优的配置结果。本书研究在 RA 机制初分配前提下的 TTC 机制，其运行规则如下。

(1)轮候人表达对所有房型的偏好。

(2)运用 RA 机制将空房源随机分配给轮候人，使得所有轮候人拥有初始禀赋。

(3)查看所有轮候人第一个选择的房型，将其置于顶层交换通道中，如果顶层

交换通道中有 $n$ 位轮候人的偏好能形成一个闭合循环圈，则让该 $n$ 位轮候人的房型互换并退出分配[①]。

(4)在余下还没有交换房型的轮候人中，如第一选择的房型已被选走，则将其第二选择的房型置于顶层交换通道中。同样，在这些余下的轮候人中某 $n$ 位轮候人的偏好如能形成一个闭合循环圈，则让该 $n$ 位轮候人的房子互换并退出分配。

(5)重复前一个步骤，直到所有人都交换完毕退出分配，匹配过程结束。

## 三、IIRSD 机制与 G-S 机制匹配实验设计

上节已从理论上说明 G-S 机制相对于 IIRSD 机制来说，更能保证优先权得到尊重，更能实现匹配结果的公平性，以往的匹配理论研究也证明了 G-S 机制在个体理性、无策略与公平等方面的有效性，但是 IIRSD 机制是目前中国所广泛采用的公租房匹配方式。那么，在公租房匹配过程中，是应遵循理论研究的结论，还是要沿用现实应用的经验，就迫切需要我们根据我国公租房匹配中供求状况、信用体系、分配管理的特征，提炼出现实中实际运行的匹配机制(IIRSD 机制)，设置相应的实验条件与环境，与理论中稳定配置的机制(G-S 机制)进行全面、系统、稳健的比较和检验。

具体来说，我们的实验设计目的是比较 IIRSD 机制与 G-S 机制在执行公租房与申请者之间匹配时的表现，包括申请者的偏好表达无策略性、匹配结果的公平与效率等方面。我们在实验中嵌入了中国公租房匹配的现实情境，如待分配的房源都是空房且申请者都并无住房，实验中供选择的房型符合管理办法规定的标准且具有代表性，随机摇号决定优先权匹配顺序及申请者不知道其他人对房型的偏好等，并对现实生活中申请者摇号、选房、匹配的环节都做了一定程度的实验模拟与条件设置。

我们的实验设计也注意做到对其他相关变量的科学控制，如实验被试的招募与随机分组、组别时间的交互安排、信息表达和告知方式、匹配博弈规则与过程、报酬激励程度与实验环境设置等。此外，我们的实验还通过改变被试设计(被试间设计、被试内设计)、改变实验中匹配小组的人数(5 人一组、10 人一组)、控制优先权随机性(计算机模拟所有可能的优先权随机结果)、控制个体风险偏好程度来验证实验结果的稳健性。整个实验过程中的信息显示、被试决策、结果反馈等都在计算机上实现，实验程序在 zTree 环境下编写。

首先，我们通过海报、传单、校内论坛等方式在华中师范大学招募了 100 名不同专业的大学生被试参加被试间设计(between-subject design)的实验，并随机选

① 如果轮候人在顶层通道中的房型是自己现在拥有的房型，则形成自我循环，保留现有住房并退出分配。

取了 50 名被试参与 IIRSD 机制组的实验，另外 50 名被试参与 G-S 机制组的实验。实验于 2013 年 12 月 14 日和 15 日两天内完成，共开展了六场实验，每场实验有 10 名或 20 名被试参加，分别包括 2 个或 4 个小组，每 5 名被试组成一个小组，进行公租房匹配博弈实验。每场实验只进行一轮，不重复进行。这是一个被试间设计，所有被试都只能参加一场实验。不论最终的匹配结果如何，每名被试都将额外得到 10 元的出场费，被试的平均收益为 20.8 元。实验设计的基本情况如表 7-3 所示。

**表 7-3　被试间设计的实验基本情况**

| 实验场次 | 实验时间 | 被试人数/人 | 组数 | 选择方式 | 匹配机制 |
|---|---|---|---|---|---|
| 第一场 | 2013 年 12 月 14 日上午 | 20 | 4 组 | 只选一个房型 | IIRSD 机制 |
| 第二场 | 2013 年 12 月 14 日下午 | 20 | 4 组 | 只选一个房型 | IIRSD 机制 |
| 第三场 | 2013 年 12 月 14 日晚上 | 10 | 2 组 | 只选一个房型 | IIRSD 机制 |
| 第四场 | 2013 年 12 月 15 日上午 | 20 | 4 组 | 可选四个房型 | G-S 机制 |
| 第五场 | 2013 年 12 月 15 日下午 | 20 | 4 组 | 可选四个房型 | G-S 机制 |
| 第六场 | 2013 年 12 月 15 日晚上 | 10 | 2 组 | 可选四个房型 | G-S 机制 |

为了检验实验结果的稳健性，说明两种匹配机制在性能上的优劣效果不受被试设计与匹配小组人数的影响，我们又于 2015 年 1 月 10 日至 11 日在华中师范大学另外招募了 90 名被试参与被试内设计（within-subject design）的匹配实验。在被试内设计的匹配实验中，所有被试要参与两种匹配机制的实验决策。而为了避免两种机制决策的先后顺序可能影响实验结果，我们随机安排了一半的被试参与先按 IIRSD 机制匹配，再按 G-S 机制匹配的实验；一半的被试参与先按 G-S 机制匹配，再按 IIRSD 机制匹配的实验。此外，我们还在 5 人一组的匹配基础上，增加了 10 人一组的匹配实验。而为了确保稳健性检验的有效性，除了安排 10 名被试为一个小组匹配 8 套（每种房型两套）公租房以外，10 人一组的匹配实验与 5 人一组的匹配实验在其他实验设计的细节之处完全相同。补充的被试内设计实验基本情况见表 7-4。

**表 7-4　被试内设计的实验基本情况**

| 实验场次 | 实验时间 | 被试人数/人 | 组数 | 每组人数/人 | 匹配机制顺序 |
|---|---|---|---|---|---|
| 第一场 | 2015 年 1 月 10 日上午 | 15 | 3 组 | 5 | 先 IIRSD 机制后 G-S 机制 |
| 第二场 | 2015 年 1 月 10 日下午 | 15 | 3 组 | 5 | 先 G-S 机制后 IIRSD 机制 |
| 第三场 | 2015 年 1 月 11 日上午 | 30 | 3 组 | 10 | 先 IIRSD 机制后 G-S 机制 |
| 第四场 | 2015 年 1 月 11 日下午 | 30 | 3 组 | 10 | 先 G-S 机制后 IIRSD 机制 |

以被试间设计实验为例，实验的具体流程包括：实验规则说明、控制性问题测试、被试的偏好表达、房型选择、匹配过程、实验后问卷、结果显示、领取实验报酬等。首先，在被试阅读完实验说明后，我们再次强调实验规则，并安排被试完成两个有关实验匹配机制的控制性问题测试，以确保被试对实验匹配机制的理解。只有当所有被试都正确完成控制性问题测试后，实验才会正式开始。

随后是被试的偏好表达环节。我们会分别给 4 名被试展示编号为 1～4 的 4 套在户型、结构、朝向、配套等方面均有所不同的有代表性的公租房图。被试需要将自己对这四种类型公租房的真实偏好顺序输入到电脑中(电脑屏幕会出现对话框，对话框中被试需要依次输入自己第一偏好、第二偏好、第三偏好、第四偏好的房型序号)。这 4 名被试均是新申请者，4 套公租房也都是待匹配的空置住房。这一设计是为了与现实的公租房匹配初始条件相一致，同时与以往的住房匹配实验的设置有所区别。

所有被试输入完自己的偏好排序后，电脑将展示给被试最终匹配到偏好程度不同房型时的收益规则：匹配到自己第一偏好的房型可获得 20 元的收益；匹配到自己第二偏好的房型可获得 15 元的收益；匹配到自己第三偏好的房型可获得 10 元的收益；匹配到自己第四偏好的房型可获得 5 元的收益；没有匹配到任何一个房型的收益为 0。为了更贴近现实，在诱导价值(induced valued)和决策收益方面，我们并不直接人为给定每位被试的收益矩阵，而是通过先让被试自己选择偏好的房型，再根据被试的真实偏好与实验选择之间的差别来计算收益。这样不仅能更准确地诱导出被试的真实偏好并与实验激励相联系，也能避免收益矩阵给定情况下被试知晓其他参与人的偏好信息，这一与实际情况并不相符的设定。

在被试了解收益规则后，进入房型选择的决策阶段。在这一阶段，依据两种机制的原理，我们设计了两种不同的选择方式：在 IIRSD 机制的匹配博弈组，被试只能选择一种房型；在 G-S 机制的匹配博弈组，被试可以依次选择四种房型。当然，在这两种选择方式中，被试都可以放弃选择。

此外，为了获得被试更多的选择数据，我们设计了策略性的提问方式，以考察被试在每一个优先序(随机摇号号码 1～5)下的房型选择决策。因此，在 IIRSD 机制的匹配博弈组，被试需要做出的选择如下："当您是第 1 位可以选择房型的轮候人(摇号号码为 1 号)时，您会选择哪个房型？当您是第 2 位可以选择房型的轮候人(摇号号码为 2 号)时，您会选择哪个房型？……当您是第 5 位可以选择房型的轮候人(摇号号码为 5 号)时，您会选择哪个房型？"而在 G-S 机制的匹配博弈组，被试需要做出的决策如下："当您是第 1 位可以选择房型的轮候人(摇号号码为 1 号)时，您的第一选择是第 _ 号房型；您的第二选择是第 _ 号房型；您的第三选择是第 _ 号房型；您的第四选择是第 _ 号房型？当您是第 2 位可以选择房型的轮候人(摇号号码为 2 号)时，您的第一选择是第 _ 号房型；您的第二选择是第 _

号房型；您的第三选择是第 _ 号房型；您的第四选择是第 _ 号房型？……当您是第 5 位可以选择房型的轮候人(摇号号码为 5 号)时，您的第一选择是第 _ 号房型；您的第二选择是第 _ 号房型；您的第三选择是第 _ 号房型；您的第四选择是第 _ 号房型？”

当所有被试都做出了房型选择后，电脑程序就会开始根据被试的房型选择，按照相应的匹配机制将 4 套保障房分配给 5 位轮候人，系统将自动运行 5 轮。在匹配结果公布前，被试还需要完成一份实验后的调查问卷。问卷填写完毕之后，电脑将随机选取一轮的摇号排序及对应的匹配结果作为被试最终的收益显示在屏幕上。实验结束，被试领取实验报酬。

## 四、IIRSD 机制与 G-S 机制实验数据分析

在这一部分，我们将利用实验中所得到的被试决策数据，根据真实偏好表达情况、效率、公平等评价标准来比较 IIRSD 机制和 G-S 机制在公租房匹配过程中的表现。具体到实验数据分析，我们又分别通过对被试间设计的实验结果、所有优先排序方案下的模拟数据结果、被试内设计的实验结果、风险偏好测度数据等的分析来得出全面、稳健的实验结论。

### (一)实验主结果分析

#### 1. 被试间的差异

首先，我们需要确保在被试间设计实验中，参与 IIRSD 机制与 G-S 机制两种匹配机制实验的被试并不存在社会个体特征上的差别。我们利用匹配实验结束后被试所填写的个人问卷信息，对被试间设计实验中参与 IIRSD 机制与参与 G-S 机制的两个被试群体的社会个体特征(包括性别、生源所在地、所在年级、家庭月收入、个人月消费、兄弟姐妹人数等)进行了考察，具体数据信息见表 7-5。

**表 7-5　参与 IIRSD 机制匹配实验与参与 G-S 机制匹配实验的被试在社会个体特征变量上的比较**

| 社会个体特征变量 | IIRSD 机制匹配实验 | | | G-S 机制匹配实验 | | |
|---|---|---|---|---|---|---|
| | 均值 | 方差 | 样本数 | 均值 | 方差 | 样本数 |
| 所在年级 | 1.92 | 0.986 5 | 50 | 2.01 | 1.032 4 | 50 |
| 兄弟姐妹人数 | 1.65 | 0.762 3 | 50 | 1.81 | 0.930 1 | 50 |
| 实验中相熟的人数 | 2.03 | 0.929 1 | 50 | 1.88 | 0.734 6 | 50 |
| 参与类似实验的次数 | 1.45 | 0.652 1 | 50 | 1.36 | 0.512 4 | 50 |

续表

| 性别 | 频数/人 | 百分比 | 频数/人 | 百分比 |
|---|---|---|---|---|
| 男 | 11 | 22% | 9 | 18% |
| 女 | 39 | 78% | 41 | 82% |
| 生源所在地 | 频数/人 | 百分比 | 频数/人 | 百分比 |
| 农村 | 21 | 42% | 23 | 46% |
| 城镇 | 29 | 58% | 27 | 54% |
| 所在学院 | 频数/人 | 百分比 | 频数/人 | 百分比 |
| 经济学院 | 24 | 48% | 24 | 48% |
| 其他学院 | 26 | 52% | 26 | 52% |
| 家庭月收入 | 频数/人 | 百分比 | 频数/人 | 百分比 |
| 2000 元以下 | 2 | 4% | 3 | 6% |
| 2 000～4 999 元 | 22 | 44% | 21 | 42% |
| 5 000～9 999 元 | 22 | 44% | 23 | 46% |
| 10 000 元及以上 | 4 | 8% | 3 | 6% |
| 个人月消费 | 频数/人 | 百分比 | 频数/人 | 百分比 |
| 500 元以下 | 3 | 6% | 3 | 6% |
| 500～999 元 | 24 | 48% | 27 | 54% |
| 1 000～1 999 元 | 20 | 40% | 16 | 32% |
| 2 000 元及以上 | 3 | 6% | 4 | 8% |

从表 7-5 可见，参与 IIRSD 机制匹配实验与参与 G-S 机制匹配实验的两组被试在个体社会特征上基本一致。我们利用 Wilcoxon rank-sum test 方法，具体检验了两组被试在各种个体特征上是否存在显著差异。检验结果显示，两组被试在性别（$z=-0.4583$；$p$=0.7214）、所在年级（$z$=–0.8681；$p$=0.5223）、所在学院（$z$=0；$p$=1）、生源所在地（$z$=–0.5672；$p$=0.6235）、兄弟姐妹人数（$z$=–0.9112；$p$=0.4116）、家庭月收入（$z$=0.2102；$p$=0.9124）、个人月消费（$z$=–0.8146；$p$=0.3082）、实验中相熟的人数（$z$=0.6725；$p$=0.5228）、参与类似实验的次数（$z$=0.5712；$p$=0.6220）等方面均不存在显著差异。因此，可以认为如果两组被试在实验选择和匹配结果方面存在较大差异，那么这种差异与两组被试个体社会特征无关，而是由实验中采用的不同匹配机制所导致的。

2. 匹配效率

在检验完两组被试社会个体特征变量后，本章将重点考察和比较两种匹配机制的效率与公平性。首先比较两种匹配机制的执行效率：公租房匹配的市场出清状况。为了得到更为丰富的实验数据，我们让被试在选择房型时做了策略性决策，即在正式公布被试所抽取的摇号号码前，让其分别在假设摇号号码为 1、2、3、4、5 号时进行房型选择。在策略选择后，系统匹配时后台自动运行了 5 轮。因此，虽然实际上只有 50 名被试参与了 IIRSD 机制匹配，但我们一共获取了 250 人次的匹配结果数据。在 IIRSD 机制中，有 151 人次的被试匹配到了房型，其中有 33.1%比例的被试摇号号码为 1 号，有 22.5%比例的被试摇号号码为 2 号，有 22.5%比例的被试摇号号码为 3 号，有 16.6%比例的被试摇号号码为 4 号，有 5.3%比例的被试摇号号码为 5 号。而在没有匹配到房型的 99 人次被试中，没有被试摇号号码为 1 号，有 16.2%比例的被试摇号号码为 2 号，有 16.2%比例的被试摇号号码为 3 号，有 25.2%比例的被试摇号号码为 4 号，有 42.4%比例的被试摇号号码为 5 号(表 7-6)。

**表 7-6　IIRSD 机制下匹配到房型的被试的具体情况**

| 匹配房型 | 摇号为 1 号的比例 | 摇号为 2 号的比例 | 摇号为 3 号的比例 | 摇号为 4 号的比例 | 摇号为 5 号的比例 |
|---|---|---|---|---|---|
| 匹配到房型的被试(151 人次) | 33.1% | 22.5% | 22.5% | 16.6% | 5.3% |
| 没有匹配到房型的被试(99 人次) | 0 | 16.2% | 16.2% | 25.2% | 42.4% |

而在 G-S 机制中，有 200 人次的被试匹配到了房型，其中有 25%比例的被试摇号号码为 1 号，有 25%比例的被试摇号号码为 2 号，有 25%比例的被试摇号号码为 3 号，有 25%比例的被试摇号号码为 4 号，没有被试摇号号码为 5 号。而在没有匹配到房型的 50 人次被试中，摇号号码全部为 5 号。具体的数据统计情况如表 7-7 所示。

**表 7-7　G-S 机制下匹配到房型的被试的具体情况**

| 匹配房型 | 摇号为 1 号的比例 | 摇号为 2 号的比例 | 摇号为 3 号的比例 | 摇号为 4 号的比例 | 摇号为 5 号的比例 |
|---|---|---|---|---|---|
| 匹配到房型的被试(200 人次) | 25% | 25% | 25% | 25% | 0 |
| 没有匹配到房型的被试(50 人次) | 0 | 0 | 0 | 0 | 100% |

通过比较两种机制下被试匹配到房型的实验数据，很容易发现：G-S 机制下匹配到房型的被试人次(200 人次)显然高于 IIRSD 机制下匹配到房型的被试人次

(151 人)。50 个小组中需要匹配的房屋数量是 200 间(50×4)，也就是说，在 G-S 机制中，全部房屋一次分完，市场出清；而在 IIRSD 机制中没有被匹配出去的房屋有 49 间，需要再次分配。显然，前一种机制的执行效率大大高于后者。另外，从图 7-2 中也能明显看到，在被试的摇号号码为 1～4 号时，G-S 机制下被试所能匹配到房型的可能性始终较高且更为稳定。而在 IIRSD 机制下只有被试的摇号号码为 1 号时，才比较有可能匹配到房型。

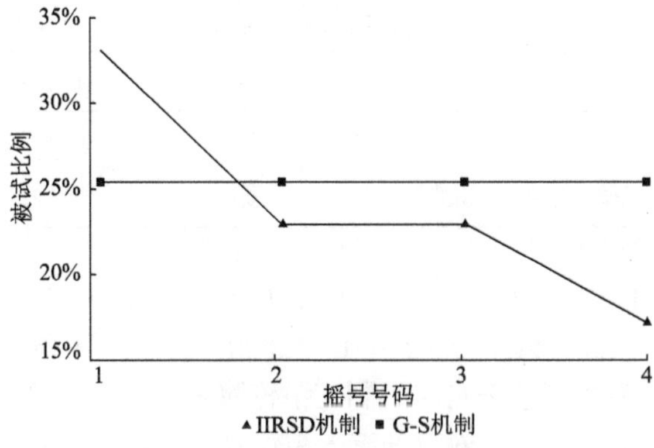


图 7-2　两种机制下的匹配执行效率

为了更准确地比较两种机制的执行效率，我们考察了两种机制下每一轮匹配博弈时 5 名被试中匹配到房型的人数。IIRSD 机制和 G-S 机制下每轮博弈中匹配到房型的被试人数情况如表 7-8 所示。

**表 7-8　两种机制下每轮博弈的被试匹配房型情况**

| 机制 | 样本数 | 均值 | 方差 | 最小值 | 最大值 |
|---|---|---|---|---|---|
| IIRSD 机制 | 50 | 3.02 | 0.55 | 2 | 4 |
| G-S 机制 | 50 | 4 | 0 | 4 | 4 |

这是一个被试间设计，需要检验两个独立样本的分布是否存在显著差异，所以我们采用了 Mann-Whitney 检验。检验结果表明，IIRSD 机制下的单轮博弈中匹配到房型的被试人数显著小于 G-S 机制下的人数($z$=–8.294，$p < 0.001$)。因此，可以说从最终匹配房型的人数来看，G-S 机制的执行效率要显著高于 IIRSD 机制。

之后，我们将比较两种匹配机制的社会效率，即比较两种机制下每组 5 名被试的整体福利情况(用收益点数代表)。从被试最终所得到的收益点数角度，来比较哪种机制更接近于最大社会效率的表现。每一轮匹配中 5 名被试总收益点数的最大值应为 4+4+4+4+0=16。其中，对每名被试来说，匹配收益点数 4 代表匹配到自己最偏好的房型；匹配收益点数 3 代表匹配到自己第二偏好的房型；匹配收益点数 2 代表匹配到自己第三偏好的房型；匹配收益点数 1 代表匹配到自己第四偏好的房型；匹配收益点数 0 代表没有匹配到任何房型。那么这里的效率值，我们设定为单轮博弈中 5 名被试的匹配收益点数总和与最大值的比值。据此计算实验数据，IIRSD 机制和 G-S 机制下的社会效率情况如表 7-9 所示。

**表 7-9　两种机制下每轮被试的总效率值描述**

| 机制 | 样本数 | 均值 | 方差 | 最小值 | 最大值 |
|---|---|---|---|---|---|
| IIRSD 机制 | 50 | 0.6 | 0.13 | 0.312 5 | 0.875 |
| G-S 机制 | 50 | 0.746 25 | 0.11 | 0.437 5 | 0.937 5 |

经过 Mann-Whitney 检验，可知 IIRSD 机制下的社会效率值显著小于 G-S 机制下的社会效率值($z$=−5.267，$p < 0.001$)，即 IIRSD 机制下单轮博弈中 5 名被试的最终匹配收益点数显著小于 G-S 机制下单轮博弈中 5 名被试的最终匹配收益点数。因此，从执行效率与社会效率的综合视角看，G-S 机制下的匹配效率都要显著高于 IIRSD 机制下的匹配效率。

3. 匹配公平性

对两种匹配机制公平性的比较，考察的是被试对最终匹配结果的无嫉妒(envy free)程度。而无嫉妒具体指的是相对于匹配给自己的房型，被试不会更偏好任何一个摇号排序在被试之后的人所匹配到的房型。为了更好地测度两种机制下的嫉妒程度，我们设计了一个嫉妒指数来表征机制的公平性。

假设在每一轮实验结束后，随机摇号排序为$i$、$j$的同组被试$R_i$、$R_j$(其中$i=1,\cdots,4$，$j=2,\cdots,5$，且$i<j$)最终匹配到的房型分别为$H_m$、$H_n$(其中$m$, $n=1,\cdots,5$，$m \neq n$)。$H_m$、$H_n$分别为被试$R_i$的第$m$、第$n$偏好的房型，此时，若$m>n$，则会有$H_n P(R_i) H_m$，即被试$R_i$嫉妒排序在他后面的同组被试$R_j$匹配到了自己更偏好的房型。

为量化这种嫉妒水平，我们设$E_{ij}$为被试$R_i$对被试$R_j$的嫉妒程度，那么$E_{ij}=(j-i)(m-n)$，当$j>i$，且$m>n$时。进一步地，设被试$R_i$对本组其他被试的总嫉妒程度为$E_i$，$E_i=\sum_{j=2}^{5}(j-i)(m-n)$，当$j>i$，且$m>n$时。那么本组所有被试之间的嫉妒程度之和为$E$，$E=\sum_{i=1}^{4}\sum_{j=2}^{5}(j-i)(m-n)$，当$j>i$，且$m>n$时。

根据实验中的数据，我们将以上的被试嫉妒程度转换为与个人收益(转化率=收益点数×5+10)相关的嫉妒指数。在每一轮实验结束后，设被试 $R_i$ 匹配到房型 $H_m$ 可获得的收益为 $U_{im}$，而若匹配到同组其他被试 $R_j$ 的房型 $H_n$ 可获得的收益为 $U_{in}$，此时有 $U_{i1}=30$；$U_{i2}=25$；$U_{i3}=20$；$U_{i4}=15$；$U_{i5}=10$；$i=1,\cdots,4$，$j=2,\cdots,5$。

我们用 $S_{ij}$ 来表示被试 $R_i$ 对被试 $R_j$ 的相对嫉妒值，则 $S_{ij}=(j-i)(U_{in}-U_{im})/U_{im}$，当 $j>i$，且 $U_{in}>U_{im}$ 时。进一步地，设被试 $R_i$ 对本组其他被试的总的相对嫉妒值为 $S_i$，$S_i=\sum_{j=2}^{5}(j-i)(U_{in}-U_{im})/U_{im}$，当 $j>i$，且 $U_{in}>U_{im}$ 时。那么，我们用符号 $S$ 表示为本组所有被试之间的总的嫉妒指数，则 $S=\sum_{i=1}^{4}\sum_{j=2}^{5}(j-i)(U_{in}-U_{im})/U_{im}$，当 $j>i$，且 $U_{in}>U_{im}$ 时。

至此，我们便可以根据以上的计算公式来得到两种机制下每一小组、每一轮次的嫉妒指数，从而比较这两种机制之间的公平性。首先，我们所得到的两种机制下每一小组、每一轮次的嫉妒指数总体描述如表 7-10 所示。

**表 7-10　两种机制下嫉妒指数的总体描述**

| 机制 | 样本数 | 均值 | 方差 | 最小值 | 最大值 |
|---|---|---|---|---|---|
| IIRSD 机制 | 50 | 1.64 | 1.98 | 0 | 7.50 |
| G-S 机制 | 50 | 0.48 | 0.64 | 0 | 3.33 |

其次，我们利用 Mann-Whitney 检验来比较两种机制的嫉妒指数在总体上是否存在显著差异。检验结果显示，IIRSD 机制下的嫉妒指数显著大于 G-S 机制下的嫉妒指数($z$=2.001，$p$=0.0454)，图 7-3 也对 IIRSD 机制和 G-S 机制下总体嫉妒指数的比较做了直观的展示。也就是说，IIRSD 机制下被试之间的嫉妒程度要比

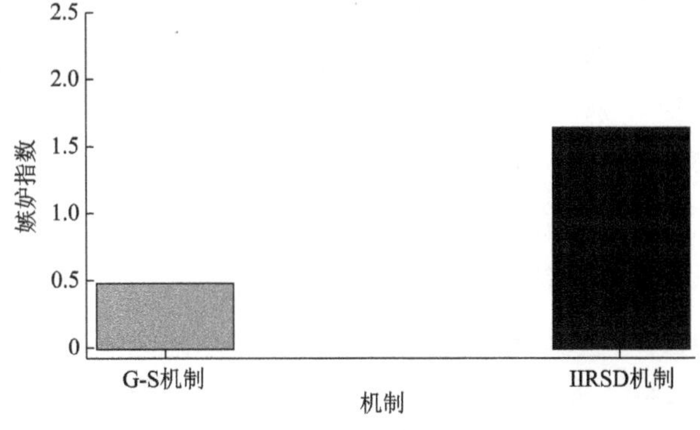


图 7-3　IIRSD 机制和 G-S 机制下的嫉妒指数

G-S 机制下被试之间的嫉妒程度更大，这说明 G-S 机制是比 IIRSD 机制更具公平性的设计。

## （二）IIRSD 机制与 G-S 机制实验稳健性检验

### 1. 120 种优先排序方案下的计算机模拟数据结果

为了检验实验结果的稳健性，说明两种匹配机制在社会效率和公平性上的优劣效果不受实验中随机产生的摇号号码的影响，根据 5 名被试分别对四种房型的偏好排序和在不同摇号号码下的房型选择，计算机模拟了所有可能的随机摇号结果下的匹配情况(即 120 种优先排序方案下的匹配结果)，从而形成了总共 12 000 份个人选择数据和 2400 个小组匹配数据。通过整理这些海量数据，可以得到以下有关两种匹配机制的社会效率(表 7-11)和公平性(表 7-12)的稳健结果。

**表 7-11　模拟 120 种优先排序方案下两种机制的社会效率值数据(小组数据)**

| 机制 | 样本数 | 效率均值 | 标准差 | 最小值 | 最大值 |
|---|---|---|---|---|---|
| IIRSD 机制 | 1200 | 0.6142 | 0.0039 | 0.1875 | 0.9375 |
| G-S 机制 | 1200 | 0.7465 | 0.0031 | 0.375 | 1 |

**表 7-12　模拟 120 种优先排序方案下两种机制的匹配嫉妒指数数据**

| 机制 | 样本数 | 嫉妒指数均值 | 标准差 | 最小值 | 最大值 |
|---|---|---|---|---|---|
| IIRSD 机制 | 1 200 | 1.849 2 | 0.063 91 | 0 | 11.8 |
| G-S 机制 | 1 200 | 0.545 0 | 0.022 47 | 0 | 5.5 |

我们利用 $t$ 检验分析了 120 种优先排序方案下，IIRSD 机制与 G-S 机制的匹配效率结果，检验结果显示：G-S 机制的效率值比 IIRSD 机制显著更高($t$=25.8811；$p < 0.001$)，即在匹配效率方面，G-S 机制显著优于 IIRSD 机制。

我们同样利用 $t$ 检验分析了 120 种优先排序方案下，IIRSD 机制与 G-S 机制的匹配公平性结果，检验结果显示：G-S 机制的匹配嫉妒指数比 IIRSD 机制显著更低($t$=−19.3377；$p < 0.001$)，即在匹配公平性方面，G-S 机制也显著优于 IIRSD 机制。

### 2. 被试内设计的实验结果

我们还利用被试内设计的数据来检验匹配小组人数等因素对匹配结果的影响，被试内设计实验结果显示：在 5 人为一个小组的匹配安排中，当匹配机制为 IIRSD 时，平均社会效率为 0.6042，平均嫉妒指数为 1.25；当匹配机制为 G-S 时，平均社会效率为 0.8229，平均嫉妒指数为 0.2833；在 10 人为一个小组的匹配安排中，当匹配机制为 IIRSD 时，平均社会效率为 0.7708，平均嫉妒指数为 2.8222；当匹配机制为 G-S 时，平均社会效率为 0.8490，平均嫉妒指数为 1.2389。以上实验数据说明：无论安排 5 人为一个匹配小组，还是安排 10 人为一个匹配小组，G-S 机制的匹配社会效率都要高于 IIRSD 机制的匹配社会效率，G-S 机制的嫉妒指数都要低于 IIRSD 机制的嫉妒指数。也就是说，G-S 机制的匹配效果始终优于 IIRSD 机制的匹配效果。

下面，我们采用多因素方差分析方法，检验了被试内的实验设计中匹配机制(mechanism)、小组人数(group)、匹配机制的顺序(order)这三类变量及它们的交互项对匹配社会效率和公平性的显著性影响。匹配社会效率与匹配公平性(嫉妒指数)作为因变量的具体检验结果分别见表 7-13、表 7-14。

**表 7-13　匹配社会效率作为因变量的主效应检验**

| 变量 | 平方和 | 自由度 | 均方 | $F$ 值 | 显著性 | 偏 $\delta^2$ |
|---|---|---|---|---|---|---|
| 校正模型 | 0.291 | 7 | 0.042 | 6.016 | 0.001 | 0.725 |
| 截距 | 13.925 | 1 | 13.925 | 2013.088 | 0.000 | 0.992 |
| mechanism | 0.132 | 1 | 0.132 | 19.112 | 0.000*** | 0.544 |
| group | 0.056 | 1 | 0.056 | 8.053 | 0.012** | 0.335 |
| order | 0.015 | 1 | 0.015 | 2.124 | 0.164 | 0.117 |
| mechanism × group | 0.030 | 1 | 0.030 | 4.288 | 0.055* | 0.211 |
| mechanism × order | 0.018 | 1 | 0.018 | 2.594 | 0.127 | 0.140 |
| group × order | 0.039 | 1 | 0.039 | 5.653 | 0.230 | 0.261 |
| mechanism × group × order | 0.002 | 1 | 0.002 | 0.288 | 0.599 | 0.018 |
| 误差 | 0.111 | 16 | 0.007 | — | — | — |
| 校正的总计 | 0.402 | 23 | — | — | — | — |
| 调整 $R^2$ | 0.604 | — | — | — | — | — |

*表示在 10%的水平上显著；**表示在 5%的水平上显著；***表示在 1%的水平上显著

表 7-13 中得到的检验数据显示：匹配机制对匹配社会效率具有显著的影响，匹配小组人数也在一定程度上显著影响了效率，而匹配机制的顺序安排不会影响到小组的效率。此外，匹配机制与匹配小组人数的交互项在 10%的水平上显著影响了匹配社会效率。这表明虽然在不同的匹配小组人数的情况下，G-S 机制的匹配社会效率始终高于 IIRSD 机制，但随着匹配小组人数的改变，G-S 机制在匹配社会效率上相对于 IIRSD 机制的优势，会有所减少。

**表 7-14 嫉妒指数作为因变量的主效应检验**

| 变量 | 平方和 | 自由度 | 均方 | $F$ 值 | 显著性 | 偏 $\delta^2$ |
|---|---|---|---|---|---|---|
| 校正模型 | 21.226 | 7 | 3.032 | 1.666 | 0.188 | 0.422 |
| 截距 | 46.947 | 1 | 46.947 | 25.791 | 0.000 | 0.617 |
| mechanism | 9.754 | 1 | 9.754 | 5.358 | 0.034** | 0.251 |
| group | 9.584 | 1 | 9.584 | 5.265 | 0.036** | 0.248 |
| order | 0.274 | 1 | 0.274 | 0.151 | 0.703 | 0.009 |
| mechanism × group | 0.570 | 1 | 0.570 | 0.313 | 0.583 | 0.019 |
| mechanism × order | 0.013 | 1 | 0.013 | 0.007 | 0.933 | 0.000 |
| group × order | 1.028 | 1 | 1.028 | 0.565 | 0.463 | 0.034 |
| mechanism × group × order | 0.001 | 1 | 0.001 | 0.001 | 0.980 | 0.000 |
| 误差 | 29.124 | 16 | 1.820 | — | — | — |
| 校正的总计 | 97.297 | 24 | — | — | — | — |
| 调整 $R^2$ | 0.168 | — | — | — | — | — |

**表示在 5%的水平上显著

表 7-14 中得到的检验数据显示：匹配机制对匹配公平性(嫉妒指数)具有显著的影响，匹配小组人数也在一定程度上显著影响了匹配的公平性，而匹配机制的顺序安排则不会影响到匹配的公平性。此外，匹配机制、匹配小组人数与匹配机制的顺序安排这三类变量之间的交互项均不会影响匹配的公平性。这表明随着匹配小组人数的增加，G-S 机制与 IIRSD 机制的嫉妒指数都会有相应的增加。但不论是匹配小组人数的增加，还是匹配机制的顺序安排有所变化，G-S 机制在匹配公平性上始终优于 IIRSD 机制。

## 五、IIRSD 机制与 G-S 机制下真实偏好表达分析

### (一) 无策略性

匹配机制的无策略指标考察的是一个机制能否激励轮候人表达自己的真实偏好。因此，我们需要对被试间设计的实验中分别参与两种机制的被试是否表达自己的真实偏好进行分析。在 IIRSD 机制下，被试在五轮排序(从 1 号到 5 号的摇号排序)时的选择策略都是相互独立的，且被试之间均不知晓他人的偏好和选择信息。对于理性的被试个人，IIRSD 机制无策略考察标准应为：不论摇号排序的号码是多少，均选择自己最偏好的房型。但我们的实验数据显示只有 2%的被试不论摇号排序的号码是多少，都选择了自己最偏好的房型。

而在G-S机制下，被试可以依次给出希望匹配的四种房型，且被试之间同样均不知晓他人的偏好和选择信息，因此对于理性的被试，G-S机制无策略的考察标准应为：如果他的摇号号码为$i$，他只需要考虑他的前$i$个选择顺序与真实偏好排序保持一致即可。例如，排序为1号的被试只需第一选择为最喜欢的房型；排序为2号的被试决策只需第一、第二顺序的选择与真实偏好一致即可，以此类推。我们的实验数据则显示：有14%的被试不论摇号排序的号码是多少，所选择的4个房型排序与自己的真实偏好排序都是一致的。单侧$t$检验结果显示，G-S机制下做出符合理性决策的被试比例显著高于IIRSD机制下做出符合理性决策的被试比例($t$=2.5874，$p$=0.0128)。

在发现被试的真实偏好与房型选择的一致性程度不高后，我们将考察被试在选择房型时不表达真实偏好(运用策略)的后果及机制的无策略性质。据统计，在IIRSD机制中，个体在选择房型时运用策略的被试有30名；在G-S机制中，个体选择房型时运用策略的被试有27名。而根据Abdulkadiroğlu和Sönmez(1999)的定义，符合无策略标准的机制会使得任何被试只要表达真实偏好就一定能得到比运用策略更高的收益。也就是说，只要存在被试在匹配选择时运用策略能得到比表达真实偏好更高的收益，就认为该机制在某种情境中是不符合无策略标准的或者说该机制不是激励相容的占优策略。

然而，根据我们利用逆推法的计算与统计，IIRSD机制下选择房型时运用策略的30名被试中，若在选择房型时表达真实偏好，则会有13名被试的收益变高，8名被试的收益变低，9名被试的收益不变。而在G-S机制下选择房型时运用策略的27名被试中，若在选择房型时表达真实偏好，则会有11名被试的收益变高，1名被试的收益变低，15名被试的收益不变(表7-15)。以上数据表明，实验中被试在G-S机制下虽然比IIRSD机制下运用策略得到更高收益的人数大幅减少，即G-S机制比IIRSD机制更能引致被试表达真实偏好，但实验中两种机制均不能满足无策略的标准。

**表7-15 两种机制下运用策略的被试与表达真实偏好的效用比较**

| IIRSD机制中运用策略的被试(30人) | | | G-S机制中运用策略的被试(27人) | | |
|---|---|---|---|---|---|
| 策略>真实<br>(8人) | 策略=真实<br>(9人) | 策略<真实<br>(13人) | 策略>真实<br>(1人) | 策略=真实<br>(15人) | 策略<真实<br>(11人) |

注：策略>真实表示：运用策略的被试若表达真实偏好，其匹配到房型所得的收益仍小于使用策略时的收益；策略=真实表示：运用策略的被试若表达真实偏好，其匹配到房型所得的收益等于使用策略时的收益；策略<真实表示：运用策略的被试若表达真实偏好，其匹配到房型所得的收益大于使用策略时的收益

虽然实验数据显示，两种机制都不符合无策略的标准，都没有使得被试的真实偏好表达成为占优策略，但我们仍然发现，G-S机制相对于IIRSD机制来说，

使得被试表达真实偏好能收获更高的收益、更多的公平性。我们检验了那些使用策略的被试，若表达真实偏好，其效率和无嫉妒指数会有着怎样具体的变化。

$t$ 检验显示：IIRSD 机制中使用策略的被试，其实际的收益相对于表达真实偏好情况下的收益并没有显著差异（$t = -1.2764$；$p= 0.2119$）；其实际的无嫉妒指数相对于表达真实偏好情况下的无嫉妒指数也没有显著差异（$t = -0.7224$；$p= 0.4758$）。而 G-S 机制中使用策略的被试，其实际的收益相对于表达真实偏好情况下的收益显著更低（$t = -3.3152$；$p= 0.0027$）；其实际的无嫉妒指数相对于表达真实偏好情况下的无嫉妒指数则显著更高（$t = 2.3630$；$p= 0.0259$）。以上检验说明，IIRSD 机制不会使得表达真实偏好的被试收获更高的效率或公平；而 G-S 机制则会使得表达真实偏好的被试收获更高的效率和公平。而且实际上在两种机制中，由于被试可选择房型的个数不同，G-S 机制相比较 IIRSD 机制其实原本就更难以使得被试所选房型与真实偏好完全一致。从这一角度考虑，G-S 机制确实比 IIRSD 机制更好地揭示了被试的真实偏好。

### （二）有限理性

鉴于两种机制中被试真实偏好表达的比例都不高，我们试图通过对个体选择的深入分析来考察有哪些因素影响了被试的真实偏好表达，如有限理性、被试风险偏好等。

从之前的数据可以得知：虽然 G-S 机制中被试表达真实偏好的比例要高于 IIRSD 机制，但被试在选择房型时完全符合自己真实偏好的情况，在两个机制中占比都不高。为此，我们进一步考察在不同摇号号码情况下，两种机制下被试所选房型与真实偏好一致性的吻合程度。两种机制中，IIRSD 机制下 50 名被试在不同摇号号码的情况下，所选房型与自己真实偏好的一致性情况如表 7-16 所示。

**表 7-16 不同摇号号码时的被试所选房型与真实偏好一致性的比例(IIRSD 机制)**

| 房型选择 | 摇号为 1 号 | 摇号为 2 号 | 摇号为 3 号 | 摇号为 4 号 | 摇号为 5 号 |
|---|---|---|---|---|---|
| 选择第一喜爱的房型 | 94% | 60% | 20% | 12% | 16% |
| 选择第二喜爱的房型 | 4% | 32% | 38% | 22% | 10% |
| 选择第三喜爱的房型 | 0 | 8% | 28% | 40% | 30% |
| 选择第四喜爱的房型 | 2% | 0 | 14% | 26% | 38% |
| 不选择任何房型 | 0 | 0 | 0 | 0 | 6% |

从表 7-16 中可以看到，当被试的摇号号码为 1 号时，绝大多数被试（94%）都选择了自己最喜爱的房型；而当被试的摇号号码为 2 号时，选择自己最喜爱房型的比例则下降到了 60%；当被试的摇号号码为 3 号、4 号和 5 号时，选择自己最

喜爱房型的被试已不占多数。在后三个摇号排序下，多数被试分别选择的是自己第二喜爱、第三喜爱和第四喜爱的房型。选择自己最喜爱房型的比例分别只有20%、12%和16%。可见，IIRSD机制中，被试只有在自己的摇号号码为1号时，所选房型与真实偏好的一致性较高。当被试的摇号号码为其他号码时，所选择房型与自己的真实偏好的一致性则比较低。

以下为了更直观地检验在不同摇号号码时被试所选房型与真实偏好的一致性是否存在差异，我们对数据做了检验分析。而由于比较的是被试在摇号顺序分别为1号、2号、3号、4号、5号时的选择是否存在差异，这是一个被试内设计，需要检验两个匹配样本的分布是否存在显著差异。因此，我们采用了Wilcoxon sign rank test来分析数据，见表7-17。

**表7-17　不同摇号号码情况下被试所选房型与真实偏好的一致性差异检验(IIRSD机制)**

| 假设 | $z$值 | $p$值 | 假设 | $z$值 | $p$值 |
|---|---|---|---|---|---|
| $CP_1 = CP_2$ | −3.351 | 0.0008 | $CP_2 = CP_4$ | −5.256 | 0.0000 |
| $CP_1 = CP_3$ | −5.630 | 0.0000 | $CP_2 = CP_5$ | −4.932 | 0.0000 |
| $CP_1 = CP_4$ | −5.727 | 0.0000 | $CP_3 = CP_4$ | −2.361 | 0.0182 |
| $CP_1 = CP_5$ | −5.176 | 0.0000 | $CP_3 = CP_5$ | −2.146 | 0.0319 |
| $CP_2 = CP_3$ | −5.353 | 0.0000 | $CP_4 = CP_5$ | −0.496 | 0.6198 |

注：我们用$CP_X$来定义不同摇号号码情况下被试所选房型与真实偏好的差异，这里的$X$代表被试的摇号号码，$X$=1，2，3，4，5分别指的是当被试的摇号号码为1、2、3、4、5号时的情况；$CP_X$的值指代的是当被试为某一摇号号码情况下所选房型为自己第几偏好的房型，如$CP_1$=1，2，3，4分别代表当被试摇号号码为1号时所选房型为自己第一偏好、第二偏好、第三偏好、第四偏好的房型

由表7-17的检验结果可知，在IIRSD机制中，被试所选房型与真实偏好的一致性程度只在摇号号码为4号和5号之间才无显著差异。而在其他摇号号码之间，被试所选房型与真实偏好的一致性程度均存在显著差异。也就是说，IIRSD机制中的被试很容易因为自己所抽取的摇号号码的改变，而做出偏离个体真实偏好的房型选择。

我们还要考察在G-S机制中，50名被试分别在不同摇号号码的情况下，所选择房型与自己真实偏好的一致性情况，如表7-18所示。

**表7-18　不同摇号号码时的被试所选房型与真实偏好一致性的比例(G-S机制)**

| 房型选择 | | 选择第一喜爱的房型 | 选择第二喜爱的房型 | 选择第三喜爱的房型 | 选择第四喜爱的房型 | 不选择任何房型 | 总比例 |
|---|---|---|---|---|---|---|---|
| 摇号为1号时的四个选择 | 第一选择 | 96% | 4% | 0 | 0 | 0 | 100% |
| | 第二选择 | 22% | 68% | 4% | 2% | 4% | 100% |
| | 第三选择 | 16% | 6% | 70% | 2% | 6% | 100% |
| | 第四选择 | 16% | 4% | 4% | 70% | 6% | 100% |

续表

| 房型选择 | | 选择第一喜爱的房型 | 选择第二喜爱的房型 | 选择第三喜爱的房型 | 选择第四喜爱的房型 | 不选择任何房型 | 总比例 |
|---|---|---|---|---|---|---|---|
| 摇号为2号时的四个选择 | 第一选择 | 52% | 34% | 6% | 6% | 2% | 100% |
| | 第二选择 | 40% | 36% | 16% | 8% | 0 | 100% |
| | 第三选择 | 6% | 34% | 50% | 10% | 0 | 100% |
| | 第四选择 | 12% | 10% | 16% | 62% | 0 | 100% |
| 摇号为3号时的四个选择 | 第一选择 | 40% | 12% | 40% | 6% | 2% | 100% |
| | 第二选择 | 10% | 36% | 22% | 32% | 0 | 100% |
| | 第三选择 | 30% | 30% | 26% | 14% | 0 | 100% |
| | 第四选择 | 20% | 22% | 18% | 40% | 0 | 100% |
| 摇号为4号时的四个选择 | 第一选择 | 26% | 12% | 26% | 34% | 2% | 100% |
| | 第二选择 | 12% | 30% | 36% | 22% | 0 | 100% |
| | 第三选择 | 22% | 38% | 18% | 22% | 0 | 100% |
| | 第四选择 | 40% | 20% | 16% | 24% | 0 | 100% |
| 摇号为5号时的四个选择 | 第一选择 | 34% | 12% | 8% | 46% | 0 | 100% |
| | 第二选择 | 12% | 42% | 32% | 14% | 0 | 100% |
| | 第三选择 | 24% | 32% | 34% | 10% | 0 | 100% |
| | 第四选择 | 32% | 12% | 16% | 40% | 0 | 100% |

从表 7-18 的数据中可以看到，当被试的摇号号码为 1 号时，绝大多数被试选择四个房型的顺序与自己的真实偏好排序是完全一致的，如有 96%的被试的第一选择是自己最喜爱的房型；有 68%的被试的第二选择是自己第二喜爱的房型；有 70%的被试的第三选择是自己第三喜爱的房型；有 70%的被试的第四选择是自己第四喜爱的房型。当被试的摇号号码为 2 号时，多数被试选择四个房型的顺序与自己的真实偏好排序也是基本一致的。当被试的摇号号码为 3 号时，多数被试所选择的四个房型的顺序与自己的真实偏好排序也基本一致。

而当被试的摇号号码为 4 号时，多数被试所选择的四个房型的顺序与自己的真实偏好排序并不一致，如只有 26%的被试的第一选择是自己最喜爱的房型；30%的被试的第二选择是自己第二喜爱的房型；18%的被试的第三选择是自己第三喜爱的房型；24%的被试的第四选择是自己第四喜爱的房型。之所以出现这一结果，我们猜测是因为当摇号号码为 4 号时，被试会担心自己有可能最终不能匹配到任何一个房型，所以做了他们自认为更为保守(风险厌恶)的选择，如多数(34%)被试的第一选择是自己第四喜爱的房型，即认为匹配到自己最不偏好的房型也总比没有匹配到任何房型要好。

当被试的摇号号码为 5 号时，多数被试选择四个房型的顺序与自己的真实偏好排序基本一致，如有 34%的被试的第一选择是自己最喜爱的房型；有 42%的被试的第二选择是自己第二喜爱的房型；有 34%的被试的第三选择是自己第三喜爱的房型；有 40%的被试的第四选择是自己第四喜爱的房型。我们猜测：之所以多数(46%)被试的第一选择是自己第四喜爱的房型，而不是自己最喜爱的房型(34%)，可能是因为当自己的排序号码为 5 号时，被试认为自己匹配到房型的可能性很小，所以做了看上去更为保守的选择。被试在第一选择填写了自己第四喜爱的房型，而当知道其他选择(第二、第三、第四)几乎无法匹配到任何一个房型时，反倒遵循了自己的真实偏好，选择了与自己的真实偏好排序一致的房型(第二喜爱、第三喜爱、第四喜爱)。

接着，我们通过图形拟合了 G-S 机制中所有被试在不同摇号号码情况下，所选房型序列与真实偏好排序之间的一致性程度(图 7-4)。从图 7-4 中，我们也可以看到，G-S 机制中被试所选房型序列与真实偏好排序之间还是基本一致的，尤其是当摇号号码为 1 号与 2 号时，被试所选房型序列与真实偏好序列的拟合程度非常高；而当摇号号码为 3 号、4 号、5 号时，一致性程度大幅下降，尤其是在摇号号码为 4 号时。

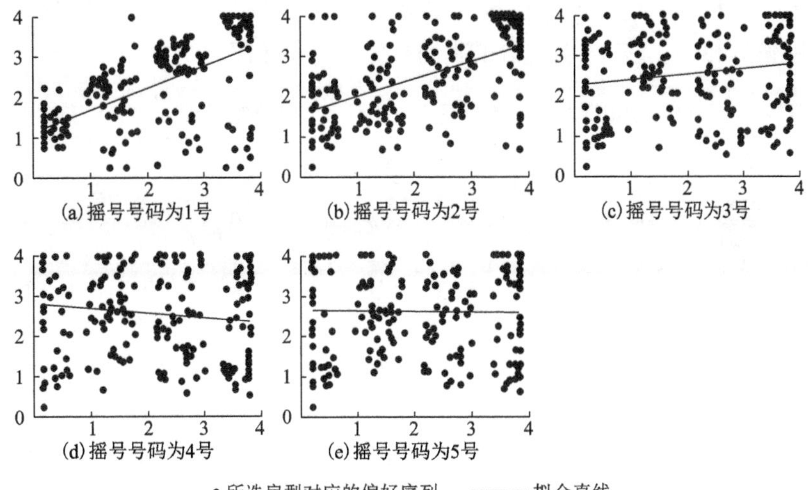


图 7-4　不同摇号号码时被试所选房型与真实偏好的一致性情况(G-S 机制)

总的来说，IIRSD 机制的设计无法引致出被试的真实偏好表达，只要被试的摇号号码不是 1 号，被试所选房型与真实偏好之间的一致性就很低，而 G-S 机制的设计虽然能更好地引致被试的真实偏好表达，但被试表达真实偏好的总体表现与他们理性选择的差别依然不小，还会因为摇号号码的改变而有所变化。其原因在于实际上被试是一个有限理性的轮候人，当其处于信息不完全的环境之中，在短时间内对于匹配机制的认知能力及每种摇号号码下可能产生结果的计算能力的有限性，使得被试不可能掌握全部可能的备选方案，从而决定了被试在不同摇号号码下做出不同的选择，形成与真实偏好之间的偏差。特别是 G-S 机制中被试的摇号号码越靠后，就越需要考虑摇号号码在其之前的被试选择，所需计算的方案就越复杂。这也就解释了为什么当摇号号码比较靠后时，G-S 机制中被试的房型选择与真实偏好的一致性程度就大幅下降。

### （三）风险偏好

除了个体的有限理性对房型选择与真实偏好表达之间的一致性可能产生影响外，我们还猜测被试个人的主观风险偏好会使得 G-S 机制下的被试扭曲偏好表达，导致房型选择与真实偏好排序之间完全一致性的比例并不高。当被试随机得到的摇号号码比较靠后时，风险偏好较低的被试因为担心自己最后可能无法匹配到任一房型，而有意采取看上去更为保守的策略，从而在选择房型时偏离自己的真实偏好。

为了验证这一猜测，我们在被试完成了被试内设计的匹配实验选择后，还安排了一个有金钱激励的风险偏好测度量表来检测每位被试的风险偏好测度。并在此基础上，分析被试的房型选择与真实偏好排序之间不一致的情况是否与被试的个人风险偏好相关。表 7-19 显示了我们所做的 probit 回归结果。

**表 7-19　被试房型选择与真实偏好是否一致作为被解释变量的 probit 回归结果**

| 项目 | 回归系数 | 标准误 | $z$ 值 |
|---|---|---|---|
| group | 0.012 53 | 0.024 64 | 0.07 |
| order | 0.024 16 | 0.046 87 | 0.09 |
| sort | −0.522 1 | 0.447 8 | −1.96* |
| risk aversion | −0.205 2 | 0.231 6 | −0.69 |
| sort × risk aversion | −0.410 7 | 0.374 2 | −1.57* |
| individual characteristics | — | — | — |
| 截距 | −0.134 9 | 0.953 4 | −0.14 |
| 样本数=90 | — | — | — |
| 伪 $R^2$=0.1347 | — | — | — |
| Log likelihood=−37.2711 | — | — | — |

注：以上报告的回归结果都是边际效应

*表示在 10%的水平上显著

从以上 probit 回归结果可以看出，在控制社会个体特征（individual characteristics）

的情况下，被试随机得到的摇号号码(sort)越靠后，就越容易选择与自己真实偏好排序不一致的房型顺序；而匹配小组人数(group)、匹配机制的顺序安排(order)及风险厌恶程度(risk aversion)对于被试是否会选择与真实偏好排序一致的房型顺序都不具有直接的显著影响。此外，被试随机得到的摇号号码与风险厌恶程度的交互项对于被试是否会选择与真实偏好排序一致的房型顺序有着显著负向的影响。这一结果表明：当被试随机得到的摇号号码越靠后时，风险厌恶程度越高的被试(更为保守的被试)就越容易选择与自己真实偏好排序不一致的房型顺序。probit 回归结果验证了我们之前在被试间设计的关于 G-S 机制的实验结果分析中对被试之所以在选择房型时出现扭曲偏好情况的猜测。

## 六、从 RA 机制到 TTC 机制匹配的改进

RA 机制既回避了优先序，也不考虑轮候人的偏好问题，那么结果自然难以令人满意。而理论研究表明，在 RA 机制分配基础之上引入 TTC 机制进行交换，可极大提高社会福利，如果轮候人真实表达了他的偏好，则能达到帕累托最优的结果[①]。运用 TTC 机制能取得这样一个平衡，即给予选房者较多的考虑时间，而用计算机程序缩短集中选房的时间[②]。

### （一）RA 机制与 TTC 机制匹配实验设计

本章第一节中已从理论上说明 TTC 机制相对于 RA 机制来说，更能保证社会福利的优化。以往的匹配理论研究也证明了 TTC 机制在个体理性、无策略及效率等方面的有效性。另外，RA 机制是目前中国现实所广泛采用的公租房匹配方式。本节设置相应的实验条件与环境，运用现实中实际运行的匹配机制(RA 机制)对轮候人进行初分配，然后依据轮候人对房型的真实偏好，运用理论中帕累托最优的 TTC 机制进行交换匹配，试图对 RA 机制与 TTC 两种机制的性能进行比较和检验。

具体来说，我们实验设计的目的在于比较 RA 机制与 TTC 机制的性能，尤其是效率上的表现。而对于公平指标，TTC 机制属于单边匹配，只需轮候人表达对房型的偏好，而无须管理部门的优先权即可进行匹配，运用 RA 匹配机制可以回避因找寻不到公认公平合理优先权的矛盾，然而从图 7-2 可看出，住建部在匹配前是有对轮候人排序的要求的，且轮候人本身也会有优先序的认识(如轮候顺序)，所以在本节的实验中将给出轮候人的随机摇号优先序及被试先来后到的优先序，辅以嫉妒指数讨论 RA 机制与 TTC 机制的公平问题。

① 本节只讨论轮候人通过 RA 机制获得初始禀赋后，TTC 机制对其效用的改进。

② 这只限于理论上的猜测而无法用实验检验。

我们在实验中依然嵌入了我国公租房配租的现实情境，做了一定程度的模拟与条件限定。RA-TTC 机制实验同样只考虑如何将空房源分配给新轮候人的问题，实验中供选择的房型与 G-S 机制、IIRSD 机制下的相同，在信息问题上，轮候人同样只了解房源信息和自己对房型的偏好，却不知道其他人的偏好。为了进一步地研究公平问题，即使优先序不参与 RA 机制及 TTC 机制的匹配，我们也给出了随机摇号及先到先得的轮候人优先序①。

在实验设计时，我们也注意做到对其他相关变量的科学控制，如实验被试的招募与随机分组、组别时间的交互安排、信息表达和告知方式、匹配博弈规则与过程、报酬激励程度与实验环境设置等。整个实验过程中的信息显示、被试决策、结果反馈等都是在计算机上实现的，实验程序是在 zTree 环境下编写的。

首先，我们通过海报、传单、校内论坛等方式在华中师范大学招募了 50 名不同专业的大学生被试参加 RA-TTC 机制匹配的被试内设计的实验。实验于 2014 年 12 月 21 日完成，共开展了三场实验，每场实验有 15 名或 20 名被试参加，分别包括 3 个或 4 个小组，每 5 名被试组成一个小组，进行公租房匹配实验。实验为一个被试内设计，所有被试都只能参加一场实验。不论最终的匹配结果与收益怎样，每名被试都将得到 10 元出场费，该实验被试的平均收益为 21.49 元。被试内实验设计的基本情况如表 7-20 所示。

**表 7-20　被试内设计的实验基本情况**

| 实验场次 | 实验时间 | 被试人数/人 | 组数 | 匹配机制 |
|---|---|---|---|---|
| 第一场 | 2014 年 12 月 21 日上午 | 15 | 3 组 | RA-TTC 机制 |
| 第二场 | 2014 年 12 月 21 日下午 | 20 | 4 组 | RA-TTC 机制 |
| 第三场 | 2014 年 12 月 21 日晚上 | 15 | 3 组 | RA-TTC 机制 |

RA-TTC 机制实验的具体流程包括：实验规则说明、被试的偏好表达、RA 匹配机制、TTC 匹配机制、实验后问卷、结果显示、领取实验报酬等。首先，在被试阅读完实验说明后，我们再次强调实验规则，并发放 TTC 机制测试题，安排被试完成测试以确保被试对实验匹配机制的理解。只有当所有被试的答案都正确，实验才会正式开始。

其次是被试的偏好表达环节。我们会分别给 4 名被试展示编号为 1～4 的 4 套在户型、结构、朝向、配套等方面均有所不同的有代表性的公租房图。被试需要将自己对这四种类型公租房的真实偏好顺序输入到电脑中（电脑屏幕会出现

① 从表 7-1 可以看出，现实中 RA 机制下，部分城市没有给出轮候人的选房优先序，但也有不少城市给出了随机或先到先得（轮候顺序或入围顺序）的选房优先序顺序。

对话框，对话框中被试需要依次输入自己第一偏好、第二偏好、第三偏好、第四偏好的房型序号)。这 4 名被试均是新申请者，4 套公租房也都是待匹配的空置住房。

所有被试输入完自己的偏好排序后，电脑将展示给被试最终匹配到偏好程度不同房型时的收益规则：匹配到自己第一偏好的房型可获得 20 元的收益；匹配到自己第二偏好的房型可获得 15 元的收益；匹配到自己第三偏好的房型可获得 10 元的收益；匹配到自己第四偏好的房型可获得 5 元的收益；没有匹配到任何一个房型的收益为 0。

最后，电脑程序先后按照 RA 机制自动将 4 套保障房分配给 5 位轮候人，然后按照相应轮候人拥有的初始禀赋及偏好自动运行 TTC 匹配机制进行房屋交换。在这一阶段，为了获得更多的数据，系统将自动运行 5 轮，每轮被试将被分配不同的房型。

在 5 轮自动运行完毕后，被试还需要完成一份实验后的调查问卷。电脑将随机选取一轮的 RA 机制及 TTC 机制匹配结果，将两种机制的收益之和乘以 50%，作为被试最终的收益并在屏幕上显示。实验结束，被试匿名领取实验报酬。

### (二)RA 机制与 TTC 机制实验数据分析

下面我们将利用实验数据，基于效率与公平标准来比较 RA 机制和 TTC 机制的性能。

#### 1. 匹配效率

首先比较两种匹配机制的执行效率：公租房匹配无浪费状况。为了得到更为丰富的实验数据，在输入对房型的偏好之后，在正式公布被试被随机分到的初始禀赋号码前，系统匹配时后台自动运行了 5 轮，使得每轮被试拥有不同的初分配房型。因此，虽然实际上只有 50 名被试参与了 RA-TTC 机制匹配，但我们一共获取了 5 倍的匹配结果数据。实验结果表明，在 RA 机制与 TTC 机制中，均有 200 人次的被试匹配到了房型，市场一次出清。

在比较两种匹配机制的社会效率时，我们使用 G-S 机制和 IIRSD 机制比较相同的情况，即比较两种机制下每组 5 名被试的整体福利情况(用收益点数代表)。从被试最终所得到的收益点数角度，来比较哪种机制更接近于最大社会效率的表现。一轮匹配中 5 名被试总收益点数的最大值应为 4+4+4+4+0=16。其中，对每名被试来说，匹配收益点数 4 代表匹配到自己最偏好的房型；匹配收益点数 3 代表匹配到自己第二偏好的房型；匹配收益点数 2 代表匹配到自己第三偏好的房型，匹配收益点数 1 代表匹配到自己第四偏好的房型；匹配收益点数 0 代表没有匹配到任何房型。那么这里的效率值，我们设定为单轮博弈中 5 名被试的匹配收益点数总和与最大值的比值。据此计算实验数据，RA 机制和 TTC 机制下的社会效率情况如表 7-21 所示。

**表 7-21　RA 机制与 TTC 两种机制下每轮被试的社会效率描述**

| 机制 | 样本数 | 均值 | 标准差 | 最小值 | 最大值 |
|---|---|---|---|---|---|
| RA 机制 | 50 | 0.6125 | 0.1345 | 0.25 | 0.875 |
| TTC 机制 | 50 | 0.815 | 0.1071 | 0.625 | 1 |

经过 Mann-Whitney 检验，可知 RA 机制下，被试的均值为 0.6125，而经过 TTC 改进，被试的均值显著提高到 0.815，此时 $z$ 检验结果为 $z$=−5.601，$p < 0.001$。可见 RA 机制下单轮博弈中 5 名被试的最终匹配收益点数显著小于 TTC 机制下单轮博弈中 5 名被试的最终匹配收益点数，即 TTC 机制下的整体社会福利显著高于 RA 机制下的整体社会福利。

2. 匹配公平性

尽管 TTC 机制显著改进了 RA 机制匹配结果的社会效率，但假如管理部门有对轮候人排序的要求，或者轮候人有着对优先序的心理预期，则可能在意 RA 机制及 TTC 机制匹配结果的公平性。基于这样的前提，本节我们依然运用嫉妒指数来考察 RA 机制与 TTC 机制两种匹配机制的公平性。其优先序则用了两种：一是随机优先序，二是先到先得优先序。

1) 随机优先序下公平比较

首先，我们所得到的两种机制在随机摇号优先序下每一小组、每一轮次的嫉妒指数总体描述如表 7-22 所示。

**表 7-22　随机摇号优先序下 RA-TTC 机制嫉妒指数的总体描述**

| 机制 | 样本数 | 均值 | 标准差 | 最小值 | 最大值 |
|---|---|---|---|---|---|
| RA 机制 | 50 | 7.456 3 | 5.207 6 | 0 | 20.733 33 |
| TTC 机制 | 50 | 5.67 | 5.019 4 | 0 | 15.65 |

其次，我们利用 Mann-Whitney 检验来比较两个机制的嫉妒指数在总体上是否存在显著差异。检验结果显示，在以随机摇号为优先序的前提下，RA 机制下的嫉妒指数均值为 7.4563，而经过 TTC 机制改进后被试的嫉妒指数均值下降到 5.67，此时 $z$ 检验结果为 $z$=4.496，$p$<0.0001。可见假定轮候人有随机优先序，TTC 机制在一定程度可改进 RA 机制的公平性。

2) 先到先得优先序下公平比较

我们所得到的两种机制在先到先得优先序下每一小组、每一轮次的嫉妒指数总体描述如表 7-23 所示。

**表 7-23 先到先得优先序下 RA-TTC 机制嫉妒指数的总体描述**

| 机制 | 样本数 | 均值 | 标准差 | 最小值 | 最大值 |
|---|---|---|---|---|---|
| RA 机制 | 50 | 7.7447 | 4.823 | 0 | 18.2333 |
| TTC 机制 | 50 | 5.9987 | 4.532 | 0 | 17.0833 |

同样，我们利用 Mann-Whitney 检验来比较 RA 机制与 TTC 机制的公平性。检验结果显示，在以先到先得为优先序的前提下，RA 机制下的嫉妒指数均值为 7.7447，而经过 TTC 改进后被试的嫉妒指数均值下降到 5.9987，此时 $z$ 检验结果为 $z$=4.058，$p$<0.0001，嫉妒指数在总体上存在显著差异。可见假定轮候人以先到先得为优先序的前提下，TTC 机制也是比 RA 机制更为公平的机制。

可见，在随机优先序和先到先得优先序两种方式下，TTC 机制均较好地改进了 RA 机制下被试之间的嫉妒程度，这可初步说明 TTC 机制是比 RA 机制更具公平性的设计。

## 七、小结

本章较为系统地分析了现行的 IIRSD 机制和 RA 机制的优缺点与理论上稳定配置的 G-S 机制及 TTC 机制的理论属性，运用实验室实验，模拟现实配租情境，控制相关实验条件，以大学生为被试进行相关决策，比较分析机制匹配的性能。

### (一) IIRSD 机制与 G-S 机制实验结论

我们全面、系统、稳健性地通过两种被试设计(被试间设计、被试内设计)、不同匹配小组人数、模拟所有可能的优先权顺序等比较，检验了中国现实公租房中采用的 IIRSD 机制与匹配理论中证明有效的 G-S 机制之间的性能。考察在不完全信息下，控制了个体风险偏好程度后，轮候人的偏好表达策略对公平及效率的影响，设计了无嫉妒指数，重点考察无嫉妒主义公平观下的公平问题。我们得到如下实验结论。

首先，实验数据表明：两种匹配机制下的被试选择房型时完全符合真实偏好的比例在两种匹配机制下都不高，且都未满足无策略的标准，但 G-S 机制相对于 IIRSD 机制来说，使得表达真实偏好的被试能收获更高的收益、更具公平性。此外，IIRSD 机制中的被试很容易因为自己所抽取的摇号号码的改变，而做出偏离真实偏好的房型选择。而 G-S 机制则更能引致被试的真实偏好表达，只是由于个体的有限理性和风险偏好，有些被试会在摇号号码靠后时因为担心自己可能无法匹配到房型，才会使用看上去更为保守的策略，进而在选择房型时偏离自己的真实偏好。其次，机制的比较结果显示：从房型与被试之间匹配市场的出清状况、单轮博弈中被试的总匹配收益点数和嫉妒指数等方面来看，G-S 机制下的匹配效率要显著高于 IIRSD 机制；IIRSD 机制下被试之间的嫉妒程度要比 G-S 机制下被试之间的嫉妒程度更大。此外，随着匹配小组人数的增加，G-S 机制与 IIRSD 机制的嫉妒指数都会有相应的增加。但不论是匹配小组人数的增加，还是匹配机制的顺序安排有所变化，G-S 机制在匹配的效率和公平性上始终都优于 IIRSD 机制。我们还通过模拟所有可能的随机摇号结果下的匹配情况，检验了以上实验结果的稳健性，从而印证了 G-S 机制在揭示真实偏好表达、公平、效率等方面均优于 IIRSD 机制的理论观点。

研究结论为公租房分配机制设计提供了支持。在模拟的公租房匹配情境中，G-S 机制能更好地促使被试表达自己的真实偏好，表达真实偏好被试的匹配结果也达到了稳定配置状态。然而，决定被试是否真实表达偏好除与机制本身优劣相关，还与机制运行环境的不确定性程度、机制的复杂程度及被试的个人理性与风险偏好相关。我们的实验所设计的房型只有四种，而在实践中房型种类越多，参与人数越多，G-S 机制下被试的偏好表达处理难度便会越大。所以在实际配租过程中应充分考虑住房的异质性问题，将房源进行多层次分类，使每次分配时房型的数量限制在合理范围之内，以简化轮候人选房决策的过程；然后在各层分类中用 G-S 机制替代 IIRSD 机制将拥有随机优先序的轮候人分到相应的房型中，或许是可行的应对措施。此外，我们在实验中安排大学生被试完成了两个有关匹配机制的控制性问题测试，期望被试充分理解匹配机制(尤其是 G-S 机制)。从实验结果来看，在 G-S 机制下仍然有不少被试扭曲自己的真实偏好并导致嫉妒指数上升，表明被试在不确定与复杂环境中认知能力的有限性与风险厌恶的态度。因而实践中应多给轮候人创造学习的机会，让其充分理解 G-S 机制的运行规则与效果，积累事前经验，避免因盲目操作导致福利水平下降和总体公平性降低。

本章以计算机随机产生的序列作为优先权控制变量，从而得以考察轮候人在模拟公租房分配情景下的决策行为。然而，优先权禀赋获取方式的改变有时会引起公租房分配情景的变化，在不同情景中轮候人决策行为的变化值得未来进一步验证。至于本章尝试的 G-S 机制与 IIRSD 机制性能的比较，是基于公共物品分配中偏重公平的现实考虑，并不代表其他理论与现实的匹配机制，因而无讨论的必要。未来可进一步围绕这些机制以实验室实验或田野实验方式展开深入研究。

## （二）从 RA 机制到 TTC 机制实验结论

和现有研究相比，我们以被试容易理解的真实公租房房型为价值诱导对象，采用多元、多途径的实验设计架构，以现实常用的 RA 机制分配结果作为轮候人的初始禀赋，以轮候人的偏好为基础，运用 TTC 机制对公租房匹配进行了优化。实验结果表明，TTC 机制的运用能大幅提高匹配效率，其执行效率与 RA 机制一样高效，而其社会效率则能满足帕累托最优①。在引入随机优先序或时间优先序的假设情景下②，TTC 机制的无嫉妒指数明显低于 RA 机制，表明 TTC 机制的公平性也显著高于 RA 机制。

最后，我们也应该注意到，每次公租房的房源数量远超我们实验中的数量，RA 机制显然将同种房型下的多套住房视为无差异。而事实上，住房的异质性特点是人们选房决策时无法回避的问题。所以我们以充分的实验证据为基础，提出将房源进行多层次分类，先以 G-S 机制进行分层匹配，后以 RA 机制在同类房型中进行初匹配，再以 TTC 机制实施改进的可操作性方案，试图寻求解决该问题的突破口，将公租房分配机制的研究引向深入。

① 当然前提是输入的偏好被默认为真实的。

② 假设某种优先序存在且合理。

# 第八章　公租房再分配机制的优化

## 一、引言

在经历公租房的初次配租后，部分公租房租户由于家庭、工作等原因，产生了调换[①]公租房的需求；这些需求与符合条件的新一轮申请者的配租需求共同构成了公租房再分配问题。对于价格不能充分发挥作用的公租房再分配市场，如何构建合理、有序的再分配机制是公租房可持续运转的关键。

公租房再分配机制的关键在于如何考虑有调换需求的原公租房租户(以下简称原租户)和符合准入条件的新轮候人(以下简称新租户)的公平与效率问题。一般采用两种方式解决。

(1)交换，是指租户全为原租户，他们只在原租住的住房(以下简称已租房)范围中进行房屋交换活动。

(2)调整，是指租户(既有原租户也有新租户)与待分配的房源的匹配活动，此时的待分配房源既包含空房源[②]，也包含原租户当前拥有的已租房。我国公租房再分配交换问题上，只有北京、深圳等少数城市出台了公租房交换办法，基本思路是由政府搭建信息平台，让群众自找对象、实现无偿自愿调换，以有限次数的两两交换居多。这种交换机制是一种帕累托改进的机制，却不一定能得到帕累托最优的结果。

再分配调整机制中，北京、重庆采用了让原租户放弃已租房，重新排序，在空房中依次选房的方式。公租房的调整机制不仅涉及原租户的利益，也涉及新租户的利益，如何体现混合排序的公平性及平衡新旧租户的租房效用是更为复杂的再分配问题，制定相应政策时应持谨慎原则。从现有的调整机制看，对原租户参与空房分配进行控制[③]。

本章将延续公租房再分配交换与调整的研究，为公租房的合理调换提供一种新的政策研究思路。首先分析现行公租房交换机制的优点与不足，以原租户的效用为逻辑起点，引入 G-TTC 机制改进原租户的再配租效用。其次，分析当前公租

---

① 调换：含交换和调整。

② 空房源含增量公租房与腾退的存量公租房。

③ 这也是符合谨慎原则的。

房调整机制的复杂局面，以原租户不降低效用和公平为逻辑起点，引入三种改进的调整机制，力图优化公租房资源配置的结果。

本章首先对相关文献进行回顾并总结基本原理；其次分别对公租房交换机制和调整机制进行分析与优化；最后进行总结。

## 二、基本原理

公租房再分配过程中较为重要的环节即为房屋的配租匹配环节，具体讨论如何在原租户和新租户间有效和公平地配置住房。其研究有如下前提假设。

(1) 所有原租户与新租户都已通过审核，具备配租资格。

(2) 每个申请者(包括原租户和新申请者)只可分得一个房源，且对所有房源有严格的偏好顺序，以序数形式表示。

(3) 如有必要，管理部门为申请者安排优先序，以序数形式表示。

在公租房再分配中，参与分配的申请者分为已占有房屋的原租户和符合条件的新租户，房源分为原租户占有的已租房和待分配的空房源，为讨论方便，我们定义全部租户的有限集合 $R=\{R_1,R_2,\cdots,R_n\}=R'\cup R''$，其中原租户集合为 $R'=\{R_1,R_2,\cdots,R_m\}$；符合条件的新租户集合为 $R''=\{R_{m+1},R_{m+2},\cdots,R_n\}$。定义全部公租房源有限集合为 $H=\{H_1,H_2,\cdots,H_n\}=H'\cup H''$，其中原租户占用的已租房集合为 $H'=\{H_1,H_2,\cdots,H_m\}$，待分配的空房源集合为 $H''=\{H_{m+1},H_{m+2},\cdots,H_n\}$，定义调整机制下划拨给原租户的空房源集合为 $H'''\in H''=\{H_{m+1},H_{m+2},\cdots,H_k\}$，$k\leqslant n$；轮候人对公租房房型的严格偏好集为 $P(R)$。对 $H$ 中的任意房型 $H_i$和$H_j$，有 $H_iP(R_k)H_j$ 表示租户 $R_k$ 偏爱房源 $H_i$ 甚于 $H_j$。房源 $H_q$ 对租户 $R_i$ 的价值为集合 $U=\{U_{kq}\}$，其中 $U_{kq}\geqslant 0$。也就是说，当 $R_i$ 匹配到房型 $H_q$ 时的效用为 $U_{kq}>0$，而 $R_i$ 未匹配到房型 $H_q$ 时的效用为 $U_{im}=0$，匹配结果需要科学地判断与评价，终极目标为公平与效率。当价格机制不能发挥作用时，一个科学的匹配机制应该能“诱导”参与人理性地表达真实偏好，并在这样的偏好下公平、有效地配置资源。故而匹配机制的优劣常用个人理性、防策略性(偏好表达真实度)、公平与效率(帕累托最优)等几种指标进行考量。

(1) 个人理性。如果一个匹配机制 $M$，$\forall R_i\in R'$，其新配租的房和已租房分别为 $H_k,H_i$，总有 $H_kP(R_i)H_i$；$\forall R_i\in R''$，其新配租的房 $H_k$，总有 $H_kP(R_i)H_0$。也就是说，对于任意原租户，再分配的房屋优于或等于其已租房，确保他们参与交换或调整是没有风险的；对于任意新租户，匹配到住房的状态一定好于没有匹配到住房的状态，则 $M$ 是个人理性的。

(2) 防策略性。$\forall R_i\in R$，总有 $U(H_p)\geqslant U(H_{p'})$。其中，$H_p$ 和 $H_{p'}$ 分别表示在

真实偏好和策略偏好下选择的公租房。在某种匹配机制 $M$ 下，对任意租户表达真实偏好得到的住房效用总是优于或等于表达策略偏好下得到的效用，即表达真实偏好是一个占优策略，当任何申请者都无法从扭曲偏好行为中获益时，该机制就是防策略的。

(3) 帕累托最优。$\forall R_k \in R, U_{kq}$，在某种匹配机制 $M$ 下，对 $R$ 的效用为 $U$，当有另一个匹配机制 $M'$ 使得 $U' > U$ 时，必 $\exists R_k \in R$，$U_{kq'} < U_{kq}$，即对于任意租户来说，若存在另一个机制 $M'$，使得租户总效用增加，则必然存在某个租户的效用低于机制 $M$ 下的效用，此时表明匹配机制 $M$ 已达到帕累托最优。

(4) 公平。对于具有保障性质的公租房来说，效率只是分配机制一方面的衡量标准，另一方面的衡量标准是公共资源配置的公平性。在价格机制无效时，资源稳定配置的概念在以优先权与偏好表达的资源匹配问题中可转化为无嫉妒主义公平观。免于嫉妒是对公平的衡量标准之一，其标准是指在一个社会分配中，每一个参与者都更偏好他自身的状况，没有人更偏好其他人的选择，整体都不存在嫉妒他人的情况。若每个人都不想改变自己的选择，则称这个分配是公平的。我们设计了嫉妒指数来定量考察公平问题。假设随机摇号排序为 $j$、$i$ 的同组被试 $R_i$、$R_j$，最终匹配到的房型分别为 $H_m$、$H_n$。$H_m$、$H_n$ 分别为被试 $R_i$ 的第 $m$、第 $n$ 偏好的房型，此时，若 $m > n$，则会有 $H_n P(R_i) H_m$，即被试 $R_i$ 嫉妒排序在他后面的同组被试 $R_j$ 匹配到了自己更偏好的房型。为量化这种嫉妒水平，我们设 $E_{ij}$ 为被试 $R_i$ 对被试 $R_j$ 的嫉妒程度，那么 $E_{ij} = (j-i)(m-n)$，当 $j \geqslant i$，且 $m \geqslant n$ 时。进一步地，设被试 $R_i$ 对本组其他被试的总嫉妒程度为 $E_i$，$E_i = \sum_{j=2}^{5}(j-i)(m-n)$，当 $j \geqslant i$，且 $m \geqslant n$ 时。那么本组所有被试之间的嫉妒程度之和为 $E$，$E_i = \sum_{i=1}^{4}\sum_{j=2}^{5}(j-i)(m-n)$，当 $j \geqslant i$，且 $m \geqslant n$ 时。嫉妒指数 $E$ 越小，则匹配机制的公平性越高。

## 三、公租房交换机制的优化

### (一) 现行公租房交换机制分析

公租房再分配中的交换①主要为提出房屋交换申请的原租户提供交换信息平台，满足他们的交换需求，增强其住房效用，从而提升公租房分配整体社会福利。

① 北京、杭州及南昌称调换，深圳则称为置换，为研究方便，我们统称为交换。

虽然有理论表明了TTC机制在稳定配置资源方面的优势，但我国在公租房再分配制度建设中，建设信息平台且专门推出公租房交换解决方案的城市并不多见，我们对国内几大城市根据实际情况自行设计的再分配交换机制进行了梳理，统计结果如表8-1所示。

**表8-1　部分地区公租房交换统计表**

| 项目 | | 北京 | 深圳 | 杭州 | 南昌 |
|---|---|---|---|---|---|
| 表达偏好 | 可选房源 | 相同户型 | ≤条件面积户型 | 同级同户型 | 任意可交换房源 |
| | 可选次数 | 无明确规定 | 限调一次 | 无明确规定 | 限调一次 |
| 交换信息来源 | | 官网 | 专门平台 | 专门平台 | 专门平台 |
| 交换机制 | 是否自行配对 | 是 | 是 | 是 | 是 |
| | 交换方式 | 两两交换 | 两两交换 | 两两交换 | 两两交换 |
| | 管理方式 | 审核 | 审核 | 审核 | 审核 |

资料来源：各地公租房调换管理办法

从各地交换办法来看，北京、深圳、杭州、南昌都对原租户由于工作、家庭生活等原因需换已租房的情况，提出了针对性的公租房交换办理程序方案。较为统一的是，以上城市都建立了信息化的交换平台，深圳、杭州、南昌的原租户申请者可通过登录交换平台填写详细住房信息和目标住房信息，审核通过后根据平台发布的相关信息即可寻找合适房源在市区内进行自行配对；北京则是首选在保障部门进行登记，审核通过后由工作人员统一录入信息发布平台，然后原租户通过平台查询合适房源，自行配对，两两交换。达成一致意见后，双方需统一到住房保障部门签订相关协议，完成交换。另外，杭州还给出了具体的操作流程图来为原租户申请者提供方便；深圳在交换办理程序方案中还较为新颖地针对可能违约的原租户申请者制定了相关法律约束条款。总体来看，上述城市的公租房交换流程，除部分顺序稍有变动外基本程序相似，一般流程如图8-1所示。

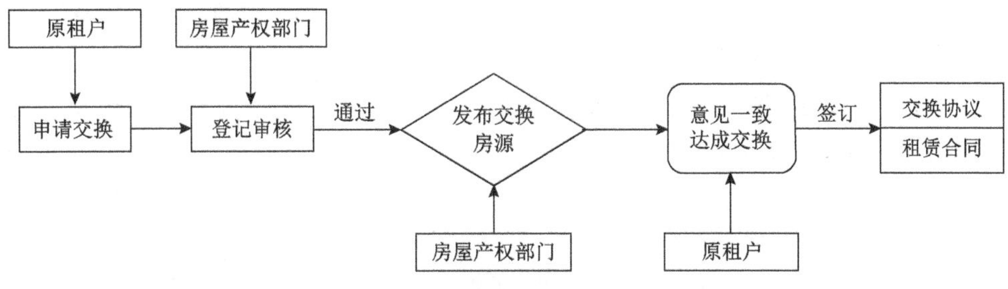


图8-1　现有公租房交换一般流程

通过表8-1的归纳我们还可以看到，原租户能交换的房源75%的城市(北京、深圳和杭州）限定为与原租户同户型（居室数相同）的房源，50%的城市（深圳和南昌）只能交换一次，有针对性地解决因房源楼层、区位不能满足工作、生活需求等问题。此外，各地原租户交换房屋能获取较为完全的供求信息。交换房屋只需原租户表达偏好，属于典型的单边匹配问题。整体来看，虽然秉承自愿交换原则，但具体实施时仍有诸多限制，以确保公开、透明的操作流程及结果无异议。

现有公租房交换机制主要照顾了原租户的利益，主要解决楼层、区位不便所带来的问题。整个过程中未涉及新租户，原租户之间的两两交换是在原租房基础上的一种帕累托改进，但不一定是帕累托最优的，其原因在于以下几个方面。

第一，有限理性的租户在复杂环境中的认知能力有限。各地由政府搭建平台、群众自找对象、无偿自愿调换。政府营造了一个良好的信息环境，并充分尊重租户的交换意向及能动性。然而，从图 8-1 具体的流程中可看出，房屋产权单位通过网络平台的搭建和信息的发布，较好地解决了参与交换的原租户之间信息不对称的问题，在网站上可直接查寻目标房源。这一流程理论上为参与交换的原租户节约了寻找合适房源的相关成本，但在实际操作过程中，需要满足各方要求并且形成一定的意向循环（A 想交换 B 的房屋，B 想要 C 的房屋，C 想要 A 的房屋），即“A—B—C—A”。这样来看，可以完成互换的情况就较为复杂了，且在信息的进一步传递方面存在一定的难度。所以对于参与交换的原租户来说，寻找合适的交换租户需要耗费相当的精力和交易成本，这使得交换成本增加，交换成功概率降低，参与交换的原租户存在违约的风险增加。虽然深圳市在《深圳市公共租赁住房置换管理办法（试行）》中针对可能出现违约情况的原租户提出了相关法律约束，但是权衡利弊，参与交换的原租户可能仍然选择放弃，继而可供交换的房源基数减少，房屋交换的成功概率进一步降低。

第二，原租户的偏好表达限制，如各地均对发布意向置换要求的房源的个数、两两交换的次数及每次交换结果审核通过等进行限制；在价格机制不能充分发挥作用的市场，对于偏好表达的限制应该谨慎。如果放松某些限制，使得租户充分表达自己的真实偏好，运用信息系统自动依据这些偏好寻找出更大的循环交换圈后集中交换，则租户的个人效用和公租房分配的整体福利就可以进一步提高，直至达到帕累托最优。

第三，机制的选择。能够让原租户表达偏好后找出所有匹配交换循环圈并实现多重两两交换的机制是 G-TTC 机制。

### （二）公租房交换机制的优化

我国公租房再分配的交换机制是较为典型的单边匹配问题。国外对此问题的研究起步较早，在理论上有重大的突破并经过不少实验的检验与市场设计的成功验证。其中，最著名的是 G-TTC 机制，G-TTC 机制的运行过程如下。

(1) 原租户表达对所有可交换房源的偏好顺序。

(2) 建立一个顶层交换通道。

(3) 将所有原租户表达的第一偏好的房型置于顶层交换通道中，若顶层交换通道中有 $n$ 位轮候人的偏好能形成一个闭合循环圈，则让该 $n$ 位原租户的房子两两互换，交换过的人与房均退出分配[①]。

(4) 在余下还没有交换房型的原租户中，若第一偏好的房型已被选走，则将其第二偏好的房型置于顶层交换通道中，同样，在这些余下的轮候人中，若某 $n$ 位轮候人的偏好能形成一个闭合循环圈，则让该 $n$ 位轮候人的房子互换并退出分配。

(5) 重复前一个步骤，直到所有人都交换完毕退出分配，匹配过程结束。

为清晰原理，我们举例如下。

假设存在 4 位需要交换房屋的原租户 $R'=\{R_1,R_2,R_3,R_4\}$，其已租房集合为[②] $H'=\{H_1,H_2,H_3,H_4\}$。已租房效用为 $U=\{U_{11},U_{22},U_{33},U_{44}\}$，此时有 $4 \geqslant U_{kq} \geqslant 1$，意即如 $R_i$ 匹配到的 $H_q$ 为自己第一、第二、第三、第四喜欢的房源的效用分别为 4、3、2、1。

**情况 1**　4 位原租户的已租房及效用和交换的偏好表达如表 8-2 和表 8-3 所示。

**表 8-2　已租房及效用（一）**

| $R$ | $H'$ | $U$ |
|---|---|---|
| $R_1$ | $H_1$ | 2 |
| $R_2$ | $H_2$ | 1 |
| $R_3$ | $H_3$ | 1 |
| $R_4$ | $H_4$ | 2 |

**表 8-3　交换偏好表达（一）**

| $P(R)$[③] | 1 | 2 | 3 | 4 |
|---|---|---|---|---|
| $R_1$ | $H_2$ | $H_4$ | $H_1$ | $H_3$ |
| $R_2$ | $H_1$ | $H_4$ | $H_3$ | $H_2$ |
| $R_3$ | $H_1$ | $H_4$ | $H_2$ | $H_3$ |
| $R_4$ | $H_3$ | $H_1$ | $H_4$ | $H_2$ |

若机制限制交换意向表达个数为 1，则此时原租户只能表达 $P(R)=1$ 时的偏好。4 名原租户能看到的信息中，可实现图 8-2 的循环圈，而不能实现图 8-3 的循环圈，其交换结果如表 8-4 所示[④]。G-TTC 机制下允许原租户表达对 4 个房源的偏好，则结果实现两对互换，交换结果效用如表 8-5 所示。

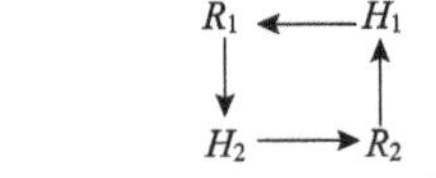


图 8-2　$R_1$ — $R_2$ 间交换循环圈

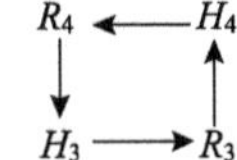


图 8-3　$R_3$ — $R_4$ 间交换循环圈

① 如果轮候人在顶层通道中的房型是自己的已租房，则形成自我循环，也保留现在分配住房并退出分配。

② 此时，原租户的初始禀赋均在集合 $H'$ 中，但值可能不同。

③ $P(R)$=1,2,3,4 分别代表租户表达的第一、第二、第三、第四喜欢的房源。

④ 如果 $R_3$ 能先看到 $R_4$ 的信息，则可扭曲他的偏好。

表 8-4　仅表达一个意向交换到的房及效用

| $R$ | $H'$ | $U$ |
|---|---|---|
| $R_1$ | $H_2$ | 4 |
| $R_2$ | $H_1$ | 4 |
| $R_3$ | $H_3$ | 1 |
| $R_4$ | $H_4$ | 2 |

表 8-5　G-TTC 机制下交换到的房及效用（一）

| $R$ | $H'$ | $U$ |
|---|---|---|
| $R_1$ | $H_2$ | 4 |
| $R_2$ | $H_1$ | 4 |
| $R_3$ | $H_4$ | 3 |
| $R_4$ | $H_3$ | 4 |

**情况 2**　4 位原租户的已租房及效用和交换的偏好表达如表 8-6 和表 8-7 所示。

此时根据第一偏好就有如图 8-4 所示的循环圈。需要三个两两交换 $R_1—R_3$、$R_3—R_2$、$R_2—R_4$，就能实现表 8-8 所示最优结果。但如果机制限制每人只能两两交换一次，因 $R_3$、$R_2$ 要交换两次而不能实现帕累托最优的交换结果，所以有如下命题。

表 8-6　已租房及效用（二）

| $R$ | $H'$ | $U$ |
|---|---|---|
| $R_1$ | $H_1$ | 3 |
| $R_2$ | $H_2$ | 3 |
| $R_3$ | $H_3$ | 1 |
| $R_4$ | $H_4$ | 3 |

表 8-7　交换偏好表达（二）

| $P(R)$ | 1 | 2 | 3 | 4 |
|---|---|---|---|---|
| $R_1$ | $H_3$ | $H_1$ | $H_4$ | $H_2$ |
| $R_2$ | $H_4$ | $H_2$ | $H_1$ | $H_3$ |
| $R_3$ | $H_2$ | $H_4$ | $H_1$ | $H_3$ |
| $R_4$ | $H_1$ | $H_4$ | $H_3$ | $H_2$ |

表 8-8　G-TTC 机制下交换到的房及效用（二）

| $R$ | $H'$ | $U$ |
|---|---|---|
| $R_1$ | $H_3$ | 4 |
| $R_2$ | $H_4$ | 4 |
| $R_3$ | $H_2$ | 4 |
| $R_4$ | $H_1$ | 4 |

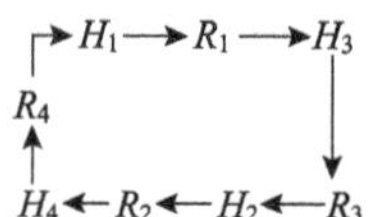


图 8-4　$R_1—R_2—R_3—R_4$ 间交换循环圈

**命题 1**　在公租房交换机制中，对于给定的原租户，可表达的交换意向个数为 $p$，$p<m$，其交换效用 $U_p$，无论原租户如何交换，在给定 $p$+1 个意向时，总存在一个更好的交换方式，使租户效用 $U_{p+1} \geqslant U_p$。也就是说，原租户可表达的意向越多，原租户通过交换得到的效用越高。

**命题 2**　在公租房交换机制中，给定允许两两交换次数 $p$，$p<m-1$，必能找到 $p$+1 次两两交换，使原租户效用 $U_{p+1} \geqslant U_p$，并得到帕累托有效的结果。

在自主寻找信息、自愿匹配、两两交换的机制下，即便允许表达多个甚至所

有 $m$ 个房源偏好，且允许有 $m-1$ 次交换，当原租户面对情况 2 或者更为复杂的交换情况时，他也需要耗费大量的时间和精力，并拥有强大的计算能力与协调能力，才能完成多次交换的任务，得到与 G-TTC 机制一样的最优结果。

G-TTC 机制是能激励原租户表达真实偏好的匹配机制，原租户申请人不需要担心在循环中丢失对已租房的所有权，机制中原租户表达真实的偏好是占优策略，只需原租户申请人提交对房子的完全偏好序就可以对房子进行交换。相比我国的两两交换、自行配对机制来说，在计算机信息系统中，允许原租户充分表达自己的偏好，并运用 TTC 机制进行自动匹配，可更加快速和简便地形成匹配交换循环圈，实现帕累托最优的匹配结果，提高原租户的公租房使用效率及整体分配福利，使资源得到更合理、有效的利用。同时省去了原租户寻找合适房源的过程，为原租户节省了相应的时间和交易成本，给原租户带来极大的方便。同时提高了保障部门房屋交换的执行效率。

以上理论分析可看出 G-TTC 机制分配效率优化的可及性。然而，满足帕累托最优的条件：一是真实偏好表达；二是需表达对所有房源的偏好。从相关实验来看，G-TTC 机制是能满足无策略的机制，但在有限理性与风险偏好等因素的作用下，参与人表达真实偏好也并不令人满意，尽管在 G-TTC 机制下改变偏好并不能改善福利。至于公租房交换房源数量，可由住房保障部门控制在合理的范围内①，房源太少或太多(积累成百上千的交换需求后再启动交换程序)都不可取，设置时间节点，或者房源积累到一定数量后，再开放交换程序是可尝试的方法。

此外，G-TTC 机制下形成的交换循环圈链条长度越长，实践中后续搬迁越难以实施②。首先，理论上多次两两交换能达到帕累托最优的结果，实践中意味着有的租户需要多次搬迁，甚至在某次交换中遭遇效用下降的情形，导致租户不愿实施交换；其次，长链条下的申请者需约定在同一时间内进行搬迁，在实际操作中可能会出现协商不一致、时间不易统一等状况，导致在具体操作过程中 G-TTC 机制循环圈虽然形成，却无法及时完成交换的情形。较之肾脏匹配( Saidman et al.，2006 )，公租房的特殊性在于，公租房的装修设计及配套设施强调入住方便，降低了搬迁的阻力；G-TTC 机制下的交换通常提升了申请人的住房效用，如无特殊原因，原租户愿意集中搬迁。如果由公租房管理部门统一受理交换相关事宜，可以进一步提高再分配交换的执行效率和社会福利。

① 不同于大学录取，公租房交换的数量一般会少于大学录取的大学和专业数。

② 这个问题虽然类似于肾脏移植，但肾脏移植具有特殊性及医疗资源的稀缺性，两两交换不可能实现，超过 3 对的匹配链条便不易同时进行。

## 四、公租房调整机制的优化

### (一)现行公租房调整机制分析

公租房再分配中的调整是指租户中既包含原租户又包含新租户，以及待分配的房源包括原租户的已租房和空房源的房屋再分配问题。调整是介于初分配与再分配交换之间的一种更为复杂的分配问题，其关键在于原租户与新租户间公平与效率的权衡。原租户绝对优先或者新租户绝对优先都不是管理部门和租户满意的结果[①]，那么混合配租不可避免。从社会福利的视角看，至少保证原租户的福利不下降的调整是合理的，如果某种匹配机制使得某原租户再次配租效用下降，这种分配结果显然不是帕累托最优的，甚至不能称为一个帕累托改进。而从公平的视角看，如果混合配租时，存在合理的优先序，则应考虑该种优先序下嫉妒指数的高低。

我国在公租房调整制度建设中，出台调整方案的城市还不多见，我们对现有几大城市给出的公租房再分配调整方案进行了梳理，统计结果如表 8-9 所示。

**表 8-9　部分地区公租房调整统计表**[②]

| 项目 | | 北京 | 杭州 | 重庆 |
|---|---|---|---|---|
| 优先序 | 选房顺序 | 审批时间/摇号 | 审批时间 | 摇号/审批时间[③] |
| | 是否优先于新租户 | 混合策略 | 不详 | 是 |
| 调整机制 | | B | B | A |
| 偏好表达 | 可选房源 | 空房源[④] | 空房源[⑤] | 空房源 |
| | 房源来源 | 同小区/其他小区 | 同小区/就近小区 | 同小区 |
| | 是否控制 | 是 | 是 | 是 |

注：A——RA 机制，即轮候人与房源随机配对；B——SD 机制，即按选房优先顺序依次选房，第一名首先选择，第二名在余下的房源中选择，以此类推

杭州、重庆较早提出公租房房源调整通知，2014 年 12 月北京也针对原租户

① 如原租户挑完新租户选，或者新租户挑完原租户选。

② 数据来源于各地公租房调换管理办法。

③ 重庆市《重庆市公共租赁住房换租操作办法(试行)》里规定“各小区首次接受换租申请时，在市公共租赁房管理局规定的时间段内提交申请的，采用摇号方式确定轮候顺序；其后提交申请的，按受理时间先后排列轮候顺序，依次排在摇号排序的末位申请人之后，申请受理时间以受理单记载的时间为准”。

④ 该方案为北京市 2017 年之前的公共租赁住房调整政策。

⑤ 该方案为杭州市 2017 年之前的公共租赁住房调整政策。

因结婚、生育等导致人口增加产生的住房调整需求，公布了详细、具体的公租房调整范围、原则及流程方案。从表 8-9 可以看出，杭州、重庆都规定了可调整的房源为同小区符合调整需求的空房源，杭州额外给出若同小区(项目)内确无相应户型房源的，住房保障部门可酌情提供就近房源的方案。北京在房源的调整来源区位上未做具体规定，通过审核的原租户按调整审批意见时间先后顺序在调整轮候需求库中进行排序，等待需求项目中合适房源套型出现，然后配租。此外还可登记参加市级或区县其他公租房项目摇号的配租活动。总体来看，上述城市的公租房调整流程，均重新给予原租户优先序及偏好表达，然后运用匹配机制进行匹配，一般流程如图 8-5 所示。

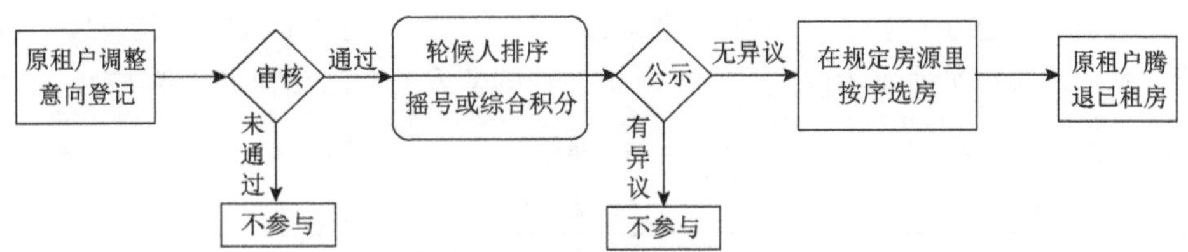


图 8-5　现有公租房调整一般流程图

通过表 8-9 和图 8-5 的归纳可知，各地方案都考虑了原租户因人口、租金、搬迁等引发的调整需求，尽管细节有所不同，但均对原租户重新排序轮候并给予其偏好的表达机会，是较为典型的双边匹配市场。从现有的调整机制看，管理部门也力求在原租户与新租户的公平和效率间保持平衡。采用的主要方法是专门为原租户提供房源①，虽然部分保护了原租户的利益，是帕累托改进的分配，但对于原租户与新租户均不一定是帕累托最优的结果。其原因在于三个方面。

第一，偏好表达的限制。上述城市对于申请调整的原租户，在审核通过后统一将其纳入轮候库，根据规定，在划拨的部分空房源中进行配租，这种方法简单易行，考虑了原租户的需求，同时减少了不必要流程和配租环节。但从整体看，新租户不能表达对划拨房源的偏好，原租户也不能表达对其他空房源的偏好，偏好表达不完全，即使都为真实偏好，调整结果也难以达到帕累托最优。

第二，优先权安排失衡。在划出的专门房源中让原租户优先于新租户，而在其他房源中让新租户优先。表面上看，分别保护了原租户与新租户的利益，尽管原租户与新租户的效用均有提高，但将新旧租户隔离安排优先权与匹配有失公允，如能混合安排新旧租户的优先序，双方的租房公平或效用可能存在进一步改进的空间。

第三，匹配机制的选择。与交换机制不同的是，调整机制大多采用在各自分

① 以本小区房源居多。

割的房源中，按某种优先序依次选房的匹配机制。

为说明以上三个问题，我们举例如下。

假设存在 4 位参与调整的租户有限集合为 $R=\{R_1,R_2,R_3,R_4\}=R'\cup R''$，房源集合为 $H=\{H_0,H_1,\cdots,H_4\}=H'\cup H''$。其中，需调整的原租户集合为 $R'=\{R_1\}$，他们对应的已租房集合为 $H'=\{H_1\}$；新租户集合为 $R''=\{R_2,R_3,R_4\}$，待分配的空置房源集合为 $H''=\{H_2,H_3,H_4\}$，其中划拨空房源 $H_4$ 满足原租户 $R_1$ 的调整需求，此时，新租户房源变为 $H''=\{H_2,H_3,H_1\}$，$H_0$ 表示未分到房。租户的租房效用集合为 $U=\{U_{kq}\}$，$k,q=1,2,3,4$，此时有 $U_{kq}=0,1,2,3,4$，意即如 $R_i$ 匹配到的房源 $H_q$ 为自己第一、第二、第三、第四喜欢的房源的效用分别为 4、3、2、1，未分到房的效用为 0。假定 3 位新租户的优先序为 $R_2,R_3,R_4$，租户调整前的状态及效用、申请者的房源偏好如表 8-10 和表 8-11 所示，则调整后的匹配结果如表 8-12 所示。

**表 8-10 调整前的状态及效用（一）**

| $R$ | $H$ | $U$ |
|---|---|---|
| $R_1$ | $H_1$ | 2 |
| $R_2$ | $H_0$ | 0 |
| $R_3$ | $H_0$ | 0 |
| $R_4$ | $H_0$ | 0 |

**表 8-11 申请者的房源偏好（一）**

| $P(R)$ | 1 | 2 | 3 | 4 |
|---|---|---|---|---|
| $R_1$ | $H_2$ | $H_4$ | $H_1$ | $H_3$ |
| $R_2$ | $H_4$ | $H_2$ | $H_4$ | $H_3$ |
| $R_3$ | $H_2$ | $H_4$ | $H_3$ | $H_1$ |
| $R_4$ | $H_1$ | $H_4$ | $H_2$ | $H_3$ |

**表 8-12 调整后的匹配结果**

| $R$ | $H$ | $U$ |
|---|---|---|
| $R_1$ | $H_4$ | 3 |
| $R_2$ | $H_2$ | 3 |
| $R_3$ | $H_3$ | 2 |
| $R_4$ | $H_1$ | 4 |

从表 8-12 的分配结果可以看出，调整之后，每个租户的租房效用得到改进，但是原租户 $R_1$ 与新租户 $R_2$ 并未分到自己最中意的房，如果允许交换，他们互换可以进一步改进效用到 4，可见这样的分配并非帕累托最优的，即使允许租户在分配以后交换来达到最优效果，比起一次完成执行效率低。

**命题 3** 对于新旧租户分离排序匹配的现行调整机制 $M$，$\exists R_i\in R'$，$\exists R_j\in R''$，对于 $\forall H_i\in H'''$，$\exists H_j\in H-H'''-H_i$，$H_jP(R_i)H_i$，$H_iP(R_j)H_j$，则机制 $M$ 是非帕累托最优且非公平的机制，却是个人理性且无策略的机制。

可见，现行的调整机制仍存在改进的空间。本章引入国外存在部分原租户住房分配的理论结论，希望找出适合我国公租房调整的改进机制。

### （二）公租房调整机制的优化

调整机制因涉及优先序与偏好表达，属于典型双边匹配市场。原租户与新租户完全隔离的市场是新旧租户都难以满足公平与社会福利最大化的市场。在我国的调整机制中，北京市提出在调整房源不充足的前提下，原租户可申请参加其他市级或区县的公租房摇号配租活动，首次将新旧租户纳入统一分配流程，是更具普适性的调整机制。这也与国外常用的保留权利的 SD 机制较为相似。

1. 保留权利的 SD 机制

保留权利的 SD 机制流程如下。

(1) 在信息不完全的再分配市场中，原租户可以选择参与新的配租活动或保留其已租房不参与其他配租。选择参与重新配租的原租户其已租房将同待配租房源一起作为空房源进入分配程序。

(2) 管理部门按照统一的规则（随机、综合评分等）决定所有参与者的优先序列。

(3) 优先序排第一的申请者可选择房源中其最偏好的住房。优先序排在第二位的申请者可选择剩余房源中他最偏好的住房，以此类推，直至房源分完或无人参与。

保留权利的 SD 机制尤其 RSD 机制是国内外广为应用的匹配机制，可保障某种优先序列下的无嫉妒公平，但从效用的角度看，仍存在改进空间。

假设存在 4 位参与调整的租户有限集合为 $R=\{R_1,R_2,R_3,R_4\}=R'\cup R''$，房源集合为 $H=\{H_0,H_1,\cdots,H_4\}=H'\cup H''$。其中需调整的原租户集合为 $R'=\{R_1\}$，它们对应的已租房集合为 $H'=\{H_1\}$；新租户集合为 $R''=\{R_2,R_3,R_4\}$，待分配的空房源集合为 $H''=\{H_2,H_3,H_4\}$，$H_0$ 表示未分到房。租户的房源效用集合为 $U=\{U_{kq}\}$，$k,q=1,2,3,4$，此时有 $U_{kq}=0,1,2,3,4$，意即如 $R_i$ 匹配到的 $H_q$ 为自己第一、第二、第三、第四喜欢的房源的效用分别为 4、3、2、1，未分到房的效用为 0。假定 4 位租户的初始状态及交换的偏好表达序列 $P(R_i)$ 如表 8-13 和表 8-14 所示。

**表 8-13　调整前的状态及效用（二）**

| $R$ | $H$ | $U$ |
|---|---|---|
| $R_1$ | $H_1$ | 2 |
| $R_2$ | $H_0$ | 0 |
| $R_3$ | $H_0$ | 0 |
| $R_4$ | $H_0$ | 0 |

**表 8-14　申请者的房源偏好（二）**

| $P(R)$ | 1 | 2 | 3 | 4 |
|---|---|---|---|---|
| $R_1$ | $H_2$ | $H_4$ | $H_1$ | $H_3$ |
| $R_2$ | $H_4$ | $H_1$ | $H_2$ | $H_3$ |
| $R_3$ | $H_2$ | $H_4$ | $H_3$ | $H_1$ |
| $R_4$ | $H_1$ | $H_4$ | $H_2$ | $H_3$ |

在不完全信息环境下，原租户 $R_1$ 并不了解其他人的偏好信息，此时他有两种选择：①继续租用 $H_1$，不参与此次调整配租程序；②放弃 $H_1$ 和新租户一起参与重新配租来达到住房调整。由表 8-14 中的偏好序 $P(R)$ 及不同的优先序可以得到

表 8-15、表 8-16 的匹配及统计结果。

**表 8-15　SD 机制下匹配结果**

| 优先序列 | $R_1$ 分配结果/效用 | $R_2$ 分配结果/效用 | $R_3$ 分配结果/效用 | $R_4$ 分配结果/效用 |
|---|---|---|---|---|
| $R_1$ $R_2$ $R_3$ $R_4$ | $H_2$ /4 | $H_4$ /4 | $H_3$ /2 | $H_1$ /4 |
| $R_1$ $R_2$ $R_4$ $R_3$ | $H_2$ /4 | $H_4$ /4 | $H_3$ /2 | $H_1$ /4 |
| $R_1$ $R_3$ $R_2$ $R_4$ | $H_2$ /4 | $H_1$ /3 | $H_4$ /3 | $H_3$ /1 |
| $R_1$ $R_3$ $R_4$ $R_2$ | $H_2$ /4 | $H_3$ /1 | $H_4$ /3 | $H_1$ /4 |
| $R_1$ $R_4$ $R_2$ $R_3$ | $H_2$ /4 | $H_4$ /4 | $H_3$ /2 | $H_1$ /4 |
| $R_1$ $R_4$ $R_3$ $R_2$ | $H_2$ /4 | $H_3$ /1 | $H_4$ /3 | $H_1$ /4 |
| $R_2$ $R_1$ $R_4$ $R_3$ | $H_2$ /4 | $H_4$ /4 | $H_3$ /2 | $H_1$ /4 |
| $R_2$ $R_1$ $R_3$ $R_4$ | $H_2$ /4 | $H_4$ /4 | $H_3$ /2 | $H_1$ /4 |
| $R_2$ $R_3$ $R_1$ $R_4$ | $H_1$ /2 | $H_4$ /4 | $H_2$ /4 | $H_3$ /1 |
| $R_2$ $R_3$ $R_4$ $R_1$ | $H_3$ /1 | $H_4$ /4 | $H_2$ /4 | $H_1$ /4 |
| $R_2$ $R_4$ $R_1$ $R_3$ | $H_2$ /4 | $H_4$ /4 | $H_3$ /2 | $H_1$ /4 |
| $R_2$ $R_4$ $R_3$ $R_1$ | $H_3$ /1 | $H_4$ /4 | $H_2$ /4 | $H_1$ /4 |
| $R_3$ $R_1$ $R_2$ $R_4$ | $H_4$ /3 | $H_1$ /3 | $H_2$ /4 | $H_3$ /1 |
| $R_3$ $R_1$ $R_4$ $R_2$ | $H_4$ /3 | $H_3$ /1 | $H_2$ /4 | $H_1$ /4 |
| $R_3$ $R_2$ $R_1$ $R_4$ | $H_1$ /2 | $H_4$ /4 | $H_2$ /4 | $H_3$ /1 |
| $R_3$ $R_2$ $R_4$ $R_1$ | $H_3$ /1 | $H_4$ /4 | $H_2$ /4 | $H_1$ /4 |
| $R_3$ $R_4$ $R_1$ $R_2$ | $H_4$ /3 | $H_3$ /1 | $H_2$ /4 | $H_1$ /4 |
| $R_3$ $R_4$ $R_2$ $R_1$ | $H_3$ /1 | $H_4$ /4 | $H_2$ /4 | $H_1$ /4 |
| $R_4$ $R_1$ $R_2$ $R_3$ | $H_2$ /4 | $H_4$ /4 | $H_3$ /2 | $H_1$ /4 |
| $R_4$ $R_1$ $R_3$ $R_2$ | $H_2$ /4 | $H_3$ /1 | $H_4$ /3 | $H_1$ /4 |
| $R_4$ $R_2$ $R_1$ $R_3$ | $H_2$ /4 | $H_4$ /4 | $H_3$ /2 | $H_1$ /4 |
| $R_4$ $R_2$ $R_3$ $R_1$ | $H_3$ /1 | $H_4$ /4 | $H_2$ /4 | $H_1$ /4 |
| $R_4$ $R_3$ $R_1$ $R_2$ | $H_4$ /3 | $H_3$ /1 | $H_2$ /4 | $H_1$ /4 |
| $R_4$ $R_3$ $R_2$ $R_1$ | $H_3$ /1 | $H_4$ /4 | $H_2$ /4 | $H_1$ /4 |

**表 8-16 SD 机制下匹配结果统计表**

| 占比 | $R_1$ 分配结果及效用 | $R_2$ 分配结果及效用 | $R_3$ 分配结果及效用 | $R_4$ 分配结果及效用 |
|---|---|---|---|---|
| 1/3 | $H_2$ /4 | $H_4$ /4 | $H_3$ /2 | $H_1$ /4 |
| 1/24 | $H_2$ /4 | $H_1$ /3 | $H_4$ /3 | $H_3$ /1 |
| 1/8 | $H_2$ /4 | $H_3$ /1 | $H_4$ /3 | $H_1$ /4 |
| 1/12 | $H_1$ /2 | $H_4$ /4 | $H_2$ /4 | $H_3$ /1 |
| 1/4 | $H_3$ /1 | $H_4$ /4 | $H_2$ /4 | $H_1$ /4 |
| 1/24 | $H_4$ /3 | $H_1$ /3 | $H_2$ /4 | $H_3$ /1 |
| 1/8 | $H_4$ /3 | $H_3$ /1 | $H_2$ /4 | $H_1$ /4 |

从表 8-15 和表 8-16 可以看出，在新旧租户共同排序时，有 66.67%的原租户的租房效用高于已租房，其中分到最喜欢的房子 $H_4$ 的概率为 50%，8.33%的概率与已租房相同，但也有 25%的概率原租户 $R_1$ 可能分到房源 $H_3$，住房效用下降，从而导致整体再分配不能满足帕累托有效的目标。此时，害怕风险的原租户也许因为不确定的结果而放弃调整，虽然可以保证自己现有的利益，但失去了调整的机会。

**命题 4** 对于保留权利的序列独裁调整机制 $M$，若存在优先序为 $i$ 的$R_i \in R'$，其已租房为 $H_i \in H'$，再次配租的公租房为 $H_k$；若存在优先序为 $j$ 的$R_j \in R''$，且 $j > i$，若对 $\forall H_j \in H - H_i$,有$H_i P(R_j) H_j$，且 $U_{ii} > U_{ik}$，则机制 $M$ 是非帕累托最优且非个人理性的机制，却是公平和无策略的机制。

尽管保留权利的序列独裁机制为原租户在区位和房源上提供了更大的调整空间，但实际操作中优先序的确定及各类租户的偏好都影响着最终的分配结果，使得调整中不能保证原租户再分配的住房效用大于或等于原租房，厌恶风险的原租户即使有调整需求但最终会选择保留自己当前的住房而放弃参与再分配，导致调整机制的实践意义降低。尽管 SD 机制在混合排序下能满足无嫉妒式公平，但理论与实践界均不懈努力寻求更接近帕累托最优的匹配机制，其中被广泛证明帕累托有效的、个人理性的、无策略的最优机制是改进的 G-TTC 机制。

2. TTC 机制

存在原租户情境下，由 G-TTC 机制改进而来的 TTC 机制是在房屋交换市场中 Gale 的顶层交易循环机制的基础上发展而来的，其运行流程如下。

(1) 管理部门按照统一的规则(如随机、综合评分等)决定所有参与者的优先序列。

(2) 所有租户表达对所有房源可交换房源偏好序 $P(R)$。

(3) 已租房集合 $H'$ 中的每个 $H_i$ 指向其对应原租户 $R_i$，空房源集合 $H''$ 中的每个 $H_j$ 则指向最高优先序的租户 $R_i$。

(4) 每个租户 $R_i$ 指向其偏好序中排在最前端的公租房。

(5) 第一轮，在有限集合 $H$-$R$ 形成的指向中，至少会形成一个指向循环，此时，形成的循环中的租户及其得到的房屋一起退出分配程序。未进入循环的申请者和房屋，则进入下一轮的分配。

(6) 余下未退出分配的租户，如第一偏好的房子已被选走，则指向第二偏好的房子。未分出的每个已租房 $H_i$ 仍指向其对应原租户 $R_i$，未分出每个空房源 $H_i$ 则指向余下的最高优先序的租户。形成的指向循环中的租户和房同时退出。

(7) 重复前一个步骤，直到所有人都交换完毕退出分配，匹配过程结束。

为清晰原理，我们举例如下。

假设情景与表 8-13 和表 8-14 一致，4 位租户的优先序为 $R_3$、$R_4$、$R_2$、$R_1$。

第一轮，租户与房源的相互偏好指向如图 8-6 (a) 所示，从图 8-6 (a) 中可见 $R_3$—$H_2$ 是一个指向循环，所以新租户 $R_3$ 与空房源 $H_2$ 匹配并退出分配。

第二轮，$R_3$—$H_2$ 退出后的租户与房源的相互偏好指向如图 8-6 (b) 所示，从图 8-6 (b) 中可见 $R_1$—$H_4$—$R_4$—$H_1$—$R_1$ 是一个指向循环，所以新租户 $R_4$ 与已租房 $H_1$、原租户 $R_1$ 与空房源 $H_4$ 匹配并退出分配。

第三轮，在租户 $R_1$ 与 $R_4$、住房 $H_1$ 与 $H_4$ 退出分配后，租户与房源的相互偏好指向如图 8-6 (c) 所示，从图 8-6 (c) 中可见 $R_2$—$H_3$ 是一个指向循环，所以新租户 $R_2$ 与空房源 $H_3$ 匹配并退出分配，分配到此结束。

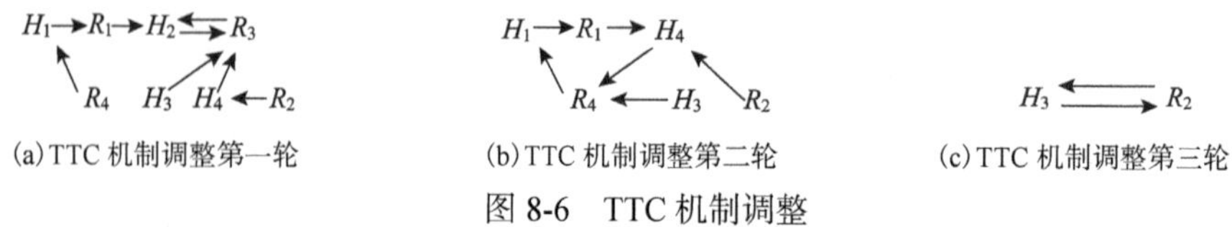


(a) TTC 机制调整第一轮　(b) TTC 机制调整第二轮　(c) TTC 机制调整第三轮

图 8-6　TTC 机制调整

3. YRMH-IGYT 机制

TTC 机制为公租房再分配调整提供了优化的方向。然而，在公租房调整实践中，参与调整的房源通常多于交换机制 (可能达到成百上千套)，要求租户真实表达对所有房源的偏好，在偏好序的基础上再运用 TTC 机制形成多重匹配循环圈，才可能得到帕累托最优的资源配置结果。本章对 TTC 机制的例证也是在固定了房源和原租户数量的前提下得到的结论。事实上，这对有限理性的租户来说确实不是件容易的事，采用与其等价的 YRMH-IGYT 机制或许是一个较好的解决方法。YRMH-IGYT 机制结合了 SD 机制的选房特点，无须申请者同时对所有房源进行偏好排序再进行匹配，并保持了 TTC 机制的原租户参与调整不承担风险的优势。

其运行过程如下。

(1)管理部门按照统一的规则(如随机、综合评分等)决定所有参与者的优先序列。

(2)优先序排第一的申请者选择他最偏好的房源进行配对。优先序排在第二位的申请者到剩余房源中选择他最偏好的房源进行配对，以此类推，直到遇见新租户希望选择的房源为原租户的已租房。

(3)当(2)中的冲突发生，原租户在待选房序列中却尚未匹配到合适房源[①]，则将原租户在优先序列中的排名移动到优先序列最前端，并按步骤(2)继续分配，直至无房可分或无人参与。

为清晰机制的具体流程，举例如下。

假设情景与表 8-13 和表 8-14 一致，从表 8-15 可以看出，当新租户 $R_i$ 的优先序高于原租户 $R_1$，并有 $H_1P(R_i)H_j$，$j=2,3,4$，即 $R_i$ 最偏爱原租户 $R_1$ 的已租房 $H_1$，在 YRMH-IGYT 机制下，当 $R_i$ 依序选择原租户 $R_1$ 的已租房 $H_1$ 时，将 $R_1$ 的优先序提到顶部，调整优先序后分配结果及统计结果变化如表 8-17、表 8-18 所示。

**表 8-17　YRMH-IGYT 机制下匹配结果**

| 优先序列 | 调整后优先序列（只显示调整过） | $R_1$ 分配结果/效用 | $R_2$ 分配结果/效用 | $R_3$ 分配结果/效用 | $R_4$ 分配结果/效用 | 有无嫉妒 |
|---|---|---|---|---|---|---|
| $R_1\ R_2\ R_3\ R_4$ | | $H_2$/4 | $H_4$/4 | $H_3$/2 | $H_1$/4 | |
| $R_1\ R_2\ R_4\ R_3$ | | $H_2$/4 | $H_4$/4 | $H_3$/2 | $H_1$/4 | |
| $R_1\ R_3\ R_2\ R_4$ | | $H_2$/4 | $H_1$/3 | $H_4$/3 | $H_3$/1 | |
| $R_1\ R_3\ R_4\ R_2$ | | $H_2$/4 | $H_3$/1 | $H_4$/3 | $H_1$/4 | |
| $R_1\ R_4\ R_2\ R_3$ | | $H_2$/4 | $H_4$/4 | $H_3$/2 | $H_1$/4 | |
| $R_1\ R_4\ R_3\ R_2$ | | $H_2$/4 | $H_3$/1 | $H_4$/3 | $H_1$/4 | |
| $R_2\ R_1\ R_4\ R_3$ | | $H_2$/4 | $H_4$/4 | $H_3$/2 | $H_1$/4 | |
| $R_2\ R_1\ R_3\ R_4$ | | $H_2$/4 | $H_4$/4 | $H_3$/2 | $H_1$/4 | |
| $R_2\ R_3\ R_1\ R_4$ | | $H_1$/2 | $H_4$/4 | $H_2$/4 | $H_3$/1 | |
| $R_2\ R_3\ R_4\ R_1$ | $R_2\ R_3\ R_1\ R_4$ | $H_1$/2 | $H_4$/4 | $H_2$/4 | $H_3$/1 | 有 |
| $R_2\ R_4\ R_1\ R_3$ | $R_2\ R_1\ R_4\ R_3$ | $H_2$/4 | $H_4$/4 | $H_3$/2 | $H_1$/4 | |
| $R_2\ R_4\ R_3\ R_1$ | $R_2\ R_1\ R_4\ R_3$ | $H_2$/4 | $H_4$/4 | $H_3$/2 | $H_1$/4 | 有 |
| $R_3\ R_1\ R_2\ R_4$ | | $H_4$/3 | $H_1$/3 | $H_2$/4 | $H_3$/1 | |

① 或者说原租户的选房次序未到。

续表

| 优先序列 | 调整后优先序列（只显示调整过） | $R_1$ 分配结果/效用 | $R_2$ 分配结果/效用 | $R_3$ 分配结果/效用 | $R_4$ 分配结果/效用 | 有无嫉妒 |
|---|---|---|---|---|---|---|
| $R_3$ $R_1$ $R_4$ $R_2$ | | $H_4$ /3 | $H_3$ /1 | $H_2$ /4 | $H_1$ /4 | |
| $R_3$ $R_2$ $R_1$ $R_4$ | | $H_1$ /2 | $H_4$ /4 | $H_2$ /4 | $H_3$ /1 | |
| $R_3$ $R_2$ $R_4$ $R_1$ | $R_3$ $R_2$ $R_1$ $R_4$ | $H_1$ /2 | $H_4$ /4 | $H_2$ /4 | $H_3$ /1 | 有 |
| $R_3$ $R_4$ $R_1$ $R_2$ | $R_3$ $R_1$ $R_4$ $R_2$ | $H_4$ /3 | $H_3$ /1 | $H_2$ /4 | $H_1$ /4 | |
| $R_3$ $R_4$ $R_2$ $R_1$ | $R_3$ $R_1$ $R_4$ $R_2$ | $H_4$ /3 | $H_3$ /1 | $H_2$ /4 | $H_1$ /4 | 有 |
| $R_4$ $R_1$ $R_2$ $R_3$ | $R_1$ $R_4$ $R_2$ $R_3$ | $H_2$ /4 | $H_4$ /4 | $H_3$ /2 | $H_1$ /4 | |
| $R_4$ $R_1$ $R_3$ $R_2$ | $R_1$ $R_4$ $R_3$ $R_2$ | $H_2$ /4 | $H_3$ /1 | $H_4$ /3 | $H_1$ /4 | |
| $R_4$ $R_2$ $R_1$ $R_3$ | $R_1$ $R_4$ $R_2$ $R_3$ | $H_2$ /4 | $H_4$ /4 | $H_3$ /2 | $H_1$ /4 | |
| $R_4$ $R_2$ $R_3$ $R_1$ | $R_1$ $R_4$ $R_2$ $R_3$ | $H_2$ /4 | $H_4$ /4 | $H_3$ /2 | $H_1$ /4 | 有 |
| $R_4$ $R_3$ $R_1$ $R_2$ | $R_4$ $R_3$ $R_2$ | $H_2$ /4 | $H_3$ /1 | $H_4$ /3 | $H_1$ /4 | 有 |
| $R_4$ $R_3$ $R_2$ $R_1$ | $R_1$ $R_4$ $R_3$ $R_2$ | $H_2$ /4 | $H_3$ /1 | $H_4$ /3 | $H_1$ /4 | 有 |

**表 8-18　YRMH-IGYT 机制下匹配结果统计表**

| 占比 | $R_1$ 分配结果/效用 | $R_2$ 分配结果/效用 | $R_3$ 分配结果/效用 | $R_4$ 分配结果/效用 |
|---|---|---|---|---|
| 10/24 | $H_2$ /4 | $H_4$ /4 | $H_3$ /2 | $H_1$ /4 |
| 1/24 | $H_2$ /4 | $H_1$ /3 | $H_4$ /3 | $H_3$ /1 |
| 5/24 | $H_2$ /4 | $H_3$ /1 | $H_4$ /3 | $H_1$ /4 |
| 4/24 | $H_1$ /2 | $H_4$ /4 | $H_2$ /4 | $H_3$ /1 |
| 1/24 | $H_4$ /3 | $H_1$ /3 | $H_2$ /4 | $H_3$ /1 |
| 3/24 | $H_4$ /3 | $H_3$ /1 | $H_2$ /4 | $H_1$ /4 |

由表 8-17 和表 8-18 可看出，原租户 $R_1$ 在 YRMH-IGYT 机制下，调整后的住房最低效用保持为 2，且有希望调整到更为喜欢的住房。对比 SD 机制，YRMH-IGYT 机制与 TTC 一样，充分考虑了原租户效用，机制中一旦出现可能使原租户效用降低的冲突，对原租户的保全优先机制便会被触发，原租户参与调整将不承担效用降低的风险，从而为产生调整需求的原租户提供了效用保障。因此，该机制满足个人理性的条件。同时在该机制中，申请者只有表达真实偏好才是占优策略，即不能通过表达不真实的偏好使分配结果更有利于自己效用的提高，因此，

保全优先机制是防策略的。Sönmez 和 Ünver (2010) 证明了 YRMH-IGYT 机制与改进的 TTC 机制的匹配结果相同，即在任何合理的优先序下，得到的分配结果都能满足原租户效用不减的前提下的帕累托最优。

相比 TTC 机制，YRMH-IGYT 机制无须租户表达对所有房源的偏好就能得到帕累托最优的分配结果，但有执行效率不高的不足。以 1000 套房源为例，每个申请人选房时间 5 分钟，大约 10 天可选完。此外，如果申请人在 5 分钟时间内由于认知不全出现决策偏差，则妨碍达到效用的完美状态。

至于公平性，从表 8-17 也可以看出，出于保护原租户利益的考虑，有 12 次将原租户的优先序提到前端，其中 7 次有嫉妒产生，所以并不能满足优先序下无嫉妒的公平标准。

**命题 5** 存在部分原租户的 TTC 机制等价于 YRMH-IGYT 机制，二者均是个人理性、无策略且帕累托最优的机制，却不一定是公平的机制。

从以上分析可得出，在优先序为 $R_3, R_4, R_2, R_1$ 时，三种机制下调整的结果如表 8-19 所示。其结果表明并无一个稳定的机制能同时满足公平与效率的目标。

表 8-19 三种机制下的调整结果及效用

| SD | $H$ | $U$ | TTC | $H$ | $U$ | YRMH-IGYT | $H$ | $U$ |
|---|---|---|---|---|---|---|---|---|
| $R_1$ | $H_3$ | 1 | $R_1$ | $H_4$ | 3 | $R_1$ | $H_4$ | 3 |
| $R_2$ | $H_4$ | 4 | $R_2$ | $H_3$ | 1 | $R_2$ | $H_3$ | 1 |
| $R_3$ | $H_2$ | 4 | $R_3$ | $H_2$ | 4 | $R_3$ | $H_2$ | 4 |
| $R_4$ | $H_1$ | 4 | $R_4$ | $H_1$ | 4 | $R_4$ | $H_1$ | 4 |

## 五、小结

本章对于现行公租房再分配交换机制的性能进行了分析，现行交换机制是一种帕累托改进的机制，存在进一步优化的空间。为提高公租房再分配交换的公平性和效率，提出了放松原租户的偏好表达限制，使得租户充分表达自己的真实偏好，利用信息系统并运用 G-TTC 机制自动寻找循环圈，集中多次自动两两交换，提高执行效率并得到帕累托最优的结果。

公租房的调整是一类更为复杂的再分配问题，难点在于原租户与新租户间公平及效率的权衡。目前将原租户与新租户分开配租的机制是既非帕累托最优也非公平的机制。在混合配租下，保留权利的 SD 机制，不能保证原租户的福利不下降，是非帕累托最优的却是公平的机制。而从理论上看，存在部分原租户改进的 G-TTC 机制(TTC 机制)等价于 YRMH-IGYT 机制，二者均是个人理性、无策略且帕累托最优的机制，却不一定能满足无嫉妒式公平。

尽管理论上证明了 TTC 机制与 YRMH-IGYT 机制的良好性能，但住房匹配实验对其的实证检验也表明，在不完全信息环境下运用 TTC 机制，被试真实偏好的表达率较低，直接导致其租房效用下降。而基于 SD 机制的 YRMH-IGYT 机制虽能解决信息问题，但大大降低了执行效率。究竟哪种机制更适合我国公租房再分配实践，不仅需要平衡定位公平与效率的目标，更需要运用实验经济学方法进行充分比较与证实。

# 第九章　保障性住房后期管理问题研究

随着我国传统住房福利制度的改革及住房市场的发展，中低收入群体住房支付能力不足已成为我国住房问题的关键，为有效解决中低收入群体住房支付能力问题，我国政府在初期，通过提供廉租房和经济适用房解决城市居民家庭住房支付能力问题。同期，我国城市化进程加速，廉租房和经济适用房制度无法有效覆盖城市化进程中城市新移民，加之廉租房与经济适用房制度本身的不完善，我国政府于2009年开始推进公租房，以此弥补廉租房和经济适用房在解决低收入群体住房问题方面的不足。在此背景下，我国各地方政府近年来通过探索与完善住房保障体系，特别是随着近期保障性住房并轨的推行，公租房将成为统领我国保障性住房的组成主体。保障性住房后期管理是保障性住房建设后在使用中的延续，是保障性住房制度实施的一个重要组成部分，同时关系到住房保障制度是否可持续。一旦保障性住房后期管理不善，保障性居住小区就可能演变成贫民窟，与保障性住房建设的初衷背道而驰。在实践中，随着保障性住房项目相继建设完工，保障性住房的工作重心将逐渐由建设环节转移到后期管理环节。然而，从全国范围来看，保障性住房的后期管理还没有较为成熟的管理模式，各地在保障性住房后期管理实践中还面临很多的具体问题。因此有必要以整体的保障性住房后期管理视角，从厘清保障性住房后期管理的概念出发，通过分析保障性住房后期管理在当前实践层面凸显的主要问题，从整体上完善保障性住房后期管理的顶层设计及相关举措。

## 一、保障性住房后期管理的概念界定①

在我国，保障性住房并没有明确、具体和统一的概念，而是泛指在我国住房制度改革过程中和住房市场发展中，为解决城市中低收入家庭住房问题所提出的各种城镇住宅建设中较具特殊性的一类住宅，通常指根据国家政策及法律法规的规定，由政府统一规划、统筹，提供给特定的人群使用，并且对该类住房的建造标准和销售价格或租金标准给予限定，起社会保障作用的住房。根据我国相关住

① 本章所涉及政策均来源于中国政府网、各地区住房保障和房屋管理局等相关官网。

房制度的界定，保障性住房包含经济适用房、廉租房、公租房、定向安置房、限价商品房和安居商品房等。由于保障性住房包含的种类较多，既有产权式保障性住房又有租赁式保障性住房，每种类型的保障性住房针对的保障对象又有严格不同的准入条件，同时代表不同的保障标准层级和不同的保障目的。为此，保障性住房的后期管理在全国范围内也没有具体统一的界定。只有部分地方政府，通过地方性法规对保障性住房的后期管理进行明确的规范化管理，如 2011 年 4 月，河北省秦皇岛市颁布的《秦皇岛市保障性住房后期管理办法(试行)》中指出："保障性住房后期管理，是指建设完成的保障性住房(主要包括廉租住房、公共租赁住房、经济适用住房、限价商品住房等)移交、租赁、进住等环节以及入住后的管理工作，包括物业管理、资格动态管理和其它相关管理。"2012 年 8 月，安徽省六安市颁布《六安市保障性住房分配和后期管理暂行办法》。

理论上说，保障性住房管理包含保障性住房建设与使用全过程的管理，但保障性住房后期管理由于跨越的时间长，面临的主体多，管理的内容琐碎，是保障性住房管理的重中之重，常言道"三分建，七分管"正说明保障性住房后期管理的重要性。当前无论从理论界还是保障性住房的主管部门都意识到保障性住房后期管理的重要性，但对保障性住房的管理无论从制度层面还是实践过程中都还停留在全过程的管理，没有对保障性住房的管理进行细化，特别是我国保障性住房相关制度并没有对保障性住房后期管理进行统一界定。实践中，各地对保障性住房后期管理存在着分歧，这种分歧主要体现在后期管理介入的时间点上，杨华凯(2012)认为，保障性住房的后期管理应该从保障性住房建成后开始，包括保障性住房的准入、分配或配租、退出、租赁管理等内容。陈源(2014)认为，保障性住房的后期管理应该从保障对象的入住开始，也就是不包含保障性住房建成后的首次准入和分配，从介入时间上看，从保障对象的首次入住开始，包括以后的动态进入与退出、租赁管理、出售管理、物业管理和监督等内容。

保障性住房后期管理的重点体现在保障对象入住以后，以保障性住房为依托，即对保障性住房进行管理，又对保障对象进行管理，同时需要确保保障性住房运营的可持续。我们认为，保障性住房后期管理是指保障性住房在建设竣工验收后，经住房保障主管单位，按照有关的准入与分配标准，分配给符合条件的住房保障对象，并在住房保障对象入住后，对已投入使用的保障性住房进行的动态进入与退出、租赁管理、出售管理、物业管理及社区管理。从一定意义上讲，保障性住房的后期管理，既包含对单纯从住房保障视角的管理，如保障性住房在使用过程中的进入与退出、维修、营运、监督等，还包括从社会管理视角对保障对象的管理和从市场服务购买视角的物业管理，以及这三种不同视角、不同运行体系的管理之间的相互合作。

## 二、保障性住房“三房并轨”的推进

随着我国保障性住房发展与改革的不断推进，保障性住房中的经济适用房、廉租房和公租房构成了我国保障房的主体，分别是我国政府在不同的住房改革和发展阶段，针对不同的经济与社会发展背景所提出的保障性住房政策。这三种住房同时是我国保障性住房的三种主要形式。其中，经济适用房可以买，属于产权式保障性住房；廉租房和公租房只能租，属于租赁式保障性住房。而且廉租房跟公租房又有所不同，廉租房主要的覆盖人群为城市贫困家庭，可以长期出租，而公租房主要针对我国城市化进程中的新就业人群，出租时间一般不超过五年。如果以户籍为划分标准，经济适用房和廉租房主要针对具有城市户籍的家庭，而公租房则没有城市户籍限制，扩宽到所有在城市就业的中低收入家庭。

由于这三类保障性住房在政策设计上不完善，存在政策实施的盲点，特别是经济适用房存在很大的争议，这个过程存在较多问题，尤其在管理上存在信息不畅通与难以衔接等问题，也对保障性住房的后期退出和监督管理带来很多困难。因此，各地方政府积极探索保障性住房的并轨，开始了“三房并轨”的探索与发展。例如，安徽省铜陵市作为全国较早探索保障房并轨的城市之一，2011 年 9 月出台了《铜陵市保障性住房建设管理办法》，探索出了“并轨运行，租补分离，分档补贴，先租后售，共有产权”的住房保障制度架构。公租房、廉租房并轨，目前各地已有不少探索。2013 年江苏省开始试点公租房与廉租房并轨，以实现房源的互通与共享。在试点城市扬州，实行“租补分离、梯度保障”，当廉租房保障家庭收入提高后，如符合条件可纳入公租房保障范畴，而不是让其一退了之。武汉市在 2013 年 6 月，正式启动公租房申请，暂停经济适用房的申请，对以往符合经济适用房的城镇低收入家庭，优先配租公租房，通过“以家庭收入不同，确定不同租金补贴标准，实施收支分离”，积极探索“经济适用房、公租房与廉租房”的并轨。郑州市不再销售经济适用房，改为向应保群体出租。山东烟台也进行了“三房并轨”试点。

除上述试点外，2013 年 5 月，国务院在批准国家发改委《关于 2013 年深化经济体制改革重点工作的意见》中明确要求，健全保障性住房分配制度，有序推进公租房、廉租房并轨。2013 年 10 月 29 日，习近平总书记在中共中央政治局就“加快推进住房保障体系和供应体系建设不断实现全体人民住有所居的目标”第十次集体学习会上指出，加快推进住房保障和供应体系建设，要处理好政府提供公共服务和市场化的关系、住房发展的经济功能和社会功能的关系、需要和可能的关系、住房保障和防止福利陷阱的关系。[①]从目前保障性住房的建设与管理来看，各

① 《习近平：加快推进住房保障和供应体系建设 不断实现全体人民住有所居的目标》，http://cpc.people.com.cn/n/2013/1030/c64094-23379624.html[2018-10-11]。

地区正在逐步形成以公租房为主体的保障房趋势，并将保障性住房统一归并于公租房，实施保障性住房一揽子方案。例如，从保障性住房投入资金开始，保障性住房资金不再细分，统一规划使用，保障性住房用地指标、建设指标、竣工及投入使用等指标统筹，由地方政府根据具体情况统一规划，入住后的保障性住房按市场水平收取租金，分级补贴。

## 三、保障性住房后期管理制度现状

从当前保障房的后期管理制度建设状况来看，各地都在不断探索和总结经验，有些省区市已相对走在前面，形成了较完善的制度体系，为促进公租房规范化管理提供了保障。从地方实践探索情况看，常州市是全国首个建设公租房的城市，在 2009 年 8 月正式颁布《常州市市区公共租赁住房管理办法》，这是全国首个地方性的公租房法规。总的来看，我国在公租房后期管理制度建设上取得了一定的成效，主要表现在以下几方面。

一是出台了地方法规，强力保障了公租房管理工作的实施。厦门市于 2009 年在全国率先出台了住房保障工作的地方性法规《厦门市社会保障性住房管理条例》，2015 年 7 月厦门再次对其进行征稿修订；深圳市于 2010 年出台了《深圳市保障性住房条例》。二是针对公租房管理的整个不同环节出台了相关具体规定，保障了具体操作的规范性。例如，北京制定了专门针对后期管理的《北京市公共租赁住房后期管理暂行办法》；武汉出台了《关于进一步加强公共租赁住房管理的通知》；重庆市出台了《重庆市公共租赁住房管理实施细则》；天津市出台了《天津市基本住房保障管理办法》《天津市公共租赁住房管理办法(试行)》等。三是出台了公租房基本管理办法，即公租房管理办法、意见及实施细则。北京市出台了《关于进一步加强廉租住房与公共租赁住房并轨分配及运营管理有关问题的通知》；成都市出台了《关于实施公共租赁住房和廉租住房并轨运行的通知》等。此外还出台了涉及公租房的移交管理、租户续租管理、合同管理及后续运营资金等管理办法。表 9-1、表 9-2、表 9-3 分别列举了部分具有代表性的政策制度。这些政策的出台，完善了公租房后期管理，从制度上保证了公租房后期管理的顺利持续发展。

**表 9-1　公租房准入管理规定**

| 地区 | 公租房后期管理中进入管理规定 |
|---|---|
| 北京 | 《关于进一步完善我市保障性住房申请、审核、分配政策有关问题的通知》 |
| 上海 | 《上海市人民政府办公厅转发市住房保障房屋管理局等三部门关于加强本市区(县)和街道(镇、乡)住房保障事务管理工作意见》《关于实施本市保障性租赁住房承租人户口和居住地服务管理的若干意见(试行)》《市筹公共租赁住房准入资格申请审核实施办法》 |

续表

| 地区 | 公租房后期管理中进入管理规定 |
|---|---|
| 成都 | 《成都市城乡房产管理局关于中心城区公共租赁住房申请、审核及配租管理问题的通知》 |
| 天津 | 《天津市廉租住房管理办法》《天津市经济租赁房补贴管理规定》《关于做好住房保障家庭财产核查工作的意见》 |
| 武汉 | 《市房管局关于印发武汉市公共租赁住房保障资格申请家庭人口和住房状况认定办法的通知》《关于公布 2013 年公共租赁住房收入和住房资格条件的通知》《关于调整武汉市公共租赁住房租赁资格审核流程的通知》《武汉市保障性住房申请条件及保障标准》 |
| 厦门 | 《关于存量经济适用住房和保障性商品房选房户申请以租赁方式进行过渡的工作流程》《厦门市保障性租赁房租赁期满承租资格再审核操作办法》 |

**表 9-2　公租房分配管理规定**

| 地区 | 公租房后期管理中的分配管理相关规定 |
|---|---|
| 北京 | 针对首次进入分配的《关于〈进一步加强北京市公共租赁住房分配管理〉的通知》，并依据家庭情况的变动情况，出台了《关于进一步完善保障性住房资格审核中家庭人员结构变化处理意见的通知》《关于北京市公共租赁住房调换及调整试点工作的通知》 |
| 上海 | 《关于做好市筹公共租赁住房换租工作的通知》 |
| 深圳 | 《深圳市公共租赁住房轮候与配租暂行办法》 |
| 成都 | 《关于印发〈成都市中心城区保障性住房互换办法〉的通知》《关于印发〈成都市中心城区公共租赁住房配租细则〉的通知》 |
| 重庆 | 《关于下达 2015 年公共租赁住房分配入住目标任务的通知》《关于印发〈重庆市公共租赁住房管理实施细则〉的补充通知》 |
| 武汉 | 《武汉市公共租赁住房登记摇号选房管理暂行办法》 |
| 厦门 | 《关于印发〈厦门市公务人员保障性租赁房选房操作办法〉的通知》 |

**表 9-3　公租房的租金与补贴管理规定**

| 地区 | 公租房后期管理中的租赁价格与补贴管理相关规定 |
|---|---|
| 成都 | 《成都市公共住房管理中心房屋租赁价格确定办法》《关于印发〈成都市中心城区符合廉租租金标准的公共租赁住房租金减免申请及审核规定〉的通知》 |
| 重庆 | 重庆出台针对租金收入管理的《重庆市市级公共租赁住房租金收入管理暂行办法》 |
| 武汉 | 《关于公布我市 2014 年公共租赁住房相关补贴标准的通知》《关于公布我市 2014 年公共租赁住房租金补贴面积标准的通知》《关于印发〈武汉市公共租赁住房租金和补贴管理暂行规定〉的通知》 |
| 厦门 | 《关于印发〈厦门市社会保障性租赁房租金计算办法〉(试行)的通知》 |
| 天津 | 《天津市经济租赁房租房补贴管理规定》 |

### (一)政府管理的发展与做法

北京、上海形成了由组织领导、行政管理、事务管理、运营管理构成的管理体系。具体为：成立了市、区、街道各级住房保障领导小组，形成三级组织领导体制，主要负责重大决策及重要协调；由市、区、街道住房保障行政主管部门(街道为住房保障科)形成行政管理三级体制，负责贯彻执行上级住房保障法律法规、政策方针，制定政策、计划(规划)，监督并指导住房保障政策落实等行政管理事项；成立由市、区住房保障工作机构及街道社会事务所(服务中心)组成的住房保障事务服务管理三级体制，各级分别负责实施性政策及计划编制、房源调配、区县业务指导及监管考核，申请人资格审核公示、配租、公租房后期监督管理等；成立了市、区公租房建设运营公司，按照“谁投资、谁所有、谁管理”原则，由产权单位负责公租房出租管理、物业管理等。此外，需要特别指出的是武汉市的做法。2014 年底，武汉市住房保障管理中心与各区住房保障和房屋管理局完成了廉租住房后期管理工作的移交。2015 年在并轨的前提下，武汉市房屋管理科从传统的“直管”转变为“监管”，实现了新的公租房运营管理模式。

#### 1. 公租房出租管理

首先是进入管理。公租房准入条件一般包括户籍、工作、收入、住房、资产等限制。在审查程序方面，多数省区市建立了房管等多部门审查协作机制，实行市、区、街道三级审核公示程序。在住房保障管理信息系统建设上，北京市、上海市实现市、区县、街道三级联网，天津市实现与住房产权产籍、住房公积金、社会保险等专业数据库的系统连接。在租赁合同签订上，获得入住资格的申请人与产权单位或产权单位委托的管理机构签订。杭州还规定可运用公证制度实施契约管理，增强合同履行效力。

其次是租金管理。各省区市主要有四种租金定价方式。一是市场定价，政府分档补贴。例如，北京市实行“市场定价、分档补贴、租补分离”政策，即政府根据家庭情况，以 10%～95%的补贴比例补贴租金，实行先交后补。二是根据收入以市场租金的一定比例分档定价。例如，成都市根据申请人收入情况，分别按市场租金 70%、80%的标准定价。三是按略低于市场租金一定标准来定价，如上海。四是按市场租金的一定比例确定，如江苏省，租金标准控制在同地段市场租金的 70%左右。

#### 2. 居住家庭的住用监管及退出规定

北京市公租房按照“谁持有，谁管理”的原则，由产权单位通过租赁合同约定违规行为及违约责任，进行使用监管。市、区县住房保障管理部门对房屋产权单位和受托物业服务机构进行监督指导、检查、考评。广州市将对人、对房的管理延伸到对物业的管理，开展拉网式入户大检查，并通过媒体将处理结果向社会公布。同时，引入第三方机构进行住房使用状况调查，并出台《广州市住房保障工作接受社会监督办法(试行)》，建立社会监督机制。此外，针对部分特殊情况的退出，如部分居住家庭随着时间的变化，其自身条件与所居住的公租房不匹配的问题逐步凸显。面对此类情况的公租房退出问题，为减少或避免退出与再进入等程序的限制而造成的时间和资金成本，进一步提高公租房的使用效率，重庆市根据前两个相关制度，制定了《重庆市公共租赁住房换租操作办法(试行)》，北京市出台了《关于北京市公共租赁住房调换及调整试点工作的通知》。这些政策对于公租房与住房家庭的匹配并促进公租房资源的有效利用具有重要意义。

#### 3. 房屋管理体制

目前主要有两种典型管理体制。一种是政、事、企分离的体制，即政府行政主管部门负责政策制定、规划制订等行政管理；住房保障机构(一般为事业单位)负责带有公共管理及服务性质的具体事务性管理，如审核配租、承租人资格动态管理、监督管理等；企业负责经租管理、物业管理等具体房屋运营管理事务。另一种是政、事(事企合一)分离体制，即政府行政主管部门与住房保障事业机构相分离，住房保障事业机构需要负责具体房屋运营管理事项。

### (二)物业管理的发展与做法

公租房兴起不久，对于公租房物业管理方面各地处于摸索和不断改进完善的阶段，有些城市已有一些较好做法，以下对一些较好的或有代表性的做法进行介绍。

#### 1. 对物业企业的相关规定

成都市公租房物业管理有明确的规定。一是市公共住房管理中心建立统一的保障性住房物业服务企业备选库，从备选库中选聘具有相应资质的物业企业提供物业服务。二是建立物业服务企业退出机制，两次业主调查满意度低于80%终止合同。三是物业服务企业承担部分房屋管理任务，包括协助公共管理中心办理住户的入住、退出等相关手续，建立保障性住房的相关档案；配合相关部门定期走访住户；开展日常巡查，制止住户违规行为，并报告有关部门处理；协助有关部门核实、处理投诉、举报等。

厦门市保障性住房的物业管理由保障房所在行政区组建的国有物业管理公司负责。承租人负责缴纳物业费。同时，与成都一样，物业企业也承担了一些房屋管理工作，由此产生的政府委托管理费、监管工作经费纳入财政预算支付。保障性租赁房的房屋、设备维修费用和公共维修金，以及未出租房屋管理费、前期物业费用、小区智能化管理建设等管理费用均纳入财政预算。此外，对困难家庭(低保户、其他低收入家庭)财政分别给予80%、40%的物业费补助。

广州市保障性住房物业管理借鉴了香港的经验，通过制定《广州市保障性住房小区管理扣分办法(试行)》，规范居民行为。市住房保障办公室在小区设立派驻中心(广州市住房保障办公室驻小区管理服务中心)，对违规行为进行巡查、对物业服务进行指导，并通过不定期抽查和定期考核，对保障性住房小区物业管理公司的工作进行监管。

2. *房屋维护与养护*

对于保障性住房的维护与养护，成都的规定与重庆相似，分保修期内和保修期外。保修期内由建设单位负责，保修期后，由公房管理中心负责。北京、上海、天津、深圳、厦门、武汉等城市公租房的修缮、维护、养护，以及设备维修更新等均按照房源归属由产权单位[开发企业或市(区)住房保障管理部门]负责，其中有些产权单位聘请专门的物业公司来负责具体事务。

### (三)社区管理的发展与做法

从各地关于公租房社区管理的相关制度看，公租房社区管理需纳入所在地相关政府部门的管理范围。例如，天津规定，公租房由所在区人民政府按照新建住宅小区管理要求纳入管辖范围，并组织区民政、房管、公安、市政、市容园林、环卫等部门及街道办事处(乡镇人民政府)按照各自管理职责，对公租房小区实施社区综合管理。公租房小区须纳入社区居民委员会进行管理。北京规定：公租房产权单位应当协助街道办事处(乡镇人民政府)及社区管理部门等开展社区服务。宁波规定:公安、计生、住房保障主管部门等应会同街道办事处(或乡镇人民政府)、社区居委会共同加强对公租房居住群体的人口、治安、计生等服务管理。

我国社会管理以户籍管理为基础,户籍问题是公租房社会管理中的核心问题。从目前的管理方式看，一是沿袭原有管理办法，即公租房社区中，流动人口按照所出台的流动人口管理办法执行。城市户籍人口中人户分离的，其相关社会服务等由户籍所在地负责。这里分两种方式，其一是人户分离人口回户籍所在地办理一些社会管理事务；其二是原户籍所在地政府到迁走家庭所在的保障房小区设立虚拟办事处，就近提供服务，如北京西城区。二是改革户籍管理办法，建立公共户，如厦门、上海，保障性住房小区设立公共户，符合政策规定的住户可以迁移落入公共户。其中,上海在实施人户分离现象属地化管理(即户籍人员居住地服务和管理)试点基础上,探索实施保障性租赁住房承租人居住地服务,即探索认定户籍人员公民身份证号码的唯一性与实际居住地相对应，以居住地为立足点的属地化管理模式，为居民就业、民政优抚与居家养老、公共卫生与医疗、计划生育咨询、义务教育等提供有效服务与管理。

## 四、保障性住房后期管理面临的主要问题

尽管当前的保障性住房的后期管理制度及相关举措日趋完善，但是随着保障性住房的分配与入住，保障性住房后期管理在实践中仍然存在以下几个主要问题。

### (一)后期管理资金难以持续

众所周知，保障性住房建设需要大量的资金投入，为此各级政府通过大量财政资金、地方政府资金，以及社会各方融资，保证保障性住房的顺利建成，但保障性住房投入使用后的资金周转却容易被忽视。

#### 1. 物业管理企业收支难以平衡，资金周转困难

当前保障性住房小区的物业管理服务在运营模式上与其他商品房小区没有区别，都是通过市场聘用物业管理企业，由住户向物业管理企业缴纳物业服务费，购买物业管理服务。然而普通商品房小区物业管理服务费收缴都难以解决，更何况保障性住房小区的住户大多是低收入家庭，因此物业管理服务费的收缴更加困难。从以往的经验看，保障性住房小区物业管理服务费的收缴率会随着保障性住房的入住出现逐年降低的趋势。例如，武汉市东方雅园，该小区目前包含经济适用房和廉租房两种保障性住房，廉租房的物业管理费由政府拨款，经济适用房的物业管理服务费由住户自行承担，该小区经济适用房住户物业管理服务费的收缴率呈现逐年降低的趋势。从目前已经入住超过一年的洪山区公租房的物业管理服务费的收缴情况来看，尽管目前收缴率较高，但公租房的居住卫生环境明显出现恶化，这将会给今后的物业管理服务费的收缴带来一定影响，物业管理企业将很难实现盈亏平衡。一旦物业管理企业前期的成本投入和后期的日常运行费无法得到弥补，将可能陷入物业服务水平下降、物业服务费收缴率进一步降低的恶性循环，直至物业管理企业亏损，出现不管或弃管的现象。

#### 2. 保障性住房房屋维修资金筹集问题没有得到重视

理论上讲，随着廉租房与公租房的并轨，保障性住房采用收支两条线，其租金收缴中理应包含住房的维修费，采用市场租金标准应该能够确保住房的后期维护和修缮，但从廉租房的后期管理中看到，实际运行中的情况不容乐观。目前由于武汉市公租房投入使用的量不大，投入使用的时间也不长，目前的维修费问题不太突出，但随着房屋使用时间的延长，房屋维修费用也会逐渐增加。特别是武汉市保障性住房多数为高层住宅，除建筑主体维修外，还涉及电梯等设施设备的

维修费用，这些设施设备损毁程度和维修频率相对普通住宅小区要高很多。而按照目前的相关制度，政府主导建设的公租房在投入使用前并没有强制提取维修基金，今后一旦遇到大维修，其资金的筹集将成为制约保障性住房后期管理的主要问题之一。

3. 租金补贴资金来源缺乏可持续：以武汉公租房为例

武汉市公租房租金收缴采用收支两条线，按照保障对象家庭收入不同，政府给予不同标准的租金补贴。武汉市现行的公租房租金补贴标准分为四档，具体见表 9-4。由于住房补贴资金没有被纳入财政预算，补贴资金从何而来、如何持续，都是亟待解决的问题。在实践中，洪山区 899 套公租房已入住近两年，租金补贴加上公租房装修一次性支出全部由武汉市洪山区保障房运营中心垫付，共计 300 多万元，该中心表示资金困难将成为公租房后期管理的关键问题之一。

**表 9-4　武汉市公租房租金补贴标准**

| 家庭收入标准（人均月收入） | 在武汉市最低生活保障标准（含）以下的 | 武汉市最低生活保障标准以上至 1000 元（含） | 在 1000～2000 元（含） | 在 2000 元（含）以上（无房新就业职工） |
|---|---|---|---|---|
| 租金补贴标准（人均月补贴标准） | 12 元/（米$^2$·月） | 9 元/（米$^2$·月） | 4.5 元/（米$^2$·月） | 4.5 元/（米$^2$·月） |

4. 后期管理机构行政运行经费困难：以武汉公租房为例

随着武汉市保障性住房投入使用量的逐渐增加，政府管理部门的运行经费和人员编制费或人员工资将会严重短缺。当前武汉市负责保障性住房后期管理的机构有市、区两级机构，一是市住房保障管理中心，二是洪山区保障性房屋管理营运中心。其中作为武汉市公租房的试点，洪山区保障性房屋管理营运中心负责本区的公租房从房源筹集到后期管理整个过程的管理工作。由于目前武汉市公租房还没有大量进入后期使用阶段，目前市住房保障管理中心的 4 名工作人员具体负责武汉市 11 091 套廉租房的后期管理。这 4 名工作人员在廉租房后期管理中已经达到满负荷状态，如果今后廉租房与公租房并轨，其他城区在并未成立相关机构的情况下，武汉市公租房后期管理在行政运行机构的设立与运行经费上都将面临较大的缺口。

### （二）后期管理参与主体的责任界定不清

保障性住房的后期管理具有参与主体多、管理内容繁杂、承租人需求多样的特点。保障性住房后期管理的参与者主要包括政府主管部门、房屋产权人（业主）、住房保障运营机构、社区服务中心、物业服务企业、保障对象等，各主体之间相互联系、相互制约，各主体之间的关系如图 9-1 所示。

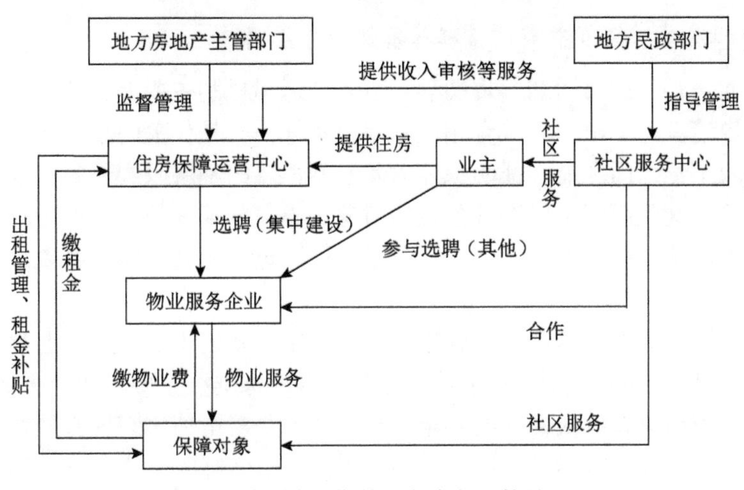


图 9-1　公租房后期管理各参与主体关系图

保障性住房后期管理内容涉及多个方面，主要包括：一是对人的管理，即对保障对象的管理，具体包括入住资格审核、入住后对保障对象日常行为的规范和管理、保障对象退租与续租等；二是对物的管理，即对保障性住房及小区环境的管理，包括房屋装修、房屋维修、小区治安、环境卫生等；三是对运营行为的管理，具体包括保障房运营机构对集中建设的保障性住房小区物业管理服务企业的选聘；对以配建方式、回购方式等其他房源筹集方式的保障性住房小区物业管理服务企业在物业管理服务方面的业务沟通；以及公租房租金收缴、住房保障对象的货币补贴的发放等。

保障性住房后期管理参与主体多，管理内容复杂琐碎，这些特点决定了保障性住房后期管理工作必须明确划分各个参与主体的责任范围。只有在各参与主体责任清晰的基础上，各主体之间才能相互配合，才能保证保障性住房可持续发展。然而，在实际的后期管理中，各个责任主体并没有明确划分自己的主要职责。例如，武汉市洪山区马湖村和南湖村保障性住房配建在商品房和还建房小区内，在保障性住房的房屋维修方面没有明确各参与主体的责任，由于当前该保障性住房还在建筑保修期内，近期出现的维修问题由开发商负责，一旦超出了保修期，房屋维修由物业公司负责，还是由住房保障运营中心负责并不明确，在这过程中业主的责任应如何体现等事宜也未明确规定。此外，保障性住房小区相对于普通住宅小区，由于入住人群多是低收入家庭，具有一定的社会脆弱性，更需要社区服务中心提供诸如社保、再就业培训等社会保障服务，然而在实践中，有的保障性住房小区甚至出现主体缺位的情况，如武汉市东风雅园社区服务中心的缺位。

### (三)缺乏完善合理的进入、分配与退出机制

#### 1. 公租房进入环节中审核与准入条件的非合理性

一般而言，公租房后期管理的动态进入与退出机制主要涉及两个主体：一是公租房的申请者，即申请者符合相应的申请条件。二是相关的政府部门，这些部门包括行政主管部门及能够证明保障对象基本信息的基层政府部门，如街道、社区委员会等。这些部门主要管理公租房对象进入、分配、租赁和退出环节的全过程，从受理申请开始，到资格审查、分配及退出过程。其问题主要表现在以下几方面。

首先，进入标准不合理，导致难以审核确定。就公租房进入与退出机制的审核过程中所存在的问题来看，目前我国公租房保障标准线主要有两个方面的要求：一方面是对申请家庭收入标准的界定，另一方面是对申请家庭现有居住面积的界定。各地的收入线划分标准不统一，而且无法通过实际收入、资产等因素来确定合适的保障对象，且对公租房申请对象的收入资产审核难度大。从目前的资产审核平台建设情况来看，除上海市外，我国其他城市的保障房资格审查平台都没有纳入银行、证券等部门，造成了保障对象的经济信息审核不完整问题。

其次，在设置公租房困难标准时，没有对家庭的人口结构、成员特征、身体健康程度等实际情况给予考虑。目前部分城市的做法主要是采用人均面积指标，即将城镇人均建筑面积或人均使用面积的一定比例作为保障标准，低于这个标准的住房困难家庭可以被纳入住房保障范围。国外对住房拥挤的定义相对清晰，如英国在住房保障相关制度中明文规定，住房拥挤的标准主要以一套住房中的卧室数结合该家庭人员的关系、性别及年龄等因素，综合判断。例如，家庭中夫妻共享一间卧室，10 岁以下不同性别的子女可以共享一间卧室，10～20 岁同性别的子女可以共享一间卧室，如果不能满足上述标准，则存在住房拥挤问题。而我国目前几乎所有城市都使用人均面积作为进入标准，这一静态指标与家庭人口的动态变化之间存在矛盾，增加了公租房后期管理中动态进入与退出的困难。

最后，保障范围过窄，户籍限制有待进一步淡化。我国经济社会长期以来处于二元结构状态，住房保障体系也基本以城市住房保障为主，尽管公租房相比原来的经济适用房和廉租房而言，其保障对象的覆盖面已经突破保障人群城市户籍的限制，放宽了保障性住房的进入门槛，但目前公租房在保障对象的进入优先次序上，还存在一定的户籍歧视。

#### 2. 分配环节制度不健全，资源优化配置难以实现

目前公租房在分配时基本实行了轮候制度，通过轮候的先后次序进入配租环节，可以说这种轮候制度缩短了公租房的分配时间，一定程度上提升了公租房分

配的公平度，但这种分配制度还存在一些问题。

首先，缺少前置需求表达环节，容易造成公租房资源的低效利用。例如，武汉市公租房的分配，基本是在建设完工后，武汉市开始接受社会的申请登记，进入具体的分配环节，这种分配可以说是一种后端分配。所谓后端分配，是指在公租房建设中几乎不考虑潜在保障对象的需求,在公租房建设完成后进入分配环节。后端分配中保障对象没有条件充分表达自身的公租房需求信息，只能被动接受现有的公租房。后端分配在公租房的供给与保障对象的需求之间不能达成最优的资源配置，导致公租房在后期管理中出现住房资源的低效率使用。

其次，缺乏特殊人群优先进入的合理通道。从目前的住房资源分配制度来看，缺少针对弱势群体，如低保人群、伤残优抚对象等优先分配的、合理公开的制度通道。针对目前的摇号制度规则，其初衷在于保证分配的公平性，但其并没有对特殊人群进行优先考虑的环节，因而扩大了住房分配的不公平性，也在一定程度上违背了建设公租房的初衷。

最后，有关保障住房标准有待完善。例如，公租房套型面积基本以小户型为主，这种小户型在现阶段满足保障对象基本居住需求方面稍欠灵活性，公租房建设的套型面积并没有充分考虑到不同家庭规模的分室要求，缺少根据不同类别人群需求特点，制订居者有其屋计划、长者住屋计划、夹心层住房计划等，以满足他们的差别化需要，因而需要做进一步的调整。

### 3. 退出环节的设计与运行缺少合理性

退出问题一直是保障房实际工作的难题，尽管从某种意义上讲，随着保障房并轨运行，特别是“租金补贴”与“租金收缴”两条线运行，在一定程度上解决了保障房实物配租退出难题。但在实际运行中，由于保障性住房退出机制存在不完善的地方，退出问题并未彻底解决。

武汉市公租房管理规定：“租赁期内，乙方家庭人口、收入、住房、及资产等情况（新就业职工还包括工作单位）发生变化的，乙方应如实向其租赁资格核准的区住房保障管理部门申报”，“乙方因购置个人房产或家庭收入增长等事实的发生，不再符合公共租赁住房租赁资格条件，本合同自事实发生之日起终止”。[①]该公租房管理规定的退出标准是衡量家庭或个人的收入增长情况，但欠缺考虑运用的实际性，并存在一定的漏洞。

首先，缺乏动态监管机制。承租人在租赁期间内个人或家庭收入、住房及资产等情况发生变化时应向区住房保障管理部门申报，但是区住房保障管理部门并没有设立相关的监督机构，申报与否完全取决于承租人的个人意愿。从主观上来

① 《武汉市公共租赁住房租赁合同示范文本》，http://fgj.wuhan.gov.cn/zfbzl/25456.jhtml[2019-05-05]。

说,承租人不主动甚至不愿意向住房保障管理部门申报个人及家庭收入增长情况。中国现阶段的个人信用制度和申报机制不完善，住房保障管理部门也没有设立相关的管理监督机构，导致住房保障管理部门在后期管理中缺乏动态监督租户家庭财产增长的手段和途径，因此超出准入标准的家庭或个人仍旧可以占用公租房，保障性住房的公平性难以得到实现。

其次，退出标准单一，制度设计缺乏柔性。现行退出制度只考虑到家庭收入是否超出申请标准，没有考虑收入增长与其他生活成本的增长。现阶段的住房管理办法中规定："承租人因家庭收入增长，不再符合公共租赁住房租赁资格条件，承租人将进行房屋的腾退。"①腾退机制中没有考虑到收入增长后的过渡机制，缺乏弹性。

最后，退出机制中只有"人"的退出，缺乏"物"的退出。随着保障性住房并轨，公租房逐渐取代廉租房和经济适用房，成为保障性住房的主体。目前，武汉市公租房最长的租赁期为 5 年,这与公租房租户希望长期居住的需求不相匹配。同时，武汉市公租房目前是内循环，相关文件没有像重庆市一样明确公租房出售的内容，这容易导致武汉市公租房在后期管理中的动态退出涉及保障对象"人"的退出，缺乏公租房本身"物"的退出。从长期看，公租房在后期管理中应该有保障对象"人"的退出，也应该有公租房本身"物"的退出。

### （四）补贴发放与保障对象的收入在时间上不匹配

以武汉市为例，公租房补贴的发放采取先缴后补的方式，即要求租户先缴纳一个季度的租金，政府主管部门在下一个季度初期向保障对象发放上一个季度的补贴。《武汉市公共租赁住房租赁合同》中明文规定"对符合规定条件、按时缴纳租金并按合同约定使用公共租赁住房的承租对象，按季发放租金补贴"，"每季度末，公共租赁住房产权单位或授权管理单位要根据对象属地归属及其租赁情况，编制承租对象租金补贴清册。各区房管部门核算补贴金额后报区财政部门审定，由委托银行直接划入个人补贴资金账户"②。

基于政府的角度，采取先缴后补的方式是有利的，延迟三个月发放补贴可以缓解政府财政资金紧张的问题，也可以避免租户提前将住房补贴用于其他用途，但忽略了租户的支付能力和实际情况。对于首次入住公租房的租户，除了需要缴纳一个季度的租金，还需缴纳物业管理费、押金、保证金等费用。公租房的租金

① 《武汉市公共租赁住房租赁合同(示范文本)》第八条合同终止(三)款，http://wuhan.gov.cn/zfbzl/24011.jhtml[2019-05-05]。

② 《武汉市公共租赁住房租金和补贴管理暂行规定》，http://www.wuchang.gov.cn/wcqzfzz/wcqczzxzjgkxx/qzfbzhfwglj34/621269/2011950/index.html[2019-05-05]。

和物业管理费按照市场价格制定，住房补贴尚未发放，而大多数的租户都是城市中等偏下收入的住房困难家庭、无房新就业职工和在武汉稳定就业的外来务工人员，月收入仅在2000元左右，首次的入住成本对他们来说是一笔巨款。

### （五）缺乏完善的保障性住房监督管理机制

公租房作为一种社会公共福利及服务产品，在缓解目前所面临的住房紧张、改善民生和实现经济与社会的可持续发展中发挥了重要作用，但监督管理机制还存在一些问题。

#### 1. 管理缺位和责权利边界不清，监管机制缺失

管理缺位是公租房后期管理中较为普遍的现象。以武汉为例，在制度设计上，并未有明确的规定对退出进行动态监管和约束；同时，现行的公租房后期监管制度存在着管理缺位和多头管理，权责利的制度安排不合理。从武汉市的现状来看，公租房实行“市区联动、以区为主”的管理模式，这种模式涉及市区二级政府的相关职能部门，而职能部门是“条、块”管理，且“条”垂直性管理强于“块”的权力，导致区政府难以统筹，各职能部门难以协调。例如，保障性住房用地计划、建设资金分配等权利在政府土地管理、发改委等部门，区政府难以协调，导致住房保障管理效率降低。由于市区二级住房保障和房屋管理局分工管理，以区为主，但保障对象资格审核需要与银行、税务、社保、车辆管理、住房档案等实现数据共享，区住房保障和房屋管理局与上述部门的协同工作机制尚未建立，导致不符合保障资格的对象获得了保障资格，甚至出租公租房牟利等违规违法现象时有发生，监督作用难以有效发挥。此外，管理部门之间的职责不明晰，各区管理构架不尽相同，区住房保障科、区住房保障管理中心、区营运管理机构等职责不清晰，遇事相互推诿扯皮或多头管理现象普遍存在。

在公租房资源的分配过程中，由于监管制度不健全，很容易发生寻租行为，公租房分配管理的腐败行为时有发生；我国各级政府虽然成立了公租房管理机构，但其仍履行政府职能，并没有独立于政府之外行使监督和处罚权，导致对申请造假材料、违规审批分配等行为的惩处措施不到位。

#### 2. 公租房的资金监管渠道不畅通

住房保障资金主要来源于中央财政预算内资金、中央财政专项补助资金、省级财政专项补助资金、土地出让金、住房公积金、保障性住房运营收益、社会捐赠资金及其他来源。尽管住房保障资金主要来自各级政府财政投入，但地方政府鼓励民间资金的进入。实际工作中，住房保障资金在分配和使用过程中，政府既是资金分配和使用的监督管理者，同时在某些环节又是参与者，因此有些部门在

参与保障资金运行过程中会缺乏对不同级别地方政府责任的明确认识。由于各级政府监管的边界不明确，地方政府为了自身利益，容易滥用行政权，过度地强调监管的强制力。

3. 激励、惩罚机制缺失

现行的公租房监督管理制度安排主要是运用行政管制机制对违规行为进行处罚，行政管制机制本身存在着较大局限性，即公共部门的特征，这使得公租房监督管理长期处于低效率或者失效状态。同时部分公租房住户很难放弃短期利益而追求长期利益，进而导致公租房资源的过度利用或者随意使用，而行政监督管理难以对个人行为的监管做到面面俱到。在利益的驱使下，公租房租户的进入、退出、管理主体之间及资金使用等过程的监管中缺少对守法者的激励与违法者的经济惩罚措施，这造成投机主义与机会主义等低效率行为的出现。

总的来看，目前虽然在公租房的监督管理中已形成一套监督管理机制，但对公租房住户进入与退出、物业、社区、资金等后期监督管理的拥护或违反规则的行为缺乏合理、科学的监督管理机制安排。

## 五、完善我国保障性住房后期管理的思路与对策

### （一）拓展公租房后期管理资金来源

资金如同保障性住房后期管理可持续发展的血液，血液不足会导致管理混乱，甚至可能导致保障性住房演变为贫民窟。因此，如何解决公租房后期管理中资金供应不足的问题是关键。在保障性住房建设阶段，中央为了保障资金的来源，在《关于加快发展公共租赁住房的指导意见》中明确指出："市、县人民政府要通过直接投资、资本金注入、投资补助、贷款贴息等方式，加大对公共租赁住房建设和运营的投入。"后期管理中资金的需求主要是运营中心的行政管理费用、物业公司的管理费用、后期房屋设备维修资金及保障对象的补贴。具体措施：首先，要采取"输血"的方式，即加大政府的财政性投入，建立专项财政性保障投入，将后期管理资金纳入财政预算体系。此外，管理部门可以通过提取公积金增值收益、适量发行保障性住房债券等灵活方式筹集资金，增加后期管理的运营资金。其次，要加强保障性住房后期管理运营中"造血"的功能，包括将正在建设的保障性住房的商业用房建设面积比例提高，通过商业用房的经营收益补贴保障性住房后期管理资金的不足；同时对保障性住房小区的物业管理公司的税费给予一定的政策支持，如出台相关税费的减免政策。

## (二)明确各参与主体的责任，建立沟通协商与合作机制

保障性住房后期管理的核心在于明确好各参与主体的责任与权利，具体可以分成两部分。一是对通过市场化提供的服务，如物业服务，则按照市场契约进行分工，明晰物业管理公司在入场管理与维修中的责任与义务；二是对通过非市场化提供的服务，如社区服务中心，可以探索新的合作方式，完善分工，加强联系，建立协作机制。

以公租房小区的维修为例，在责任划分上，应明晰公租房住户、运营中心、物业服务公司的责任，对于非集中建设的公租房小区，还要明晰业主的责任。对于集中建设的公租房小区，物业服务公司一般由运营中心负责进行选聘，受运营中心监管；对于配建或其他方式筹集的公租房小区，物业服务公司通常由业主委员会选聘。无论物业服务公司由谁负责选聘，物业服务公司的具体职责都应该包括小区的日常维修。对于具体维护维修的项目，可以通过合同明确相关维护责任；同时，可以通过保障性住房租赁合同明确租户的维修责任；通过其他方式筹集的保障性住房，住房保障运营中心也可以通过合同明确业主承担的维修责任。

除通过合同或契约明晰各主体责任以外，还可以在保障性住房小区成立租户委员会，代表保障性住房租户参与整个保障性住房小区的管理，变单向管理为双向参与式协作管理，建立多方沟通渠道。同时结合社区网格化管理的推行，在保障性住房小区的社区服务中心按一定住户比例，如300～500户，配备一名专门的房屋管理人员，具体负责社区工作中与保障性住房相关的工作。

此外，还可以充分发挥社区党组织的作用，借鉴武汉百步亭小区物业服务公司与社区党组织的同人兼任两职的模式，探索保障性住房后期管理多方协商合作的新模式。

## (三)完善动态监管和弹性退出机制，增强制度执行的柔性

### 1. 建立健全动态监管机制

实现对保障性住房后期运营中的动态监管，必须对承租人家庭收入增长情况、家庭成员变动情况、居住人是否为保障对象、保障性住房是否有空置、是否转租等情况进行监督检查。具体的做法主要包括：第一，建立健全个人信用体系，根据承租人入住时的家庭财产、收入及已发生的债款等进行登记记录，其中财产包括不动产、动产、金融债券、银行存款及遗产继承等。后期，监管部门应当加强与房产部门、车辆管理部门、银行、社保、劳动等部门的联系，实现多部门的信息共享，从而实现对承租人资产的动态监管。第二，对保障性住房家庭实施电子化信息管理。电子化信息管理是实现对承租人动态监管的基础，也是与各相关部门信息共享的前提。除此之外，电子化信息管理还应包括承租人的申请入住时间、家庭成员身体状况、房屋面积、就业等情况，以便实时更新居住人的情况，更好

地对承租人进行管理，提高行政管理的效率。第三，定期或不定期地对保障性住房居住情况进行检查。为了防止保障性住房长期被空置，或被转租给他人等浪费社会资源的情况发生，必须不定期或定期对保障性住房的居住情况进行检查，对于违反相关规定的承租方，依照相关规定进行惩处。

2. 制定奖惩兼备的退出机制，完善保障对象的退出机制

一是采取激励机制，提高保障对象主动退出的积极性。对主动退出保障性住房的家庭提供政策激励，如给具备一定条件的家庭提供公积金购房贷款优惠及购房税费减免等，鼓励其购买商品房或到市场上租房，从而实现人的退出。二是完善违约惩戒相关制度，提高违约成本。若保障对象购买、受赠、继承或者租赁其他住房的，或因经济条件改善、收入水平提高而不符合公租房条件的，未按规定及时退出，通过收取市场租金，停止租金补贴，并处罚违约金等方式加以处罚；对出借、转租、闲置，或利用公租房从事其他经营活动的，应当责令其退出，并取消其公租房承租资格；情节严重的，通过司法途径强制退出。

3. 在人的退出基础上，完善物的退出，增强退出机制的执行弹性

对于居住在保障房内，家庭收入超过申请标准，但又无力在市场上购房的家庭，不能立即将其排斥在保障房体系外，或责令其马上搬出保障性住房，而是应给承租人一定的缓冲时间，并且设定相应的期限。具体而言，可以通过“人”的退出和“物”的退出而实现。其中“人”的退出是指，根据保障对象的实际可支配收入水平的高低确定租金补贴的多少，直到取消其租金补贴，不再享有政府的补助，此时原保障对象尽管还租住保障性住房，但其已经退出保障性住房补贴范围，从而实现了“人”的退出；“物”的退出是指保障性住房租户实际可支配收入超出相关标准，需要保障对象退出，但其有意愿购买该住房，政府可以与租户进行协商，根据其居住的年限，按照市场价格将保障性住房的产权分期出售给承租人，采用“共有产权”的方式，逐步将保障性住房的全部产权转移给购买者，实现“物”的退出。

### （四）采用住房券补贴，提高补贴效率

为平衡政府主管部门资金紧张和中低收入家庭可支付能力弱二者之间的矛盾，在现行的货币配租和先缴后补的方式上，可以探索使用住房券进行租金补贴。具体做法是，将政府主管部门对保障对象按季发放的货币补贴改为住房券，即以纸质的债券形式取代实物货币。政府主管部门先将住房券发放到中低收入家庭或个人手中，在入住保障性住房时，以住房券来缴纳租金及物业管理费用等，超出的部分由租户以现金缴纳。采用住房券的优点：首先，缓解了政府主管部门财政资金短缺的问题，保障了中低收入者的稳定入住。一方面，政府发放住房券代替

实际货币，缓解了财政拨款不足的问题。另一方面，租户以住房券的方式缴纳租金，大幅度地减少了租户需要缴纳的实际货币，保证了租户原先的生活水平没有受到太大的影响。其次，保证了补贴资金专款专用。若补贴资金提前以货币的方式发放到租户的手中，那么很难保证租户不将补贴用于其他方面。因此，采用住房券可以确保租户用住房补贴来缴纳房屋租金，专款专用，合理规划收入支出。最后，减少政府主管部门的行政成本。保障性住房租金收缴和补贴发放采取的是收支两条线的方式，即租金收缴部门和补贴发放部门两部门，采用住房券补贴的方式，不再需要银行作为资金周转的中介将补贴转账到租户账上，从而减少了相关的行政成本。

### （五）构建保障房后期管理的监督机制

#### 1. 引导监管者和被监管者的互相信任与合作

随着保障性住房建设在我国的推进，在当前国家难以将其较大精力投身保障监管的情况下，被监管者的自我治理就显得尤为重要。对于住房保障后期监管机制的建立是必要而迫切的，对于监管者本身也需要建立监管机制，这是当前住房保障监管机制所缺少的制度安排，其关键在于建立一套相配套的制衡机制。通过住房保障监管的立法及对监管者的制衡与约束，结合社会舆论监督机制并辅之以监管者的自律，加强监管机构的自身制度建设，并提高监管人员的素质，从而提高监管效率、防止出现官僚主义并抑制监管腐败等，引导监管者与被监管者加强合作和互相信任，降低制度成本和失败的可能性，促进建立起长效监管机制。

#### 2. 优化机制，实行多元化监督管理

根据公共池塘资源理论，有效的监督管理机制只可能是各种机制并存且组合优化的监督管理机制，同时进行多中心监督管理的制度安排。通过完善住房保障后期监督管理制度的顶层设计，凸显被监管者自主监督机制的作用。监督管理机制本身包括立法监督管理机制、行政监督管理机制、司法监督管理机制、经济激励机制、社会监督机制等。不同的监督管理机制有其不同的功能，也各有其局限性，通过不同机制的功能组合，达到住房保障监督管理的目标。同时不同机制运行的基本原则和方向应当一致，避免不同机制的冲突，造成住房保障的监管混乱。在监督管理过程中，政府是规则的制定者与“裁判员”，在加强政府监督管理的同时，结合法制、经济激励机制与社会监督机制等手段，突出保障房被监管者的合作型自主监管，实现住房保障的多元化监督管理。

#### 3. 加强经济手段在惩罚机制中的作用

在住房保障后期的监督管理过程中，由于财力的限制、人员的限制等因素，

政府热衷于住房保障监督管理的节支增效，因而需要建立成本最小、收益最大的住房保障监督管理体系。从住房保障监督管理体系设计和运行中的成本与收益来看，机制安排本身需要从收益的角度来使得监管者与被监管者发挥其主观能动性，同时需要运用共同的行为规范，利用合理、科学的规则对违反者进行制约。违反者的目的是获取经济利益，而经济手段能解决违法违纪获得的经济利益。因此，一方面需要通过惩罚性的经济手段消除和杜绝各种违反监督管理法规的行为，包括没收违法违纪所得，并处高额罚金，提高租金标准等诸多具体手段；另一方面要通过奖励性的经济手段鼓励相关主体守法守规，要使守法守规者有利可图，包括给予优先租赁或者优先承购权、租金优惠或者其他价格优惠。成本-收益机制的建立，使得整个保障房体系处在合作共赢的监督管理机制之中，从而使得保障房资源得到最有效利用。

4. 推进住房保障监督管理的制度创新

要进一步完善住房保障的监督管理机制，建立起住房保障监督管理的新机制，就必须对现行的住房保障监督管理制度进行改革和创新。一是要加强立法监督管理机制；二是要完善行政与司法监督管理机制；三是要充分运用经济机制；四是要从多方面创造社会监督机制发挥作用的条件，如保障房住户信息系统的建立，社会舆论监督及依托物业管理公司的日常监管机制等。以法规体系为行为准则、以政府监督管理治理为强力保障、以社会监督管理为重要补充，建立多中心的监督管理体系，在体系的横向与纵向管理过程中，建立合作型互相监管机制，从而实现管理者与被管理者的他律和自我治理，保证保障房资源的监督管理机制运行的可持续性。

保障性住房后期管理关系到我国保障性住房制度是否可持续，本章仅对武汉市保障性住房后期管理过程中遇到的问题进行了分析，其中有些是所有保障性住房后期管理中都面临的问题，有些问题仅存在于武汉保障性住房实践中，不具有普遍意义，但本章研究可以为我国保障性住房的后期管理提供一种思路和借鉴。同时，在研究中发现，解决保障性住房后期管理难问题，除了需要保障性住房主管部门对后期管理模式进行积极探索外，还需要保障性住房居住区各种社会组织的参与，特别是社区管理组织、租户自治组织和其他社会团体与组织的参与。由于保障性住房居住区与一般的商品房居住区相比有其特殊性，在保障性住房居住区只有通过这些组织之间的有效合作，才能构建包含“国家—社会—市场”的网络型社会管理体系。

# 第十章　保障性住房营运资金问题研究

随着我国保障性住房的改革与发展，大量保障性住房竣工入住后，面临着房屋维护、物业管理等问题，直接影响了保障性住房的可持续发展，而这些问题的解决与保障性住房的营运资金息息相关。可以说，保障性住房的营运资金能否维系日常运行费用，并促使保障性住房的营运管理资金保持平衡，将是考验地方政府财政能力的一个长期问题，也对保障性住房营运的可持续性提出了挑战。总体来看，保障性住房的营运过程主要包括建设及后期管理过程中的资金平衡问题，而保障性住房后期管理中的营运更是重中之重，如租金定价、物业管理服务资金、后期维护和修缮资金、补贴资金、行政运行经费等问题，这些问题的解决对于保障性住房的后期管理与营运至关重要，也对保障性住房后期的可持续发展具有重要意义。本章在研究保障性住房建设资金营运的同时，重点对公租房的建设资金与后期管理过程中的租金定价进行研究。由于公租房定价方式是否合理涉及多方利益，包括直接影响中低收入群体的基本居住权与公租房的后续管理等，公租房租金定价方式问题亟待改进与优化。基于此，本章从公租房的租金定价及补贴的视角，对公租房营运资金的平衡问题进行分析，以期完善当前保障性住房的资金营运管理机制。

## 一、文献综述

由于公租房具有公共产品属性，其建设资金主要由财政资金组成，具体包括中央财政预算内资金、中央财政专项补助资金、省级财政专项补助资金、10%的土地出让金、住房公积金增值收益等。目前，保障性住房的资金投入主要由政府负担，其中包括中央政府和地方政府，大致的分配比例是中央财政资金占 30%，地方财政资金占 70%。在公租房租金定价方面，2012 年 5 月住建部出台的《公共租赁住房管理办法》中规定：“市、县级人民政府住房保障主管部门应当会同有关部门，按照略低于同地段住房市场租金水平的原则，确定本地区的公共租赁住房租金标准，报本级人民政府批准后实施”，这说明如何制定合理的公租房租金标准也是公租房管理中的难题。目前各地的标准都不一样，有按市场租金计租的，也有按低于市场租金一定比例计租的。可见，公租房租金各种计租方式及标准仍有待深入研究。

目前，保障性住房营运资金问题已成为亟待加强与改进的薄弱环节。赵进东等(2016)通过量化我国保障房资金缺口，分析了我国保障房传统和创新的融资模式，认为全国统一调配复合融资模式是适合我国国情的保障房融资模式。学术界对于公租房的租金定价也进行了大量研究，总的来看，主要是针对公租房定价方式或模式进行研究。一是成本导向型，以“成本+基本利润+税金”来确定公租房的租金。李宝龙(2012)认为，可以将公租房建设成本根据年限进行分摊，每年等额回收的金额视为公租房租金收取的上限。二是市场导向型。张梦(2011)认为，应该对不同收入群体实行差别化的租金设定，并根据市场的情况对租金进行动态调整。汪正宏(2012)也认为，应该对公租房实行差别化租金定价，租金与公租房区位正相关。三是支付导向型，即在略低于周边租金基础上，按租户收入水平分六档发放补助，使得不同群体匹配不同住房。孟卫东和柳歆(2011)对城市公租房住户的住房支付能力进行了测量，主要指标为家庭年收入、生活必需品支出水平及房租收入比。由于不同收入层的住房支付能力存在差异性，相关学者加入了价格歧视的理论，Lui 和 Suen(2011)主张对不同的群体设定相应不同的租金价格。陈德强和郑思思(2011)认为，公租房租金价格应该在综合市场价格、成本收益价格及租户可负担价格的基础上形成听证价格，即为租金制定的初始定价。张仕廉等(2011)从公租房的属性出发，通过构建住房负担能力指数来测算基准租金。另外针对公租房租金设定方式进行研究，Zukin(2009)在研究美国的公租房状况时，认为在确定基准租金的上限时，应充分考虑家庭结构对家庭收入的影响。卢为民和姚文江(2011)总结并比较了国内外公租房租金定价模式的特点与异同，分析了当前我国公租房的租金定价面临的难点与困惑。

我国目前保障性住房融资方式呈固化趋势，保障性住房资金主要依赖财政资金，市场化融资较为困难。到目前为止，我国尚未形成一套成熟、有效的保障性住房建设与管理融资模式。如何在明确政府职责的基础上，积极探索融资新路，多渠道筹集资金，以适应城市当前阶段的建设需求，已成为保障性住房营运与健康快速发展亟须解决的关键问题。基于此，本章结合我国保障性住房的资金平衡管理与营运及国内外保障性住房(公租房)租金定价方式的现状与问题，探讨我国保障性住房营运资金的可持续及公租房租金定价方式的合理性，为完善我国保障性住房营运机制提供有益参考。

## 二、保障性住房营运资金的现状与问题——以公租房为例

### (一)保障性住房建设资金筹集现状与问题

面对保障性住房建设资金的巨大缺口，一些地方政府进行了积极探索，主要

有三种方式：其一是搭建保障性住房地方融资平台。例如，湖北黄石利用黄石市住房和城乡建设局的资产打包组建了一个市场化的公司，然后以该公司为平台向社会融资，专门用于保障性住房建设。其二是发行地方债券。例如，陕西省2011年共发行68亿元的地方债券，全部用于保障性住房建设。其三是先租后售，回笼资金。例如，重庆公租房租住满5年后，租户有权购买，以便回笼资金，偿还建设贷款。这些探索拓宽了保障性住房建设资金的筹集渠道。但是如果对住房保障地方融资平台和地方债券风险管控不好，可能进一步增加地方债务。关于先租后售方式，如果是为了彻底解决保障对象的住房困难，是积极可取的，该方式类似于英国公房制度改革中的right-to-buy项目；如果仅为了解决政府债务问题，那么很难保证其公平性和合理性。

1. 政府财政投入缺口较大

保障性住房政策是国家为解决中低收入人群住房问题所采取的福利性政策，其成本收益特性决定了中央层面的预算资金及地方层面的配套资金成为保障性住房建设的支柱，因此保障性住房建设需要财政的充分支持。然而与保障性住房巨大的资金需求相比，政府财政供给则处于尴尬的境地，中央财政支持不足、不稳定，地方配套资金落实困难，各地区间资金筹集严重不平衡等问题不断显现，亟待解决。地方政府基于中短期“成本-收益”的考虑及现阶段控制地方融资平台风险的制约，投入的资金有限。根据2007年《国务院关于解决城市低收入家庭住房困难的若干意见》的规定，地方政府土地出让净收益用于保障性住房建设的比例不少于10%。然而土地出让金属于预算外收入，地方政府对其有巨大的操作空间，对于净收益，地方政府往往自行解释，以大部分土地出让金用于拆迁和配套成本为推托，降低保障性住房建设的资金安排，导致地方配套资金落实困难。

2. 投资主体缺位，民间资本难以介入

在保障性住房项目建设庞大的资金需求中，财政投入只是其中一部分。为保障安居工程的顺利推进，保障性住房建设更多地需要民间资本的介入。2010年国务院颁布了《国务院关于鼓励和引导民间投资健康发展的若干意见》，积极引导民间资本投资建设保障性住房，并给予相应的优惠性政策，为民间资本进入保障性住房建设开设绿灯、提供便利。然而由于保障性住房投资回报期长、投资利润空间小、管理运营相对复杂，保障性住房建设对民间资本的吸引力仍旧较弱。与收益率较高的商品性住房市场相比，民间资本介入保障性住房市场动力明显不足。此外，现有优惠政策不确定性较大、制度创新仍需细化，这也成为民间资金进入保障性住房建设的重要障碍之一。以公租房为例，政府给予民间开发商的税收减免、资金支持等优惠政策缺乏翔实的实施细则，往往会随时局的变化而变化，而且租赁价格是由政府在建成后根据时局来决定的。由于缺乏稳定的投资预期，民间开发商不敢贸然进入保障性住房建设领域。

3. 缺乏创新型融资工具，市场性融资困难

目前单一的政府主导型融资模式日益僵化，面对大量资金的持续投入，政府财力逐渐捉襟见肘。随着资本市场的不断开放和日趋完善，通过创新融资工具吸收社会资本成为解决保障性住房资金难题的重要手段，然而信托投资基金、地方债券等融资工具并没有发挥出实质性的作用。由于缺乏成熟的金融市场环境和完善的政策法规，投资方不仅面临市场风险，而且面临政策不确定性的风险，使得上述融资工具作用效应有限，并未汇集大量特定投资者的资金。因此，针对我国保障性住房融资中金融创新工具的不足，充分发挥金融杠杆调节作用，将僵化的政府直接主导型融资方式转化为政府引导下的商业化运作方式显得尤为重要。此外，针对我国资本市场风险还缺乏健全的担保机制，社会投资者担心基金或债券会出现坏账，因而不敢贸然大量进行投资。

4. 监管机制缺失，资金筹集与使用效率低

保障性住房的融资，不仅包括资金的筹措，还包括资金的运作。保障性住房资金规模庞大，加之资金投入所具备的社会属性，使得资金的运用需要规范的管理与运作，以保证资金的安全。尽管保障性住房建设在全国各地区如火如荼地进行，但在资金监管和项目实施等方面仍存在问题。一方面，政府在投资保障性住房建设上存在着“缺斤短两”等现象。许多地区仍未按照规定将土地出让净收益、住房公积金的增值收益用于保障性住房建设。由于大规模建设保障性住房，资金筹措成为一大难题。地方的巨额土地收入如不能及时投入保障性住房，保障性住房的建设情况则令人生忧，因此亟须建立严格的监管约束机制。另一方面，保障性住房资金投向存在偏差。作为保障性住房的主体，用于公租房和廉租房的资金安排仍然较少，保障性住房建设难以为继。

### （二）保障性住房后期管理资金平衡现状与问题

对于公租房体系中的廉租房后期管理而言，管理资金以政府直接管理为主，其建设与管理的资金来源主要依靠政府的财政拨款，因此对于原廉租房的后期管理资金平衡几乎不存在问题。经济适用房的后期管理资金的平衡，主要依赖于住户，其后期管理资金所表现的问题并不明显。随着我国保障性住房并轨的推进，公租房将逐渐成为保障性住房的主体，以公租房为主的保障性住房的后期资金可持续问题是当前迫切需要解决的问题。

从目前看，当前公租房主要有新建公租房和通过其他途径筹集的公租房，其中，新建公租房又可以分为政府集中建设、新建房地产项目配建、企业自建和社

会组织新建等形式，其中前两种形式是当前新建公租房的主要形式。保障性住房建设计划由上而下地推进，为完成建设指标，在短期内解决低收入群体的居住问题，各地基本采用政府集中兴建公租房的形式，重庆市公租房的建设是这种模式的代表，另外湖北省黄石市的公租房建设也属于这种模式。公租房房源除了集中建设以外，不少地方政府还通过探索在市场长期租赁社会闲置住房的方式筹集房源，如武汉市洪山区和江苏省常熟市公租房房源筹集主要依靠在市场上长期租赁社会闲置住房，被称为洪山模式和常熟模式。这种租赁社会房源的模式与政府集中建设公租房的模式相比最大的优点是政府前期投资少。根据研究目的，主要分析政府集中新建和市场回租型两种模式的公租房在后期管理中的资金可持续问题。

1. 集中新建公租房后期管理资金平衡问题：以重庆市为例

2010 年，重庆市在全国率先启动公租房建设。重庆计划 3 年建设 4000 万平方米公租房，除了已由政府原储备的土地划拨之外，约需 1100 多亿元现金投入。为解决建设资金问题，重庆市构建政府先导、社会补充的投融资格局。其中，由政府先期投入 300 多亿元资本金，包括中央专项、本级财政支出、土地划拨、税费减免等。在此基础上，重庆市拓展融资渠道，一是通过公积金和商业银行贷款 300 多亿元，二是通过社保基金、保险资金、中央企业等非银行机构融资 400 多亿元。在资金回笼方面，重庆市建立租售并举、动态平衡的偿债模式。重庆市除政府投入的 300 多亿元外，通过社会融资 800 多亿元，主要通过三个渠道逐步偿还：一是按 10%的比例配建商业设施，以市场价出售，可回笼资金 400 多亿元；二是承租 5 年后，出售约 1/3 有限产权的公租房，可回收资金 400 多亿元；三是每年收取的租金，扣除维护和管理费用后仍有盈余，可用于平衡贷款利息。可以说，在理论上重庆市公租房中长期可以基本实现收支平衡并略有盈余。但在实际运营中其收入来源主要依靠租金和出售房屋，公租房后期营运中资金是否可持续面临如下问题。

第一，保障性住房出售达不到预期将引发资金不可持续问题。在只租不售的情况下基本无法偿还贷款本金，或者说在 5 年后，如果出售达不到建筑总量的 1/3，则会出现资金不平衡风险。

第二，市场利率上调将引发资金不可持续问题。因为公租房运营期相对较长，资金的回收期也就相对较长，在整个运营期间一旦利率上调，则资金成本提高，将会打破原资金平衡计划。

第三，出租率或租金收缴率下降将打破资金可持续。尽管从目前看，重庆市公租房处于供不应求的阶段，而且目前的租金不存在收缴困难问题，但从公租房的整个运营期来看，则有可能出现出租率下降的风险。同时，从国外社会住房和国内廉租房的运营情况看，都会出现租金收缴困难的问题。

第四，物业管理服务资金平衡问题。公租房的后期营运离不开物业管理服务，当前重庆市公租房的物业管理通过招投标，选聘物业管理企业，但物业管理企业接管公租房的前提是企业必须实现收支平衡。以重庆市康居西城为例，目前在物业管理费征收标准为每月 1.03 元/米 $^2$ 的标准下，当缴费率为 100%时，实际入住率达到 86%以上(当缴费率为 98%时，实际入住率为 90%以上)，物业管理公司可以基本实现收支平衡。入住率不足或物业管理费收缴率降低，则有可能出现物业管理企业弃管的现象。

2. 公租房后期管理资金平衡问题：以洪山模式为例

在城中村改造中，洪山区政府以洪山区马湖村和南湖村为试点，建设了一批公租房，该试点将城中村改造还建项目与公租房房源筹建有机结合，即洪山模式。具体的租赁方式是“政府统一包租、政策补贴差价”，即由政府先按市场租金向村集体组织统一包租，纳入公租房保障体系中，然后租赁给城镇中符合条件的低收入困难家庭和新就业职工，再针对被保障对象具体情况实行有差别的租金补贴。洪山模式与政府集中建设相比有两个特点：一是政府一次性投资少；二是周期短。因此可以说，洪山模式结合了住房保障的货币补贴和实物配租的优点，形成了一种新的货币配租模式。但从后期管理看，存在着租户无法自由选择住房，政府既需筹集房源，又需提供住房补贴，执行成本较实物配租和货币补贴更大等问题，其中最主要的问题是后期运营资金的平衡问题。

第一，物业管理服务资金问题。如果物业管理方面的资金不足，就会使得社区物业无法正常运转。物业管理前期的成本投入和后期的日常运行费无法得到弥补，会导致物业管理水平不能达到基本标准，甚至会出现不管或弃管的情况。当前保障性住房小区的物业管理服务与其他商品房小区没有区别，而在其他商品房小区物业管理服务费收缴都是一个难以解决的问题的情况下，那么保障性住房小区物业管理服务费的收缴也会随着保障性住房入住时间的延长出现逐年降低的趋势。由此可知，由于保障对象相对收入较低，这类住宅小区的物业管理将很难实现盈亏平衡。所以，保障性住房居住区的物业管理服务将需要资金支持。

第二，后期维护和修缮资金问题。一般而言，房屋在投入使用后，其维修费用会随着使用时间的延长而增加。在我国，由于保障性住房种类较多，不同种类的保障性住房后期的维修费用的承担主体不同。例如，经济适用房属于产权式保障房，其维修费用由产权所有人即住房保障对象承担，而廉租房和公租房属于租赁式保障，其产权人与住房保障对象不是同一主体。在廉租房与公租房并轨运行后，多数城市都采用租金收缴与住房补贴发放收支两条线，租金通常采用市场租金水平。理论上讲，市场租金应覆盖公租房后期的维修费用，但在实际操作中，由于公租房租金并非真正意义上的市场租金，其租金收入中未能有效覆盖公租房生命周期中的维修费用。同时，近年来新建的公租房并未要求公租房产权人交纳住宅专项维修基金。特别是，近年来新建的公租房基本为高层住宅，后期维修不仅包括建筑主体维修，还涉及电梯等设施设备的维修。随着公租房投入使用年限的延长，公租房后期的维修将成为保障性住房后期的主要问题之一。

第三，被保障对象的补贴资金问题。租赁式保障性住房的补贴除了实物配租外，还有货币补贴。武汉市现行的补贴标准分为四档，城镇住房困难家庭人均月收入在本市最低生活保障标准以下(含)的，人均月补贴标准为12元/(米$^2$·月)；城镇住房困难家庭人均月收入在本市最低生活保障标准以上至1000元(含)的，人均月补贴标准为9元/(米$^2$·月)；城镇住房困难家庭人均月收入在1000～2000元(含)的，人均月补贴标准为4.5元/(米$^2$·月)；新就业职工人均月收入在2000元以上的，人均月补贴标准为4.5元/(米$^2$·月)。但住房补贴资金并没有被纳入财政预算，补贴资金从何而来、如何持续，都亟待解决。

第四，后期管理的行政运行经费问题。当前武汉市负责保障性住房后期管理的机构有市、区两级机构：一是市住房保障管理中心，二是洪山区保障性房屋管理营运中心。其中作为武汉市公租房的试点，洪山区保障性房屋管理营运中心负责本区的公租房从房源筹集到后期管理整个过程的管理工作，但所有的运营经费都自己筹集，运营的经费压力较大。

### (三)保障性住房租金定价管理的现状与问题

#### 1. 发达国家公租房租金定价方式与标准

通过对发达国家，如美国、英国、德国、日本的公租房租金定价方式进行梳理，探索适合我国的公租房定价方式。

从表10-1可以看出，发达国家公租房的租金定价方式存在着较大差异。列举的四大具有代表性的国家的公租房定价方式主要有三大类型：一是根据低收入家庭的收入水平而定，政府提供租金补贴，如美国通过家庭收入水平的核定进行相应的租金补贴与调整(公租房租金通常为家庭收入的30%左右)。二是按照市场价格进行公租房租金的定价，如英国采用记分制度来调整社会住房的租金水平。德国租金标准则由政府核定，一般为市场平均价格的50%～60%。三是根据居民的收入水平及房屋本身的情况等各类影响因素进行综合后确定公租房的租金价格，如日本。从国外公租房租金定价方式来看，其公共住房的指导思想为住宅产业不应仅追求利润最大化。各国政府非常重视对低收入住房困难家庭基本居住需要的帮扶与支持。在确定公租房租金时，各国充分考虑不同需求阶层的实际情况，租金基本是以家庭收入支付能力与市场租金进行核定，有统一的标准与规范及管理机构进行核定，租金基本在市场租金的60%以下。

**表 10-1 发达国家公租房租金定价方式与标准**

| 国家 | 公租房租金定价方式与标准 |
|---|---|
| 美国 | 在实物配租模式中，租金的缴纳标准根据家庭收入而定，一般为家庭收入的 1/3；在租金补贴模式中，政府鼓励私人将符合出租标准的房屋出租给低收入者，并提供住房租金补贴，享受补贴的家庭拿出其总收入的 25%支付租金，其余由政府发放的住房券支付 |
| 英国 | 1999 年，英国为增加社会住房租金收入进行了租金调整，社会住房部门开始尝试采用记分制度来调整社会住房的租金水平。政府投资建造的社会住房，以低于市场价格的租金（约低 40%）出租给居民。对私有住房出租采取限制政策——租金管制，租金价格限制在使出租者只能获得微利的范围之内 |
| 德国 | 当房地产发展商或个人在自有资金达到项目投资预算的 15%以上时，可以向政府申请免息或低息（利率仅为 0.5%）贷款，用于建造社会住房。同时，这些社会住房建成后，须以成本租金出租给低收入家庭，租金标准由政府核定，一般为市场平均价格的 50%～60%。因此，德国的社会住房租金的设定，采取的是与市场租金挂钩的办法，并剔除通货膨胀因素的影响，考虑的是实际租金而不是名义租金 |
| 日本 | 根据其收入情况和申请的住宅状况确定房租，双方签订住宅承租合同，承租者缴纳相当于 3 个月房租的住房抵押金。房租因承租家庭的收入水平不同而有所差异，计算房租的公式为：房租=房租基准价 × 房租调整系数。房租调整系数=城市区位系数 × 房屋面积系数 × 房屋使用年限系数 × 居住方便性系数 |

2. 国内代表性九大地区公租房租金定价标准异同

我国公租房租金定价政策刚刚起步，其政策方法与模式还处于探索阶段，公租房租金确定得合理与否，关系到公租房作用能否充分发挥。表 10-2 主要梳理了我国具有代表性的九大地区公租房租金定价标准。

**表 10-2 九大地区公租房租金定价标准**

| 地区 | 租金标准 |
|---|---|
| 北京 | “市场定价、分档补贴、租补分离”，市场租金的 80%～90%，补贴后实际租金（包括廉租房家庭）为市场租金的 4%～81% |
| 上海 | 略低于市场租金，用人单位可给予租金补贴 |
| 天津 | 市场租金，符合廉租房实物配租补贴及廉租房、经济适用房租房补贴的给予租金补贴 |
| 深圳 | 市场租金的 60%～70% |
| 厦门 | 市场计租、分类租金补助，补贴后实际租金为市场租金的 10%～30% |
| 武汉 | 市场计租、先缴后补，补贴后实际租金为市场租金的 70%（正在制定分档补贴办法） |
| 成都 | 年收入 7 万元以下（家庭）、3.5 万元以下（个人）的为市场租金的 70%；7 万～10 万元（家庭）、3.5 万～5 万元（个人）的为市场租金的 80% |
| 重庆 | 市场租金的 60% |
| 中国香港 | 中国香港公屋的租金一直维持在市场租金的 30%左右，包括差饷和管理费。租金的设定考虑租户的负担能力，以及房屋所在地区楼宇设备、屋外环境及交通设施等，最终租金的确定一般以租金和收入的中位数作为参考标准，整体公屋居民的房租与收入比例中位数不能超过 10% |

由表 10-2 可知，我国九个地区公租房租金确定方式有三种类型：一是略低于市场标准，政府给予租金补贴，代表城市有北京、天津、厦门、武汉。其中，北京、厦门按收入不同实行分档补贴。二是低于市场租金一定标准，政府无补贴，代表城市有上海、深圳、重庆。三是按收入不同以低于市场租金一定标准分档计租，代表城市为成都。

总的来看，无论是按市场租金先缴后补，还是直接按低于市场租金一定比例执行，或者对租金定价不同影响因素的综合考虑，最终目的都是保障中低收入者的支付能力，体现公租房对城市中低收入阶层的福利性和保障性。北京、厦门、成都分档补贴或分档计租的方式针对不同收入水平设置梯度化租金政策，体现了公租房保障标准的层次性，值得借鉴。目前来看，我国公租房定价的方式主要存在以下不足。

第一，部分地区公租房定价仍然存在分层不够合理的现象。以厦门的公租房租金定价为代表，公租房租住者最低可获得相当于市场租金 70%的补助，相对那些收入水平或住房面积略高因而不能享受租金补贴政策的家庭，显然有失公平，因此在层次设置及补贴标准上，我国公租房的租金定价模式仍然需要继续发展与创新。

第二，公租房租金定价标准市场波动现象明显，影响保障对象的支付能力。尽管国内外的租金定价方式与标准一般都参照市场租金予以确定，其存在一定的合理性，但仍然存在问题，主要表现为：一方面，国内各地在确定租金水平时均提出需要考虑同地段市场租金水平、租户承受能力、房屋类型等因素。但是各影响因素之间存在差异性，因而体现出不同重要性的问题，致使参考市场租金来确定公租房的租金缺乏实际的可操作性。另一方面，在房地产宏观调控的大背景下，房价和租金的同步波动性较大。当市价偏高时，租金可能超出中低收入家庭支付能力，导致其无法缴纳租金情况的发生。如何做到既能反映房地产实际价格的波动性，又能保证低收入家庭缴纳公租房租金的稳定性都有待进一步完善。

## 三、保障性住房营运资金平衡的建议

### （一）保障性住房建设资金筹集的政策建议

#### 1. 整合政府保障性住房建设与管理财政资金，设立保障性住房建设基金

根据保障性住房建设资金的性质及其特点，需对目前的各类保障性住房财政资金进行优化和整合，以提高财政资金效率。为了克服财政资金筹集的问题，确保保障性住房建设与管理有稳定的资金来源，并且合理、有效地运用到保障性住房建设当中，需将来自中央和地方政府的资金归并，设立政府保障性住房建设基

金，专门用于归集并管理中央财政资金、省级财政资金及各城市政府保障性住房建设资金，打破当前各级政府财政资金在公共租赁住房、棚户区改造等不同类型保障性住房建设资金的分块管理模式。通过政府保障性住房建设基金统一调配来管理保障性住房资金，提高资金使用效率。

2. 确保财政资金投入，解决资金供给的困扰

保障性住房是一种准公共物品，作为承担主要供给责任的政府必须加大投入，并以此为杠杆，撬动大量的社会资本投入到保障性住房领域，以解决当前中低收入阶层的住房难题。一方面，政府应优先投资保障性住房这一重大民生工程，将保障性住房建设资金和租金补贴纳入政府的财政预算。不仅中央和省政府要制订年度财政预算计划，各级市、县人民政府也要将保障性住房资金纳入年度预算安排，以确保其在国民收入中占有一定比例，实现该项支出的常态化和稳定化。同时中央政府应加大对困难地区保障性住房的转移支付力度，确保财政能力较弱地区保障性住房的建设进程，实现保障性住房在地区间的均衡、协调发展。另一方面，规范保障性住房财政责任分担机制，明确省级政府和市级政府分摊比例，尤其是省级政府要贯彻落实土地出让净收益的10%用于保障性住房建设的规定，只有在实际操作过程中真正落实，保障性住房的公共资本才能够得到保障。

3. 激励民间资本参与，拓宽保障性住房资金来源渠道

保障性住房建设资金投入巨大，为有效缓解政府财政压力，增加保障性住房资金有效供给，采取合理的激励机制推进和引导民间资本进入保障性住房市场领域显得十分必要。一方面，政府应从投资者和经营管理者向引导者及监督者转变，可以通过税费减免、土地划拨、贷款担保、与优势地块商品房项目捆绑开发等方式，对保障性住房建设提供间接资金支持，提高保障性住房营利潜力，调动民间资本投资的积极性，以使得社会效益和经济效益实现平衡，进而实现保障性住房可持续发展。另一方面，在保障性住房建设模式上，可以出售部分建设和运营权，引入“建设—经营—转让”（build-operate-transfer，BOT）模式。通过招标的方式由民间资本进行先期的投入，在民间资本投资运行阶段使投资人获得相应的投资收益，等约定期满后，再让政府运营管理。这样既解决了建设资金短缺的问题，节约了政府建设投资成本，又提高了保障性住房建设项目的工程质量和运行效率。

4. 创新融资工具，稳步推行房地产证券化

积极采纳现代资本市场先进的金融工具，灵活运用当前的金融政策扩展融资渠道，是加大保障性住房建设的重要基石。政府可以运用地方债、房地产信托基金等融资工具为保障性住房建设间接融资，鼓励企业等多方主体参与租赁性住房和可支付住房建设，创新融资工具。目前主要的房地产证券化工具有：①房地产

信托投资基金融资模式。早在20世纪80年代，美国政府就开始运用信托投资基金来发展廉租房住房体系，并取得了一定成效。信托投资基金是通过发行基金券(如受益凭证、基金单位、基金股份等)将投资者的不等额出资汇集成一定规模的信托资产，交由专门的投资管理机构加以管理，获得的收益由基金券持有人按出资比例分享，并共同承担风险的一种金融投资工具。公租房和廉租房不仅有稳定的租金收入而且享有物业升值的潜力，可以考虑将信托投资基金引入住房保障，以个别城市作为试点。②资产证券化融资模式。资产证券化(asset-backed securities，ABS)是指以目标项目所拥有的资产为基础，以该项目资产的未来收益为保证，通过在国际资本市场上发行高档债券来筹集资金的一种项目证券融资方式，具有融资成本低、融资风险低、充分利用国际资本市场的特点。将ABS模式应用于公租房和廉租房，不仅可以加强这部分金融资产的流动性，转移和降低商业银行的潜在风险，房地产证券化还可以使廉租房开发更容易获得银行的资金支持，从而拓宽其融资渠道。③PPP融资模式。PPP融资模式于20世纪90年代兴起于欧洲及北美国家，早期主要用于大型公共基础设施建设，是公共部门与私人企业合作的一种融资模式，是指政府、企业和非营利性组织基于某个项目而形成的相互合作的形式。保障性住房项目PPP模式是指政府部门通过招投标方式与中标单位组成的特设目的项目公司签订合同,由该公司在合同期内负责项目筹资、建设、运营，政府则与提供贷款的金融机构达成一个直接协议，该协议可以使特设目的的项目公司能比较顺利地获得贷款，政府负责监督整个保障性住房项目的建设。④项目融资模式。BOT模式是政府吸引民间资本进入基础设施建设的一种融资方式。虽然在保障性住房建设中还没有采用BOT融资的运作方式，但无论从理论上还是从现实环境看都具有一定的可行性。另外，可发行地方政府债券，用于保障性住房建设。由于地方政府债具有准国债性质，而且信用极高、融资成本最低，以地方政府债形式筹集保障性住房建设资金，必将降低保障性住房融资成本，缓解资金压力，加快保障性住房建设进程。

5. 完善资金监管体系，确保资金筹集和使用效率

加强对保障性安居工程建设用地和资金落实情况的监督检查，禁止把保障性住房用地和保障性住房建设资金挪作他用，这样可以保证保障性住房资金的公开透明，使资金尽快落到实处，保证保障性住房的建设进度和规模。因此，对保障性住房建设工作应实行督查制、公示制等，对保障性住房项目具体地址、平均售价、建设进展，尤其是资金来源和资金使用情况，通过媒体随时向社会公示，接受公众监督。在建立健全资金监督机制中，一方面，要对骗取廉租住房保障、恶意欠租、无正当理由长期闲置、违规转租、出借和转让廉租住房及以虚假材料骗购经济适用住房的行为坚决取缔，防止保障性住房房源和资金的浪费。另

一方面，定期、不定期地会同财政、监察等部门对各地保障性安居工程资金管理和使用情况进行监督检查，确保保障资金专款专用，保证资金严格按项目建设的进度分期、分批拨付，对于违反规定截留、挤占、挪用保障资金的，按照规定严肃处理。

### （二）保障性住房后期管理资金平衡的政策建议

#### 1. 加大财政专项拨款

针对目前公租房后期管理资金的严重匮乏，政府作为公共部门，公租房本质上与其他保障制度一样，是政府对居民提供的公共产品之一，是通过转移支付的方式实现社会收入的再分配。因此，必须将公租房的后期管理资金纳入公共财政预算支出之中，根据公租房的发展规划和财政支出能力，确定年度公租房后期管理支出水平，确保租赁式保障性住房的长期发展。

#### 2. 征收房产税或社会保障税等，满足保障性住房后期管理资金需求

房产税是指根据居民的实际住房，确立税收标准，以房屋为征税对象，以房屋的计税余值或租金收入为计税依据，向产权所有人征收的一种财产税。从课征的房产税中提取部分金额纳入公租房后期管理基金。社会保障税也称社会保险税，主要是指以企业的工资支付额为课征对象，由雇员和雇主分别缴纳，税款主要用于各种社会福利开支的一种目的税。在税率方面，一般实行比例税率，雇主和雇员各负担 50%，个别国家雇主和雇员使用不同的税率。社会保障税目前已成为西方国家的主要税种之一。凡是在征税国就业的雇主和雇员，不论国籍和居住地，都要在该国承担社会保障纳税义务。因此可以考虑适当地征收社会保障税，为公租房的后期管理提供资金渠道。

### （三）完善公租房租金定价方式与标准

#### 1. 在进入端弱化收入标准，适当提高租金补贴标准门槛

除收入标准之外，还可以包括住房支付能力、人口结构、资产标准等。例如，一些城市在保障性住房准入标准中增加了对家庭资产的界定，如北京和广州就设置了家庭净资产值准入标准。弱化收入标准限制，收入标准主要是将高收入人群排除在保障体系之外。收入是一个隐形指标，准确核查保障对象的收入水平行政成本非常高，效率低。更为重要的是，家庭收入波动性大，复核成本更高，也不科学。为了防止超过收入线的家庭进入保障体系，在面积标准方面，弱化收入标准，强化面积标准的甄别功能具有重要借鉴意义。由于公租房所处的环境、位置、户型等存在较大的差异，本章认为应该在加强制度建设，保证公开透明的定价与

实施机制的前提下，限制高收入家庭进入公租房体系之内，针对收入略高而不能进入体制之内的人群，在进行准入线的设定时应该因地制宜，适当地提高收入补贴限制的准入线，将所有中低收入人群全部纳入公租房准入目标人群的体系之内，再在此体制框架内，根据住房保障目标群体不同的收入水平设置梯度租金补贴或梯度租金标准，分层级进行租金补贴。

2. 合理确定租金标准，设置梯度租金补贴或租金标准

公租房租金的确定应以建设成本为基础，充分考虑承租人收入状况，参照市场租金水平下浮一定比例，同时考虑回报率与投资回收期。租金确定后，应建立公租房租金的动态调整制度，可参照物价指数的标准，每年调整一次。公租房租金定价方式可选择以下两种方式：一是实行高租金标准，按收入分档补贴，先交后补。考虑公租房建设成本和承租人支付能力，同时参考投资回收期和回收率，将公租房租金确定为较高标准，对承租人按收入水平进行分档补贴，收入越低，补贴越高，收入超过一定限额不予租金补贴。二是分档租金制度，按收入不同实行不同租金标准，收入超过一定限额按略低于市场租金计租，甚至直接按市场标准计租。不管是先交后补还是直接定价，在公租房租金设计上，必须强调住户自身对住房支出的责任，政策补助水平与其所处收入阶层应呈负相关，家庭收入越高，自身承担租金比例应越高，租户承担租金标准应体现梯度性。分档租金制在考虑各种因素情况下，通过分档定租体现合理性和政策公平性。原则上，对城市低收入家庭应该纳入廉租房保障范围，租金按廉租房标准收取，对高收入者租金可按照市场标准收取。具体操作中，受托运营机构负责公租房日常运营管理，按市场机制运营，依规定标准收取租金。政府(或用工单位)向承租人发放的租赁补贴，专项用于支付房租，可以直接划到受托运营机构或出租人的账上，符合条件的保障对象也可以到市场上租赁相应标准的住房，并申请租赁补贴。

3. 基于共有产权的公租房租金定价

由保障性住房共有产权的性质可知，保障性住房住户可以通过提高的收入购买公租房部分产权，当收入水平超出租赁式保障性住房标准时，按照市场水平缴纳未购买产权部分的租金，直至完全买下保障性住房产权(图 10-1)，即在阶段 1，由于保障性住房的收入未超出收入标准门槛，按照租补分离的方式对公租房住户进行补贴。在此过程中，住户可以在缴纳最低租金标准的基础上，根据自己的收入进行缴纳，对其缴纳的租金额不设置上限，其多缴纳的租金用于购买产权的积累资金，在遇到房地产市场波动时，当市场租金过高时，可以利用积累资金进行缓冲抵押。此种租金定价方式在一定程度上能加速公租房住户的退出，也保证了公租房租金缴纳的灵活性。

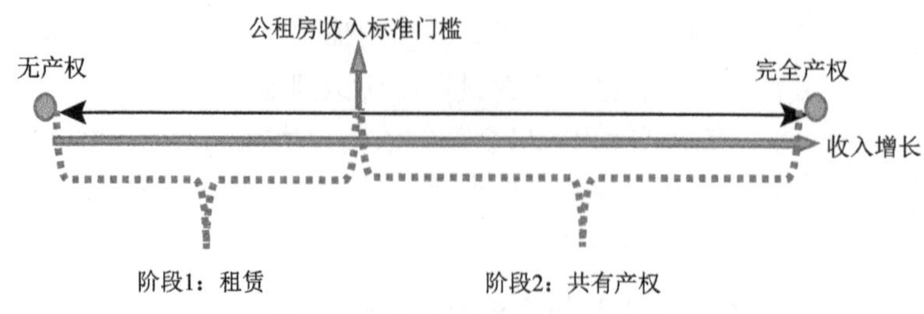


图 10-1 共有产权的阶段示意图

随着公租房住户收入的增加，当收入超出公租房收入标准门槛时，进入阶段 2，即公租房住户可以继续租住该公租房，但不再享受公租房租赁补贴。同时在阶段 2，该住户可以购买该住房的部分产权，并按照市场租金缴纳未购买部分的租金。也就是阶段 2 为共有产权阶段，随着保障性住房住户的收入增加，该住户购买面积逐渐增加，最终获得保障性住房的完全产权。在此过程中，住房缴纳的租金随着住房产权份额的增加而逐渐降低，直到租金取消为止。通过此种方式，不仅实现了保障性住房住户的退出，实现了其财富的积累，也保障了公租房租金定价方式的合理化，促进了社会公平。

# 第十一章　保障性住房居住区社区治理研究

保障性住房的社区治理是影响住房保障政策成败的关键因素之一，改善保障性住房的社区治理是我国住房保障政策深化的现实需要。保障性住房居住区住户的特点影响着居住区社区管理的效果，随着保障性住房工程的推进，保障性住房在城市地域和空间结构上日渐固化，促使中低收入人群集中并形成了保障性住房社区特有的新型关系，这种基于非血缘和地缘关系形成的保障性住房社区的治理也相对复杂。当前我国城市社区处于社区管理向社区治理转型期，我国保障性住房社区的后期治理深陷困境。在保障性住房社区治理实践中，由于不同的社区人群，在内部必然形成不同的关系样式和组织结构，在外部必然要求不同的管理模式和服务方式，由此累积的诸多矛盾日益显化，尤其是社区治理中的物业管理问题亟待解决，并且在社区治理中的多元治理主体难协同，住户利益遭到漠视，保障对象被标签化、边缘化等问题不断凸显，特别是协同治理的动力不足、路径不畅，导致现行的治理机制难以持续，利益关系尤为复杂，这与住房保障政策的初衷相背离，也使得保障性住房居住区管理成为基层政府的难题，直接影响保障性住房制度的可持续，甚至影响社会稳定与和谐社会的构建。

针对保障性住房社区的新型社群关系和现实治理困境，有必要创新保障性住房社区治理模式，理顺社区善治的路径，依据协同治理的共生目标，通过界定治理主体的权责利边界，厘清治理主体间的协同关系与疏通协同治理的路径，实现保障性住房社区善治。本章以公租房为例，提出通过组建租户委员会，代表公租房租户群体参与社区治理。在公租房运营机构、租户委员会、物业公司、社区居委会协同管理的基础上，形成包含租户参与的“四方协同、五位一体”的新的公租房社区治理模式，明确各主体的责权利，解决公租房居住区管理难题，完善公租房居住区社区治理模式，以期为保障性住房社区的善治提供有益探索，推进社区治理体系和治理能力的现代化。

## 一、问题的提出与文献综述

我国保障性住房基本是以政府集中兴建的高层建筑为主,居住相对比较集中，特别是保障性住房中的公租房入住人群具有收入相对较低、流动性大等特点。若保障性住房居住区后续管理不到位，不仅难以提高低收入家庭居住质量、改善居住环境，而且可能引发一系列社会矛盾和冲突，使整个保障性住房居住区成为各种矛盾和冲突爆发的集中地，从而增加了社会风险化解和控制的难度，导致社会管理压力的增加。因此，保障性住房居住区社区治理直接影响保障性住房后期营运管理的成败，也影响保障性住房制度的可持续，甚至关系到我国社会的和谐与稳定。

随着保障性住房社区治理困境日益凸显，学者也在关注其后期管理及社区治理。国外学者主要研究公共住房社区治理问题。Brown (1999) 提出应吸引多方社会力量参与保障性住房的管理，建立联合管理制度；Sousa 和 Quarter (2004) 以加拿大公共住房管理为案例进行研究，提出通过成立社区资源小组、设定租金上限、试行社区成员等候制度和创新社区管理经费预算四个原则，构建公共住房参与管理的新型管理模式。

国内学者对这一问题的关注随着我国住房保障制度改革的推进而展开，从理论层面的住房保障制度改革探讨开始，逐渐延伸至保障性住房的后期管理。具体到保障性住房居住区管理或者对社区治理提供借鉴意义的文献，主要集中于两大类：一类是从我国住房保障管理的视角出发，分析我国各类保障性住房管理中诸如保障房进入与退出、分配、监督、管理等问题，在文献中较有代表性的分析有以下几种。陈淑云 (2014) 分析了公租房在后期管理中资金难以持续、管理主体责权不清等问题。曹伊清 (2013) 分析了我国现行保障性住房后续管理中存在监管困境、物业服务困境等经济与法律层面的问题。刘祖云和吴开泽 (2012) 研究了政府主导和居民参与相结合的社区管理制度。另一类研究了保障性住房居住区的治理问题。其中具有代表性的分析有：王颖 (2013) 提出了以新社区为基础重新塑造基层组织和社会调控机制。陈淑云和范钦 (2014) 针对城市居住区提出整合物业管理与社区管理的运行机制。邓峰 (2012) 针对公租房居住区的特征，提出要避免公租房居住区沦为贫民窟，鼓励居民参与小区治理。朱新贵等 (2015) 基于对山西、南京、厦门、成都四地调查，并从立法、参与主体、参与模式和划分阶段等方面进行全方位的比较分析，得出保障性住房后期管理要解决好“谁主导管理”“采用何种方式管理”“管理费用来源”“监督管理”四个基本问题。这为构建适合保障性住房特点的后期管理模式提供了有益参考，但是保障性住房社区治理更为复杂，因此有必要综合物业管理和社区治理于一体，全面构建和优化社区治理模式。

2013 年，中共十八届三中全会提出“创新社会治理，必须着眼于维护最广大人民根本利益，最大限度增加和谐因素，增加社会发展活力，提高社会治理水平，维护国家安全，确保人民安居乐业、社会安定有序。要改进社会治理方式，激发社会组织活力，创新有效预防和化解社会矛盾体制”。在此背景下，从理论上对我国保障性住房居住区社区治理进行研究，不仅有利于完善我国保障性住房管理体制，优化我国住房保障体制，确保我国保障性住房制度的可持续性，而且有利于我国社会管理体制的创新，对探索我国社区治理新机制，促进社会稳定与和谐具有十分重要的意义。上述研究尽管为我国保障性住房居住区管理提供了许多有效的政策建议，但这些文献要么拘泥于住房保障视角的研究，忽略保障性住房的社区治理需要双向互动、多方参与、协同共治的治理机制；要么从一般意义上对我国城市社区治理进行研究，忽略保障性住房居住区的特点和这一居住区治理问题的特性，当然也有少数学者意识到其居住区管理的特点，但仅限于对国外经验的借鉴或仅从操作层面对保障性住房居住区管理中存在的问题进行研究，没有从理论上把握保障性住房居住区社区治理问题的根源及从理论上探寻解决公租房社区治理问题的途径。综上所述，在当前保障性住房社区治理中，需要将物业管理、后期管理和社区治理纳入同一框架中联动运行。基于保障性住房社区治理的困境，特别是针对保障性住房居住区多中心治理困境、各治理主体间协同程度低等问题，本章以公租房为例，通过构建动态的协同治理体系，探讨多个主体协同治理的实现路径，破除公租房社区治理的困境，完善保障房社区治理机制，实现保障性住房社区的善治。

## 二、保障性住房社区治理现状与问题——以公租房为例

作为一种新型保障性住房，公租房制度在我国推行的时间并不长，公租房居住区的社区治理处于从社区管理到社区治理的转型，但在转型中当前未根据公租房居住区的特点进行适当调整与创新。目前的公租房居住区中有三种不同性质的管理，在组织主体上只有物业服务企业、社区居委会、公租房运营机构与公租房租户四个主体，其关系如图 11-1 所示。由于公租房具有租户构成复杂、流动性大、住户福利需求相对较高、管理主体多、管理内容复杂等特点，在公租房居住区内，公租房租户在与其他主体的沟通协商中只能代表个体的利益诉求，由于缺少公租房租户自治组织，缺乏有效利益诉求渠道，相对于公租房运营机构、社区居委会和物业服务企业而言，单个租户则处于相对弱势地位。在此环境下，单个利益冲突一旦产生，极易引发其他租户的同情，进而引发群体性冲突，形成社会矛盾。

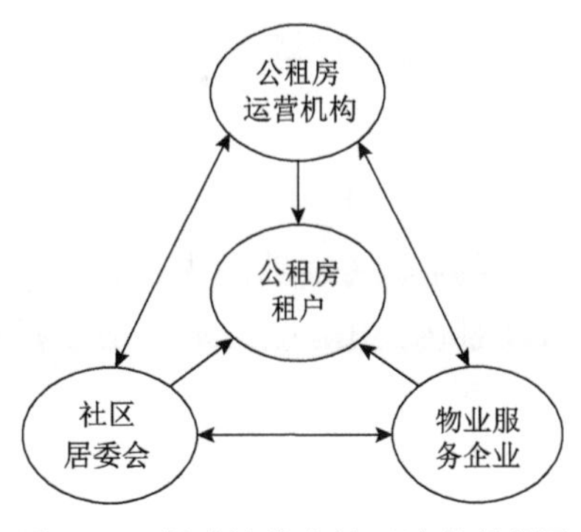

图 11-1　保障性住房社区治理现状图

根据对武汉市保障性住房社区的调查，发现在保障性住房社区治理实践中，多数社区并未成立住户委员会。如图 11-1 所示，在治理实践中，缺少代表住户利

益的独立自治机构会带来多重不利影响。首先，致使广大住户受多头管制，缺少利益诉求渠道，利益难以得到有效表达，并加速住户利益的分散化；其次，治理体系缺乏终端组织的配合和响应，而管理工作又得深入千家万户，从而加重了公租房运营机构的工作负担，降低了工作效率；最后，社区居委会在开展工作时，通常要与业主大会合作，而保障性住房社区缺乏相应的组织，无法上传下达，因而社会居委会只能亲力亲为，影响了工作效率。所以在现行的治理体系中，各主体地位严重失衡，治理主体与住户间的权利、资源及信息的流动性较弱，阻碍了协同治理的路径。

## (一)社区治理中参与主体面临的主要困境

### 1. 社区居委会的治理困境

社区居委会属于城镇居民自我管理、自我教育、自我服务的基层群众性自治组织，应在保障性住房居住区治理中发挥关键作用，但在治理实践中，却陷入独立性弱、自治能力不足的困境。表现在：第一，行政化色彩浓厚，政府中心主义凸显。因为社区居委会依附于党政机关提供的政策及资源支持，进而丧失了自治机构的独立性，在功能上演化为政府的附属机构，无法完全代表住户的利益。第二，治理能力弱。社区居委会所辖范围广，除保障性住房社区外，还需服务辖区内其他对象，在具体工作中往往难以兼顾多种类型的社区。第三，由于资源和能力受限，无力组织社区间的文化活动，住户与其他社员间缺乏交流机会，互动性弱，缺乏构建和谐社区的基础，难以协调社区间的关系。

### 2. 物业服务企业的困境

物业服务企业多由所有权方聘请，商品住宅社区由业主大会聘请，而保障性住房社区多由政府选聘。对于物业服务企业来说，保障性住房社区的物业管理市场却相对特殊，其特殊性导致物业服务企业陷入一系列困境。一是服务对象具有特殊性，保障房的住户多属于中低收入人群，购买物业服务的能力较低，购买意识也相对淡薄，这使物业管理费的收缴极为困难，进而使得公共部分的水电公摊费和设施设备改造费的收取更为困难；二是委托代理关系具有特殊性，物业服务企业的聘用方为物业所有者，服务对象却是分散的物业使用者，这增加了物业服务企业的工作难度，如面对住户违规装修、出租、出售、群租、居改非等现象，物业服务企业只能劝阻，无权执法和查处，管理能力受限，管理效果欠佳。

### 3. 住房主管单位的困境

住房保障和房屋管理部门为了解决中低收入家庭的住房困难，过分强调公益性，导致住户对政府部门的严重依赖。表现在：在前期投资建设阶段，主要依赖地方财政支持，建设资金筹措和征地拆迁的压力较大；在实际运营中，由于住房补贴资金没有纳入财政预算，其资金供给不可持续。以武汉市洪山区为例，租金收缴采用收支两条线，对不同保障对象给予不同的补贴，高额的租金补贴全部由保障房运管中心垫付；在后期管理阶段，政府部门需对住户给予物业费补贴，对物业服务企业提供税费等优惠，这种完全由政府兜底的模式造成财政部门的巨大压力，易使政府陷入资金难周转的困境。

住房保障和房屋管理部门集“管房”“管物业”的职责于一身，但无权“管人”。我国保障性住房长期“重建设、轻管理”，缺乏顶层设计，界定不清，造成保障房种类繁多，增加了住房保障和房屋管理部门的“管房”难度和工作强度。保障性住房的准入和退出机制还不够完善，特别是在法律层面上缺乏严格的准入及退出机制，且难以实施有效的动态监管，需要掌握基层住房管理部门监管保障对象的收入变化等状况，实际操作难度大，而且增加了“管人”的负担。

#### 4. 社区居民的困境

安居工程无疑是解决部分中低收入家庭住房难的有效方式，保障性住房使众多孤寡老人、残障人士、低收入者和困难户都能住有所居，但广大住户的幸福感和归属感并未得到提升，还受多头管制，利益诉求难以表达。在保障性住房建设中，很多地方都是划片集中建设，加速了弱势群体的集中，使“低收入者部落”效应显化，社会公众的认知也逐渐固化，严重影响到公租房居住区广大青少年的健康成长，长此以往，物极必反。在后期管理中，社区间缺乏必要的文化活动和社交活动，住户的社会存在感较弱，归属感不强，导致社区共同体精神严重缺失，社区难以形成互帮互助、和谐融洽的邻里关系，甚至屡现吵架、斗殴和失窃等乱象。

### （二）社区治理中参与主体协同治理的动力不足

#### 1. 社区居委会运转乏力

社区居委会在保障性住房社区治理中的动力不足、作用受限，根源在于资源匮乏、经费不足。具体表现在：第一，降低了其独立性和创造性，丧失了主动性和积极性，导致自身运转乏力；第二，相对收入较高的普通住房社区，需要对保障性住房社区投入更多的资源和精力，从而增加了运行成本和工作负担，并且投入的平均收益并不一定会随之上升，导致协同治理的动力不足；第三，任何治理主体增加管理投入都有显著的正外部性，社区居委会也有“搭便车”的投机思想，若各主体间无法实现协同治理，社区居委会自然缺乏协作的动力。

#### 2. 保障房运管中心负荷超重

在日常的保障性住房社区治理中，政府多委托具有事业单位性质的保障房运管中心执行保障性住房社区治理的职能。例如，武汉市负责保障房后期管理的机构包括市、区两级，在实践中，保障房运管中心受区人民政府委托，直接参与保障性住房社区的治理，但是管理任务极为繁重，效率低下。例如，2014 年武汉市住房保障管理中心仅 4 名工作人员，却要直接负责 11 000 多套廉租住房的后期管理工作，很多工作只能委托物业服务企业和社区居委会来执行，造成三方信息不对称，降低了管理效率。此外，该部门还承揽如教育、医疗、就业、计生等公共事务，出现了管理“错位”和“越位”的尴尬局面，被塑造成“全能政府”的角色。

3. 物业服务企业经营持续性弱

物业服务企业通过为保障性住房社区提供常规性的物业服务向住户收取物业管理费，是以营利为目的经营行为。物业管理费收缴率低，物业服务企业往往盈亏失衡，因此物业服务企业降低服务标准和效率存在一定的合理性，但这反而会恶化与住户的关系，致使物业服务企业与住户间陷入不和谐的困境。物业服务企业面对人工、管理成本逐年趋高及收不抵支的压力，日益缺乏持续经营的动力，部分企业甚至选择单方撤走、弃管，这与构建和谐保障房社区的目标背道而驰。

4. 住户多元利益的短视诉求

保障对象应是社区善治的最大受益主体，但保障对象却具有多样性和复杂性的特征，住户素质参差不齐，诉求各异，住户不享有保障性住房的所有权，缺乏产权激励，住户无意识主动保全物业，导致房屋墙体、路灯、楼梯和绿化等公共设施极易遭到损坏，甚至还屡现住户肆意改建房屋后再出租或另作他用的现象，并且这些坏效益极易传播和扩大化。广大住户的收入能力较弱、收入渠道狭窄是诸多困境的主要根源，但现状长期难以得到有效改善，住户容易形成对抗不合作的心理。特别是物业服务企业收取市场化的物业费，自然会使住户以服务差等理由拖延、拒交，因此物业服务企业也难以为继优良的服务，最终形成恶性循环。

5. 管理组织的缺位

如第九章保障性住房后期管理的概念界定中所述，城市公租房居住区一般应该有三种不同性质的管理，分别为代表政府行政主管部门的运营管理、代表居民自治的社区管理及物业管理。但在实践中由于多种原因，这三种管理在公租房入住后还存在缺位的现象。在对武汉市保障房居住区进行实地调研的过程中发现，部分公租房居住区存在社区管理或物业管理的缺位。例如，武汉市综合性的保障房居住区东方雅园，该居住区既有经济适用房、廉租房，也有公租房、对接安置房，共 5334 套，该保障房小区入住近 2 年无社区管理覆盖，居住区内一般的服务性管理工作由物业公司代为处理，但对于社区居民的户籍、医保、社保等具有一定行政管理性质的工作却无法落实。社区管理组织的缺位，既加重了物业公司的工作负担，也降低了为社区居民解决问题的效率，租户的利益得不到保障。同时，在物业管理方面，存在物业管理费价格低，收缴困难，物业管理维修支出大，部分物业管理企业收不抵支，经营亏损，出现弃管的现象。类似这种管理主体缺位的现象在其他城市的公租房居住区内也曾出现。

6. 管理主体责任不明晰，缺乏有效合作机制

在理论上讲，目前公租房居住区存在的三种管理分别代表国家、社会和市场三大相互独立的体系，其工作职责各有侧重，相互补充，可形成有效的管理合力。但实践中，由于理念的不同和工作的侧重不同，如保障房运管中心侧重于提供保障房延伸至保障对象的管理，社区居委会提供基于人而延伸至房的管理，物业管理企业则根据市场契约提供对房和对人的管理。这些管理主体最终的目标也不同，在很多需要相互合作或配合的工作上，如公租房的维修、设施设备的维修养护、保障对象的资格审核、住户的行为规范、邻里纠纷的处理及居住区文化活动组织等方面都没有清晰划定各自的责任范围，存在相互推诿的现象。同样，各主体间也没有建立良好的合作机制。

### （三）社区治理中参与主体协同治理的路径不畅

1. 相关中介机构的缺失，难以形成有效沟通

中介组织集服务、沟通和监督职能于一体，能降低主体间的信息不对称，并能提高主体的运行效率和强化运行机制的有效性及透明度，因此中介组织是政府与市场主体间天然的沟通桥梁和纽带。然而在治理实践中，由于中介组织的缺失，政府在购买服务或选聘物业服务企业时，往往出现由政府主导定价或出现寻租等腐败行为，这严重降低了治理效率，阻碍了协同治理的路径。

2. 民主协商机制的缺失，容易导致信任危机

基层民主协商机制的制度化和程序化是其发展的必然趋势，所以对微观层面的操作机制和具体技术提出了新的要求，然而在保障性住房社区治理的实践中，该机制的严重缺失使参与意识和能力较弱的住户丧失参与机会，容易出现由知识、能力、利益及信息的不对称造成的参与协商不平等。相反，健全民主协商机制，扩大基层民主参与，畅通住户表达机制，对于保障对象来说会增强政治认同感和社区亲和力，降低非理性表达的风险，有利于和谐社区的构建。

3. 互联网技术运用滞后，导致治理体系的低效率

移动互联网技术的深化给社区治理带来了新的发展契机。对于现代物业服务企业来说，要提升物业服务品质，构建和谐的服务关系，运用新技术是创新物业

服务方式的必然选择。例如，万科物业的“睿服务”和绿城物业的幸福绿城应用软件等互联网技术都已进入社区。虽说新技术要进入保障性住房社区存在天然的屏障，在治理实践中新技术的运用也相对滞后，但通过互联网技术搭建“网格化”管理平台，实现“线上”和“线下”的共治，能在信息交互与共享的基础上，发挥协同效应，降低治理体系的运行成本，提高工作效率。

#### 4. 自治组织的缺位，难以形成有效的沟通渠道

从香港经验来看，香港公屋一开始采取“家长式”的管理模式，不注重居民的参与，在制度上没有任何渠道可以让公屋居民的意见向上传达。现有公租房居住区社区治理中，缺乏能代表公租房租户群体利益的自治组织，因此不能形成公租房租户内部有效的自我管理和自我约束机制，同时在租户与物业服务企业、社区居委会、公租房运营机构之间也缺少一种有效沟通的渠道。在武汉市公租房洪山模式中，公租房运管中心专职负责公租房租户的资料管理、人员异动、维修基金提取等问题，公租房运管中心地处南湖村和马湖村两个公租房居住区的中间地带，距公租房居住区仍然有一定的距离，运管中心很难实时观察和了解公租房居住区及租户的情况，目前运管中心配备专职人员在社区居委会管理组织中，对公租房租户进行管理，这是传统的上传下达管理模式。武汉市公租房居住区在管理中，根据实际情况，每个楼栋都设有一个楼栋长，负责了解该楼栋租户的情况，建立租户与管理机构之间的一个沟通渠道，但这种沟通效果依赖于楼栋长的个人沟通协调能力。在制度设计上，缺乏一个代表租户权益和意见的自治组织，这个组织可以通过与运管中心、社区居委会和物业管理企业进行沟通来表达住户的心声，讨论和决定社区的卫生、治安、维修等方面的事务。

### （四）社区治理中参与主体协同治理配套机制的缺失

#### 1. 缺乏对弱势群体的帮扶机制

公租房居住区内有很多教育水平不高和劳动技能普遍不强的住户，在劳动力市场上竞争力较弱，自我改善能力有限，这使得居住区弱势群体相对集中。在缺乏相应社会援助的情况下，这些群体的聚集使他们更加难以打破当前的贫困循环状态，容易产生对生活的绝望感。因此需要在公租房居住区针对入住人群的需求扩大社区救助和帮扶的力度，着重创建一些帮扶居民的组织和项目，诸如医护室、保障室、再就业培训中心等。对于老年人较多的公租房社区，可在老龄服务方面适当增加社区健身器材、老年活动室等。加强社区服务内容的拓展和服务持续化、专业化对公租房居住区社区服务和治理十分有益，是改善社区居住环境的重要因素。

2. 缺少租户行为制度规范

当前公租房居住区在入住后出现“一年新、两年旧、三年差”的现象，居住区环境快速恶化的背后，一方面是租户本身综合素养的原因，另一方面是在制度设计方面缺乏对租户的行为规范。目前在我国公租房相关的制度设计中，只对租户租金缴纳行为有明确规范，对租户入住后的日常行为没有像香港公屋管理制度那样，对租户“不准饲养宠物”“不准私自出售外卖”进行明确规范。

## 三、完善我国保障性住房社区治理体制的建议与对策

当前保障性住房社区治理深陷困境是利益关系复杂、利益格局失衡和利益冲突加剧的具体体现。基于对保障性住房的主体即公租房社区治理现状的分析，发现公租房社区存在拒交物业费普遍化、破坏公物常态化、社区关系冷漠化等现象，除了当前治理模式的不足外，更是住户缺乏公共理性的具体体现，其本质归结于公民权利和尊严的丧失。广大中低收入者获取经济资源的能力和渠道有限，甚至不得不依靠社会救济来维持生活，根本无法将其转化为政治资源，进而逐渐丧失政治上的话语权和诉求能力。例如，在居民委员会选举中，一些投机分子利用低廉的成本就换得广大住户手中的选票。由于保障性住房社区缺乏真正代表住户利益的自治组织，加上住户缺乏公共理性，现实中存在一些利益诉求方式无序化和非责任化的倾向，出现住户向政府施压、与政府对抗等过激行为。

要走出治理困境，有必要构建协同治理的机制，健全利益分配机制和畅通利益表达渠道。而健全利益分配机制需要在完善现有的以市场主导的初次分配和政府主导的再分配的基础上，培育和发展社会组织，实现利益的第三次分配，促进利益分配的公平合理。同样，健全利益表达机制、畅通利益诉求渠道及搭建信息交互平台，都离不开社会组织或自治组织的枢纽作用。因此，基于保障性住房社区治理复杂性和动态性，必须协调好政府、非政府组织、社区组织及自治组织等多元主体间的关系，只有构建一个多元的有机共治体系，才能打破当前保障性住房治理的多重困境,使社区治理体系的性质适应公共问题动态性和复杂性的要求。

在各地的公租房实践中，重庆市探索在公租房居住区组建租户委员会，租户委员会代表租户的意愿，参与公租房居住区的各种管理，打破了以往保障房小区社区管理中由上至下的管理，形成了公租房居住区双向互动、多方参与的社区治理体系。因此，在公租房居住区组建租户委员会，使租户委员会成为公租房居住社区自治的组织之一，与物业服务公司、社区居委会、公租房运营机构这三个组织主体共同形成公租房居住区“四方协同”参与社区治理的管理机制，充分发挥租户委员会对内对外的协调能力，构建公租房居住区中包含公租房运营机构、物

业服务公司、社区居委会、租户及租户委员会五大参与主体的“五位一体”的新治理模式，如图 11-2 所示。依据当前公租房居住区社区治理面临的问题，公租房居住区在落实“四方协同、五位一体”新的社区治理模式时，需做好各主体的工作职责分配，有效发挥各管理主体的优势，形成有效的管理合力。就公租房居住区而言，首先公租房运营机构代表地方房地产主管部门的行政管理，实现“公租房——物”与“保障对象——人(租户)”之间的有效对接，通过对“公租房——物”的管理，实现对“保障对象——人(租户)”的管理与服务；其次，发挥社区居委会对公租房居住区租户的社区服务的托底作用，实现对“人(租户)”的全面管理；物业公司代表市场管理体系，实现对“公租房——物”的全面管理；最后，发挥租户委员会对内与对外的协调作用，形成管理的合力，具体如下。

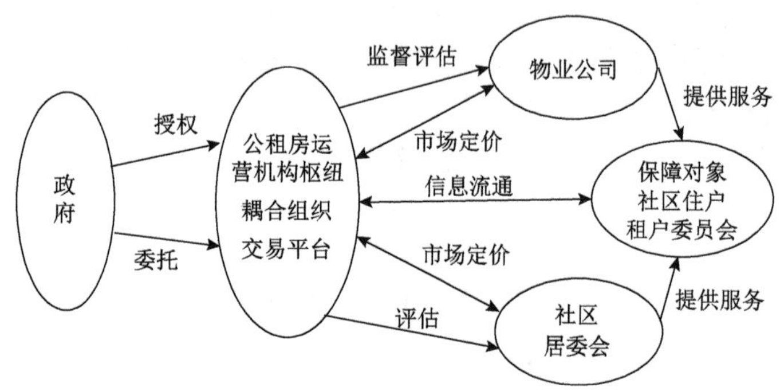


图 11-2　政府购买保障性住房运营管理服务的枢纽耦合模式

## (一)公租房运营机构——“人”与“物”的匹配

从责任上来讲，公租房运营机构承担公租房的投资、建设、供给和分配及租赁管理的任务。以武汉市为例，武汉市公租房的建设和管理按照“全市统筹、各区负责、机构运作”的原则执行。地方人民政府是辖区内公租房工作的责任主体，负责组织开展本辖区公租房的实施工作，负责本辖区内公租房需求的调查、建设项目的落实、房源筹集、资格审核、配租和使用的监督管理等，具体日常管理工作由区住房保障房屋管理部门承担。而各区设立的公租房运营机构负责公租房的维修管理、租金收取，以及房屋使用、维护和住房安全情况检查工作。目前在武汉市洪山区公租房社区中，运营机构已经派专职人员在物业公司内任职，负责监督和协调物业对于公租房租户事务的管理。同样，在公租房社区管理组织入驻以后，运营机构应派专职人员，了解租户的个人情况、日常生活需求、人员的异动等问题，同时运营机构应做好对租户的资格审查和配租续租的工作，实现“公租房——物”与“保障对象——人(租户)”之间的有效对接。

因此，公租房运营机构在协同治理体系中，首先应实现从“划桨”到“掌舵”

的角色转变，发挥其制度设计的功能，为保障性住房社区的治理营造良好的政策法律环境，同时提供必要的资金和资源的支持。其次，公租房运营机构在实际工作中，要弱化行政手段，强化契约精神，应同租户委员会和社区居委会约法三章，在政府保证住户利益的同时，租户委员会或者社区居委会必须落实相关政策，维护好公共财物，维系好公共关系。再次，应减少直接参与社会治理中的微观事务，可通过市场化手段购买公共服务。但在交易中，为压缩行政干预范围，减少政府定价的项目和种类，可对具备竞争条件的商品和服务进行市场定价，并在政府与市场之间搭建交易枢纽平台，即第三方组织，如图 11-2 所示，实现政府组织与市场及社会组织相关职能的耦合。最后，基于 APC 问责性(accountability)、绩效(performance)、能力(capacity)评估理论，应对公共服务承接者进行问责、绩效和管理能力的综合评估。

此外，公租房运营机构需要适当拓展社区建设管理资金来源渠道，即鼓励社会资金进入到公租房投资、建设的过程中，或投资兴办公租房社区公益事业，提供便民、利民服务。运营机构应做好公租房投资、建设的融资工作，并加大各项公益资金对公租房居住区社区服务设施和活动的资助，只有这样，才能使公租房社区治理形成长效机制。

### (二)社区居委会——管“人”

社区居委会是在原街道、居委会这种管理体制中保留下来的，是带有政府行政色彩的基层群众自治组织。在商品房社区的组织结构中，陈淑云(2009)认为社区管理与物业管理都是以“人”为中心开展活动的。其中，社区管理主要从协调社区居民之间的人际关系入手，通过建立良好的人际关系、创建良好的社区文化来体现以人为本的宗旨。而物业管理主要从养护和完善物业及其周围的环境来体现以人为本的宗旨。在社区与物业的分工合作中，要做到求同存异，在以“人”为中心，服务社区的目标下，做好合理的分工。社区居委会对社区“人”的管理，包括居民的户籍、社保管理，同时从分析公租房居住区社区的发展动力可见，在公租房居住区中社区管理组织要尤其注重就业和社会救助，人口流动，社区卫生、文化、体育等建设问题，特别是在公租房后期的动态进入与退出的监管中，社区居委会可以与公租房运营机构联动，在进入与退出阶段为公租房运营机构助力，充分发挥社区居委会对公租房居住区租户的社区服务的托底作用，实现对“人(租户)”的全面管理。因此，总体来看，首先，社区居委会应以基层自治组织为基本定位，以服务居住区住户为宗旨，搞好社区服务；其次，组织好换届选举大会，充分调动广大住户协商民主的积极性，主动听取住户的意见，维护住户的正当利益；再次，推进社区文化建设，组织好社区文化活动，加强保障性社区与其他社区间的联系，调节好社区矛盾，和谐社区关系；最后，受政府委托履行部分行政职能，主要配合相关部门做好法制普及和政策宣传等工作。

### （三）物业公司——管“物”

在城市社会中，物业公司既是社区硬件的管理者，又是业主或居民的服务者，提供全方面的服务，是市场经济条件下城市居住区各种服务的主要供给者。在公租房居住区中，物业公司负责“物”的管理，主要涉及公共设施、环境、公共卫生及安全维护，同时物业公司负责对居住区房屋情况进行监督，发现有公租房转租、转借、转让、出租、调换、经营等情形时，及时向公租房运营机构汇报情况。同时在目前，公租房逐渐开始从融资、建设走向后期管理的阶段，居住区的配套设施、环境质量日渐得到广泛的关注，由此公租房运营机构需要把好关口，鼓励物业公司的早期介入，即物业公司在接管竣工物业之前，接受建设单位的委托，早期介入项目的开发建设，参与项目的可行性研究，并规划设计、施工、安装、调试、验收、交房等阶段的工作。物业公司可以凭借专业知识、经验和资源优势，考虑租户的需求和利益，对于公租房居住区内各种配套设施给予开发部门合理的建议，使得建成后的公租房居住区更加贴合租户的心理需求。公租房居住区五大主体中，各个主体的参与都是十分关键的，一个专业、贴心的物业服务机构将会为公租房租户提供更多的生活便利，以提升租户的生活质量。因此，可以说物业公司作为重要的市场化力量，最主要的是要提供满意的服务，以获得广大住户的认可，这样利于改善公司与住户的关系，降低物业费收取的难度。在实践中，物业公司为维持自身的正常运转，可以充分采用新技术，节省运作成本，提高工作效率，同时要挖掘政府、社区居委会、租户委员会及广大住户的多样化需求，满足政府或其他主体的个性化服务要求，获得非主营业务收入，以实现持续性的经营。总之物业公司代表市场管理体系，实现对“公租房——物”的全面管理。

### （四）租户委员会的协调

#### 1. 租户委员会的对内协调

租户委员会在公租房居住区的对内协调意指租户委员会与租户之间的互动，它的表现是多方面的。首先，租户委员会的成立在社区中起到自上而下与自下而上相结合的作用，因此租户委员会对于公租房运营机构、社区居委会与物业公司的工作内容，起到对租户传达与深化的作用；其次，由于租户委员会是由各楼栋长组成，楼栋长是租户委员会组建的组织基础，公租房居住区内每个楼栋的住户可以选举一个楼栋长，由于楼栋长了解本楼栋租户的具体情况，可以实时掌握楼栋内的情况及其他突发状况。在此基础上组建的租户委员会能真正代表租户的利益，在社区安全、卫生、邻里关系、环境等各方面与运营机构、物业公司和社区居委会进行高效的沟通与对话。一旦租户之间或租户与其他管理主体发生冲突，租户委员会有能力与租户做好沟通，从而起到缓解矛盾的作用；同时，建议租户委员会有相对独立的办公和会议地点，租户委员会的运作经费由运营机构接受政府的授意予以支持。值得注意的是，租户委员会虽然是公租房租户的自治组织，但由于租户与业主存在身份差异，租户委员会并不能等同于业主委员会进行完全自治并决定自身事务。因此，可以将租户委员会下设于公租房运营机构，租户委员会对日常事务自行组织，主要对租户内部起协调作用。

2. 租户委员会的对外协调

由于公租房居住区人员构成复杂、居住环境不稳定因素较多、各楼栋内设备消耗较大等，租户与运营机构、社区居委会及物业公司之间存在多方事务需要进行互动与处理，以单个租户的个别事件进行沟通与管理不仅效率低下，而且不能全面了解租户的需求与意愿。但租户委员会作为租户的代表组织，特别是租户委员会成员本身就是租户中的一员，在公租房居住区社区治理中能充分代表租户的利益进行外部协调，能有效地传达租户的心声，对解决租户与其他管理组织之间自下而上的沟通起到桥梁的作用。具体而言，租户委员会的对外协调可以体现在以下三个方面：一是在与运营机构进行对接的过程中，租户委员会可以协助运营机构掌握租户生活状况的变动，跟进租金的收缴，并在公租房进入与退出管理的工作中帮助运营机构收集更多关于租户的消息。二是在与社区居委会进行对接的过程中，租户委员会协助社区居委会对租户的户籍、医保、社保等状况进行整理与跟进。在社区居委会组织社区活动，进行社区建设的过程中，租户委员会既能将租户的心声向上传达，又如同居委会的“宣传员”，有助于改善租户的精神面貌，为社区建设活动营造更加蓬勃的氛围。三是在与物业公司进行对接的过程中，租户委员会仍然可以在中间起到桥梁的作用，当租户的房屋维修申请没有得到及时解决时，租户委员会能从中做出协调，避免物业公司与租户之间冲突的产生。租户委员会在租户与运营机构、社区居委会和物业公司之间如同桥梁一样，扮演着信息的收集者、双向信息的传递者、矛盾的化解者的角色，并发挥着十分有效的作用。

租户委员会可由政府牵头成立，也可由租户自行成立，但都需使租户充分行使其选举权利，选出能充分代表租户利益的租户委员会组织。租户委员会应及时了解租户的利益诉求，听取租户的心声，才能充分争取并维护好租户利益。租户委员会应始终站在租户的立场，向政府部门或物业服务企业争取合法正当利益，同触犯租户利益的相关主体协商、协调，坚决维护租户利益。另外，租户委员会应配合政府和社区居委会，积极开展文化活动，丰富租户的精神文化生活，融洽社区关系，实现构建和谐保障性住房社区的目标。

### （五）租户对社区治理的参与

#### 1. 建立租户积极参与的社区管理制度

居民是发展社区服务的主要力量，在发达国家，居民的社区服务参与率达到了50%左右。如前所述，目前中国保障房仍采取“家长式”的管理方式，没有重视租户的参与。租户在公租房居住区内的权利本来就很有限，若不注重租户的参与，极容易将他们边缘化，这对于社区的良性发展是不利的。公租房居住区中存在很多可以为租户提供的服务岗位，诸如环卫工作、保障护理工作、房屋及公共设施的维修保养等，如此更可以加快居民与社区的融合。因此，应在公租房居住区建立政府主导、居民参与、物业公司和社区居委会相结合的管理制度。引导公租房住户参与社区管理，不但有利于促进社区融合，提高居民的安全感，建立积极健康的社区文化，同时能在一定程度上解决他们的就业问题。

#### 2. 制定公租房租户公约制度

公租房之所以会出现社区治安不良、环境不佳等状况，原因之一是没有一套明确的行为约束条款来限制租户行动。公租房居住区居民更易缺乏对于社区环境建设、社区卫生维护的意识。同时，与公租房管理相关的制度也仅限于从政府层面对租户进入标准、租金缴纳等方面进行约束，对公租房居住区租户的具体行为并未进行约定。因此，公租房小区需要通过租户委员会制定租户公约来约束租户行为，租户公约对于社区内各种类型的物品和车辆放置、垃圾堆放、日常容易产生的不良行为、社区形象维持等条款进行明确规定，同时制定相应的惩罚措施，当公租房租户多次出现不良行为时，将从社保、租金补贴等方面给予惩罚，部分难以管制、行径恶劣的公租房租户，将由社区居委会会同运营机构和街道派出所一道进行管制，情节严重者将取消公租房福利。将行为守则和惩罚条例张贴在社区内的公布栏,同时社区居委会组织租户委员会对社区环境建设的规定加以传播，并定期做宣传工作，将社区环境建设要求的宣传落到实处，逐渐纠正社区租户的不良行为，维护社区形象。

#### 3. 繁荣社区文化，增强居民归属感

社区文化对居民具有情感归属、行为引导、价值导向等三方面的作用。发展社区文化，可以增强社区居民的归属感，强化社区群众的主人翁意识，维护社区良好的秩序，提高居民对社区认同度，从而促进社区融合。对于公租房社区文化建设，可以从以下几点着手：一是搭建居民交流、沟通的空间载体，如配备广场、活动中心、体育场、社区服务中心等邻里空间。二是创建活动的组织载体，包括

文艺队、体育小组、老年协会、妇女协会、互助会等娱乐和志愿性质的民间组织。三是促进群众文化生活常态化。政府相关部门及街道、居委会通过一定的扶持措施将广受群众喜爱的文化活动固化下来，形成社区自己的品牌特色文化活动，进而形成居民共同的社区记忆。四是打造以全社区居民为对象的凝聚人心的社区文化产品，营造健康、积极的文化氛围。

### （六）配套措施的完善

#### 1. 实现保障性住房的住户流动与循环

在保障房社区大力推行"双进双联四服务"活动的基础上，还应强化社区内部人员的流动，主要是选举社区中的能人或积极公民为租户委员会和社区居委会的代表，或住户居民受聘于物业服务企业，实现人员的互通。例如，武汉市推行的"三方联动"[①]交叉任职制度，即推荐符合条件的社区两委[②]成员，通过法定程序兼任业主委员会主任或委员，推荐熟悉物业相关法律法规的社区两委成员兼任物业服务项目义务质量总监。积极推选党小组长和楼栋长担任业主代表。推荐业主委员会委员、物业服务企业负责人中的党员担任社区区域化党组织成员，挑选优秀的业主委员会主任、物业服务企业项目经理担任社区居委会兼职委员。

#### 2. 信息的互通与利用

政策作为一种公共信息，实现信息的交互是保障房后期管理运作的基础。政策多由上往下传递，但协同治理体系中，治理结构呈现扁平化，所以在保障性社区治理中，可充分运用官方网站、应用软件、微博和微信等互联网工具，结合电话、广播、信访等传统方式，实现住户和治理主体间信息的全方位交互，从而可以加速信息的传递和反馈，进而减少信息不对称造成的治理问题。另外，在社区治理中，实现信息多方共享，可以完善动态监管机制。例如，通过掌握某住户物业费和租金的收缴信息及补贴发放信息，综合评判该住户的收入变化情况，进而完善保障房的准入和退出机制。

#### 3. 健全民主协商机制

社区选举、社区议事会、听证会和网络问政等活动是广大弱势群体利益主张和权利行使的主要途径。因此，公租房社区治理的相关主体必须协同组织、充分调动、科学引导，才能让公租房租户表述自己的利益诉求，积极向政府进言。此外，在信息流动和循环的基础上，建立社区居委会和租户委员会日常工作的协商

---

① "三方联动"机制是指建立街道和社区党组织领导下的社区居委会、业主委员会和物业服务企业联动服务机制。

② 社会两委：社区共产党员支部委员会和社区居委会。

民主机制，促使各个主体进一步优化自己的功能，改善自身的服务，满足住户的合理要求，实现社区协同治理。例如，武汉市建立联席会议制度，即街道和社区党组织牵头建立社区居委会、业主委员会和物业服务企业共同参加的联席会议，制定议事规则和工作流程，定期召开会议，加强工作联系，化解各类矛盾，共同为社区居民服务。

从空间结构上讲，保障性住房居住区是我国城市居住区的特殊地域，该地域社区治理成败不仅影响保障性住房制度的可持续性，而且在我国城镇化加速发展的特殊时期直接影响城市新移民的社会融合，最终影响社会的稳定与和谐。本章以公租房为例，探讨了公租房居住区社区治理机制及其方案，为我国保障性住房的社区治理提供了重要的借鉴意义。尤其针对保障性住房参与主体的利益冲突和社会矛盾问题，需要完善利益诉求和利益协商机制，消除利益失衡的体制因素，也只有在保障弱势群体利益畅通表达的基础上，转变治理主体的协同方式，才能彻底破除单边治理的低效格局，避免多中心治理的静态缺陷，发挥协同治理的协同效应。特别是在当前大数据时代背景下，充分利用互联网技术，实现信息共享，搭建网格化管理平台是强化各参与主体互动的关键举措。信息交互与共享是优化协同治理体系的基础，不仅有利于推进保障性住房社区治理体系和治理能力的现代化，而且能让弱势群体的利益诉求得到充分表达，实现包容性社区治理。

# 第十二章　住房保障模式及保障体系构建研究

我国住房保障体系建设起步较晚，现有体系还不够健全，在运行中逐渐暴露出缺陷与不足，主要存在重产权式保障而轻租赁式保障、准入标准划分不科学、补贴政策间相互割裂且难以相互转换等问题。这些问题造成住房保障资源分配固化且不合理，扭曲了住房保障的公平和效率，不利于住房保障的可持续发展。建设和完善住房保障体系是解决城市住房问题、促进经济社会均衡发展的客观要求。以住房公共服务均等化、住房资源分配公平为价值取向，促进住房保障的可持续发展，是我国住房保障制度改革的基本方向。为此，本章利用数理模型，以公平、效率为原则构建住房补贴公平、效率评价函数，研究住房补贴政策的补贴模式、标准和范围，最后从准入标准、供给类型、补贴模式和产权归属四个层面，构建出以公租房为主体的租赁式住房保障政策体系，为我国住房保障制度完善提供政策支持。

## 一、文献综述

在城镇化进程中，中低收入家庭的住房问题是世界各国都会面临的难题。近年来，随着我国城镇化进程快速推进，中低收入家庭的住房问题日益凸显，开始逐渐引起政府、学者们的关注和研究。从已有相关文献来看，目前国内外研究已细化到住房保障补贴政策的各个层面，如补贴模式、补贴标准、补贴范围和住房保障政策体系等多个层面。

### （一）住房补贴模式选择的研究

在补贴模式选择方面，Ohls（1975）通过建立一般均衡住房市场过滤模型，得出政府直接兴建公共住房存在效率损失，货币化住房补贴能够增加中低收入家庭住房消费的结论。Kemp（2000）、景娟等（2010）运用经济学原理，认为需求方补贴对住房市场的干扰有限，既可充分利用市场机制配置住房资源，满足保障家庭的住房消费偏好，又可根据保障家庭的经济状况灵活调整补贴额度，维护住房补贴公平。Deng（2005）利用美国 6 个大中城市数据，通过比较分析美国的低收入住房建设减免计划与租房券计划，得到需求方补贴优于供给方补贴的结论。宋博通

(2001)、Olsen(2003)、Priemus(2000)、Leung 等(2012)则从成本效益、社会福利视角分析，也得出需求方补贴优于供给方补贴的结论。然而，Gilbert(2002)考察了智利、哥伦比亚和南非三个国家的住房货币补贴的实施情况，发现货币化住房补贴会带来政府赤字，并且中低收入家庭的住房条件改善有限。Kirk(2006)通过对美国低收入住房建设减免计划的分析，发现随着税收减免额度逐步提升，该计划能够带来住房供给增多，对中低收入家庭的住房改善更为明显。与此不同的是，Apgar(1990)认为住房补贴政策的实施效果与政策实施目标、外部环境有关，美国的租房券政策在某些条件下是合适的，但并不意味着它在任何情况下都是最优的。徐虹(2008)从政策环境视角分析，认为在住房短缺阶段，应通过供给方补贴增加住房供给，当住房存量充足后，政府应以需求方补贴取代供给方补贴。

### （二）住房补贴标准、范围确定的研究

住房补贴政策的实施首先要考虑的是哪些群体属于保障对象，即住房补贴的准入标准如何划分；其次是给予保障对象的补贴额度是多少，即补贴标准如何制定；最后是住房补贴政策的覆盖面多大，即补贴范围如何界定。准入标准的划分是住房补贴的实施前提，补贴标准与补贴范围相互联系、相互作用，其大小取决于住房补贴的供给和需求，是住房补贴政策的实施内容。

在准入标准划分方面，Kutty(2005)、Stone(2006)认为住房可支付力是判断居民是否存在住房困难的重要依据。郭玉坤和杨坤(2009)、汤腊梅(2010)认为住房可支付力是判定保障家庭的主要指标。董昕(2012)指出住房可支付力测度较为复杂，其常用指标可分为住房支出收入比法和剩余收入法两大类。对于住房可支付力如何测度，陈杰和朱旭丰(2010)认为，现有的住房可支付力测度指标存在一定的局限性，不能够全面反映出家庭的住房困难程度，在实际操作过程中，住房支出收入比法常被优先考虑，而剩余收入法总是扮演补充角色。邹晓燕等(2010)认为我国的收入准入标准与住房可支付力脱节，无法真实反映居民的住房困难程度。

在补贴标准制定方面，强真(2009)通过分析公租房的供应模式和价格形成机制，认为公租房的租金不宜高于市场租金水平，政府应根据家庭的住房可支付力强弱给予差异化的补贴标准。曹丽娟(2010)分析了部分城市公租房租金标准的制定现状，以及公租房租金形成的影响因素，认为政府应制定多层次的住房补贴标准。赵青松等(2010)以具体的公租房项目为例，综合考虑承租人、房屋及租赁差异因素，通过构建梯度租金模型，测算出公租房的租金水平。倪娜和易成栋(2011)通过比较分析市场法、成本法和收入法三种公租房租金定价方法，认为公租房的租金收取和补贴发放宜分离，住房补贴应与家庭的收入水平相匹配。虞晓芬和郑吴阳(2014)提出住房补贴应以“市场定价、分档补贴、租补分离”为原则，建立

起租补分离、实际支付租金与经济承受能力相匹配的运行机制。

在补贴范围界定方面，董昕(2011)认为现阶段住房保障范围过于宽泛，户籍壁垒又使大量低收入居民处于住房保障之外，住房保障效率低下。对于住房保障范围如何划分，褚超孚(2005)运用住房市场购买力法设计了住房保障家庭收入线模型，结合住房保障需求和供给，进而识别出城镇住房保障范围。修大鹏等(2013)利用社会保障水平测定模型构建出住房保障系数模型，以住房可支付力指数和住房保障面积作为保障范围指标，运用国内大中城市截面数据估测政府住房保障支出与住房保障范围的变动关系。郑思齐等(2014)利用收入、人均住房面积的分组数据，构造出家庭收入和人均住房面积的二维联合分布函数，并给出住房保障的准入标准与补贴范围的变动关系。

### (三)住房保障体系的构建研究

在住房保障政策体系构建方面，多数学者认为基本住房需求应由政府保障，改善型住房需求主要通过住房市场解决,住房保障政策体系应以租赁式补贴为主。陈淮(2010)认为住房保障体系和房地产市场是紧密联系的，市场化的资源配置原则可以完善住房保障体系，我国住房保障体系包含基本保障、援助型保障、互助型保障和自助型保障四个部分。郭士征和张腾(2010)通过定位住房保障的对象、原则等，提出了“三元到四维”的住房保障体系构建框架。杨文胜(2010)认为原有的住房保障体系存在制度缺失，导致住房保障功能丧失，政府应以保障居民的基本居住权为核心，建立以租为主的住房保障体系。曾国安和胡晶晶(2011)在论证产权式住房保障体系弊病的基础上，提出了现有住房保障体系向以公租房为主体的住房保障体系过渡的主张。邓宏乾等(2012)指出现有住房保障供应体系的不足，提出将原有保障房进行并轨，构建以公租房为主体的住房保障体系的主张。陈峰(2012)从顶层设计视角优化和重构我国现有住房保障体系，构建出以租为主的现代住房保障体系，并给出各类保障房的重构路径。

## 二、住房保障补贴模式、标准与范围

“加快推进住房保障和供应体系建设,要处理好政府提供公共服务和市场化的关系、住房发展的经济功能和社会功能的关系、需要和可能的关系、住房保障和防止福利陷阱的关系。”（习近平，2014）因此，如何选择合适的补贴模式，制定既公平又兼顾效率的补贴标准，防止住房保障产生福利陷阱，如何结合住房保障供给和需求，科学界定住房保障的范围，促进住房保障和住房市场协调发展，显得尤为重要。住房保障补贴包含补贴模式、补贴标准与补贴范围三个主要层面。补贴模式的选择是住房保障的实施前提，补贴标准与补贴范围相互联系、相互作用，其大小取决于住房保障的供给和需求，是住房保障政策的实施内容。因此，我们首先运用消费者选择模型，比较分析保障家庭在不同补贴模式下的选择行为，根据我国现阶段的实际情况，选择合适的补贴模式。其次以居住水平和福利水平为评价指标，构建住房补贴效率、公平评价函数，求解合理的补贴标准。最后以住房可支付能力测度指标，研究准入标准的划分方法，结合住房保障供给水平，界定住房保障的补贴范围。

## （一）补贴模式的选择

政府通常以住房补贴形式为保障家庭提供必要的住房援助。住房补贴有供给方补贴和需求方补贴之分，两者的差别在于补贴对象不同，前者是保障性住房的建设单位，即“补砖头”，后者为保障家庭，即“补人头”（Kemp，2000）。在实施过程中，与供给方补贴相比，需求方补贴对住房市场的干预较少，可以充分发挥市场机制在住房资源配置方面的作用，较大提升住房补贴制度的运行效率。另外，需求方补贴具有较强的灵活性，可以根据保障家庭的住房困难程度变化，动态调整其补贴标准，维护住房保障分配公平。为此，各国住房补贴制度发展到一定阶段后，补贴政策会逐步转向需求方补贴，形成以需求方补贴为主、供给方补贴为补充的补贴政策体系(景娟等，2010)。

需求方补贴又有多种不同的补贴措施，按照其作用机理的不同，可分为收入支持和价格支持两种补贴模式。目前，我国的租赁补贴政策属于收入支持类，是指政府根据申请家庭的收入和居住情况，按照其对应的补贴标准给予现金补贴，让其自行从市场上租赁合适的住房，本质上是对保障家庭的收入支持。而配物补租政策属于价格支持，是指政府向符合条件的申请家庭提供指定房源后，先由房源提供者向租户收取市场租金，而后政府依据申请家庭的住房困难程度，以市场租金的一定比例给予差别化的现金补贴，从而降低了保障家庭的实际房租支出，本质上是对保障家庭的价格支持。两种需求方补贴模式的作用机理存在差异，为此，本书利用消费者选择模型，考察保障家庭在不同补贴模式下的最优选择行为差异。

### 1. 模型假设

消费者选择模型认为，在一定的预算约束下，保障家庭会在两种消费商品之间进行选择，从而使自身的效用达到最优，即福利水平最大。为了方便研究，做如下假定。

假设一：城市 $W$ 的保障对象只进行低端住房消费 $H$ 和非住房消费 $C$，描述两者消费偏好的正数分别为 $\omega$ 和 $\upsilon$，其效用函数 $U$ 为科布–道格拉斯生产函数：

$$U(H,C)=H^{\omega}C^{\upsilon} \tag{12-1}$$

对效用函数取幂$1/(\omega+\upsilon)$，就可把函数写成$U(H,C)=H^{a}C^{1-a}$，$a=\omega/(\omega+\upsilon)$。在保障对象最优选择下，$a(0<a<1)$表示保障对象的住房消费支出份额，$(1-a)$表示非住房消费支出份额[①]。

假设二：城市 $W$ 的低端住房存量充足，住房补贴政策的实施对低端住房市场没影响，其低端住房消费价格、非住房消费价格分别为 $p$ 和 1，两者在政策实施前后均保持不变。保障家庭的住房消费支出份额在保障前后保持不变[②]，其收入为 $I$。无补贴政策时，保障家庭的预算约束为如下形式：

$$pH+C=I \tag{12-2}$$

此时，保障家庭的最优选择为$(H_0,C_0)$，福利水平为$U_0$。在预算约束式(12-2)下，可得保障家庭最优选择的均衡解：

$$H_0=aI/p,\quad C_0=(1-a)I \tag{12-3}$$

假设三：配物补租模式下，保障家庭对应的补贴标准为$\delta(0\leqslant\delta<1)$，最优选择为$(H_1,C_1)$，福利水平为$U_1$，所获得补贴额为$\delta pH_1$。

假设四：租赁补贴模式下，保障家庭获得的补贴额为 $s$，最优选择为$(H_2,C_2)$，福利水平为$U_2$。

假设五：两种补贴模式给予保障家庭的补贴额相等，即$\delta pH_1=s$。

2. 同补贴模式下保障家庭的行为选择

配物补租和租赁补贴虽然都是以现金形式发放补贴，但两种模式对保障家庭的预算约束影响机理不同，前者是通过降低保障家庭实际支付的住房消费价格进行补贴，后者则是通过增加保障家庭的实际可支配收入进行补贴。两种补贴模式下，保障家庭的最优选择行为不同。

在配物补租模式下，根据假设三，保障家庭对应的补贴标准为$\delta$，可知保障家庭实际支付的住房消费价格为$(1-\delta)p$。该政策下，保障家庭的预算约束变为

$$(1-\delta)pH+C=I \tag{12-4}$$

① 最优选择结果是基于保障家庭的预算约束和效用函数，通过建立拉格朗日函数，求得的最优值。为节省篇幅，未展示推导过程。

② 根据消费者选择模型的最优选择结果，可知住房消费支出份额取决于保障家庭的住房消费、非住房消费偏好的相对大小。故在短期内，保障家庭的住房消费支出份额保持不变。此外，湖北省五个城市的调研数据也显示，在获得住房补贴前后，保障家庭的住房消费支出份额变化不大。

在预算约束式(12-4)下，可得保障家庭最优选择的均衡解：

$$H_1 = aI/(1-\delta)p, \quad C_1 = (1-a)I \tag{12-5}$$

在租赁补贴模式下，根据假设四，保障家庭获得的补贴额为 $s$，可知保障家庭的实际可支配收入为$(I+s)$。该政策下，保障家庭的预算约束变为

$$pH + C = I + s \tag{12-6}$$

基于假设五，即$\delta pH_1 = s$，在预算约束式(12-6)下，可得保障家庭最优选择的均衡解：

$$H_2 = a(1-\delta+a\delta)I/(1-\delta)p, \quad C_2 = (1-a)(1-\delta+a\delta)I/(1-\delta) \tag{12-7}$$

3. 补贴模式的比较与选择

由上述最优选择的均衡解可知，配物补租和租赁补贴都能带来保障家庭居住水平和福利水平的提升。

由式(12-3)、式(12-5)和式(12-7)可知：

$$\frac{H_1/H_0}{H_2/H_0} = \frac{1}{1-(1-a)\delta} \tag{12-8}$$

已知$0<a<1$，$0\leqslant\delta<1$，易证$H_1/H_0 > H_2/H_0$。这说明，两种补贴模式所带来的居住水平提升幅度存在差异，配物补租优于租赁补贴。该结论的解释是，租赁补贴存在资金外溢现象，即补贴资金被挪用于非住房消费，而配物补租则将补贴资金用途固化于住房消费，可有效提升保障家庭的居住水平。

将式(12-3)、式(12-5)和式(12-7)代入效用函数，可得

$$\frac{U_1/U_0}{U_2/U_0} = \frac{(1-\delta)^{1-a}}{1-\delta+a\delta} \tag{12-9}$$

令$g(\delta) = (1-\delta)^{1-a}/(1-\delta+a\delta)$，易证$g(\delta)$在$[0,1)$内单调递减，故$U_1/U_0 < U_2/U_0$。这说明，两种补贴模式所带来的福利水平提升幅度存在差异，租赁补贴优于配物补租。该结论的解释是，租赁补贴尊重了保障家庭的消费选择权，而配物补租通过降低住房消费价格扭曲了住房市场信号，与租赁补贴相比，产生了潜在的福利损失。

两种补贴模式所带来的保障家庭居住水平和福利水平的提升幅度存在差异，在居住水平提升方面，配物补租优于租赁补贴；在福利改善方面，租赁补贴却优于配物补租。目前，我国正处于城镇化加速期，城市小户型住房、保障性住房供

给严重不足，大量外来人口的居住条件较差。因此，住房保障的政策目标应侧重于提升居住水平，其补贴模式应选用居住水平提升显著的配物补租。

## （二）补贴标准的制定

补贴标准是配物补租政策的核心内容，若补贴标准过高，则会在加重政府财政负担的同时降低补贴资源配置效率；若补贴标准过低，则很难满足保障家庭的基本住房需求。住房补贴的实质是以政府的财政支付能力弥补保障家庭的住房可支付能力的不足。补贴标准应取决于政府的财政支付能力和保障家庭的住房可支付能力。

### 1. 补贴评价函数

住房补贴资金是财政专项资金，其投入决策的合理性和科学性，不仅直接关系财政资源的合理配置，还影响着住房补贴政策的实施效果。因此，有必要建立补贴政策评价体系来指导补贴资金的运用，从而在保证住房补贴公平的前提下，提高补贴效益，解决好保障家庭的住房问题。住房补贴政策属于公共政策，其实施应遵循效率与公平原则。因此，可以从效率、公平两个层面构造住房补贴评价函数模型，依据评价函数来确定配物补租的补贴标准。

政府发放补贴资金，可以促使保障家庭提升自身的居住水平和福利水平，从而实现住房补贴政策目标。基于此，住房补贴效率可以理解为用有限的补贴资金投入带来保障家庭的居住水平和福利水平的最大幅度提升。因此，保障家庭的居住水平和福利水平的提升幅度可以作为住房补贴效率的评价指标[①]。住房补贴效率评价函数[②]如下：

$$E(H,U)=\left(\frac{H}{H_0}\right)^{\alpha}\left(\frac{U}{U_0}\right)^{1} \tag{12-10}$$

其中，$\alpha$、1 分别为居住水平、福利水平提升幅度在评价函数中的权系数。若政府补贴政策的目标侧重于提升居住水平，则$\alpha>1$；反之，$\alpha<1$。考虑到现阶段补贴政策的核心目标是提升保障家庭的居住水平，政府可以承受一定程度的福利损失，故设定$\alpha>1$。

公平是现代公共政策的核心价值观，住房补贴政策的实施还需遵循公平原则，

① 本章所运用的住房补贴效率评价函数为两种补贴模式的相对效率函数，且两种补贴模式所给予保障家庭的补贴额相等，因此未将住房补贴投入额作为住房补贴效率的评价指标。

② 效用函数中包含住房消费变量，居住水平提升幅度与福利水平提升幅度存在较强关联性，因此采用乘法合成法建立住房补贴效率评价函数。

即住房可支付能力较弱的保障家庭对应的补贴标准高于住房可支付能力较强的保障家庭，且保障家庭间的补贴后居住面积仍维持原有差距形态，但这种差距较补贴前有所缩小。事实上，前者属于过程公平，后者属于结果公平，补贴只需实现结果公平，即可保证补贴资金分配的公平。

在不考虑财政支付能力的前提下，根据商业银行按揭购房贷款的条件，将住房补贴的住房消费支出份额的准入标准设为50%。设任意保障家庭 $A$ 的收入为 $I$；住房消费支出份额为 $a(0.5 \leqslant a < 1)$；对应的补贴标准为 $\delta$；补贴前居住面积为 $H_0$；补贴后居住面积为 $H_1$；处于准入标准边缘的保障家庭 $B$ 的收入为 $I_b$；住房消费支出份额为 $a_b$（$a_b=0.5$）；对应的补贴标准为 $\delta_b$；补贴前居住面积为 $H_{b0}$；补贴后居住面积为 $H_{b1}$。

设补贴前 $A$ 和 $B$ 的居住面积差距为 $K_0$，即 $K_0 = H_{b0}/H_0$；补贴后 $A$ 和 $B$ 的居住面积差距为 $K$，即 $K = H_{b1}/H_1$。当 $K=1$ 时，表明补贴后 $A$ 的居住面积与 $B$ 相同，此时居住水平呈现绝对公平状态，与住房补贴的初衷相违背。因此，合理的补贴标准应使得 $K$ 介于1和 $K_0$ 之间。

住房补贴的公平性取决于 $A$ 和 $B$ 对补贴后居住面积差距 $K$ 的综合评价。对于 $A$ 而言，$K_0 - K$ 值越大，即 $K$ 值越接近1，其评价越高；与之类似，对于 $B$ 而言，$K-1$ 值越大，其评价越高。因此，补贴后居住面积差距可作为住房补贴公平的评价指标。住房补贴公平评价函数如下：

$$F(K) = (K_0 - K)^{\beta}(K-1)^1 \tag{12-11}$$

其中，$\beta$、1分别为保障家庭 $A$、保障家庭 $B$ 对补贴后居住面积差距评价的权系数。易证，$F(K)$ 在[1，$K_0$]内有唯一最大值。由其一阶条件，可得到补贴后居住面积的最优差距：

$$K^{**} = \frac{K_0 + \beta}{\beta + 1} \tag{12-12}$$

观察式(12-12)，可知补贴前居住面积差距每增加一单位，补贴后居住面积差距仅增加 $1/(\beta+1)$ 单位。这意味着保障家庭间的补贴后居住面积仍维持原有差距形态，但这种差距较补贴前有所缩小。考虑到政府更重视住房可支付能力较弱的保障家庭 $A$ 的评价，保障家庭间的补贴后居住面积差距应尽量缩小，故评价函数中 $\beta$ 的设定值应远大于1。

2. 补贴标准

根据本章式(12-9)可知，在补贴额相等的前提下，随着配物补租的补贴标准提高，保障家庭的居住水平和福利水平都在提升；但与租赁补贴相比，配物补租带来居住水平提升的同时，也会造成福利的潜在损失。因此，相对于租赁补贴，配物补租的最优补贴标准应是以最小福利潜在损失换取最大居住水平提升的补贴标准，此时配物补租补贴效率最大。

设配物补租的补贴效率为 $E_1$，租赁补贴的补贴效率为 $E_2$。由式(12-10)可得

$$E_1=\left(\frac{H_1}{H_0}\right)^{\alpha}\left(\frac{U_1}{U_0}\right),\quad E_2=\left(\frac{H_2}{H_0}\right)^{\alpha}\left(\frac{U_2}{U_0}\right) \tag{12-13}$$

根据式(12-8)、式(12-9)和式(12-13)，可得

$$e_{12}=\frac{E_1}{E_2}=\left(\frac{H_1}{H_2}\right)^{\alpha}\Big/\left(\frac{U_2}{U_1}\right)=\frac{(1-\delta)^{1-a}}{(1-\delta+a\delta)^{\alpha+1}} \tag{12-14}$$

其中，$e_{12}$ 为配物补租相对于租赁补贴的补贴效率；$H_1/H_2$ 为相对于租赁补贴，配物补租所能带来的居住水平提升量；$U_2/U_1$ 为相对于租赁补贴，配物补租所产生的福利潜在损失量。配物补租的最优补贴标准应使得 $e_{12}$ 取得最大值。根据 $e_{12}$ 的一阶条件，可得最优补贴标准：

$$\delta^*(a)=\frac{\alpha}{a+\alpha} \tag{12-15}$$

由式(12-15)可知，配物补租存在最优补贴标准，住房可支付能力较弱的保障家庭对应的最优补贴标准较低，住房可支付能力较强的保障家庭对应的最优补贴标准较高。该结论的解释是，在发放补贴过程中，政府既要提升保障家庭的居住水平，又要兼顾补贴资金所带来的潜在福利损失(相对于租赁补贴)。对于住房可支付能力较强的保障家庭，政府若给予较高的补贴标准，则会促使其在不减少非住房消费支出的前提下，显著提升居住水平；而对于住房可支付能力较弱的保障家庭，政府即使给予较高的补贴标准，也只能换来其居住水平有限的提升，却以较大的潜在福利损失为代价。

若补贴标准低于最优补贴标准，意味着政府继续提升补贴标准，增加的补贴支出能以较小的福利损失换取较大的居住水平提升，补贴效率仍有提升空间；若补贴标准高于最优补贴标准，意味着政府在提升补贴标准后，增加的补贴支出只换来居住水平较小的提升，却损失了很大的社会福利，降低了补贴效率。因此，政府所制定的补贴标准不宜高于最优补贴标准。

倘若为了保证补贴效率，对所有保障家庭都以最优补贴标准进行补贴，则补贴资金分配违背了公平性原则。合理的补贴标准应避免补贴存在不合理的错位，使得补贴满足补贴公平评价函数，即补贴后保障家庭间的居住面积差距满足式(12-12)。

根据式(12-3)、式(12-5)和式(12-12)，可求得合理补贴标准：

$$\delta^{**}(a)=\frac{\beta+\delta_b}{\beta+1}-\frac{\beta(1-\delta_b)aI}{(\beta+1)a_b I_b} \tag{12-16}$$

一般而言，居民的住房消费支出份额 $a$ 与收入 $I$ 呈反向关系。假定 $I$ 与 $a$ 满足简单的线性函数关系：

$$I(a)=I_b-I_b\frac{a-a_b}{1-a_b} \tag{12-17}$$

联立式(12-16)和式(12-17)，可得

$$\delta^{**}(a)=\frac{\beta(1-\delta_b)}{(\beta+1)(a_b-a_b^2)}a^2-\frac{\beta(1-\delta_b)}{(\beta+1)(a_b-a_b^2)}a+\frac{\beta+\delta_b}{\beta+1} \tag{12-18}$$

已知 $0.5\leqslant a<1$，易证 $\delta^{**}(a)$ 在 $(a_b,1)$ 内单调递增。这说明，配物补租存在合理补贴标准，住房可支付能力较弱的保障家庭对应的合理补贴标准较高，住房可支付能力较强的保障家庭对应的合理补贴标准较低。

设配物补租的起始补贴标准为市场租金的 30%，即 $\delta_b=30\%$。根据评价函数中关于权系数的论述，设 $\alpha=2$，$\beta=10$。根据式(12-15)和式(12-18)，可得到保障家庭的最优补贴标准 $\delta^*$ 与合理补贴标准 $\delta^{**}$ 的具体函数图像，如图 12-1 所示。

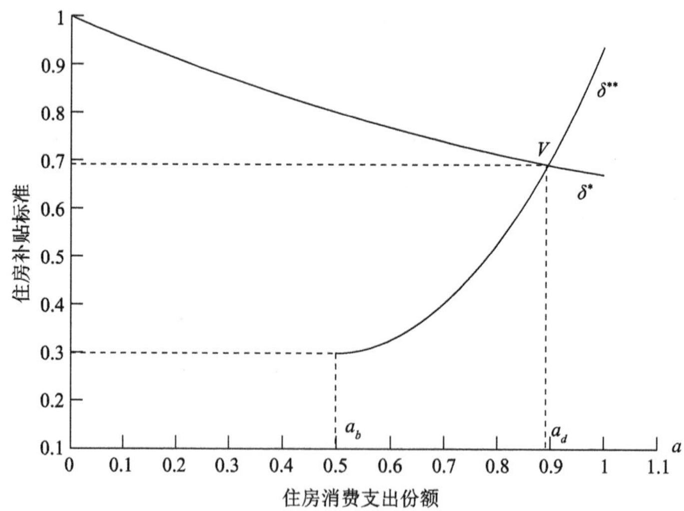


图 12-1　保障家庭的最优补贴标准与合理补贴标准

观察图 12-1 可知，两曲线在 $[a_b,1]$ 内有唯一交点 $V$，此时对应的住房消费支出份额为 $a_d$。联立式(12-15)和式(12-18)，令 $\delta^*(a_d)=\delta^{**}(a_d)$，可得 $a_d$ 与 $a_b$ 之间

的关系式：

$$a_b - a_b^2 = \frac{10(1-\delta_b)(a_d+2)(a_d^2-a_d)}{22-(10+\delta_b)(a_d+2)} \tag{12-19}$$

易证 $\mathrm{d}a_d/\mathrm{d}a_b>0$，表明 $a_d$ 与 $a_b$ 同方向变动。当保障家庭的住房消费支出份额大于 $a_d$ 时，若政府为维护住房补贴的公平，以合理补贴标准(此时，超过最优补贴标准)给予补贴，则会导致社会福利损失很大而居住水平提升较小，补贴效率降低。这说明，住房消费支出份额大于 $a_d$ 的保障家庭的住房可支付力相对较弱，并不适用市场定价的配物补租模式，该模式会降低住房补贴的效率。考虑到现实中住房可支付能力相对较弱的保障家庭所占比例较小，对于这类群体，建议仍沿用原有的实物配租模式，给予相同的补贴标准①。

因此，配物补租模式存在适用范围，其范围取决于该模式的准入标准与起始补贴标准。对于具有一定住房可支付能力的保障家庭，应采用价格支持的配物补租模式，给予差异化的合理补贴标准，而对于住房可支付能力相对较弱的保障家庭，应采用非市场化的实物配租模式，给予相同的补贴标准。

### (三)补贴范围的界定

作为配置住房资源的两种不同方式，住房补贴和住房市场两者之间存在合理的作用边界。若补贴范围过大，则会降低整体住房资源的配置效率；若补贴范围过小，则很难实现中低收入群体住有所居的政策目标。因此，合理划分住房补贴的范围，是住房补贴和住房市场协调发展的内在要求。

#### 1. 准入标准

政府向住房困难群体提供住房补贴，首要任务就是判断哪些群体属于制度保障对象，即准入标准如何划分。国际上，政府通常利用住房可支付力来评价家庭从市场购买或租赁住房的能力。住房可支付力强的家庭住房负担较轻，可以通过市场满足自身的住房消费需求，而住房可支付力弱的家庭住房负担较重，居住条件往往较差，需要政府提供额外的住房支持。一些国家通过住房消费支出份额，即住房消费支出占收入的比例来测度家庭的住房可支付力，根据家庭住房可支付力强弱划分准入标准，如美国和德国。

住房消费有两种，一种是购房消费，另一种是租房消费。对于购房家庭，可利用月还款收入比(AIR)指标测度其住房可支付力。假定家庭收入为 $I$，购买市场

① 对于住房可支付能力较弱的保障家庭，我国住房补贴采用的是实物配租、租金核减模式。考虑到两种补贴模式的作用机理相似，都属于补贴标准较为单一的非市场化补贴，而租金核减的覆盖群体仅是租住政府公房的住房困难家庭，故建议对这类群体采用实物配租模式。

价格为 $P$ 的住房，首付比例为 $\theta$，贷款期限为 $T$，等额还款额为 $A$，贷款利率(贴现率)为 $i$。则有

$$(1-\theta)\cdot P=\int_0^T A\cdot \mathrm{e}^{-it}\mathrm{d}t,\quad \mathrm{AIR}=\frac{A}{I}=\frac{P}{I}\cdot\frac{i(1-\theta)}{1-\mathrm{e}^{-it}} \tag{12-20}$$

对于租房家庭，可利用租金收入比(RIR)指标测度其住房可支付力。假定住房市场是有效的，住房市场价格是租金的资本化，家庭收入为 $I$，租赁市场价格为 $P$ 的住房，每月支付租金为 $R$。则有

$$P=\int_0^{\infty} R\cdot \mathrm{e}^{-it}\mathrm{d}t,\quad \mathrm{RIR}=\frac{R}{I}=\frac{P}{I}\cdot i \tag{12-21}$$

观察式(12-20)、式(12-21)，可知后者是前者的一种特殊形式，两者具有相同的本质，其形式差别是由住房消费形式不同所引起的，故在衡量家庭住房困难程度时应等同看待。然而，在具体应用中，租金收入比和月还款收入比却存在缺陷。例如，当家庭收入较低时，为了维持必要的非住房消费，只能租住面积狭小的住房，其租金收入比却很小，容易低估该家庭的住房困难水平；另外，当收入较高家庭偏好于奢侈性住房时，即使月还款额较大，其生活水平仍能保持较高水准，从而利用月还款收入比指标容易高估其住房困难水平(陈杰，2009)。

针对这一缺陷，我们可利用合理住房消费标准进行弥补，即利用城市最低居住面积标准和住房补贴面积标准对目标群体进行甄别。根据我国住房补贴制度发展目标，将城市最低居住面积标准和住房补贴面积标准分别定为人均建筑面积 8 平方米和人均建筑面积 16 平方米。在不考虑政府财政负担能力的前提下，根据商业银行按揭购房贷款的收入条件，将住房消费支出份额的准入标准定为 50%。在具体甄别保障家庭的过程中，可采取下述方式：首先，按照最低居住面积标准，将人均建筑面积 8 平方米以下的申请家庭划为保障家庭；其次，按照住房消费支出份额和住房补贴面积标准，将人均建筑面积界定在 8～16 平方米，且住房消费支出份额大于 50%的申请家庭划为保障家庭。

2. 补贴范围

补贴范围的界定，即准入标准的划分[①]，取决于政府的财政支付能力。政府财政支付能力是指政府财政可用于住房补贴的投入占住房补贴需求所需资金的比例。住房补贴的可持续发展要求其与政府财政支付能力相匹配，与住房市场的发展相协调。

① 补贴范围界定包括两方面内容：一是住房消费支出份额的准入标准；二是城市最低居住面积标准和住房补贴面积标准。城市最低居住面积标准、住房补贴面积标准的合理确定需要建立在充分调查统计城市居民住房情况的基础上，较为复杂。本书对补贴范围的界定是指对住房消费支出份额准入标准的划分。

设城市 $W$ 的财政支付能力为 $\eta$；住房补贴的财政预算支出为 $\overline{S}_s$；住房补贴所需资金为 $S_d$，其中配物补租补贴所需资金为 $S_{d1}$，实物配租补贴所需资金为 $S_{d2}$。则有

$$\eta = \frac{\overline{S}_s}{S_d} = \frac{\overline{S}_s}{S_{d1} + S_{d2}} \tag{12-22}$$

设城市 $W$ 的居民总户数为 $N$；居民住房消费支出份额 $a$ 服从均值为 0.5 的截尾正态分布，其概率密度函数为 $\varphi(a)$；实物配租的每户补贴额为 $\overline{s}$。则住房补贴所需资金为

$$S_d = S_{d1} + S_{d2} = \int_{a_b}^{a_d} N\varphi(a)\delta pH_1 \mathrm{d}a + \int_{a_d}^{1} N\varphi(a)\overline{s}\mathrm{d}a \tag{12-23}$$

根据式(12-5)、式(12-17)～式(12-19)，式(12-23)可变为

$$S_d = S_d(a_b) = \int_{a_b}^{a_d} N\varphi(a)\frac{\delta^{**}(a)}{1-\delta^{**}(a)}aI(a)\mathrm{d}a + \int_{a_d}^{1} N\varphi(a)\overline{s}\mathrm{d}a \tag{12-24}$$

简单起见，令 $a_d = 1$，即 $S_{d2} = 0$，可得

$$\frac{\mathrm{d}S_d}{\mathrm{d}a_b} = -N\varphi(a_b)\frac{\delta_b a_b}{1-\delta_b}I(a_b) < 0 \tag{12-25}$$

$$\frac{\mathrm{d}\eta}{\mathrm{d}a_b} = \frac{\mathrm{d}\eta}{\mathrm{d}S_d}\cdot\frac{\mathrm{d}S_d}{\mathrm{d}a_b} = \frac{\overline{S}_s}{S_d^2}N\varphi(a_b)\frac{\delta_b a_b}{1-\delta_b}I(a_b) > 0 \tag{12-26}$$

根据式(12-22)和式(12-24)，可得准入标准与财政支付能力的关系：

$$a_b = S_d^{-1}\left(\frac{\overline{S}_s}{\eta}\right) \tag{12-27}$$

因此，补贴范围大小取决于住房补贴的财政预算支出和财政支付能力。在财政预算支出给定情况下，准入标准与住房补贴需求所需资金呈反向关系，与政府财政支付能力呈正向关系。

## 三、租赁式住房保障体系的构建

我国现有住房补贴政策体系还不够健全，在运行中逐渐暴露出其缺陷与不足，主要存在补贴模式相互割裂且重产权而轻租赁、补贴准入标准划分不科学、补贴标准单一且缺少动态调整机制、补贴资金分配不公平且被挪作他用等问题，造成

住房补贴资源分配固化且不合理，扭曲了住房补贴的公平和效率，不利于住房补贴政策的可持续发展。建设和完善现有住房补贴政策体系是解决城市住房问题、促进经济均衡发展的客观要求。以住房公共服务均等化、住房资源分配公平为价值取向，促进住房补贴政策的可持续发展，是我国住房制度改革的基本方向。因此，本章结合我国住房补贴政策目标，对我国住房补贴政策体系进行顶层设计，尝试构建以公租房为主体的租赁式住房保障政策体系。

住房补贴的目的是保障居民的基本居住权，实现所有居民“有房住”，而不是“有住房”。目前，我国正处于城镇化加速推进阶段，住房困难群体日益增多，而政府财政负担能力有限。因此，我国住房补贴政策体系设计的目标取向应为：构建与政府财政负担能力相协调的、以公租房为主体的租赁式住房保障政策体系，满足居民多样化的基本住房需求，实现“住有所居”的目标。

住房补贴政策体系构建是一个复杂的系统工程，包含补贴资金筹集、保障性住房房源筹集、补贴标准和范围及后续管理机制等。本章主要从准入标准、供给类型、补贴模式和产权归属四个层面，勾勒租赁式住房保障政策体系的基本框架。在不考虑政府财政负担能力的前提下，按照准入标准的划分方法，将住房保障家庭分为人均建筑面积不超过 8 平方米和住房消费支出份额超过 50%且人均建筑面积不超过 16 平方米两类居民。假设配物补租的起始补贴比例为市场租金的 30%，根据本章补贴范围的界定研究结论，可知配物补租政策的实施范围为(0.5，0.89]，其基本框架见图 12-2。

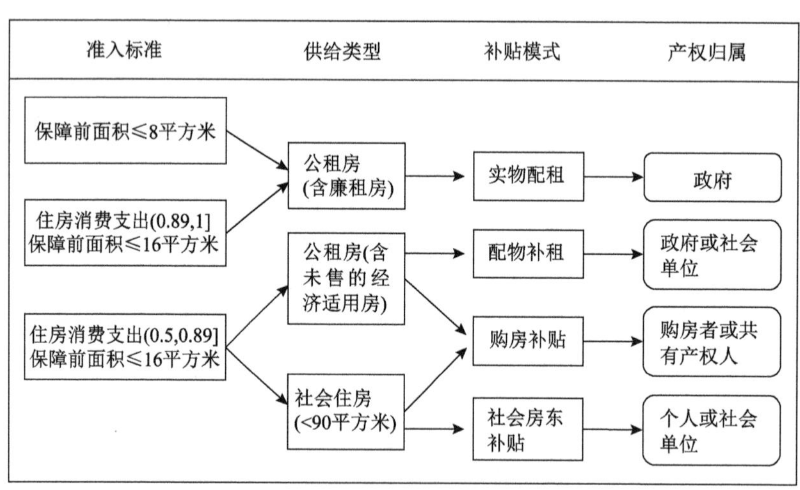


图 12-2　租赁式住房保障政策体系的基本框架

人均建筑面积不超过8平方米与人均建筑面积不超过16平方米且住房消费支出份额处于(0.89，1]内的保障家庭的住房可支付力极弱，大多为原廉租住房住户，并不适用市场定价的需求方补贴政策，可继续沿用实物配租方式，只收取象征意义的租金。而对于人均建筑面积不超过 16 平方米且住房消费支出份额处于(0.5，0.89]内的保障家庭，应满足其多样化的住房需求，给予其选择补贴模式的权利。对于选择租房的保障家庭，既可选择租住公租房，又可选择租住符合保障标准的社会住房，对应的补贴模式分别为配物补租和社会房东补贴。而对于选择购房的保障家庭，可通过购房补贴等形式，鼓励其以按揭贷款方式购买公租房或社会住房的部分或全部产权。除向银行支付按揭贷款外，保障家庭还须向产权共有人缴纳剩余产权的市场租金[①]。选择租赁式补贴的保障家庭，对应的补贴标准以租金收入比计算；选择产权式补贴的保障家庭，对应的购房补贴以每月住房消费总支出额(月还款额与剩余产权的市场租金的总和)占收入的比例计算，其每月获得的补贴额与具有相同住房困难程度但选择租住同等价格公租房或社会住房的保障家庭所获得的补贴额相当。

在建设标准方面，应对保障性住房的建筑面积有所控制，否则容易导致过度保障。考虑到保障家庭的基本住房需求与未来发展，公租房的建设面积应控制在 60 平方米左右。用于住房补贴的社会住房的建筑面积标准不宜超过 90 平方米。在产权归属方面，应明晰保障性住房的产权性质，否则住房补贴政策很难引入市场机制，保障性住房的开发建设、资金融通和运营管理也很难实现市场化、社会化。实物配租属于非市场化形式的补贴，其对应的保障性住房产权应完全归政府所有；配物补租具有保障与市场的双重属性，且覆盖的保障家庭较多，建议政府在建设、拥有一部分保障性住房的同时，引导企业等社会单位建设、拥有一部分保障性住房。为满足一部分保障家庭拥有产权的需求，可以实行产权共有形式，将保障性住房的产权逐步出售给保障家庭，为规避市场风险，建议共有产权房中个人产权份额首次不得低于 60%。

① 共有产权属于住房产权的配置方式，是指房屋原产权人与购房人共同拥有住房产权，购房人可分次购买剩余的房屋产权，在此期间，购房人须对房屋原产权人持有的产权部分支付市场租金。

# 第十三章　完善我国住房保障制度的政策建议

住房保障是现代社会每一个公民享有的基本权利，是社会保障体系中的一个重要组成部分。从我国目前的经济社会发展阶段来看，住房保障应与以基本保障为基础的整个社会保障相协调，而不能泛化为社会普遍的住房福利。现阶段的住房保障只能是基本的保障，保障“人人有房住”，而非“人人有房产”，实现“住有所居”的社会目标。住房保障不仅直接关系到国民的切身利益，关乎社会主义和谐社会的构建，也反映出政府的基本职责和提供的公共服务水平。我国的住房保障起步较晚，现有住房保障体系的构建根植于原有住房福利制度改革的过程中，导致现有住房保障体系，从外部制度环境角度讲，游离于整个社会保障体系之外；从内部制度环境角度讲，各子体系之间相互割裂，内部体系不统一，呈现出碎片化等问题。从整体视角重新设计住房保障供给体系是完善住房保障制度改革的核心问题。

## 一、住房保障制度的基本原则、基本目标与定位

基于住房问题的特殊性和重要性，国际上把政府是否介入住房问题作为衡量现代住房制度是否合理的一个重要标志。为国民提供基本的居住条件，保障低收入居民和住房困难家庭的基本居住权和发展权是政府的基本职责。因此，政府如何确定住房保障体系的基本原则、基本目标和定位，关系到住房保障体系的价值取向和发展方向。

### （一）住房保障制度的基本原则

住房保障体系的构建原则关系到住房保障体系基本定位、价值取向和住房保障的公平与效率。我国住房保障体系构建应遵循以下基本原则。

#### 1. 公平优先兼顾效率的原则

住房保障的基本目的是满足社会居民的基本居住需求，实现“住有所居”的社会目标。因此，应坚持公平优先的原则。公平优先原则的内在要求是实质公平，这要求住房保障分配的起点公平、结果公平；同时必须坚持住房保障分配程序公

平。另外，住房保障也要坚持效率原则。住房保障必须考虑其投资、建设、分配、管理等效率，用最小的成本代价，实现住房保障的效益最优化。因此，需要注重住房保障的供应效率、分配及管理效率，以促进住房保障的可持续发展。

2. 量力而行，适度保障的原则

住房保障的度不仅关系其住房保障制度的社会效果，还直接涉及政府、市场、个人之间的责任界限问题。住房保障应与经济发展水平及公共财政负担能力相协调，从我国目前的经济社会发展阶段来看，住房保障不能泛化为社会普遍的住房福利，防止过度的住房保障。因此，既要尽力而为，也要量力而行，以满足居民基本住房需求为基本原则，科学确定住房保障水平。

3. 系统性原则

住房保障政策是社会公共政策的重要组成部分，住房保障政策是一个复杂的系统，广义上的住房保障政策体系包括政策主体、政策客体、政策环境和政策实体四个子系统，由此形成一个有机的整体，缺一不可。在政策系统中，各项政策相互联系，彼此协调。就政策主体而言，政策的决策者、制定者应充分地遵循法定的、科学的、民主的程序和方法，充分发动公众参与，在住房保障政策制定、决策、实施、执行过程中让公众参与，使公众充分行使知情权、参与权、监督权，保证住房保障政策决策的民主性。就政策客体——住房保障政策的目标群体而言，政策的决策者、制定者应当充分尊重保障对象的诉求和利益，只有这样，住房保障政策才能达到预定的目标和效果。就政策实体(或政策体系)而言，住房保障政策主要包括保障住房用地、保障住房建设、保障住房金融、保障住房消费、保障住房价格、保障住房产权及管理等子系统，各子系统应相互配合、协调，才能使住房保障政策有序运行。同时，住房保障政策必须将城市与农村统筹考虑，将农村地区也纳入住房政策体系中，构建城乡一体的住房政策体系。

4. 动态发展，协调推进的原则

住房保障体系是我国社会保障体系的重要组成部分，从发展的视角来看，住房保障水平并不应该是一成不变的，在推进住房保障制度建设过程中要注意住房保障体系的动态发展及与社会经济发展水平相协调。住房保障政策的协调性主要包括两点：一是住房保障政策的目标与价值取向的协调；二是住房保障政策系统中各层次、各类型政策的协调。住房保障政策的基本目标是实现住房基本公共服务均等化，实现“住有所居”的社会目标，这是我们制定住房保障政策的基础和出发点，也是价值取向应遵循的基本准则。另外，住房保障与住房市场、住房供给能力与需求、居民支付能力与政府负担能力、公平与效率、城镇户籍人口与非户籍人口、城镇住房保障与农村住房保障、住房保障政策各子系统要保持良好的协调性。因此，住房保障政策必须坚持协调性原则，以保证住房保障政策实施的效率和住房保障的可持续性发展。

### （二）住房保障体系的基本目标与定位

一个国家和地区住房保障制度实施是否成功，通常取决于两个关键环节：一是由政府提供的各类保障性住房是否与低收入家庭的住房需求相匹配；二是保障性住房分配是否公平、营运管理是否高效及可持续。从保障水平的适度性、公平与效率的协调性、运行机制的可持续性视角，优化与创新住房保障体系，以及确立科学的住房保障总体目标和阶段性目标是促进住房保障可持续发展的关键。

#### 1. 总体目标

以住房保障持续、健康发展为核心，以发展性保障、货币保障、户籍与非户籍保障并重的城乡统一的住房保障为重点，构建以租赁式、货币补贴为主，政府主导、市场参与的住房保障体系，促进住房保障与住房市场的协调发展，逐步实现住房保障基本公共服务均等化和住有所居的社会目标。

#### 2. 阶段性目标

根据我国目前保障性住房需求大而保障供给相对不足的实际情况，住房保障的近期目标为：建立以“基本保障、供给保障(实物配租、配物补租)、城镇户籍保障”为主的住房保障体系。随着经济水平的发展，住房保障水平应逐步提高，因此中长期保障目标应调整为“发展性保障、需求保障(货币保障)、户籍与非户籍保障并重”城乡一体的住房保障体系。

#### 3. 住房保障体系的定位

住房保障体系的定位关系到住房保障体系优化与创新的发展方向及在发展过程中具体策略的选择。与住房保障体系的基本目标相匹配，住房保障体系的定位也可以分为总体定位和具体目标定位。①总体定位。考虑到住房具有消费品属性和资产属性及我国社会保障的发展，住房保障体系的总体定位是：逐步由解困型向普惠型、发展型住房保障体系过渡，构建城乡统一的住房保障体系。②具体目标定位。一是住房保障种类定位，即对现有保障住房进行并轨，通过公租房制度的优化与创新，统领多层次的保障住房。二是保障对象的定位。保障对象由户籍住房困难户、低收入家庭为主向户籍与非户籍住房困难户、低收入家庭并重转变。三是保障方式定位。保障方式由目前的实物保障为主向实物保障与货币保障并重过渡，最终实现以货币保障为主、实物保障为辅的保障方式。四是政府角色定位。由现在的保障住房供给者、建设者向购买住房保障服务转变。

## 二、构建以租赁式、货币补贴为主的住房保障体系

2014 年，正式将廉租房并入公租房体系，实行“两房并轨”。住房保障应当是政府提供基本住房以满足低收入者的住房需求。因此，在住房保障体系建设过程中，应防止过度保障和避免出现住房保障福利陷阱。从住房保障可持续发展来看，应构建以租赁式保障为主的住房保障体系，建议取消产权式住房保障，将现有公租房、经济适用房、共有产权住房等统一归并至公租房体系中，统一保障性住房的房屋类别、建设标准、租金标准、补贴方式等，并轨后，实行“分层保障，租补分离，梯次补贴(逆向补贴)”的保障机制，实现中低收入及低收入人群住有所居的保障目标，从而实现住房基本公共服务均等化。同时，大力培育住房租赁企业，通过减免增值税、房产税、所得税等政策降低房屋租赁企业的税负水平，引导社会为保障对象提供可供租赁的社会住房，逐步形成政府主导、市场参与的租赁式住房保障体系，这样既可降低整个住房保障运营管理成本，又可发挥市场机制配置住房资源的作用，符合住房保障可持续发展的内在要求。

并轨后，将一部分共有产权住房、经济适用住房、棚户区改造安置房等并入普通住房，政府对普通住房进行干预和政策支持，以提高居民的住房消费能力。主要包括三点：一是改革普通住房用地出让方式，增加普通住房用地供给。土地的自然特性决定了其具有公益性特征，它的利用必须满足全体国民利益的基本需要和增加社会的公共利益，保障国民的居住权是政府的基本职责，也是和谐社会的内在要求。因此，应改变目前住房用地的出让方式，对普通住房用地应采用协议方式进行出让，以降低普通住房用地的价格，抑制居住用地出让价格的非理性上涨。二是实行普通住房限购、限价政策，即严格规定城镇居民家庭只能购买或持有一套普通住房，并作为基本政策长期坚持。同时对普通住房实行限价政策。住宅是人类生存和发展必备的物质条件，住房的不可移动性、稀缺性等特性决定了住房与其他人类生存必需品之间的差异，即不可能通过国家储备的方式(如粮食、食盐等可通过储备方式)满足市场需求，平抑价格，也不可能通过交通运输条件来改变某一地区的供给，达到供需基本平衡，防止价格大起大落，因此对普通住房应该实行限价。三是对符合条件的普通住房购买者提供政策支持，以提升其住房消费能力。对于改善性住房需求者、首次购买中小户型普通住房的购房者，实行低首付及优惠贷款利率政策，并给予购房利息补贴。给予优惠的购房税收政策，如降低契税税率、对住房还贷额实行所得税前扣除等优惠政策。同时，放开住房公积金用于租房的限制，将租房消费纳入住房公积金支出范围，以提高中低收入家庭和“夹心层”的租房消费能力。

从中长期看，着力构建以市场化货币补贴为主的租赁保障体系。现阶段，我国住房保障的政策目标应侧重于提升居住水平，宜以“配物补租、实物配租”为

主。但是，配物补租、实物配租模式虽说作用直接，对居住水平提升有显著的激励作用，但其缺点是扭曲市场信号，损害社会福利，加重政府财政负担。因此，从兼顾住房保障公平与效率、实现住房保障基本公共服务均等化的目标来看，补贴模式应逐步转向以市场导向为主、福利水平改善显著的租赁补贴模式，构建以市场化的货币补贴为主的住房保障补贴体系，一方面，可赋予保障对象居住的自主选择权；另一方面，有利于提高住房保障补贴效率。同时，补贴标准应依据保障对象的住房消费支出份额大小制定“反梯度、多层次、租补分离”的补贴标准体系，构建公平且富有效率的住房补贴政策，使得补贴标准体系呈现缓坡形态，减轻保障对象对住房补贴的依赖程度，防止福利陷阱出现，以促进住房保障的可持续发展。

## 三、健全住房保障的土地供应、投融资、财政保障机制

政府在住房保障体系中应发挥主导作用，应承担为中低收入者、低收入者(包括城市外来务工者)提供住房保障的责任，用政府“看得见的手”弥补市场这只“看不见的手”的缺陷，真正实现住有所居的社会目标。

### (一)优先保证保障性住房用地需求，确保保障性住房建设项目落地

地方政府根据住房保障规划及年度计划，保障住房建设用地纳入年度土地供应计划，实行计划单列、专地专供，予以重点保障和优先安排。建立保障性住房专项土地储备制度，确保土地有效、及时供应。在编制土地利用总体规划、住房建设规划及土地利用年度计划时，应当按照不低于城市居住用地储备地块总面积40%的比例，优先单独列出保障性住房项目用地指标，纳入保障性住房用地储备管理。综合考虑城市发展、产业发展和重大交通设施建设的情况，将周边配套较成熟、公共交通较便捷的区域优先用于保障住房的建设，可尝试地铁上盖保障性住房的开发建设模式(指与地铁出入口直接相连的建筑物形式)和在轨道交通沿线等交通生活便利地区综合开发保障性住房。这既可节约和集约利用土地，又方便保障人群生活、就业和出行。

### (二)创新保障性住房建设投融资机制

我国目前保障性住房建设资金投入与住房保障规划所需资金规模相比，财政资金缺口大，且来源不稳定。现有保障房融资问题表现为投资方式有限，民间资本缺乏投资热情，保障房投资效率较低。一是政府提供政策支持，如税收减免、土地供给等优惠政策，引导社会资金投资建设保障住房，构建以市场机制为主的

保障住房投融资机制。二是构建保障房融资平台。保障房融资平台构建主要包括融资平台主体、机构性质界定、运行机制、模式、监管等内容。融资平台以政府的公共资金投入、由政府担保的贷款、贴息的低息贷款及税费优惠政策为基础，吸引民间资本和企业参与保障房建设,即利用政府背景集中发挥项目的筹资功能、资本运营功能和物业管理收益功能，统筹进行保障房项目的投融资、建设运营管理，实现融产结合的目标。三是充分利用社会资源，发挥市场机制作用，吸引社会民间资本、住房公积金、信托资金、房地产投资信托基金等投资保障住房建设，拓展保障性住房融资渠道。四是采取建设-移交(build-transfer，BT)、BOT、PPP 等项目融资模式，引导和规范社会机构参与保障性住房投资、建设和运营，逐步形成政府引导、市场化运作的保障性住房投融资机制。

### (三)改革现有保障性住房财政资金分类管理办法,设立住房保障基金

将现有的、分散的保障性住房财政资金进行整合，实行住房保障资金财政预算管理，充分发挥财政促进住房保障可持续发展的杠杆引导作用。基本设想是将现有中央财政安排的各类保障性住房建设专项补助资金、财政转移支付资金、省级及地方政府配套的资金、住房公积金增值收益、国有土地出让净收益的 10%、保障性住房出售的回笼资金进行整合，设立住房保障基金，形成稳定规范的、统一的住房保障财政资金。地方政府根据住房保障年度目标和财政能力，将保障性住房的财政资金纳入地方财政预算，实行预算管理，形成稳定规范的资金来源，建立有利于住房保障可持续发展的财政保障机制。

## 四、构建完善的住房保障监管体系

住房保障监管体系主要包括：①制定严格的保障住房规划、设计、建设标准，在保障性住房中全面推行绿色建筑标准。②严格准入条件，确保分配公平。一是加强房源信息与保障人群信息系统的建设，为保障性住房政策合理、公平地实施提供基础信息数据支撑。加快推进城镇居民家庭收入比对信息平台建设，为住房保障资格认定提供支撑。建设全方位的住房保障信息系统，实现保障对象收入状况、居住地点等信息联动，准确掌握保障性住房使用及保障对象收入变动情况。二是建立完善的住房保障审核制度。健全部门协作机制，加强民政、财政、物价、房管等部门协同机制，完善保障性住房的准入标准和审核机制，健全保障性住房的申请、审核、公示、轮候、复核、退出等制度，实行保障房源、分配过程、分配结果“三公开”。建立保障家庭电子档案数据库，通过社区、街道、民政局、房管局多层审核，将保障家庭的住房、收入等资格信息实时公示，接受社会监督。③建立以激励机制为主的退出机制，破解保障住房退出难困境。一是通过建

立激励机制，提高保障对象主动退出的积极性。对主动退出公租房的保障对象实行原已缴的房屋租金折算成货币按一定比例返还，激励其主动退出。二是完善违约惩戒机制，提高违约成本。若保障对象不符合公租房条件后，未按规定及时退出，则通过收取市场租金，停止租金补贴，或将失信情况记录信用档案，提高其违约成本。

## 五、创新住房保障后期营运机制，逐步形成住房保障可持续发展的长效机制

### (一)设立保障性住房经租机构，负责保障性住房的后期营运管理

考虑目前的实际情况，公租房经租管理机构可以采取两种方式：一是产权属政府直管的保障性住房可由市、区住房保障中心进行经租管理；二是其他纳入保障住房序列的，由原产权单位按政府保障性住房管理办法自行管理。从长期发展来看，应成立社会化和专业的公租房公司，或设立非营利性的住房营运组织，实行企业化运作。目前公租房基本由政府或下属的事业单位营运管理，这可能会重蹈计划经济时代的福利住房覆辙。借鉴国外成功经验，应设立非营利性的住房营运组织或住房租赁管理公司，实行企业化运作。在这种方式下，公平与效率能达到最优，并促进住房保障的可持续发展。

### (二)创新物业服务模式，促进保障性住房物业管理的良性循环

随着保障性住房的逐步发展，保障性住房的物业管理问题越来越迫切地需要落实和解决。在保障性住房小区中，探索社区居委会、业主委员会、物业服务企业、房管部门、保障性住房运营机构“五位一体”的联动机制，构建“政府服务、居民自治、市场运作”的保障性住房管理服务模式。①提供一站式的政府服务。整合社区公共服务资源，将政府派驻的公安、人力资源和社会保障、司法、工商、城管、卫生、民政等部门集中办公，构建完备的公共服务平台，为保障性住房小区居民提供“一站式”的便捷服务。②坚持市场化的物业服务。坚持“标准化、低收费”的原则，引入市场化的物业服务，政府应制定相关政策，扶持保障性住房的物业服务发展。一是地方财政对保障性住房物业管理给予一定的财政补贴。二是对管理保障性住房的物业服务企业，给予增值税税收优惠政策支持，减轻物业服务企业税负，以吸引物业服务企业积极承担保障性住房的物业管理。三是为减轻低收入家庭的负担，在保障性住宅小区配建一定比例(5%左右)的物业经营性用房，其收益专项用于保障性住房的物业管理。政府采取财政补贴和税收减免的方式，对保障性住房物业服务企业给予政策扶持，确保物业服务价低、质不低，

为保障对象提供便捷、良好的物业服务。

### （三）构建公租房流转机制

保障对象租住公租房期间，若保障对象有能力且愿意购买可出售公租房，保障对象可逐步购买或持有部分产权；在共有产权期间，按照公租房进行租赁管理；租住满一定年限(不低于 5 年)后，保障对象可全部购买公租房，享有完全产权。为激励保障对象购买全部产权，可实行将保障对象在一个租赁期间支付的租金(如 5 年)折现冲抵房价，实行保障对象和保障性住房双退出。若该房上市转让时，在同等条件下，政府享有优先购买权，政府回购后，再次进入公租房序列。

## 六、健全住房保障法规，将住房保障纳入法制轨道

目前现有住房保障体系中的经济适用房、公租房、共有产权住房、棚户区改造安置房等各有其相关政策法规，没有可以统领各项住房保障制度的上位法规，致使住房保障中的许多问题难以得到有效解决。因此，为使住房保障工作规范化、法制化，应尽快制定“住房保障条例”，对保障性住房用地供给、保障性住房建设和管理、保障性住房建设标准、租售价格标准、保障性住房准入与退出、保障性住房分配与补贴标准、保障性住房后期管理等进行明确规定，构建以“住房保障条例”为核心的住房保障法规政策体系，以确保住房保障规范有序运行。

# 参 考 文 献


贝尔琴 P N, 艾萨克 D, 陈 J. 2003. 全球视角中的城市经济[M]. 刘书瀚, 孙钰, 等译. 长春: 吉林人民出版社.

庇古 C. 2002. 福利经济学[M]. 何玉长, 丁晓钦译. 北京: 商务印书馆.

布哈林 N, 普列奥布拉任斯基. 1982. 共产主义 ABC[M]. 中共中央马克思恩格斯列宁斯大林著作编译局国际共运史研究室译. 北京: 生活・读书・新知三联书店.

蔡玉峰. 2009. 廉租房住户退出机制探讨[J]. 管理世界, (10): 11-16.

曹丽娟. 2010. 关于我国城市公共租赁住房租金标准制定的思考[J]. 价格理论与实践, (11): 37, 38.

曹伊清. 2013. 保障性住房的后续管理问题及其解决途径[J]. 城市问题, (6): 62-66.

车士义, 郭琳. 2009. 北京市经济适用住房政策评估[J]. 北京市经济管理干部学院学报, 24(4): 3-9.

陈灿煌. 2009. 城市中低收入群体住房保障制度效果分析及建议——基于“三市场住房过滤模型”的研究[J]. 价格理论与实践, (12): 50, 51.

陈德强, 郑思思. 2011. 公共租赁住房 PPP 融资模式及其定价机制研究[J]. 建筑经济, (4): 12-16.

陈峰. 2012. 我国住房保障体系的优化重构——基于体系顶层设计视角的探讨[J]. 华中师范大学学报(人文社会科学版), 51(5): 47-56.

陈淮. 2010. 建立符合中国国情的住房保障体系[J]. 宏观经济管理, (11): 11.

陈杰, 胡金星, 张思思, 等. 2016. 政策性住房金融机构体系建构方案选择[J]. 上海房地, (11): 32-34.

陈杰, 王文宁. 2010. 增加经济适用房供应对商品住房价格是抑制还是抬升?——一个基于省级面板数据模型的实证研究[R]. 2010 年中国房地产学术研讨会暨高校房地产学者联谊会.

陈杰, 朱旭丰. 2010. 住房负担能力测度方法研究综述[J]. 城市问题, (2): 91-96.

陈杰. 2009. 城市居民住房解决方案——理论与国际经验[M]. 上海: 上海财经大学出版社.

陈淑云, 范钦. 2014. 公租房的后期管理问题及其解决方略——以武汉市为例[J]. 城市问题, (9): 81-86.

陈淑云,艾建国. 2010. 城市居住区物业管理与社区管理合作模式研究——以百步亭小区和中山巷社区为例[J]. 江汉论坛, (5): 85-89.

陈淑云, 彭银. 2016. 保障房居住区社区协同治理创新研究——以四螺旋协同治理体系为视角[J]. 湖北行政学院学报, (3): 71-76.

陈淑云. 2009. 城市居住区物业管理与社区管理有效整合机制[J]. 华中师范大学学报(人文社会科学版), 48(5): 49-55.

陈学斌. 1996. 论我国城镇住房制度改革[J]. 经济理论与经济管理, (3): 37-41.

陈予军. 2007-08-28. 现阶段的廉租住房应以实物配租为主[N]. 上海证券报(003).

陈源. 2014. 非营利组织在我国公租房后期管理中的效用分析[J]. 经营管理者, (13): 280.

褚超孚. 2005. 城镇住房保障规模影响因素的相关分析研究[J]. 浙江大学学报(人文社会科学版), 35(4): 106-113.

邓锋. 2012. 公租房小区的特征及治理[J]. 城市问题, (8): 73-79.

邓红平, 卢丽. 2017. 公共租赁住房再分配机制的优化——基于公平与效率的视角[J]. 华中师范大学学报（人文社会科学版), (3): 42-54.

邓红平, 罗俊. 2016. 不完全信息下公共租赁住房匹配机制——基于偏好表达策略的实验研究[J]. 经济研究, (10): 168-182.

邓宏乾, 贾傅麟, 王昱博. 2016. 租赁补贴的政策效果及其影响因素——以湖北省三城市为例[J]. 城市问题, (4): 81-87.

邓宏乾, 贾傅麟. 2012. 地价、信贷与房价的关联性研究[J]. 武汉大学学报(哲学社会科学版), 65(5): 99-104.

邓宏乾, 贾傅麟. 2015. 住房保障的补贴模式、标准与范围研究[J]. 华中师范大学学报(人文社会科学版), 54(5): 38-45.

邓宏乾, 王贤磊, 陈峰. 2012.我国保障住房供给体系并轨问题研究[J]. 华中师范大学学报(人文社会科学版), 51(3): 29-37.

邓宏乾, 王昱博. 2015. 我国共有产权住房定价机制问题探讨[J]. 价格理论与实践, (7): 34-36.

邓宏乾，等. 2015. 住房补贴对住房消费、劳动供给的影响测度——基于湖北省五城市廉租住房保障家庭的数据分析[J]. 经济评论，(5)：100-110.

邓宏乾，王贤磊，陈峰. 2012. 我国保障住房供给体系并轨问题研究[J]. 华中师范大学学报(人文社会科学版)，51(3)：29-37.

董藩, 陈辉玲. 2010. 住房保障模式经济效应考查——基于住房过滤模型的思考[J]. 河北大学学报(哲学社会科学版), 35(2): 1-7.

董寿昆. 1988. 住宅经济比较研究[M]. 北京: 中国金融出版社: 406, 407.

董昕. 2011. 中国政府住房保障范围的变迁与现状研究[J]. 当代财经, (5): 84-91.

董昕. 2012. 动态趋势与结构性差异: 中国住房市场支付能力的综合测度[J]. 经济管理, (6): 119-127.

恩格斯. 1951. 论住宅问题[M]. 曹葆华, 关其侗译. 北京: 人民出版社.

方建国. 2008. 政府住房保障制度新政的经济学分析——重新认识“实物补贴”和“货币补贴”问题[J]. 中山大学学报(社会科学版), 48(6): 194-198.

冯宗容. 2002. 廉租房运作机制评析及创新[J]. 经济体制改革, (3): 160-164.

弗里德曼 M, 弗里德曼 R. 1982. 自由选择[M]. 胡骑, 席学媛, 安强译. 北京: 商务印书馆.

高波. 2010. 房价波动、住房保障与消费扩张[J]. 理论月刊, (7): 5-9.

高峰. 2010. 对北京市住房保障政策实施效果的分析——基于房价收入比指标的测算[J].城市, (4): 71-74.

葛伶俊.2009.中国转型期住房保障制度评析——社会公正的视角[J]. 东岳论丛, (4): 12-18.

耿媛元, 刘洪玉. 1999. 住房支付能力分析[J]. 建筑经济, (7): 39-41.

龚强, 许蔓. 2010. 中国房地产市场投资性需求分析[J].浙江社会科学, (3): 2-6.

谷俊青. 2010a. 2007—2009 年国家推出的保障性住房政策——2007—2009 年保障性住房实施效果评价及政策建议(连载一)[J]. 中国建设信息, (3)： 47-49.

谷俊青. 2010b. 2007—2009 年国家推出的保障性住房政策——2007—2009 年保障性住房实施效果评价及政策建议(连载二)[J].中国建设信息, (5): 42-45.

谷俊青. 2010c. 2007—2009 年国家推出的保障性住房政策——2007—2009 年保障性住房实施效果评价及政策建议(连载三)[J].中国建设信息, (7)： 47-49.

谷俊青. 2010d. 发展公共租赁住房的背景与意义——2007—2009 年保障性住房实施效果评价及政策建议(连载四)[J].中国建设信息, (9): 15-17.

谷俊青. 2010e. 发展公共租赁住房的具体政策建议——2007—2009 年保障性住房实施效果评价及政策建议(连载五)[J].中国建设信息, (11): 7-9.

郭士征, 张腾. 2010. 中国住房保障体系构建研究——基于“三元到四维”的视角[J]. 广东社会科学, (6): 5-11.

郭玉坤, 杨坤. 2009. 住房保障对象划分研究[J]. 城市发展研究, (9): 15-19.

哈耶克 F A. 1997. 自由秩序原理[M]. 邓正来译. 北京: 生活 · 读书 · 新知三联书店.

海蒂 M A. 2012. 虚拟变量回归[M]. 贺光烨译. 上海: 格致出版社.

宏观经济研究院投资研究所课题组. 2005. 居民住房支付能力评价指标比较与分析[J]. 宏观经济研究, (2): 35-37.

黄冠, 曾龙. 2016. 公租房租金定价方式研究——基于国内外公租房定价方式比较分析[J]. 当代经济, (8): 6-8.

黄征学. 2004. 经济适用房的政策效应分析[J]. 经济科学, (3): 92-101.

贾康, 刘军民. 2008. 优化与强化政府职能 建立和完善分层次住房保障体系[J]. 财贸经济, (1): 27-36.

景娟, 刘志林, 满燕云. 2010. 低收入住房政策的国际经验借鉴: 需求方补贴[J]. 城市发展研究, 17(6): 56-63.

空竹. 1996a. 中国城镇住房制度改革理论政策与实践的发展(上)[J]. 北京房地产, (10): 18-20.

空竹. 1996b. 中国城镇住房制度改革理论政策与实践的发展(中)[J]. 北京房地产, (11): 17-20.

赖华东, 蔡靖方. 2007. 城市住房保障政策效果及其选择——基于住宅过滤模型的思考[J]. 经济评论, (3): 136-140.

李宝龙. 2012. 我国公租房租金定价机制研究[J]. 价格理论与实践, (7): 41, 42.

李斌. 2002. 社会排斥理论与中国城市住房改革制度[J]. 社会科学研究, (3): 106-110.

李进涛, 谭术魁, 汪文雄.2009.国外住房可支付能力研究概要[J]. 城市问题, (5): 7-13.

李培. 2008. 中国经济适用房政策运行的特征分析[J]. 财经研究, (12): 129-139.

李迎生. 2009. 对中国城市社区服务发展方向的思考[J]. 河北学刊, (1): 134-138.

梁绍连, 杜德斌. 2007. 我国住房保障政策公平性的缺失[J]. 城市问题, (11): 67-70.

廖俊平, 田一淋. 2005. PPP 模式与城中村改造[J]. 城市开发, (3): 52, 53.

林松梅. 1990. 住房制度改革受阻的深思[J]. 经济纵横, (5): 6-8.

刘斌. 2004. 西方经济学中收入分配公平观述评[J]. 山西大学学报(哲学社会科学版), 27(4): 59-63.

刘颖. 2009. 廉租房退出制度中的动力机制研究[J].经济师, (1): 258, 259.

刘云. 2008. 房改的经验教训与房改后遗症的缓解途径[J]. 中国房地产金融, (11): 5-11.

刘祖云, 吴开泽. 2012. 香港公屋管理出现的问题及对内地的启示[J]. 中南民族大学学报(人文社会科学版), (3): 92-97.

龙奋杰, 沈悦, 刘洪玉, 等. 2006. 住宅市场与城市经济互动机理研究综述与展望[J]. 城市问题(1): 44-49.

卢为民, 姚文江. 2011. 中外公共租赁住房租金定价机制比较研究[J]. 城市问题, (5): 2-8.

罗尔斯 J. 2001. 正义论[M]. 何怀宏, 何包钢, 廖申白译. 北京: 中国社会科学出版社.

孟卫东, 柳歆. 2011. 城市公共租赁房租金定价机制研究[J]. 价格理论与实践, (12): 31, 32.

莫连光, 郭慧芳. 2006. 关于我国廉租房建设的思考[J]. 改革与战略, (8): 17-19.
倪娜, 易成栋. 2011. 公共租赁住房租金定价方法比较研究及其借鉴[J]. 中国房地产, (24): 66-73.
聂海峰. 2007. 高考录取机制的博弈分析[J]. 经济学(季刊), 6(3): 899-916.
牛毅. 2007. 经济适用住房政策的绩效评价[J]. 财贸经济, (12): 127-134.
钱滔. 2010. 地方政府治理与房地产市场发展[J]. 浙江社会科学, (3): 7-10, 216.
强真. 2009. 我国住宅供应模式优化及价格形成机制的研究——基于公共租赁房的启示[J]. 价格理论与实践, (7): 29, 30.
丘弘灏, 周逸凡, 朱晓武. 2013. 广东省公租房发展现状及现存问题探究[J]. 中国房地产, (12): 55-60.
邱东. 1991. 多指标综合评价方法的系统分析[M]. 北京: 中国统计出版社.
任晓敏. 2009. 廉租住房制度实施中的现实困境与出路——以济南市为例[J]. 济南大学学报(社会科学版), 19(4): 13-17.
沈久沄. 2006. 对房价收入比科学涵义的再探讨[J]. 中央财经大学学报, (6): 75-79.
沈悦, 张学峰. 2011. 住房支付能力稳定性: 理论解读与实证分析[J]. 财贸经济, (2): 118-124.
师元梅.2009. 住房保障对象有失公平性的博弈分析[J]. 经济研究导刊, (26): 189-191.
宋博通. 2001. 政府兴建住房与货币补贴成本比较研究[J]. 深圳大学学报(理工版), 18(1): 71-77.
宋博通. 2002. 三种典型住房补贴政策的“过滤”研究[J]. 城乡建设, (8): 27-29.
孙冰, 刘洪玉, 卢玉玲.2005.中低收入家庭住房补贴的形式与效率[J]. 经济体制改革, (4): 20-21.
孙志波, 吕萍. 2010. 保障性住房政策评估标准及体系研究[J]. 兰州学刊, (4): 49-53.
汤腊梅. 2010. 基于收入增长的城市居民住房支付能力分析[J]. 求索, (11): 86, 87,95.
唐旭君. 2005. 对某市廉租房政策的另类思考[J]. 城市发展研究, 12(3): 15-17.
汪正宏. 2012. 差异化公租房租金定价研究—基于杭州市的经验[J]. 价格理论与实践, (5): 39, 40.
王弟海, 管文杰, 赵占波. 2015. 土地和住房供给对房价变动和经济的影响——兼论我国房价居高不下持续上涨的原因[J]. 金融研究, (1): 50-67.
王丽艳, 王振坡. 2007. 城市居民购房支付能力实证分析—以天津为例[J]. 开放导报, (2): 92-94.
王吓忠, 巫月娥. 2006. 廉租房相关问题研究[J]. 城市问题, (6): 61-64.
王先柱, 赵奉军. 2009. 保障性住房对商品房价格的影响——基于 1999～2007 年面板数据的考察[J]. 经济体制改革, (5): 143-147.
王颖. 2013. 基层社会的重塑——以新社区为基点[J]. 哈尔滨工业大学学报(社会科学版), 15(6): 2-10.
魏立佳. 2010. 中国高考录取与博士生录取的机制设计[J]. 经济学 (季刊), (1): 349-362.
魏立佳. 2013. 从微观理论到社会实践——市场设计的最新进展综述[J]. 世界经济文汇, (3): 89-104.
吴刚. 2009. 城市居民住房支付能力研究——基于 2000—2008 我国 10 城市的经验数据[J].城市发展研究, 16(9): 20-25.
吴莲. 2007. 从房地产失控看过度市场化的危害[J]. 马克思主义研究, (2): 32-36.
武文永, 李长才. 1991. 住房制度改革方案综述[J]. 经济体制改革, (6): 110, 111.
习近平. 2014. 习近平谈治国理政[M]. 北京：外文出版社：193.
向肃一, 龙奋杰. 2007. 中国城市居民住房支付能力研究[J]. 城市发展研究, 14(2): 29-33.
小瑞. 2000. 贵州房改方案的“彻底性”体现在哪里？——访贵州省房改办常务副主任王桂生[J].城市开发, (12): 58, 59.
欣成. 2006-03-13. 聂梅生: 建立“廉租住房信托”补位资金短缺[N]. 中国改革报(004).

熊国平, 朱祁连, 杨东峰. 2009. 国际经验与我国廉租房建设[J]. 国际城市规划, 24(1): 37-42.
修大鹏, 吕萍, 戚仕军. 2013. 政府与市场: 住房保障边界及其确定[J]. 经济问题探索, (8): 1-8.
徐虹. 2008. 保障性住房政策的选择运用[J]. 中央财经大学学报, (6): 13-18.
徐炉清. 2013. 保障性住房退出机制的完善与操作[J]. 城乡建设, (6): 75-77.
杨华凯. 2012. 公共租赁住房租后管理制度的创新[J]. 上海房地, (4): 34-37.
杨俊. 2010. 中国保障性住房制度与房地产业的发展[J]. 浙江社会科学, (3): 10-12, 126.
杨文胜. 2010. 建立以租赁为主的住房保障体系[J]. 中国财政, (20): 75.
杨文武. 2003. 房价收入比指标研究[J]. 统计研究, (1): 47-49.
杨赞, 易成栋, 张慧. 2010. 基于"剩余收入法"的北京市居民住房可支付能力分析[J]. 城市发展研究, (10): 36-40.
姚玲珍. 2003. 中国公共住房政策模式研究[M]. 上海: 上海财经大学出版社.
尹晓红. 2009. 我国住房市场化现状的宪法学反思[J]. 法治研究, (4): 23-31.
余凌志, 屠梅曾. 2007. 我国城镇住房保障制度的公平和效率问题研究[J]. 经济纵横, (10): 14-16.
余凌志, 屠梅曾. 2008. 基于收入余额指标的城镇低收入家庭住房支付能力评价模型[J]. 上海交通大学学报, 42(9): 1506-1510.
虞晓芬, 郑昊阳. 2014. 我国公共租赁房定价机制研究——杭州市公租房定价模式及其优势[J]. 价格理论与实践, (2): 67-69.
虞晓芬. 2004. 基于居民住宅负担能力的房价合理性评价研究——以浙江杭州为例[J]. 价格理论与实践, (11): 34, 35.
曾国安, 胡晶晶. 2011. 论中国城镇住房保障体系改革和发展的基本思路与目标构架[J]. 江汉论坛, (2): 15-20.
战友, 王伟. 2008. 经济基本面、住宅价格与居民住房支付能力——以区域差异为视角的面板数据模型估计[J]. 经济问题探索, (9): 171-175.
张敦福. 2010. 住房的过度市场化及其社会后果——从《论住宅问题》看城市中下层民众的住房消费[J]. 兰州大学学报(社会科学版), 38(4): 106-113.
张敦胜. 1997. 城镇居民住房制度改革的几个理论问题[J]. 中国经济问题, (5): 62-65.
张京, 侯淅珉, 金燕. 1992. 房改无限需求的终止[M]. 北京: 中国财政经济出版社.
张梦. 2011. 浙江省大中城市公共租赁房定价机制研究[J]. 统计科学与实践, (12): 32, 33.
张清勇. 2007. 中国城镇居民的住房支付能力: 1991—2005[J]. 财贸经济, (4): 79-84.
张仕廉, 王朝健, 胡犀. 2011. 公共租赁住房综合定价模型研究[J]. 建筑经济, (11): 66-69.
张维军, 张吕. 2010. 武汉市廉租住房租金补贴比例过大的问题分析[J]. 武汉理工大学学报(信息与管理工程版), (2): 320-323.
赵奉军, 高波, 骆祖春. 2011. 支付能力、金融支持与住房供给双轨制[J]. 江海学刊, (3): 67-73.
赵进东, 何凌, 杨士海. 2016. 基于我国保障性住房并轨后的融资模式研究[J]. 城市发展研究, (2): 22-24.
赵青松, 李宁, 邓小鹏. 2010. 公共租赁房梯度租金模型及算例分析[J]. 东南大学学报(哲学社会科学版), 12: 75-79.
赵燕菁. 2005. 廉租房建设与国家宏观经济[J]. 城市发展研究, (3): 1-29.
郑思齐, 孙伟增, 徐杨菲. 2014. 中国城市住房保障覆盖范围的算法设计与应用[J]. 系统工程理论与实践, (11): 2791-2800.

中共中央编译局. 1972. 马克思恩格斯选集(第二卷)[M]. 北京: 人民出版社.

中共中央马克思恩格斯列宁斯大林著作编译局. 1964. 苏联共产党代表大会、代表会议和中央全会决议汇编第一分册[M]. 北京: 人民出版社.

中共中央马克思恩格斯列宁斯大林著作编译局. 1995. 列宁选集(第三卷)[M]. 北京: 人民出版社.

周京奎. 2010. 我国公共住房消费融资模式及绩效分析[J]. 河北经贸大学学报, (3): 40-46.

周蕾. 2008. 住房补贴政策绩效评价: 上海的证据[J]. 改革, (8): 68-72.

周仁, 郝前进, 陈杰. 2010. 剩余收入法、供需不匹配性与住房可支付能力的衡量——基于上海的考察[J]. 世界经济文汇, (1): 39-49.

周晓红. 2010. 上海市廉租住房制度发展及问题研究[J]. 建筑学报, (3): 38-41.

朱新贵, 漆玲玲, 黄安永. 2015. 各地保障房后期管理框架比较——以山西、南京、厦门、成都为例[J]. 城市问题, (1): 82-89.

朱亚鹏. 2006. 住房货币化改革与社会公平——贵阳房改个案研究[J]. 武汉大学学报(哲学社会科学版), (5): 661-668.

邹晓燕, 叶剑平, 李子松.2010. 住房保障范围划定问题分析及改进意见[J]. 城市发展研究, (9): 113-120.

Abdulkadiroğlu A, Pathak P A, Roth A E. 2005a. The New York city high school match[J]. American Economic Review, 95(2): 364-367.

Abdulkadiroğlu A, Pathak P A, Roth A E, et al. 2005b.The Boston public school match[J]. The American Economic Review, 95(2): 368-371.

Abdulkadiroğlu A, Sönmez T. 1998. Random serial dictatorship and the core from random endowments in house allocation problems[J]. Econometrica, 66(3): 689-701.

Abdulkadiroğlu A, Sönmez T. 1999. House allocation with existing tenants[J]. Journal of Economic Theory, 88(2): 233-260.

Adams J S. 1963. Toward an understanding of inequity[J]. Journal of Abnormal and Social Psychology, 67(5): 422-436.

Apgar W C.1990. Which housing policy is best?[J]. Housing Policy Debate, 1: 1-32.

Athanassoglou S, Sethuraman J. 2011. House allocation with fractional endowments[J]. International Journal of Game Theory, 40(3): 467-479.

Balinski M, Sönmez T. 1999. A tale of two mechanisms: student placement[J]. Journal of Economic Theory, 84(1): 73-94.

Barton S E. 1996. Social housing versus housing allowances: choosing between two forms of housing subsidy at the local level[J]. Journal of the American Planning Association, 62(1): 108-119.

Beer A, Kearins B, Pieters H. 2007. Housing affordability and planning in Australia: the challenge of policy under neo-liberalism[J]. Housing Studies, 22: 11-24.

Birrell R J, Healy E J. 2003. Migration and the housing afford-ability crisis[J]. People and Place, 11(3): 43-56.

Bowie D. 2009. Government and property market failure: the political and ideological origins of the housing market downturn[R]. Paper Presented at International Sociological Association (ISA) Housing Conference.

Bourassa S C. 1996. Measuring the affordability of home-ownership[J]. Urban Studies, 33(10):

1867-1877.

Bramely G. 1994. An affordability crisis in British housing: dimensions, causes and policy impact[J]. Housing Studies, 9(1): 103-124.

Bramley G, Karley N K. 2005. How much extra affordable housing is needed in England?[J]. Housing Studies, 20(5): 685-715.

Brandts J, Charness G. 2011. The strategy versus the direct-response method: a first survey of experimental comparisons[J]. Experimental Economics, 14(3): 375-398.

Brown T. 1999. Stakeholder Housing: A Third Way[M]. London: Pluto Press.

Buckley R, Kalarickal J. 2004. Improving low income housing programs: a method to monitor and reform Indian housing subsidy programs[R]. Washington D C: The World Bank.

Burke T, Ralston T. 2004. Measuring housing affordability[J]. Australian Housing and Urban Research Institute, (45): 50-107.

Burman L. 1992. The cost-effectiveness of the low-income housing tax credit compared with housing vouchers[R]. Congressional Budget Office.

Calsamiglia C, Haeringer G, Klijn F. 2010. Constrained school choice: an experimental study[J]. The American Economic Review, 100(4): 1860-1874.

Carrillo J D, Singhal S. 2016. Tiered housing allocation with preannounced rankings: an experimental analysis[J]. Journal of Economics and Management Strategy, 25(1): 133-160.

Chen Y, Sönmez T. 2002. Improving efficiency of on-campus housing: an experimental study[J]. The American Economic Review, 92(5): 1669-1686.

Chen Y, Sönmez T. 2004. An experimental study of house allocation mechanisms[J]. Economics Letters, 83(1): 137-140.

Chen Y, Sönmez T. 2006. School choice: an experimental study[J]. Journal of Economic Theory, 127(1): 202-231.

Cutts A C, Olsen E O. 2002. Are section 8 housing subsidies too high?[J] Journal of Housing Economics, 11(3): 214-243.

Deng L. 2005. The cost-effectiveness of the low-income housing tax credit relative to vouchers: evidence from six metropolitan areas[J]. Housing Policy Debate. 16(3/4): 469-511.

Ehlers L. 2002. Coalitional strategy-proof house allocation[J]. Journal of Economic Theory, 105(2): 298-317.

Ehlers L, Klaus B. 2013. House allocation via deferred-acceptance[R]. Working Paper.

Erdil A, Ergin H. 2008. What's the matter with tie-breaking? Improving efficiency in school choice[J]. American Economic Review, 98(3): 669-689.

Ergin H I. 2002. Efficient resource allocation on the basis of priorities[J]. Econometrica, 70(6): 2489-2497.

Ergin H I, Sönmezb T. 2006. Games of school choice under the Boston mechanism[J]. Journal of Public Economics, 90(1/2): 215-237.

Eric M, Skaburskis A. 2004. Canada's increasing housing affordability burdens[J]. Housing Studies, 19(3): 395-413.

Fack G. 2006.Are housing benefits an effective way to redistribute income? Evidence from a natural experiment in France[J]. Labour Economics, 13(6): 747-771.

Foley J M. 1967. Disparity increase with convergence for constant perceptual criteria[J]. Perception & Psychophysics, 2(12): 605-608.

Gilbert A. 2002. Scan globally, reinvent locally: reflecting on the origins of South Africa's capital housing subsidy policy[J]. Urban Studies, 39(10): 1911-1933.

Guillen P, Kesten O. 2008. On-campus housing: theory vs. experiment[R]. Working Papers, University of Sydney.

Guillen P, Kesten O. 2012. Matching markets with mixed ownership: the case for a real-life assignment mechanism[J]. International Economic Review, 53(3): 1027-1046.

Gwinner W B, Sanders A. 2009. The subprime crisis: implications for emerging markets[J]. Housing Finance International, 23(4): 5-13.

Gyourko J, Linneman P. 1989. Equity and efficiency aspects of rent control: an empirical study of New York city[J]. Journal of Urban Economics, 26(1): 54-74.

Gale D, Shapley L S. 1962. College admissions and the stability of marriage[J]. The American Mathematical Monthly, 69(1): 9-15.

Harris I. 2003. Market failure and the London housing market[R]. OpenGrey Repository.

Haruvy E, Roth A E, Ünver M U. 2006. The dynamics of law clerk matching: an experimental and computational investigation of proposals for reform of the market[J]. Journal of Economic Dynamics and Control, 30(3), 457-486.

Hoeksmit M C, Diamond D B. 2003. The design and implementation of subsidies for housing finance[J]. Smit, 17(2): 10-13.

Hylland A, Zeckhauser R. 1979. The efficient allocation of individuals to positions[J]. Journal of Political economy, 87(2): 293-314.

Israel A. 1990. The changing role of the state: institutional dimensions[R]. Research and External Affairs Working Paper Series.

Kamete A Y. 2001. The quest for affordable urban housing: a study of approaches and results in Harare, Zimbabwe[J]. Development Southern Africa, 18(1): 31-44.

Kemp P A. 2000. The role and design of income-related housing allowance[J]. International Social Security Review, 53(3): 43-57.

Kesten O. 2004. Student placement to public schools in the US: two new solutions[R]. Working Papers, University of Rochester.

Kim K H. 1993. Housing price, affordability, and government policy in Korea[J]. Journal of Real Estate Finance and Economics, 6(1): 55-71.

Kimm P M. 1987. Housing progress in developing countries[R]. Proceedings of the Second International Shelter Conference and Vienna Recommendations on Shelter and Urban Development.

Kirk M. 2006. The low-income housing tax credit program goes mainstream and moves to the suburbs[J]. Housing Policy Debate, 17(3): 419-446.

Klijn F, Pais J, Vorsatz M. 2013. Preference intensities and risk aversion in school choice: a laboratory experiment[J]. Experimental Economics, 16(1): 1-22.

Kolm S C. 1972. Justice et équité[M]. Paris: Ed. du CNRS.

Koninga R H, Ridderb G. 1997. Rent assistance and housing demand[J]. Journal of Public Economics, 66(1): 1-31.

Kutty N K. 2005. A new measure of housing affordability: estimates and analytical results[J]. Housing Policy Debate, 16(1): 113-142.

Laferrère A, Le Blanc D. 2004. How do housing allowances affect rents? An empirical analysis of the French case[J]. Journal of Housing Economics, 13(1): 36-67.

Le Blanc D, Laferrère A. 2001. The effect of public social housing on households' consumption in France[J]. Journal of Housing Economics, 10(4): 429-455.

Le Blanc D. 2005. Economic evaluation of housing subsidy systems: a methodology with application to Morocco[R]. World Bank Policy Research Working Paper.

Lee C. 2007. Does provision of public rental housing crowd out private housing investment? A panel VAR approach[J]. Journal of Housing Economics, 16(1): 1-20.

Leung C K Y, Sarpca S, Yilmaz K. 2012. Public housing units vs. housing vouchers: accessibility, local public goods, and welfare[J]. Journal of Housing Economics, 21(4): 310-321.

Lui H K, Suen W. 2011. The effects of public housing on internal mobility in Hong Kong[J]. Journal of Housing Economics, 20(1): 15-29.

Ma J. 1994. Strategy-proofness and the strict core in a market with indivisibilities[J]. International Journal of Game Theory, 23(1): 75-83.

Malpezzi S, Vandell K. 2002. Does the low-income housing tax credit increase the supply of housing?[J]. Journal of Housing Economics, 11(4): 360-380.

Malpezzi S. 1994. Getting the incentives right: a reply to Robert-Jan Baken and Jan van der Linden[J]. Third World Planning Review, 16(4): 451-466.

Mayo S K. 1986. Sources of inefficiency in subsidized housing programs : a comparison of US and German experience[J]. Journal of Urban Economics, 20(2): 229-249.

Meen G P. 1990. The removal of mortgage market constraints and the implications for econometric modeling of UK house prices[J]. Oxford Bulletin of Economic and Statistics, 52(1): 1-23.

Muellbauer J, Murphy A. 1997. Booms and busts in the UK housing market[J]. Economic Journal, 107(445): 1701-1727.

Murdoch R J. 2006. The effect of low income housing tax credit units on residential property values in Dallas county[R]. WILLIAMS REVIEW.

Murray M P. 1983. Subsidized and unsubsidized housing starts: 1961–1977[J]. The Review of Economics and Statistics, 65(4): 590-597.

Murray M P. 1999. Subsidized and unsubsidized housing stocks 1935 to 1987: crowding out and cointegration[J]. The Journal of Real Estate Finance and Economics, 18(1): 107-124.

Nelson K P. 1994. Whose shortage of affordable housing?[J]. Housing Policy Debate, 5(4): 401-442.

Ohls J C. 1975. Public policy toward low-income housing and filtering in housing markets [J]. Journal of Urban Economics, 2(2): 144-171.

Olsen E O, Barton D M. 1983. The benefits and costs of public housing in New York city[J]. Journal of Public Debate, 20(3): 299-332.

Olsen E O, Tyler C A, King J W, et al. 2005. The effects of different types of housing assistance on earnings and employment[J]. Cityscape, 8 (2) : 163-187.

Olsen E O. 2003. Should the housing choice voucher program be converted to a block grant?[J]. Housing Policy Debate, 14 (3) : 283-293.

Ong S E. 2000. Housing affordability and upward mobility from public to private housing in Singapore[J]. International Real Estate Review, 3 (1) : 49-64.

Pais J, Pintér Á, Veszteg R F. 2011. College admissions and the role of information: an experimental study[J]. International Economic Review, 52 (3) : 713-737.

Pais J, Pintér Á. 2008. School choice and information: an experimental study on matching mechanisms[J]. Games and Economic Behavior, 64 (1) : 303-328.

Pathak P A, Sönmez T. 2008. Leveling the playing field: sincere and sophisticated players in the Boston mechanism[J]. American Economic Review, 98 (4) : 1636-1652.

Priemus H. 2000. Rent subsidies in the USA and housing allowances in the Netherlands: worlds apart[J]. International Journal of Urban and Regional Research, 24 (3) : 700-712.

Quigley J M, Raphael S. 2004. Is housing unaffordable? Why isn't it more affordable?[J]. Journal of Economic Perspectives, 18 (1) : 191-214.

Rakodi C. 1995. Housing finance for lower-income urban households in Zimbabwe[J]. Housing Studies, 10 (2) : 199-227.

Roth A E, Peranson E. 1999. The redesign of the matching market for American physicians: some engineering aspects of economic design[J]. American Economic Review, 89 (4) : 748-780.

Roth A E, Postlewaite A. 1977. Weak versus strong domination in a market with indivisible goods[J]. Journal of Mathematical Economics, 4 (2) : 131-137.

Roth A E. 1982. The economics of matching: stability and incentives[J]. Mathematics of Operations Research, 7 (4) : 617-628.

Roth A E. 1984. The evolution of the labor market for medical interns and residents: a case study in game theory[J]. Journal of Political Economy, 92 (6) : 991-1016.

Roth A E. 2008. Deferred acceptance algorithms: history, theory, practice, and open questions[J]. International Journal of Game Theory, 36 (3-4) : 537-569.

Saidman S L, Roth A E, Sonmez T, et al. 2006. Increasing the opportunity of live kidney donation by matching for two-and three-way exchanges[J]. Transplantation, 81 (5)： 773-782.

Satterthwaite M A, Sonnenschein H. 1981. Strategy-proof allocation mechanisms at differentiable points[J]. The Review of Economic Studies, 48 (4) : 587-597.

Schuetz J, Been V, Ellen I G. 2008. Neighborhood effects of concentrated mortgage foreclosures[J]. Journal of Housing Economics, 17 (4) : 306-309.

Shapley L S, Shubik M. 1971. The assignment game I: the core[J]. International Journal of Game Theory, 1 (1) : 111-130.

Shapley L, Scarf H. 1974. On cores and indivisibility[J]. Journal of Mathematical Economics, 1 (1) : 23-37.

Shroder M. 2002. Does housing assistance perversely affect self-sufficiency? A review essay[J]. Journal of Housing Economics, 11: 381-417.

Sinai T, Waldfogel J. 2002. Do low-income housing subsidies increase housing consumption?[J]. NBER Working Paper.

Smit H, Maria C, Diamond D. 2003. The design and implementation of subsidies for housing finance[R]. Paper Prepared for the World Bank Seminar on Housing Finance.

Sönmez T, Ünver M U. 2005. House allocation with existing tenants: an equivalence[J]. Games and Economic Behavior, 52(1): 153-185.

Sönmez T, Ünver M U. 2010. House allocation with existing tenants: a characterization[J]. Games and Economic Behavior, 69(2): 425-445.

Sousa J, Quarter J. 2004. Converting a public housing project into a tenant-managed housing co-operative: a Canadian case study[J]. Journal of Housing and the Built Environment, 19(2): 187-198.

Susin S. 2002. Rent vouchers and the price of low-income housing[J]. Journal of Public Economics, 83(1): 109-152.

Susin S. 2005. Longitudinal outcomes of subsidized housing recipients in matched survey and administrative data[J]. Cityscape, 8(2): 189-218.

Stone M. 2006. What is housing affordability? The case for the residual income approach[J]. Housing Policy Debate, 17(1): 151-184.

Swan C. 1973. Housing subsidies and housing starts[J]. AREUEA J, 1: 119-140.

Thalmann P. 1999. Identifying households which need housing assistance[J]. Urban Studies, 36(11): 1933-1947.

Thalmann P. 2003. "House poor" or simply "poor" ?[J]. Journal of Housing Economics, 12(4): 291-317.

Thomson D E. 2004. At what cost? An analysis of housing affordability in Detroit[R]. Wayne State University/CULMA/Center for Urban Studies.

van Willem V, Hirayama Y. 1994. Housing conditions and affordability in Japan[J]. Housing Studies, 9(3): 351-367.

Varian H R. 1976. Two problems in the theory of fairness[J]. Journal of Public Economics, 5(3-4): 249-260.

Viren M. 2013. Is the housing allowance shifted to rental prices?[J]. Empirical Economics, 44(3): 1497-1518.

Whalen R. 2008. The subprime crisis: Cause, effect and consequences[R]. Networks Financial Institute India University.

Whitehead C M E. 1991. From need to affordability: an analysis of UK housing objectives[J]. Urban Studies, 28(6): 871-887.

World Bank. 1988. World Development Report 1988[M]. New York: Oxford University Press.

Yeager H. 1996. Dole launches attack on public housing[N]. San Francisco Examiner (A8).

Yılmaz Ö. 2009. Random assignment under weak preferences[J]. Games and Economic Behavior, 66(1): 546-558.

Zhou L. 1990. On a conjecture by gale about one-sided matching problems[J]. Journal of Economic Theory, 52(1): 123-135.

Zukin S. 2009. Public housing that worked: New York in the 20th century[J]. Contemporary Sociology, 38(6): 584-586.

# 后　记

本书是国家社会科学基金重大项目“我国住房保障问题与改革创新研究”(11&ZD039)的最终成果。

为力求研究成果具有针对性和对住房保障政策有一定的参考价值，在课题研究过程中，对深圳市、武汉市、黄石市、襄阳市、宜昌市和麻城市等地进行了大量调研，采集保障家庭数据 6673 份；对住房保障满意度进行了抽样调查，对调研数据进行了统计分析与实证研究；运用实验经济学方法，研究了保障住房初次分配和再分配问题，并进行了 42 组(共 240 人)被试实验。同时，举办了三次学术研讨会——住房保障改革研讨会(2012 年)；住房公积金改革与创新研讨会(2015 年)；新常态背景下，房地产业转型与发展研讨会(2016 年)。课题研究形成了一系列的阶段性研究成果，在中国社会科学出版社出版了《中国城镇公共住房政策研究》《廉租住房租赁补贴政策实施效果研究——基于湖北省六市(县)6673 户廉租住户的调查》等 2 部著作；《推进我国保障性住房供给体系并轨改革的政策建议》(2012 年)、《金融与保障功能协调的住房公积金改革思路及建议》(2015 年)、《构建我国房地产发展长效机制的若干建议》(2017 年)被全国哲学社会科学规划办公室《成果要报》采纳；《城市化发展与中国住房政策选择》(2016 年)被教育部《专家建议》采纳；《公共租赁住房后期管理研究》《中国城镇公共住房政策研究》等 10 多份咨询报告被地方政府采纳；有 5 项成果分别获湖北省改革发展奖和湖北省武汉市社会科学成果奖，其中《中国城镇公共住房政策研究》获第五届钱学森城市学金奖(2015 年)和武汉市社会科学成果奖二等奖(2016 年)。在《经济研究》《世界经济》等刊物上发表学术论文 24 篇，其中有多篇论文被《中国社会科学文摘》、《高校社科学术文摘》、中国社会科学网等转载。

感谢课题组全体成员的辛勤付出，本书的具体分工为：邓宏乾(第二章、第四章、第十二章、第十三章)；陈峰(第一章、第三章、第四章、第五章)；邓红平(第六章、第七章、第八章)；陈淑云(第九章、第十章、第十一章)；贾傅麟(第四章、第十二章)。研究生王贤磊、姚潇颖、曾龙、方菲雅等参加了课题调研、数据收集与整理工作。同时，还要感谢湖北省住房保障局、湖北省住房改革与发展研究会、武汉市住房保障和房屋管理局、深圳市房地产研究中心、黄石市住房和城乡建设局等单位提供的帮助与支持！

# 战略性人力资本投资

刘 苹 著

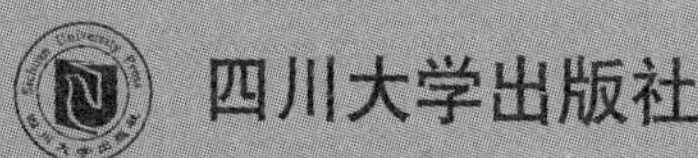

特约编辑：张　玲
责任编辑：段悟吾
责任校对：夏　宇
封面设计：墨创文化
责任印制：王　炜

图书在版编目(CIP)数据

战略性人力资本投资 / 刘苹著. —成都：四川大学出版社，2013.6
ISBN 978-7-5614-6833-3

Ⅰ.①战… Ⅱ.①刘… Ⅲ.①人力投资-研究 Ⅳ.①F241

中国版本图书馆 CIP 数据核字（2013）第 120530 号

书名　战略性人力资本投资

著　　者　刘　苹
出　　版　四川大学出版社
地　　址　成都市一环路南一段 24 号（610065）
发　　行　四川大学出版社
书　　号　ISBN 978-7-5614-6833-3
印　　刷　郫县犀浦印刷厂
成品尺寸　170 mm×240 mm
印　　张　15.25
字　　数　283 千字
版　　次　2013 年 6 月第 1 版
印　　次　2013 年 6 月第 1 次印刷
定　　价　30.00 元



◆读者邮购本书,请与本社发行科联系。
电话:(028)85408408/(028)85401670/
(028)85408023　邮政编码:610065
◆本社图书如有印装质量问题,请寄回出版社调换。
◆网址:http://www.scup.cn

# 丛书序

四川大学（以下简称川大）是中国近代创办的最早一批高等教育机构中的一个。近十余年来，又经两次“强强合并”，成为学科覆盖面较广、综合实力较强的一所综合性大学。一百多年来，川大的人文社会科学在学校日益壮大的过程中，从国学研究起步，接受现代科学的洗礼，不同的学术流派融合互动、共同成长，形成了今日既立足于中国传统，又积极面向世界的学术特征。

作为近代教育机构，四川大学的历史要从1896年设立的四川中西学堂算起。但具体到人文社会科学研究，则可以追溯到清同治十三年（1874年）由张之洞等人创办的四川尊经书院。在短短二十几年的办学历史中，书院先后培养出经学家廖平、思想家吴虞等一大批在近代中国学术思想史上影响巨大的学者，也因此使四川成为国内研究经、史、文等中国传统之学的重镇。此后，在20世纪相当长的一段时间里，以国学为主要研究对象的近代“蜀学”成为川大人文社会科学研究的主流，拥有张森楷、龚道耕、林思进、向楚、向宗鲁、庞俊、蒙文通、刘咸炘、李植、李培甫、伍非百等一大批国内知名的学者。

近代蜀学在研究内容上以传统学术为主，在观念与方法上则立意求新。廖平的经学思想曾经作为19世纪晚期变法维新的基本理论依据之一，其知识背景上也不乏西学色彩。20世纪20年代成长起来的一批学者如庞俊、刘咸炘等人，更是亲自参与了中国传统学术向现代学术的转变。其中，蒙文通由经向史，同时又广涉四部之学，在晚年更是力图从唯物史观的角度探索中国社会与思想的演进，最能代表这一学术传统的是包容、开放并具有前瞻性的眼光。

自20世纪20年代开始，现代社会科学的深入研究也逐渐在川大开展。1922年至1924年，吴玉章在此教授经济学课程，鼓励学生通过社会科学的研究，思考“中国将来前途怎样走”的问题。1924年，学校设立了10个系，在人文社会科学6个系中，除了延续着蜀学风格的中文系外，教育、英文、历史、政治、经济5个系均着力于新的社会科学研究。这一科系的设置格局一直持续到30年代初的国立四川大学时期。

川大的另一源头是私立华西协合大学（以下简称华大）。作为教会学校，华大文科自始即以“沟通中西文化与发扬中西学术”为宗旨，而尤擅长于西式学问。其中，边疆研究最放异彩。1922年创办的华西边疆研究学会（West China Border Research Society）及其会刊《华西边疆研究学会杂志》（*Journal of the West China Border Research Society*）在国际学术界享有盛誉。华大博物馆以“搜集中国西部出土古物、各种美术品，以及西南边疆民族文物，以供学生课余之参考，并做学术研究之材料”为目标，在美籍学者葛维汉（David Crockett Graham）的主持下，成为国内社会科学研究的另一基地。

华大社会科学研究的特点：一是具有较强的国际色彩，二是提倡跨学科的合作，三是注重实地踏勘；对边疆文化、底层文化和现实问题更为关注，与国立川大校内更注重“大传统”和经典研习的学术风格形成了鲜明对比。双方各有所长，其融合互补也成为20世纪三四十年代两校人文社会科学发展的趋向。从20世纪30年代中期开始，华大一方面延请了庞俊、李植等蜀学传人主持中文系，加强了其国学研究的力量；另一方面致力于学术研究的中国化。一批既有现代社会科学的训练，又熟悉中国古典文化的中国学者如李安宅、郑德坤等成为新的学术领袖。

1935年，任鸿隽就任国立四川大学校长后，积极推动现代科学的发展。1936年5月，川大组建了西南社会科学调查研究处，在文科中首倡实地调研的风气，也代表了川大对西南区域跨学科综合性研究的发端。此后，经济学、社会学、民族学、考古学等领域的学者组织开展了大量的实地考察工作，掌握了西南地区社会文化的第一手资料。在历史学方面，较之传统史学而言更注重问题导向和新材料之扩充的“新史学”也得到了蓬勃发展，并迅速成为国内史学界的重镇。20世纪30年代后期开始，川大校内名师云集。张颐（哲学）、朱光潜（美学）、萧公权（政治学）、赵人儁（经济学）、徐中舒（历史学）、蒙文通（历史学）、赵少咸（语言学）、冯汉骥（考古学、人类学）、闻宥（民族学、语言学）、任乃强（民族学）、胡鉴民（民族学）、彭迪先（经济学）、缪钺（历史学）、叶麟（文艺心理学）、杨明照（古典文学）等一批大师级学者均在此设帐，有的更任教终身，为川大文科赢得了巨大声誉。

在不同学术流派的融合中，川大人文社会科学形成了自己的特点：一方面具有传统学术通观明变之长，另一方面又具有鲜明的现代学术意识。1952年，在院系调整中，随着华大文科的并入，更使川大人文社会科学进入了飞速发展的新时期。半个多世纪以来，在继续保持传统优势学科如古典文学、语言学、历史学、考古学、民族学发展的基础上，新的学科如宗教学、理论经济学、敦煌学、比较文学、城市史等也成长起来，涌现出了一大批在国内外学术界受到极高赞誉的学者，为川大文科未来的进一步发展打下了良好的基础。

2006 年是川大建校 110 周年，为了继续发扬深厚的学术传统，推动人文社会科学研究的新繁荣，学校决定设立“四川大学哲学社会科学学术著作出版基金”，资助川大学者尤其是中青年学者原创性学术精品的出版。我们希望通过这套丛书的出版，有助于川大学术大师的不断涌现和学术流派的逐渐形成，为建设具有中国特色、中国风格、中国气派的哲学社会科学作出贡献。

# 前 言

借用冯小刚导演的电影《天下无贼》中的经典台词"21世纪，什么最贵？人才啦"，可以看到在知识经济时代，人力资本不仅是推动经济发展和社会进步的主要力量，更是企业竞争优势的重要来源。诺贝尔经济学奖得主Becker在应香港大学经济及金融学院的邀请到香港做公开演讲时指出："在新经济环境下，人力资本更显得宝贵。国家要取得进步，企业要取得成长，人力资本就是最可贵的资产"，并预言："未来50年内，人力资本将是任何经济实体中最重要的资本。"

从Schultz（1960）在美国经济学会年会上系统地提出人力资本理论以来，经过半个世纪的发展，人力资本（HC）以及人力资本投资（HCI）的重要性已经得到了学术界以及实务界的广泛认同。Blundell等（1999）将人力资本投资分为三个层次，即个人层面、企业层面和社会层面。社会层面的人力资本投资研究侧重于分析国家和地区所拥有的人力资本存量对经济发展水平的影响，以及教育等社会人力资本投资对国民经济的增长和社会发展与进步带来的影响。例如：Schultz通过对1929－1957年美国教育投资与经济增长关系的定量研究测算出：各级教育投资的平均收益率为17%，教育投资增长的收益占劳动收入增长的比重为70%，教育投资增长的收益占国民收入增长的比重为33%。企业层面的人力资本投资研究关注以企业作为投资主体的一系列的投资行为及其投入产出效果。如Almeida和Carneiro运用葡萄牙大型制造型企业的年报数据，对企业人力资本投资的重要形式——在职培训的投资回报率进行了测算，发现由培训带来的回报率高达8.6%。而个体层面的人力资本投资主要关注个体的人口统计及其他特征对投资决策的影响以及投资在个体身上的产出效果。在目前的研究中，更多的研究成果来自于社会层面的人力资本投资，而关于企业层面和个体层面的研究相对较少。

本书基于人力资本和人力资本投资理论，从企业层面和个体层面构建起人力资本投资的多维模型，分析不同投资策略的投资效果，并进一步研究企业战略因素、员工个体因素、企业生命周期等企业层面和个体层面的因素对人力资本投资决策的影响，从而为企业如何提升人力资本投入产出效果提供建议。具体的研究内容分为以下三个部分：

一是从企业层面研究人力资本的构成，人力资本投资的形式与组合，人力资本投资与人力资本之间，不同投资策略和不同类型人力资本之间的相关关系，以及战略导向对企业的人力资本以及人力资本投资产生的影响。

二是从个体层面研究不同的人力资本投资方式对于个体人力资本的影响，以及员工相对能力、职业高原、认知差异等个体因素对人力资本投资效果的影响。

三是从企业生命周期理论出发，研究一种特殊的人力资本——企业家社会资本随企业发展阶段的变化而呈现出变化的趋势。

上述研究定性和定量研究相结合，采用文献研究和问卷调查两种研究方法，得出了一些有意义的发现：

(1) 企业层面的人力资本及投资具有如下特点：①人力资本投资的总量与企业人力资本总量呈正相关，人力资本投资越多，企业的人力资本总量就越高，但不同的人力资本投资方式对人力资本的影响是不同的。②战略导向会对企业人力资本投资和人力资本产生影响，在战略导向不同维度的指引下，企业的人力资本投资策略不同，相应的人力资本总量以及构成也有所不同。③人力资本投资在战略导向和企业人力资本中起着一定的中介作用。

(2) 个体层面的人力资本及投资具有如下特点：①企业人力资本投资能够使员工绩效和员工满意度提高，但不同的人力资本投资形式，其影响是不同的。②相对能力是影响企业人力资本投资效果和投资策略选择的重要因素，它在人力资本投资与员工绩效之间起中介作用。③职业高原也是影响企业人力资本投资效果的重要因素，它对员工满意度具有显著负向影响。④人力资本投资感知对员工满意度具有显著正向影响，且在人力资本投资与员工满意度关系中起中介作用；⑤组织和员工之间对于人力资本投资的认知差异在人力资本投资与员工满意度关系中起负向调节作用。

(3) 企业家的社会资本是企业的重要人力资本。在某一特定生命周期阶段，企业家不同类型的社会资本会产生不同的作用，因此企业家需要建立和发展不同的社会资本。

本书分为四个部分，其中“总论”主要分析了人力资本、人力资本投资、社会资本等重要概念的理论溯源、内涵和分类，提出了创新性的人力资本和人力资本投资的分类方法。“第二部分”主要分析了企业战略与人力资本及人力资本投资的关系，提出了五种不同战略导向下的人力资本投资策略。“第三部分”主要分析了员工个体特征与人力资本投资的关系，提出了结合员工相对能力和职业高原的人力资本投资策略。“第四部分”主要分析了社会资本与企业绩效的关系，以及企业生命周期在其中的调节作用。

本书作为学术研究前沿成果，既有严谨务实的实证调查，又有联系实践的科学研究，可以作为广大高校师生理论研究的参考，也可以拓展企业从业人员的管理思维。

本书系国家自然科学基金“基于相对能力分析的人力资本投资策略研究”（项目编号：70702005）的成果。硕士生张运婷、王静、曾维林、杨帆、蔡鹏参与了本书的编写工作，其中曾维林、张运婷、王静、杨帆主要参与第二部分内容的编写，蔡鹏主要参与第三部分的编写，在此表示深深的谢意。

# 目 录

## 第一部分 总 论

## 第二部分 企业层面：战略与人力资本投资

## 第三部分 员工层面：个体特征与人力资本投资

# 第一部分 总 论

进入21世纪，人类社会步入知识经济时代，企业的生存环境发生了巨大的变化。面临经济全球化和企业竞争日趋白热化的挑战，如何获取和保持竞争优势，实现可持续发展，成为企业经营管理的核心课题。作为知识载体以及企业重要生产要素的人力资本，在当今的经济形势下扮演着尤为重要的角色。知识经济时代，人力资本的创造和管理是企业获取持续竞争优势的关键决定因素（Barney，1991），人力资本投资成为企业提高竞争力和经营绩效，实现战略目标的重要手段。

近年来，尽管对人力资本的投资已经日渐受到企业管理者的重视，但在我国的企业界，仍然普遍存在投资效率低下，收效不显著的问题。应当如何进行人力资本投资，以提高投资效率；面对不同的组织情境，比如在既定的企业战略导向下，应当怎样进行投资才能更好地为企业战略服务，提升企业绩效？面对不同的员工，该如何进行针对性的人力资本投资，才能提高员工的绩效和满意度？在企业不同的生命周期阶段，企业家该如何构建并投资自己的社会资本，才能保证社会资本对企业绩效的促进作用？这些问题成为摆在企业管理者面前的难题。

鉴于此，本书通过对既往研究的文献分析，尝试构建人力资本投资的多维模型，并用实证的数据比较不同投资策略对人力资本的影响，分析企业人力资本投资以及人力资本的特点。

# 第1章 研究的总体概述

## 1.1 研究问题提出

人的知识和能力构成了资本的另一种形式——人力资本。近年来，人力资本（HC）以及人力资本投资（HCI）的重要性已经得到了学术界以及实务界的广泛认同。从企业层面看，不少研究分析了人力资本投资和组织绩效的关系。研究证实，人力资本是组织的关键核心资源与能力（Barney，2001；Lepak and Snell，1999；Wright，1995），对人力资本进行投资能够帮助企业获取竞争优势，提升组织绩效。同时，企业的人力资本投资作为人力资源管理实践的一部分，会受到组织情境因素，尤其是企业战略的影响（Michie，2005；Guthrie and Spell，2002；Youndt and Snell，1996；Schuler and Jackson，1987；Miles and Snow，1984）。在不同战略导向指引下，企业应当采用不同的人力资本投资策略，以配合战略实施的需要，实现战略目标以及更高的组织绩效。

在我国企业界，尽管已经有越来越多的管理者开始重视人力资本的投资，投资力度也日益增大，但比起发达国家的优秀企业来说，我国企业人力资本投资普遍存在效率低下，收效不显著的问题。仅以培训为例，根据中国人力资源开发网于2005年开展的中国企业培训现状的调查显示，员工普遍认为参加培训后对工作帮助一般，仅有26.64%的参与调查者认为对工作有很大的帮助，另有5.68%的参与调查者认为没什么帮助，而有80%以上的参与调查者对目前培训现状不满。低效率的人力资本投资对人力资本的提升有限，对企业战略以及绩效的贡献更是微乎其微，不仅造成企业资金的巨大浪费，也势必成为企业经营和持续发展的瓶颈。

之所以出现这种现象，究其原因在于企业对人力资本投资缺乏清晰系统的认识，人力资本投资管理水平较低。在实践中，究竟有哪些形式的人力资本投资可供选择？面对众多人力资本投资项目时，应如何针对具体情况进行有效的投资组合？面对不同的组织情境，尤其是在既定的企业战略下，应当如何开展人力资本投资，以更好地为企业战略服务，提高人力资本投资的收益率？面对处于不同职业生涯发展阶段以及具有不同能力的员工，企业应该如何进行针对性的人力资本投资？这些问题亟待理论界和实务界提供解决思路。

而反观理论界，虽然有不少研究分析企业战略、人力资本投资、员工的个体特征和人力资本的关系，但仍存在一些缺陷：(1) 现有的关于人力资本投资的研究大多集中讨论某种人力资本投资形式，如培训，缺乏多层次、多维度的研究；(2) 对人力资本以及人力资本投资缺乏基于企业层面的、具体的、信度和效度较高的测量量表，进而导致理论界缺乏切实可靠的实证数据验证人力资本投资和人力资本，不同投资策略和不同类型人力资本的关系；(3) 关于战略导向和人力资本之间的关系，虽然已有研究提出在不同战略导向下，人力资本的价值有所不同。但立足于企业整体层面，具体的某种战略导向会对人力资本总量以及某种类型的人力资本产生怎样的影响？现有的研究并没有给出太多解释；(4) 虽然在战略人力资源管理领域，已有不少研究证实了战略导向会对企业的一种或者多种人力资本投资形式产生影响，但缺乏研究分析战略导向对企业整体人力资本投资策略的影响；(5) 关于员工个体特征对人力资本投资的影响，更多的研究是围绕员工的人口学统计特征来展开，而忽视了员工的相对能力、职业发展阶段以及对组织投入感知等因素。上述的这些不足致使现有的理论难以对企业人力资本投资和管理实践提供有效的指导。

基于上述分析，本书立足于企业层面，通过文献分析构建起企业人力资本投资的多维模型，并通过在四川、广东两省的实证数据，尝试探讨如下问题：(1) 从实践和理论两方面来看，现有哪些企业人力资本投资的形式与投资组合？(2) 从企业整体层面来考察，人力资本是如何构成的？(3) 人力资本投资与人力资本之间，不同投资策略和不同类型人力资本之间究竟有怎样的相关关系？(4) 战略导向是否会对企业的人力资本以及人力资本投资产生影响，具体会产生怎样的影响？(5) 员工的个体特征如何影响人力资本投资与员工绩效和满意度之间的关系。通过对上述问题的分析和研究，得出结论，并对企业管理的实践工作提供建议。

## 1.2 研究目的与内容

本书的研究目的旨在立足于企业层面，构建企业人力资本投资的多维模型，用实证的数据验证人力资本投资和人力资本之间的关系，比较不同投资策略对人力资本的影响，并探讨战略导向、企业发展周期、员工个体特征对企业人力资本投资策略以及人力资本的影响。

基于此，本书从以下方面内容进行研究：

（1）研究企业人力资本投资、企业人力资本相关文献成果，提出人力资本投资以及人力资本的构成维度，并进一步发展出测量指标，形成企业人力资本投资和人力资本的测量模型。

（2）在企业人力资本投资和人力资本测量模型的基础上，通过对二者关系相关文献的进一步研究，构建起企业人力资本投资的多维模型，分析企业人力资本投资和企业人力资本总量，企业人力资本投资各维度和人力资本各维度之间的关系。

（3）研究已有战略导向、人力资本投资和人力资本关系的文献成果，构建起战略导向、人力资本投资和人力资本三者关系的中介作用模型，分析战略导向的不同维度对人力资本投资总量以及各维度、企业人力资本总量以及各维度的影响，探讨人力资本投资策略在战略导向和企业人力资本之间的中介作用，提出相应理论假设。

（4）研究现有关于相对能力、职业生涯、绩效及员工满意度的理论，探讨相对能力和职业生涯发展阶段对人力资本投资与员工绩效及员工满意度的调节作用；再进一步探讨员工对企业人力资本投资的感知度对人力资本投资与员工绩效、满意度的中介作用。

（5）研究一种特殊人力资本——企业家社会资本的构建策略，本书将这一构建策略置于企业发展生命周期的动态过程中，研究在不同的企业发展阶段，如构思阶段，企业家的外部社会网络和内部社会网络对企业绩效影响，从而提出企业家在构建社会资本方面的权变模式。

（6）借鉴已有的研究成果，同时通过开放式调查获取企业实务界关于人力资本投资的认识，选择并编制人力资本、人力资本投资和战略导向的测量量表。

通过规范的方法和程序获得研究所需的数据和信息，并进行数据的初步处理，包括对部分变量量表的探索性因子分析，样本数据的正态性检验和对测量工具的信度效度检验。

## 1.3 研究方法与技术路线

本书主要研究方法包括文献分析、焦点小组讨论法、问卷调查、统计分析和个案研究等，运用的数据分析工具是 SPSS16.0 和 LISREL8.7。

整个研究分为四个阶段进行：

第一个阶段，理论模型构建。通过研究国内外文献成果，确认人力资本投资、人力资本以及战略导向的结构和维度，构建起企业层面的人力资本投资策略研究、个体层面的人力资本投资策略研究以及企业家社会资本构建策略等三个理论模型。

第二个阶段，调查问卷编制。通过参考已有的文献研究成果，综合开放式调查的结果，形成初步的调查问卷。同时邀请企业管理人员参与试填问卷，并通过专家研讨会等形式进行了问卷的检查和修订，形成最终的正式调查问卷。

第三个阶段，研究数据收集。数据收集采用在 MBA 学习班以及培训班进行抽样的方法，并以某大型国有银行四川、广东两家分行进行案例研究。

第四个阶段，数据处理分析。运用探索性因子分析、运用结构方程模型、多元回归分析检验等分析手段，对上述三个理论模型进行检验，验证并重新修正了部分理论假设，同时对这些结果的实践意义进行探讨。

## 1.4 研究结论和创新点

### 1.4.1 研究的主要结论

本书立足于企业层面和个体层面，在文献研究的基础上，构建起企业人力资本投资及企业社会资本构建模型，并运用四川、广东等地的实证数据分析了人力资本投资、人力资本、员工绩效、员工满意度等变量的相关关系。通过研究得到以下的结论：

(1) 企业人力资本投资的总量与企业人力资本总量呈正相关，人力资本投资越多，企业的人力资本总量就越高；但不同性质的人力资本投资对不同类型的人力资本具有不同的影响。增值性人力资本投资对能力型人力资本、数量型人力资本均具有正向影响，通过增值性人力资本投资，可以增加企业的能力型人力资本和数量型人力资本。保值性人力资本投资不管对企业能力型人力资本，还是数量型人力资本，影响都不显著。

(2) 战略导向会对企业人力资本产生影响：战略导向的不同维度对不同类型的人力资本影响不同。战略导向的某些维度，如未来性战略导向与能力型和数量型人力资本正相关，某些维度，如防御性战略导向能力型人力资本正相关，与数量型人力资本负相关。

(3) 战略导向会对企业人力资本投资策略产生影响：在战略导向不同维度

的指引下，企业的人力资本投资策略会呈现出不同的特点。战略导向上注重未来性和前导性的企业，会更倾向于同时进行两种类型（保值性和增值性）的人力资本投资，注重防御性的企业会更重视增值性人力资本投资，而注重风险性和分析性的企业，并不会在人力资本上进行更多地投入。

（4）人力资本投资在战略导向和企业人力资本中起着一定的中介作用，战略导向可以通过影响企业人力资本投资的策略，进而影响企业人力资本的总量或者是构成，以满足战略实施的需要：在战略导向上注重未来性的企业可以通过增加企业的人力资本投资（增值性和保值性），提升企业的人力资本水平；在战略导向上注重前导性的企业可以通过增加企业的人力资本投资（增值性和保值性），提升企业的能力型人力资本；在战略导向上注重防御性的企业可以通过增加企业的增值性人力资本投资，进而提升企业能力型人力资本。

（5）相对能力是影响企业人力资本投资效果和投资策略选择的重要因素，它在人力资本投资与员工绩效之间起到中介作用。在企业人力资本投资过程中，组织与员工之间的感知差异会对投资效果产生影响，即感知差异在人力资本投资与员工满意度之间起到调节作用。

（6）企业生命周期在企业家内外网络与企业绩效的关系中具有调节作用，使得内外网络与绩效的关系在不同生命周期阶段发生变化和演进，外部网络与绩效的关系表现出 U 型发展趋势，而内部网络与绩效的关系则表现出倒 U 型发展趋势。

### 1.4.2 研究的主要创新点

本研究的主要创新点主要来自于以下四个方面：

（1）开发了人力资本投资和人力资本的测量问卷，并将企业人力资本投资分成增值性和保值性两大类，将企业人力资本划分为能力型和数量型两大构面，分别讨论了不同类型人力资本投资对不同类型人力资本的影响。这种人力资本投资多维模型的建立，不仅在理论上是一种探索和拓展，更在实践上能够帮助企业更有针对性地开展人力资本投资。

（2）在人力资本投资模型中加入了组织情境变量——战略导向，分析了战略导向对企业人力资本投资和人力资本的影响，用实证的数据证实，在不同战略导向的指引下，企业在其人力资本投资策略上的侧重点不同，进而影响其人力资本总量以及构成。

（3）从企业和员工双向感知的角度研究企业人力资本投资对员工绩效和满意度的影响，并引入相对能力作为模型的中介变量，探讨影响人力资本投资在个体层面的产出效果的因素，帮助企业针对个体特征进行有针对性的投入，并提醒企业高度重视各项投入在员工心理上的感知度。

（4）从企业发展周期的角度，将企业家社会网络引入一个动态的模型中，引导企业家根据企业在不同阶段面临的主要任务和问题，有侧重地建立起适合企业发展阶段的社会网络，以提升企业绩效。

综上所述，本书的研究成果不仅在理论上补充了现有理论，同时对企业管理的实践活动也具有较好的指导意义。

# 第2章 人力资本[①]

经济学家Mincer在1957年首次提出“人力资本”的概念。但人力资本理论的真正形成始于1960年，美国经济学家、诺贝尔经济学奖获得者Schultz在美国经济年会上发表了《论人力资本投资》的演讲，标志着现代人力资本理论的诞生。Schultz（1961）提出“人的知识、能力、健康等人力资本的提高对经济增长的贡献远比物质资本、劳动力数量的增加重要得多。”Becker（1964）进一步指出人力资本是体现在人身上的技能和生产知识的存量，或者说它是蕴涵在劳动者体内的知识、技能、体力（主要指健康状况）的总和。

此后，大量的研究者都在此基础上，从人力资本构成要素的角度对人力资本的定义进行了扩展，如经验、创造力、声誉（e.g. Luthans，2004；Bontis and Fitzenz，2002；Edvinsson and Malone，1997；Brooking and Motta，1996）等。

一些研究者将承诺和工作动机等态度维度纳入人力资本的定义之中。如Nordhaug（1993）认为人力资本不仅包含个人工作的能力，还包含个人工作的意愿。健康和胜任力构成了个体完成工作的基本技能，而工作动机和承诺则影响实际的工作绩效。同样，Hudson（1993）指出个体层次的人力资本是遗传特质、学历、经验以及对于工作和生活的态度等四项因素的组合。

除此之外，还有一些研究者将某些人格特质，如合作性、领导特质、诚信等也放入了人力资本的范畴，如Tomer（1999）指出人力资本包括了一些软性特质，如精神、领导特质、道德观、伦理倾向等。

究竟人力资本该如何定义，如何分类，如何测量呢？学术界存在众多不同观点，本章将对这些理论进行系统梳理，描绘出相关理论的大体轮廓。

---

① 本章参考四川大学刘苹2004年博士论文《权变人力资本激励模式研究》。

## 2.1 人力资本的理论回顾

人力资本的发源可以追溯到18世纪。亚当·斯密在《国富论》(1776)中提到一个国家全体国民的所有后天获得的有用的能力是资本的组成部分,“学习一种才能,须受教育,须进学校,须做学徒,所费不少。这样费去的资本,好像已经实现并且固定在学习者身上。这些才能对于他个人自然是财产的一部分,对于他所属的社会,也是财产的一部分”。奈特和熊彼特都注意到了企业中的一种特定人力资本——企业家才能对企业的贡献。奈特于1921年在《风险、不确定性和利润》一书中提到风险产生不确定性,不确定性带来利润,他认为利润不是资本的回报,而企业家承担风险的报酬。熊彼特(1912,1943,1950)认为企业家是超越于企业其他生产要素之外的一种极端特殊的功能,企业家对企业内部物质要素进行配置和组合,使企业获得超额利润,他将这种状况称为“建立一种新的生产函数”。熊彼特认为企业家进行新组合给企业经营带来的剩余价值就是企业家利润。企业家利润既不是资本的报酬,不能把利润与利息混为一谈;企业家利润也不是工资,它是企业家对生产所做贡献的价值表现。

第一位提出“人力资本”概念的是雅各布·明塞尔。他在1957年的博士论文《人力资本投资与个人收入分配》中,率先运用人力投资的方法研究收入分配。但真正对人力资本进行系统论述,并使其成为有影响力的经济学理论的代表人物是舒尔茨和贝克尔,他们认为人力资本对经济成长具有重要推动作用,从而掀起了人力资本研究的高潮,并因此而荣获了诺贝尔经济学奖。舒尔茨使用人力资本的概念,分析了战后发达国家的经济增长(尤其是日本和西德的经济复兴)中出现的用传统资本理论无法解释的三个事实:(1)根据传统理论,资本—收入比率将随经济的增长而提高,但是统计资料却表明这个比率不断下降。舒尔茨认为,这是因为没有把人力资本因素考虑在内。人力资本的增长不仅比物质资本的增长快,而且比国民收入的增长都快。(2)根据传统理论,国民收入的增长与资源耗费的增长将同步进步,但统计资料显示的结果却表明,国民收入远远大于投入的土地、物质资本和劳动力等资源总量。舒尔茨认为,投入与产出间的增长速度之差,一部分是由于规模收益,另一部分是由于人力资本带来的技术进步的结果。(3)战后工人工资有大幅度增长,它反映的内容是传统理论所无法解释的。舒尔茨则指出,这个增长正是来自人力资本的投资。

贝克尔认为人力资本理论可以解释很多复杂的现象：（1）随着年龄的增长，收入一般都按递减的比率增长。增长率和减少率都与技术水平有同方向变动的关系。（2）失业率一般与技术水平有反方向变动的关系（即技术水平越低，越容易失业）。（3）不发达国家的企业比发达国家的企业对雇员表现出了更多的家长作风（发达国家企业的人力资本含金量高，流动性大）。（4）年轻人比老年人频繁地改变工作，而且也比老年人得到更多的正规学校教育和在职培训。（5）收入分配的确是非对称的。（6）有能力的人比其他人受到更多的教育和培训。（7）分工要受到市场范围大小的限制。（8）典型的人力资本投资者比典型的有形资本投资者更加冲动。

还有很多的经济学家将人力资本概念引入经济增长模型中，对传统的经济增长理论进行了有益的探索和补充。乌扎华（H. Uzawa）在1965年发表的文章中修改了索洛单纯生产部门的模型，并引进教育部门。乌扎华的模式假定社会配置一定的资源到非生产的教育部门，教育部门对产出的贡献是通过其对生产部门技术水平提高的作用而间接实现的。由于加进了教育的因素，乌扎华的模型又常常被称为最早的人力资本增长模型。从20世纪80年代中期开始，以罗默的《收益递增和长期增长》及卢卡斯的《论经济发展机制》的论文为标志，经济增长理论研究发生了深层变化，即“内生经济增长理论”的出现，学术界称其为“新增长理论”，新增长理论工作的核心在于修改古典模型中的生产函数，在新古典的生产函数中加入人力资本的投入，给人力资本理论增添了新的内容。

在罗默的模式中，特殊的知识和专业化的人力资本是经济增长的主要因素，它们不仅能形成递增的收益，而且能使资本和劳动等要素投入也产生递增收益，从而使整个经济的规模收益递增，递增的收益保证着长期经济增长。罗默模式的意义在于，它将知识作为一个独立的因素纳入增长模式，并且认为知识积累是促进现代经济增长的重要因素。它把知识分解为一般知识和专业知识，一般知识可以产生规模经济效益，专业化知识可以产生要素的递增收益。两种效应的结合不仅使知识、技术和人力资本本身产生递增的收益，而且也使资本和劳动等其他投入要素的收益递增。

卢卡斯修改了乌扎华的理论，于1988年发表了以人力资本为核心的另一种新增长模型，他尝试用人力资本解释持续的经济增长。他证明了人力资本的增长率与人力资本生产过程的投入产出率、社会平均的和私人的人力资本在最终产品生产中的边际产出率正相关，与时间贴现率负相关。卢卡斯模式将资本区分为物质资本和人力资本两种形式，将劳动划分为“原始劳动”（Raw

Labor）的“专业化的人力资本（Specified Human Capital）”，认为专业化的人力资本才是促进经济增长的真正动力。卢卡斯区分了人力资本所产生的两种效应：通过正规和非正规的教育而形成“内在效应”，它表现为资本和其他生产要素的收益都发生递增，以及通过“边干边学”所形成的外在效应。同时他还提出，与其说一般的人力资本是产出增长的主要因素，不如说是生产某一种商品所需的特殊的或专业化的人力资本（即专业化的劳动技能）才是产出增长的决定性因素。

## 2.2 人力资本的定义

舒尔茨对人力资本的论述主要包括如下内容：(1) 人力资本体现在人的身上，表现为人的知识、技能、资历、经验和熟练程度等，综合起来，表现为人的素质。(2) 从经济发展的角度看，人力资本是稀缺的，特别是企业家型的人力资本更为宝贵。(3) 人力资本是通过投资形成的资本，投资渠道有五种：医疗保健费用、学校教育费用、在职人员培训费用，择业过程中所发生的人事成本和迁移费用等。(4) 人力资本像其他一切资本一样，都应当获得回报。人的时间经济价值的提高是一种趋势。(5) 人力资本使人的时间经济价值的提高对经济发展作用越来越大，是经济增长的主要源泉。① 此后，大量的研究人员都沿袭了舒尔茨对“人力资本”的定义，如达文波特曾对人力资本作如下描述“人拥有与生俱来的能力、行为、个人精力和时间。这些要素构成人力资本即人们投资于其工作的货币。”

20世纪80年代后期，卢卡斯和罗默进一步拓展了人力资本理论，卢卡斯将资本区分为有形资本和无形资本，并将劳动力划分为纯体力的原始劳动和表现劳动技能的人力资本，认为只有后者才是经济增长的源泉；罗默则认为知识可分解为一般知识和专业知识，一般知识可以产生规模经济效益，专业知识可以产生要素的递增收益。

在中国的理论界，有两种截然相反的认识。部分学者认为人力资本有特定的含义，他们认为人力资本不是一般的或普通的劳动者，而是“那些具有特殊劳动才能，能够加盟生产经营过程，并具有生产者或经营者的资格，分享生产经营权和收益分配权的劳动力”（刘贵生，余传贵，2001），“人力资本不是指企业中的所有人，而是指企业中的两种人，一是企业家，一是技术创新者”

① Thomas O. Davenport，Human Capital，San Francisco：Jossey-Bass，1999，P7.

（魏杰，2000）。还有学者认为“高级劳动才具有人力资本价值，初级劳动力的劳动，主要是一种体力的消耗，人的体力是自然的恩赐。因此，初级劳动者的劳力或体力不成为人力资本。”（黄建军、丁志铭、曾凡清，2000）。刘仲文（1997）认为因为资本是能够获得剩余价值的价值，因此“可以将人力资本定义为能够获得剩余价值的人力资源价值，这种价值表现为人所具有的创造剩余价值的潜在能力或生产能力。”

**表 2.1　人力资本的定义**

| 研究角度 | 人力资本定义 | 作者，年份 |
| --- | --- | --- |
| 人力资本内容角度 | 凝结在人身上的知识、技能、经验、健康 | Schultz，1960 |
|  | 人力资本不仅包括知识、技能、能力，还包括一个人的外貌、个性、名声及一定的信誉。 | Becler，1993 |
|  | 遗传基因、教育水平、经验、生活和工作态度 | Hudson，1993 |
|  | 健康、胜任力、工作动机和工作承诺 | Nordhaug，1993 |
|  | 经验、教育、技能、知识和思想 | Luthans，2004 |
|  | 知识、技能、教养等综合能力 | 严善平，2007 |
|  | 知识和技能、员工素质和工作态度 | 蒋天颖和王俊，2009 |
|  | 人力资本是知识、技能、健康、道德、信息和社会关系等的总和 | 王爱华，2005 |
|  | 人力资本是知识、技能和专业能力；个性特质如智力、精力、态度、可靠性和责任感；学习能力，包括天赋、想象力和创造力；共享信息的愿望，团队参与和关注组织目标等多种因素的组合 | Fitz-enz，2000 |
|  | 人力资本不仅包括知识、技能和体力等效率性人力资本，还包括需要、兴趣、动机、情感、意志和性格等动力性人力资本，及个人的道德因素、声誉和社会关系网络等交易性人力资本 | 程承坪和刘小平，2001 |

续表2.1

| 研究角度 | 人力资本定义 | 作者，年份 |
|---|---|---|
| 人力资本角度 | 人力资本是通过人力投资形成的资本，所有用于增加人的资源并影响其未来货币收入和消费的投资视为人力资本投资 | Becker，1962；Becker，1964 |
| | 人力资本是指用于教育、保健、训练及信息取得等方面的投资支出所形成的资本 | 新帕尔格雷夫经济大词典，1992 |
| | 人力资本是凝结于劳动者身上，由资本的投资费用转化而来的，表现为劳动者技能和技巧的资本费用 | 张锐，1995 |
| | 对人才的培养也作为一种资本投入，由此形成有较高文化素养、较高技术水平的高质量的劳动，作为一种资本形态的存在，称为人力资本 | 陈荣耀，1995 |
| | 人力资本是投资形成的，人力资本是指体现在劳动者身上，通过资本的投资转化，表现为劳动者的质量或其技术知识、工作能力的资本 | 赵署明和陈天渔，1998 |
| 人力资本功效角度 | 人力资本是指人们通过各种不同的途径花在自己身上的开支，这种开支不是为了眼前的享用，而是为了将来在金钱方面和非金钱方面的收益 | Blaug，1976 |
| | 人力资本是指凝结在人体内，能够物化于商品或服务，增加商品或服务的效用，并以此分享收益的价值 | 李忠民，1999 |
| | 人力资本的本质是一创造新价值的能力，它的价值是一种产出性价值，是潜在的价值，是未来能物化在商品或劳务上的价值 | 孙宸，2004 |
| | 蕴藏在每个人身上的具有异质性和边际收益增性的有用价值的总和，是能够预期带来未来收入的一种无形资源，其本质上是一类能使时间更有效率并能带来利润的无形资本 | 徐鸣，2010 |

另有学者沿用了舒尔茨的概念，他们认为人力资本指所有劳动者身上的技能和知识，人力资本所有者包括工人、一般管理人员和职业经营者。张文贤（1999）指出“人力资本是指以某种代价获得并能在劳动力市场上具有价值的能力或技能。”周天勇（1994）通过投资的角度对人力资本进行定义，他认为“人力资本是普通教育、职业教育培训、继续教育等支出（直接成本）和受教育放弃的工作收入（间接成本）等价值在劳动者身上的凝固。”何承金（2000）

提出了“人力资本是指体现在劳动者身上的，以劳动者的数量和质量表示的非物质资本，表现为劳动者具有一定的健康体魄、操作技能和劳动熟练程度。劳动者技能和熟练程度的差别，就是人力资本质量的差别。”谢京生（2001）认为“进入企业契约的人力资本大致包括生产者的体力、技能等，一般管理者的管理知识、监督能力等，以及经营者的对付不确定性的经营决策能力”。姚树荣、张耀奇（2001）在分析了国内外经济学对人力资本的定义后认为，人力资本是指特定行为主体为增加未来效用或实现价值增值，通过有益投资活动而获得的、具有异质性和边际收益递增性、依附于人身上的知识、技术、信息、健康、道德、信誉和社会关系的总和。

如表 2.1 所示，从人力资本内容角度，Schultz（1960）认为人力资本（Human Capital）是与物质资本相应的概念，是指凝结于人身上的知识、技能、经验和健康等。后来的研究者则是在舒尔茨观点基础上，对人力资本的内容进行了丰富和扩展，将个人的外貌、能力、智力、创意、个性、名声、信誉、道德和社会关系、工作动机、工作态度等因素也纳入了人力资本的内涵。也有学者在前人研究的基础上，对人力资本的内容进行了分类，如程承坪和刘小平（2001）。从人力资本形成角度，以 Becker 为代表，他们的主要观点是认为人力资本是通过投资形成的，体现在人身上的资本。其实人力资本兼具内生性和外生性特征，即人力资本内生于劳动力本身，是劳动力的资本化，而外在投资，如教育、培训等对人力资本的形成和改善具有重要作用（孙宸，2004）。因此，从形成角度来看，人力资本是指通过资本的投入和资本的转换形成的，最终通过劳动者本身体现出来一种资本形式。从人力资本的功效角度，研究者基于产出观视角，认为人力资本不仅体现为劳动者自身的各种能力和素质，还能物化于商品和服务，创造新的价值并为投资双方带来未来预期收益。因此，他们认为人力资本的价值是一种潜在的、产出性的，并着眼于未来的价值。

以上关于人力资本的定义都是从单一角度进行研究的，研究者由于出发点和侧重点有所不同，定义并不非常完整。而我国一些学者则从人力资本内容、形成和功效等多个角度对人力资本进行了综合性定义。如朱舟（1999）认为人力资本是由后天学校教育、家庭教育、职业培训、卫生保健、劳动力迁移和劳动力就业信息收集与扩散等途径而获得的，能提高投资受体未来劳动生产率和相应劳动市场工资的，凝结在投资受体身上的技能、知识、健康、道德水平和组织管理水平的总和。杨明健（2007）指出人力资本通过各种资源的投入，由学校教育、在职培训、卫生保健、劳动力迁移等途径形成的，能提高投资客体在未来的各项收益的，凝结在投资客体身上的知识、技能、健康和心理素质的总和。王秀丽和张昭俊（2008）将人力资本定义为人所拥有的体力、智力、技能、知识、声誉、关系等要素经柔性组合后投入到生产领域、体现工作能力并且影响收入的存量，他们建立的人力资本要素构成模型包括人力资本组成要素、人力资本形成要素和人力资本发挥要素。

人力资本又分为个体人力资本和群体人力资本，个体人力资本是指个人具有能力或专长等，群体人力资本则是指一个国家、地区或组织中所拥有人力资本的总称（李建民，1999；徐崇延，2002）。而本书中研究的主要是个体人力资本，即通过教育、培训等一系列投资行为形成的，凝结于人体内并能够创造新的价值和带来未来预期收益的价值存量，包括人的知识、技能、能力、健康、个性、动机、道德、声誉、社会关系等因素。从以上定义可知，人力资本具有人身依附性、可投资性、增值性、收益性和外溢性等特点。人身依附性是指人力资本的“内生性”，即人力资本是存在人体内的，并且会随着人的生命的消失而消失；可投资性是指人力资本的“外生性”，即人力资本可以通过教育、培训等外在投资而获得；增值性是指人力资本的价值存量并不是固体不变的，外在的投资可以带来人力资本价值存量的增加；收益性是指人力资本投资可以为投资主体和投资客观带来收益，这种收益是潜在的，未来的一种预期收益；外溢性是指人力资本及投资不仅能使投资主体和投资客体双方受益，还会使周围的人或企业，甚至是整个社会受益。如一个员工创新性的思想、方法和态度，可能会影响周围的员工的态度和行为，提高其工作绩效，而标杆企业先进的技术和方法又会影响整个行业的水平，甚至对整个经济和社会的发展起推动作用。

## 2.3 人力资本的分类

舒尔茨虽然提出了人力资本理论，但他没有明确地对人力资本进行分类，不过他指出“人力资本的异质性很重要……对一般性人力资本和特定企业工人的人力资本的区分是有益的分析”（1988）。20 世纪 80 年代后期，卢卡斯将资本区分为有形资本和无形资本，并将劳动力划分为纯体力的原始劳动和表现劳动技能的人力资本，认为只有后者才是经济增长的源泉；罗默则认为知识可分解为一般知识和专业知识，一般知识可以产生规模经济效益，专业知识可以产生要素的递增收益。

戴维德和斯各特（1999）在一篇学术论文中，用价值和专用性两个维度，将人力资本分为四种类型：低价值低专用性、高价值高专用性、高价值低专用性、高专用性低价值。每一种人力资本对应不同的雇用模式：低价值低专用性的人力资本与企业是交易性的合同关系；高价值高专用性的人力资本主要由企业内部培养，与企业是紧密的共同体关系；高价值低专用性人力资本由市场配置，与企业的形成共生关系；高专用性低价值的人力资本与企业是伙伴式的联盟关系。

约翰斯等人 1998 年对人力资本作如下定义：人力资本是能够被用来生产专业的产品或提供专业服务的专业知识和技能。他们将企业人力资本分为行业人力资本和企业特有人力资本，前者是用个体在行业中工作的时间来测量，而后者是以个体在企业中工作的时间来测量。

近年来，中国学者在这个领域进行了大量研究，他们认为人力资本可进一步划分。

（1）按人力资本所有者的岗位和专业领域划分：1996 年，周其仁提出的，他认为投入到企业中的人力资本可以分为三种：一种是工人人力资本（体力、基本技能和努力），另一种是经理的管理知识和才能（计量和监督），最后一种是企业家人力资本（对付市场的不确定性的能力）。高闯，邵剑兵（2001）将人力资本划分为一般性和特殊性人力资本，并把特殊人力资本进一步细分为：技能型、管理型、专家型。一般性型人力资本对应一般劳动者，技能型人力资本对应专业技术人才，管理型对应各级管理人员，专家型对应企业家才能。

（2）按人力资本的边际报酬划分：丁栋虹，刘志彪（1999）将人力资本分为同质型人力资本和异质型人力资本，同质型人力资本指特定的历史阶段中具有边际报酬递减生产力形态的人力资本，异质型人力资本是某个特定历史阶段中具有边际收益递增生产力形态的人力资本。

（3）按人力资本的存在形式划分：郭玉林（2002）将人力资本分为显性人力资本和隐性人力资本，显性人力资本指构成人力资本价值的外在的，通过一般方法可以观察其价值构成或其价值可以得到确定的部分，隐性人力资本指存在于员工头脑或组织关系中的知识、工作诀窍、经验、创造力、价值体系，是创新的源泉，是一切显性知识的基础。

（4）按人力资本的价值划分：方竹兰（2002）认为在承认社会大多数民众都是人力资本所有者的前提下，根据人们所拥有的知识层次和创新能力的高低，大致将人力资本所有者分为三等：高级人力资本、中级人力资本、低级人力资本，高级人力资本是最稀缺的创造—革新型人力资本和探索—倡导型人力资本，即产生创新思想和倡导创新实践的人；中级人力资是指知识层次较高，但创新性较弱，执行程序性管理和程序性技术开发的人力资本；低级人力资本是指知识较低，经过一定培训就能从事熟练工作的人。

（5）按人力资本所有者在组织中所担任的角色划分：王敏毅、封铁英、段兴民（2003）提出按组织中的“角色”作用作为人力资本类型划分的基本原则，并将组织当中的所有人力资本划分为组织主持者、组织支撑者、组织参与者三个层次：组织主持者是组织中最为重要的人力资本，是组织的倡导和指导者，在组织中的作用是组织建设、战略和决策；组织支撑者是组织的核心力量，是组织核心竞争力的具体体现，承担组织战略、计划的分解、研发、控制、监督、完成等环节；组织参与者是组织构成的有机力量，参与者的职责依附于支撑者的作用，又是支撑者职责的必要补充和基本保证，主要完成一些基础、具体或者辅助工作。

## 2.4 人力资本的测量

尽管在大多数研究中，人力资本是被作为一个个体层面的概念来进行分析的，但本书是从企业层面来探讨人力资本的问题，因此企业人力资本的总量是研究的主体。然而这就涉及一个核心的问题，企业人力资本的总量应如何定义及测度。目前的研究呈现出以下三个特点：

其一，部分研究者将企业人力资本视为企业内员工拥有的知识、技能、能力等人力资本的简单叠加，认为员工个体拥有的人力资本总和起来就构成了企业总体的人力资本。如 Lynn（1998）认为组织的人力资本是组织成员拥有的有用知识、技能与独特能力的存量；Brooking（1996）指出企业人力资本是蕴含在员工身上的技术、专业知识、解决问题的能力、领导风格和能力。实际上，并非员工个体拥有的所有人力资本都能构成企业的人力资本，换言之员工存在着对企业没有用的人力资本。同时人力资本从个体层面转换到企业层面，在累加的过程中可能会有彼此消减或者协同效应。因此企业人力资本并非员工个体人力资本的简单加总。

其二，不少研究者提出了一些测量指标来衡量人力资本，但大多把衡量的重点放在了某一类人力资本，并没有形成系统的指标体系，同时选取的指标也不尽合理。如 2001 年 Hitt 等人在研究法律事务所合伙人的人力资本对事务所绩效的影响时，运用了两项指标来衡量企业的人力资本：（1）公司合伙人毕业学校的质量，代表其知识与地位的高低；（2）合伙人在该公司的年资，代表其所拥有的公司独有的知识。员工拥有的知识以及在公司的年资确实属于企业人力资本的范畴，但并不能涵盖企业人力资本的所有要素。Waker（2001）则用员工的总报酬衡量人力资本的价值。而根据马克思在《资本论》中的观点，劳动报酬是资本家用以购买劳动力这种特殊商品的价格，用劳动报酬来衡量企业人力资本的价值不尽合理。

其三，部分研究者尝试将企业人力资本分成几大构面，发展出了比较系统、比较综合的指标体系，但仍存在衡量指标着眼的层面不清、研究对象局限的问题。台湾地区学者韩志翔，陈怡静（2006）将企业人力资本分为能力型、情感型、动机型、人格特质型与健康型五大维度，构建了比较完整的人力资本衡量体系。在这套衡量体系中，尽管其涉及的指标非常广泛，但他们所提出人力资本五大维度，有的是从企业层面出发，有的则着眼于个体层面，指标建构立足的层面不清晰。如人格特质型人力资本就属于个体层面的人力资本，是无法通过简单的累加形成企业层面的人力资本的。另一位台湾地区学者陈楚（2006）从资源基础论的观点出发，提出企业人力资本可以分成四大构面：人力资本的数量、个体—组织的匹配、人力资本的互补性、人力资本的专有性，在此基础上开发出了企业人力资本的量表。陈楚的研究虽然考虑到了企业人力资本较个体层面人力资本而言存在的特点，如员工个体与工作、与其他员工、与组织之间的交互影响，但她的研究对象仅仅局限在美国以及中国台湾地区的知识密集型企业，其研究结论很难直接推广到其他类型的企业。

综上所述，本研究认为在构建企业人力资本的衡量体系时应基于两个重要问题：首先，企业人力资本是一个总体概念，因此其指标体系应立足于企业整体层面所表现出来的资本量；其次，人力资本从员工个体到企业层面的转换是一个整合的过程，而非简单的加总：一方面并非员工个体拥有的所有人力资本都能构成企业人力资本，只有那些能够为企业带来经济价值的知识、经验、能力等才能成为企业人力资本的构成要素；另一方面员工的知识、技能既有相互重合的部分，也会因团队互动、组织学习而带来新的增量或彼此消减。

# 第3章 人力资本投资[①]

研究企业的人力资本投资策略，首先应对企业人力资本投资进行明确的界定，也就是要从定义上明确企业人力资本投资的范畴。Becker（1964）将人力资本投资定义为“所有通过增加人的资源，影响未来货币与心理收入的活动”。他的这一提法得到了学术界的广泛认同并沿用至今。而企业人力资本投资则是企业通过一定量的投入，对企业人力资本的所有者进行投资，以获得预期收益的活动。

舒尔茨（1960）认为人力资本是通过投资形成的资本，因此企业要想提升整体人力资本水平，必须进行大量的投资。然而人力资本具有异质性，不同的人力资本所有者对不同的投资方式具有不同的反应，某些行之有效的投资方式不一定能适用于全部的劳动者。如何根据企业及劳动者的具体情况，进行有针对性的投资，是提高企业人力资本投资收益率的关键。

## 3.1 企业人力资本投资定义

Schultz（1960）认为人力资本是投资形成的。人力资本投资（Human Capital Investment）作为一种投资活动，Becker（1987）将其定义为通过对人力资源一定的投入（货币、资本或实物），使人力资源数量和质量指标均有所改善，包括对劳动者的知识、技能、体力和思想道德水平等方面的各种投资，并且这种改善最终反映在劳动产出的增加上的一种投资行为。

企业人力资本投资作为人力资本投资的特殊形式，朱舟（1999）将其定义为企业通过一定量的投入，增加企业员工的各种技能水平以及提高企业管理水平、文化水平和企业形象的一种投资活动。安应民和胡树红（2003）将其定义为人力资本投资主体（企业、员工个体和政府）通过一定量的投资，以促进企

① 本章参考了陈维政，刘苹，胡豪. 人力资本与公司治理. 大连理工大学出版社：大连（2005）.

业人力资源个体才能的提高，从而提高整个组织的效能，保证企业生产能力的提高，达到企业经济利益与社会效益的最大化。朱舟和安应民关于企业人力资本投资定义的不同之处在于：前者是一种相对狭义的定义，即投资主体仅为企业；而后者是较为广义的定义，投资主体不仅包括企业，还包括员工个体和政府。本书中讨论的是较为狭义的企业人力资本投资，即以企业为投资主体，通过一定量的投入（包括人、财、物），用于增加企业员工的知识、技能、健康等人力资本，进而提高整个企业的人力资本存量，实现企业经济利益最大化并提升社会效益的投资活动。

从以上定义可知，企业人力资本投资不同于个人投资、家庭投资、政府投资，它具有以下几个方面的特点：首先，投资主体为特定的企业；其次，投资客体为企业各类员工；三是投资目的是追求企业的经济利益最大化，因此带有功利性质；四是投资方式多样化，主要有外购、在职培训以及内部流动等；五是投资结果是通过增加企业员工的人力资本存量，从而带来企业利益甚至是社会利益的增加，这符合人力资本外溢性特点。

## 3.2 人力资本投资的内涵和特点

围绕着个体从出生到长成的整个过程一系列投资，都可视为人力资本投资。投资主体包括个人、家庭、企业、社会和国家。我们最关注的是以企业为投资主体的一系列投资项目、风险和对策，因此以下所称人力资本投资均指企业对人力资本的投资。

人力资本投资的内涵十分丰富。从投入的要素来看，包括人力、物力、信息和情感；从投入的形式来看，包括教育、培训、卫生保健、福利、社会保障等；从成本角度来看，有获取成本、移动成本、保留成本、提高成本等；从收益角度来看，有知识、技能、产品、服务、工作态度、健康等。无论从哪一个角度来考察企业人力资本投资，都会发现这种投资具有区别于企业其他投资行为的特性，主要表现在：

（1）投资主体与收益主体不完全一致。

企业对员工进行投资，作为投资主体的企业承担了全部投入成本和风险，但投资的收益却并非由企业独占，而是由员工与企业共同分享。另一种极端情况，随着员工的流失，投资企业甚至无法分享投资收益。这种特性带来了人力资本投资的风险。

(2) 投资效果具有正向外部性。

由于人力资本的载体是人，人具有认识和改造事物的能力。其一，当企业对人力资本进行投资后，人能够利用这些投资生成更多新的知识和能力，创造出更多的新产品或新技术。其二，这些知识和能力不仅为个人所拥有，还能够通过各种形式传播给其他的劳动者，使更多的人掌握这些知识和能力，并发展出新的知识。这两个特点带来了知识的溢出效应，因此投资效果具有正向外部性。经济学家通过实证分析，得出了“学习效应”能够改善边际报酬下降的趋势。

(3) 投资回收期较长。

人力资本的形成需要经过较长时间才能完成。与其他投资相比，人力资本投资的投资回收期较长，投资收益并不能立竿见影，而是通过员工在企业的长期工作，才能回收投资成本并获得收益。

(4) 投资的不可转让性。

企业投资在机器、厂房、金融资产等财务资产上，可以在市场上进行自由地转让，即使报废，部分资产还可以回收一些残值。然而，在目前的法律制度下，企业在人力资本上的投入却无法转让，也无法回收残值。一旦出现投资风险或投资失误，企业就“血本无归”。

(5) 投资收益较难评估。

人力资本投资的结果表现为知识、技能、能力、体能或工作态度等无形的东西，现有的资产评估方法很难对这些结果进行评估。

(6) 投资收益取决于人的主观能动性。

人力资本最大的特性是“活的资本”，除专利技术和非专利技术等特殊形态外，人力资本与其所有者几乎不可分离。在大多数情况下，人力资本不能脱离其所有者投入到企业中，因此，与财务资本相比，人力资本很难有效地被企业所控制，投资效果如何主要取决于人的主观能动性，而不是企业。

## 3.3 人力资本投资的形式

企业人力资本投资包括若干种形式。理论界关于企业人力资本投资形式的讨论最早开始于对在职培训这种形式的研究，以 Becker 为代表。Becker (1987) 将培训分为一般培训和特殊培训，他的这种细化研究为企业利用这种形式的人力资本投资提供了理论指导。除了培训以外，Becker 还论述了企业人力资本投资的另外一种形式，即增加员工身心健康的保健投资，这种投资主要是由企业增加生产性工资来实现的。

从20世纪70年代开始，随着人力资源会计学的发展，企业人力资本投资的形式得到了很大的丰富和拓展。不少研究者（e.g. Gerald，2002；Scott，1992；Flamholtz，1973）提出，企业人力资本投资的形式不止培训一种，很多人力资源管理的措施，如招聘、甄选、绩效考核、报酬、奖金、职业生涯管理等都可以被视作人力资本投资。从现有的与企业人力资本投资有关的文献中，本书总结出企业人力资本投资形式，如表3.1所示。

**表3.1 企业人力资本投资形式汇总表**

| 序号 | 企业人力资本投资形式 | 作者，年份 |
|---|---|---|
| 1 | 在职培训、健康投资 | Becker，1964 |
| 2 | 招聘、甄选、雇用、安置等早期人力资本获得投资；发展期的教育和学习投资；结束期的重置成本 | Flamholtz，1973 |
| 3 | 选择性的招聘配置；全面培训；发展性的绩效考核；公平的奖励体系 | Scott，James，1992 |
| 4 | 招聘、雇用、新员工培训 | Richard W Johnson，1996 |
| 5 | 教育、培训、招聘 | Sandra，Lisa，1996 |
| 7 | 招聘和甄选、福利和报酬、培训和开发、职业生涯管理、企业文化 | Gerald ，Mattthew，2002 |
| 8 | 人力资源的甄选、人力资源开发——培训、人力资源的配置 | Nile，Jeffrey，2004 |
| 9 | 教育、培训、研发投资 | Gerard Ballot，Fathi Fakhfakh，2006 |
| 10 | 人力资源规划、广泛的招聘、选择性的员工配置、有竞争力的薪酬、结构化的培训、岗位轮换、在职培训、员工参与、发展性的绩效考核与反馈、基于绩效的报酬 | 陈楚，2006 |
| 11 | 辅助学校教育投资、招聘投资、在职培训投资、“干中学”投资、人才交流投资、人力资本保障投资 | 刘家国，2003 |
| 12 | 职工招聘投资、职工培训投资、医疗保健投资、职工福利和社会保障投资 | 安应民、胡树红，2003 |

续表3.1

| 序号 | 企业人力资本投资形式 | 作者，年份 |
|---|---|---|
| 13 | 教育投资、在职培训、健康投资、迁移投资 | 王浩，2003 |
| 14 | 招聘、职工安置、岗位培训投资、成人教育投资 | 蒋太才，2005 |
| 15 | 企业职工招聘投资、企业职工的在职培训投资、企业人员内部流动投资、企业职工医疗保健投资 | 朱登兴，2005 |
| 16 | 招聘投资、教育培训投资、岗位迁移投资、激励考核投资、医疗保健保险投资 | 夏光，2005 |
| 17 | 教育投资、研发投资、健康投资 | 陈淑妮，2007 |
| 18 | 教育投资、职业培训投资、卫生保健投资 | 孙旭，2007 |
| 19 | 人员招聘、在职培训、卫生保健、企业文化建设、人力资源管理 | 李桂兰，胡建平，2007 |
| 20 | 教育、培训、人力资本开发、福利投资、医疗保健、迁徙移动、招募聘用、情感投入 | 刘苹，陈维政，2008 |

在如此纷繁的理论中，究竟企业的哪些投入属于人力资本投入？其实研究者并没有得出定论。一些研究者将全部组织投入视为人力资本投资，一些研究只将培训视为人力资本投资。基于此，本书提出如下观点：

（1）人力资本投资不等同于组织投入，对人力资本投资的界定一定要基于人力资本和投资的定义。这种投资一定是作用于人身上，所以购置生产设备、修建厂房等显然不属于人力资本投资的范畴。同时，投资是一种经济性的活动，因此非经济性的投入，如对员工的情感、关心等方面，很难将其界定为投资。

（2）人力资本投资不包括支付给劳动者的工资、奖金等薪酬。根据马克思在《资本论》中的观点，劳动报酬是资本家用以购买劳动力这种特殊商品的价格。从目的上来说，企业给付劳动者的报酬是企业对劳动者过去已付出劳动的报偿，并非是一种基于未来收益的行为，那么劳动报酬就不意味着是对劳动者的投资。

## 3.4 企业人力资本投资收益

同物质投资一样，人力资本投资也要考虑投资收益的问题。企业人力资本投资收益是指企业对员工进行各种方式的投资所产生的收益，目前关于人力资本投资收益的研究主要是从经济学和会计学角度进行的。

从投资收益的获得对象来看，Blundell 等（1999）将企业人力资本投资收益分为三个层次，即个人收益、企业收益和社会收益。他认为：个人收益体现在员工个体人力资本存量的提高上，并能导致员工绩效和满意度的提高及个人收入的增加，这是企业人力资本投资带来的最直接的收益；企业收益是通过员工个体的人力资本存量的提高和个人努力程度的增加而体现在企业层面的效果，是一种间接的收益；社会收益则是由于企业水平的提高带来的整个行业水平的提升，以及整个国民经济的增长和社会的发展与进步，这是企业人力资本投资的外溢收益。

从投资收益的衡量方式来看，企业人力资本投资收益可分为经济收益和非经济收益。其中经济收益是指人力资本投资可以带来企业人力资本存量的增加，个体技能和员工素质的提高，从而导致劳动生产率的提高，产品或服务质量的改善，劳动力成本的降低，由此带来企业经济利润的增加；非经济效益是指人力资本投资会增强员工满意度和的忠诚度，降低员工流动率，并且能提高员工的工作热情，导致员工工作任务绩效和周边绩效的提高，进而带来企业绩效的提高，同时人力资本投资还会影响企业凝聚力、企业知名度和美誉度等，这些都会间接影响企业的经济效益。对于人力资本投资收益可用经济指标和非经济指标来进行衡量：经济指标包括投资项目评价指标、经营成果评价指标等；非经济指标则包括员工满意度、员工绩效、员工流动率、顾客满意度、企业竞争力、资源合理利用程度、社会效益如环境保护等。

本书从两个角度来衡量人力资本的投资收益。一是企业层面，人力资本投资的直接结果是企业人力资本总量的提升。一是个人层面，人力资本投资的结果是员工绩效与满意度。通过提升企业人力资本总量、员工绩效和满意度，最终可以带来的结果会是企业各项经济指标和非经济指标的增长。

# 第4章 多维人力资本及其投资模型

目前，关于人力资本及其投资的研究多如恒河之沙，取得的成果也灿若繁星，但从中仍可发现研究的空白与不足。首先，关于人力资本的研究大多从宏观角度或经济学角度入手，较少从微观角度，即从企业的角度着手研究。其次，现有的企业人力资本投资研究往往侧重于某种投资形式的研究，如对培训、员工发展的研究方兴未艾，但多层次、多维度的系统研究不多。最后，现有研究以定性研究居多，定量研究较少，成熟测量工具与切实可靠的实证数据有所欠缺。因此，较难验证企业人力资本投资与企业人力资本，以及不同投资策略与企业人力资本之间的相关关系。

鉴于此，本书通过文献分析构建起企业人力资本投资的多维模型，并通过实证数据，尝试探讨如下问题：（1）从实践和理论两方面来看，现有哪些企业人力资本投资的形式与投资组合？（2）从企业整体层面来考察，人力资本是如何构成的？（3）人力资本投资与人力资本之间究竟有何相关关系。通过对上述问题的分析和研究，希望能够完善人力资本及人力资本量表，得出兼具实践意义和理论意义的结论。

## 4.1 能力型人力资本和数量型人力资本

通过文献分析，本书对韩志翔、陈怡静和陈楚的研究进行了梳理（如表4.1所示），同时将他们的研究加以综合，将企业人力资本分成了两大构面：能力型人力资本（Quality of HC）和数量型人力资本（Quantity of HC），再延伸出次级构面，进而发展出衡量指标，形成企业人力资本的三层次衡量系统（如表4.2所示）。

表 4.1　韩志翔、陈怡静和陈楚研究的整理

| 学者 | 一级构面 | 次级构面 | 学者 | 一级构面 | 次级构面 |
|---|---|---|---|---|---|
| 韩志翔，陈怡静 | 能力型人力资本 | 专业知识与技术 | 陈楚 | 人力资本的数量 | 知识、技术、能力的数量 |
| | | 学习经历 | | | 健康水平 |
| | | 创意与创造力 | | 个体－组织的匹配 | 员工－公司战略的匹配 |
| | | 关系建构能力 | | | 员工－工作的匹配 |
| | | 适应能力 | | | 员工－公司文化的匹配 |
| | 情感型人力资本 | 工作承诺 | | 人力资本的互补性 | 人才的集聚性 |
| | | 组织承诺 | | | 分工和合作 |
| | | 向心力 | | | 组织认同和支持感 |
| | 动机型人力资本 | 工作动机 | | 人力资本的专有性 | 独有的人才 |
| | | 工作价值与信念 | | | 专有的知识、技术和能力 |
| | | 行动的活力与勇敢 | | | 难以转移性 |
| | 人格特质型人力资本 | 亲和性 | | | |
| | | 勤勉正直性 | | | |
| | | 外向 | | | |
| | | 神经质 | | | |
| | | 经验开放性 | | | |
| | 健康型人力资本 | 身心健全 | | | |

4.1.1　能力型人力资本（Quality of HC）

人力资本从人的能力中获得（David and Lopez，2001），因此人力资本从本质上说是人的能力，而企业能力型人力资本与个体一般的能力相比，具有以下两个特点：

其一，能力型人力资本蕴含于员工体内，只有当全体员工所具备的能力组合起来，能够帮助企业满足客户的需要，解决客户的问题，并借此为企业创造必要的经济价值（Hitt，Bierman and Kochhar，2001；Saint-Onge，1996），这种能力才能被视为企业的人力资本。

其二，企业能力型人力资本不是员工个体拥有能力的简单加总，而是在团队的基础上进行整合、互补、创新和学习，进而形成团体能力。现代企业大多以团队的方式开展工作，因此员工之间既分工又合作所带来的协同效应也应包

括在企业能力型人力资本之中。

因此，企业能力型人力资本包括两大次级构面：个体能力和团体能力。个体能力是指员工个体拥有的与工作、与达成组织目标相关的能力，包括完成工作的能力，为客户解决问题的能力（Sullivan，2000）等；团体能力是指员工在团队互动、组织学习中形成的能够带来协同效应的团队合作能力，包括团队合作精神、相互学习的文化、团队成员之间的互补等。

4.1.2 数量型人力资本（Quantity of HC）

把人力资本的数量作为企业人力资本的一个要素，已经被不少研究者所提及。企业需要雇用足够多拥有适当技能和能力的劳动力，以及时地满足客户的需求（Michie and West，2005）。Edvinsson 和 Malone 在 1997 年关于智慧资本的研究中，也将员工人数、全职长期员工人数等纳入了企业人力资本的衡量体系中。

除员工人数之外，数量型人力资本还包括员工的稳定性以及员工的健康：一方面，员工稳定性是确保企业拥有足够数量人力资本的前提。员工离职是每个企业都会面临的问题，一旦超过一定的限度，尤其是骨干员工的流失或者员工短期内大量离职，不仅会导致人手短缺，还会对企业带来诸多消极影响，甚至可能导致企业日常经营陷于瘫痪；另一方面，员工健康是员工发挥其他各项人力资本的基础，一位身心健全的员工才得以为组织创造高价值的人力资本（韩志翔，陈怡静，2006）。

因此，企业数量型人力资本包括三大次级构面：员工数量、员工稳定性、员工健康。员工数量是指企业拥有足够数量且具备适当能力满足客户需要的劳动力数量；员工稳定性指企业员工的流动水平，包括员工离职率、劳动合同续签率等；员工健康不仅指员工身体的健全，还包括心理上的健康。

**表 4.2 企业人力资本的三阶层衡量系统**

| 一级构面 | 次级构面 | 操作性定义 | 测量指标举例 |
|---|---|---|---|
| 能力型人力资本 | 个体能力 | 员工个体拥有的与工作、与组织相关的专业知识、技能等能力 | 员工具备完成工作的能力、员工的能力满足客户需要等 |
| | 团体能力 | 员工在团队互动、组织学习中形成的能够带来协同效应的团队合作能力，包括团队合作精神、相互学习的文化、团队成员之间的互补等 | 员工具有团队和合作意识、企业形成了相互学习的文化、员工有效分工等 |

续表4.2

| 一级构面 | 次级构面 | 操作性定义 | 测量指标举例 |
|---|---|---|---|
| 数量型人力资本 | 员工数量 | 企业拥有的具备适当能力，能够满足客户需要的劳动力数量 | 足够的员工人数以处理客户的需要、缺乏人手给予客户们应有的关注等 |
| | 员工稳定性 | 企业员工的流动水平 | 员工离职率、劳动合同续签率等 |
| | 员工健康 | 员工的身体状况良好，心理健康 | 员工拥有完成工作的适当体能、员工没有受到工作压力的困扰等 |

## 4.2 增值性人力资本投资和保值性人力资本投资

根据投资对企业生产率的不同影响，研究者将人力资本投资分成通用型人力资本投资和专有型人力资本投资（Becker，1987）；也有研究者根据人力资本的形成途径的不同，将人力资本投资策略划分为购买型和发展型两种（Lepak and Snell，1999；Miles and Snow，1984）。人力资本同其他资本一样，可以分为存量人力资本和增量人力资本。存量人力资本是指人力资本所有者既有的知识、技能和能力，增量人力资本是指人力资本所有者在原有基础上新增加的知识、技能和能力。因此，从这个角度出发，可以将企业的人力资本投资分为两类："保值性"人力资本投资和"增值性"人力资本投资（刘苹，陈维政，2008）（具体如表4.3所示）。

**表4.3　企业人力资本投资的形式及内涵**

| 一级构面 | 次级构面 | 内涵 |
|---|---|---|
| 保值性人力资本投资 | 招募聘用 | 企业获取人力资本的基本途径，包括招聘过程中发生的广告费、各种测评费等 |
| | 福利保障 | 企业用于人力资源福利及社会保障方面的投资 |
| | 医疗保健 | 主要包括员工的医疗、保健以及劳动保护等方面的投资 |
| | 团队活动 | 企业开展的为增进员工之间感情，增强员工对企业的归属感的各种活动 |

续表4.3

| 一级构面 | 次级构面 | 内涵 |
|---|---|---|
| 增值性人力资本投资 | 培训 | 企业为提高员工技能、劳动熟练程度、劳动生产率而对员工进行的培训 |
| | 教育 | 企业层面的教育投资主要是指企业用于支持员工进行在职的继续教育 |
| | 晋升流动 | 包括横向的工作丰富化以及纵向的岗位晋升 |
| | 交流学习 | 企业派员工到其他企业进行的参观、考察、交流、学习的活动 |
| | 职业生涯管理 | 企业对员工进行的职业生涯规划和指导 |
| | 激励考核 | 评优评先、绩效辅导、持续改进等 |

#### 4.2.1 保值性人力资本投资（Value-maintained HCI）

所谓保值性人力资本投资是指通过这些投资，可以使员工保持其进入企业时既有的知识、技能和能力等，即存量资本，但不会带来新增人力资本价值，即知识、技能和能力。通过文献整理发现，招募聘用、福利保障、医疗保健等投资主要是为了保证人力资本所有者维持并发挥现有的人力资本价值，因此将这些投资归入保值性人力资本投资。

#### 4.2.2 增值性人力资本投资（Value-added HCI）

所谓增值性人力资本投资是指那些能够增加人力资本所有者的知识、技能、经验，即带来增量人力资本的人力资本投资形式。教育培训、晋升流动、工作丰富化、职业生涯管理、员工参与等投资能够增加劳动者的人力资本量，因此将这些投资形式归入增值性人力资本投资。

## 4.3 人力资本及其投资的多维模型及实证研究

#### 4.3.1 人力资本投资与人力资本

一般来说，可以将企业人力资本投资看成是一个生产活动，其投入是各种形式的人力资本投资，其产出就是企业的人力资本。为了深入研究人力资本投资如何作用于人力资本，本书分析了人力资本投资与人力资本之间的关系，以及不同形式的人力资本投资与人力资本各维度的相关关系，具体的理论模型如图 4.1 所示。

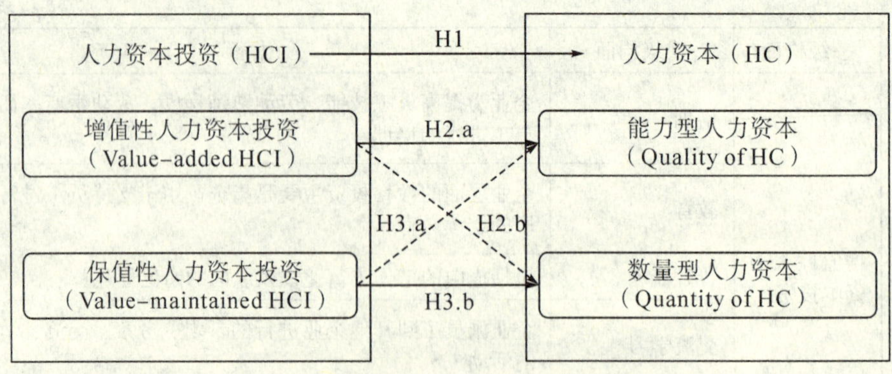


图 4.1 人力资本投资多维模型示意图

（1）人力资本投资（HCI）和人力资本（HC）。

Michie 和 West 运用实证数据证实了培训可以通过对员工知识、能力、身心健康、承诺等的影响来增强员工的工作绩效。陈楚通过对美国以及中国台湾地区知识密集型企业的调查，发现企业人力资本投资总量与企业人力资本总量之间存在正相关关系。因此，本书假设：

H1：企业人力资本投资（HCI）的总量与企业人力资本（HC）的总量成正相关。

增值性人力资本投资可以带来新的知识、技能和能力，可以提升企业的人力资本总量；保值性人力资本投资可以稳定员工队伍、吸引优秀人才的加盟，因此可以稳定并提升企业的人力资本总量。因此，人力资本投资水平高的企业很可能拥有更高的企业人力资本水平。

（2）增值性人力资本投资（Value-added HCI）和人力资本（HC）。

培训可以提高员工的能力，从而提高员工的生产率。Almeida 和 Carneiro 运用来自葡萄牙的大型制造型企业的实证数据发现，平均每年每增加一位员工 10 小时的培训时间，这位员工的生产率就会提高 0.6%。Huseld 提出企业生产率的提升不仅取决于员工的能力，还取决于员工为企业贡献才能的动机与意愿。一些研究者发现，股权激励、利润分享等长期激励措施能够有效地增强员工的承诺感和工作动机，鼓励员工发挥他们的知识、技能等能力，从而更好地提升企业的人力资本水平。此外，让员工参与他们的工作计划安排，向员工提供信息反馈等一系列促进员工参与的措施也能增加员工贡献企业的动机，并增强团队合作的意愿，进而提升员工团队合作的能力。

尽管上述增值性人力资本投资可以提升员工的能力，但通过这些投资形式，可能不会影响员工的数量、健康情况等方面，因此增值性人力资本投资对企业数量型的人力资本并没有直接的影响。据此，本书假设：

H2. a：增值性人力资本投资（Value-added HCI）对能力型人力资本（Quality of HC）有正向影响。

H2. b：增值性人力资本投资（Value-added HCI）对数量型人力资本（Quantity of HC）无影响。

（3）保值性人力资本投资（Value-maintained HCI）和人力资本（HC）。

提高人力资本存量最为有效的手段之一就是招聘，即企业从外部劳动力市场获得人力资本。另一种方式是福利保障措施。各种补贴、医疗保健等能够提升员工的安全感与归宿感，帮助企业吸引员工、保留员工，确保企业的人力资本数量充足。据美国一家保险公司报告，其在休斯敦的机构通过实施室内锻炼的计划使员工的病假减少了 20%，仅此一项，公司每投入一美元，就可以带来 1.93 美元的收益。通过理论分析，保值性人力资本投资能维持员工既有的知识、技能、能力和经验，从数量上保证企业拥有足够的、健康的员工，但不能为员工带来新增的能力。据此，本书假设：

H3. a：保值性人力资本投资（Value-maitained HCI）对能力型人力资本（Quality of HC）无影响。

H3. b：保值性人力资本投资（Value-added HCI）对数量型人力资本（Quantity of HC）有正向影响。

4.3.2 研究方法

本书主要采用问卷调查的方式来收集研究数据，下面对问卷开发的过程、抽样以及各变量的测量指标体系进行分别说明。

（1）研究数据的收集。

本书分两次进行调查。第一次调查于 2008 年 11 月至 2009 年 3 月进行，样本来源于四川大学成都的 MBA 学习班。此次调查共发放问卷 280 份，回收有效问卷 239 份，问卷的回收率为 85.4%。第二次调查于 2009 年 3 月至 5 月进行，样本来源于成都、深圳、广州三地的 MBA 学习班以及管理培训班。调查共发放问卷 456 份，回收有效问卷 429 份，问卷的回收率为 94.1%。

同时，由于本书采用从单一被试中收集数据，可能会存在共同方法偏差（Common Method Variances）。本书通过以下措施尽可能减少共同方法偏差产生的影响：一方面，从研究设计上进行了程序控制，如保证问卷的匿名性、明确答案无对错之分、使用清晰准确的定义以及设置反向问题等；另一方面，在统计上通过 Harman 单因素检验共同方法偏差的严重程度，主成分分析出 8 个因子，解释了总变异量的 65.818%，其中因子一解释了 31.414%。这表明没有单一的因子解释了绝大部分的变异量，因此本书的共同方法偏差不是很严重。

（2）问卷的开发。

为确保测量工具的效度和信度，本书尽量采用国内外现有文献已使用过的量表。但由于目前学术界对于企业人力资本投资形式的研究多出于研究者的理论解释，而当前企业实务界究竟采用了哪些人力资本投资的形式？鉴于此，本书调查问卷的开发分三步展开：第一步，进行了关于企业人力资本投资形式的开放式调查，以获取企业实务界对人力资本投资的认识；第二步，结合文献研究和开放式调查的结果形成初步的调查问卷；第三步，邀请11位企业管理人员和人力资源管理人员试填问卷，并征询他们的意见，再邀请两位人力资源管理领域的专家组织研讨会，进行问卷的修改和讨论，形成最终的调查问卷。下面将进行具体地介绍。

①开放式调查。

为获取更多企业实务界实际采用的人力资本投资形式，提高调查问卷的针对性，笔者于2008年5月至6月在四川大学MBA学习班上进行了开放式调查。调查以发放开放式问卷的方式展开，让MBA学员填写他/她所在企业主要采用的人力资本投资形式（至少三种），共发放问卷108份，收回问卷108份，其中有效问卷105份，占发放问卷总量的97.22%。表4.4给出了样本企业特征的具体情况，表4.5给出了填表人特征的具体情况。

**表4.4　样本企业特征的分布情况**

| 存续年限 | 频数 | 百分比 | 所在行业 | 频数 | 百分比 |
|---|---|---|---|---|---|
| 国有或国有控股企业 | 29 | 27.6 | 通讯/高科技 | 18 | 17.1 |
| 民营、私营企业 | 45 | 42.9 | 房地产/建筑业 | 11 | 10.5 |
| 外资或外资控股企业 | 19 | 18.1 | 能源/公用事业/采掘 | 4 | 3.8 |
| 企业化经营的事业单位 | 5 | 4.8 | 制造业 | 11 | 10.5 |
| 其他 | 7 | 6.7 | 运输/商贸 | 8 | 7.6 |
| 存续年限 | 频数 | 百分比 | 酒店/旅游/娱乐/服务/文化 | 14 | 13.3 |
| 3年以下 | 13 | 12.4 | 金融/保险/咨询 | 18 | 17.1 |
| 3年～5年 | 10 | 9.5 | 其他 | 18 | 17.1 |
| 5年～10年 | 19 | 18.1 | | | |

续表4.4

| 存续年限 | 频数 | 百分比 | 所在行业 | 频数 | 百分比 |
|---|---|---|---|---|---|
| 10 年～20 年 | 24 | 22.9 | | | |
| 20 年以上 | 38 | 36.2 | | | |

注：由于缺损值的存在，因此不同企业性质、存续年限、所在行业的公司总数小于总样本数（以下同）。

表 4.5 问卷填答者特征的分布情况

| 工作年限 | 频数 | 百分比 | 职位 | 频数 | 百分比 |
|---|---|---|---|---|---|
| 不满一年 | 12 | 11.4 | 高层管理人员或高层技术人员 | 33 | 31.4 |
| 一年至三年 | 25 | 23.8 | 中层管理人员或中层技术人员 | 30 | 28.6 |
| 三年至五年 | 18 | 17.1 | 基层管理人员或基层技术人员 | 25 | 23.8 |
| 五至十年 | 24 | 22.9 | 普通员工 | 11 | 10.5 |
| 十年以上 | 24 | 22.9 | 其他 | 3 | 2.9 |
| 年龄 | 频数 | 百分比 | 学历 | 频数 | 百分比 |
| 30 岁以下 | 36 | 34.3 | 高中或中专 | 4 | 3.8 |
| 31～40 岁 | 56 | 53.3 | 大专、本科 | 54 | 51.4 |
| 41～50 岁 | 10 | 9.5 | 研究生 | 34 | 32.4 |

通过开放式调查，一共获取了 359 条企业人力资本投资形式的条目。为了对调查获取的信息有一个清晰客观的认识，本研究邀请了两位人力资源管理专业的博士和项目负责人一起组成专家小组，根据企业人力资本投资形式的分类表，开展了数据的编码工作。整个编码过程分成两步：第一步，根据本研究对企业人力资本投资的定义，让专家删除不属于人力资本投资的条目，最终保留了 247 条条目。第二步，根据本研究对企业人力资本投资类型的划分，将保留的 247 条条目归类到保值和增值两大主类目以及福利保障、培训、教育等各次类目中。首先采用“背靠背”的独立编码方式，然后再就三位专家意见不一的条目进行讨论。通过这一阶段的工作，最终获得保值性人力资本投资 91 条，增值性人力资本投资 156 条，为企业人力资本投资量表的编制奠定了一定的基础。

②问卷的编制。

通过文献分析，结合开放式调查的结果，编制了初步的人力资本投资问卷。整个问卷包括五部分：第一部分，企业的人力资本，一共包括 56 个条目；

第二部分，企业的人力资本投资，一共包括 37 个条目。第三部分，企业的战略导向，一共包括 15 个条目；第四部分，问卷填答者所在公司的基本信息，共 5 个条目；第五部分，问卷填答者的基本信息，共 5 个条目。前三部分采用 Likert 五级量表的形式，根据企业的实际情况按符合程度从 1 到 5 进行打分。问卷中的部分条目来自英文量表，本研究在使用这些条目时，进行了翻译的再回译，以确保翻译后的条目与原文意思一致。

③问卷的修改。

由于此问卷主要以企业的人力资源部经理和公司副总及以上的管理人员为调查对象，因此为确保题目意思明确，能够为被调查者所理解，本研究首先邀请了 11 位（6 位男性，5 位女性）企业的管理人员试填问卷，并向他们征询意见和建议。

这 11 位管理人员所在的企业分布在建筑、金融服务、制造业、生物制药、日用消费品等行业，其中有 6 位来自民营或民营控股企业，有 4 位来自外资或外资控股企业，还有一位来自国有或国有控股企业。他们均获得了本科以上学历，其中有 5 位担任企业的高层主管，5 位担任中层主管，仅有 1 位担任基层管理人员。

问卷填答者结合自己对问卷的理解以及自身的工作经验，对问卷的设计提了不少宝贵的意见和建议。在对他们提出的问题、意见以及建议进行整理的基础上，本研究邀请了两位人力资源管理领域的专家组织了一场研讨会。这两位专家一位从事人力资源管理的教学工作，一位拥有多年人力资源管理的从业经验。他们分别从学术和实务的角度，结合收集的意见和问题，对问卷的题目进行了逐条讨论。

通过讨论，对问卷中内容重复或经过讨论仍觉意思模棱两可的条目进行了删除，对问卷中部分条目的措辞和表达进行了修改，形成了最终的调查问卷。修改后的问卷的结构仍与原问卷相同，总条目为 102 个，第一部分 40 个，第二部分 37 个，第三部分 15 个，第四部分 5 个，第五部分 5 条。

（3）指标体系。

①企业人力资本（HC）量表。

企业人力资本量表以陈楚开发的量表为基础，加入韩志翔，陈怡静的“人力资本指标适用性问卷调查”的部分条目编制而成，包括员工流动率、员工合同续签率、平均病假天数、平均出勤天数等 40 个条目。题项以 Likert 五级量表来衡量，要求问卷填答者根据本企业的实际情况来回答，1 表示非常不符合，而 5 表示非常符合。

②企业人力资本投资量表。

编制企业人力资本投资量表时，本书先进行了开放式调查。共发放问卷108份，收回问卷108份，有效问卷105份，占发放问卷总量的97.22%。通过开放式调查，一共获取了359条企业人力资本投资形式的条目。编码后，保留了247条条目，其中保值性人力资本投资91条，增值性人力资本投资156条。结合开放式调查和陈楚开发的量表，最终完成了企业人力资本投资量表的编制。量表包括招聘配备预算、培训预算、股权激励、利润分享计划等37个条目。题项以Likert五级量表来衡量，要求问卷填答者根据本企业的实际情况来回答，1表示非常不符合，而5表示非常符合。

企业人力资本量表各衡量构面的克朗巴哈系数（Cronbach$\alpha$ 系数）分别为：0.900，0.860，0.688，0.676，均大于0.6，总量表的 $\alpha$ 系数为：0.886，量表内部的一致性可以接受。企业人力资本投资量表各衡量构面的 $\alpha$ 系数分别为：0.899，0.809，0.825，0.791，0.739，各构面都在0.7以上，总量表 $\alpha$ 系数为：0.916，内部的一致性信度达到较好的水平。

③控制变量。

本书的控制变量包括企业规模、企业销售收入、成立年限等。部分学者提出企业规模、企业性质、员工职务、员工年龄等因素与企业人力资本投资额有相关性（姚先国，翁杰，2005；Zhang and Jin，2006；Guthrie and Spell，2002）。因此，本书将企业销售收入、员工人数、企业的成立年限等作为控制变量进行了研究数据的收集。对这三个变量数据的收集采用的是让问卷填答者填写绝对数的形式，并使用了绝对数值的自然对数值进行测量。

### 4.3.3 数据分析与研究结果

本书使用的统计软件是SPSS16.0和LISREL8.7。

(1) 探索性因子分析。

由于学术界并没有形成对企业人力资本以及人力资本投资的成熟测量量表，为确定变量的维度，建立起最终的测量模型，本书首先对第一次调查获取的239份样本数据，对企业人力资本以及人力资本投资的测量条目运用SPSS16.0进行了探索性因子分析。具体步骤说明如下：

第一步，借助KMO和Bartlett球度检验方法分别考察企业人力资本和企业人力资本投资两张量表是否适合进行因子分析。其中，如表4.6所示，企业人力资本量表的KMO值为0.928，企业人力资本投资量表的KMO值为0.911，根据Kaiser给出的常用KMO度量标准，两张量表均非常适合做因子分析。同时，企业人力资本量表的Bartlett检验统计量的观测值为5331.310，企业人力资本量表的巴特利特球度检验统计量的观测值为 5011.239，相应的概率 $p$ 均小于显著性水平，适合做因子分析。

表 4.6　KMO 测度和 Bartlett 球体检验结果

| | | 人力资本 | 人力资本投资 |
|---|---|---|---|
| Kaiser-Meyer-Olkin Measure of Sampling Adequacy | | 0.928 | 0.911 |
| Bartlett's Test of Sphericity | Approx. Chi-Square | 5331.310 | 5011.239 |
| | df | 666 | 780 |
| | Sig. | 0.000 | 0.000 |

第二步，采用主成分分析法提取因子，删除解释力低的条目。首先采用主成分分析法选取特征根大于 1 的公因子，再以方差最大法进行公因子正交旋转处理，保留因子载荷大于 0.5，交叉载荷小于 0.4 的条目，对所要保留条目重新进行因子分析，仍按上述条件再进行节选，如此反复进行，直至无需节选的状态。企业人力资本量表共进行了 4 次因子分析，总计删除 23 个条目，保留了 17 个条目；企业人力资本投资量表共进行了 5 次因子分析，总计删除 18 个条目，保留了 19 个条目。

表 4.7　企业人力资本量表 EFA 结果

| *HC* | | 主成分 | | | |
|---|---|---|---|---|---|
| 维度 | 条目 | 1 | 2 | 3 | 4 |
| *F*1 | 1 | 0.82 | | | |
| | 2 | 0.75 | | | |
| | 3 | 0.73 | | | |
| | 4 | 0.72 | | | |
| | 5 | 0.71 | | | |
| | 6 | 0.70 | | | |
| | 7 | 0.65 | | | |
| | 8 | 0.63 | | | |

续表4.7

| *HC* | | 主成分 | | | |
|---|---|---|---|---|---|
| *F*2 | 1 | | 0.82 | | |
| | 2 | | 0.78 | | |
| | 3 | | 0.73 | | |
| | 4 | | 0.72 | | |
| | 5 | | 0.72 | | |
| *F*3 | 1 | | | 0.84 | |
| | 2 | | | 0.83 | |
| *F*4 | 1 | | | | 0.90 |
| | 2 | | | | 0.76 |
| 特征根 | | 6.76 | 1.82 | 1.54 | 1.10 |
| 累计贡献率 | | 39.75 | 50.47 | 59.50 | 65.94 |

**表4.8 企业人力资本投资量表EFA结果**

| HCI | | 主成分 | | | | |
|---|---|---|---|---|---|---|
| 维度 | 条目 | 1 | 2 | 3 | 4 | 5 |
| *F*1 | 1 | 0.81 | | | | |
| | 2 | 0.78 | | | | |
| | 3 | 0.75 | | | | |
| | 4 | 0.74 | | | | |
| | 5 | 0.73 | | | | |
| | 6 | 0.65 | | | | |
| *F*2 | 1 | | 0.78 | | | |
| | 2 | | 0.74 | | | |
| | 3 | | 0.72 | | | |
| | 4 | | 0.56 | | | |
| *F*3 | 1 | | | 0.87 | | |
| | 2 | | | 0.79 | | |
| | 3 | | | 0.73 | | |

续表4.8

| HCI | | 主成分 | | | | |
|---|---|---|---|---|---|---|
| F4 | 1 | | | | 0.80 | |
| | 2 | | | | 0.79 | |
| | 3 | | | | 0.70 | |
| F5 | 1 | | | | | 0.76 |
| | 2 | | | | | 0.75 |
| | 3 | | | | | 0.61 |
| 特征根 | 7.81 | 1.79 | 1.39 | 1.19 | 1.11 | |
| 累计贡献率 | 41.12 | 50.54 | 57.86 | 64.10 | 69.96 | |

第三步，公因子的命名解释。采用方差最大法对保留条目的因子载荷矩阵实施正交旋转，便于公因子的命名解释。表4.7，表4.8给出了两张量表探索性因子分析的结果：

企业人力资本量表17个条目代表了4个因子，共解释了总变异量的65.94%。将各公因子分别命名为团体能力、个体能力、员工稳定性、员工体能，根据研究的需要以及相关文献的分析，将团体能力和个体能力两个因子归入能力型人力资本，将员工稳定性和员工体能归入数量型人力资本；

企业人力资本投资量表19个条目代表了5个因子，共解释了总变异量的69.96%。本书将这些公因子分别命名为预算投入、员工参与、长期激励、教育培训、招聘投资。根据增值性人力资本投资和保值性人力资本投资的定义，将员工参与、教育培训、长期激励归入增值性人力资本投资，将招聘和预算投入归入保值性人力资本投资。

(2) 样本数据的正态性检验。

很多数据处理的过程，尤其是结构方程模型建模都要求样本数据服从正态分布。本书的数据分析过程涉及结构方程模型，因此在运用探索性因子分析确定了最终的测量条目后，首先进行了样本数据的正态性检验。

正态性检验的方法有多种，本书用峰度和偏度来检验。如果样本数据服从正态分布，那么峰度（Kurtosis）和偏度（Skewness）为零，或者显著性为零。但在社会科学的研究中，可以将要求适度放宽，只要不是极度偏态的分布（峰度的绝对值大于5或者偏度的绝对值大于2）都可以被接受（Bentler & Chou，1987）。表4.9给出了所有测量题项的最小值、最大值、均值、标准差以及偏度和峰度值。从表4.9中的数据可以看出，所有题项偏度的绝对值均在

0.012~0.684 之间，所有题项峰度的绝对值均在 0.026~1.078 之间，都在建议的取值范围以内，因此可以认为本书的样本数据服从正态分布。

表 4.9 各题项最小值、最大值、均值、标准差以及偏度、峰度

| 题项 | 最小值 | 最大值 | 均值 | 标准差 | 偏度 | 峰度 |
|---|---|---|---|---|---|---|
| A1 | 1.0 | 5.0 | 2.988 | 1.2408 | 0.059 | −1.029 |
| A2 | 1.0 | 5.0 | 3.647 | 1.0624 | −0.442 | −0.556 |
| A3 | 1.0 | 5.0 | 3.290 | 0.9546 | 0.005 | −0.260 |
| A4 | 1.0 | 5.0 | 3.477 | 0.9130 | −0.051 | −0.480 |
| A5 | 1.0 | 5.0 | 3.312 | 0.8756 | −0.170 | −0.189 |
| A6 | 1.0 | 5.0 | 3.182 | 0.8937 | −0.306 | 0.127 |
| A7 | 1.0 | 5.0 | 3.417 | 0.8035 | −0.245 | 0.092 |
| A8 | 1.0 | 5.0 | 3.527 | 0.8301 | −0.209 | 0.077 |
| A9 | 1.0 | 5.0 | 3.374 | 0.8907 | −0.134 | −0.228 |
| A10 | 1.0 | 5.0 | 3.051 | 0.8685 | −0.078 | −0.026 |
| A11 | 1.0 | 5.0 | 3.154 | 0.9133 | −0.164 | −0.444 |
| A12 | 1.0 | 5.0 | 3.229 | 0.9242 | −0.060 | −0.246 |
| A13 | 1.0 | 5.0 | 3.529 | 0.9074 | −0.719 | 0.316 |
| A14 | 1.0 | 5.0 | 3.236 | 0.8018 | 0.012 | −0.274 |
| A15 | 1.0 | 5.0 | 3.371 | 0.8755 | −0.209 | −0.388 |
| A16 | 1.0 | 5.0 | 3.124 | 0.8680 | 0.017 | −0.378 |
| A17 | 1.0 | 5.0 | 2.995 | 0.9570 | 0.074 | −0.421 |
| B1 | 1.0 | 5.0 | 2.958 | 1.0131 | −0.092 | −0.572 |
| B2 | 1.0 | 5.0 | 2.937 | 1.0291 | −0.016 | −0.693 |
| B3 | 1.0 | 5.0 | 2.981 | 1.0742 | −0.031 | −0.694 |
| B4 | 1.0 | 5.0 | 3.117 | 1.0982 | −0.106 | −0.669 |
| B5 | 1.0 | 5.0 | 3.133 | 1.0338 | −0.128 | −0.523 |
| B6 | 1.0 | 5.0 | 2.827 | 1.0176 | 0.112 | −0.523 |
| B7 | 1.0 | 5.0 | 2.627 | 1.0505 | 0.354 | −0.488 |
| B8 | 1.0 | 6.0 | 3.402 | 1.1221 | −0.282 | −0.565 |
| B9 | 1.0 | 5.0 | 2.734 | 1.0997 | 0.247 | −0.620 |
| B10 | 1.0 | 6.0 | 2.286 | 1.1347 | 0.644 | −0.332 |

续表4.9

| 题项 | 最小值 | 最大值 | 均值 | 标准差 | 偏度 | 峰度 |
|---|---|---|---|---|---|---|
| B11 | 1.0 | 5.0 | 2.778 | 1.2981 | 0.174 | −1.078 |
| B12 | 1.0 | 5.0 | 2.285 | 1.2867 | 0.685 | −0.677 |
| B13 | 1.0 | 5.0 | 2.965 | 1.2290 | −0.032 | −0.900 |
| B14 | 1.0 | 5.0 | 3.219 | 1.1547 | −0.207 | −0.647 |
| B15 | 1.0 | 5.0 | 2.617 | 1.3475 | 0.331 | −1.070 |
| B16 | 1.0 | 6.0 | 3.075 | 1.0065 | −0.096 | −0.247 |
| B17 | 1.0 | 5.0 | 3.193 | 1.0490 | −0.198 | −0.438 |
| B18 | 1.0 | 5.0 | 3.136 | 0.9883 | −0.190 | −0.365 |
| B19 | 1.0 | 5.0 | 3.646 | 1.0562 | −0.530 | −0.297 |

(3) 验证性因子分析。

运用二次调查的数据进行验证性因子分析（CFA），通过测量模型的拟合指标来评价量表的构念效度。本书采用以下的拟合度指标，这些指标的临界值分别为卡方指数（$\chi^2/df$）大于 2 小于 5，RMSEA 小于 0.08，SRMR 小于 0.1，NNFI 和 CFI 大于 0.9。

首先，将企业人力资本的四个维度合并为“企业人力资本”，将企业人力资本投资的五个维度合并为“企业人力资本投资”，进行二阶一维测量模型的验证性因子分析。结果显示，企业人力资本量表除了一个条目以外，其余条目的标准化符合均大于 0.6，而各拟合指标的取值均在建议的取值范围之内（$\chi^2/df=2.655$，RMSEA＝0.062，SRMR＝0.038，NNFI＝0.97，CFI＝0.98）；企业人力资本投资量表也只有一个条目的标准化符合小于 0.6，同时各拟合指标的取值绝大多数都在建议的取值范围之内（$\chi^2/df=3.818$，RMSEA=0.081，SRMR=0.06，NNFI=0.95，CFI=0.96）。

然后，将企业人力资本中的团体能力、个体能力合并为能力型人力资本，将员工稳定性和员工体能合并为数量型人力资本，将企业人力资本投资的预算投入、招聘投资合并为保值性人力资本投资，将长期激励、教育和员工参与合并为保值性人力资本投资，进行二阶二维测量模型的验证性因子分析。

①企业人力资本。

首先，根据探索性因子分析提取的维度，进行了一阶测量模型的 CFA 分析。图 4.2 给出了人力资本一阶测量模型的 CFA 结果。然后，根据理论分析和研究的目的，将企业人力资本中的团体能力、个体能力合并为能力型人力资本，将员工稳定性和员工体能合并为数量型人力资本，进行了二阶测量模型的CFA分析。图 4.3 给出了人力资本二阶测量模型的 CFA 结果。

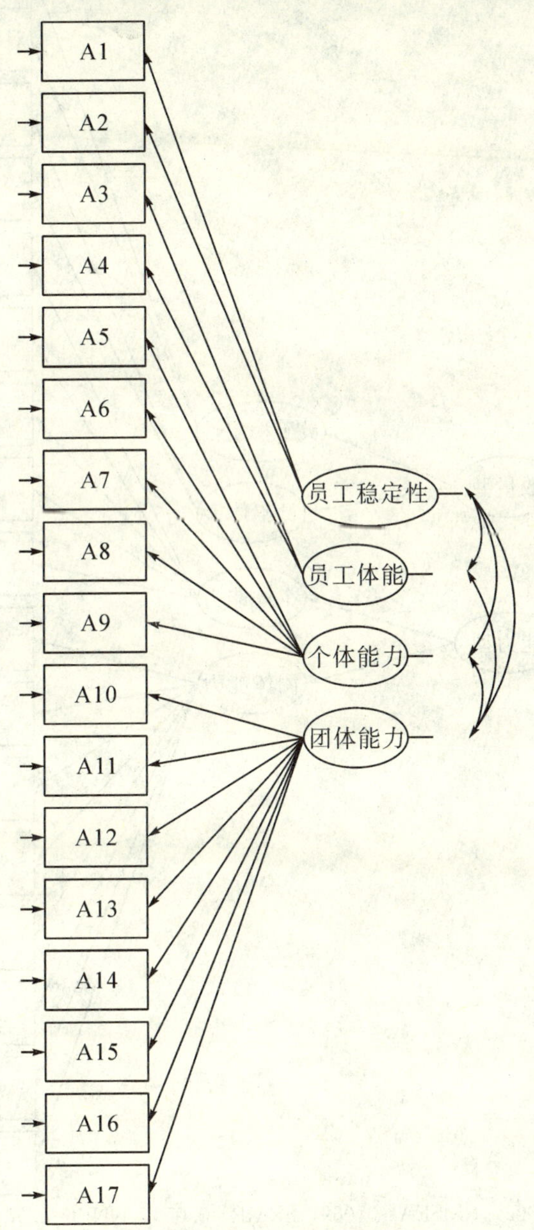


$\chi^2/df$=2.676，RMSEA=0.063，SRMR=0.038，NNFI=0.97，CFI=0.98

**图 4.2　人力资本一阶测量模型的 CFA 结果**

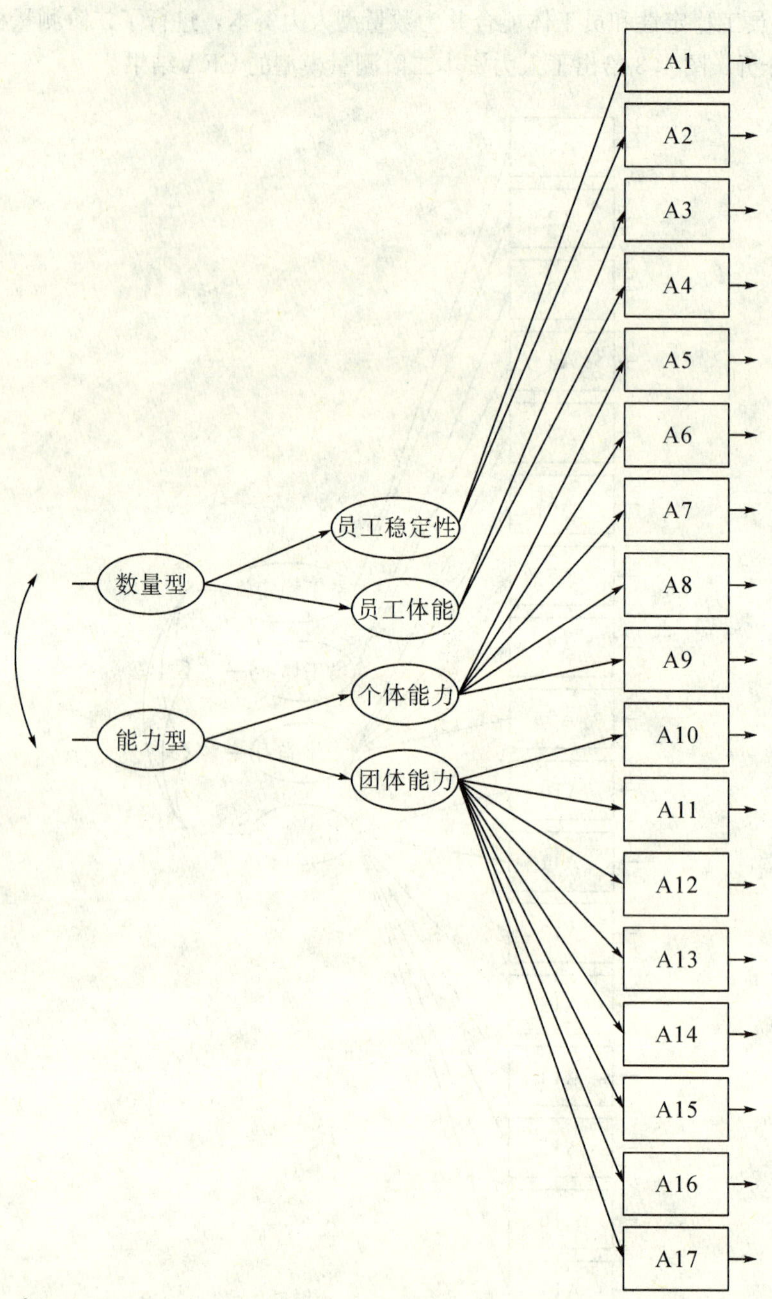


$\chi^2/df$=3.022，RMSEA=0.069，SRMR=0.051，NNFI=0.96 CFI=0.97

**图 4.3　人力资本二阶测量模型的 CFA 结果**

图 4.2 和图 4.3 的结果表明：从标准化负荷（λ）的取值来看，仅有一个条目的 λ 值小于 0.6；从各拟合指标来看，两个测量模型的拟合指标均在建议的取值范围之内。据此可以说明，企业人力资本量表具有良好的构念效度。

②企业人力资本投资。

首先，根据探索性因子分析提取的维度，进行了一阶测量模型的 CFA 分析。图 4.4 给出了人力资本投资一阶测量模型的 CFA 结果。然后，根据理论分析和研究的目的，将预算投入、招聘投资归入增值型人力资本投资，将员工参与、教育培训和长期激励合并为保值型人力资本投资，进行了二阶测量模型的 CFA 分析。图 4.5 给出了人力资本投资二阶测量模型的 CFA 结果。

图 4.4 和图 4.5 的结果表明：从标准化负荷（λ）的取值来看，除了一个条目，其余条目的 λ 值都大于 0.6；从各拟合指标来看，两个测量模型的拟合指标均在建议的取值范围之内。据此说明，企业人力资本投资量表具有良好的构念效度。

（4）因子得分的相关分析。

从表 4.10 中可以看出，企业人力资本投资的总量不仅与企业人力资本的总量表现出显著的正相关关系，各维度之间也表现出了相关性。

（5）控制变量的影响。

从表 4.10 中可以看出，员工人数、成立时间和销售收入这三个变量与企业人力资本投资之间并没有显著关系，即在本研究中控制变量的影响并不明显。

（6）路径分析与假设验证。

本书用结构方程模型的路径分析来验证假设，表 4.11 给出了路径分析以及假设检验的结果。首先考察了企业人力资本投资对企业人力资本的影响，企业的人力资本投资对企业人力资本有正向影响（$\beta=0.71$，t-value=9.85），假设 H1 得到证实，同时，该结构模型具有很好的拟合度（$\chi^2=1450.08$，$df=584$，$p<0.001$，RMSEA=0.059，SRMR=0.058，NNFI=0.97，CFI=0.97）。

本书还考察了企业人力资本投资的不同维度对企业人力资本的不同影响，增值性人力资本投资不仅能增加能力型的人力资本（$\beta=0.70$，t-value=3.05），也能增加数量型的人力资本（$\beta=0.68$，t-value=2.17），因此假设 H2.a 得到证实，假设 H2.b 未得到支持；保值性人力资本对于能力型人力资本没有直接影响（$\beta=-0.01$，t-value=−0.08），假设 H3.a 得到证实，但对于数量型人力资本仍没有直接影响（$\beta=-0.23$，t-value=−0.76），假设 H3.b 未得到支持。同时，该结构模型的拟合度也很好（$\chi^2=1389.21$，$df=580$，$p<0.001$，RMSEA=0.057，SRMR=0.057，NNFI=0.97，CFI=0.97）。

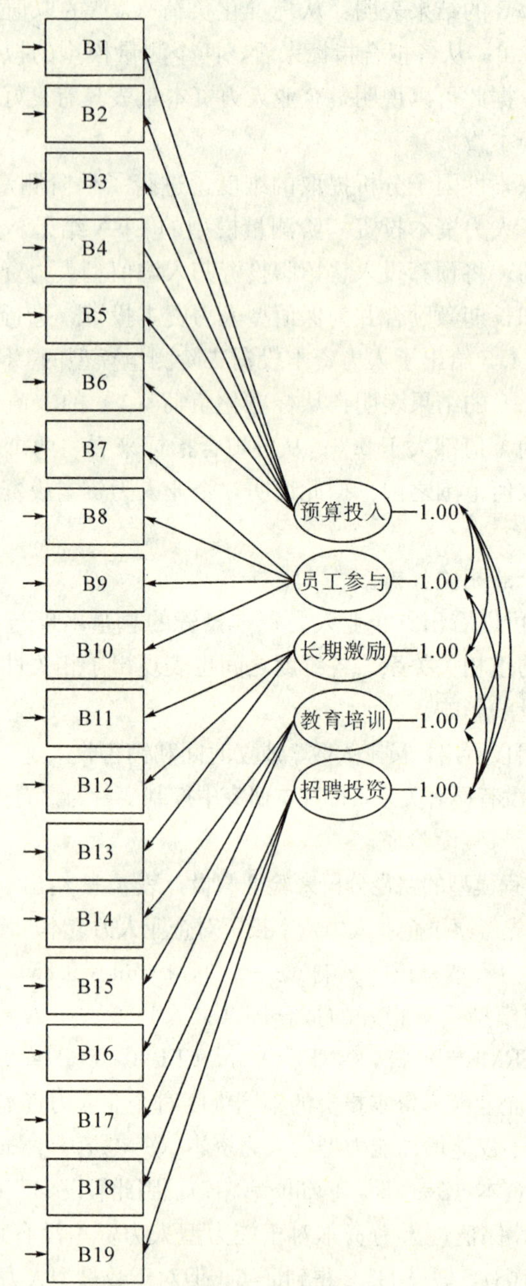


$\chi^2/df=3.817$，RMSEA=0.081，SRMR=0.0，NNFI=0.95，CFI=0.96

**图 4.4　人力资本投资一阶测量模型的 CFA 结果**

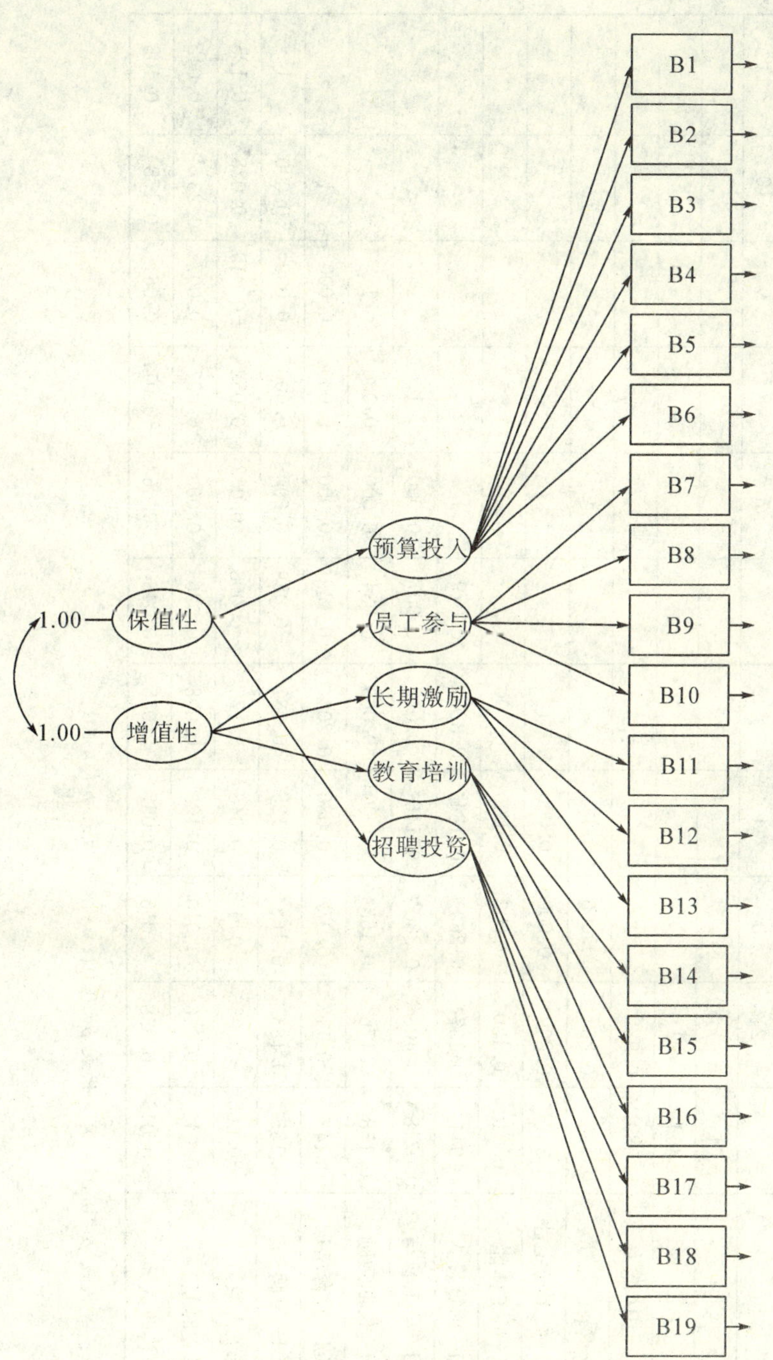


$\chi^2/df$=3.841，RMSEA=0.081，SRMR=0.062，NNFI=0.95 CFI=0.96

**图 4.5　人力资本投资二阶测量模型的 CFA 结果**

表 4.10 各维度因子得分与控制变量的皮尔逊相关

| | 1 | 2 | 3 | 4 | 5 | 6 | 7 | 8 | 9 | 10 | 11 |
|---|---|---|---|---|---|---|---|---|---|---|---|
| 1. HCI | 1 | | | | | | | | | | |
| 2. HC | 0.494** | 1 | | | | | | | | | |
| 3. HC—团体能力 | 0.389** | 0.932** | 1 | | | | | | | | |
| 4. HC—员工能力 | 0.186** | 0.254** | 0.000 | 1 | | | | | | | |
| 5. HC—员工稳定性 | 0.357** | 0.209** | 0.000 | 0.000 | 1 | | | | | | |
| 6. HC—员工体能 | 0.048 | 0.150* | 0.000 | 0.000 | 0.000 | 1 | | | | | |
| 7. HCI—预算投入 | 0.941** | 0.357** | 0.260** | 0.134* | 0.320** | 0.079 | 1 | | | | |
| 8. HCI—员工参与 | 0.0218** | 0.403** | 0.380** | 0.146* | 0.045 | 0.007 | 0.000 | 1 | | | |
| 9. HCI—长期激励 | 0.168* | 0.176** | 0.168* | −0.004 | 0.069 | 0.034 | 0.000 | 0.000 | 1 | | |
| 10. HCI—教育培训 | 0.143* | 0.112 | 0.077 | 0.080 | 0.204** | −0.152* | 0.000 | 0.000 | 0.000 | 1 | |
| 11. HCI—招聘 | 0.135* | 0.183** | 0.168* | 0.125 | 0.037 | −0.089 | 0.000 | 0.000 | 0.000 | 0.000 | 1 |
| 12. 员工人数 | −0.005 | −0.036 | −0.011 | 0.048 | −0.176** | −0.008 | −0.032 | 0.052 | −0.045 | 0.028 | 0.125 |
| 13. 成立时间 | 0.046 | 0.046 | 0.010 | 0.123 | 0.008 | 0.026 | 0.003 | 0.007 | 0.007 | 0.237** | 0.042 |
| 14. 销售收入 | −0.016 | 0.088 | 0.053 | 0.057 | 0.085 | 0.043 | −0.062 | −0.017 | 0.061 | 0.155* | 0.106 |

注：*代表 $p<0.05$；**代表 $p<0.01$；***代表 $p<0.001$

表 4.11 结构模型的路径系数与假设检验结果

| 路径 | 路径系数 | T 值 | 对应假设 | 检验结果 |
|---|---|---|---|---|
| HCI—HC | 0.71 *** | 9.85 | H1 | 支持 |
| 增值性 HCI—能力型 HC | 0.70 *** | 3.05 | H2.a | 支持 |
| 增值性 HCI—数量型 HC | 0.68 *** | 2.17 | H2.b | 不支持 |
| 保值性 HCI—能力型 HC | −0.01 | −0.08 | H3.a | 支持 |
| 保值性 HCI—数量资本 HC | −0.23 | −0.76 | H3.b | 不支持 |

注：* 代表 $p<0.05$；** 代表 $p<0.01$；*** 代表 $p<0.001$

### 4.3.4 研究结论与讨论

本书在文献分析的基础上，构建了企业人力资本投资以及企业人力资本的测量模型，依据实证数据，讨论了二者之间的关系。通过研究发现：(1) 企业人力资本投资的总量与企业人力资本总量呈正相关，人力资本投资越多，企业的人力资本总量就越高；(2) 增值性人力资本投资对能力型人力资本具有正向影响，通过增值性人力资本投资，可以增加企业的能力型人力资本；除此之外，增值性人力资本投资还可以增加企业的数量型人力资本；(3) 保值性人力资本投资不管对企业能力型人力资本，还是数量型人力资本，影响都不显著。

从结果来看，假设 H1，H2.a，H3.a 都得到了很好的支持和证实，而 H2.b，H3.b 未得到支持。增值性人力资本投资能够显著提高企业的数量型人力资本水平，这与研究假设 H2.b 是不一致的，可能的原因是在数量型人力资本中包括了员工的稳定性，而增值性人力资本投资中的股权激励、利润分享等长期激励措施能够增强员工对组织的承诺，鼓励其为企业贡献自身知识技能，从而增强了员工的稳定性。根据翁杰对浙江省制造业企业中员工的实证研究发现，企业对员工的人力资本投资能够显著地降低员工的离职倾向（$\beta=\{-0.079\}$，t-value=−0.284）。可见，企业对员工的增值性人力资本投资不仅可以提高员工的知识、技能等能力型人力资本，还可以增强雇佣关系的稳定性，进而提高企业数量型的人力资本。

保值性人力资本投资对企业数量型的人力资本影响不显著，这与本书的假设 H3.b 是不符合的。本书中保值性人力资本投资的测量条目包括更高的福利预算、更高的健康预算、更高的交通通讯补贴、更高的招聘配备预算、储备求职申请人、采取多种途径招聘员工等。之所以会出现这些投资与数量型人力资本不相关，其原因也许来自于企业的招聘和福利的管理水平较低，不足以对员工的稳定性、数量和健康产生正向影响。其具体原因还有待于后续研究。

本书的研究结论对管理实践的启示主要包括：(1) 人力资本作为企业核心的资源和能力，可以通过企业人力资本投资获得；(2) 企业在进行保值性人力资本投资的同时，应当更加重视增值性人力资本投资，帮助员工成长和发展，提升企业的人力资本总量；(3) 企业应充分发挥福利保障、医疗保健、招聘等保值性人力资本投资对企业人力资本的保值作用。

必须指出，本书的结论尚有不足，有待在未来研究中进行完善和弥补。首先，本书的样本不是通过概率抽样获得的，这种非概率抽样限制了研究结果的普适性。未来的研究可以选取更多的城市，更多的企业作为研究对象，采用概率抽样的方法，以得出更具普适性的研究结论。其次，在研究方法上仅采用了问卷调查法，难以避免共同方法偏差问题。今后的研究可以考虑使用案例研究、访谈法、问卷调查法等多种研究方法相结合的方式，以获取更具有说服力的数据。最后，在研究内容上，本书仅仅简单地探讨了企业人力资本投资和企业人力资本之间的关系，没有探讨在这个过程中是否存在情境因素会影响企业人力资本投资与人力资本的相关关系。因此，将来的研究应该考虑更多的情境因素，以丰富和扩展企业人力资本投资的多维模型，为企业的投资决策提供更具指导意义的建议。

# 第二部分　企业层面：战略与人力资本投资[①]

在知识经济时代，尽管人力资本的投资已经日渐得到企业管理者的重视，但我国企业仍然存在人力资本投资效率低下，收效不显著的问题。事实上，企业的人力资源战略必须与总体的战略导向相匹配。以往的研究表明，人力资源管理系统与企业战略的恰当契合能带来更低的员工流失率、更高的生产力以及财务绩效。反之则不仅可能导致企业战略无法顺利执行，甚至会对企业的绩效带来损失。

Schuler和Jackson等人的研究反映了在不同类型的战略下，人力资本投资水平存在差异，在战略上强调创新、差异化、质量的企业更注重人力资本投资，而在强调成本的企业里，人力资本投资相对没有那么重要。刘苹、张运婷（2010）的相关研究也证明了战略导向对人力资本投资及人力资本有影响。但以前的研究只是表明战略导向对人力资本投资策略及人力资本总量有影响，并未揭示在某种特定的战略导向下，应如何选取人力资本投资策略，以及最终的投资效果如何。

本书立足于企业层面，在文献分析的基础上，试图研究五种战略导向的企业在人力资本投资方面的差异性。并通过理论和实证研究，分析这不同战略导向的企业在人力资本投资五个次级层面上如何进行选择，以及战略导向和人力资本投资形式的不同组合对人力资本又有何影响。

① 本部分参考了四川大学工商管理学院硕士研究生张运婷的毕业论文《战略导向、人力资本投资和人力资本关系的实证研究》。

# 第5章 战略导向和人力资本及其投资的关系分析

战略导向决定了组织的发展方向，不同战略导向下的企业在管理制度、流程安排和资源需求均呈现出不同的特点。根据资源管理学派的观点为，人力资本是实施企业战略所必需的资源，是企业重要的战略资产。然而，并非所有类型的人力资本对企业都具有同等重要的战略价值。换言之，在特定的战略导向下，不同类型人力资本的相对价值应有所不同；同一类型的人力资本，对不同战略导向的战略价值应有所不同。因此需要研究在某种特定的战略导向下，企业的人力资本投资该如何与之匹配，以提高企业所需的人力资本，进而帮助企业实现自己的战略目标。为了更好地理解人力资本投资、人力资本和战略导向之间的关系，本章重点研究如下问题：（1）战略导向对人力资本投资的影响；（2）剖析战略导向、人力资本投资与人力资本之间的相互关系，验证人力资本投资是否在战略导向和企业人力资本之间起到了中介作用。

## 5.1 战略导向的定义

学者们认为，企业总体战略是通过一种模式，把企业的目的、方针、政策和经营活动有机地结合起来，使企业形成自己的特殊战略属性和竞争优势，将不确定的环境具体化，以便较容易地解决各种问题。然而，企业在解决各种战略问题之前必须确定自己的战略导向（Strategic Orientation）。

究竟什么是战略导向呢？在不同的研究中，战略导向的定义会出现一些差异，有时它也被表述为战略类型（Strategic Types）（Miles and Snow，1978）、战略选择（Strategic Choice）（Morgan and strong，2003）、战略态势（Strategic Postures）（Menguc and Auh，2005）等。关于战略导向的内涵，基于不同的视角或研究目的，国内外研究者们的界定不尽相同。

国外方面，Miles and Snow（1978）提出了战略类型的概念，认为战略类型是组织适应其发展周期的策略选择，而这种选择实质上反映了组织长远发展的基本定位；Venkatraman（1989）直接使用了战略导向的概念，他把战略导向作为代表组织战略的基本特征，对组织战略的测量也将从能够反映组织发展方向的基本构念出发。Gatignon 和 Xuereb（1997）将战略导向定义为企业为了实现持续的高绩效而执行的一种战略方向，并由此推动的相应的战略行为；Hitt（2000）等认为战略导向的概念反映了经理们对环境的感知以及他们对环境条件的反映；Menguc 和 Auh（2005）将战略导向分成两个阶段：战略导向的形成和战略导向的实施，认为战略导向反映了组织广泛的集体行动，这种行动由成功的信息沟通、解释、采纳以及实现所支持。

国内方面的研究相对来说起步较晚，李鑫（2005）界定战略导向是描述企业与环境之间的关系以及企业在环境中的定位，它决定了企业的业务范围，业务战略导向又决定具体业务部门的市场导向，并明确企业发展的方向以及确定企业在哪里竞争，如何竞争，以及如何配置企业的资源；赵更申等（2006）认为，战略导向是一种导向性原则，它包括两种要素：一是用来指导战略规划和发展过程的特殊管理观念、倾向、动机和愿望，并且最终成为组织的方向；二是促进管理理念、愿望及目标实现的组织核心程序与系统；周政等（2010）认为战略导向反映了战略选择与环境匹配的一种外向型观点，并且战略定位是一个新兴经济体实现卓越绩效的重要的驱动力。

通过对现有研究中战略导向定义的分析，我们可以发现不管从哪个方面来考虑战略导向，有一点是共同的，即战略导向实质上反映的是企业战略的整体方向性特征，并不涉及企业战略的具体内容，是组织根据内外部环境，对自身将来的定位态势选择。它是企业战略的总体反映，代表了企业战略的基本特征(Venkatraman，1989)。

## 5.2 战略导向和人力资本

人力资本的价值会受到企业战略的影响（Arthur，1994；Snell and Dean，1992)，这种观点已经在学术界得到不少研究者的认可和证实。现有的研究主要从行为视角提出不同的组织战略需要不同类型的员工角色行为，如 Bird 和 Beechler（1995），Schuler 和 Jackson（1987）等人指出，为了实现战略目标，企业需要某些相应的员工行为，任何战略的成功实施都需要不同员工行为以及特质的支持。Schuler 和 Jackson（1987）将企业战略分成三类：创新型、成本型和质量型，列举了每种战略下相匹配的员工角色行为。比如创新型战略需要员工拥有更高程度的冒险精神以及创新能力。Gupta 和 Song（1984）等人将高层管理者的特质，如个性、技能、能力等与企业战略联系起来，认为不同的战略需要具有不同特质的高层管理者与之相匹配。这些角色行为以及特质很多都属于人力资本的重要组成要素，而特定的角色行为以及特质则反映了不同类型的人力资本。

除此以外，有的研究立足于企业层面，用实证的数据分析了人力资本价值在不同战略中的差异，如 Skaggs 和 Youndt（2004）在他们对服务型企业战略定位、人力资本以及企业绩效关系的研究中，运用美国 234 家服务型企业的调查数据证实了战略定位会影响企业对人力资本的需求，由战略决定的工作不确定性越高，企业对人力资本的需求就越高；战略定位和人力资本的匹配能够带来更高的绩效。

综合现有的研究，虽然这些研究从一定程度上证实了战略导向不同，其所依赖的人力资本也有所不同，但他们的研究视角大多是将企业层面的战略和个体层面的员工行为连接起来，而单从企业层面考虑，战略导向对企业整体的人力资本以及构成会带来怎样的影响，现有的研究并没有给出太多解释。Skaggs 和 Youndt（2004）的研究虽然考察了企业战略对企业整体人力资本需求的影响，但并没有具体分析特定战略下企业人力资本构成上的特点。鉴于此，本书将立足于企业层面，具体分析战略导向对企业人力资本构成的影响。

## 5.3 战略导向和人力资本投资

根据战略人力资源管理的“权变”观点，人力资源管理实践应当支持企业的战略，人力资源战略和企业战略的匹配能够带来更高的绩效（e.g. Michie，2005；Guthrie and Spell，2002；Youndt and Snell，1996；Schuler and Jackson，1987；Miles and Snow，1984;）。而人力资本投资作为企业重要的人力资源管理实践，也应当与企业的战略导向保持一致。尽管在现有的研究中，并没有太多研究直接分析战略导向和人力资本投资的关系，但在战略人力资源管理领域，已有大量的研究讨论了企业战略和招聘/甄选、培训/开发、薪酬/福利、绩效考核、员工参与等人力资源管理活动的关系。而这些人力资源管理措施很多都具有人力资本投资的特性，企业在不同人力资源措施上的投入在很大程度上反映了企业人力资本投资水平以及特点。

关于战略导向和人力资源管理的关系，现有研究大多沿用了“分类法”的分析框架，即首先对战略导向进行分类，然后再寻找与战略导向相匹配的人力资源管理实践。其中，最为主流的研究主要基于 Mile 和 Snow，Porter 以及 Schuler 和 Jackson 的战略分类框架。

5.3.1 Miles 和 Snow 的战略分类框架

Mile 和 Snow（1984）将企业的战略导向分成探测者、分析者、防御者和反应者四类，并提出了与前三种战略导向相对应的人力资源管理实践。具体而言，探测者战略适用于动态的，不确定的环境，注重创新和不断寻找新的机会，是市场的开拓者和创新者。这种战略类型需要持续开发新产品和市场，因此要求企业能够快速地转变员工的配置，拥有发达的人力资源管理体系，在人力资源管理实践上侧重于从外部劳动力市场获得人力资源（Acquiring Human resource）。与此相反，防御者战略适用于相对稳定的环境，注重在单个细分市场上的效率。与此相对应的人力资源管理实践强调内部人力资源的开发(Building Human Resource)，以内部招聘为主，并根据员工的发展需要提供广泛全面的培训。分析者战略介于前面两种战略之间，因此在人力资源管理实践上也兼具了两者的特色，不仅需要内部发展人力资源，同时需要从外部购买获得人力资源。

基于 Miles 和 Snow 的研究框架，后续很多研究者运用来自不同行业、不同地区的企业样本数据进行了一系列的实证分析（e.g. Aragon-Sanchez and Sanchez-Marin，2005；Naresh Khatri，2000；Rajagopalan and Finkelstein，1992；Bird，Allan，Beechler，Schon，1995）。不少研究支持了 Mile 和 Snow 的观点（Bird，Allan，Beechler，Schon，1995；Peck，1994；Raghuram and Arvey 1994)，但也有一些研究发现了一些不同的结论，如 Aragon-Sanchez 和 Sanchez-Marin 运用来自西班牙 1351 家中小型企业的样本数据发现，探测者战略不仅拥有更为发达的人力资源管理体系，而且在内部人力资源的培训投入上，仍然明显高于其他两种战略。

5.3.2 Porter 的战略分类框架

Porter 基于获取竞争优势的角度，将企业战略分成三类：成本领先战略、差异化战略和聚焦战略。成本领先是一种将企业的一切活动着眼于成本的战略体系，通常是通过标准化来实现成本的降低和效率的提高；差异化是一种着眼于特殊性或创造性的战略模式，实施这种战略的公司一般更灵活，更善于应对变革。而集中化战略具有两种形式，即成本集中和差异化集中。基于 Porter 的分类方法，研究者们主要分析了两种极端战略——成本领先和差异化战略对人力资源管理实践的影响（e.g. Walsh and Cathy，2008；Lismen and Margret，2004；Guthrie and Spell，2002)。Guthrie，Spell（2002）等人用来自新西兰的企业数据分析了企业战略、“高参与的人力资源实践”（High Involvement

Work Practices）与绩效的关系，发现推行差异化战略的企业采用“高参与”的人力资源管理实践能够带来更高的绩效。与此类似，Lismen，Margret（2004）等人运用来自香港地区企业的数据证实了“高绩效”的人力资源管理实践更适用于推行差异化战略的企业。实质上，不管是“高参与”的人力资源管理实践还是“高绩效”的人力资源管理实践，都包含了一些共同的措施，如注重培训、员工参与、严格规范的招聘、员工持股等，这些措施都带有明显的人力资本投资性质。企业采用这些“高绩效”或者是“高参与”人力资源实践的程度也反映了企业人力资本投资的水平。

Walsh 和 Cathy（2008）在其对战略导向、智力资本投资和企业绩效关系的研究中，用 538 家酒店的调查数据证实，并非所有的企业都需要进行同等力度的人力资本投资。推行差异化战略的企业更应当进行人力资本投资，从而提升企业的绩效，而在成本导向的企业中，人力资本投资并没有那么重要。

因此，综合这些研究可以得出结论，推行差异化战略的企业，强调产品品质、多样性和个性化的设计，更加倚重于人才的专业素质以及创造能力，因此这类企业会更注重对企业人力资本的投资，从而实现更高的绩效。

### 5.3.3 Schuler 和 Jackson 的战略分类框架

根据与 Porter 略微不同的标准，Schuler 和 Jackson（1987）将战略导向分成三类：创新型、质量型和成本型。不同的战略需要不同的员工行为支持，基于这个角度，他们提出了每种战略应对应的人力资源管理措施。具体而言，创新型战略强调对市场需求作出迅速地反应，开发区别于竞争对手的产品或服务，对员工的创新能力和应变能力要求较高，因此相对应的人力资源管理实践应当注重选择更高技能的员工，为员工提供多样化的培训和发展机会，让员工高度参与企业管理。质量型战略着眼于提供比竞争对手更高标准的产品或服务质量。而质量的提升通常要求员工更为全身心地投入到生产和服务的过程中，需要员工能够相互合作和信息共享，因此相对应的人力资源管理实践应注重团队合作以及及时的信息反馈。成本型战略以成本最小化为导向，在人力资源管理上强调控制，用制度来规范员工的行为，因此不太可能在人力资本上投入太多。

Schuler 和 Jackson 的研究已经得到不少实证分析的证实。比如 Sanz-Valle，Sabater-Sdnchez 和 Aragon-Sdnchez（1999）用 200 家西班牙企业为样本分析了在不同战略导向下人力资源获取（招聘、甄选以及劳动关系管理）、人力资源开发（培训和职业发展）、薪酬设计、绩效考核等人力资源管理措施的特点和区别。研究发现，与追求成本战略的企业相比，追求创新战略和质量战略的企业在培训、职业生涯规划和发展、员工参与、福利保障等人力资本投资上投入更多。Michie 和 Sheehan（2005）通过对英国制造型和服务型企业的调查，发现企业人力资源管理的发达程度，如招聘甄选、内部晋升、培训、员工参与、工作丰富化的程度取决于其推行的战略。追求创新/质量型战略的企业更倾向于对人力资源的投资，进而带来更高的绩效。

### 5.3.4　Venkatraman 的战略导向分类

Venkatraman（1989）以前人的大量研究为基础，提出并验证了 6 个反映战略导向的维度：（1）进取性（Aggressiveness），指先于竞争对手开发资源，以提高自身的市场地位；（2）未来性（Futurity），指的是企业在进行战略决策时，更多地考虑长远的有效性而非短期的效率；（3）前导性（Proactiveness），指的是企业对即将发生的变化征兆提前作出反应；（4）防御性（Defensiveness），指的是防卫性的行为特征（Miles and Snow，1978），比如成本的控制和努力提高生产效率等；（5）分析性（Analysis），指的是试图全面考察内外部环境，尽可能地全面搜集数据，寻求最佳问题解决方案的态势（Miller and Friesen，1983）；（6）风险性（Riskiness），指的是企业在战略决策上的风险偏好。Venkatraman 的这种依据维度划分战略导向的研究得到了学术界广泛的认可。立足于这种分类方法，后续的研究者们对其战略导向的维度进行了检验与修正，如 Tan（1994）用中国企业的样本，提出对战略导向的研究应从未来性、前导性、防御性、分析性和风险性五个维度来展开。

总结现有的这些研究，不难得出这样的结论：战略导向不同，企业的人力资源管理，尤其在人力资本投资上呈现出不同的特点。Mile 和 Snow 的研究实质上反映了在不同的战略导向下，企业人力资本形成和累积的渠道不同，即探测者倾向于从外部劳动力市场购买获得人力资本，防御者倾向于从企业内部开发构建人力资本，分析者则二者兼备；Schuler 和 Jackson 等人的研究反映了在不同类型的战略下，人力资本投资水平的差异，在战略上强调创新、差异化、质量的企业更注重人力资本投资，而在强调成本的企业里，人力资本投资相对没有那么重要。

## 5.4　理论模型和假设

根据第四章的研究结果，本书首先发展了企业人力资本以及人力资本投资的测量模型，企业人力资本包括能力型人力资本和数量型人力资本两大维度；企业人力资本投资可以划分为保值性人力资本投资和增值性人力资本投资两大类型；然后构建了企业人力资本投资的多维模型，分析人力资本投资和人力资本之间的关系。基于上述结果，本章将重点探讨战略导向、人力资本投资和人力资本之间的关系，从理论上建立起人力资本投资在战略导向和人力资本之间的中介作用模型。

5.4.1　战略导向、人力资本投资以及人力资本三者关系的总体模型

作为组织重要的战略资产，人力资本的价值会受到企业战略影响。企业的战略导向不同，其人力资本将呈现出不同的特点。而企业可以通过培训、在职教育、员工参与、招聘等一系列人力资本投资活动提升企业人力资本的总量或者影响人力资本的构成。人力资本投资是企业人力资源实践的重要组成部分，必须为企业的总体战略服务，企业的战略导向不同，其人力资本投资策略也将呈现出不同的特点。因此，企业战略导向不同，其人力资本投资策略也不同，进而影响企业的人力资本水平及构成。

现有的研究虽然在一定程度上已经证实了战略导向对人力资本投资以及企业人力资本的影响，但这些研究几乎都遵循了同样的分析思路，即采用分类法对战略导向进行分类，进而分析不同战略导向下的人力资源实践。正如前文所述，分类法存在内在的局限——它假定每种战略分类都是互斥独立的，因此从实证上这种方法仅能进行组间分析。因此，本书采用比较的方法，以Venkatraman的理论框架作为研究模型的基础。具体的理论模型如图5.1所示。

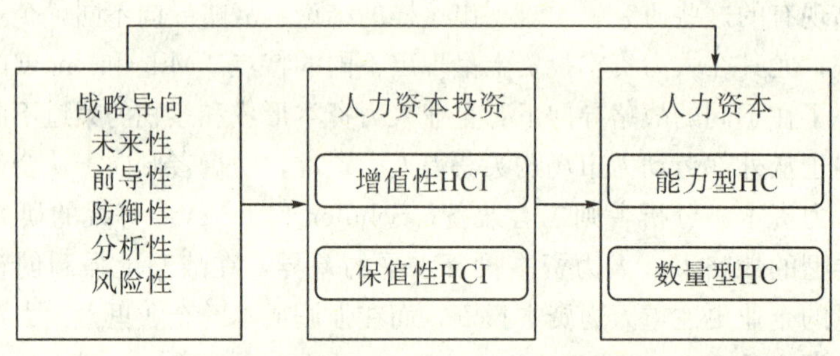


**图5.1　战略导向、人力资本投资和人力资本关系图**

下面分别讨论战略导向的各个维度和人力资本投资以及人力资本的关系。

5.4.2　未来性（Futurity）

当前，企业面临着激烈的市场竞争，因此企业既要关注短期的获利能力和企业绩效，又要关注未来的市场及消费者需求的变化。由于市场环境的剧烈变化，企业的远见卓识能够为自己在市场中筑起有竞争力的屏障。国外的研究人

员发现，与那些不关心未来的企业相比，具有长期规划的企业取得了更佳的绩效（Boyd，1991）。然而，中国的企业一直比较忽视未来性战略导向，无论是企业家还是政府都没有耐心制订长期计划，而更倾向于维持灵活性、快速调整以获得及时的回报。这种短视的行为将影响企业的长期获利能力，甚至影响国家未来的竞争力。因此企业应高度关注未来性战略导向。

战略导向中的未来性指的是企业在进行战略决策时，更多地考虑长远的有效性而非短期的效率（Venkatraman，1989）。未来性战略导向的企业能够预见并潜在地推动未来市场的革命性变化（Jaworski 和 Kohli，1996），然而并不是所有的企业都可能持有这种战略导向。正如 Hamel 和 Prahalad（1994）所说，有些企业的管理团队比其他的企业更容易高瞻远瞩，他们能够想象还未出现的产品、服务乃至整个产业，然后去催生它。秉持未来性战略导向的企业，他们在效能和效率之间，往往更强调前者。例如，他们可能会加大基础研究而非应用性研究的投入。因此未来性战略的核心就是关注企业的长期发展，甚至可以舍弃短期利益。面对急剧变化的环境，企业需要长远的战略眼光才能在市场中获得持续的竞争力。未来性正体现了这种立足于未来的长远的战略眼光。

企业的各项资源和能力应当配合企业的战略目标。未来性主张对未来环境和形势变化提前准备，而这种准备不仅体现为对未来环境和形势的预测，更体现为企业管理实践上的长远导向，尤其是对战略资源的提前储备。人力资本作为组织的关键核心资源和能力，可以帮助企业取得竞争优势，是企业重要的战略资产。

一方面，未来性战略导向对企业的能力型人力资本提出了更高的要求。未来性战略的企业立足于长期，试图重新定位市场并创造出新的机会，因此，企业需要不断推出新产品、新技术、新品牌等，这就要求员工的知识、技能、能力等能够很快适应持续的变化，满足不断变化的客户需要。另一方面，未来性战略导向要求企业具备足够数量的员工来及时发现并满足顾客的需要。根据 White（2005）的研究，流失一名普通员工将为企业带来 2500 美元的损失，而流失一名管理人员将带来 20000 美元的损失。因此，未来性导向的企业将更为重视企业人力资本的储备，其人力资本存量不管是能力型人力资本，还是数量型人力资本都将更高。据此，本书假设：

H4. a 战略导向中的未来性和企业数量型人力资本呈正相关。

H4. b 战略导向中的未来性和企业能力型人力资本呈正相关。

为满足企业战略资源，尤其是人力资本的提前储备，未来导向的企业将更加注重人力资本的投资。一方面，为保证企业现有人力资本的价值，企业需要在招聘、福利保障、医疗保健等保值性人力资本投资上投入较多，以维持现有人力资本；另一方面，为满足未来的需要，企业还须提升现有人力资本的知识、能力等，因此还将在培训、员工参与等增值性人力资本投资上加大投入，以获得未来所需的人力资本。据此，本书假设：

H5.a 战略导向中的未来性和企业保值性人力资本投资呈正相关。

H5.b 战略导向中的未来性和企业增值性人力资本投资呈正相关。

H6 战略导向中的未来性通过增加企业的人力资本投资，进而提升企业的人力资本。

### 5.4.3 前导性（Proactiveness）

前导性战略导向得到了越来越多研究者的认同，尤其面对市场的不确定性、日新月异的技术革新，企业更需要对外部环境做出预期分析并提前反应。与持其他战略导向的企业相比，奉行前导性战略的企业能够更敏锐地认识到并抓住市场的信号以及消费者的需要，在日益激烈的市场竞争环境中获得优势。现有研究表明，与其他战略导向相比，具有前导性导向的企业能够取得更高的绩效，如前导性战略导向与企业的成长性和盈利性有显著的正向关系，对销售增长率、销售回报率、利润率等企业绩效有显著的正向影响。

关于前导性战略导向的定义，Miller 和 Friesen（1983）认为前导性是企业影响现有环境，甚至带来改变的倾向，它的特点是先于竞争对手引入新产品或服务，为应对未来需要而提前行动。Lumpkin 和 Dess（1996）提出前导性战略是预知市场变化并提前行动的一种范式，它的目标是短期内使企业获取领先者的优势，长期内对市场环境形成推动。Aragon（1998）指出，具有前导性特点的企业倾向于通过若干战略政策制造变化而非被动地对外界变化作出反应。前导性战略导向与其他战略导向的显著差异在于，它是对即将发生的变化征兆提前采取应对措施。正如 Jauch 和 Glueck（1989）所指出的那样，前导性战略导向是企业“在环境中的威胁和机会逼迫企业做出反应之前便采取行动”。因此，具有前导性的企业能够抢占先机，他们有远见，有预见性地采取行动，是行业中的领先者而非追随者。

综上所述，前导性导向的企业往往具有如下特点：（1）能够预测环境中的变化；（2）根据变化以及未来的需要提前采取行动。实践中，企业往往会先于竞争对手引进新的产品和品牌，寻找与现有运作有关的新机会，战略上淘汰已经处于成熟期或者衰退期的业务等。同时，前导性战略导向要想能够奏效，企业必须依赖与之相适应的资源和管理措施。

人力资本是实施企业战略所必需的资源。为了实现战略目标，企业需要某些相应的员工行为，任何战略的成功实施都需要不同员工行为以及特质的支持。Gupta（1984）及 Song（1982）将高层管理者的特质，如个性、技能、能力等与企业战略联系起来，认为不同的战略需要具有不同特质的高层管理者与之相匹配。前导性是以创新的行为，善于发现利用机会，敢于尝试改变，鼓励率先行动为核心的，因此不管对企业的数量型人力资本还是能力型人力资本均会造成影响。

一方面，前导性战略导向对企业的能力型人力资本提出了更高的要求。前导性强调先行一步、创新与主动改变。因此，企业需要不断推出新产品、新技术、新品牌等，这就要求员工的知识、技能、能力等能够很快适应持续的变化，满足不断变化的客户需要，需要员工具备足够强的创新能力、团队合作能力、应变能力以及对不确定性的承受能力。

另一方面，前导性战略导向要求企业具备足够数量的员工来及时发现并满足顾客的需要。人员数量对企业的影响表现在两个方面，一是招收不到足够的员工，企业的产能将大幅下降，近几年，珠江三角洲及其他地方出现大面积的民工荒，这给企业的生产经营带来极大的影响；二是员工的流失也将给企业带来较高的管理成本。总而言之，本书认为采取前导性战略导向的企业，为确保其战略的成功实施，与其他企业相比，需要更高的数量型、能力型以及人力资本总量与之相匹配。鉴于此，本书提出如下假设：

H7. a 战略导向中的前导性和企业能力型人力资本呈正相关。

H7. b 战略导向中的前导性和企业数量型人力资本呈正相关。

和探测者战略一样，战略导向中的前导性需要企业持续开发新产品和新市场。为确保战略的成功实施，企业现有的资源，尤其是人力资源则必须能够快速适应未来的需要。如果现有的人力资源不足，那么企业就需要从外部劳动力市场中购买。Miles 和 Snow（1984）通过对惠普、林肯电气等公司的案例研究发现，在战略上强调前瞻的企业（探测者战略），其基本的人力资源战略是获取、吸引员工。企业要在各个层次上使用成熟复杂的招聘手段和技术，以更具竞争力的薪酬吸引、获取员工，以满足企业发展的需要，同时他们对现有员工的培训投资却比较有限。

然而在实践中，由于行业或者专业等的局限性，许多人才可能难以在短时间内从外部市场中获取，对现有员工进行前导性地、预见性地培训开发仍然十分必要。Raquel 和 Ramon（1999）以 200 家西班牙企业为样本，强调主创革新的企业与其他企业相比，不仅以更具竞争力的薪酬吸引具有更加灵活、更具创新以及主动精神的人才，还会投入更多资金在培训和人力资源开发活动上。

上述研究呈现出相互矛盾的特点，因此需要用进一步的实证研究加以证明。本书与 Miles 和 Snow 的观察不同，认为前导性战略导向的企业不仅会在招聘、薪酬、绩效考核方面有更多的投入，同时在培训、团队发展等方面也会投入更多，即这种战略导向的企业更倾向于高的人力资本投入。因此，本书提出：

H8. a 战略导向中的前导性和企业的保值性人力资本投资呈正相关。

H8. b 战略导向中的前导性和企业的增值性人力资本投资呈正相关。

正如我们在前面所分析的，前导性战略最重要的两大特征是主动反应、提前反应。因此在这种导向指引下，企业需要预测环境变化，不断开拓新的商业机会。而这一切都有赖于具有创新能力、应变能力、主动精神、灵活性的员工。由此引申出另一个关键的话题，如何获得这些人力资本呢？其答案是必须通过人力资本投资。一方面，通过招聘投资，引进和挑选那些更符合企业战略需要的员工。另一方面，通过培训投资，提高员工的知识和技能，增强员工识别和把握机会的能力，培养员工的创新、主动精神，强化其对企业文化的认同，从而使他们在工作中更具主动性，更具创造力，并拥有足够的技能投入到企业需要的新领域。通过上述分析，可以看到前导性战略导向、人力资本投资及人力资本之间的逻辑关系：

H9 战略导向中的前导性通过增加企业人力资本投资，进而提升企业的能力型人力资本。

#### 5.4.4 防御性（Defensiveness）

和前导性相反，战略导向中的防御性反映了防卫性的行为特征（Miles and Snow，1978），强调对现有市场的防护，而不是新产品/新市场的开发（Morgan and Strong，2003）。而这种仅聚焦于有限市场的战略导向，可以凭借其在特定领域的专业化优势而给企业带来高绩效（Venkatraman，1989）。

在防御性导向的指引下，企业要在其关注的核心领域建立起专业化的优势，不仅需要运用标准化的生产提高效率，实现成本控制，更需要专业的知识和技术，在特定领域提供比竞争对手质量更高更具竞争力的产品或服务。因此，防御性对企业人力资本的影响是两方面的：

一方面，防御性强调成本控制，而人力作为一种成本也应当被控制。因此，企业更倾向于采用高标准化的生产方式，运用更为自动化、智能化的操作系统来代替人力，减少生产过程中的劳动力需求，控制人力成本。另一方面，防御性强调质量控制，对员工的专业素质提出了更高的要求。

总而言之，企业需要运用较少的员工数量创造出更高的产出水平。换句话说，战略导向中的防御性对企业能力型人力资本提出了更高的要求，但出于成本的考虑，需要消减企业数量型人力资本。因此本书假设：

H10.a 战略导向中的防御性和企业数量型人力资本呈负相关。

H10.b 战略导向中的防御性和企业能力型人力资本呈正相关。

防御导向的企业由于仅关注有限的市场，它的专业化优势来自于其在核心领域专有的知识和技能。而这些专有的知识和技能从外部的劳动力市场中难以获得，更多地依赖于组织内部的培养和发展。Miles 和 Snow 指出防御者战略在人力资源管理实践上更倾向于从内部构建人力资源，因此在培训上会有更多的投入，但在招聘上的投入较少。这一点已经得到了不少实证研究的证实。除此以外，从质量控制的角度，不少研究发现战略上强调质量的企业对员工在培训、职业生涯规划、员工参与等人力资本投资上投入更多（Michie，2005；Sanz-Valle，Sabater-Sdnchez and Aragon-Sdnchez，1999）。因此，本研究认为防御性战略导向的成功实施需要企业在员工的培训、员工的参与、团队学习等增值性人力资本投资上投入更多，但在招聘、员工福利等保值性人力资本投资上的投入并不大。据此，本书假设：

H11 战略导向中的防御性和企业的增值性人力资本投资呈正相关。

H12 战略导向中的防御性通过增加企业的增值性人力资本投资，进而提升企业的能力型人力资本。

### 5.4.5　分析性（Analysis）

战略导向中的分析性不同于 Mile 和 Snow 提出的“分析者”战略，后者是预测者战略和防御者战略的综合，在人力资源管理实践上兼具二者的特色。而前者指的是企业在进行战略决策时，试图全面考察内外部环境，尽可能地全面搜集数据，寻求最佳问题解决方案的态势（Miller and Friesen，1984）。它还包括为实现既定目标，企业制定和执行战略的内部机制和程序（Grant and King，1982）。在这种战略导向的指引下，企业各项资源的配置，以及各项管理系统（包括信息和控制系统，人力资源管理系统等）的应用强调适度，并和内外部环境保持一致（Morgan and Strong，2003）。因此战略导向中的分析性，要求企业在人力资源管理上更加注重人力资源的规划，为企业的战略决策提供支撑，但对人力资本的投资决策，并没有太多的影响，对企业人力资本的水平也没有特别明显的要求。鉴于此，本书认为战略导向中的分析性对企业的人力资本投资以及企业人力资本的影响都不显著。

H13 战略导向中的分析性和能力型以及数量型人力资本均没有显著关系。

H14 战略导向中的分析性和增值性以及保值性人力资本投资均没有显著关系。

5.4.6 风险性（Riskiness）

战略导向中的风险性指的是企业在各种资源的配置决策、产品和市场的选择上的风险偏好（Venkatraman，1989）。风险使不确定因素成为必须考虑的问题，这些不确定性涉及可能产生积极性或潜在破坏性结果的决定或活动（Morgan和Strong，2003；Sitkin和Pablo，1992；Sitkin和Weingart，1995）。这意味着知识和控制的缺乏，以及对预期结果的无能为力。公司的总风险倾向涉及在采取或避免危险时的一致和稳定的模式。因此，风险倾向描述了在某些方面采取的行为模式的可能性。风险性导向的企业更愿意承担一定的风险进行产品开发和技术更新，从而获取更高的企业绩效。

为配合战略导向中的风险倾向，企业需要在企业内部形成探索精神（March，1991）和自由的创造精神，营造敢于打破传统的组织氛围（Morgan and Strong，2003）。因此，风险性导向将给员工的工作内容、工作环境等带来更大程度的不确定性，进而对员工的能力，尤其是承担风险的能力、冒险精神、主创精神、应付复杂形势的问题解决能力提出了更高的要求（Guthrie，Spell and Nyamori，2002）。据此，本书认为战略导向对企业能力型人力资本有正向影响，但对数量型人力资本的影响不显著。具体假设如下：

H15 战略导向中的风险性和企业的能力型人力资本呈正相关。

战略导向中的风险性将带来更高的不确定性，对企业的能力型人力资本提出了更高的要求，与此相对应的人力资源管理实践应当更加注重丰富化的工作设计、广泛的技能培训、跨部门的团队工作等增值性人力资本投资（Guthrie，Spell and Nyamori，2002）。据此，本书假设：

H16 战略导向中的风险性和企业的增值性人力资本投资呈正相关。

H17 战略导向中的风险性通过增加企业的增值性人力资本投资，提升企业的能力型人力资本。

从理论上来说，不同战略导向的企业中也会呈现出不同的特点，战略导向和人力资本投资策略的不同组合产生的人力资本类型也有所不同。因此，为了实现企业总体的战略目标，企业应需要根据自身的战略导向采取相应的人力资源实践活动，避免盲目投资。

# 第6章　战略导向、人力资本、人力资本投资三者关系的实证分析

第五章提出了战略导向、人力资本、人力资本投资三者关系的理论模型，为了验证该模型在实践中的切合度，本书运用问卷调查方法，从企业管理者中收集到相关数据（问卷发放的详细情况见表4.4、4.5）。其后利用SPSS16.0、LISREL8.7等统计分析软件对数据进行处理和分析，大部分的理论假设都得到了验证，其结论对理论发展和企业管理实践都具有积极意义。

## 6.1　变量的测量

### 6.1.1　企业人力资本（HC）

现有文献中从企业层面测量人力资本总量的量表并不多。本书以台湾地区学者陈楚开发的量表为基础，再加入韩志翔和陈怡静在《关于人力资本的概念及衡量》中“人力资本指标适用性问卷调查”的部分条目，形成了企业人力资本的测量量表，包括员工流动率、平均出勤天数、员工的能力能让公司满足现有顾客的需要等40个条目。

### 6.1.2　企业人力资本投资（HCI）

由于学术界对企业人力资本投资究竟包括哪些形式并没有统一的认识，因此本书对企业人力资本投资的测量不仅参考了陈楚的量表，还结合了开放式调查的结果。最终的企业人力资本投资量表包括招聘配备预算、培训预算、股权激励等37个条目。

### 6.1.3　战略导向

正如前面所分析的那样，目前学术界对战略导向的测量主要基于分类的方法。但由于分类法在实证分析上的缺陷，本书对战略导向的测量采用的是比较法。Venkatraman（1989）在总结前人研究的基础上，开发并检验了战略导向的测量量表。Tan（1994）在Venkatraman战略导向量表基础上，结合中国的

样本修订后形成了新的量表。本研究对战略导向的测量采用的是 Tan 修订后的量表，包括“进行战略决策时，经常设法在市场上引入新的品牌或新产品”；“每当政府规定模棱两可时，总是积极主动地行动起来，以求获得领先地位”；“在进行战略决策时，对机遇能够迅速作出反应”等 15 个条目。

#### 6.1.4 控制变量

本书的控制变量包括企业规模、企业销售收入、成立年限等。部分学者提出企业规模、企业性质、员工职务、员工年龄等因素与企业人力资本投资额有相关性（姚先国，翁杰，2005；Zhang and Jin，2006；Guthrie and Spell，2002）。因此，本书将企业销售收入、员工人数、企业的成立年限等作为控制变量进行了研究数据的收集。对这三个变量数据的收集采用的是让问卷填答者填写绝对数的形式，并使用了绝对数值的自然对数值进行测量。

## 6.2 数据分析方法

本书的数据分析方法主要是对问卷调查数据进行定量分析。由于关于企业人力资本和企业人力资本投资的测量，学术界并没有形成适用于中国企业，且经过大量信度效度检验的量表，因此，本书在进行正式地假设检验之前，首先进行了探索性因子分析，以筛选出最终的条目；然后根据探索性因子分析的结果，进行了样本数据的正态性检验，并对测量工具的信度和效度进行了检验。总体的数据分析过程分成五步，下面将详细介绍每一步运用的方法以及统计软件。

第一步，探索性因子分析。运用第一次调查获取的数据，分别对企业人力资本和企业人力资本投资两部分的测量条目进行了探索性因子分析（EFA），筛选出最终的条目，提取变量的公因子。运用的统计软件为 SPSS16.0。

第二步，正态性检验。运用第二次调查获取的数据，根据探索性因子分析确定的条目，通过描述各测量条目的峰度和偏度值，对样本数据进行了正态性检验。运用的统计分析软件为 SPSS16.0。

第三步，量表的信度效度评价。运用第二次调查获取的数据，对第一步探索性因子分析析出的维度以及 Tan（1994）关于战略导向的测量维度进行了量表的信度和效度评价。其中信度检验运用的是 Cronbach α 系数评价内部一致性，统计软件为 SPSS16.0；效度检验是在结构方程模型中用验证性因子分析，评价量表的构念效度，统计软件为 LISREL8.7。

第四步，对人力资本投资和人力资本关系进行实证分析。首先进行变量各维度间的相关分析。根据探索性因子分析的结果，用回归法计算出各因子得分，在 SPSS16.0 中用相关分析，描述人力资本投资以及人力资本各维度的相关关系。然后用第二次调查获取的数据，用结构方程模型的路径分析，用路径系数的显著性和模型的拟合程度来检验人力资本投资和人力资本之间的关系，运用的软件是 LISREL8.7。

第五步，对战略导向和人力资本投资、人力资本关系的实证分析。首先对战略导向各维度、人力资本投资和人力资本总量以及各维度进行了单一化处理（取变量所有条目的均值作为该变量的值）；其次对两两变量间的关系用相关分析进行了描述；最后用多元回归分析进行了假设验证。运用的软件均为 SPSS16.0。

### 6.2.1　样本数据的正态性检验

很多数据处理的过程，尤其是结构方程模型建模都要求样本数据服从正态分布。本书的数据分析过程涉及结构方程模型，因此在运用探索性因子分析确定了最终的测量条目后，首先进行了样本数据的正态性检验。

正态性检验的方法有多种，本研究用峰度和偏度来检验。如果样本数据服从正态分布，那么峰度（Kurtosis）和偏度（Skewness）为零，或者显著性为零。但在社会科学的研究中，可以将要求适度放宽，只要不是极度偏态的分布（峰度的绝对值大于 5 或者偏度的绝对值大于 2）都可以被接受（Bentler 和 Chou，1987）。所有题项偏度的绝对值均在 0.012～0.684 之间，所有题项峰度的绝对值均在 0.026～1.078 之间，都在建议的取值范围以内，因此可以认为本书的样本数据服从正态分布。

### 6.2.2　量表的信度和效度检验

本书采用 Cronbach $\alpha$ 系数检验量表内部的一致性，具体如表 6.1 所示。从表中可以看出，企业人力资本量表各衡量构面的 Cronbach $\alpha$ 系数均大于 0.60，总量表 Cronbach $\alpha$ 系数为 0.887，量表内部的一致性较好。企业人力资本投资量表大部分构面的 Cronbach $\alpha$ 系数都在 0.6 以上，总量表 Cronbach $\alpha$ 系数为 0.896，内部的一致性可以接受。战略导向量表大部分构面 Cronbach $\alpha$ 都大于 0.6，总量表 Cronbach $\alpha$ 系数达到了 0.942，内部的一致性较好。

表 6.1 各变量以及测量构面的 Cronbach $\alpha$ 系数

| 变量 | Cronbach $\alpha$ | 变量 | Cronbach $\alpha$ | 变量 | Cronbach $\alpha$ |
| --- | --- | --- | --- | --- | --- |
| 人力资本 | 0.887 | 人力资本投资 | 0.896 | 战略导向 | 0.942 |
| 团体能力 | 0.885 | 预算投入 | 0.883 | 未来性 | 0.779 |
| 个体能力 | 0.857 | 员工参与 | 0.736 | 前导性 | 0.743 |
| 员工稳定性 | 0.631 | 长期激励 | 0.670 | 分析性 | 0.796 |
| 员工体能 | 0.702 | 教育培训 | 0.641 | 防御性 | 0.644 |
| | | 招聘投资 | 0.582 | 风险性 | 0.324 |

本书对量表效度的检验是运用结构方程模型中的验证性因子分析(CFA)，通过考察各条目的标准化负荷，测量模型的拟合指标来分别评价测量工具的构念效度。本书拟采用以下的拟合度指标：$\chi^2/df$、RMSEA、SRMR、NNFI、CFI，这些指标的临界值分别为 $\chi^2/df$ 大于 2 小于 5，RMSEA 小于 0.08，SRMR 小于 0.1，NNFI 和 CFI 大于 0.9。

根据 Tan 等人对战略导向的测量模型，本书对战略导向量表进行了一阶测量模型的 CFA 分析，图 6.1 给出了战略导向测量模型的 CFA 结果。结果表明，大部分条目的标准化负荷值都在相关研究建议的 0.6 以上，且所有的拟合指标值都在建议的取值范围之内，所以战略导向量表的构念效度较好。

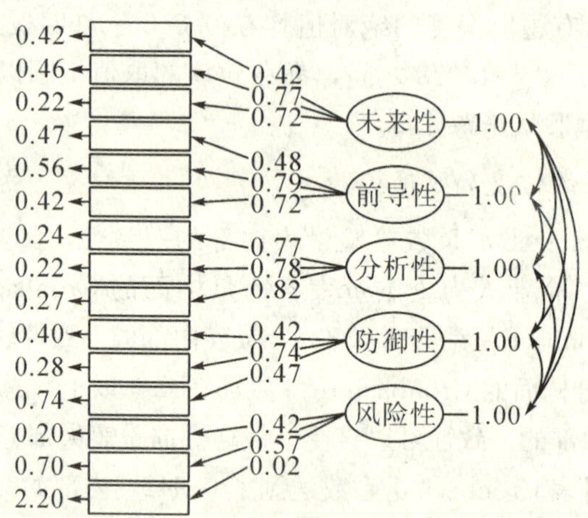


$\chi^2/df=2.454$，RMSEA = 0.058，SRMR = 0.067，NNFI = 0.97，CFI = 0.98

图 6.1 战略导向测量模型的 CFA 结果

## 6.3 实证分析结果

本研究衡量战略导向与人力资本投资和人力资本的关系时，为了简化运算分析的过程，在进行具体的假设检验前，对将战略导向各维度、人力资本和人力资本投资以及各维度进行了单一化处理（取变量所有题项的均值作为该变量的值）。

为验证假设，本研究首先用Pearson相关系数来检验战略导向五个维度和人力资本总量以及能力型、数量型两个维度，人力资本投资总量以及保值性和增值性两个维度之间的相关关系，然后用多元回归分析来检验战略导向对人力资本投资和人力资本的影响，以及人力资本投资在战略导向和人力资本之间的中介作用。

### 6.3.1 变量的均值、标准差和相关分析

表6.2给出了战略导向各维度、人力资本总量以及各维度、人力资本投资总量以及各维度的均值、标准差和相关系数。

从表6.2中的相关系数中可以看出，战略导向各维度和人力资本以及人力资本投资总量之间存在显著的正相关；战略导向各维度和不同类型人力资本、不同类型人力资本投资间也存在显著的正相关；控制变量员工人数、成立时间和销售收入除了和分析性战略导向呈显著的正相关，和战略导向的其他维度均没有显著关系。

### 6.3.2 战略导向对企业人力资本和人力资本投资的影响分析

表6.2中的数据表明战略导向五个维度和人力资本、人力资本投资总量以及各维度之间均呈现出显著的正相关关系。但如果战略导向各维度同时对人力资本以及人力资本投资产生作用，上述的关系是否仍然存在？根据Venkatraman的观点，企业的战略导向是同时由各个维度的特征组成的。所以接下来将用多元回归分析来检验战略导向对企业人力资本和人力资本投资的影响。回归分析的结果如表6.3所示。

表 6.2　变量均值、标准差和相关系数矩阵

| | 均值 | 标准差 | 1 | 2 | 3 | 4 | 5 | 6 | 7 | 8 |
|---|---|---|---|---|---|---|---|---|---|---|
| 1. 未来性 | 3.638 | 0.794 | 1 | 0.616** | 0.634** | 0.520** | 0.227** | 0.493** | 0.454** | 0.225** |
| 2. 前导性 | 3.343 | 0.847 | 0.616** | 1 | 0.708** | 0.563** | 0.271** | 0.482** | 0.471** | 0.211** |
| 3. 分析性 | 3.414 | 0.772 | 0.634** | 0.708** | 1 | 0.640** | 0.244** | 0.505** | 0.497** | 0.180** |
| 4. 防御性 | 3.490 | 0.743 | 0.520** | 0.563** | 0.640** | 1 | 0.217** | 0.451** | 0.464** | 0.096* |
| 5. 风险性 | 2.834 | 0.632 | 0.227** | 0.271** | 0.244** | 0.217** | 1 | 0.112* | 0.101* | 0.054 |
| 6. HC | 3.290 | 0.554 | 0.493** | 0.482** | 0.505** | 0.451** | 0.112* | 1 | 0.952** | 0.480** |
| 7. 能力型 HC | 3.269 | 0.615 | 0.454** | 0.471** | 0.497** | 0.464** | 0.101* | 0.952** | 1 | 0.261** |
| 8. 数量型 HC | 3.395 | 0.852 | 0.225** | 0.211** | 0.180** | 0.096* | 0.054 | 0.480** | 0.261** | 1 |
| 9. HCI | 2.947 | 0.686 | 0.555** | 0.571** | 0.548** | 0.510** | 0.215** | 0.574** | 0.579** | 0.136** |
| 10. 增值性 HCI | 2.927 | 0.760 | 0.492** | 0.518** | 0.507** | 0.486** | 0.223** | 0.513** | 0.514** | 0.136** |
| 11. 保值性 HCI | 2.968 | 0.754 | 0.514** | 0.515** | 0.484** | 0.436** | 0.163** | 0.527** | 0.534** | 0.108* |
| 12. 销售收入 | 9.740 | 2.613 | 0.037 | −0.020 | 0.176** | 0.017 | −0.022 | 0.064 | 0.095 | −0.120* |
| 13. 员工人数 | 6.116 | 2.118 | 0.096 | −0.029 | 0.126* | 0.071 | −0.005 | 0.054 | 0.078 | −0.062 |
| 14. 成立时间 | 2.556 | 1.028 | 0.084 | 0.045 | 0.119* | 0.009 | 0.074 | 0.056 | 0.059 | 0.009 |

注：* 代表 $p<0.05$；** 代表 $p<0.01$

表 6.3　战略导向对企业人力资本和人力资本投资的回归分析结果

| | HC | 能力型 HC | 数量型 HC | HCI | 增值性 HCI | 保值性 HCI |
|---|---|---|---|---|---|---|
| 控制变量： | | | | | | |
| 员工人数 | 0.037 | 0.065 | −0.164 | −0.076 | −0.104 | −0.030 |
| 销售收入 | −0.019 | −0.002 | 0.017 | 0.034 | 0.035 | 0.025 |
| 成立时间 | 0.015 | 0.002 | 0.031 | −0.010 | 0.010 | −0.029 |
| 自变量 | | | | | | |
| 未来性 | 0.234 ** | 0.168 * | 0.225 ** | 0.243 ** | 0.165 * | 0.277 ** |
| 前导性 | 0.182 * | 0.191 * | 0.099 | 0.233 ** | 0.206 ** | 0.205 ** |
| 防御性 | 0.084 | 0.143 * | −0.191 * | 0.131 * | 0.163 * | 0.070 |
| 分析性 | 0.175 * | 0.146 | 0.118 | 0.120 | 0.131 | 0.084 |
| 风险性 | −0.041 | −0.041 | −0.009 | 0.023 | 0.030 | 0.012 |
| $R^2$ | 0.325 | 0.301 | 0.104 | 0.395 | 0.345 | 0.305 |
| $F$ | 18.691 *** | 16.716 *** | 4.519 *** | 25.204 *** | 20.391 *** | 16.975 *** |

(1) 战略导向和企业人力资本的关系。

从企业人力资本的总量来看，战略导向中的未来性、前导性以及分析性和企业人力资本总量呈显著的正相关，而防御性和风险性与人力资本总量没有显著关系。

从企业人力资本的各维度来看：战略导向中的未来性对数量型人力资本有显著的正向影响，而防御性却对数量型人力资本有显著的负向影响，假设 H4.a，H10.a 得到了证实。战略导向的其他维度和数量型人力资本之间的关系不显著，和前面的理论分析相符。

战略导向中的未来性、前导性、防御性对能力型人力资本有显著的正向影响，假设 H4.b，H7，H10.b 得到了证实；战略导向中的风险性和能力型人力资本之间的关系并不显著，假设 H15 没有得到支持。

(2) 战略导向和企业人力资本投资的关系。

从企业人力资本投资的总量来看，战略导向中的未来性、前导性以及防御性和人力资本投资总量呈显著的正相关，而分析性和风险性和人力资本总量之间关系不显著。

从企业人力资本投资的各维度来看，战略导向中的未来性和前导性对保值性人力资本投资有显著的正向影响，假设 H5.a，H8.a 得到了支持。同我们的理论分析一致，分析性、防御性和风险性对保值性人力资本投资的影响并不显著。

战略导向中的未来性、前导性和防御性对增值性人力资本投资有显著的正向影响，H5. b，H8. b，H11 得到了支持。同本研究假设不同的是，数据表明风险性对增值性人力资本投资之间的影响并不显著，假设 H16 没有得到支持。

（3）中介变量的检验。

为验证人力资本投资在前导性和人力资本之间的中介作用，根据 Baron 和 Kenny 关于中介作用成立的三个条件：第一，自变量对中介变量具有显著的预测效果；第二，自变量对因变量有显著的预测效果；第三，同时将自变量与中介变量加入模型以预测因变量，中介变量具有显著的预测效果，但自变量的预测效果会显著下降。若下降后，自变量对因变量没有显著的预测效果，则为“完全中介”；若下降后，自变量对因变量仍有显著的预测效果，则为部分中介。本书先采用线性回归分析的方法来检验前导性战略导向对人力资本的直接影响，再采用结构方程分析的方法验证加入中介作用的影响分析，结合表 6.4 的结果可以得出这样的结论：

①未来性对因变量企业人力资本（$\beta=0.234$，$p<0.01$）和中介变量人力资本投资（$\beta=0.243$，$p<0.01$）均有显著的正向影响，中介变量人力资本投资对因变量人力资本也有显著的正向关系（$\beta=0.271$，$p<0.001$）。加入中介变量人力资本投资后，未来性对企业人力资本的正向影响减弱了，回归系数 $\beta$ 由 0.234 降到了 0.144，表明人力资本投资在未来性和企业人力资本之间起着部分中介作用，假设 H6 得到了支持。

**表 6.4　加入中介变量后回归分析的结果**

| | HC | | 能力型 HC | | |
|---|---|---|---|---|---|
| 控制变量： | Model1. a | Model1. b | Model2. a | Model2. b | Model2. c |
| 员工人数 | 0.037 | 0.065 | 0.065 | 0.096 | 0.100 |
| 销售收入 | −0.019 | −0.032 | −0.002 | −0.016 | −0.014 |
| 成立时间 | 0.015 | 0.019 | 0.002 | 0.006 | −0.002 |
| 自变量 | | | | | |
| 未来性 | 0.234 ** | 0.144 * | 0.168 * | 0.069 | 0.114 |
| 前导性 | 0.182 * | 0.095 | 0.191 * | 0.095 | 0.120 |
| 防御性 | 0.084 | 0.035 | 0.143 * | 0.090 | 0.090 |
| 分析性 | 0.175 * | 0.130 | 0.146 | 0.097 | 0.103 |

续表6.4

| | HC | | 能力型 HC | | |
|---|---|---|---|---|---|
| 风险性 | −0.041 | −0.049 | −0.041 | −0.051 | −0.051 |
| 中介变量 | | | | | |
| HCI | | 0.371 *** | | 0.410 *** | |
| 增值性 HCI | | | | | 0.329 *** |
| $R^2$ | 0.325 | 0.409 | 0.301 | 0.403 | |
| $F$ | 18.691 *** | 23.717 *** | 16.716 *** | 23.165 *** | |

②由图 6.2 和图 6.3 可知，前导性战略导向无论对增值性人力资本投资还是对保值性人力资本投资都具有显著的预测效果（$p$ 值均小于 0.01）；（2）由线性回归分析结果可知，前导性战略导向对人力资本具有显著的预测效果（$\beta=0.423$，$p<0.01$）；（3）加入中介变量后，中介变量对因变量具有显著地预测效果（$p<0.01$），前导性战略导向对人力资本的预测效果显著下降（加入增值性人力资本投资后，$\beta$ 值由 0.423 降为 0.30；加入保值性人力资本投资后，$\beta$ 值由 0.423 降为 0.36），但自变量做因变量仍有显著的预测效果（$p<0.01$），故人力资本投资在前导性战略导向和人力资本中间起着部分中介作用。因此，假设 H9 得到了证实。

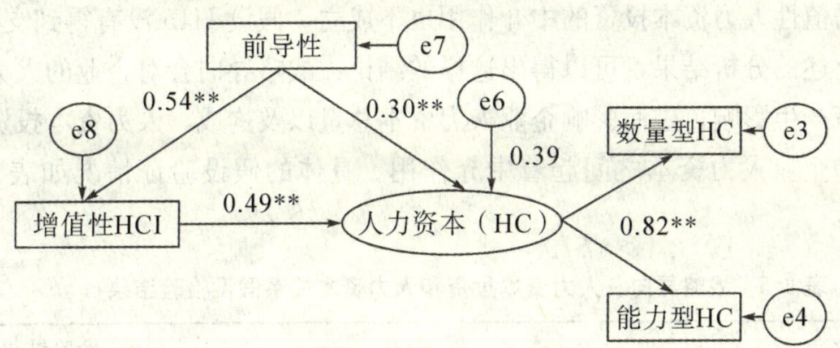


图 6.2　结构方程分析结果（增值性）

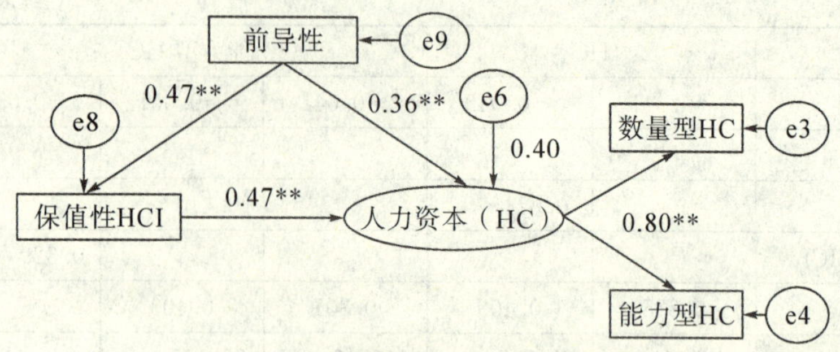


图 6.3 结构方程分析结果（保值性）

（注：** 代表在 0.01 水平上显著相关。）

③防御性对因变量能力型人力资本（$\beta=0.143$，$p<0.05$）以及中介变量增值性人力资本投资（$\beta=0.163$，$p<0.05$）有显著的正向影响，中介变量增值性人力资本投资和能力型人力资本（$\beta=0.329$，$p<0.001$）之间呈显著的正相关。加入中介变量增值性人力资本投资后，防御性对能力型人力资本的正向影响不再显著，表明增值性人力资本投资在防御性和能力型人力资本之间起着完全中介作用，即战略导向中的防御性通过增加增值性人力资本投资，进而提升企业的能力型人力资本。假设 H12 得到了支持。

④风险性和能力型人力资本以及增值性人力资本投资之间的关系均不显著，因此增值性人力资本投资的中介作用也不成立，假设 H15 没有得到支持。

总结上述的分析结果，可以得出这样的结论：战略导向会对企业的人力资本投资决策产生影响，进而影响企业人力资本总量以及构成，人力资本投资在战略导向和企业人力资本之间起着中介作用。具体的假设验证情况如表 6.5 所示。

表 6.5 战略导向、人力资本投资和人力资本关系假设检验结果

| 假设 | 内容 | 检验结果 |
|---|---|---|
| H4. a | 战略导向中的未来性和企业数量型人力资本呈正相关 | 支持 |
| H4. b | 战略导向中的未来性和企业能力型人力资本呈正相关 | 支持 |
| H5. a | 战略导向中的未来性和企业保值性人力资本投资呈正相关 | 支持 |
| H5. b | 战略导向中的未来性和企业增值性人力资本投资呈正相关 | 支持 |
| H6 | 战略导向中的未来性通过增加企业的人力资本投资，进而提升企业的人力资本 | 支持 |
| H7. a | 战略导向中的前导性和企业能力型人力资本呈正相关 | 支持 |

续表6.5

| 假设 | 内容 | 检验结果 |
| --- | --- | --- |
| H7. b | 战略导向中的前导性和企业数量型人力资本呈正相关 | 支持 |
| H8. a | 战略导向中的前导性和企业的保值性人力资本投资呈正相关 | 支持 |
| H8. b | 战略导向中的前导性和企业的增值性人力资本投资呈正相关 | 支持 |
| H9 | 战略导向中的前导性通过增加企业人力资本投资，进而提升企业的能力型人力资本 | 支持支持 |
| H10. a | 战略导向中的防御性和企业数量型人力资本呈负相关 | 支持 |
| H10. b | 战略导向中的防御性和企业能力型人力资本呈正相关 | 支持 |
| H11 | 战略导向中的防御性和企业的增值性人力资本投资呈正相关 | 支持 |
| H12 | 战略导向中的防御性通过增加企业的增值性人力资本投资，进而提升企业的能力型人力资本 | 支持 |
| H13 | 战略导向中的分析性和能力型以及数量型人力资本均没有显著关系 | 支持 |
| H14 | 战略导向中的分析性和增值性以及保值性人力资本投资均没有显著关系 | 支持 |
| H15 | 战略导向中的风险性和企业的能力型人力资本呈正相关 | 不支持 |
| H16 | 战略导向中的风险性和企业的增值性人力资本投资呈正相关 | 不支持 |
| H17 | 战略导向中的风险性通过增加企业的增殖性人力资本投资，提升企业的能力型人力资本人力资本 | 不支持 |

## 6.4 研究结论

立足于企业层面，在文献研究的基础上，本书运用四川、广东两省的实证数据探索了战略导向、人力资本投资和人力资本之间的关系。具体而言，研究获得的结论来自于以下两大方面。

### 6.4.1 战略导向对人力资本投资以及人力资本的影响

（1）战略导向会对企业人力资本产生影响。这个结论支持了现有研究的观点：人力资本的价值会受到企业战略的影响。同时进一步分析了具体战略导向对人力资本总量以及具体类型人力资本的影响。

战略导向的未来性同时对数量型和能力型两种类型的人力资本有显著的正向影响，说明在战略导向上注重长远的有效性，强调对未来环境和形势变化提前准备的企业，会更加重视人力资本的提前储备，以满足战略实施的需要。

以前导性作为战略导向的企业，需要先于竞争对手推出新产品、新技术，需要持续地开拓新的商业机会。与其他战略导向相比，其不确定性更强。员工作为战略的最终执行者，必须具备更为丰富、更为宽广的知识、技能以及更高的组织承诺感，以适应这种不确定性，因此企业的前导性越强，其人力资本总量也应越高。通过对均值的比较发现：高前导性的企业与低前导性的企业相比，在人力资本总量上高出了 17.95%（$t=-9.997$ **），在数量型人力资本上高出了 12.35%（$t=-4.355$ **），在能力型人力资本上差距更明显，高出了 18.94%（$t=-9.448$ **）。这个结论支持了本书的假设：前导性战略导向对企业的人力资本，尤其是对能力型人力资本提出了更高的要求。

战略导向的防御性和能力型人力资本呈正相关，但和数量型人力资本呈负相关。战略导向上注重防御性的企业并不追求新产品/新技术的推出，但需要在其关注的核心市场上具有专业化的优势。企业一方面需要在其特定领域进行质量控制，另一方面需要采用标准化的生产以控制成本，因此其对人力资本的要求是以更少的人数来实现更高质量的产出，这就对企业的能力型人力资本提出了更高的要求，同时需要削减数量型人力资本以实现成本控制。

战略导向的分析性和风险性对两种类型的人力资本影响均不显著。关于分析性和人力资本的关系，数据分析结果和前面的理论分析一致。分析性注重全面考察内外部环境进而作出战略决策，对人力资本的需求影响并不明显。而关于风险性对人力资本的影响，数据分析的结果并没有支持理论假设。根据理论假设，战略导向中的风险性需要更高水平能力型人力资本的支持。但研究数据显示，风险性和能力型人力资本关系不显著。可能的原因是，在我国企业中，风险性更多地体现的是企业决策者的风险偏好，是决策者冒险精神的体现，但并没有对员工的抗风险能力、冒险精神提出更高的要求，从而导致对能力型人力资本的影响不显著。具体的原因还有待于进一步地研究。

（2）战略导向会对企业人力资本投资策略产生影响。企业人力资本投资策略作为人力资源战略的重要组成部分，应当和企业整体战略保持一致。本研究用实证的数据进一步支持了战略人力资源管理的相关理论。具体而言：

战略导向的未来性同时和两种类型的人力资本投资呈正相关，即在战略导向上注重未来型的企业会更注重人力资本投资。正如相关研究（Venkatraman，1989）所提出的那样，未来性注重在未来能够带来竞争优势的投资，因此，为配合战略实施的需要，注重未来性的企业会同时投入更多资源在保值性和增值性两种人力资本投资上。

战略导向的前导性对增值性人力资本投资和保值性人力资本投资都有显著的正向影响。这一结论和 Miles 和 Snow（1984）的观点略有不同。在 Miles 和 Snow（1984）的研究框架下，强调前瞻、先行一步的探测者战略更倾向于从外部劳动力市场购买人力资源，对内部人力资源的开发培训投入较少。而本研究却发现，注重前导性的企业，不仅在招聘等保值性人力资本投资上投入更多，在培训、开发、员工参与等增值性人力资本投资上的投入也更多，和Aragón-Sánchez等人（2005）的发现一致。即战略导向上注重前导性的企业，不仅需要从外部劳动力市场获取符合战略需要的人力资源，同时需要在内部开发和提升现有的人力资源。

战略导向的防御性仅和增值性人力资本投资呈正相关。这一结论进一步支持了现有研究的观点（e.g. Miles and Snow，1984），防御性所依赖的特定领域的专有知识和技能需要从组织内部进行培养和发展，因此在战略导向上注重防御性的企业会更倾向于进行员工培训、团队学习等增值性人力资本投资，以提升现有人力资本的价值。

战略导向的分析性和风险性对两种类型的人力资本投资影响均不显著。在分析性战略导向的指引下，企业各项管理决策强调适度，和内外部环境一致。这是一种比较谨慎和保守的战略态势。因此，分析性对企业的人力资本投资决策影响并不明显。而风险性和增值性人力资本投资关系也不显著，假设H13没有得到支持。可能的原因是，战略导向上注重风险性的企业，进行各项管理决策，包括人力资本投资决策更多的是凭借直觉判断，而非系统地分析（Morgan and Strong，2003）。这种决策上的随意性，导致风险性和人力资本投资之间的关系并不显著。更深层次的原因有待于在今后的研究中探讨。

（3）人力资本投资在战略导向和企业人力资本中起着一定的中介作用，战略导向可以通过影响企业人力资本投资的策略，进而影响企业人力资本的总量或者是构成，以满足战略实施的需要：在战略导向上注重未来性的企业可以通过增加企业的人力资本投资（增值性和保值性），提升企业的人力资本水平；在战略导向上注重前导性的企业可以通过增加企业的人力资本投资（增值性和保值性），提升企业的能力型人力资本；在战略导向上注重防御性的企业可以通过增加企业的增殖性人力资本投资，进而提升企业能力型人力资本。

### 6.4.2 研究贡献

本书的主要理论贡献在于：

（1）立足于企业整体层面，比较了不同战略导向对不同类型人力资本的影响。现有的研究虽然证实了人力资本的价值会受到企业战略的影响，但没有具体分析既定的战略导向对某种类型人力资本的影响。本书探讨了战略导向的不同维度和企业人力资本总量以及具体维度的关系，补充了现有理论的不足。

（2）运用实证数据证实在战略导向不同维度的指引下，企业人力资本投资的特点不同。不仅为现有研究的相关观点提供了进一步的实证数据支持，还采用了“比较法”的研究框架，对现有的理论研究是一种探索和尝试。

（3）人力资本投资在战略导向和人力资本之间中介作用的验证，揭示了战略导向影响人力资本的作用机制，进一步丰富了现有的理论成果。

本书的研究结论对管理实践的启示主要包括：（1）人力资本作为企业最核心的资源和能力，可以通过企业人力资本投资获得；（2）企业在进行保值性人力资本投资的同时，应当更加重视增值性人力资本投资，帮助员工成长和发展，提升企业的人力资本总量；（3）企业应充分发挥福利保障、医疗保健、招聘等保值性人力资本投资对企业人力资本的保值作用；（4）并不是在所有的战略导向下，所有类型的人力资本的价值都相同。根据企业在战略导向上的不同侧重，企业应当配制不同类型的人力资本，以确保战略实施的需要；（5）企业的人力资本投资决策应当和战略导向保持一致，反映企业战略的特点。战略导向不同，应当配合不同程度以及不同类型的人力资本投资；（6）战略导向中的某些维度对人力资本总量或者是某种类型的人力资本提出了更高的要求，人力资本投资中介作用的验证则意味着：企业可以通过开展不同程度或者不同类型的人力资本投资，提升战略所需的人力资本水平，进而满足企业的战略需要。

### 6.4.3 研究的展望

在研究内容上，本书虽然分析了企业人力资本投资和企业人力资本之间的关系，但并没有进一步分析不同策略对企业绩效的影响。虽然探讨了组织情境因素战略导向对人力资本投资和人力资本的影响，但是否还存在其他情境因素，如企业性质、行业性质是否也会对企业人力资本投资和人力资本产生影响，本书并没有做进一步地分析。因此，在今后的研究中将进一步地深入分析，不断丰富和扩展企业人力资本投资模型，为企业的投资决策提供更具指导意义的建议。

# 第三部分　员工层面：个体特征与人力资本投资[①]

在知识经济时代，人力资本不仅是推动经济发展和社会进步的主要力量，更是企业竞争优势的重要来源。诺贝尔经济学奖得主贝克尔（G. S. Becker）在香港演讲时，指出："在新经济环境下，人力资本更显得宝贵。国家要取得进步，企业要取得成长，人力资本就是最可贵的资产"，并预言："未来50年内，人力资本将是任何经济实体中最重要的资本"。

无论是在宏观层次上，还是在微观层次上，人力资本投资都是投资回报率最高的投资活动。在宏观层次上，舒尔茨（1961）通过对1929～1957年美国教育投资与经济增长关系的定量研究测算出：各级教育投资的平均收益率为17%；教育投资增长的收益占劳动收入增长的比重为70%；教育投资增长的收益占国民收入增长的比重为33%。在微观层次上，国外实证研究表明，人力资本投资不仅能给企业带来正效益，而且回报率要比人们原先想象的要高得多。如Tan和Batra（1995）从世界银行的调查数据中每国随机抽取了300～56000个样本进行研究，研究结果表明：培训能使企业价值每年增加2.8%至71%不等。

在我国，企业对人力资本投资日益重视，人力资本投资水平也在逐年上升，但与国外企业相比，我国的人力资本投资还处于较低水平，且投资回报率很低，这已成为制约我国企业发展的关键所在。我国制造业员工月平均工资水平只相当于德国的1/23，日本的1/23，美国的1/22，法国的1/16；劳动生产率却是德国的1/35，日本

① 本部分参考四川大学工商管理学院硕士研究生王静毕业论文《相对能力和感知差异对企业人力资本投资效果影响的实证研究》。

的1/36，美国的1/43，法国的1/38（2003年数据）。同时，国务院发展研究中心企业研究所曾在2004年对我国企业人力资源管理状况进行了一次广泛调查，调查发现：一方面，我国企业对员工的培训投入处于非常低的水平：在所有样本企业中，培训费用占其销售收入的比例都不到1%，甚至有接近一半的企业（48.2%）的培训费用是在销售收入的0.05%以下；另一方面培训效果也不佳：在调查的样本企业中，仅有3%的企业认为培训对员工工作绩效的提高具有非常大的作用，有23.9%的企业认为作用比较大，其余的企业则认为培训效果不太明显，甚至是基本没有效果。因此，如何有效地进行人力资本投资，提高投资收益率成为企业进一步发展需要解决的关键问题。

# 第7章 个体层面：人力资本投资决策的前导因素及其产出

影响企业人力资本投资收益率的因素是多方面的，它是由投资主体、投资客体、投资方式和投资环境等多个因素共同作用的结果，因此也有研究者（李彬，2000）用下述函数式来表示这些因素间的关系：$I=F(B, P, M, T, E)$。其中，$I$ 表示企业某项人力资本投资的收益率，$B$ 代表企业因素，$P$ 代表员工因素，$M$ 表示企业投资方式，$T$ 为员工的预计工作时间，$E$ 为各种外部环境。而本书重点关注的是投资客体——员工的个体因素，即在外部环境和组织特征均相同的情况下，针对不同的员工个体，企业应该如何投资，才能取得更好的人力资本投资效果。

同时，由于企业人力资本投资是对企业各类员工进行的投资，其个人收益难以用经济指标来进行评价，因此需要借助一些非经济指标，即态度和行为指标来表示。现有研究表明：企业人力资本投资不仅能够带来员工满意度和员工绩效的提高，还能增加员工的组织承诺和组织公民行为，并且降低员工离职倾向（Huselid，1995；龙立荣等，2002；宋利等，2006）。因此，可将工作绩效、工作满意度、组织承诺、组织公民行为、离职倾向等作为个人收益的评价指标。在这些态度和行为指标中，员工工作绩效作为研究者常用的结果指标，能够直接衡量企业人力资本投资的效果，而员工工作满意度也是企业人力资源管理实践的重要结果指标和企业诊断的重要评价依据，通常被研究者作为工作绩效、组织承诺、离职倾向等其他态度和行为指标的预测指标和中介变量，本书认为员工的工作绩效和工作满意度是衡量企业人力资本投资效果的指标。

## 7.1 影响企业人力资本投资决策的前导因素

与其他投资活动相比，人力资本投资的对象具有特殊性和复杂性：人力资本投资的对象不是非生命的物体，而是有生命的，且具有一定的体力、智力和思想的人。对于企业而言，其投资对象是企业内的全体员工，他们在年龄、受教育程度、专业背景、技能水平、工作经验、学习态度、个人性格和兴趣爱好等诸多方面都存在着不同程度的差异（S. 阿尔特曼，1990），这种差异可能导致人力资本的价值及其贡献率的不同，从而影响企业人力资本投资的回报方式和回报水平。因此，提高企业人力资本投资收益率，首先要分析员工的哪些个体因素可能会影响到企业人力资本投资收益。综合现有研究，可将影响人力资本投资收益的个体因素归纳为人口学变量因素和员工主观心理变量因素，其中人口学变量因素中，性别、年龄、职业类别、受教育程度等因素会影响到人力资本投资效果（Butcher 和 Case，1994；Blundell 等，1997；Dearden，1998；陈伟荣，2007），而员工的心理变量因素，如需要、能力、动机、个性、感知、态度、自我效能、职业生涯规划等因素也会对人力资本投资效果产生影响（Gordon 和 Cohen，1973；Robertson 和 Downs，1979；Noe，1986；Baldwin 和 Ford，1988；E. valen，1990；Ralls，1991；Tannenbaum 等，1991；Mathieu，Tannenbaum 和 Salas，1992；Hay Management Consultants，1998；王鹏和时勘，1998）。以上研究主要是从员工角度讨论了员工的人口学变量因素和主观心理变量因素对人力资本投资效果的影响，忽略了组织的投资需求，以及组织与员工在投资过程中的沟通对人力资本投资效果的影响。

本书则将员工因素与组织因素相结合，从客观角度讨论代表员工现有能力与岗位所需能力比值的“相对能力”对投资效果的影响；同时，从主观角度研究员工的人力资本投资感知对投资效果的影响，并从组织和员工双向视角研究组织—员工之间对于人力资本投资的“感知差异”对投资效果的影响。

7.1.1 能力的概念

能力（Competence）又被称为素质、胜任力和胜任特征等，它最早是由美国心理学家 David · C · McClelland（1973）在《测试能力而不是智力》（Testing for competence rather than “intelligence”）中提出，他从第一手材料入手，将直接发掘出来的“能真正影响工作业绩的个人条件和行为特征”称为“能力”。后来 Prahalad 和 Hamel（1990）将能力概念引入战略管理中，从而产生了组织能力（Organizational Competence）这一概念。

本书研究的能力主要是指个体能力（Individual Competence），是一种狭义的能力。关于个体能力的定义是多种多样的，但总体分为两类：一类是偏向于特质的定义，将能力界定为内隐的、不易直接观察的潜在变量，即能力是个人具有的，能使工作产生有效或出色绩效的知识、技能、特质、动机、自我形象、社会角色、价值观、信仰、动机和兴趣的综合体（McClelland，1973；Boyatzis，1982；Fleishman 等，1995）。而另一类是偏向于行为的定义，将能力界定为外显的、可观察的行为。如 Tett 等人（1999）将能力界定为：对组织有效性做出积极或者消极贡献的个人预期工作行为中可以确定的方面，是一种未来导向的工作行为。仲理峰和时勘（2003）则认为，能力是指把某职位中表现优异者和表现平平者区别开来的潜在的、较为持久的个体行为特征。

Spencer 夫妇（1993）对能力给出了一个较为综合的定义，他们将能力定义为可以将工作中具有突出绩效的员工和普通绩效的员工区分开来的个体深层次的特征，包括行为和技能、某方面的知识、自我认知、价值观、态度、自我形象、特质、动机等，以及任何可以被准确测量或计算的，并且可将优秀绩效和一般绩效显著区分出来的个体特征。海氏管理咨询公司（Hay Management Consultants，1998）在其提出的冰山模型中将人的能力分为冰山以上的部分和冰山以下的部分。其中冰山上的能力是一个人的行为、知识和技能等一些外在的、可以观察的特征，而冰山下的能力则是价值观、态度、自我形象、个性品质和动机等内隐的、不易观察的特征。他们认为真正决定一个人在工作中能否做出突出绩效的不是知识和技能等冰山上的因素，而是冰山下的潜在的个人特征。

虽然学术界对于个体能力没有统一的定义，但根据上述定义可以看出，个体能力具有四个重要的特征：（1）能力具有层次性，既包括显性的、可观察的知识、技能和行为，又包括隐性的、不易观察的员工的价值观、个性、动机和态度等；（2）能力具有区分性，它可以将优秀绩效者与普通绩效者显著区分开来；（3）能力具有动态特征，它随着个人知识和经验的积累而增长，并且还与任务情景相联系；（4）能力与工作绩效相关联，通过能力可以预测员工未来的工作绩效。

### 7.1.2 相对能力的概念

每个人的能力都有差异，在企业中同样存在着能力差异。这种差异不仅表现为员工与员工之间的能力差异，也表现为员工实际能力与岗位所需能力之间的差异，因此企业人力资本投资应从确认能力差距开始。不少学者从培训需求分析角度提出企业培训应重点分析员工的能力差距，但对于能力差距的看法不尽相同，如 Goldstein（1986）认为能力差距分析要从员工实际状况出发，分析员工现有技能水平和理想技能水平之间的差距，即目标差；Terry 和 Michael（1993）认为能力差距分析应着眼于未来技术进步和员工发展需要，分析员工现有技能与未来预期的工作技能要求之间的差距；David 和 Randy（2002）则认为能力差距分析是找出普通员工实际具备的技能与优秀员工所需具备的技能之间的差距，及现有技能与未来能够使工作做得更好所需的技能之间的差距。

基于能力差距理论，Bo Hasson（2001）提出了相对能力（Relative Competence）的概念，他认为分析员工的相对能力可以帮助企业或个体评估员工的能力并确认培训开发需求。Bo Hasson 提出的相对能力应从两方面测量：一方面被测员工需对自己在每项能力上的实际表现进行判断，另一方面员工需对该项能力对工作（工作绩效）的重要性进行判断。两种判断的比值就得出了相对能力的分值，即相对能力=实际能力表现/能力重要性。当相对能力大于或等于1时，表示个体已拥有与工作要求相适应的能力，或超过了工作要求的能力，在这两种情况下进一步的培训是不必要的；而相对能力小于1时，则表明个体的能力不能满足工作要求，因此需要通过培训来增加员工该方面的能力，以提升其工作绩效。刘苹和陈维政（2008）认为相对能力不应该是员工实际能力表现与该能力对工作的重要性之间的相对值，而应该是员工该项能力实际表现与岗位对该项能力的要求与之间的相对值，即相对能力=实际能力表现/岗位所需能力。这个比值可以看出员工是否具备岗位所要求的任职能力，由此来判断是否需要对员工的该项能力进行投资。

本书赞同刘苹和陈维政的观点，认为相对能力应是员工实际能力与岗位所要求能力之间的相对值，即员工的相对能力=实际能力表现/岗位所需能力。这里的岗位所需能力并不是固定不变的，随着外部环境的变化，组织和个人的发展，岗位所需要的能力也会发生变化。因此企业应定期调整岗位能力需求，依据绩效考核的结果和员工个人职业发展计划来比较员工实现能力表现与岗位所需能力之间的差异，以确定员工的相对能力大小。

### 7.1.3 人力资本投资感知

企业人力资本投资通常与人力资源管理实践、组织投入和组织支持等概念相联系，从个体层面来看，关于人力资本投资的研究可归为三类：一是从组织视角，研究者认为企业的人力资本投资，如教育、培训等能够带来员工绩效和满意度的提高（Blundell 等，1999，孙健敏和张明睿，2009）；二是从员工视角，研究者认为员工组织支持感知将影响员工的满意度、离职倾向、组织承诺等（如 Rhoades 和 Eisenberger，2002；Saks，2006）；三是从组织和员工双向视角，研究者认为组织与员工之间的认知差异会影响组织投入对于员工贡献的影响（Porter 等，1998；Gerhart 等，2000；Wright 和 Boswell，2002；李原和孙健敏，2006；吴继红等人，2009）。从上述研究来看，基于组织—员工双向视角的研究较单向视角更为科学合理。

人力资本投资感知与组织支持感知（POS）等概念类似。Allen 等（2003）

认为决策过程中参与、公平报酬和成长机会等人力资源管理实践意味着对人力资本的投资，反映了组织对员工贡献的认可，员工可以感受到这些人力资源管理实践的支持性效用。Eisenberger 等（1986）曾提出组织支持感知概念，并将其定义为个体对于组织是否重视他们的贡献、关心他们的福利的一般看法或主观感知。

企业的人力资本投资行为可看作是组织支持的一种表现。员工的人力资本投资感知则是指员工对于企业人力资本投资的认知和感受，反映了员工实际感受到的企业对其进行的人力资本投资的多少。员工的这种感知产生于对企业投资行为的主观认识和心理感受，根据互惠原则和社会交换理论，他们会根据企业的投资行为和投资水平来判断组织重视他们的贡献、支持他们的工作以及关心他们利益和个人发展的程度，从而决定是否对组织忠诚，是否履行组织承诺并为组织做出贡献。因此，员工人力资本投资感知水平的高低会对员工的态度和行为产生积极或消极的影响。

### 7.1.4　人力资本投资感知差异

Wright 和 Boswell（2002）指出：组织宣称的人力资源管理措施与实际执行的人力资源政策并不完全是一致的，并且 Gerhart 等（2000）认为组织中实际执行的人力资源政策也可能因为员工的感知而存在差异。

企业在实施人力资本投资过程中，可能存在以下几个方面的问题：一是在实际工作中，企业政策规定的或向员工承诺的人力资本投资政策只是流于形式，并未得到真正落实；二是组织和员工之间存在的信息的不对称或沟通不足等问题，可能会导致企业的诸多人力资本投资措施未能被员工了解或感受到；三是由于个体差异的存在，企业对员工实施的各项人力资本投资与员工需要的或期望的人力资本投资水平存在一定的差距。

由于以上原因的存在，可能导致企业所宣称的人力资本政策或执行的人力资本投资行为与员工实际感知到的人力资本投资是存在差异的，本书中将这种差异称为“人力资本投资感知差异”。企业和员工之间的这种感知差异存在三种情况：一是企业的人力资本投资水平低于员工实际感知到的水平，二是企业的人力资本投资高于员工实际感知到的水平，三是企业的人力资本投资等于员工实际感知到的水平。

### 7.1.5　职业高原

对于员工来说，相对能力主要代表员工能力对目前岗位的胜任程度，但不代表员工未来发展的可能性。因此企业在进行人力资本投资时，除了考虑员工目前的相对能力之外，还应考虑员工未来能力发展的可能性大小或员工在企业中获得晋升的可能性大小，这与员工的职业高原有关。

浙江大学创新与发展研究中心成员徐笑君（2000）在她的研究报告中把员工的整个职业发展过程分为五个阶段：社会化阶段、成长阶段、创造性阶段、稳定化或高原阶段、衰退阶段或跃迁阶段，并将职业发展生命周期与个体能力发展关系展示如图 7.1 所示。

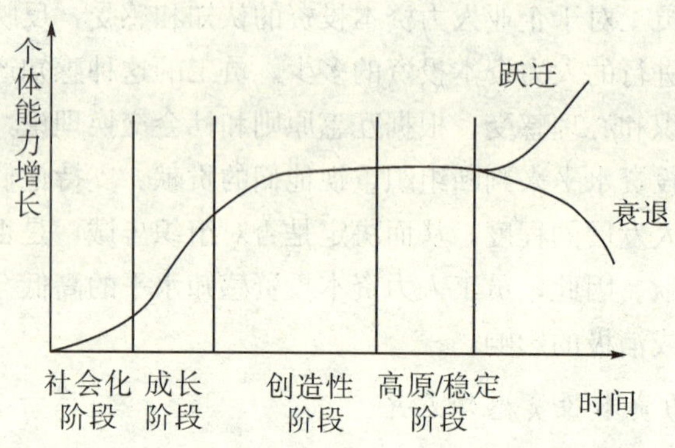


**图 7.1　职业发展生命周期与个体能力发展关系图**

在社会化阶段，个体能力缓慢增长；在成长阶段，个体能力迅速增长；而在创造性阶段，个体能力的增长速度又有所下降；到了高原阶段，个体能力几乎停止增长。此时，如果个体能采取新的学习方式，突破高原阶段，则个体能力又以较快的速度进行增长，重新进入一轮新的成长阶段；如果个体能力不能突破高原阶段，反而进入衰退阶段，则个体能力不仅不增长反而呈不断下降的趋势。从徐笑君的研究中可以看出不同的职业发展阶段，员工能力增长的可能性是不同的。刚进入企业的员工以及处于成长阶段的员工，离职业高原期较远，虽然现有能力较低，工作经验还较少，但其能力增长可能性较大，对其进行正确的投资可获得较高的收益。而处于职业高原期或即将进入职业高原期的员工，通常已拥有较高的能力和工作绩效，但其能力增长的可能性比较小，此时企业对其投资获得的收益较少，但并不意味着不对其进行投资，而应采取适当的投资方式，避免其能力和绩效的衰退，并帮助其突破职业高原期，顺利进入跃迁阶段。

职业高原（Career Plateau）这一概念是由美国职业研究专家 Ferenced 在 1977 年首次提出的。研究者分别从晋升、流动和责任角度对职业高原进行了定义，如 Ference（1977）等从晋升角度认为职业高原是指个体职业生涯发展的某一阶段，在这个阶段中，个体进一步晋升的可能性非常小。Veiga（1981）

从流动角度将职业高原定义为由于长期处于某一职位，从而使得个体未来的职业流动包括垂直流动和水平流动，变得不太可能。Feldman 和 Weitz（1988）从责任角度认为，职业高原是指个人能够承担更大或更多责任的可能性很小。研究者们对职业高原与员工绩效和员工满意度之间的关系进行了研究。研究结果表明职业高原对员工绩效的关系是不明确的，如 Choy（1998）和 Lemire 等人（1999）的研究发现，职业生涯高原员工的工作绩效水平明显的要低于非职业生涯高原员工。但也有学者提出不同意见，如费伦茨等（Ference 等，1977）认为，职业生涯高原并不一定会带来员工绩效的降低。而大多数研究结果都表明职业高原对员工满意度具有负向的影响。如 Chao（1990）研究了职业高原对员工的内源工作满意度和外源工作满意度的影响，发现职业高原对内源和外源工作满意度均产生明显的负向影响。Lee（2003），Tremblay（2004）和 Lentz（2004）等人的研究也发现职业高原对员工工作满意度有负向影响。另外，我国学者李华（2006）、寇冬泉（2007）、谢宝国、龙立荣（2008）等人的研究也证明了职业高原对企业员工满意度具有明显的负向影响。

## 7.2　人力资本投资在个体层面的产出

企业人力资本投资的目的是通过投资带来新增的人力资本，进而提升企业的绩效和利润。但是在个体层面上，投资的效益很难直接运用经济指标来进行评估。通过文献的研究以及实践应用，本书认为员工的工作绩效改善和满意度提升能够有效地衡量人力资本投资在个体层面上的产出。

### 7.2.1　工作绩效的定义

管理大师彼德·德鲁克认为："所有的组织都必须思考'绩效'为何？这在以前简单明了，现在却不复如是。策略的拟订越来越需要依据绩效的新定义。"不同的绩效定义，最终会影响研究的结果。因此，要想能够通过工作绩效的改善与否测量人力资本投资的产出结果，我们必须首先界定工作绩效的定义。

（1）单维度定义。

关于工作绩效的定义，存在着许多分歧。在早期的研究中，人们虽然对工作绩效的理解各不同，但通常都认为工作绩效是个单维度的概念。

①从产出角度定义的工作绩效。有学者从产出角度将工作绩效定义为员工在特定的时间内，由特定的工作职能或活动所创造的产出和结果（Bernardin 等，2002；杨杰等，2000；李宝元，2002）。例如，Kane（1996）认为绩效是

“一个人留下的东西，这种东西与目的相对独立存在”，Bernardin 和 Beatty (1984) 则将绩效定义为在特定时间范围内，在特定工作职能、活动或行为的结果。这种定义将工作绩效与“工作任务和目标完成情况”“工作过程的产出”“工作最终结果或效果”等概念同起来。然而，随着研究的深入，这种观点受到了越来越多的学者的质疑，因而被逐渐摒弃。因为从产出角度定义工作绩效会带来三方面的问题。其一，有的工作的工作任务界限难以界定，如知识型劳动者的劳动通常都是无形的，任务过程也是模糊的，无法判断其任务和目标的完成情况；其二，产出和结果不一定能由员工个人掌控，可能很大程度受到外界因素的影响；其三，强调结果的工作绩效会导致员工急功近利，企业也不能对员工工作过程进行指导和激励，最终导致企业运营的短视。

②从行为角度定义的工作绩效。由于从产出角度定义工作绩效带来了种种弊病，Smith (1976) 首次提出用行为来衡量员工绩效。其后也有学者们从行为角度将工作绩效定义为由个体控制下的，与组织目标相关的，可观测的和可评价的行动或行为（Murphy，1989；Campbell 等，1993；Rotundo 等，2002；孙健明和焦长泉，2002；Motowidlo，2003)。从行为角度定义工作绩效一是可以有效防止企业因过分注重结果而忽视过程因素和人际关系因素对组织达成目标产生的影响；二是可以减少外界因素对绩效结果干扰，因为员工的行为更多受到个体的控制；三是指出绩效是与组织目标有关的行为，将绩效与组织的预期挂钩。因此，这个定义对管理的研究和实践都具有重大意义，也为之后将工作绩效分为多个维度的研究奠定了理论基础。但是，这种理解方式还是显得过于狭隘，产出和行为可能同时决定了绩效，而单从行为角度界定工作绩效的方式不能完全说明决定工作绩效的因素。

③结果+行为定义的工作绩效。实际上，工作绩效不仅包括结果也包括行为，因此有学者将工作绩效定义为员工在某一时期内的工作结果、工作行为和工作态度的总和（Armstrong 和 Baron，1998；Sonnentag 等，2002；方振邦，2003)。Brumbrach (1988) 给绩效下的定义可以很好地解释为什么绩效是行为和结果的统一体，即“绩效指行为和结果。行为由从事工作的人表现出来，将工作任务付诸实施。(行为) 不仅仅是结果的工具，行为本身也是结果，是为完成工作任务所付出的脑力和体力的结果，并且能与结果分开进行判断”。单纯地从产出和行为解释工作绩效都无法避免各自的弊端，这种综合的定义方式能够更全面地解释实际的工作绩效，避免偏颇，所以被广泛接受。

20 世纪 90 年代，关于工作绩效的研究进入了新的阶段，很多学者不再认为工作绩效是单维度的，而是更为宽泛的概念，Bates 和 Holton (1995) 就指出，“绩效是一个多维的构念，测量的因素不同，其结果也会不同”，大量学者试图把工作绩效分为多个维度，取得了不少成果。

(2) 二维度定义。

在众多研究中，Borman 和 Motowidlo（1993）基于前人关于组织公民行为和亲社会组织行为等研究的结果，提出的“关系绩效-任务绩效”二维模型，引起了广泛关注，并在之后的十几年中得到了众多学者的支持。他们认为：关系绩效是当员工主动地帮助工作中有困难的同事，努力保持与同事之间的良好工作关系，或通过额外的努力准时完成某项任务时的表现；任务绩效是员工在组织关键技术流程中运用与工作有关的技术和知识生产产品或提供服务，或完成某项特定的任务已支撑组织的关键职能发挥作用时的表现。随后，中外学者的大量研究也证实了这种分类方法的科学性，尽管提法存在差异，但都证明了组织成员的有益于组织的活动可能超出职务说明书的规定，应该被包括在工作绩效的定义之中（罗正学等，2005；蔡永红等，2003，2004；Van Scotter & Motowidlo，1996）。因此，而且广泛的二维的工作绩效定义不仅包括与组织目标直接相关的行为，还包括与组织目标不直接相关，但对组织目标有间接影响的行为，如组织公民行为、角色外行为、亲社会行为、（情景绩效和）关系绩效等（Batesman 和 Organ，1983；Brief 和 Molowidlo，1986；Motowidlo 和 Van Scotter，1994；沈峥嵘和王二平，2004）。二维的工作绩效定义的主要贡献在于它将工作绩效的定义拓展到了与组织目标不直接相关的员工表现上，而且通过研究证实这些行为确实决定了员工的工作绩效，是工作绩效的有机组成部分。

但是，不论是早期的一维的工作绩效定义还是后来的二维工作绩效定义，都强调的是“追溯过去”，并没有强调“适应未来”。近些年来，随着全球经济高速发展，很多工作都需要个体快速适应变化的环境，这也给工作绩效的定义提出了新的要求。

(3) 三维度定义。

Hesketh 和 Allworth (1997) 在总结前人研究的基础上认为，以前的工作绩效还缺乏对员工适应性的描述，因此首先提出了关注员工应对变化的适应绩效概念，并建立了由任务绩效、关系绩效和适应绩效组成的三维模型。其中新增添的适应绩效是指广义上的适应性行为，即当工作要求和条件发生变化时，个体在一个任务上的学习能够有效地迁移到另一个任务上的行为。对于适应性绩效的概念，最有影响力的当属 Pulakos 等的研究成果。Pulakos 等（2000）认为个体水平的适应性绩效是一个多维度概念，它包括以下八个维度：处理紧急和危急情境；处理工作压力；创造性地解决问题；处理不确定性和不可预测的工作情境；学习新工作任务、技术和程序；表现出人际适应性；表现出文化适应性；表现出身体条件的适应性。除了适应绩效，学者们的相关研究还使用角色适应性、适应行为、学习行为、创新过程来表现个体适应新的情景和工作要求的能力、知识和行为（Kesketh 和 Ahoah，1997；London 和 Mone，1999；Morphy 和 Jakson，1999；韩翼等，2007）。三维的工作绩效定义是对传统的工作绩效的定义的重大突破和拓展，但是由于我们对适应绩效的研究还不够深入，其纳入到工作绩效的定义框架中可能会导致原有的分类方法的改变，进而衍生出更多维的工作绩效定义。

综上所述，关于工作绩效的定义众说纷纭，各执一端，虽然目前并没有达成共识，但是每种定义方式的优缺点已经被广泛认同。表 7.1 对不同绩效视角的优缺点和不同绩效维度的特点及不足分别进行了比较。

**表 7.1　不同绩效维度和视角的比较**

| | 早期 | 20 世纪 90 年代后 | | | |
|---|---|---|---|---|---|
| 维度<br>视角 | 一维 | 二维 | 三维/多维 | 优点 | 缺点 |
| 结果 | √ | | | 鼓励重视产出，组织结果导向；提高员工成就感 | 工作任务无法界定；外界因素影响结果；企业短视运营 |
| 行为 | √ | √ | √ | 防止过分注重结果；减少外界因素的干扰；与组织目标挂钩 | 注重方法步骤而忽略结果 |
| 行为+结果 | √ | | | 综合了前两种定义优点 | |

续表7.1

| 维度<br>视角 | 一维 | 二维 | 三维/多维 | 优点 | 缺点 |
|---|---|---|---|---|---|
| 特点 | 将工作绩效等同于任务绩效，关注整体绩效 | 在一维基础上增添了关系绩效 | 在以前定义的基础上添加了适应绩效，关注适应性 | | |
| 不足 | 定义狭隘不全面 | 强调“追溯过去”而没有“适应未来” | 定义不够成熟，还有待进一步深入研究 | | |

### 7.2.2 工作绩效的测量

工作绩效的定义是多维度的，这就导致测量的难度增大。学者们对此进行了大量的研究和实践，最终发现要形成一套完整、客观并取得共识的指标体系非常困难，因此在工作绩效的测量上也呈现出标准各异、指标各异的特点。

（1）测量指标选择的标准。

哪些测量指标具有较好的信度、效度，哪些指标不具备信度、效度，这是选择测量指标的首要问题。针对这个问题，很多学者给出了自己的意见，广为认同的测量标准是：测量指标应该具有可靠性、区分性、适用性、代表性、目标相关性等属性（Meyer，2002；A. Sherman 等，1998；Bellows，1954；J. Ivancevich，1980）。

其中可靠性是指，在不同时期采用的不同的测量方法得出的评价结果应该具有一致性；区分性是指，能够有效区分出好绩效和坏绩效；适用性是指，运用指标进行测量的人员必须认为这个指标是现实的，合乎情理的和可接受的；代表性是指，同样的标准在组织中可以普遍适用；目标相关性是指，测量指标应该与个体、组织要达成的某些重要目标相关。除此之外，Meyer（2002）强调测量标准的预测性，即非财务的标准可以作为先导的绩效指标有效预测随后的财务指标，也有学者认为绩效测量标准应该彼此相关（Kaplan，1992）。

基于上述五个标准，根据绩效的多维度定义，绩效指标的测量可以从任务绩效、关系绩效、适应绩效三个方面加以考虑。

（2）任务绩效类指标。

任务绩效通常有两种形式：一种是与原材料转化为产品过程相关的活动；

另一种是支持性活动，用来维持和服务技术核心，包含了提供原材料的过程，发送产成品的过程，提供计划、协调、管理以及人员来保证技术核心告诉运转的活动。所以，那些对组织技术层面有贡献的工作活动，就是工作绩效的一部分（王辉，2002），任务绩效会随着组织中工作和职位的不同而有所差异，但基本上知识、技能、能力等要素就是考察任务绩效的基本要素，工作效率、工作质量和数量、出勤率是其主要组成部分（Dessler，1978；Gatewood 和 Field，1998）。

（3）关系绩效类指标。

1996 年 Motowidlo 和 VanScotter 将关系绩效分为人际促进和工作奉献两个维度，而 Borman 和 Motwidlo（1997）又将关系绩效相关概念组织公民行为和亲社会组织行为细分为 5 个指标，分别是：①为成功完成工作而保持高度热情和付出额外努力；②自愿做一些本不属于自己职责范围内的工作；③助人与合作；④遵守组织的规定和程序；⑤赞同、支持和维护组织的目标。2000 年，Coleman 和 Borman 提出关系绩效是个三维模型，即人际关系的公民绩效、组织公民绩效以及工作—作业责任感。其中人际关系的公民绩效包括的指标有：利他行为、帮助他人、与他人合作的行为、社会参与、人际促进、谦虚以及文明礼貌的行为。组织公民绩效由遵守组织规则和章程，赞同、支持和捍卫组织目标，认同组织的价值和方针，在困难时期留在组织以及愿意对外代表组织，表现出忠诚、服从、公平竞争精神、公民品德以及责任感组成。工作—作业责任感包括为完成自己的作业活动而必需的持久的热情和额外的努力、自愿承担非正式的作业活动、对组织改革的建议、首创精神以及承担额外的责任。

在跨文化领域，学者们发现关系绩效的理解在不同的文化中存在差异，公平竞争精神、殷勤有理指标并不存在于中国的组织公民行为中，而中国人的人际和谐以及保护公司资源指标也是特有的组织公民行为（樊景立，1997）。

（4）适应绩效类指标。

适应绩效是个新概念，相关研究还不够丰富，所以学者们的看法还比较零散。例如上文提到 Pulakos 等（2000）将适应绩效概括为 8 个维度：处理紧急和危急情境；处理工作压力；创造性地解决问题；处理不确定性和不可预测的工作情境；学习新工作任务、技术和程序；表现出人际适应性；表现出文化适应性；表现出身体条件的适应性。Griffin 和 Heske（2003）则将适应行为区分为主动性行为、反应性行为和忍耐性行为，而角色适应性、新知识经验、创新过程等也可以理解为适应绩效的指标（London 和 Mone，1999；Murphy 和

Jackson，1999；韩翼等，2007）。

（5）常用量表。

国外常用的量表主要有以下几种：

①任务绩效测量量表是由 Tsui 和 Pearce 等人编制的，该量表只有一个维度 11 个条目，是包含了工作人员数量、工作质量、员工效率、员工工作质量的标准、员工追求高质量工作、员工支持高专业标准等内容的七级李克特量表。国内学者余琼和袁登华（2008）使用该量表得到的 Cronbach $\alpha$ 系数为 0.88，说明其研究中使用该量表具有良好的信度。

②关系绩效测量量表是由 Van Scotter 和 Motowidlo（1996）设计的，他们将关系绩效分为人际促进和工作奉献两个维度。该量表包括 15 个条目，其中人际促进包括协助同事完成工作的合作行为、体谅他人行为、帮助行为等条目，工作奉献包括支持组织目标的自律行为、动机行为等条目。Van Scotter 和 Motowidlo 的关系绩效量表被视作关系绩效测量的经典量表，普遍适用性较强，中国学者王辉等（2003）对其进行了标准翻译，经检验其 Cronbach $\alpha$ 系数分别达到了 0.89 和 0.93，说明其在中国也具有较好的信度。

③适应绩效测量量表中最有代表性的量表是由 Pulakos 等人 2001 年设计开发的适应性调查表（JAI）。该量表包含 68 个条目，由 8 个子量表组成，每个子量表有 8~9 个条目，分别测量 Pulakos 提出的 8 个维度：处理紧急和危急情境，处理工作压力，创造性地解决问题，处理不确定性和不可预测的工作情境，学习新工作任务、技术和程序，表现出人际适应性；表现出文化适应性，表现出身体条件的适应性。但是目前该量表尚未得到广泛应用，其在中国环境下的效度还有待验证。

④工作绩效四维度量表是由 Bono 等人于 2003 年开发的成熟量表，包括创新、工作任务、自我导向、个人主动性 4 个维度。量表共 15 个题项，采用 Likert 五点尺度评分法进行测量，用 1~5 分表示。

## 7.3 工作满意度

1935 年 Hoppock 在他具有里程碑意义的著作《工作满意度》中提到“不论一个人是否完全满意他的工作……这对于雇主和员工来说都是一件最重要的事情。”他的著作引来越来越多的组织心理学学者关注工作场所员工的态度，并为此做了大量研究，因此工作满意度的定义、测量和影响因素都有较为成熟的结论。

### 7.3.1 工作满意度的定义

Hoppock 第一次提出工作满意度时将其定义为：工作者对工作本身及工作心理与生理方面对环境因素的一种态度和情感反应。事实上，早期很多学者都接受了这种观点，但是后来不同学者提出了新的见解。例如 Locke 在此基础上提出工作满意度是员工个人评估工作或工作经验所产生的愉悦或正面情绪状态，他不仅认同了情感反应这种观点，还强调了认知评价的重要性；Vroom（1964）则认为工作满意度取决于员工期望与实际情况吻合的程度，现实小于期望便产生不满，现实大于期望便产生满意感，从现实与期望的差距定义满意感；Dessler（1980）认为工作满意度是员工对其工作相关的参考架构评价之后所得的一个综合结果，扩展了工作满意度的内涵。

不同学者会根据不同目的，提出不同的定义。1977 年台湾地区学者徐光中将工作满意度的定义分为综合性、差距性和参考架构性三大类，基本归纳概括了学术界对工作满意度的观点。

（1）综合性的定义。

这种定义认为工作满意度是一个单一的概念，是对工作本身及有关环境所持的一种态度或看法，是对其工作角色的整体情感反应，不涉及工作满意度的面向、形成的原因与过程。工作满意度（Job Satisfaction）不同于生活满意度，它是特指个体作为一名“职业人”的满意度。工作满意度来源于员工对其工作或工作经历的评价，是指员工对其工作本身的及相关环境所持有的一种态度或看法，以及对其工作角色的整体情感反应（Weiss，2002；Ilies 和 Judge，2004；原文珍等，2009）。

这种综合性定义强调对工作的整体感受和评价，是单一的概念，员工需要自己平衡整体的满意度，有时候难以评价，而且没有关注工作相关因素的影响。

（2）差距性的定义。

差距性定义指工作满意的程度视个人实得报酬与其认为应得报酬之差距而定。也就是“他们所得到的”与“他们期望得到的”之间的差距。差距愈小，满意的程度愈大，因此这种定义又被称为“需求缺陷性定义”。

差距性的工作满意度认为，工作满意度是一个相对概念，是员工对其工作的预期价值和实际价值的差距的感觉和情感性反应（Vroom，1960；Smith 等，1969；Granny 等，1992）。

这种定义方式的特点是重视报酬、工作环境、工作条件等工作相关因素的期望和实际的相对差距，忽略了工作本身给员工带来的满意度。

(3) 参考架构性的定义。

支持此定义的学者认为影响人的态度及行为最重要因素，是人们对于这些客观特征的主观知觉及解释，这种知觉与解释则受个人自我参考架构的影响。因此，此类定义可以说是特殊构面的满意，其特征是工作者对特殊构面的情感反应。

参考架构性的工作满意定义认为，工作满意度既可以是对于工作的整体评价，即工作整体满意度；又可以是对工作多个方面的评价，如对工作本身的满意度，对工作报酬、工作条件、人际关系、晋升的满意度，以及对上级的满意度，甚至于对企业形象的满意度等（Herzberg 和 Mausner，1959；Dessler，1980；Schultz，1982）。

这种定义包含了工作环境、个人因素、工作本身因素等各方面因素的影响，比较全面，员工在评价时需要对各个因素的满意度进行分开的评价，这种评价比较简单易行，但是容易造成评价结果不直观的结果。

### 7.3.2　工作满意度的测量

工作满意度的测量方法有很多种，例如，总体或多维的测量，单维度的测量，以及针对通用岗位和专门岗位的测量（N. van Saane 等，2003）。P. Wanous 和 E. Reichersm（1997）认为测量方法的类型对工作满意度的测量起到了中介作用，这意味着不同的测量方法会导致不同的工作满意度的结果。

单维度测量方法（Single-item measures）：可以测量两类概念，一类是被测自己报告的事实，如教育年限、年龄、过去经历几次工作等；另一类就是测试像工作满意度这样的心理构念。Sackett 和 Larson（1990）提出，如果这个被测量的概念足够小或者对于被测来说模糊不清，运用单维度的方法就可以了。但是，对工作满意度采用单维度的测量方法被认为是缺乏信度的，甚至是“致命”的错误（P. Wanous 和 E. Reichersm，1997）。因为这种方法虽然能得到员工对工作满意度的总体评价，但是无法进一步探究企业存在的问题，因此不是最好的测量方法。

多维度的测量方法（Multidimensional Measures）：这种测量方法将工作满意度分成多个维度，如收入、晋升、同事、管理者、福利等，从多个维度来评价员工对工作的满意度。现在流行的工作描述指数（JDI）和明尼苏达工作满意度调查量表（MSQ）就采用了这种多维的测量方法，这样有利于企业深入了解员工对工作的哪些方面感到满意，对哪些方面感到不满意。这种测量方式也存在一定的弊端，一是程序通常都很复杂繁琐，给量表的收集带来了难度；二是多维度的工作满意度整合起来并不一定等同于单维度的整体测量的结果。Scarpello 和 Campbell（1983）就发现对工作某些方面满意度与对工作整体满意度并没有很大的联系。换句话说，单维度测量方法测得的整体满意度不能等同于多维度测量的多个方面满意度的加总。

目前，国际上常用的工作满意度量表包括：

（1）工作描述指数（Job Descriptive Index，JDI）Smith 等人在 1969 年开发的这套问卷是迄今为止最广泛使用的工作满意度问卷之一。JDI 通过五个方面来测量工作满意度：收入、晋升、同事、管理者和工作本身。每一个部分都由 9 到 18 个项目组成，每项都有分值，当把员工的每项分数加总时就能得到员工对工作各个方面的满意值。JDI 问卷里还有一套专门测试总体工作满意度的 JIG 量表，总共由 18 个项目组成，受测员工可以有备选，当同意的时候选择“是”，不确定选择“?”，不同意时选择“否”。经过验证，JDI 和 JIG 得到的工作满意度没有显著差异。

（2）明尼苏达工作满意度调查量表（Minnesota Satisfaction Questionaire，MSQ）是 Weiss 等人 1967 年开发的工作满意度量表，该量表也是被广为称道。MSQ 量表分为长量表和短量表，短量表包括内在满意度、外在满意度和总体满意度 3 个分量表。内在满意度量表由能力的运用、成就、工作中帮助他人的机会等 12 个项目组成，外在满意度量表由公司政策的执行、工作环境的质量等 6 个项目组成，总体满意度量表则是对工作满意度 20 个组成部分的简单总结。长量表包含了 100 个项目，可以用来测量员工对 20 个工作方面的满意度，被测员工通过 5 级 Likert 量表（1=非常不满意，5=非常满意）来回答对该方面的满意度。

（3）工作满意度研究（Job Satisfaction Survey，JSS）最初 JSS 量表是 Spector（1985）建立用于社会服务部门的，但 Spector 认为这个量表同样适用于其他部门。该量表由 6 级 Likert 量表构成，从“非常不同意”到“非常同意”。这个量表包含了 9 个子项目：工资、晋升、管理者、额外福利、临时奖励、操作过程、同事、工作和沟通。

（4）员工满意度的测量采用 Agho 等（1992）开发的整体满意度量表，量表共 6 个题项，采用 Likert 七点尺度评分法进行测量，用 1~7 分表示。其中，1 分表示“完全不同意”，7 分表示“完全同意”，得分越高则表示员工对工作的整体满意程度越高。

## 7.4　小结

罗宾斯（1997）认为一个人的工作满意度水平高，对工作就可能持积极的态度；对工作满意度水平低，对工作就可能持消极的态度。工作满意度作为一项重要的心理指标，能够直接反映了企业中员工的工作态度和职业生活质量的高低，并且会影响到员工的工作积极性和员工士气，甚至对员工的工作绩效、对于组织的承诺和离职倾向等具有预测作用。因此在人力资本投资策略决策时，工作满意度和工作绩效是投资的最终产出指标。在本章，通过文献研究分析了影响企业投资决策的个体因素和产出指标，然而，究竟应该如何根据员工的个体特征选择合适的人力资本投资策略，才能提高工作满意度和工作绩效呢？现有研究没有在三者之间搭建起明确的关系路径，因此需要结合理论和实证研究进行更深入的探讨。

# 第8章　基于员工特点的人力资本投资理论模型

本书基于人力资本投资基本理论，研究不同的人力资本投资策略对员工工作绩效和工作满意度影响，并进一步从员工个体因素出发，同时考虑组织因素，从客观角度讨论员工现有能力与岗位能力需求之间的相对能力对人力资本投资效果的影响，从主观角度研究员工的人力资本投资感知对投资效果的研究，并从组织和员工双向视角研究组织-员工之间对于人力资本投资的感知差异对投资效果的影响。

## 8.1　人力资本投资与员工绩效

培训是最重要的人力资本投资形式之一，已经有大量的实证研究表明，培训能够给企业带来正向影响，如培训能提高员工的组织承诺度以及工作积极参与度（Orpen，1999），能提高员工劳动生产率（Barron 等，1989；Almeida 和 Carneiro，2009），带来更少的工作失误和更高的工作质量（Arnold，2005）。而且培训具有较高的投资回报率，如 Bartel（1995）的研究指出：如果假设技能折旧率为10%，那么在职培训为企业带来的投资回报率可以达到35%。除了培训之外，其他人力资本投资也会带来积极的影响。杨明健（2007）研究了企业的人力资本健康投资，他认为企业进行健康投资不仅能改善员工的健康状况，减少员工因疾病或亚健康所带来的劳动时间损失，降低企业承担的医疗费用，同时健康的改善还能提高员工的生产效率，激发其智力型人力资本（知识和技能），激发员工的潜力。而股权激励、利润分享等长期激励措施能够有效地增强员工的组织认同感和组织承诺，强化员工的工作动机，鼓励其发挥其知识、技能等能力。

虽然企业人力资本投资对提高员工绩效具有正向影响，但不同的人力资本投资方式，对员工绩效的影响程度是不一样的。刘苹、陈维政认为保值性人力资本投资着眼于保障员工健康、给予员工稳定感和安全感，主要目的是维持并发挥其现有的人力资本价值，但不能带来新的人力资本价值；增值性人力资本投资则能提高员工能力和绩效，增加人力资本价值，从而为企业带来更多的投资回报。工作绩效的高低是与个人的知识、技能水平密切相关的。保值性人力资本投资如招聘投入可以确保企业招聘到具备适当知识、技能、能力、态度以及体能的员工；交通通讯补贴、住房补贴等福利保障措施在保障员工生活的同时，能够起到提升员工安全感与归宿感的作用；医疗保健投资可以保障员工的身体健康状况，使员工知识和技能得到正常发挥。可见，保值性人力资本投资属于人力资源管理措施中的保健措施，主要是保持员工现有的健康、知识和技能状况，并不一定能带来员工工作绩效的进一步提高；而增值性人力资本投资，如教育、培训等则可以带来员工知识和技能的显著提高，从而带来员工工作绩效的提高。基于上述讨论，提出以下假设：

H18：*人力资本投资对员工绩效具有显著的正向影响，并且增值性人力资本投资对员工绩效的影响大于保值性人力资本投资。*

企业对员工进行人力资本投资，如教育、培训开发、职业生涯规划等，一方面可以提高员工的知识和技能，从而提高员工绩效；另一方面，通过企业的人力资本投资，可以提高员工的工作积极性和主动性，提高员工的努力程度，从而提高员工的工作绩效。因此，从总体上来看，人力资本投资对员工绩效具有显著的正向影响。同时不同的人力资本投资方式对员工绩效的影响程度是不一样的，增值性人力资本投资可以直接影响员工的知识和技能，从而带来员工绩效的显著提高，而保值性人力资本投资则主要是为保持员工现有绩效，因此增值性人力资本对员工绩效的影响是大于保值性人力资本投资的。

## 8.2 人力资本投资与员工满意度

孙健敏和张明睿（2009）认为企业一系列的人力资源实践是通过提高员工在决策中的参与度和技能水平，提高员工的满意度，并且激发员工付出额外的努力，从而为企业带来持续竞争优势的。研究者们对员工满意度的影响因素进行了研究，国外学者认为工资、福利、晋升、工作本身、工作条件、上级等是影响员工满意度的主要因素（Vroom，1964；Locke，1976）。我国学者俞文钊（1996）通过调查研究合资企业员工的工作满意度，发现员工的个体因素、工作特征和工作条件、工资报酬和福利待遇、领导水平及同事关系等因素会影响到员工的整体工作满意度。吴利华（2009）采用实证方法对银行员工的工作满意度进行研究，研究发现银行政策及实施、主管管理风格、工作本身、同事关系、报酬、晋升、培训、个人能力发挥等因素影响工作满意度。在上述影响员工工作满意度的因素中，报酬、福利、安全、工作条件、晋升、员工成长和发展都属于企业的人力资本投资或是与企业人力资本投资有关，说明企业的人力资本投资会对员工的工作满意度产生影响。

企业人力资本投资对员工满意度的提高具有正向影响，但不同的人力资本投资方式对于员工满意度的影响程度是不同的。美国知识管理专家 Tampoe（1989）在大量问卷调研的基础上，将知识型员工的激励因素依次排序为：个人成长（33.74%）、工作自主性（30.51%）、工作成就（28. 69%）、金钱财富（7.07%）。由此可见，相对于物质报酬，知识型员工更加关注个体的成长、工作自主性和工作成就等因素。因此，企业若针对以上因素进行投资更有助于提高员工的工作满意度。刘凤瑜和张金成（2004）在广东和浙江选取了 780 名民营企业员工进行问卷调查，调查结果表明：员工满意度中的培训与发展等维度对员工满意度最有显著影响，而薪资福利等因素对员工满意度的影响非常小。根据赫茨伯格的双因素理论，本书认为企业的保值性人力资本投资，如报酬、福利保障、招募费用等均属于双因素理论中的保健因素，最多可以维持员工的满意度，使员工没有不满意，却不能带来员工满意度的显著提高，而增值性人力资本投资如教育、培训与发展、晋升等则属于激励因素，能够带来员工满意度的提高。基于上述讨论，提出如下假设：

*H19：人力资本投资对员工满意度具有显著的正向影响，并且增值性人力资本投资对员工满意度的影响大于保值性人力资本投资。*

培训作为最重要的人力资本投资形式，Melanie（2009）等人在 2004 年英国 WERS 数据的基础上对培训与工作满意度和工作绩效的关系进行了研究，结果表明培训对工作满意度有显著正向影响。除培训外，孙健敏和张明睿（2009）研究了不同所有制企业中培训、授权和团队合作等人力资本投资方式对员工满意度的影响，结果表明授权和培训均会提高员工满意度，进而减少工作中的退缩性行为。不同的人力资本投资方式对员工满意度的影响程度不同，保值性人力资本投资属于保健因素，而增值性人力资本投资则是激励因素，因此增值性人力资本投资对员工满意度的影响要大于保值性人力资本投资。

## 8.3　相对能力对人力资本投资效果的影响

现有研究表明：员工个体能力和企业人力资本投资是影响员工绩效的重要因素。如 Vroom（1964）认为绩效是由能力和激励这两个因素决定的，他将三者的关系表述为绩效=能力×激励。而员工能力又是由个人的资质、所接受的培训和所拥有的资源决定的。Campbell（1990）则将绩效的影响因素分为决定因素（Determinants）和前件因素（Antecedents）两个方面，其中绩效的决定因素是指产生绩效行为所必需的人或技术的能力等；而前件因素是指导致每一种能力的不同的因素。Campbell 认为决定因素是导致绩效最直接的原因，前件因素则是通过作用于决定因素进而对绩效产生间接影响的。从以上研究可知，员工的个体能力是导致工作绩效的决定因素，而教育和培训开发等人力资本投资措施则属于前件因素，它们可以通过对个体能力产生作用而间接作用于员工的工作绩效。在导致绩效的各项能力中，与员工工作绩效直接相关能力的则是其工作岗位所需要的能力，即本书所研究的相对能力。因此，本书认为相对能力是影响员工工作绩效的直接因素，而企业人力资本投资主要是通过影响员工与岗位相关的能力，即通过提高员工相对能力大小，从而间接对员工绩效产生影响。基于上述讨论，我们提出以下假设：

H20：相对能力对员工工作绩效具有显著的正向影响。

Motowidlo 等（1997）在关于任务绩效和情景绩效的研究中，认为能力可以更好地预测任务绩效，而个体的能力差异是影响企业员工绩效的主要因素之一。Motowidlo（2003）的研究表明：员工的个体能力能够直接影响工作知识和技能，而其对工作绩效的影响是通过影响员工的工作知识和技能实现的。不同的工作和岗位对能力的要求也是不一样的，员工只有获得了其工作岗位所需要的能力才能在该岗位上取得优秀的绩效表现。本书用相对能力来代表员工实际能力与岗位所要求的能力的比值，一般情况下，员工相对能力越高，即意味着员工的实际能力相对于岗位要求的能力越高，其工作绩效也会越高。具体而言，当相对能力远远小于1时，意味着员工实际能力离岗位能力素质所要求的能力越远，工作绩效可能不尽如人意；当相对能力越接近1时，意味着其实际能力正慢慢接近岗位能力素质所要求的能力，其工作绩效也会随之提高；当相对能力等于或大于1时，意味着员工实际能力已达到甚至是超过了岗位所要求的能力，一般情况下其工作表现已非常好，达到了优秀绩效水平。

H21：相对能力在人力资本投资与员工工作绩效关系中起中介作用。

覃成菊（2007）在绩效影响因素的研究中，认为员工绩效的高低不仅取决于员工个体的知识技能和个性特征因素，还受到组织、工作群体以及工作特征等因素的影响。在其研究框架中，个体因素如能力对企业员工绩效有直接的影响；同时，组织因素如企业人力资本投资还通过影响个体因素对企业员工绩效产生间接影响。David（2001）认为人力资本是从人的能力中获得，人力资本从本质上说就是人的能力。企业人力资本投资主要是提高了员工的能力，特别是与岗位能力素质有关的相对能力；而员工的相对能力又是导致工作绩效的直接原因。因此，教育、培训开发、晋升流动、职业生涯管理、员工参与等企业人力资本投资主要是通过提高员工的相对能力，从而间接提高员工工作绩效的，即相对能力在企业人力资本投资与员工绩效关系中起中介作用。

## 8.4 感知差异对人力资本投资效果的影响

### 8.4.1 人力资本投资感知与员工满意度

Weick（1995）和 Mills（2003）指出："真正对个体行为产生影响的不是客观事件或客观条件，而是经过个体解释和加工后的信息。"因此，直接影响员工态度和行为的并不是企业人力资本投资的多少，而是员工主观感受到的人力资本投资的多少，即员工的人力资本投资感知。如 Rhoades 和 Eisenberger（2002）认为：组织支持感知与员工工作态度和行为密切相关，如员工的工作满意度、缺勤、留职意向、组织公民行为和组织承诺等，且大量实证研究亦证明组织支持感知对员工满意度有显著正向影响（Shore 和 Tetrick，1991；Witt，1992；Randall 等，1999；Masterson 等，2000；Piercy 等，2006；Harris 等，2007；Muse 和 Stamper，2007；谭小宏等，2007）。基于上述讨论，我们提出如下假设：

H22：人力资本投资感知对员工满意度具有显著正向影响。

当企业的人力资本投资行为被员工感知到时，员工也感受到了来自企业的关心与重视，其归属感、成就感等社会情感需要得到了满足。根据社会交换理论，基于与组织的交换，员工则会表现出积极的情绪反应和较高的满意度。这种交换包含了两种层次的交换关系，即员工与组织的交换及员工与直属主管的交换关系（Setton 等，1996），员工对于来自组织的人力资本投资的感知可以提高员工对于工作整体满意度，而直接主管作为实施和落实企业人力资本投资政策的代理人，来自主管的人力资本投资感知还可以提高员工对于上级的满意度。

### 8.4.2 人力资本投资、投资感知和员工满意度

Tsui 等（1997）指出：投资取向的人力资源措施会导致员工对组织产生有某种义务存在的知觉，而此种知觉的义务会增加员工的组织公民行为，提高员工关于组织核心任务的绩效，并能降低离职率。Aryee 等（2002）也认为当组织向员工提供公平的待遇，重视员工的贡献并向其提供更好的福利时，员工

能够感知到较多的组织支持，从而觉得有义务回报；而员工对于义务的感知则会进一步转化为对组织或其代理人的实际行动，这种行动表现为组织承诺、工作绩效及角色外行为。研究表明，企业人力资本投资行为，如管理者支持、培训、参与决策、公平的报酬、绩效薪酬、导师制、晋升机会、工作自主、程序公平和工作安全等（Wayne 等，1997；Rhoades 和 Eisenberger，2002；Allen 等，2003；Myria 等，2008）是导致员工组织支持感知的前因变量。同时，大量实证研究证明组织支持感知在人力资本投资与员工满意度、组织承诺、组织公民行为、离职意向关系中起着完全或部分中介作用（Masterson 等，2000；Marjorie 和 Nancy，2009；刘小平，2005）。基于上述讨论，我们提出如下假设：

H23：*人力资本投资感知在人力资本投资与员工满意度关系中起中介作用。*

Jennifer（2009）的研究结果表明：支持性管理行为和不支持性管理行为是通过影响员工对于工作自主性的看法来影响其工作压力大小、工作满意度的高低及员工的离职倾向的。因此，企业人力资本投资对员工满意度的影响并不是完全直接的，而是通过影响员工对于企业人力资本投资的看法或感知，进而对员工满意度产生影响的，即人力资本投资感知在人力资本投资与员工满意度关系中起中介作用。

### 8.4.3　人力资本投资、员工满意度和感知差异

企业宣称的人力资本投资政策或实际执行的投资活动及行为与员工实际感知到的人力资本投资水平是存在差异的，这种差异可能会对投资效果产生影响：如 Porter 等人（1998）通过对多家企业主管和员工的研究发现，在控制了员工工作满意度和工作绩效后，员工和作为组织代理人的主管对组织诱因的感知差异越大，员工对组织的满意感越低。Lester 等人（2002）通过样本配对的方式对 134 对主管和员工的心理契约进行了研究，发现主管和员工关于心理契约违背的认知是存在差异的，特别是在提供的报酬、晋升机会和维持良好雇佣关系等方面存在显著差异，而且员工感知到的心理契约违背程度越大，则员工对组织的承诺越少，其工作绩效也就越低。吴继红（2009）在关于领导-成员关系的研究中，验证了主管和员工关于组织投入的认知差异对组织投入与员工贡献之间关系的调节作用，其研究发现这种认知差异会很大程度削弱组织投入对员工贡献的影响。基于上述讨论，我们提出如下假设：

H24：*感知差异在人力资本投资与员工满意度关系中起负向调节作用，当投资感知差异较小时，人力资本投资与员工满意度之间的关系越强；反之，关*

系越弱。

人力资本投资感知差异是指企业宣称的人力资本投资政策或执行的投资行为与员工实际感知到的人力资本投资之间的差距。当主管和员工之间关于人力资本投资的感知差异较小时，则意味着员工感知到的人力资本投资与企业的人力资本投资越接近，此时企业人力资本投资与员工满意度之间的关系越强；当感知差异较大时，意味着员工感知到的人力资本投资与企业的人力资本投资之间的差距也越大，此时企业人力资本投资与员工满意度之间的关系越弱。

## 8.5 职业高原与人力资本投资

职业高原（Career Plateau）这一概念是由美国职业研究专家 Ferenced 在 1977 年首次提出的。研究者分别从晋升、流动和责任角度对职业高原进行了定义，如 Ference（1977）等从晋升角度认为职业高原是指个体职业生涯发展的某一阶段，在这个阶段中，个体进一步晋升的可能性非常小。Veiga（1981）从流动角度将职业高原定义为由于长期处于某一职位，从而使得个体未来的职业流动包括垂直流动和水平流动，变得不太可能。Feldman 和 Weitz（1988）从责任角度认为，职业高原是指个人能够承担更大或更多责任的可能性很小。研究者们对职业高原与员工绩效和员工满意度之间的关系进行了研究。研究结果表明职业高原对员工绩效的关系是不明确的，如 Choy（1998）和 Lemire 等人（1999）的研究发现，职业生涯高原员工的工作绩效水平明显要低于非职业生涯高原员工。但也有学者提出不同意见，如费伦茨等（Ference 等，1977）认为，职业生涯高原并不一定会带来员工绩效的降低。而大多数研究结果都表明职业高原对员工满意度具有负向的影响。如 Chao（1990）研究了职业高原对员工的内源工作满意度和外源工作满意度的影响，发现职业高原对内源和外源工作满意度均产生显著负向影响。Lee（2003），Tremblay（2004）和 Lentz（2004）等人的研究也发现职业高原对员工工作满意度有负向影响。另外，我国学者李华（2006），寇冬泉（2007），谢宝国，龙立荣（2008）等人的研究也证明了职业高原对企业员工满意度具有显著负向影响。基于上述讨论，我们提出以下理论假设：

H25：职业高原对员工满意度具有显著的负向影响。

处于职业高原的员工，一般其晋升空间和机会有限，流动的可能性小，获得的授权和承担的责任较小，对于职业高原员工来说，这份工作已不能满足其进一步发展的需要，因此职业高原对员工满意度具有显著负向影响。

H26：职业高原在人力资本投资与员工满意度关系中起负向调节作用，当职业高原特征越明显时，人力资本投资与员工满意度之间的关系越弱；反之，关系越强。

一般来说，企业人力资本投资对员工满意度有正向影响，但由于职业高原对员工满意度有负向影响，所以两者的关系会受到员工职业高原的调节，即职业高原对员工满意度的负向作用可能抵消甚至超过由于人力资本投资带来的正向影响。因此，当职业高原特征越明显时（或越处于职业高原），人力资本投资与员工满意度之间的关系越弱；反之，关系越强。

本书提出如下理论模型和研究假设：

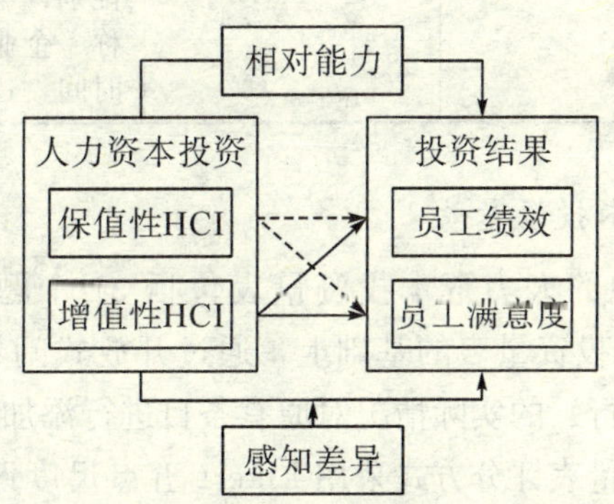


**图 8.1　人力资本投资理论模型**

为了验证上述理论模型，本书首先在成熟量表基础上进行问卷设计，然后采用问卷调查法收集相关资料和数据，最后利用 SPSS17.0 统计分析软件对人力资本投资量表进行探索性因子分析，并检验各量表的信度，利用 LISREL 8.7 软件对各量表进行验证性因子分析，检验各量表的效度。

## 8.6　问卷设计

因研究需要，本书的调查问卷分为主管问卷和员工问卷两种。其中，主管问卷包括人力资本投资量表、相对能力量表和工作绩效量表三个部分，员工问卷包括人力资本投资感知量表、员工满意度量表和员工个人信息三个部分，具体如表 8.1 表所示。

表 8.1　问卷测量工具及来源

| 问卷 | 测量变量 | 量表来源 | 维度 |
| --- | --- | --- | --- |
| 主管问卷 | 人力资本投资 | 陈楚，2006；开放式调查 | 保值性人力资本投资增值性人力资本投资 |
| | 员工绩效 | Bono 等，2003 | 创新、工作任务、自我导向、个人主动性 |
| | 相对能力 | 能力素质模型 | 单维度 |
| 员工问卷 | 人力资本投资感知 | 陈楚，2006；开放式调查 | 保值性人力资本投资增值性人力资本投资 |
| | 员工满意度 | Agho，1992 | 单维度 |
| | 个人信息 | — | 性别、年龄、受教育程度、职称、企业工作时间、岗位工作时间 |

### 8.6.1　人力资本投资量表

初始调查问卷中的人力资本投资量表包括 31 个题项，是在 Chu-Chen Rosa 开发的人力资本投资量表的基础上，通过开放式问卷调查，并结合此次调查对象（某国有银行）的实际情况对原有条目进行添加或删减，最后经过专家编码形成的量表。量表评分方式采用 Likert 五点尺度评分法，用 1−5 分表示。其中，1 分表示“非常不同意”，5 分表示“非常同意”，得分越高则表示员工在企业中获得的该项人力资本投资水平越高。

### 8.6.2　人力资本投资感知量表

问卷测量内容和条目同人力资本投资量表一致，初始问卷也是 31 个条目。但每个题项的问法有所区别，是从员工角度进行提问的，例如“我的上级会对我进行更多的授权或安排更重要的工作，以提升我的能力”。量表评分方法仍采用 Likert 五点尺度评分法，用 1～5 分表示。其中，1 分表示“非常不同意”，5 分表示“非常同意”，得分越高则表示员工感知到的该项人力资本投资水平越高。

### 8.6.3　工作绩效量表

工作绩效的测量采用 Bono 等（Bono，J. E.，Judge，T. A.，2003）开发的成熟量表，包括创新、工作任务、自我导向、个人主动性四个维度。量表共 15 个题项，采用 Likert 五点尺度评分法进行测量，用 1～5 分表示。其中，1 分表示“急需改进”，5 分表示“非常优秀”，得分越高则表示员工的工作绩效越高。

### 8.6.4　员工满意度量表

员工满意度的测量采用 Agho 等（Agho 等，1992）开发的整体满意度量表，量表共 6 个题项，采用 Likert 七点尺度评分法进行测量，用 1~7 分表示。其中，1 分表示“完全不同意”，7 分表示“完全同意”，得分越高则表示员工对工作的整体满意程度越高。

### 8.6.5　相对能力量表

相对能力的测量则是根据此次调查对象（某国有银行）较成熟的客户经理岗位能力素质模型编制的量表，共有 8 个题项，采用 Likert 五点尺度评分法进行测量，用 1～5 分表示。其中，1 分表示“未达到”，5 分表示“远远超过”，得分越高则表示员工现有能力与岗位能力素质要求的相对值的越高。

### 8.6.6　职业高原

职业高原的测量来自谢宝国等（谢宝国，龙立荣，2008）开发的量表，包括层级高原、内容高原、中心化高原三个维度。职业高原量表共有 16 个题项，采用 Likert 六点尺度计分方式，每题由 1 分（完全不同意）到 6 分（完全同意），从低到高衡量了员工职业高原的程度。

### 8.6.7　控制变量

本研究控制了可能影响企业人力资本投资收益的其他人口统计变量，如员工性别、年龄、受教育程度、职称、企业工作时间、岗位工作时间等因素。其中在性别变量中，将男性编码为 1，女性编码为 2。

## 8.7　问卷调查

问卷调查于 2009 年 4 月至 10 月在成都和广州两地进行，调查对象为某工商银行客户经理岗员工，包括对公客户经理和个人客户经理。

此次问卷调查采取随机抽样的方式，从某国有银行广东分行和四川分行中随机抽取了 346 位客户经理作为研究对象。调查问卷的发放采取主管和员工配对调查的方式，即一个员工仅对应他/她的一位直接主管，且一位主管仅对应一位员工。在调查中，主管主要报告企业（某国有银行）给予被测员工的人力资本投资水平、被测员工相对能力大小和工作绩效情况，员工则主要报告其对于企业人力资本投资的感知和工作满意度情况。由于调查数据分别来源于主管和员工，因此也避免了同源偏差（Common Method Variance，简称 CMV）问题。

本次问卷调查共发放问卷346套，其中员工问卷346份，主管问卷346份；收回员工问卷309份，主管问卷310份。在剔除缺失值连续超过3个的问卷后，最终得到289套员工—主管匹配问卷，综合回收率为83.5%。

在最终获得的289对有效样本中，有173对员工和主管来自广州，占总样本的59.9%；另外116对来自成都，占总样本的40.1%。员工样本中，女性员工（61.1%）略多于男性员工（38.9%），与该国有银行客户经理岗的实际情况较符合。该岗位的员工较为年轻，35岁以下员工占62.8%，且大部分员工受教育程度较高，大专及本科以上学历约占总样本的96%，职称则以初级（65.3%）和中级职称（33.9%）为主；该岗位大部分员工在企业的工作时间都较长，5年以下的只占21.1%左右，有21.4%的员工工龄长达20年以上，但大部分员工在该岗位的工作时间都不太长，71%的员工岗位工作时间在5年以下。具体样本情况如表8.2所示。

**表8.2 样本概况**

| | 类别 | 频数 | 有效百分比（%） |
|---|---|---|---|
| 性别 | 男 | 111 | 38.9 |
| | 女 | 174 | 61.1 |
| 年龄 | 25岁及以下 | 30 | 10.5 |
| | 26~35岁 | 149 | 52.3 |
| | 36~45岁 | 86 | 30.2 |
| | 46~55岁 | 19 | 6.7 |
| | 56岁及以上 | 1 | 0.4 |
| 受教育程度 | 硕士及以上 | 4 | 1.4 |
| | 本科 | 184 | 65.2 |
| | 大专 | 83 | 29.4 |
| | 高中及以下 | 11 | 3.9 |
| 职称 | 初级 | 154 | 65.3 |
| | 中级 | 80 | 33.9 |
| | 高级 | 2 | 0.8 |

续表8.2

| | 类别 | 频数 | 有效百分比（%） |
|---|---|---|---|
| 企业工作时间 | 5 年以下 | 59 | 21.1 |
| | 5 年～10 年 | 82 | 29.3 |
| | 10 年～15 年 | 38 | 13.6 |
| | 15 年～20 年 | 41 | 9.6 |
| | 20 年以上 | 60 | 21.4 |
| 岗位工作时间 | 5 年以下 | 198 | 71.0 |
| | 5 年～8 年 | 51 | 18.3 |
| | 8 年以上 | 30 | 10.8 |

## 8.8　探索性因子分析

由于人力资本投资量表是在成熟量表的基础上根据研究需要再次编制的，因此在进行数据分析前需要进行探索性因子分析（Exploratory Factor Analysis，EFA）。探索性因子分析的前提条件是要求原量表的各个变量之间应该具有较强的相关性，因此进行探索性因子分析之前，本书采用巴特利特球度检验（Bartlett Test of Sphericity）和 KMO（Kaiser-Meyer-Olkin）检验来考察该量表是否适合做因子分析。一般认为：当巴特利特球度检验统计量的观测值较大，同时对应的概率 p 值小于给定的显著性水平时，则表示变量间是具有相关性的，适合作因子分析；反之，则不适合。而 KMO 检验的通用标准是：KMO 值越接近 1，则表示变量间的相关程度越高，原有变量适合做因子分析；反之，则不适合做因子分析。Kaiser 认为“KMO 在 0.9 以上表示非常适合因子分析，0.8 表示适合，0.7 表示一般，0.6 表示不太适合，0.5 以下则极不适合作因子分析”。

本书利用 SPSS17.0 统计分析软件，先对初始问卷进行了信度分析，结果表明，人力资本投资量表总体信度指标良好（Cronbach $\alpha$ 系数为 0.908）。巴特利特球度检验统计量为 2207.084，相应的概率 Sig 为 0.000，因此可认为各变量之间是存在相关关系的。同时，KMO 值为 0.805，根据 Kaiser 给出的 KMO 度量标准可知原有变量适合作因子分析。

表 8.3 人力资本投资量表的 KMO 和 Bartlett 检验结果

| Kaiser-Meyer-Olkin Measure of Sampling Adequacy | | 0.805 |
|---|---|---|
| Bartlett's Test of sphericity | Approx. Chi-Square | 2207.084 |
| | *df* | 351 |
| | Sig. | 0.000 |

探索性因子分析过程如下：采用主成分分析法提取因子，利用最大变异数法进行直交转轴来分析各个测量指标，这时取特征值大于 1，删除载荷小于 0.5，交叉载荷大于 0.4 的因子，并进一步检验，得到正式问卷中的 27 个题项。因子分析中共提取了 6 个因子，解释了总方差的 66.082%，且每个因子各自解释的方差不超过 30%，其因子载荷矩阵见表 8.4。

根据因子分析结果，本书依照各因子包含的条目的具体内容，对因子进行了命名。其中，有 6 个条目合成了因子 1，命名为长期激励，包括股权激励、利润分享等内容；8 个条目合成因子 2，命名为员工参与和发展，包括授权、上下级共同制定员工的工作计划、岗位轮换、新老员工搭档、能力评估、职业生涯规划等内容；5 个条目合成因子 3，命名为薪酬福利，包括薪酬、福利和各项补贴等内容；4 个条目合成因子 4，命名为培训与开发，包括培训时间和费用投入等内容；2 个条目合成因子 5，命名为教育支持，包括报销获取专业证书费用和继续教育费用；2 个条目合成因子 6，命名为招聘投入，包括招聘时间和费用投入等内容。

表 8.4 人力资本投资量表旋转后的因子载荷矩阵

| 因子 | 题项 | 1 | 2 | 3 | 4 | 5 | 6 |
|---|---|---|---|---|---|---|---|
| 长期激励 | q15 | 0.873 | | | | | |
| | q29 | 0.815 | | | | | |
| | q16 | 0.798 | | | | | |
| | q14 | 0.785 | | | | | |
| | q30 | 0.780 | | | | | |
| | q28 | 0.669 | | | | | |

续表8.4

| 因子 | 题项 | 1 | 2 | 3 | 4 | 5 | 6 |
|---|---|---|---|---|---|---|---|
| 员工参与和发展 | q24 | | 0.830 | | | | |
| | q22 | | 0.771 | | | | |
| | q25 | | 0.760 | | | | |
| | q21 | | 0.720 | | | | |
| | q27 | | 0.712 | | | | |
| | q23 | | 0.664 | | | | |
| | q26 | | 0.636 | | | | |
| | q13 | | 0.517 | | | | |
| 薪酬福利 | q8 | | | 0.767 | | | |
| | q5 | | | 0.714 | | | |
| | q6 | | | 0.665 | | | |
| | q7 | | | 0.620 | | | |
| | q2 | | | 0.577 | | | |
| 培训与开发 | q4 | | | | 0.764 | | |
| | q11 | | | | 0.763 | | |
| | q10 | | | | 0.676 | | |
| | q3 | | | | 0.636 | | |
| 教育支持 | q19 | | | | | 0.817 | |
| | q18 | | | | | 0.802 | |
| 招聘投入 | q9 | | | | | | 0.747 |
| | q1 | | | | | | 0.703 |

## 8.9　量表信度及效度检验

量表编制的信度（reliability）和效度（validity）将决定测量结果的可靠性和可用性，因此我们在正式进行数据分析之前应对量表的信度和效度进行检验。

量表的信度分析可以分为内在信度分析和外在信度分析，其中内在信度分析目的是检验量表测量的结果是否具有内在一致性，外在信度分析是为检验同一对象不同时间的重复测量结果是否具有稳定性。根据研究目的，本书主要是用SPSS软件中的克朗巴哈系数（Cronbach $\alpha$）进行内在信度分析，其常用的检验标准是：克朗巴哈系数越接近于1，则认为量表的信度越高。具体而言：克朗巴哈系数大于0.9，则认为量表的内在信度很高；在0.8~0.9之间，则认为量表信度是可以接受的；在0.7~0.8之间，则认为量表设计存在一定问题，但仍具有一定参考价值；但如果小于0.7，则说明量表设计存在很大问题，应考虑重新设计（薛薇，2004）。

量表的效度包括表面效度（face validity）、效标关联效度（criterion-related validity）、内容效度（content validity）以及构念效度（construct validity）等。效度分析的目的是为了检验该量表是否能正确测量出所测对象的真正特征。本书中的量表大部分来自成熟量表，或根据成熟量表编制而成，因此已经具有一定的内容效度。同时，本书中主要用验证性因子分析（confirmatory factor analysis，CFA）方法来检验各量表的构念效度。根据侯杰泰等人（2005）的建议，本书用结构方程中模型中的拟合指数，如RMSEA（Root Mean Square Error of Approximation）、SRMR（Standardized Root Mean Square Residual）、CFI（Comparative Fit Index）和NNFI（Non-normed Fit Index，即TLI）等指标来检验各量表的构念效度。一般认为：拟合指数RMSEA、SRMR的值越小表示模型拟合程度越好，而CFI和NNFI取值越大则代表模型拟合程度越好。其中，RMSEA等于或小于0. 05时表示假设模型拟合程度好，0.08到0.10之间表示拟合程度一般，当大于0.1时，则表示了模型与数据的拟合度较差；SRMR的值小于0.08则认为模型可以接受，而大于0.08时，认为模型拟合效果不太好（Hu和Bentler，1998）；CFI的值大于0.9时表示拟合程度较好；NNFI一般要求取值大于0.9，若大于0.95则代表假设理论模型与数据的拟合度非常好。

**表8.5　量表的信度和效度**

| 量　表 | Cronbach $\alpha$ | CFA主要拟合优度指标 |
| --- | --- | --- |
| 人力资本投资 | 0.870 | RMSEA= 0.070，SRMR= 0.051，NNFI = 0.93，CFI= 0.94 |
| 人力资本投资感知 | 0.894 | RMSEA = 0.068，SRMR = 0.073 ，NNFI = 0.94，CFI=0.94 |
| 相对能力 | 0.935 | RMSEA = 0.17，SRMR= 0.030，NNFI = 0.94，CFI = 0.96 |
| 工作绩效 | 0.921 | RMSEA = 0.065，SRMR = 0.031，NNFI = 0.99，CFI = 0.99 |
| 员工满意度 | 0.878 | RMSEA = 0.16，SRMR = 0.090，NNFI = 0.92，CFI = 0.95 |

本书用 Cronbach α系数法和验证性因子分析法（Confirmatory Factory Analysis，CFA）检验了各研究量表的信度和效度，检验结果如表 8.5 所示。其中信度检验结果表明：各量表的 Cronbach α系数均在 0.85 以上，相对能力和工作绩效的 Cronbach α系数甚至达到了 0.9 以上，显示出较好的内部一致性。效度检验结果表明：在 CFA 主要拟合优度指标中，大部分量表的 RMSEA 值在 0.1 以下，SRMR 值在 0.08 以下，虽然有 1~2 个量表的 RMSEA 和 SRMR 指标值不是非常理想，但所有量表的 NNFI 和 CFI 的值都在 0.9 以上，甚至有 3 个量表的 CFI 达到 0.95 以上，理论模型与数据拟合度非常好。因此，综合考虑各拟合优度指标，本书中各量表均显示出了较好的构念效度。

## 8.10　数据分析与假设检验

本书利用 SPSS17.0 软件进行了描述性统计分析，并通过 T 检验、相关分析和多层回归分析等方法对人力资本投资与员工绩效和满意度之间的关系，以及相对能力和感知差异等个体因素对人力资本投资与员工绩效和满意度关系的影响进行检验。

为了简化运算分析的过程，本书将人力资本投资、人力资本投资感知、工作绩效、工作满意度和相对能力等变量进行了单一化处理（取该变量所有题项的均值作为该变量的值）。由于这些变量具有良好的信度和效度，因此能够满足进行单一化处理的要求。在假设验证方面，本书主要运用 SPSS17.0 进行 T 检验、相关分析和多层回归分析（Hierarchical Regression），分析过程和结果如下所示。

### 8.10.1　人力资本投资与工作绩效、工作满意度的关系

从表 8.6 和表 8.7 可知，人力资本投资与员工绩效显著正相关，且在工作绩效各维度中，人力资本投资分别与创新绩效、工作任务绩效和个人主动性绩效显著正相关，而与自我导向绩效无显著相关关系。在人力资本投资各维度中，员工参与和发展、长期激励两个维度与工作绩效显著正相关。根据人力资本多维投资模型，我们将薪酬福利、招聘投入作为保值性人力资本投资，而将员工参与和发展、教育支持、培训开发、长期激励作为增值性人力资本投资。由相关分析结果可知，保值性人力资本投资与工作绩效相关关系不显著，而增值性人力资本投资则与工作绩效显著正相关，并且增值性人力资本投资主要是带来员工创新绩效和工作任务绩效的增加。因此，增值性人力资本投资对员工绩效的影响要大于保值性人力资本投资，H18 得到了支持。

表 8.6 相关分析结果表明人力资本投资与员工满意度也存在显著正相关，证实人力资本投资能够带来员工满意度的显著提高。其中，保值性人力资本投资与员工满意度无显著相关，而增值性人力资本投资与员工满意度显著正相关，说明增值性人力资本投资能够带来员工满意度的显著提高，其对员工满意度的影响要大于保值性人力资本投资，H19 得到了支持。同时，表 8.7 中相关分析结果表明：增值性人力资本投资中，员工参与和发展与员工满意度相关系数最高，是影响员工满意度的重要因素。

### 8.10.2 相对能力在人力资本投资与员工绩效关系中的中介作用分析

前人的研究表明：人力资本投资对员工绩效具有正向影响，且人力资本投资能够带来员工相对能力的提高。同时，由表 8.6 可知：人力资本投资与员工绩效显著正相关（$r=0.143$），而人力资本投资与相对能力之间相关性也显著（$r=0.125$），这说明相对能力作为中介作用的研究思路是可行的（中介作用检验的前提是自变量与因变量、自变量和中介变量之间均具有严格的理论上的相关关系）。通过多层线性回归分析（如 8.8 所示）可看出，在控制变量中，性别对相对能力和员工绩效均有显著正向影响，即在客户经理岗位上，女性的相对能力和员工绩效更高。这说明相对于男性，女性可能更适合从事客户经理工作，这也与该岗位女性居多的实际情况相符合。在其他控制变量中，年龄对相对能力具有负向影响，这可能因为该工作岗位上的年轻员工正处于职业生涯的快速上升阶段，相对于老年员工更容易接受新知识，能力提升的可能性也更高。另外，岗位工作时间对相对能力具有正向影响，即在岗位工作时间越长，员工的能力更接近于岗位所要求的能力。

在人力资本投资对员工绩效的影响方面，如表8.8所示，在控制了性别等影响因素的情况下，人力资本投资对员工绩效具有显著的正向影响（$\beta=0.25$，$p<0.05$），$H18$ 得到进一步支持；同时，在控制了性别、年龄、岗位工作时间等影响因素的情况下，人力资本投资对相对能力具有显著的正向影响（$\beta=0.25$，$p<0.05$），中介作用检验的前提成立。从人力资本投资对员工绩效的主效应以及相对能力的中介作用来看：人力资本投资对员工绩效有显著的正向影响（$\beta=0.25$，$p<0.05$），但在加入了中介变量相对能力后，人力资本投资对员工绩效的回归系数 $\beta$ 值降低，由显著转变为不显著（$\beta=0.12$，$p>0.05$），同时相对能力对员工绩效的回归系数显著（$\beta=0.52$，$p<0.001$），表明相对能力对员工绩效具有正向影响，且在人力资本投资与员工绩效关系中起着完全中介作用，本书的 H20 和 H21 得到了支持。另外，从员工绩效各维度来看，相对能力分别在人力资本投资与创新、工作任务和个人主动性绩效关系中起着完全中介作用。

表 8.6 各变量的均值、标准差和相关系数

| 变量 | 均值 | 标准差 | 1 | 2 | 3 | 4 | 5 | 6 | 7 | 8 |
|---|---|---|---|---|---|---|---|---|---|---|
| 1. 人力资本投资 | 2.8800 | 0.40524 | 1 | | | | | | | |
| 2. 保值 HCI | 2.7954 | 0.41217 | 0.618** | 1 | | | | | | |
| 3. 增值 HCI | 2.8671 | 0.49906 | 0.914** | 0.397** | 1 | | | | | |
| 4. 相对能力 | 2.7794 | 0.63345 | 0.125* | −0.010 | 0.100 | 1 | | | | |
| 5. 人力资本投资感知 | 2.7719 | 0.43488 | 0.254** | 0.149* | 0.229** | 0.002 | 1 | | | |
| 6. HCI 感知差异 | 0.3901 | 0.35068 | 0.119* | 0.093 | 0.069 | 0.063 | −0.203** | 1 | | |
| 7. 员工绩效 | 3.4299 | 0.62027 | 0.143* | −0.058 | 0.150* | 0.595** | 0.038 | −0.023 | 1 | |
| 8. 员工满意度 | 4.6569 | 1.09353 | 0.139* | 0.046 | 0.121* | 0.038 | 0.434** | −0.054 | 0.049 | 1 |

表 8.7　人力资本投资与员工绩效和满意度相关系数表

| 变量 | 1 | 2 | 3 | 4 | 5 | 6 | 7 | 8 | 9 | 10 | 11 |
|---|---|---|---|---|---|---|---|---|---|---|---|
| 保值性人力资本投资 | 1. 薪酬福利 | 1 | | | | | | | | | |
| | 2. 招聘投入 | 0.462** | 1 | | | | | | | | |
| 增值性人力资本投资 | 3. 长期激励 | 0.171** | 0.176** | 1 | | | | | | | |
| | 4. 员工参与和发展 | 0.192** | 0.295** | 0.261** | 1 | | | | | | |
| | 5. 培训与开发 | 0.604** | 0.523** | 0.128* | 0.249** | 1 | | | | | |
| | 6. 教育支持 | 0.124* | 0.058 | 0.351** | 0.173** | 0.166** | 1 | | | | |
| 员工绩效 | 7. 创新 | −0.050 | 0.037 | 0.224** | 0.177** | 0.105 | 0.030 | 1 | | | |
| | 8. 工作任务 | −0.096 | 0.031 | 0.090 | 0.202** | 0.054 | 0.023 | 0.689** | 1 | | |
| | 9. 自我导向 | −0.117* | −0.057 | 0.122* | 0.058 | 0.005 | 0.052 | 0.680** | 0.592** | 1 | |
| | 10. 个人主动性 | −0.129* | 0.013 | 0.099 | 0.207** | 0.040 | −0.002 | 0.758** | 0.744** | 0.637** | 1 |
| 员工满意度 | 11. 整体满意度 | 0.008 | 0.066 | 0.033 | 0.204** | 0.069 | 0.048 | 0.033 | 0.105 | −0.013 | 0.073 |

表 8.8 相对能力中介作用的多层回归分析结果

| | 相对能力 | | 员工绩效 | | |
|---|---|---|---|---|---|
| | 模型 1 | 模型 2 | 模型 1 | 模型 2 | 模型 3 |
| 性别 | 0.281 ** | 0.305 *** | 0.233 ** | 0.257 ** | 0.098 |
| 年龄 | −0.213 | −0.220 * | −0.139 | −0.145 | −0.030 |
| 受教育程度 | −0.127 | −0.135 | −0.139 | −0.147 * | −0.076 |
| 职级 | 0.062 | 0.087 | −0.075 | −0.051 | −0.096 |
| 企业工作时间 | −0.011 | −0.012 | −0.027 | −0.028 | −0.022 |
| 岗位工作时间 | 0.147 * | 0.138 * | 0.039 | 0.031 | −0.041 |
| 人力资本投资 | | 0.254 * | | 0.248 * | 0.116 |
| 相对能力 | | | | | 0.521 *** |
| $R^2$ | 0.095 | 0.121 | 0.085 | 0.112 | 0.368 |
| adj. $R^2$ | 0.070 | 0.093 | 0.060 | 0.084 | 0.345 |
| $F$ | 3.811 ** | 4.290 *** | 3.400 *** | 3.939 *** | 10.805 *** |
| $DR^2$ | 0.095 | 0.121 | 0.085 | 0.027 | 0.256 |

注：*** $p<0.001$；** $p<0.01$；* $p<0.05$；1=“男”，2=“女”

### 8.10.3 投资感知在人力资本投资与员工满意度关系中的中介作用分析

前面讨论了人力资本投资、员工满意度和投资感知三者之间的关系，同时结合表 8.7 的相关分析结果可知：人力资本投资能够带来员工满意度的提高，且人力资本投资与员工的投资感知也有显著的正向相关关系，表明投资感知作为中介作用的研究思路是可行的。同样用 Baron 和 Kenny（1986）建议的多层回归方法来检验人力资本投资感知在人力资本投资与员工满意度关系中的中介作用。在控制变量之后，第一步先用人力资本投资指数解释人力资本投资感知，第二步用人力资本投资指数解释员工满意度，最后一步用人力资本投资指数和人力资本投资感知指数同时解释员工满意度。如果回归方程通过，并且人力资本投资指数的回归系数不显著或降低，而人力资本投资感知的回归系数显著，则说明人力资本投资感知在人力资本投资影响员工满意度的过程中起到了完全或部分中介作用。回归分析结果见表 8.9 所示。

表 8.9　人力资本投资感知中介作用的多层回归分析结果

| | HCI 感知 | | 员工满意度 | | |
|---|---|---|---|---|---|
| | 模型 1 | 模型 2 | 模型 1 | 模型 2 | 模型 3 |
| 性别 | −0.020 | 0.007 | 0.037 | 0.057 | 0.054 |
| 年龄 | −0.077 | −0.088 | −0.050 | −0.058 | −0.021 |
| 受教育程度 | −0.027 | −0.038 | −0.051 | −0.059 | −0.043 |
| 职级 | −0.037 | −0.010 | −0.015 | 0.005 | 0.009 |
| 企业工作时间 | −0.013 | −0.015 | 0.145 | 0.143 | 0.150 |
| 岗位工作时间 | 0.033 | 0.020 | 0.032 | 0.023 | 0.014 |
| HCI | | 0.237 *** | | 0.173 * | 0.073 |
| HCI 感知 | | | | | 0.421 *** |
| $R^2$ | 0.010 | 0.064 | 0.024 | 0.053 | 0.218 |
| adj. $R^2$ | −0.017 | 0.034 | −0.003 | 0.023 | 0.190 |
| $\Delta R^2$ | 0.010 | 0.055 | 0.024 | 0.029 | 0.166 |
| $\Delta F$ | 0.367 | 12.710 *** | 0.890 | 6.707 * | 45.96 *** |
| $F$ | 0.367 | 2.147 * | 0.890 | 1.741 | 7.583 *** |

注：*** $p<0.001$；** $p<0.01$；* $p<0.05$；1=“男”，2=“女”

从表 8.9 可知，在控制了性别、年龄等变量的情况下，人力资本投资对员工满意度具有显著正向影响（$\beta=0.173$，$p<0.05$）。同时，人力资本投资对员工人力资本投资感知具有显著正向影响（$\beta=0.237$，$p<0.05$），中介作用检验的前提成立。

从人力资本投资对员工满意度的主效应以及人力资本投资感知的中介作用来看：人力资本投资对员工满意度有显著正向影响（$\beta=0.173$，$p<0.05$），但在加入了中介变量人力资本投资感知后，人力资本投资对员工满意度的回归系数 $\beta$ 值降低，由显著变为不显著（$\beta=0.073$，$p>0.05$），同时人力资本投资感知对员工满意度的回归系数显著（$\beta=0.421$，$p<0.05$），表明人力资本投资感知对员工满意度具有显著正向影响，且在人力资本投资与员工满意度关系中起着完全中介作用，本书的 H22 和 H23 都得到了支持。

### 8.10.4　感知差异在人力资本投资与员工满意度关系中的调节作用分析

在检验感知差异的调节作用之前，本书首先将主管报告的人力资本投资与员工报告的人力资本投资作配对样本 T 检验，结果如表 8.10 所示。检验结果显示：概率 $p$ 值小于 0.05，具有统计学意义，说明主管认为的人力资本投资与员工感知到的人力资本投资具有显著性差异。同时，结合前面的均值比较可以看出，员工感知到的人力资本投资水平（2.77）要略低于主管认为的人力资本投资水平（2.88），说明企业实施的人力资本投资政策和行为并不一定完全被员工所了解或感知。在此基础上，本书进一步分析主管与员工间的感知差异对人力资本投资与员工满意度关系的影响。人力资本投资感知差异可以通过计算主管报告的人力资本投资水平和员工报告的人力资本投资水平之间的差距获得（计算公式：人力资本投资差异=｜人力资本投资－人力资本投资感知｜）。

**表 8.10 配对样本 T 检验结果**

| | | 成对差分 | | | | | $t$ | $df$ | Sig.（双侧） |
|---|---|---|---|---|---|---|---|---|---|
| | | 均值 | 标准差 | 均值的标准误 | 差分的 95%置信区间 | | | | |
| | | | | | 下限 | 上限 | | | |
| 对 1 | 人力资本投资（主管）－人力资本投资（员工） | 0.10814 | 0.51374 | 0.03022 | 0.04866 | 0.16761 | 3.578 | 288 | 0.000 |

本书采用陈晓萍等人（2008）建议的采用的多元调节回归分析（moderated multiple regression，MMR）来验证投资感知差异的调节作用。多元调节回归分析法检验调节效应的具体步骤如下：（1）如果自变量或调节变量中有类别变量，则首先要将类别变量用编码的方式转换变虚拟变量；（2）将自变量和调节变量中的连续变量进行中心化或标准化，以减小多重共线性（multicollinearity）问题；（3）将把经过编码或中心化（或标准化）处理后的自变量和调节变量相乘，构造乘积项；（4）把自变量和因变量（未中心化）和乘积项都放到多元层级回归方程中就可以检验交互作用了。在采用多元分层回归方法检验调节效应时，主要关注多元层级回归方程中的乘积项的系数是否显著，如果乘积项系数显著，则可以说明调节作用的存在；同时也可以通过 $R^2$ 来检验，如果 $\Delta R^2$ 显著（$\Delta R^2$ 服从 $F$ 分布），也能证明调节变量的存在。感知差异的调节作用检验结果如表 8.11 所示。

表 8.11 HCI 感知差异调节作用的多层回归分析结果

| 变量 | | 员工满意度 | | |
|---|---|---|---|---|
| | | 模型 1 | 模型 2 | 模型 3 |
| 控制变量 | 性别 | 0.037 | 0.057 | 0.053 |
| | 年龄 | −0.050 | −0.050 | −0.039 |
| | 教育程度 | −0.051 | −0.056 | −0.069 |
| | 职称 | −0.015 | 0.002 | 0.014 |
| | 企业工作时间 | 0.145 | 0.142 | 0.128 |
| | 岗位工作时间 | 0.032 | 0.032 | 0.036 |
| 自变量与调节变量 | HCI | | 0.188 ** | 0.250 ** |
| | 感知差异 | | −0.081 | −0.043 |
| 交互作用 | HCI * 感知差异 | | | −0.185 * |
| $R^2$（调整 $R^2$） | | 0.024（−0.003） | 0.059（0.024） | 0.087（0.049） |
| $\Delta R^2$ | | 0.024 | 0.035 | 0.028 |
| $\Delta F$ | | 0.89 | 4.06 * | 6.517 * |
| $F$ | | 0.890 | 1.701+ | 2.275 * |

注：*** $p<0.001$；** $p<0.01$；* $p<0.05$；1＝“男”，2＝“女”

从表 8.11 可知，在人力资本投资与员工满意度关系模型中，控制了性别、年龄、工作时间等因素的情况下，人力资本投资与感知差异的交互项系数显著（$\beta=-0.185$，$p<0.05$），且系数为负，说明感知差异在人力资本投资与员工满意度关系中起着负向调节作用，即当投资感知差异较小时，人力资本投资与员工满意度之间的关系越强；反之，关系越弱。感知差异调节效应示意图如图 8.2 所示，当主管与员工对于人力资本投资感知差异较低时，人力资本投资对员工满意度有显著正向影响；而感知差异较大时，人力资本投资对员工满意度的影响不太明显，H24 得到了支持。

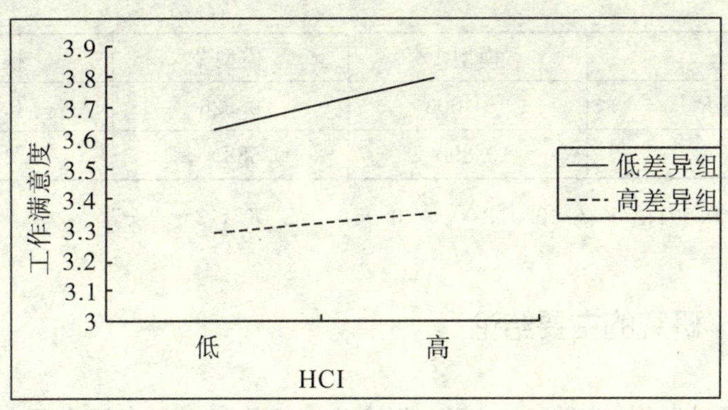


图 8.2　感知差异在人力资本投资与员工满意度关系中的调节作用示意图

### 8.10.5　职业高原在人力资本投资与员工满意度关系中的调节作用分析

表 8.12 中的数据表明员工满意度与职业高原显著负相关，且与控制变量中的受教育程度负相关，与企业工作时间正相关。进一步回归，控制了受教育程度、企业工作时间等相关因素的影响下，职业高原对员工满意度具有显著负向影响（$\beta=-0.976$，$p<0.001$），H25 得到了支持。再用三步回归法检验职业高原在人力资本投资和员工满意度关系中的调节作用，发现其调节作用不显著，H26 未能得到支持。

表 8.12　职业高原调节作用的多层回归分析结果

| | 模型 1 | 模型 2 | 模型 3 |
|---|---|---|---|
| 性别 | 0.08 | 0.051 | 0.048 |
| 年龄 | −0.07 | 0.011 | 0.001 |
| 教育程度 | −0.093 | 0.039 | 0.042 |
| 职称 | −0.032 | 0.183 | 0.189 |
| 企业工作时间 | 0.104 | 0.162 * | 0.165 * |
| 岗位工作时间 | 0.05 | 0.031 | 0.028 |
| 人力资本投资 | | 0.272 | 0.252 |
| 职业高原 | | −0.976 *** | −0.974 *** |
| HCI 与职业高原乘积 | | | 0.199 |
| $\Delta R^2$ | 0.024 | 0.326 | 0.002 |
| $\Delta F$ | 0.89 | 54.380 *** | 0.785 |

续表8.12

| | 模型 1 | 模型 2 | 模型 3 |
|---|---|---|---|
| 调整 $R^2$ | −0.003 | 0.326 | 0.352 |
| $F$ | 0.890 | 9.588*** | 13.042*** |

注：*** $p<0.001$；** $p<0.01$；* $p<0.05$；1="男"，2="女"

## 8.11 研究的主要结论

本书通过运用 SPSS17.0 进行 T 检验、相关分析和多层次回归分析等方法，对提出的 9 个假设进行了检验，大部分假设都得到了支持。具体如表 8.13 所示：

表 8.13 本书假设检验结果

| 研究假设 | 验证结果 |
|---|---|
| H18：人力资本投资对员工工作绩效具有显著的正向影响，并且增值性人力资本投资对员工绩效的影响大于保值性人力资本投资。 | 支持 |
| H19：人力资本投资对员工满意度具有显著的正向影响，并且增值性人力资本投资对员工满意度的影响大于保值性人力资本投资。 | 支持 |
| H20：相对能力对员工工作绩效具有显著的正向影响。 | 支持 |
| H21：相对能力在人力资本投资与员工工作绩效关系中起中介作用。 | 支持 |
| H22：人力资本投资感知对员工满意度具有显著正向影响。 | 支持 |
| H23：人力资本投资感知在人力资本投资与员工满意度关系中起中介作用。 | 支持 |
| H24：感知差异在人力资本投资与员工满意度关系中起负向调节作用。 | 支持 |
| H25：职业高原对员工满意度具有显著的负向影响。 | 支持 |
| H26：职业高原在人力资本投资与员工满意度关系中起负向调节作用，当职业高原特征越明显时，人力资本投资与员工满意度之间的关系越弱；反之，关系越强。 | 不支持 |

本书采用实证研究的方法，就企业人力资本投资与个体结果变量、员工绩效和员工满意度的关系，以及相对能力和感知差异等个体因素对其关系的影响进行了研究，得出了以下结论：

（1）从总体上来说，企业人力资本投资能够带来员工绩效和员工满意度的提高。

（2）在企业人力资本投资方式中，薪酬福利等保值性人力资本投资不能带来员工绩效和满意度的显著提高，员工绩效和满意度的提高主要是通过增值性人力资本投资，如培训、教育、授权、上下级共同制定员工的工作计划、岗位轮换、新老员工搭档、能力评估、职业生涯规划、股权激励、利润分享等来实现的，因此增值性人力资本投资对员工绩效和员工满意度的影响要大于保值性人力资本投资。

(3) 相对能力是影响企业人力资本投资效果和投资策略选择的重要因素：员工绩效受到相对能力的影响，即员工实际能力与岗位能力素质要求相对值越高，员工绩效也越高，人力资本投资主要是通过提高员工的相对能力，缩小员工现有能力与岗位所需能力的差距来提高员工的工作绩效。

(4) 在企业人力资本投资过程中，影响员工满意度最直接的因素在于员工对于人力资本投资的感知，企业人力资本投资主要是通过提高员工的人力资本投资感知来提高员工满意度的。

(5) 组织与员工对企业人力资本投资的认知是存在显著差异的，造成这种差异的原因可能有如下三个方面：一是企业人力资本投资政策只是流于形式，并未得到落实；二是企业在进行人力资本投资过程中宣传力度不够，导致组织与员工之间信息的不对称，造成企业实际上对员工进行了不少投资，但未被员工意识到等；三是企业在人力资本投资过程中没有重视与员工的交流沟通，导致企业的人力资本投资与员工所期望或需要的人力资本投资之间存在差异。

(6) 在企业人力资本投资过程中，组织与员工之间的感知差异会对投资效果产生影响，即感知差异在人力资本投资与员工满意度关系中起调节作用：当组织与员工之间感知差异较小时，企业的人力资本投资能够带来员工满意度的显著提高；反之，当差异较大时并不能带来员工满意度的显著提高，意味着企业人力资本投资的浪费。

## 8.12 管理实践建议

从管理实践的角度看，本书结果最重要的价值在于将员工个体因素与组织因素相结合，通过从客观角度分析代表员工现有能力与岗位要求能力差距的相对能力因素对人力资本投资效果的影响，和主观角度研究企业人力资本投资过程中，员工人力资本投资感知对员工态度和行为的影响，以及从组织和员工双向视角研究两者对于人力资本投资的感知差异对于人力资本投资效果的影响，从而为企业有效地进行人力资本投资，提高人力资本投资收益率提供了方向。

一是从人力资本投资的重要性来看，我国企业应树立人力资本意识，将人力资本投资看作能够带来回报的投资行为，重视对员工的人力资本投资，通过多样化的人力资本投资，如有竞争力的薪酬、有针对性的培训、绩效考核与反馈、岗位轮换、员工参与、职业生涯管理、股权激励等方式提高员工的满意度，从而带来员工工作绩效的提高，增强员工的组织承诺和组织公民行为，降低员工离职率。

二是从人力资本投资方式来看，企业可以通过加大增值性人力资本投资来提高员工绩效和满意度，但并不意味着不重视保值性人力资本投资，薪酬福利、招聘费用等保值性人力资本投资属于保健因素，目的是为了维持员工现有的人力资本价值，如果缺乏容易导致员工的不满意。因此企业的人力资本投资是在保值性人力资本投资的基础上增加增值性人力资本投资。

三是从人力资本投资过程来看，企业在进行人力资本投资前应进行投资需求分析，避免由于投资的盲目性和随意性造成的投资的浪费，从而提高人力资本投资回报率。首先，相对能力是影响人力资本投资效果的重要因素，企业在人力资本投资前应进行相对能力分析：通过工作分析确定每个岗位的任职资格和岗位能力素质要求，并定期对员工进行能力评估，确定其现有能力与岗位所需能力的差距，计算出其相对能力大小。针对相对能力小于 1 的员工应通过培训等人力资本投资提高其相对能力，从而提高其绩效水平；针对相对能力大于或等于 1 的员工，其现有能力已经足够胜任现在的工作，此时主要是通过保值性人力资本投资维持其绩效水平，通过长期激励留住员工，或根据其职业生涯规划提供晋升、换岗等机会帮助员工实现更好地发展。

四是从人力资本投资政策的落实来看，企业在人力资本投资过程中，应重视员工的人力资本投资感知，降低组织和员工间对于人力资本投资的感知差异。首先企业的人力资本投资政策不只是流于形式，而应在管理过程中得到贯彻和落实，企业在落实人力资本投资政策的过程中可以通过加强宣传，努力使员工认识和了解企业的人力资本投资政策，并使员工能够确实感知到企业对其进行的人力资本投资。另外，组织的各项政策和措施是通过组织代理人的角色行为表现出来的，员工会将组织代理人的行为和对待他们的态度作为组织是否喜欢他们、重视和关心他们的标志，从而决定是否对组织忠诚并履行对组织的承诺和贡献（Levison，1965）。在企业中，主管作为组织代理人，组织与员工的社会交换需要通过主管来沟通和执行，因此主管既是企业人力资本投资政策宣传的窗口，也是企业人力资本投资政策的执行者，在企业人力资本投资过程中起着重要作用。主管应在日常管理工作中加强与员工的交流和沟通，使员工了解企业的人力资本投资政策，并及时了解员工的期望，进行合理引导，同时根据员工的期望和特点进行有针对性的人力资本投资，提高员工的人力资本投资感知，尽可能缩小组织与员工之间的感知差异，从而提高企业人力资本投资效率。

## 8.13 研究的不足和后续研究展望

本书虽然取得了以上的研究成果，但由于时间和经验的不足，以及客观条件、个人能力的限制和研究资源的约束，本书还存在着许多不足之处，具体表现在以下几个方面：

一是本书仅从组织和员工双向视角研究了相对能力和感知差异等因素对人力资本投资效果的影响，而人力资本投资效果可能还受到其他个体变量的影响，如年龄、性别等人口学变量因素、学习态度、需求、动机、自我效能等心理学变量因素，以及其他可能的个体因素等。另外，人力资本投资效果可能还受到组织变量因素的影响，如组织战略、组织文化、团队氛围等因素，这些都还有待于我们做进一步的研究。

二是本书的调查数据仅来自于某国有银行的客户经理岗员工，研究样本具有特殊性和一定的局限性。由于不同的行业，不同的企业，不同岗位的员工，人力资本投资情况是不同的，同一种投资方式产生的效果也是不尽相同，而影响其投资效果的因素也可能是不一样的。另外，调查数据分别来自成都与广州两地，而在本书中没有考虑地区差异可能造成的影响。因此在以后的研究中需要扩大研究样本来源，在不同的行业、企业和岗位进行人力资本投资研究。

# 第四部分 企业家特殊人力资本：社会资本的构建策略

在改革开放的30年时间里，随着相关法律、法规、政策以及市场环境、机制等不断完善，我国民营经济从零开始、从无到有，实现了稳步快速的发展，为我国经济和社会发展做出了积极的贡献。目前，民营经济在国民经济总量中所占的比重不断上升，对经济增长的贡献不断增大，已发展成为国民经济的重要支柱。根据相关统计，截至2007年第三季度，登记注册的全国民营企业达到538.7万户，比2006年年底增长8.2%；注册资金总额为8.8万亿元，增长16.5%；从业人员为7058.6万人，增长9.8%；投资者人数1362.1万人，增长7.1%；在GDP贡献方面，2007年民营经济已占我国GDP比重的60%。在席卷全球的金融风暴中，我国的民营企业继续发展，在应对金融危机的过程中发挥了重要的作用。全国政协副主席、全国工商联主席黄孟复在2009中国（重庆）民营经济发展论坛上表示，2009年前5月，民营企业在利润、增加值等多项指标上高于全国平均水平，缓解了经济下行的压力；并表现出较强的社会责任感，在全国新增就业472万人，其中90%以上是在民营企业；同时，民营企业知变、应变、善变，积极调整发展战略、不断创新，优化产业、产品结构，在活跃国内市场、扩大国内需求中发挥了重要作用。

民营企业的蓬勃发展，有赖于民营企业家的不懈努力和创新，而企业家社会网络在其中发挥了重大作用。中国自古以来是个人情社会，“关系”在社会的方方面面都发挥着不可替代的作用，对企业家更是如此。国内研究已经证实，企业家社会网络能够帮助企业识别机会（谢赓华，2010），获取资源（韦雪艳、刘辉，2009），改善战略执行能力（黄亮，2011），进而提升绩效，促进企业成长（付宏、苏晓燕，2005）。受此影响，我国民营企业家长期以来致力于构建和发展其个人社会网络（杨洁、黄寰，2005）。

然而，由于理解和实践上的偏差，企业家们在利用“关系”的时候出现了一些问题。如前些年的黄光裕案，暴露了我国企业家，尤其是民营企业家在建立社会网络过程中存在大量的违规甚至违法行为，不仅对企业家本人产生不利影响，并且让企业的发展蒙上阴影。

另一方面，经过多年的发展，我国大部分民营企业已经度过了初创期和生存期；而部分新生企业仍然面临创业初期的困难，继续寻求生存和发展。企业生命周期理论认为，不同时期的企业面临不同的问题与危机，需要采取不同的解决方式以寻求进一步的发展。

因此，有必要对社会网络相关理论进行梳理，从理论上引导企业家正确认识和利用社会网络，健康、可持续地促进企业发展；同时，引入企业生命周期理论，对企业不同时期应该如何建立和发展社会网络提出更具指导意义的结论和建议。

# 第9章 社会资本及企业生命周期理论溯源

国内外研究已经证实，企业家社会网络能够帮助企业识别机会，获取资源，改善战略执行能力，进而提升绩效，促进成长。然而很多企业家对社会网络的理解存在一定的偏差，片面的将其理解为某些特殊“关系”，比如与金融机构、政府部门的关系，从而导致企业和社会出现一些问题。在近年来的若干反腐大案中，落马官员背后都牵出一系列的涉案企业，这暴露了我国企业家，尤其是民营企业家在建立社会网络过程中存在大量的违规甚至违法行为，不仅对企业家本人产生不利影响，也让企业的发展蒙上阴影。因此，企业家要正确认识社会网络的作用，尤其要随着企业的发展阶段的变化，合理地构建自己的社会网络。

## 9.1 企业与企业家

在2011年1月11日，全国工商联在北京召开“2011—2012年中国民营经济发展形势分析会”，会上发布了《2011年中国中小企业调研报告》。报告指出，作为市场主体的民营企业，尤其是小微企业，在当前形势下生产经营遇到了较大困难，面临成本高、税费高、融资难和招工难的困局。

由此可见，我国民营企业一方面通过活跃市场，刺激需求，拉动了市场经济的发展，对整个国民经济做出了巨大贡献；另一方面，民营企业又受到宏观环境和自身发展情况的制约，出现了一些问题，形成了继续发展的瓶颈。那么如何解决问题、突破瓶颈，国内外的相关研究给了我们一些启示。

企业家是企业的灵魂，在企业的创立、发展过程中发挥着至关重要的作用，也是影响企业绩效的关键因素（徐婧，2010）。因此，要解决目前我国民营企业遇到的问题和困局，企业家仍然是最核心的因素。

国外学者从不同角度对企业家进行了研究，通过对相关文献的回顾，Greve（1995）进行了总结，“企业家研究运用了一系列不同的观点进行了解释，这些观点有基于人格理论的，有基于经济理论的，还有基于文化、种族背景的，等等”。然而近年来，越来越多的研究把重点放在了网络视角下的企业家（Dubini 和 Aldrich，1991；Collins 和 Clark，2003）。

## 9.2 社会资本、社会网络与关系

### 9.2.1 理论发展现状

通过研究发现，社会网络有助于企业降低交易成本（Wu 和 Choi，2004），帮助企业融资、获取必需的资金（Stuart 和 Sorenson，2005），帮助企业找到并聘用需要的人才（Stuart 和 Sorenson，2005），不仅如此，企业家社会网络还能帮助企业获取信息和资源（Arenius 和 Clercq，2005），明显改善企业绩效（Sparrowe，Liden 和 Kraimer，2001）。

因此，企业家及其社会网络对于企业经营、发展的重要作用已经在学术界达成共识。然而，通过大量、广泛的文献阅读，我们发现，目前还存在以下三方面的问题需要讨论、研究：

（1）概念上的混淆。

在目前的文献中，有三个概念经常交替出现，“社会资本（Coleman，1990）”、“社会网络（Collins 和 Clark，2003）”、“关系（Batjargal 和 Liu，2004）”。这三个概念的边界如何区分？社会资本究竟是不是资本？关系是一种中国现象还是普世现象？三者之间有何联系，又该如何区别？这些问题都有待通过文献和实证研究进行澄清。

（2）缺乏对内外网络的综合研究。

国内外的学者们在研究社会网络的时候，对社会网络提出了不同的分类方法或维度。比较具有代表性的是：根据关系的强弱，Granovetter（1983）提出强弱联系的观点；Coleman（1990）和 Burt（1992）针对不同网络结构的信息获取的差异，将网络分为了闭合网络（Closed Networks）和开放网络（Open Networks）；边燕杰、丘海雄（2000）则把企业社会资本分为了纵向联系、横向联系、社会联系。这些研究几乎都主要集中在企业外部，研究其为企业或当事人带来的信息与资源等。由此可能形成一种误区，导致企业家过分重视外部网络活动，而忽视了建设内部关系。

近年来，部分国内学者也开始了对内部网络的研究，单伟，张庆普，刘臣（2009）以及冯立波（2010）研究了企业内部网络与内部知识搜寻和流转的关系，孙静优（2010）则研究内部社会资本对组织公民行为的影响。国外关于内部网络的研究部分起源于对领导成员关系的研究（Graen 和 Uhl-Bien，1995；Colella 和 Varma，2001）。由此可见，上述研究都是把企业外部网络与内部网络分别置于不同的研究领域，分别研究其影响与作用。受到我国传统文化的影响，企业家们对于“关系”的理解多限于企业外部，利用其所能带来的信息和资源。这种研究方式使得我国企业家将内部网络与“关系”区分开来，进一步加深了对外部网络的片面强调。

Collins 和 Clark（2003）提出了企业内部网络与外部网络的研究方法，并通过实证分析证明了内外网络可以置于一个模型进行研究，以及各自与企业绩效的关系。此模型也受到了其他学者的支持和应用，Weisz，Vassolo 和 Cooper（2004）研究了创业团队的社会资本与绩效的关系，将其分为了外部与内部网络，并证明了各自与绩效的关系。但他们的研究都没有考虑到内外网络的交互作用，以及企业生命周期对社会网络的影响作用，而这也正是 Collins 和 Clark（2003）提出的未来研究方向。

（3）缺乏对企业发展的系统思考。

企业的发展存在生命周期，不同阶段面临不同的主要问题（Kazanjian，1988），但大部分研究将企业家社会网络与企业绩效的关系置于静态的环境中予以考虑，主要研究社会网络的不同类型、不同维度与企业绩效不同方面的影响关系。如 Collins 和 Clark（2003）将社会网络分为企业内部网络与企业外部网络，分别包括三个维度，即网络规模、网络范围和关系强度，进而分别研究内外网络不同维度与企业绩效的关系，并且他们用销售增长和股票表现作为绩效的衡量办法。Moran（2005）根据社会活动的嵌入性（Granovetter，1985），研究了结构嵌入维度与关系嵌入维度对常规事务绩效和创新事务绩效的影响。

虽然也有部分学者将社会网络置于企业生命周期中进行考虑，但仍存在一些问题，其中主要有两种研究方向。一种是将企业家社会网络置于生命周期某一特定阶段，而不是对企业生命周期的系统研究。这方面的研究又主要集中在了创业期，研究社会网络对创业绩效的影响，如 Weisz，Vassolo 和 Cooper（2004）的实证研究就肯定了这一结论；早些时候，Bhide（1999）提出创业初期，企业家社会网络为企业提供信息和资源，并通过对 500 家企业的调查发现，企业最初的金融支持主要来自于企业家的家庭成员和朋友等社会网络关系。

另一种则是从客观上研究了社会网络在企业生命周期各阶段的演进，以适合企业不同阶段的需要，但并没有具体分析其演进与企业绩效的关系，研究结果不具备较强的实践意义。如，Birley，Cromie 和 Myers（1991）指出，企业家在企业发展的早期阶段对朋友、家庭成员以及邻居等非正式关系网络较为依赖，而到了企业发展后期，企业家更为依赖银行、会计师、律师、供应商、政府等正式关系网络。Steier（2000）也提出，随着企业进入生命周期不同阶段，需要寻求充足的资源来确保其生存、发展，网络关系开始变化、演进。

因此，本书首先通过文献研究，厘清“社会资本”、“社会网络”以及“关系”的概念、联系和区别；然后将企业内部和外部社会网络置于同一模型，探讨内外网络以及他们的交互作用与绩效的关系，同时引入企业生命周期理论，系统的研究社会网络在企业生命周期不同阶段的如何演进，以及各个阶段与绩效的关系如何变化。

### 9.2.2　社会资本

首先，学者们争论着社会资本能否成为资本，Alder 和 Kwon（2002）从资源基础学说的角度，对这一问题进行了详细的阐述，他们认为社会资本具有七种特性：(1) 跟其他资本一样，社会资本是一种可以投入其他资源、长期存在的资产，并预期在未来能够带来收益；(2) 社会资本具有可专用性与可交换性；(3) 社会资本可作为其他资源的替代品或补允；(4) 与物质资本和人力资本相似，社会资本需要维护；(5) 某些形式的社会资本是一种公共财产，那些从中受益的人并不拥有对它的私人产权；(6) 社会资本不同于其他形式资本的是，他不存在于当事人本身，而是存在于与其他人的联系中；(7) 对社会资本的投资难以量化。因此，他们认为社会资本是一种“特殊”的资本。同时，他们也给出了关于社会资本的定义“社会资本是对个人或团体的一种善意，它来源于当事人社会联系的结构与内容，它影响了当事人可获得的信息、影响力等。”

那么接下来需要探究的是，社会资本究竟如何构成或体现？以及它与社会网络的关系是什么？关于社会资本的定义，经过大量的文献阅读和整理，本书认为学者们普遍存在两类不同的侧重点。

(1) 资源能力观。

这一类观点总的来说，将社会资本视为企业或个体的一种资源聚合，或者是获取某项资源和信息的能力聚合。比较具有代表性的研究是，Bourdieu（1986）认为“社会资本是通过占有体制化关系网络的实际或潜在资源集合”，Portes（1998）则提出社会资本“代表的是当事人利用所在社会网络或其他社会结构获取利益的能力”，这里的利益就包括了信息、资源等。Lin（1999）通过对社会资本相关研究的总结，提出“社会资本就是社会网络中可获取的资源。”

(2) 网络结构观。

持这种观点的学者们将社会资本放在社会结构以及角色之间的关系中加以解释。比如，Coleman（1990）将社会资本定义为“在网络结构内，能对当事人产生价值、对其行为有利的网络结构的任何方面。”Burt（1992）在研究社会资本时，根据 Granovetter（1983）的弱联系观点，提出了著名的“结构洞（Structural Hole）”理论，他将结构洞定义为联系人之间不冗余的社会关系，并指出在社会网络中，结构洞能够将多个没有直接联系的个体联系起来，这是一种网络结构的模式，而结构洞能够帮助当事人获取更多的信息和资源，从而形成社会资本。另外一个引起广泛关注和支持的研究是 Nahapiet 和 Ghoshal（1998）在研究社会资本、智力资本与组织优势三者之间关系时提出的结构性嵌入、关系型嵌入以及认知性嵌入的社会资本三维度，他们认为社会资本存在于网络结构中，同时又受到网络结构中一些因素的影响，如关系的性质（亲情、友情、尊敬等）、信任、共同的规范、观念等。

从上述关于社会资本的研究来看，虽然侧重点有所不同，但都与社会网络有着不可分割的联系。从资源能力观来看，社会资本是通过社会网络获得资源，而网络结构观则认为，某种程度上的社会资本就是或者存在于社会网络。通过对文献的梳理，本书发现可以从社会网络本身的词性来解释两种不同的观点，并找到社会资本与社会网络的关系：当社会网络作为动词时，它是一种社会活动或者投资行为，企业家可以通过投资社会网络、参与社会网络活动，获得需要的社会资本；当社会网络作为名词时，它构成了社会资本的基础，是社会资本的某种形式，社会资本存在于社会网络或由社会网络的某些联系（关系）形成。

### 9.2.3 关系

在文献研究的过程中，作者除了梳理社会资本与社会网络的关系，还研究了出现频率较高的另一个概念——“关系”。我国社会文化在某种程度上来说，是人情社会或关系社会，学者们在研究中国情境下的“关系”时，发现其与社会网络具有相似的作用和发生机制。Batjargal 和 Liu（2004）在研究我国企业家社会资本的时候提出，在中国情境下社会资本的概念吻合着中国土生土长的一种社会现象——“关系”，“关系”是中国视角下的社会网络和社会交往。Park 和 Luo（2001）研究中国企业社会网络的时候提出，关系在中国社会是一个文化上的特征，对于人与人之间和组织之间的动力学具有强烈的暗示意义，它指的是一种在个人和组织之间的交往中逐渐建立的一种联系的网络，这种网络可以帮助当事人获得好处。关系是错综复杂、无处不在的社会网络，它包含了不言自明的、相互的义务、保证和理解。Yeung 和 Tung（1996）更是直接指出，在中国，关系是一个关于社会网络的通用称谓；在中国社会，流行着这样一句话“你认识谁比你知道什么更重要”，“你认识谁”指的是个人同有关当局或个人的私人联系，这种联系在中国语境下，被叫做“关系。”Xin 和 Pearce（1996）也指出在中国社会，关系是个人发展和企业管理的生命线。由此可见，“关系”在我国社会中的发挥着非常重要的作用。

边燕杰，刘翠霞，林聚任（2004）通过文献回顾，总结了三种关于“关系”的模型与理论：（1）作为家庭义务延伸的网络；（2）作为特殊工具性纽带的交换网络；（3）作为非对称性交易的社会交换网络。因此，本书认为我国的“关系”在理论上实际就是社会网络的一种形式，或者说社会网络是“关系”的延伸，只不过长久以来，我国的人情社会对于“关系”的强调更重于实践层面。

对实践层面“关系”的强调导致了认识和实践上的偏差，尤其是对于我国的民营企业家。边燕杰，刘翠霞，林聚任（2004）在研究中提出了社会交换，即通过“关系”的交换，是非对称性的交易。我国市场经济处于转型期间，各种信息、资源机制尚不完善，那么企业家建立和发展“关系”的目的正是寻求通过这种“非对称”的交易，获得企业发展所需要的信息和资源，进而改善企业绩效，促进企业发展，而这些信息和资源往往被认为存在于企业外部。Batjargal（2007）通过对中国互联网企业的研究证实了这个观点，“中国的企业家发现，要能行之有效的处理转型经济下的不利环境，必须通过个人关系网络来做生意，因为网络连带可以提供所需的信息和资源，帮助发现附着在网络中的代理商、供应商、投资商。”Park 和 Luo（2001）也指出，“关系”是一种有价值的创业和经营工具，通过它建立起信息和资源的桥梁，使得信息和资源可以在未曾链接的企业之间流动，并连通企业和外部重要的利益相关者；在他们的研究中，关系又分为了水平联系：包括买家、供应商和竞争对手，垂直联系：包括政府、行业管理部门、权威部门（如税务机构、银行等）。

由此可以看出，在对我国企业的研究中，大部分学者们将企业家、高管们的社会网络或关系活动定义在了企业外部（Luo，2003；Peng 和 Luo，2000）。因此，本书认为，“关系”是社会网络的中国化形式，社会网路中包含了各种关系，但受到我国传统文化和转型期经济的影响，“关系”更偏向于企业外部，即强调外部社会网络。

## 9.3 社会网络及其类型

在厘清了社会资本、关系与社会网络的关系后，本书将开始重点研究社会网络。关于社会网络的定义和类型，学者们给出了不同的看法。

### 9.3.1 社会网络的定义

Greve 和 Salaff（2003）将社会网络定义为“由企业家自己提供，在建立及运行一个企业时，与之讨论相关话题的人数”。Joel 和 Karen（1998）提出社会网络是“两人以上的参与者之间追求重复、持久的交换关系，在这种交换关系中缺乏合法的组织权威去仲裁和解决可能出现的争端”。Nelson（1989）则直接将“社会网络定义为一系列的与其他个体之间的联结”，并认为连带或联结可以是不同类型的，正式的或非正式的、频繁的或不频繁的，情感的或纯功利的。根据前述社会资本与社会网络的关系，这显然是从名词的角度来理解社会网络。

那么从动词的角度来定义社会网络又是怎样的？Peng 和 Luo（2000）认为社会网络是“高管们开疆扩土的行为以及他们与外部实体之间的互动”。Luo（2003）提出，“社会网络是高层管理者开拓和发展与外部主体管理人员的联系或关系的活动，有利于信息、资源和知识的交换，从而减少交易成本或增加交易价值。”

结合本次的研究内容，本书采用 Nelson（1989）的观点，将企业家社会网络定义为“企业家与其他个体之间的一系列联系或关系”，并从实证研究的需要出发，重点探讨和研究社会网络的类型。

### 9.3.2 社会网络的类型

根据本书对社会网络的定义，社会网络的类型一方面由网络中联系或关系的属性决定，一方面由联系的另一方当事人的属性决定。

通过研究关系的强度，包括联系的频率、联系持续的时间以及情感的强度或紧密度，Granovetter（1973）将关系分为强关系（Strong Ties）和弱关系（Weak Ties），其中强关系是当事人的朋友，弱关系则是当事人的熟人，并且认为弱关系更利于获取更多的信息，识别更多的机会。根据强弱关系理论，学者们提出了更丰富的网络类型观点，具有代表性的是闭合网络（Closure）与开放网络（Open）。

Coleman（1988）认为网络结构的闭合（Closure）是指当事人的联系人之

间互相联系的程度，这种闭合的结构有利于有效的规范和维持彼此之间的信任，从而加强了社会资本。在更开放（Open）的网络结构中，违反规范的行为不容易被发现，也不太可能受到惩罚，因此人们将不再那么信任联系人，从而削弱了社会资本。从强弱关系理论来看，Coleman认为强关系的社会网络更有利于形成社会资本。

Burt（1992）则提出相反的观点，他首先提出当事人的网络关系，从结构上可以描述为相对紧密（Closed）或开放（Open）。在紧密的网络结构中，所有的联系人倾向于互相联系；而在开放的网络中，联系人之间倾向于维持一定的联系，而不是所有联系人之间都保持联系。这与Coleman对网络类型的描述相似，但他却认为在开放的网络中，网络关系更为稀疏，不存在冗余的联系，因此能提供更多的社会资本收益。这是因为稀疏的网络关系中存在结构洞，当事人就能利用中间人的位置获取信息优势。这就是结构洞理论，从强弱关系角度来看，Burt更倾向于Granovetter的弱关系理论。

与此类似，从强弱关系出发，学者们还提出了直接联系和间接联系（Abuja，2000），桥接关系与耦合关系（Adler和Kwon，2002；Donna和Patrick，2006）。

根据关系的另一方当事人的属性，可以将社会网络分为商业连带，即与其他企业，如供应商、客户、合作伙伴、竞争对手的连带关系（Dubini和Aldrich，1991）；政治连带，即与政府相关机构的连带关系（Luo和Chen，1997）。类似的，Baron和Tang（2008）在对我国企业的研究中发现研究表明，在中国的新建企业必须培植两方面的网络：首先是与供应商、买家、主要代理人和客户建立起来的专业社会网络，这样的网络帮助企业发展更加稳定和可靠的外部资源关系，增强客户忠诚，减少客户流失；考虑到在中国经济中政府的大量影响，新企业必须同时建立与政府官员、规则制定者们的网络，他们可以帮助企业减少伴随着结构不确定性的市场挑战，在这种波动而复杂的情境下，关系网络是促进经济交易、克服政府干预的有效机制。

国内学者在对社会网络的研究中，提出了纵向联系、横向联系以及社会联系的概念模型（边燕杰，丘海雄，2000；张方华，2004）。不同的是，边燕杰和丘海雄（2000）认为，在中国的背景条件下，企业的纵向联系主要是指企业与上下级机关单位、当地政府部门等的联系；横向联系是与其他企业的联系，如供应商、客户、合作伙伴、金融机构、股东法人等；社会联系则是除纵向联系、横向联系之外，企业在经营过程中与其他企业、机构或个体发生的社会交往和联系，如竞争对手。而张方华（2004）则认为纵向关系是客户和供应商等；横向联系是与其他企业；如合作伙伴和竞争对手等；社会关系时高校、科研机构、政府部门、金融机构等。贺远琼，田志龙和陈昀（2008）则以市场为边界，提出了市场关系，包括客户、经销商、供应商、同行业其他企业；非市场关系，包括政府、社会关系等。

通过对上述研究的分析、梳理，本书认为对于社会网络的研究，经历了从网络结构自身特点到工具性应用的发展。值得注意的是，无论是国外还是国内的学者，在对我国企业社会网络的研究过程中，提出的社会网络操作性定义，即前述社会网络的类型，几乎都集中在企业外部，没有或者极少的研究关注到了企业内部层面。这既说明了我国企业家在构建和发展社会网络时，受到我国传统社会文化的影响，注重“关系”——外部社会网络的直接效益，缺乏对社会网络整体的把握；也为本书的研究提供了方向。

Collins 和 Clark（2003）提出了以企业为边界，将社会网络分为内部网络和外部网络的研究模型，并提供了具体的测量维度和方法。首先，他们定义社会网络为高层管理者维持的一系列与企业内部人员的关系，即内部网络；以及与企业外部掌握对企业有价值的信息的组织或人员的关系，即外部网络。其中，内部网络包括了：销售与市场部门，研发部门，生产运营部门，以及财务、行政等其他部门；外部网络包括了：外部独立董事，供应商，客户，金融机构，竞争者，合作伙伴，政府机构，以及其他组织或个人。他们对内外网络的研究，同时采用了网络结构维度的测量方法，包括了规模（Size），范围（Range），强度（Strength of ties）。此研究模型的提出，受到了广大学者的支持和应用（Weisz，Vassolo 和 Cooper，2004；Fischer 和 Pollock，2004；Mehra 等，2006；Oh Chung 和 Labianca，2004），并且通过实证分析，证实了其有效性和适用性。

从组织信息理论的角度来看（Galbraith，1973），企业家通过外部网络获取信息和资源，影响企业的决策、生产、销售等一系列环节，进而作用于企业绩效。整个过程既包含信息和资源的获取，也包含信息和资源的处理、加工，尤其是内部的处理，最后才是处理结果的输出。因此，企业家在建立和发展外部网络的同时，必须完善内部网络，才能使获得的信息和资源得到充分利用，最后转化为企业的绩效。如果只片面强调和倚重其中的某个方面，企业绩效的产出都会出现重大问题。

因此，本书将我国企业家社会网络界定为内部网络与外部网络，将两者置于同一模型进行比较研究，符合我国企业经营、发展的实际需要，同时避免了片面强调外部网络而带来的负面影响。

## 9.4　社会网络与企业绩效的关系

对于社会网络与企业绩效的关系，国内外研究从绩效的各个方面进行了分析。Joel 和 Karen（1998）总结了社会网络具有五大功能——学习新的技能，获取新的知识；取得合法性地位；改进经济性绩效；管理企业对资源的依赖性；无意识地获得社会性利益。陈钦约（2010）则提出企业家社会网络具有促进学习的能力，获取和处理信息的能力，取得并控制资源的能力。基于社会网络具有的功能和能力优势，可以预见社会网络对企业绩效具有促进作用和积极的影响。这一认识得到广大学者们的支持，他们不仅从理论上进行了分析，更有大量研究通过问卷等方法进行了实证研究。本书通过对相关文献的梳理，将部分现有研究成果整理如表 9.1 所示：

**表 9.1　现有关于社会网络与企业绩效关系的研究成果**

| 学者，年份 | 研究成果 |
| --- | --- |
| Hansen，1999 | 社会网络中的弱联系有利于产品研发团队对创新信息的获取，强联系则有利于复杂和隐性知识的转移，二者共同对企业绩效产生正向影响。 |
| Batjargal，2003 | 企业家最初的社会网络中弱联系数量、能运用资源的数量与企业绩效正向相关。 |
| Aldrich，1990 | 社会网络为企业发展持续地提供外部资源。 |
| Batjargal 和 Liu，2004 | 对风险投资公司的访谈研究发现，投资决策受到风险投资者与企业家之间的关系的影响，并且该联系越强，企业为投资者带来的增值越大。 |
| Farh 等，1998 | 企业家与商业伙伴的特定关系对他们之间的信任水平有正向影响，进而帮助企业家在商业和职业上获得成功。 |
| Batjargal，2007 | 企业家拥有的创业经验与他们社会网络中结构洞的丰富性正向相关，进而对企业绩效产生更强的正向影响。 |
| Colemn，1988 | 前后一致的、紧密的社会网络可以帮助当事人成功地达成他们的目标。 |
| Burt，1992 | 在结构洞中稀疏的、非冗余的网络可以促进当事人获得新的信息、机会和资源，从而促进工具性行动的成功。 |
| Park 和 Luo，2003 | 对中国企业的研究发现，关系的运用对销售收入具有正向影响。 |
| Abuja，2000 | 企业的直接联系、间接联系均对企业创新有促进作用，并且二者之间存在交互作用。 |
| Luo，2003 | 商业连带有助于企业获得更加稳定、可靠的外部资源关系，加强客户忠诚度，减少跳单率。 |
| Sedikides 和 Gregg，2003 | 企业家与他人形成的关系的质量与范围强烈地影响着他们对关键信息的获取。 |

续表9.1

| 学者，年份 | 研究成果 |
|---|---|
| Ozgen 和 Baron，2007 | 在把握商业机会时，拥有广泛社会网络的企业家比社会网络较窄的企业家更加成功。 |
| Peng 和 Luo，2000 | 企业家商业连带与市场份额正相关，政治连带与市场份额、资产回报率均正相关。 |
| Hansen，1995 | 拥有更广泛的社会和专业网络的创业者潜在地更易于得到额外的"如何做"的知识、资本以及客户。 |
| 贺远琼，田志龙，陈昀，2008 | 企业高管的市场和非市场关系均能显著提高企业绩效，并且二者的影响作用都受到环境不确定的调节作用。 |
| 边燕杰，丘海雄，2000 | 企业家纵向联系、横向联系、社会联系均对企业发展和积累社会资本具有正向影响，且纵向联系的作用大于横向联系，横向联系又大于社会联系。 |

Collins 和 Clark（2003）也对内外网络的模型进行了实证研究，结果表明高层管理者的社会网络有助于企业绩效，其中外部网络的范围与关系强度对销售增长和股票表现有正向影响，而内部网络的规模对销售增长有正向影响，范围则与股票表现正相关。同时，在研究的结论部分，他们提出了内外网络及其各个维度有着不同但相互补充的能力和作用，而不同的网络类型有不同的特点，进而企业绩效的影响也有所不同，因此在研究内外网络与企业绩效关系的时候，还应该考虑到内外网络的交互作用，以及企业在不同时期，面临不同环境，应该关注于构建和发展最合适的网络类型，以最大限度的改善绩效。

## 9.5 企业生命周期与网络演进

### 9.5.1 企业生命周期

作为组织系统的企业，在应对组织内外变化、挑战的同时不断发展壮大或者逐渐衰亡，由此可以将企业的发展历程看作一个生命周期，经历诞生、成长、成熟、壮大、直至衰亡。通过描述企业怎样成长，这样的成长和发展对企业又有什么影响，研究生命周期有助于我们更好地理解企业成长这一复杂的现象（Kazanjian，1988）。因此，企业发展的这一特征引起了国内外专家学者的广泛关注和研究。

1972 年，美国哈佛大学的 Greiner 教授提出了企业生命周期的概念，并从组织年龄、规模、发展阶段、变革阶段、行业增长率等维度对企业的发展进行描述，然后按照经济增长阶段模型分为了创业、直接领导、委任、协调、合作五个阶段，并指出在不同阶段，组织在管理重点、组织结构、高管风格、控制系统、主要报酬分配方式五个方面均应不同。其后，Ichak Adizes（1979）对企业生命周期作了进一步的研究，指出企业的成长与老化主要通过灵活性与可控性这两大因素之间的关系表现出来，企业的生命周期要经历成长阶段（孕育期、婴儿期、学步期、青春期、盛年期）与老化阶段（稳定期、贵族期、官僚早期、官僚期、死亡期）。企业在不同时期具有典型的行为模式，可能会陷入不同的陷阱，如在学步期，企业可能陷入创业者陷阱；在青春期，可能面临新人与老员工的矛盾；并针对这些行为模式所存在的可预见的问题提出了相应的诊疗方法。

上述两位学者的研究，激发了广大学者们对企业生命周期的关注，比较具有代表性的研究有，Churchill 和 Lewis（1983）认为，处于不同生命周期阶段的企业将面临不同的管理问题，从而使得相同的成长驱动因素在企业的不同阶段的重要性程度有所不同；并指出前人所提出的企业生命周期模型在用于小企业的发展时有其局限性，于是从组织规模、多样性、复杂性等八个维度对小企业的发展进行了描述，进而提出了符合小企业发展的模型，分为存在、生存、成功、壮大、成熟五个阶段。Quinn 和 Cameron（1983）在总结前人九个企业生命周期模型的基础上，提出了企业生命周期的四阶段模型：企业家阶段、集体阶段、正式化和控制阶段、组织结构完善和适应阶段；同时根据组织效力模型，指出各效力标准在企业不同阶段具有不同的重要性；并且通过对企业的跟踪调查，证实了上述结论。Miller 和 Friesen（1984）通过 36 家公司的实证研究发现，企业的发展一般经历诞生、成长、成熟、复兴、衰退五个阶段，但并不是所有企业都严格遵守这一序列，比如有的企业在复兴期后再度进入成熟期，也有部分企业在衰退期重新进入复兴或成熟期；同时还指出，企业在不同时期的环境、战略、结构、决策模式都会表现出差异。Smith，Mitchell 和 Summer（1985）总结前人的研究成果，提出企业生命周期的三阶段模型，分别是初创期，快速发展期，成熟期；并通过对 27 家电子公司的 38 位高管进行实证研究，证实了不同时期的高层管理者在不同事务上的重点、优先性有显著差异。随后，Kazanjian（1988）对企业生命周期理论也进行了实证的研究，他们首先从理论角度探讨了企业不同时期面临的主要问题与发展阶段的关系，然后通过对 105 家公司的研究证实了这种关系，从而提出了与企业发展中面临主要问题相关的四阶段模型：构想和发展阶段、商业化运作阶段、成长阶段、稳定阶段。

随着我国企业的发展，国内学者在总结国外研究成果的基础上，也提出了关于生命周期的理论。其中较有代表性的是陈佳贵（1995）提出的六阶段模型：孕育期，求生存期，高速发展期，成熟期，衰退期，蜕变期；与多数研究不同，他认为企业在衰退期后存在两种前途：一是衰亡，大多数欠发育成长型的小规模企业衰亡的可能性较大；二是蜕变，对于正常甚至超常发育的大型企业来说，绝大多数都不会衰亡，而是蜕变，即“企业的经济形体、实物形体和产品都会发生巨大变化，这种变化是一种革命性的、脱胎换骨的变化。”李业（2000）则根据 Adizes 与陈佳贵的企业生命周期模型提出了修正模型，分为孕育期、初生期、成长期、成熟期、衰退期五个阶段，并描述了企业在各个阶段的主要特征，指出企业应在综合分析外部环境和自身实力的基础上，根据企业生命周期的不同阶段，正确选择发展的空间和途径，不断积累资源和能力，增强自己的竞争优势，就可以大大延长企业的生命周期。综上所述，可以得出国内外对于企业生命周期的研究主要是对于企业生命周期各阶段的划分，国内学者对此进行了总结，如下表所示：

**表 9.2　国内外研究关于生命周期的划分及依据**

| 学者，年份 | 阶段数量 | 划分依据 | 学者 | 阶段数量 | 划分依据 |
| --- | --- | --- | --- | --- | --- |
| Mitchell 和 Summer，1985 | 3 | 企业规模 | 李业，2000 | 4 | 销售额 |
| Downs 和 Lippitt，1967 | 3 | 组织结构复杂程度 | Greiner，1972 | 5 | 经济增长阶段模型 |
| Scott，1971 | 3 | 组织结构复杂程度 | Galbraith，1982 | 5 | 管理风格、组织结构 |
| 周三多，邹统钎，2002 | 3 | 经营战略 | Churchill，Lewis，1983 | 5 | 组织规模、运营战略 |
| Steinmets，1969 | 4 | 所有者的控制方式 | Roweetal，1994 | 5 | 组织规模、管理风格 |
| Quinn 和 Cameron，1983 | 4 | 管理模式，组织结构 | 陈佳贵 | 5 | 企业规模 |
| Kazanjian，1988 | 4 | 产品或技术生命周期 | Flamholt，1990 | 7 | 企业规模 |
| Timmons，1990 | 4 | 管理风格 | Adizes，1989 | 10 | 灵活性、可控性 |

国内学者也提出了判别企业所处生命周期阶段的方法，主要有两种。孙建强，许秀梅，高洁（2003）提出用对企业发展影响较大的因素，并根据它们对企业的影响力赋予权重，据此确定企业所处的生命周期阶段；他们选取了六个指标，即收入增长率、市场占有增长率、科技成果转化增长率、成本降低率、规模扩张率、现金收益比增长率。李永峰，张明慧（2004）则提出将影响企业

生命周期的总资产、无形资产、销售收入、现金净流量、生产成本、利润、研发投入、运营能力等因素通过时间与企业生命周期建立函数关系，从而确定企业所处生命周期阶段。

这两种方法看似十分科学合理，但却存在两方面的问题：一是很难获得准确的数据；二是如果企业的成立时间短，历史数据有限，数学模型将存在较大的偏差。在此，一方面，我们看到企业的发展的确具有明显的周期性；另一方面，我们需要简单、易行、效度较高的测量方法。因此本书采用了 Kazanjian（1988）的研究成果，将企业发展分为构想和发展阶段、商业化运作阶段、成长阶段、稳定阶段等四个阶段；他同时还开发了一份关于企业生命周期阶段的量表用于实证研究，并在随后 Kazanjian 和 Drazin（1989）的研究中进行了验证和运用。

### 9.5.2 社会网络在企业生命周期的演进

通过对生命周期理论的回顾，本书发现学者们对生命周期的划分不尽相同，但仍存在一些共通的结论：

其一，企业在发展过程中，受到其内部因素和外部环境的共同作用，表现出一定的周期性特征或发展规律，如从创业，生存，快速成长一直到成熟、衰退。

其二，企业在生命周期不同阶段，面临不同的危机（Greiner，1972），采取不同的行为模式，又陷入不同的问题（Adizes，1979；Kazanjian，1988），从而使得相同的成长驱动因素在企业的不同阶段的重要性程度有所不同（Churchill，Lewis，1983），进而调整其效力标准（Quinn 和 Cameron，1983），管理者在事务安排的重点和优先级顺序也出现差异（Smith，MitcheLL 和 Summer，1985），最终表现为组织战略、结构、决策模式、管理重点和风格上的区别（Greiner，1972；Miller 和 Friesen，1984）。因此从逻辑上分析，不同阶段的企业对社会网络的需求也不相同。

针对我国企业，杨忠，张骁等（2007）对社会网络在企业生命周期中的变化情况进行了研究，他们提出社会网络弥补了我国企业资源的不足，促进了企业的成长与发展；同时，企业在不同发展阶段所依赖的主要网络类型存在着差异。根据这一研究思路，本书也提出了社会网络在企业生命周期的演进。

国内外研究表明，社会网络作为一种特殊资源——获取其他资源的手段或途径，在企业发展过程中对企业绩效产生积极影响，尤其是新生企业。首先，社会网络有助于创业最初的机会识别。Arenius 和 Clercq（2005）指出个人的社会网络提供了对潜在机会的识别；Janicik 和 Larrick（2005）则认为社会网络在机会感知、识别的过程中具有重要作用；这是因为社会网络能够提供一些非公开信息流通的渠道（Stuart 和 Sorenson，2005），这些信息就形成了机会产生和形成的基础，所以大多数最初的创业机会存在于社会网络中嵌入的关系，如家庭、朋友以及熟人（Larson 和 Starr，1993）。因此本书认为，相关的嵌入关系给新生企业提供了关键的战略机会（Larson，1992），能够影响新生企业的经济活动决策（Uzzi，1996）。这些关系还为企业创造了一个安全的平台和独特的优势，并由此识别、评价、提取其他企业不为所知的新机会（Anderson 和 Miller，2003）。

其次，新生企业在成立初期，往往缺乏各种需要的资源。Greve（1995）认为企业家需要有一系列能够动用的资源，以完成创业活动以及经营公司，这些资源包括资金、人员、销售渠道等，而企业家社会网络则能提供获取这些资源的机会和渠道。Birley（1985）在对美国印第安纳州新生企业的研究时发现，企业家社会网络是企业家获取、整合所需资源时的主要来源。Wetzel（1987）研究发现，投资者的投资决策很大程度上与个人商业知识、对企业家的了解，或与带来投资方案的第三方高度相关，说明了在金融资本市场上，朋友、以往的商业伙伴等非正式社会网络发挥着重要作用。类似的，Bhide（1999）的研究也发现创业初期的金融支持主要来自企业家的家庭成员和朋友等社会网络关系。此外，Stuart 和 Sorenson（2005）还认为创业企业的社会网络越广泛，越有利于找到并雇用企业所需要的合适人才。由此可见，企业家社会网络提供了与其他企业、个人的关键联系，有利于企业在机会和资源上进行互惠的交际和交换（Jarillo，1989），不仅是金融资本，还提高了对关键的人力和社会资本的获取（Anderson 和 Miller，2003；Batjargal，2003；Coleman，1990）。因此，社会网络有利于识别机会、获取所需资源，从而促进新生企业的成功和发展（Ostgaard 和 Birley，1996；Kodithuwakku 和 Rosa，2002;）。

那么在创业期之后，当企业发展进入下一个生命周期阶段，社会网络会发生怎样的变化？根据生命周期理论，不同时期的企业需要不同的成长驱动因素（Churchill，Lewis，1983）。Greve（1995）提出企业发展不同阶段需要不同的资源，网络在不同的阶段用于不同的目的，因此企业需要不同的网络来满足其不同阶段的发展需要，即网络随企业发展表现出演进。Larson 和 Starr（1993）对创业前后的社会网络进行了比较：（1）创业初期，企业家倾向于利用个人的朋友、家庭关系获取信息、资本等关键资源，以使其商业概念成为现实。（2）随着创业的进一步落实，企业家需要对广泛的可能的资源提供者进行剔除，以挑选出关键并且必要的能够充分提供创业所需资源的关系。（3）创业成功后，需要将单一维度的双方关系转化为二维的关系，即社会经济关系，同时，在这种关系中还加入了道德因素。（4）进入生存或发展期后，在前一阶段建立的社会经济关系基础上，用企业内部职能、活动、交换的水平对前述关系进行分层。更广泛的，学者们指出许多新生企业在创业初期倾向于利用个人社会网络中嵌入的亲密关系（Larson 和 Starr，1993），但随后由于企业的发展，需要更多的资源和新的机会来支持企业成长，开始从亲密关系和传统的市场交换中增加更多、更丰富的网络关系（Hite 和 Hesterly，2001）。

对这样的演进过程，Welter 和 Kautonen（2005）从社会网络所代表的信任关系进行了解释，创业初期企业家主要依赖于个人的社会网络，其网络关系中主要表现的是企业家个人的信任关系；当创业逐步成形，网络关系变得以商业导向为主，其他的信任关系也将逐步占据主导地位；同时，他们还指出不同信任关系所代表的社会网络不存在相互替代性，只是在不同阶段的重要性不同。Hite（2005）对社会网络在企业生命周期的演进作了进一步的研究，指出随着企业发展，经历生命周期的不同阶段，其网络关系会朝着有利于企业绩效的方向，按照某种方式演进。这是因为企业的发展经历连续的但不同的生命周期阶段，企业将面临不同的危机与问题，需要适应不同的挑战和资源需求，采取不同的行为模式和管理重点，从而改变或演进前一阶段的网络关系，表现出动态性（Chaganti，1987；Butler 和 Hansen，1991），使其满足企业新的需求，以持续地提供关键资源（Aldrich，1990）。

## 9.6　文献研究小结

通过对相关文献的研究和梳理，本书从厘清“社会资本”、“关系”与“社会网络”的联系与区别开始，重点研究企业家社会网络以及与企业绩效的关系；然后引入生命周期理论，根据 Hite（1998）的研究，企业发展过程中，企业家的网络关系会逐渐增加，最初多为外部关系，随后内部关系开始增加，并与外部关系发生交叉，对企业绩效产生积极的影响。据此，本书提出内外网络在生命周期的演进模型，并研究其与绩效关系的变化，从理论上丰富现有研究成果，从实践上提出对我国企业家具有指导意义的建议。

# 第10章　基于企业生命周期的企业家社会网络构建策略

通过前述文献研究，本书认为：（1）社会网络对企业绩效具有正向影响；（2）社会网络的不同类型或维度分别对企业绩效产生积极影响，并产生交互作用；（3）社会网络从创业初期开始，在企业生命周期中发生演进，不同类型的社会网络在企业生命周期不同阶段发挥重要性有所不同，即企业生命周期对社会网络与企业绩效的关系产生调节作用。

## 10.1　研究模型设计

在社会网络和生命周期的划分、测量上，本书采用前述 Collins 和 Clark（2003）将社会网络分为内部网络和外部网络的方法，以及 Kazanjian（1988，1989）关于生命周期的研究成果，将企业生命周期划分为了构想与发展、商业化运作、成长、稳定四个阶段。因此，本书提出以下理论模型，如图 10.1 所示：

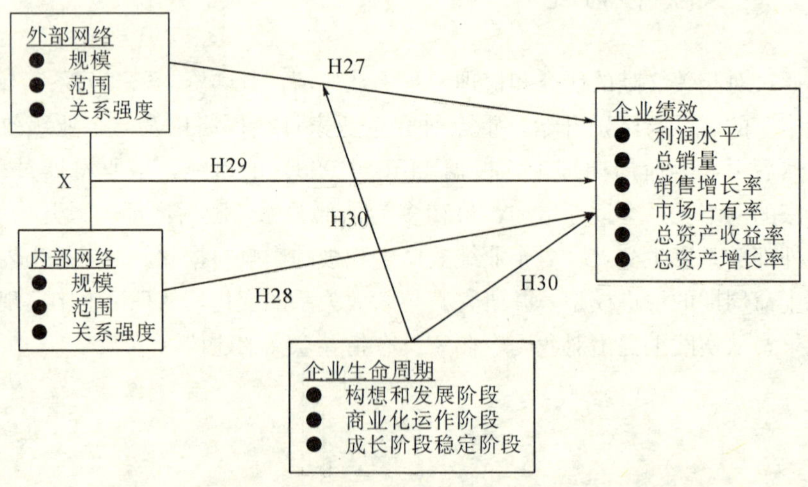


图 10.1　企业生命周期对社会网络与企业绩效关系的调节作用模型

## 10.2　研究假设

通过文献研究，本书提出了相应的研究模型，从中得出如下研究假设：

H27：企业家外部社会网络与企业绩效有正向关系。

现有研究大部分都证实了这一关系。Powell 和 Smith-Doerr（1994），Podolny 和 Page（1998）的研究证实组织间关系帮助企业获取新的知识和技能，提高企业竞争力，进而改善企业绩效。Uzzi（1997）的研究发现组织间的关系有利于传递具有积极作用的信息，从而帮助他们更好地预测未来的市场需求和消费者偏好。Oh，Chung 和 Labianca（2004）通过总结前人研究提出，企业需要管理与外部其他组织和个体的网络关系，以获得重要信息和政治资源维持企业效力。Collins 和 Clark（2003）的实证研究表明，外部网络的范围与关系强度与销售增长和股票表现正相关。Peng 和 Luo（2000）对外部网络中的商业连带和政治连带进行了研究，证实了两种连带与市场份额和资产回报率的正向影响。Lee 等（2001）则证实了企业家与风险资本的关系对企业绩效的积极影响。

这些研究说明，如果企业家的社会网络能够在企业外部与利益相关者或潜在的信息提供者，如家人、朋友、合作伙伴等，建立网络关系，那么企业就能获得更多的信息和直接的资源渠道，这些都将直接作用于企业绩效。

H28：企业家内部网络与企业绩效有正向关系。

目前学者们对企业家内部网络与企业绩效之间关系的研究可以从两个方面进行分析：

一是组织信息理论的研究角度。Collins 和 Clark（2003）从信息理论的角度分析企业家内部网络，他们认为企业家在经营过程中为了减少不确定性，需要从外部网络获取信息，然后企业家为了确保组织内信息的有效传递，需要建设内网络，从而提高企业绩效，并通过实证研究证实了，企业内部网络与销售增长和股票表现存在正向联系。Coleman（1990）对闭合网络的研究有着类似的解释，他认为组织内部的网络关系有助于利用企业获取的信息和机会。Balkundi 和 Kilduff（2006）的研究表明，企业家内部网络能够加强组织内跨职能的协调配合，有利于信息传递和利用，从而证实了这一结论。

二是社会交换理论的研究角度。领导成员关系（LMX）正是这一理论视角的代表。Graen 和 Uhl-Bien（1995）提出，领导成员之间的关系水平将直接影响两者之间的信任程度，从而强化共同目标的内化以及下属对组织目标的义务。Colella 和 Varma（2001）则直接研究领导成员关系的水平与下属组织公民行为、工作绩效的关系，其研究结果肯定了这一关系的正向影响。Sparrowe，Liden 和 Kraimer（2001）对领导成员关系的内在机制作出了说明，领导成员关系有利于形成组织内的凝聚力、组织认可，减少个体与组织的差异，从而帮助员工提高满意度、改善绩效等。

从上述研究可见，目前研究已经从不同的角度指出，企业家内部网络对企业绩效有着明显的正向影响。

H29：企业家的内部网络与外部网络对企业绩效的影响存在交互作用。当内部网络水平高时，其外部网络与企业绩效之间的关系将变强；当内部网络水平低时，其外部网络与企业绩效之间的关系将变弱；反之亦然。

Nahapiet 和 Ghoshal（1998）在对社会资本的研究中，提出社会资本的三维度研究方法，包括结构维度、关系维度、认知维度，并认为三个维度之间存在内部的联系，在创造组织智力资本的时候形成交互作用。鉴于社会资本与社会网络的内在联系，本书认为社会网络的不同类型也存在交互作用，这一观点在 Collins 和 Clark（2003）的研究中也有所体现，他们提出在未来的研究中应当考虑内外网络的交互作用。Casson 和 Giusta（2007）则对内外网络形成交互作用的基础进行了解释，他们认为网络成员之间的关系不仅通过共同的网络，也有可能通过各自的网络关系间接地发生联系。进一步的，Birley，Cromie 和 Myers（1991）指出，由于社会网络的发散效应，企业家的社会网络关系将直接或间接地与公司员工形成联系。这也是领导成员关系相关研究的主要结论之一，Sparrowe 和 Liden（1997）的研究表明，领导与员工之间如果存在共同的外部关系，将有利于两者之间关系的期望与形成；反之，良好的领导成员关系将形成上级的赞助者地位，即领导将下级引入自己的外部网络关系。

虽然现有研究并没有直接的证据表明企业家的内部网络和外部网络对企业绩效存在交互作用，但从企业的实际运行来看，如果企业家没有建立起良好的内部网络，必然会带来内部冲突、沟通不畅、较高的人员更换和人员流失率等问题。在这种情况下，即使企业家能够从外部网络中捕捉到良好的商业机会、获取关键性的信息和资源，也不能够将其转换为现实的获利能力和竞争力，取得良好的绩效。反之，即使企业家与下属之间建立良好的内部沟通机制和网络关系，但如果缺少外部网络的支持，企业难以获得关键性的信息和资源，企业的发展也将受到局限。因此，企业家必须同时关注内部和外部网络，通过建立良好的内部及外部网络关系，保证关键信息和资源的获取，同时能通过内部良好的沟通和运行机制，将这些信息和资源转换为现实的产品、销售或利润。

H30：企业家社会网络在企业生命周期的不同阶段发生演进，即内部网络与外部网络与企业绩效的关系在不同阶段将发生变化。

国内部分学者针对我国企业实际情况，探讨了企业家社会资本在生命周期的演进情况。如卢毅，彭燕（2006）认为企业在初创期迫切需要与政府、金融、高校、科研单位、中间商打交道，积极寻求外部社会资本，以取得政策、资金、技术人才、销售和供应的支持；进入成长期后，企业的组织规模增大，组织层级增多，制度化、合理化成为企业组织管理的核心内容，提高内部社会资本的重要性日益凸显；而在成熟期乃至衰退期，企业内部组织系统趋于复杂和钝化，矛盾与冲突增多，企业开始老化，组织内官僚作风兴起，缺乏创新，高层的控制力减弱，企业必须进行组织与管理创新，提高内部社会资本，以改善企业绩效。胡美琴等（2006）则认为在创建期制约企业发展的因素主要是生产要素和客户信任，而这两种资源的决定性要素是企业的外部社会资本，并往往是企业家提供的，来源于企业家的社会关系网络；在成长期，企业对这种外部社会资本的依赖性下降，因为此时企业的主要问题是制度危机和竞争危机，企业家需要通过制度建设、组织学习来提高内部社会资本，形成企业的竞争力；进入变革期后，企业需要迅速地感知环境变化并作出反应，这可以通过良好的外部社会资本所提供的信息、资源来实现，而在企业内部，制度的僵化阻止了发展，需要根据以往经验和环境变化重新构建制度以达到持续生存和发展。张焕勇等（2008）研究指出，在创建期，企业家通过外部社会资本获取信息、资金、发现市场机会；在成长期，企业家需要加强内部管理，提高内部社会资本，同时，加强外部社会资本，与顾客、供应商、潜在投资者建立起稳定的关系；进入成熟期，企业家应把关注的重心从内部建设转到外部竞争上，通过外部社会资本，加强对市场信息、资源的获取，加快对环境变化的感知和反应；在衰退期或再生期，企业既需要通过内部社会资本来解决组织结构僵化、官僚化、内部矛盾等问题，并激励员工，还需要通过外部社会资本寻找新的资源和机会。

可以看出，国内研究者已经在理论上提出了一些关于社会网络在企业生命周期的演进模式，其主要研究思路是将社会网络形成的社会资本与企业不同阶段面临的问题、制约因素等结合起来，但他们的研究都仅限于理论，而缺乏实证研究说明其演进模式与企业绩效的关系。因此，本书也遵循这一思路，通过分析企业不同阶段的主要问题（Kazanjian，1988，1989），以及不同网络与绩效的关系，提出以下更具操作性和实践意义的分假设。

H30. a：在构想和发展阶段，商业化运作阶段，相对于内部网络，企业外部网络对企业绩效具有更加重要的作用。

前述的文献研究已经表明，外部网络为新生企业提供了必需的机会（Larson，1992；Anderson 和 Miller，2003）和资源（Birley，1985；Jarillo，1989；Batjargal，2003），从而促进创业绩效，确保其成功（Ostgaard 和 Birley，1996；Kodithuwakku 和 Rosa，2002;）。Weisz，Vassolo 和 Cooper（2004）对创业团队内外部社会资本的研究发现，外部社会资本对创业绩效有积极的促进作用，而内部社会网络则没有表现出这一相关性。

从生命周期理论来看，Quinn 和 Cameron（1983）认为在企业家阶段（创业初期），企业家的重点活动和工作是寻求外部的支持，以获得所需资源。这些资源包括资金、人员等，外部网络能够提供获取这些资源的机会和渠道（Greve，1995），帮助新生企业进行传统的市场交换中不易进行的资源交换（Hennart，1993；Dubini 和 Aldrich，1991；Portes 和 Sensenbrenner，1993；Starr 和 MacMillan，1990）。

根据 Kazanjian（1988）的生命周期模型，在构想与发展阶段，最重要的问题是获取创业所需的金融支持。而相关研究通过实证分析，证实了企业家外部网络是获得最初的创业资金的主要来源和途径（Bhide，1999；Rogers，2006）。而进入到了商业化运作阶段之后，企业面临的主要问题包括了研发产品或技术的商业化形式；同时，还需要吸引有能力的员工，发展可靠的供应商和经销商网络，以及巩固市场地位。外部网络正是通过提供解决这些问题的机会与资源，进而促进企业的发展（Uzzi，1997）。外部网络中的相关嵌入关系为新生企业在识别、评价和提取新机会时带来其他企业不具备的优势（Anderson 和 Miller，2003），帮助他们更好地预测未来的市场需求和消费者偏好（Uzzi，1997），影响企业的经济活动决策（Uzzi，1996），实现其产品或技术的商业化；另一方面，外部网络有利于企业找到并雇佣合适的人才（Stuart 和 Sorenson，2005），提高对关键人力资本的获取能力（Anderson 和 Miller，2003；Coleman，1990）；而供应商、经销商等市场关系本身就存在于企业外部，在创业初期企业人才的缺乏导致这类市场关系主要就存在于企业家个人的外部社会网络中（Casson 和 Giusta，2007；Batjargal，2007）。

因此，本书提出假设认为，在构想与发展阶段、商业化运作阶段，外部网络与企业绩效的相关性强于内部网络。

H30. b：在成长阶段，相对于外部网络，企业内部网络对企业绩效具有更加重要的作用。

进入生命周期的中期阶段，企业将面临控制危机、管理危机（Greiner，1972），企业家应该采取相应的行为模式（Adizes，1979），以解决问题、化解危机。Smith，Mitchell 和 Summer（1985）将高层管理者的行为模式按照事务安排的优先性分成了技术效能优先性、组织协调优先性、政治支持优先性三类，并研究其在生命周期不同阶段的变化。通过对 27 家电子公司的 38 位高管的实地研究，同时在高校选取了工商专业 4 个班级 128 名学生组成 4 个虚拟组织，并从中选取 32 名学生作为组织的管理人员进行了实验研究，证实了组织协调优先性在不同阶段差异显著，其重要性在初期较低，随着组织的发展其重要性大幅增加，在成长期达到最高，在成熟期又开始下降，而企业家进行组织协调的同时，就是在建立和发展内部网络。Quinn 和 Cameron（1983）则通过对不同阶段的组织主要效力标准和模型的差异性研究，发现在中期阶段（集体阶段和正式化阶段），组织的效力标准特点是基于内部过程和理性目标模型，强调人际关系模型的重要性，前者主要包括了目标制定和实现、生产力、管理沟通的信息效率，稳定性的控制；后者的重点是人力资源开发、士气、凝聚力、员工满意度。类似的，这些活动都指向了企业家的内部网络。

本书所采用的生命周期模型对这一阶段的企业提出了类似的看法（Kazanjian，1989）。企业在这一阶段的典型特征是销售收入和员工数量的高速增长，这就需要建立合适内部机制，如定义组织角色、责任和制度，建立管理信息系统等；由于市场关系的稳固，企业内部的关注焦点是如何批量生产并销售产品以获得利润，这需要生产与销售部门的密切配合，即内部网络之间的信息流动，但由于正式的内部机制还没有建立起来，企业家在当中起到了“桥接”的作用，其内部社会网络水平的高低直接决定了企业的绩效（Collins 和 Clark，2003）。

内部网络在成长期的重要性不仅可以通过生命周期理论进行逻辑推导，也能从现有研究中找到相关证据。Hite（1998，2005）对企业生命周期在企业家网络关系演进中的影响作用以及新生企业网络关系的演进过程进行了研究，提出随着企业的发展，企业家网络关系将会逐渐增加；最初多为外部关系，随后内部关系开始增加，并在企业某些时期表现出更大的重要性。对企业绩效产生正向影响。Weisz，Vassolo 和 Cooper（2004）对 114 个创业团队的实证研究证实了这一观点，他们的研究结果表明创业团队的外部网络与创业绩效显著正相关，内部网络与绩效没有显著相关性；但随着创业的进一步开展，内部网络的提高与绩效有显著正相关，外部网络则没有表现出差异性。

由此，本书提出假设认为，随着企业发展，在成长阶段，内部网络对绩效的影响大于外部网络。

H30. c：在稳定阶段，相对于内部网络，企业外部网络对企业绩效具有更加重要的作用。

Birley，Cromie 和 Myers（1991）指出，企业家在企业发展的早期阶段对朋友、家庭成员以及邻居等非正式关系网络较为依赖，而到了企业发展后期，企业家更为依赖银行、会计师、律师、供应商、政府等正式关系网络。可见，虽然网络关系的具体构成不同，但都存在于企业外部，即企业发展的早期与后期对外部网络存在类似的依赖性。

从生命周期理论来看，本书得到了类似的观点。Smith，Mitchell 和 Summer（1985）的实地研究发现，组织协调优先性在初创期和成熟期比在成长期的重要性显著降低，而政治支持优先性在三个阶段差异显著，其重要性逐渐增加。实验研究则发现，组织协调优先性在不同阶段差异显著，其重要性在初期较低，随着组织的发展其重要性大幅增加，而在成熟期又开始下降；政治支持优先性随着组织的成熟而增长，在早期也较为重要，其关系表现为曲线关系，即初期和后期较高，中间时期较低。尽管两种研究方法的结果略有不同，但在企业发展的成熟期（稳定期），政治支持优先性的重要程度明显大于组织协调。此外，Quinn 和 Cameron（1983）对企业跟踪调查的研究结果表明，这一阶段的企业家需要适度的关注人际关系、内部过程、理性目标的效力模型，而强调灵活性、资源获取、成长的开放系统模型则显得最为重要。由此可以看出，这一时期的外部网络由于能够提供企业所需资源（Aldrich，1990；Batjargal，2003），取得政治支持（Luo 和 Chen，1997；Peng 和 Luo，2000；Baron 和 Tang，2008）等，将发挥比内部网络更大的作用。

Kazanjian（1988）认为这一阶段，企业的主要活动包括（1）产品的二代或三代升级，或者是完全地开发新产品；（2）寻求增加的投、融资；（3）努力增长市场份额；（4）发现新的营业区域或领域。同时，企业已经有正式的组织机构、内部流程和制度，并已经建立了或正在组建由多位具有丰富行业经验的人员构成的高层管理团队。可见，企业内部已经逐渐稳定，主要的活动以及要实现的目标大部分集中于企业外部。首先，产品升级或者开发新产品虽然是内部活动，但已有研究表明外部网络活动（获取资源、掌握信息）与企业的创新活动正相关，并且在企业发展晚期表现出更强的作用（Koberg，Uhlenbruck 和 Yolanda Sarason，1996）。其次，现有文献也证明了外部网络能够给企业提供金融支持（Bhide，1999；Wetzel，1987），而其中的商业连带、政治连带则能帮助企业增加市场份额（Peng 和 Luo，2000；Hansen，1995）。企业家外部网络还能提供关键信息（Sedikides 和 Gregg，2003）、把握商业机会（Ozgen 和 Baron，2007），帮助企业进入新的营业区域或领域，从而促进企业的进一步发展。

因此，本书提出假设认为，在稳定阶段，外部网络对绩效的影响大于内部网络。

## 10.3　变量定义与问卷设计

### 10.3.1　企业家社会网络量表

本书采用 Collins 和 Clark（2003）的研究模型，将企业家社会网络定义为“企业家维持的一系列与企业内部人员的关系，即内部网络；以及与企业外部掌握对企业有价值或潜在利益的信息的组织或人员的关系，即外部网络”。其中内部网络包括销售与市场部门、研发部门、生产运营部门、以及其他部门等四个相关内部部门；外部网络包括独立董事、供应商、客户、金融机构、竞争者、合作伙伴、政府机构、以及其他机构等八个相关外部组织或机构。同时，他们提出了对网络水平的测量维度，包括规模（Size）、范围（Range）、强度（Strength of ties）。

规模（Size）。网络规模是指企业家社会网络中联系人的数量。根据 Collins 和 Clark（2003）的研究模型和量表，对企业家在内外网络中不同部门或组织接触的“人员数量”进行评分，量表评分方式采用 Liker 五点尺度评分法，其中，1 分表示“很少”，5 分表示“很多”。然后通过对相应网络（内部网络与外部网络）的各自相应题项进行均值计算，得出其内外网络的规模水平。

范围（Range）。网络范围是指企业家网络中联系人的多样性或异质性，可以通过测量网络中不同组别或类别的联系人的种类数目获得。本书采用 Collins 和 Clark（2003）的测量模型，范围被定义为，“内外网络中各自适用的联系人类别占各自总类别数的比例，在每一适用类别中企业家至少有一个联系人”，如内部网络包含四个部门，某企业家的回答显示他只与其中三个部门保持联系，则该企业家的内部网络范围水平就为 0.75。

强度（Strength of ties）。关系的强度是有沟通频率、关系持续时间、情感强度或紧密程度构成的多层面概念（Granovetter，1973）。从个体层面来讲，关系强度的测量可以通过上述关系强度的三个主要成分的线性组合的标准化分数表示。在本书的研究中，关系强度是通过测量企业家与内外网络中各部门或机构的相关人员的“接触次数”、“每次接触持续时间”、“紧密程度”等三个方面的获得。对于这三个方面的测量，则是采用 Likert 五点尺度量表评分法，1 分分别表示“很少”、“很短”、“很不紧密”，5 分分别表示“很多”、“很长”、“很紧密”。由于采用了 Likert 五点尺度量表评分，因此关系强度的评分可由上述三个方面的均值获得。进一步地，将内外网络中各部门或机构的关系强度评分进行相应的均值计算，从而得出内外网络的关系强度水平。

### 10.3.2 企业生命周期量表

本书采用 Kazanjian（1988，1989）的企业生命周期模型，他通过对 105 家公司的研究证实了这种关系，从而提出了四阶段发展模型，分别是构想和发展阶段、商业化运作阶段、成长阶段、稳定阶段。

（1）构想和发展阶段（Conception and Development）：公司活动主要聚焦在产品的设计和开发、获得充足的财务资源以及开发市场等方面。制度化和程序化还未出现在公司中，董事长或企业负责人是所有职能和沟通的中枢。

（2）商业化运作阶段（Commercialization）：公司具有性能良好、满足市场需要的产品，有能力生产并销售产品，开始盈利，但还需通过各种渠道巩固、加强市场地位。董事长或企业负责人仍是所有职能和沟通的中枢。

（3）成长阶段（Growth）：公司这一阶段的典型特征是公司仅有单一的产品线或业务，但销售收入和员工数量高速增长。公司关注的焦点是如何批量生产并销售产品以获得更高利润。内部组织机构和沟通变得越来越正式，不断增长的雇员都被赋予了特定的角色和任务。

（4）稳定阶段（Stability）：这一阶段，公司的主要活动包括产品的二代或三代升级，或者是完全地开发新产品；获得增加的投、融资；获得增长的市场份额；发现新的营业区域或领域。企业已经有正式的组织机构、制度和流程，并正在组建或已经建立了一个由多位具有丰富行业经验的人员构成的高层管理团队。

根据 Kazanjian（1988，1989）的研究，结合本书研究需要，该量表的测量方法是，通过将企业目前发展情况与上述描述性量表各阶段主要特征、活动等进行匹配，由企业家在回答问卷时选择其企业所处的企业生命周期阶段。

### 10.3.3 企业绩效量表

本书对绩效指标的选取主要参考了国内外相关研究的成果，并力图全面衡量不同阶段企业的绩效水平。根据 Kazanjian（1988）的研究命题，不同阶段企业的绩效体现有所不同，成长阶段企业关注总销售量、销售增长、市场份额等，稳定阶段企业关注利润水平等。Peng 和 Luo（2000）研究我国管理者连带关系的时候，采取了市场份额和资产收益率（ROA）两个指标进行绩效测量。同时，本书将社会网络模型置于生命周期理论，总资产在一定程度上代表了企业的规模与发展情况，因此提出总资产增长率，作为全面衡量企业发展的指标之一。

本书研究前期的预调研问卷，对企业绩效的测量采取了直接调查企业相关绩效数据的办法，但从问卷回收结果来看，企业对于真实数据的保密性较高，极少企业愿意作答。鉴于本书的主要研究目的是证实企业家内外网络与企业绩效的关系，以及企业生命周期在其中的调节作用，参照徐婧（2010）、Stam 和 Elfring（2008）的研究方法，本书对绩效的测量采取了间接测量的方式。具体来说就是，企业家自我评估在相应指标上与竞争对手相比的情况，采用 Likert 五点尺度量表对相关问题进行回答，比如利润水平，通过询问“与本地区同行竞争对手相比，过去的 3 年中贵公司利润水平”，1 分表示“很低”，5 分表示“很高”。

综上所述，本书参考相关研究对企业绩效的测量指标和方式，并结合本书的研究需要，从而得出本书对企业绩效测量的六个指标以及测量方式，如表 10.1 所示：

表 10.1　企业绩效测量指标

| | 测量指标 | 评分方式 |
|---|---|---|
| 企业绩效 | 与本地区同行竞争对手相比，过去的 3 年中贵公司利润水平 | 1 分表示“很低”，2 分表示“较低”，3 分表示“相差不大”，4 分表示“较高”，5 分表示“很高” |
| | 与本地区同行竞争对手相比，过去的 3 年中贵公司总销量 | |
| | 与本地区同行竞争对手相比，过去的 3 年中贵公司总资产收益率 | |
| | 与本地区与同行竞争对手相比，过去的 3 年中贵公司总销售增长率 | |
| | 与本地区与同行竞争对手相比，过去的 3 年中贵公司市场占有率 | |
| | 与本地区与同行竞争对手相比，过去的 3 年中贵公司总资产增长率 | |

10.3.4　控制变量

本书重点研究企业家内外网络与绩效的关系，以及生命周期在其中的调节作用。因此，本书将其他可能影响企业家社会网络、企业绩效的变量进行了控制，包括性别、年龄、教育程度等 3 个企业家人口统计变量，以及企业成立时间、注册资本、职工人数、经营范围等 4 个企业基本情况统计变量。

## 10.4 数据分析与假设检验

本书主要使用了 SPSS17.0（社会统计学软件）和 LISREL8.70（结构方程模型软件）进行数据分析。首先，通过信度与效度分析证实问卷的可靠性和可用性；然后，对样本基本情况进行描述，为后续分析做好准备工作；接下来，通过相关分析、T 检验、多层线性回归等统计方法对企业家内外社会网络与企业绩效的关系以及生命周期的调节作用进行检验。

### 10.4.1 样本组成

问卷调查主要集中于 2011 年 9 月到 12 月，主要在成都进行，部分我国其他省份的民营企业也参与了调查。本书研究对象为民营企业家，但在问卷调查中，由于这部分人群的特殊性，数据不易取得，因此将调查对象扩大到了企业高层，包括董事长，总经理，副总经理，创业合伙人。

问卷发放共采取了两种方式。其一，借助四川大学工商管理学院的总裁班平台，进行现场的问卷发放，以及通过往期毕业总裁班的企业家联系方式进行电话拜访，征得同意后再邮寄问卷。此种方式的效率较高，问卷填写较为真实。其二，借助作者本人的同学、朋友等关系，对北京、上海、江苏、广东等其他省份的企业家通过电子邮件的方式进行问卷发放，由于这部分调查对象为同学、朋友等关系介绍，填写也较为真实，但效率不高，因此此种方式发放的问卷比例较小。

本次研究共发放问卷 342 份，其中省内 264 份，省外 78 份；共回收问卷 247 份，其中省内 193 份，省外 54 份，综合回收率为 72.2%。同时，遵循以下有效原则进行了不合格问卷的剔除：(1) 缺失值连续超过 3 个；(2) 由于本书研究对象为民营企业家，回收的问卷中出现少部分其他性质企业，如国有企业、国有股份制等，也将其剔除。最终，得到有效问卷 225 份，其中省内 176 份，省外 49 份，综合有效回收率为 65.8%。

### 10.4.2 描述统计分析

在最终获得的 225 份有效问卷中，由于将企业性质作为了不合格问卷的剔除标准，因此这 225 位企业家或者企业高管均来自民营企业。其中来自四川省内的民营企业家 176 位，占总样本的 78.2%，其他 49 位企业家来自北京、上海、江苏、广东等地，占总样本的21.8%。

从企业家基本情况来看，男性企业家还是占据了主要地位，共169位，占总样本的75.1%。样本中企业家的年龄主要分布在36到45岁之间，共125位，占总样本的55.6%；同时我们注意到，随着我国市场经济的深入开展、国家政府对创业的鼓励，企业家有年轻化的趋势，在26到35岁之间的企业家占到了32.9%，共74位。并且，大部分企业家受教育程度较高，大专及本科以上学历占到了总样本的84.5%。从职位分布来看，根据相关文献并结合本次研究需要，在不影响理论假设的前提下，研究对象从企业家个人扩大了董事长、总经理、副总经理以及创业合伙人，其中大部分为企业家本人担当的董事长或总经理，共149位，占总样本的66.2%。

在接受调查的企业中，企业成立时间的分布较为平均，但在生命周期不同阶段的分布却存在差异，成长期与稳定期企业略多，各自占总样本的33.3%、29.4%，这说明不同企业的发展速度存在差异。调查企业的注册资本和员工规模以中小企业为主，经营范围则以二、三产业为主，具体情况如表10.2所示：

**表10.2 样本基本情况描述统计**

| 变量 | 类别 | 频数 | 有效百分比（%） |
|---|---|---|---|
| 性别 | 男 | 169 | 75.1 |
| | 女 | 56 | 24.9 |
| 年龄 | 25岁以下 | 0 | 0 |
| | 26～35岁 | 74 | 32.9 |
| | 36～45岁 | 125 | 55.6 |
| | 46～55岁 | 22 | 9.7 |
| | 56～65岁 | 4 | 1.8 |
| | 66岁以上 | 0 | 0 |
| 教育程度 | 高中及以下 | 35 | 10.5 |
| | 大专 | 69 | 30.7 |
| | 本科 | 103 | 45.8 |
| | 硕士及以上 | 18 | 8.0 |

续表10.2

| 变量 | 类别 | 频数 | 有效百分比（%） |
| --- | --- | --- | --- |
| 目前职务名称 | 总经理 | 111 | 49.3 |
| | 副总经理 | 52 | 23.1 |
| | 董事长 | 38 | 16.9 |
| | 创业合伙人 | 24 | 10.7 |
| 公司成立时间 | 0年～3年 | 45 | 20.0 |
| | 3年～5年 | 59 | 26.2 |
| | 5年～10年 | 54 | 24.0 |
| | 10年以上 | 67 | 29.8 |
| 公司注册资本 | 3万～10万 | 6 | 2.7 |
| | 10万～1000万 | 138 | 61.3 |
| | 1000万以上 | 81 | 36.0 |
| 公司近一年的平均职工人数 | 1人～300人 | 140 | 62.2 |
| | 300人～2000人 | 59 | 26.2 |
| | 2000人以上 | 26 | 11.6 |
| 公司经营范围 | 第一产业 | 12 | 5.3 |
| | 第二产业 | 72 | 32.0 |
| | 第三产业 | 141 | 62.7 |
| 生命周期阶段 | 构想和发展阶段 | 36 | 16.0 |
| | 商业化运作阶段 | 48 | 21.3 |
| | 成长阶段 | 75 | 33.3 |
| | 稳定阶段 | 66 | 29.4 |

### 10.4.3 信度与效度分析

研究所用量表的信度（Reliability）和效度（Validity）将决定测量结果的可靠性和可用性。因此，在假设检验之前应该对量表的信度和效度进行检验。

信度分析用于评价问卷的稳定性或可靠性，即当问卷对同一事物进行重复测量时，所得结果的一致性程度。信度分析分为内在信度和外在信度，内在信度是问卷的一组问题（整个问卷）是否测量的是同一个概念，即问题间的一致性如何；外在信度是不同时间对同一对象进行测量时问卷结果的一致性程度。

效度分析是为了检验量表是否能按照研究要求，正确测量被测的真实情况。效度分析又分为了内容效度（Content Validity）、构念效度（Construct Validity）、效标关联效度（Criterion-Related Validity）、表面效度（Face Validity）等。

本次问卷的主要组成部分社会网络量表、生命周期量表均是在国外成熟量表（Collins 和 Clark，2003；Kazanjian，1988）的基础上编制，而企业绩效则是在总结国内外研究成果的基础上再次编制。其中，生命周期量表更是完全引用该成熟量表，并且该量表已经通过了其他学者实证研究的证实（Kazanjian，Drazin，1989；Koberg，Uhlenbruck 和 Yolanda Sarason，1996），同时该量表为描述匹配型量表，只涉及一个题项，因此，本书研究中的信度与效度分析主要针对社会网络量表和企业绩效量表。

（1）信度分析。

根据研究目的和需要，本书采用了最常用的 Cronbach $\alpha$ 系数进行内在信度分析。关于其检验标准，一般认为：在 0.9 以上，该量表的信度较好；0.8~0.9，该量表的信度可以接受；0.7~0.8，该量表有其价值，但需较大修订；低于 0.7，该量表需要重新设计。

通过 SPSS17.0 统计分析软件，对社会网络量表和企业绩效量表进行信度分析的结果表明，社会网络量表和企业绩效量表的总体信度指标良好，Cronbach $\alpha$ 系数分别为 0.905 和 0.891，显示出较好的内部一致性。

（2）探索性因子分析。

目前，国内外研究对于量表效度分析的做法一般是，首先通过探索性因子分子（Exploratory Factor Analysis，EFA）研究量表是否适合进行因子分析以及初步评价其构念效度，然后通过结构方程模型（Structural Equation Modeling，SEM）中的相关拟合指数进行验证性因子分析（Confirmatory Factor Analysis，CFA），验证其构念效度（侯杰泰等，2005）。因此，本书首先对社会网络量表和企业绩效量表进行探索性因子分析。

因子分析的默认前提条件是，各变量间必须有相关性，否则变量间没有共享信息，就不存在公因子可以提取。具体方法是采用 KMO 统计量和巴特利特球形检验（Bartlett Test of Sphericity）进行判断，以考察该量表是否适合做因子分析。KMO 统计量是探讨变量间的偏相关性，比较变量间简单相关和偏相关的大小，在 0~1 之间。一般认为，KMO 大于 0.9 效果最佳，0.7 以上尚可，0.6 效果很差，0.5 以下不适宜做因子分析。而巴特利特球形检验是检验相关阵是否为单位阵，即各变量是否独立。一般认为，当巴特利特球形检验统计量的观测值较大，同时对应的概率 $p$ 值小于给定的显著性水平时，能够拒绝原假设（原假设为：各变量相互对立），则表示变量间是具有相关性的，适合作因子分析。

本书通过 SPSS17.0 统计分析软件，对社会网络量表和企业绩效量表进行了 KMO 统计量、巴特利特球形检验。结果表明，社会网络量表的 KMO 统计量值为 0.803，大于 0.7；巴特利特球形检验统计量为 10512.877，对应的 P 值小于 0.01。企业绩效量表的 KMO 统计量值为 0.883，大于 0.7；巴特利特球形检验统计量为 460.598，对应的 $p$ 值小于 0.01。因此可认为原量表各变量之间存在相关关系，适合作因子分析（如表 10.3 所示）。

**表 10.3　社会网络量表和企业绩效量表的 KMO 以及巴特莱特球形检验结果**

| | | 社会网络量表 | 企业绩效量表 |
|---|---|---|---|
| KMO 统计量 | | 0.803 | 0.883 |
| 巴特利特球形检验 | 统计量观测值 | 10512.877 | 460.598 |
| | 显著性 | 0.000 | 0.000 |

探索性因子分析过程如下：采用主成分分析法，按照特征根值大于 1 提取公因子，并利用最大方差正交旋转法进行因子载荷分析。根据相关研究，若存在主因子载荷小于 0.5，交叉载荷大于 0.4 的条目，则说明该条目与因子关系不明显，需要删除，以简化问卷，提高因子区分度。探索性因子分析结果表明，社会网络量表共提取 12 个因子（特征根均大于 1），解释了总方差的 91.308%，且不存在需要删除的题项，题项在 12 个因子中分布与原量表中内外网络 12 个部门各自题项的分布相同，具体情况如表 10.4、10.5 所示。企业绩效量表共提取 1 个因子（特征根大于 1），解释了总方差的 67.943%，且不存在需要删除的题项，6 个指标题项均分布在 1 个共同因子下，即均检测了企业绩效，具体情况如 10.6、10.7 所示。

**表 10.4　社会网络量表探索性因子分析因子提取结果**

| 初始特征值及方差解释百分比 | | | |
|---|---|---|---|
| 因子 | 特征值 | 方差解释百分比（%） | 累积方差解释百分比（%） |
| 1 | 9.238 | 19.246 | 19.246 |
| 2 | 5.236 | 10.907 | 30.153 |
| 3 | 4.570 | 9.522 | 39.675 |
| 4 | 3.932 | 8.191 | 47.866 |

续表10.4

| 初始特征值及方差解释百分比 | | | |
|---|---|---|---|
| 5 | 3.823 | 7.964 | 55.830 |
| 6 | 3.682 | 7.670 | 63.500 |
| 7 | 2.786 | 5.803 | 69.304 |
| 8 | 2.560 | 5.334 | 74.638 |
| 9 | 2.443 | 5.089 | 79.727 |
| 10 | 2.183 | 4.547 | 84.275 |
| 11 | 1.959 | 4.081 | 88.356 |
| 12 | 1.417 | 2.952 | 91.308 |
| 13 | 0.537 | 1.118 | 92.426 |

表10.5 企业绩效量表探索性因子分析因子提取结果

| 初始特征值及方差解释百分比 | | | |
|---|---|---|---|
| 因子 | 特征值 | 方差解释百分比（%） | 累积方差解释百分比（%） |
| 1 | 3.897 | 67.943 | 67.943 |
| 2 | 0.556 | 9.274 | 77.217 |

表10.6　企业绩效量表探索性因子分析因子载荷表

| | 1 |
|---|---|
| E7 | 0.836 |
| E11 | 0.818 |
| E10 | 0.814 |
| E6 | 0.802 |
| E8 | 0.800 |
| E9 | 0.765 |

表 10.7 社会网络量表探索性因子分析因子载荷表

| | 1 | 2 | 3 | 4 | 5 | 6 | 7 | 8 | 9 | 10 | 11 | 12 |
|---|---|---|---|---|---|---|---|---|---|---|---|---|
| EN82 | 0. 971 | | | | | | | | | | | |
| EN83 | 0. 967 | | | | | | | | | | | |
| EN84 | 0. 965 | | | | | | | | | | | |
| EN81 | 0. 960 | | | | | | | | | | | |
| IN42 | | 0. 974 | | | | | | | | | | |
| IN43 | | 0. 964 | | | | | | | | | | |
| IN44 | | 0. 959 | | | | | | | | | | |
| IN41 | | 0. 932 | | | | | | | | | | |
| EN72 | | | 0. 944 | | | | | | | | | |
| EN73 | | | 0. 930 | | | | | | | | | |
| EN71 | | | 0. 914 | | | | | | | | | |
| EN74 | | | 0. 910 | | | | | | | | | |
| EN42 | | | | 0. 932 | | | | | | | | |
| EN44 | | | | 0. 929 | | | | | | | | |
| EN43 | | | | 0. 921 | | | | | | | | |
| EN41 | | | | 0. 904 | | | | | | | | |
| EN22 | | | | | 0. 956 | | | | | | | |
| EN23 | | | | | 0. 943 | | | | | | | |

续表10.7

| | 1 | 2 | 3 | 4 | 5 | 6 | 7 | 8 | 9 | 10 | 11 | 12 |
|---|---|---|---|---|---|---|---|---|---|---|---|---|
| EN24 | | | | | 0. 942 | | | | | | | |
| EN21 | | | | | 0. 896 | | | | | | | |
| EN62 | | | | | | 0. 918 | | | | | | |
| EN63 | | | | | | 0. 913 | | | | | | |
| EN64 | | | | | | 0. 909 | | | | | | |
| EN61 | | | | | | 0. 902 | | | | | | |
| EN13 | | | | | | | 0. 942 | | | | | |
| EN12 | | | | | | | 0. 939 | | | | | |
| EN14 | | | | | | | 0. 925 | | | | | |
| EN11 | | | | | | | 0. 856 | | | | | |
| IN23 | | | | | | | | 0. 933 | | | | |
| IN24 | | | | | | | | 0. 919 | | | | |
| IN22 | | | | | | | | 0. 915 | | | | |
| IN21 | | | | | | | | 0. 898 | | | | |
| IN32 | | | | | | | | | 0. 937 | | | |
| IN34 | | | | | | | | | 0. 924 | | | |
| IN33 | | | | | | | | | 0. 921 | | | |
| IN31 | | | | | | | | | 0. 869 | | | |
| EN32 | | | | | | | | | | 0. 948 | | |

续表10.7

| | 1 | 2 | 3 | 4 | 5 | 6 | 7 | 8 | 9 | 10 | 11 | 12 |
|---|---|---|---|---|---|---|---|---|---|---|---|---|
| EN33 | | | | | | | | | | 0. 913 | | |
| EN34 | | | | | | | | | | 0. 909 | | |
| EN31 | | | | | | | | | | 0. 885 | | |
| EN52 | | | | | | | | | | | 0. 910 | |
| EN54 | | | | | | | | | | | 0. 908 | |
| EN53 | | | | | | | | | | | 0. 892 | |
| EN51 | | | | | | | | | | | 0. 844 | |
| IN12 | | | | | | | | | | | | 0. 932 |
| IN13 | | | | | | | | | | | | 0. 889 |
| IN14 | | | | | | | | | | | | 0. 887 |
| IN11 | | | | | | | | | | | | 0. 801 |

### （三）验证性因子分析

根据研究目的和需要，本书对社会网络量表和企业绩效量表的构念效度检验使用结构方程模型中（Structural Equation Modeling，SEM）的相关拟合指数进行验证（侯杰泰等，2005），如近似均方根误差（Root Mean Square Error of Approximation，RMSEA ）、标准均方根残差（Standardized Root Mean Square Residual，SRMSR）、比较拟合指数（Comparative Fit Index，CFI）、非范式拟合指数（Non-Normed Fit Index，NNFI）等。其中，RMSEA 和 SRMSR 的取值范围均在 0 和 1 之间，越接近于 0，表示观测数据与模型拟合得越好。按照通用的标准：RMSEA 的值大于 0.1 则模型拟合较差，在 0.05 到 0.1 之间则可以接受，小于 0.05 表示模型拟合较好，小于 0.01 则模型拟合极好；SRMSR 的值大于 0.08 时模型拟合较差，0.08 到 0.05 之间拟合可以接受，小于 0.05 则模型拟合较好。CFI 与 NNFI 的取值范围也在 0 到 1 之间，但是这两个值越接近 1，表示模型拟合越好。一般两个指数的值大于 0.9 则可以认为模型得到较好拟合，其中 NNFI 若大于 0.95，则说明模型拟合非常好。具体操作将采用 LISREL8.70 结构方程模型分析软件，相关拟合指数如表 10.8 所示。

**表 10.8　量表的信度与效度**

| | | 社会网络量表 | 企业绩效量表 |
|---|---|---|---|
| Cronbach α 系数 | | 0.905 | 0.891 |
| CFA 主要拟合优度指标 | RMSEA | 0.072 | 0.10 |
| | SRMSR | 0.058 | 0.036 |
| | NNFI | 0.97 | 0.97 |
| | CFI | 0.98 | 0.98 |

可以看出，社会网络量表与企业绩效量表的 Cronbach α 系数都在 0.9 附近，显示出良好的一致性，因此可认为本书研究所用问卷具有良好的信度。同时，虽然企业绩效量表的 RMSEA 值为 0.1，但它的 SRMSR 值为 0.036，小于 0.05，NNFI 与 CFI 值都大于了 0.95，表示企业绩效量表的数据与模型拟合还是比较好的，说明本次研究的企业绩效量表虽然是根据前人研究结果编制的，但仍然具有较好的信度和效度，能够对企业绩效的测量实现可靠性和可用性。社会网络量表的模型拟合数据均达到了要求，RMSEA 和 SRMSR 值分别为 0.072 和 0.058，均小于 0.08，NNFI 与 CFI 值也都大于 0.95，说明社会网

络量表的数据与模型拟合非常好，进一步证明了前人研究模型的适用性和有效性。因此，综合考虑信度分析与效度分析的各个指标系数，本次研究采用的问卷具有良好的内在信度和构念效度，能够将之用于后续分析和研究。

## 10.5 假设检验分析

结合 Collins 和 Clark（2003）对内外网络各维度的测量方式，也为了简化运算分析的过程，本书将企业家内外网络各维度、企业绩效等变量进行单一化处理（将该变量相关题项的均值作为变量值）；而根据前述信度与效度分析，本次研究所用问卷具备良好的信度和效度，因此能够满足单一化处理的要求。

具体来说就是，网络规模的观测值是相应网络中各部门、机构的“接触人员数量”题项的均值；网络范围是“内外网络中各自适用的联系人类别占各自总类别数的比例，在每一适用类别中企业家至少有一个联系人”；关系强度则是通过计算每个联系部门的“接触次数”、“每次接触持续时间”、“紧密程度”的均值获得企业家与每个联系部门的关系强度，然后分别计算内外网络中联系部门的关系强度均值，作为内外网络的关系强度水平。前述探索性因子分析表明，企业绩效 6 个指标均属于 1 个测量维度，即总体绩效水平，因此总体绩效可用 6 个指标的均值表示。经过单一化处理后，本书主要运用 SPSS17.0 统计分析软件，通过相关分析、T 检验、多层线性回归等进行假设的检验分析。

### 10.5.1 相关分析

在进行假设检验之前，本书将先对社会网络、企业绩效量表的变量进行相关分析，初步判定社会网络与企业绩效的关系。相关分析结果如表 10.9 所示。

相关分析结果表明，自变量各维度与企业总体绩效以及各测量变量之间均具有显著的相关性，且均为正相关，因此从总体来看，无论是内部网络还是外部网络均与企业绩效有正向的相关关系。然而这一相关关系的具体情况是什么，是否内外网络各个维度均能对企业绩效产生确实的影响，影响的显著性和方向在企业生命周期不同阶段是否一致，有待进一步的回归方程的验证。

另外，内部网络规模与外部网规模表现出显著的负相关关系（系数为 −0.393，$p$ 值小于 0.01），表明内外网络之间存在一定的相互替代性。因此在企业家能够用于社会网络活动的时间、精力有限的情况下，应当根据企业发展情况，有选择地建立和发展相应的社会网络，这也为本书引入企业生命周期作为调节变量提供了支持。

表 10.9　社会网络与企业绩效变量的相关分析

| | 1 | 2 | 3 | 4 | 5 | 6 | 7 | 8 | 9 | 10 | 11 | 12 | 13 |
|---|---|---|---|---|---|---|---|---|---|---|---|---|---|
| 1 | 1 | | | | | | | | | | | | |
| 2 | 0.675 ** | 1 | | | | | | | | | | | |
| 3 | 0.305 ** | 0.117 | 1 | | | | | | | | | | |
| 4 | −0.393 ** | −0.141 | −0.129 | 1 | | | | | | | | | |
| 5 | 0.021 | 0.097 | −0.132 | 0.610 ** | 1 | | | | | | | | |
| 6 | −0.150 | 0.065 | −0.024 | 0.519 ** | 0.275 ** | 1 | | | | | | | |
| 7 | 0.170 * | 0.194 * | 0.254 ** | 0.279 ** | 0.372 ** | 0.469 ** | 1 | | | | | | |
| 8 | 0.248 ** | 0.198 * | 0.290 ** | 0.212 ** | 0.353 ** | 0.347 ** | 0.600 ** | 1 | | | | | |
| 9 | 0.243 ** | 0.245 ** | 0.284 ** | 0.282 ** | 0.401 ** | 0.387 ** | 0.649 ** | 0.635 ** | 1 | | | | |
| 10 | 0.201 * | 0.228 ** | 0.267 ** | 0.265 ** | 0.339 ** | 0.327 ** | 0.630 ** | 0.534 ** | 0.481 ** | 1 | | | |
| 11 | 0.279 ** | 0.269 ** | 0.231 ** | 0.187 * | 0.362 ** | 0.297 ** | 0.567 ** | 0.710 ** | 0.568 ** | 0.593 ** | 1 | | |
| 12 | 0.206 * | 0.247 ** | 0.287 ** | 0.254 ** | 0.314 ** | 0.355 ** | 0.595 ** | 0.590 ** | 0.589 ** | 0.581 ** | 0.623 ** | 1 | |
| 13 | 0.277 ** | 0.282 ** | 0.329 ** | 0.300 ** | 0.438 ** | 0.444 ** | 0.823 ** | 0.840 ** | 0.801 ** | 0.775 ** | 0.839 ** | 0.809 ** | 1 |

1. 内部网络规模；2. 内部网络范围；3. 内部网络关系强度；4. 外部网络规模；5. 外部网络范围；6. 外部网络关系强度；7. 利润水平；8. 总销售量；9. 资产收益率；10. 销售增长率；11. 市场占有率；12. 总资产增长率；13. 总体绩效水平。**：相关性在 0.01 水平上显著；*，相关性在 0.05 水平上显著。

### 10.5.2 企业家外部网络与企业绩效的关系

根据相关分析结果，外部网络的规模、范围和关系强度均与企业绩效的各个测量变量存在相关性，因此需要对绩效的不同测量变量进行线性回归方程验证。

由于企业家个人与企业基本情况可能对企业家社会网络、企业绩效造成影响，因此本书将企业家性别、年龄、教育程度以及企业成立时间、注册资本、职工人数、经营范围等七个可能的影响因素作为控制变量进入回归方程，并采用多层线性回归的方式进行了验证，模型分析结果如表 10.10 所示：

**表 10.10　外部网络与企业绩效的多层线性回归分析结果**

| | 利润水平 | | 总销售量 | | 资产收益率 | |
|---|---|---|---|---|---|---|
| | 模型 1 | 模型 2 | 模型 1 | 模型 2 | 模型 1 | 模型 2 |
| 性别 | −0.004 | −0.020 | 0.130 | 0.121 | 0.039 | 0.033 |
| 年龄 | −0.024 | −0.011 | −0.071 | −0.060 | −0.022 | −0.013 |
| 教育程度 | 0.088 | 0.081 | 0.053 | 0.049 | 0.050 | 0.050 |
| 公司成立时间 | 0.137 | 0.073 | 0.227 * | 0.171 * | 0.242 * | 0.171 |
| 注册资本 | 0.290 ** | 0.192 * | 0.278 ** | 0.210 * | 0.139 | 0.044 |
| 职工人数 | −0.062 | −0.101 | 0.026 | −0.011 | −0.026 | −0.072 |
| 经营范围 | 0.014 | −0.043 | −0.052 | −0.095 | −0.007 | −0.071 |
| 外部网络规模 | | −0.183 | | −0.173 | | −0.121 |
| 外部网络范围 | | 0.316 ** | | 0.293 ** | | 0.348 ** |
| 外部网络关系强度 | | 0.438 ** | | 0.301 ** | | 0.336 ** |
| $R^2$ | 0.126 | 0.349 | 0.195 | 0.318 | 0.096 | 0.288 |
| 调整的 $R^2$ | 0.083 | 0.302 | 0.155 | 0.269 | 0.052 | 0.237 |
| $R^2$的变化 | 0.126 | 0.223 | 0.195 | 0.123 | 0.096 | 0.191 |
| $F$ 的变化 | 2.923 ** | 10.833 ** | 4.911 ** | 8.361 ** | 2.166 * | 12.444 ** |
| $F$ | 2.923 ** | 7.437 ** | 4.911 ** | 6.480 ** | 2.166 * | 5.616 ** |
| 性别 | 0.011 | 0.005 | 0.044 | 0.036 | −0.053 | −0.065 |
| 年龄 | −0.060 | −0.054 | −0.055 | −0.044 | −0.020 | −0.013 |
| 教育程度 | 0.004 | 0.003 | 0.016 | 0.013 | 0.004 | 0.000 |
| 公司成立时间 | 0.073 | 0.028 | 0.231 ** | 0.180 * | 0.177 | 0.136 |
| 注册资本 | 0.289 ** | 0.218 * | 0.292 ** | 0.244 ** | 0.123 | 0.043 |

续表10.10

| | 利润水平 | | 总销售量 | | 资产收益率 | |
|---|---|---|---|---|---|---|
| | 模型 1 | 模型 2 | 模型 1 | 模型 2 | 模型 1 | 模型 2 |
| 职工人数 | 0.147 | 0.119 | 0.099 | 0.064 | 0.116 | 0.092 |
| 经营范围 | −0.013 | −0.058 | 0.090 | 0.058 | 0.012 | −0.032 |
| 外部网络规模 | | −0.049 | | −0.210 * | | −0.063 |
| 外部网络范围 | | 0.209 * | | 0.282 ** | | 0.186 |
| 外部网络关系强度 | | 0.244 ** | | 0.254 ** | | 0.313 ** |
| $R^2$ | 0.168 | 0.263 | 0.232 | 0.321 | 0.110 | 0.230 |
| 调整的 $R^2$ | 0.127 | 0.210 | 0.194 | 0.273 | 0.066 | 0.175 |
| $R^2$ 的变化 | 0.168 | 0.095 | 0.232 | 0.089 | 0.110 | 0.120 |
| $F$ 的变化 | 4.101 ** | 5.987 ** | 6.130 ** | 6.100 ** | 2.515 * | 7.235 ** |
| $F$ | 4.101 ** | 4.969 ** | 6.130 ** | 6.583 ** | 2.515 * | 4.163 ** |

模型 1：控制变量；模型 2：控制变量，自变量。** ：$p<0.01$，* $p<0.05$。

从表 10.10 的分析结果来看，控制变量中公司成立时间、注册资本对利润水平、总销售量、资产收益率、销售增长率以及市场占有率等企业绩效指标有不同的影响作用，且都为正向影响。这表明随着企业发展，企业绩效会表现得更好，这与一般常识相符，如果随着企业发展，企业绩效越来越差，说明企业出现了问题、面临危机；注册资本则意味着企业一开始能够动用的资金，在我国融资渠道缺乏的情况下，企业的创业资金越多其发展越好，绩效表现更能得到保证（Rogers，2006）。

在外部网络三个维度的验证分析上，外部网络的范围、关系强度对利润水平、总销售量、资产收益率、销售增长率和市场占有率均产生正向影响；另外，外部网络的关系强度还对资产增长有显著的促进作用（系数 0.313，$p$ 值小于 0.01）。值得注意的是，外部网络规模仅对市场占有率有影响，而且是负向的影响关系（系数为−0.21，$p$ 值小于 0.05），同时，外部网络的范围和关系强度对市场占有率存在促进作用，这可能是因为我国的市场环境下，强联系更有利于资源交换和获取（Granovetter，1973），异质的网络存在更多结构洞，能够获取更多信息和机会（Burt，1992），而过多的同质的网络关系会减弱其中关键关系的强度，因为企业家用于建立和发展外部社会网络的时间和精力是有限的。由此，H27 部分得到了支持。

### 10.5.3 企业家内部网络与企业绩效的关系

前人的研究表明，内部网络有利于信息传递、知识分享、部门间协调配合等，但并没有直接测量其与企业绩效的关系。本书对此进行了实证研究，通过多层线性回归，验证了企业家内部网络三个维度与企业绩效各测量变量的关系，同时也对前述可能的影响因素进行了控制，分析结果如表10.11所示：

表10.11 内部网络与企业绩效的多层线性回归分析结果

| | 利润水平 | | 总销售量 | | 资产收益率 | |
|---|---|---|---|---|---|---|
| | 模型1 | 模型2 | 模型1 | 模型2 | 模型1 | 模型2 |
| 性别 | −0.004 | 0.003 | 0.130 | 0.134 | 0.039 | 0.046 |
| 年龄 | −0.024 | −0.057 | −0.071 | −0.100 | −0.022 | −0.056 |
| 教育程度 | 0.088 | 0.041 | 0.053 | 0.007 | 0.050 | −0.007 |
| 公司成立时间 | 0.137 | 0.132 | 0.227* | 0.209* | 0.242* | 0.231* |
| 注册资本 | 0.290** | 0.296** | 0.278** | 0.285** | 0.139 | 0.140 |
| 职工人数 | −0.062 | −0.028 | 0.026 | 0.087 | −0.026 | 0.007 |
| 经营范围 | 0.014 | 0.037 | −0.052 | −0.027 | −0.007 | 0.019 |
| 内部网络规模 | | −0.058 | | 0.073 | | 0.006 |
| 内部网络范围 | | 0.144 | | 0.032 | | 0.165 |
| 内部网络关系强度 | | 0.282** | | 0.317** | | 0.289** |
| $R^2$ | 0.126 | 0.214 | 0.195 | 0.316 | 0.096 | 0.217 |
| 调整的$R^2$ | 0.083 | 0.158 | 0.155 | 0.267 | 0.052 | 0.161 |
| $R^2$的变化 | 0.126 | 0.088 | 0.195 | 0.121 | 0.096 | 0.120 |
| $F$的变化 | 2.923** | 5.211** | 4.911** | 8.224** | 2.166* | 7.123** |
| $F$ | 2.923** | 3.791** | 4.911** | 6.429** | 2.166* | 3.849** |
| 性别 | 0.011 | 0.018 | 0.044 | 0.048 | −0.053 | −0.045 |
| 年龄 | −0.060 | −0.096 | −0.055 | −0.083 | −0.020 | −0.060 |
| 教育程度 | 0.004 | −0.049 | 0.016 | −0.035 | 0.004 | −0.055 |
| 公司成立时间 | 0.073 | 0.064 | 0.231* | 0.215* | 0.177 | 0.170 |
| 注册资本 | 0.289** | 0.297** | 0.292** | 0.293** | 0.123 | 0.128 |
| 职工人数 | 0.147 | 0.196* | 0.099 | 0.138 | 0.116 | 0.155 |
| 经营范围 | −0.013 | 0.014 | 0.090 | 0.114 | 0.012 | 0.041 |
| 内部网络规模 | | −0.027 | | 0.072 | | −0.055 |

续表10.11

| | 利润水平 | | 总销售量 | | 资产收益率 | |
|---|---|---|---|---|---|---|
| | 模型 1 | 模型 2 | 模型 1 | 模型 2 | 模型 1 | 模型 2 |
| 内部网络范围 | | 0.124 | | 0.105 | | 0.185 |
| 内部网络关系强度 | | 0.334 ** | | 0.266 ** | | 0.337 ** |
| $R^2$ | 0.168 | 0.291 | 0.232 | 0.344 | 0.110 | 0.246 |
| 调整的 $R^2$ | 0.127 | 0.240 | 0.194 | 0.296 | 0.066 | 0.191 |
| $R^2$ 的变化 | 0.168 | 0.123 | 0.232 | 0.112 | 0.110 | 0.135 |
| $F$ 的变化 | 4.101 ** | 8.002 ** | 6.130 ** | 7.872 ** | 2.515 * | 8.302 ** |
| $F$ | 4.101 ** | 5.696 ** | 6.130 ** | 7.276 ** | 2.515 * | 4.523 ** |
| 模型 1：控制变量；模型 2：控制变量，自变量。**：$p<0.01$，*$p<0.05$。 | | | | | | |

通过多层线性回归发现，在研究内部网络与绩效的关系时，控制变量中除了公司成立时间、注册资本，职工人数也表现出了对销售增长的正向影响（系数为 0.196，$p$ 值小于 0.05），并且这种影响是在引入企业家内部网络之后发生，因此这之间可能存在某种中介效应。

对内部网络三个维度的回归分析发现，在对企业绩效的影响上，仅有关系强度与各指标存在显著的正向相关关系，这与领导成员关系（LMX）理论的观点类似，表明我国企业家在建立和发展内部网络时，较注重于与员工建立直接的关系，通过领导成员关系增强组织凝聚力、减少员工的个体行为，但同时也说明我国企业家往往忽视了内部网络整体的建设。因此，H28 得到了部分支持。

#### 10.5.4　企业家内部网络与外部网络的交互作用

温忠麟、侯杰泰和张雷（2005）对调节效应和交互作用的探讨表明，调节效应与交互作用的分析从统计上来说是一样的，他们根据变量类型的不同，提出了不同的调节和交互作用的分析方法。本书的内外网络测量均为连续型变量，因此可参照他们提出的检验步骤进行，(1) 将内部网络与外部网络变量进行中心化；(2) 将经过处理后的内外网络变量相乘，构造乘积项；(3) 把因变量（未中心化）、自变量和乘积项一起放到多层回归方程，其中第一层放控制变量，第二层放控制变量与自变量，第三层再加入乘积项。采用此方法检验交互作用时，主要看乘积项的系数是否显著，如果乘积项系数显著，则交互作用存在。此方法已经在类似研究中得到了支持，曾楠、高山行和崔宁宁（2011）在对企业内部资源、能力与外部网络对绩效的交互作用研究中采用此方法进行了实证研究。

本书通过规模、范围、关系强度等三个维度对社会网络进行测量，为了简化模型，同时使得研究具有实际意义，因此着重考虑同维度变量之间的交互作用，即内部网络规模与外部网络规模、内部网络范围与外部网络范围、内部网络关系强度与外部网络关系强度对绩效的交互效应。采用前述交互作用的检验方法，本书进行了多层回归分析，结果如表 10.12 所示。

**表 10.12　企业家内外网络对绩效的交互效应分析**

| | 利润水平 | | | 总销售量 | | |
|---|---|---|---|---|---|---|
| | 模型 1 | 模型 2 | 模型 3 | 模型 1 | 模型 2 | 模型 3 |
| 性别 | −0.004 | −0.014 | 0.009 | 0.130 | 0.126 | 0.110 |
| 年龄 | −0.024 | −0.039 | −0.051 | −0.071 | −0.088 | −0.132 |
| 教育程度 | 0.088 | 0.045 | 0.032 | 0.053 | 0.012 | 0.015 |
| 公司成立时间 | 0.137 | 0.057 | 0.040 | 0.227 * | 0.145 | 0.160 * |
| 注册资本 | 0.290 ** | 0.188 * | 0.209 ** | 0.278 ** | 0.198 * | 0.178 * |
| 职工人数 | −0.062 | −0.045 | −0.042 | 0.026 | 0.070 | 0.066 |
| 经营范围 | 0.014 | −0.030 | −0.046 | −0.052 | −0.086 | −0.098 |
| 内部网络规模 | | 0.068 | 0.023 | | 0.176 | 0.033 |
| 内部网络范围 | | 0.016 | 0.077 | | −0.064 | 0.092 |
| 内部网络关系强度 | | 0.277 ** | 0.233 ** | | 0.316 ** | 0.322 ** |
| 外部网络规模 | | −0.094 | −0.095 | | −0.038 | −0.106 |
| 外部网络范围 | | 0.295 ** | 0.257 ** | | 0.251 ** | 0.300 ** |
| 外部网络关系强度 | | 0.414 ** | 0.429 ** | | 0.281 ** | 0.344 ** |
| 内部网络规模 * 外部网络规模 | | | −0.187 * | | | −0.366 ** |
| 内部网络范围 * 外部网络范围 | | | 0.023 | | | 0.203 ** |
| 内部网络关系强度*外部网络关系强度 | | | −0.216 ** | | | 0.045 |
| $R^2$ | 0.126 | 0.435 | 0.516 | 0.195 | 0.450 | 0.538 |
| 调整的 $R^2$ | 0.083 | 0.381 | 0.458 | 0.155 | 0.397 | 0.482 |
| $R^2$ 的变化 | 0.126 | 0.309 | 0.081 | 0.195 | 0.255 | 0.088 |
| $F$ 的变化 | 2.923 ** | 12.421 ** | 7.411 ** | 4.911 ** | 10.488 ** | 8.476 ** |
| $F$ | 2.923 ** | 8.066 ** | 8.871 ** | 4.911 ** | 8.545 ** | 9.677 ** |

续表10.12

| | 利润水平 | | | 总销售量 | | |
|---|---|---|---|---|---|---|
| | 模型 1 | 模型 2 | 模型 3 | 模型 1 | 模型 2 | 模型 3 |
| 性别 | 0.039 | 0.039 | 0.036 | 0.011 | 0.013 | 0.038 |
| 年龄 | −0.022 | −0.045 | −0.066 | −0.060 | −0.089 | −0.103 |
| 教育程度 | 0.050 | 0.002 | −0.001 | 0.004 | −0.043 | −0.059 |
| 公司成立时间 | 0.242 * | 0.150 | 0.156 | 0.073 | 0.008 | −0.010 |
| 注册资本 | 0.139 | 0.023 | 0.019 | 0.289 ** | 0.208 * | 0.231 ** |
| 职工人数 | −0.026 | −0.012 | −0.011 | 0.147 | 0.186 * | 0.191 * |
| 经营范围 | −0.007 | −0.060 | −0.067 | −0.013 | −0.044 | −0.062 |
| 内部网络规模 | | 0.168 | 0.102 | | 0.113 | 0.059 |
| 内部网络范围 | | 0.043 | 0.117 | | 0.031 | 0.103 |
| 内部网络关系强度 | | 0.285 ** | 0.275 ** | | 0.327 ** | 0.273 ** |
| 外部网络规模 | | 0.051 | 0.027 | | 0.084 | 0.085 |
| 外部网络范围 | | 0.281 ** | 0.286 ** | | 0.168 | 0.120 |
| 外部网络关系强度 | | 0.299 ** | 0.325 ** | | 0.210 * | 0.228 ** |
| 内部网络规模 * 外部网络规模 | | | −0.196 * | | | −0.228 ** |
| 内部网络范围 * 外部网络范围 | | | 0.059 | | | 0.013 |
| 内部网络关系强度* 外部网络关系强度 | | | −0.042 | | | −0.260 ** |
| $R^2$ | 0.096 | 0.421 | 0.452 | 0.168 | 0.398 | 0.518 |
| 调整的 $R^2$ | 0.052 | 0.365 | 0.386 | 0.127 | 0.340 | 0.460 |
| $R^2$的变化 | 0.096 | 0.324 | 0.031 | 0.168 | 0.230 | 0.120 |
| F的变化 | 2.166 * | 12.676 ** | 2.538 | 4.101 ** | 8.655 ** | 10.986 ** |
| $F$ | 2.166 * | 7.592 ** | 6.853 ** | 4.101 ** | 6.917 ** | 8.918 ** |
| 性别 | 0.044 | 0.043 | 0.015 | −0.053 | −0.056 | −0.038 |
| 年龄 | −0.055 | −0.073 | −0.111 | −0.020 | −0.050 | −0.068 |
| 教育程度 | 0.016 | −0.030 | −0.029 | 0.004 | −0.052 | −0.061 |
| 公司成立时间 | 0.231 * | 0.162 * | 0.193 * | 0.177 | 0.117 | 0.102 |
| 注册资本 | 0.292 ** | 0.229 ** | 0.202 * | 0.123 | 0.030 | 0.044 |
| 职工人数 | 0.099 | 0.120 | 0.123 | 0.116 | 0.152 | 0.151 |

续表10.12

| | 利润水平 | | | 总销售量 | | |
|---|---|---|---|---|---|---|
| | 模型 1 | 模型 2 | 模型 3 | 模型 1 | 模型 2 | 模型 3 |
| 经营范围 | 0.090 | 0.069 | 0.067 | 0.012 | −0.017 | −0.034 |
| 内部网络规模 | | 0.132 | 0.023 | | 0.110 | 0.043 |
| 内部网络范围 | | 0.034 | 0.149 | | 0.076 | 0.159 |
| 内部网络关系强度 | | 0.270 ** | 0.275 ** | | 0.321 ** | 0.290 ** |
| 外部网络规模 | | −0.069 | −0.113 | | 0.086 | 0.067 |
| 外部网络范围 | | 0.231 * | 0.259 ** | | 0.135 | 0.122 |
| 外部网络关系强度 | | 0.222 ** | 0.266 ** | | 0.272 ** | 0.300 ** |
| 内部网络规模 * 外部网络规模 | | | −0.306 ** | | | −0.216 ** |
| 内部网络范围*外部网络范围 | | | 0.064 | | | 0.095 |
| 内部网络关系强度*外部网络关系强度 | | | 0.055 | | | −0.155 * |
| $R^2$ | 0.232 | 0.428 | 0.496 | 0.110 | 0.373 | 0.438 |
| 调整的 $R^2$ | 0.194 | 0.373 | 0.435 | 0.066 | 0.313 | 0.370 |
| $R^2$的变化 | 0.232 | 0.196 | 0.068 | 0.110 | 0.263 | 0.065 |
| F 的变化 | 6.130 ** | 7.766 ** | 5.974 ** | 2.515 * | 9.495 ** | 5.125 ** |
| $F$ | 6.130 ** | 7.829 ** | 8.179 ** | 2.515 * | 6.223 ** | 6.477 ** |

模型 1：控制变量；模型 2：控制变量，自变量；模型 3：控制变量，自变量，乘积项。**：$p<0.01$，*$p<0.05$。

从多层回归分析结果可知，企业家内外网络规模的交互、范围的交互以及关系强度的交互均对企业绩效的不同指标产生了影响。但值得注意的是，仅有内外网络的范围交互对总销售量产生了正向的影响（系数 0.203，$p$ 值小于 0.01），即在较高的内部网络范围水平下，外部网络范围越大企业的总销售量越大，反之亦然，这是因为内外部网络的异质性越高，企业家更能获取丰富而不冗余的信息，内部网络的异质性促进了信息在不同部门的流通，有利于外部网络获取信息的利用，比如销售机会、渠道等。而内外网络的规模与关系的交互对绩效各指标则是负向的影响，即内外网络的规模水平、关系强度存在替代性，这一点在前述相关分析中内外网络的相关关系也有所体现（内外网络规模相关系数为−0.393，$p$ 值小于 0.01），说明二者的交互并重会阻碍企业绩效的提高，这可能与企业家能够用于建立和发展内外网络的时间、精力有限有关。因此，本书提出的 H29，关于企业家内外网络的交互效应对企业绩效的促进作用，仅得到了有限的假设。

### 10.5.5　企业生命周期对企业家社会网络的调节作用

根据温忠麟等（2005）对调节效应的研究，当自变量为连续变量，调节变量为类别变量时，可按调节变量的取值分组，进行分组回归分析，即根据调节变量的分类水平，建立分组回归方程进行分析，若回归方程的决定系数 R 平方具有显著性整体效果，则调节效应显著。其具体分析步骤是，首先对样本数据按调节变量的类别进行分割；然后进行回归分析；最后根据数据统计分析结果，验证其是否存在调节效应。

据此，本书根据企业生命周期的四阶段模型进行分组回归分析，若不同阶段内外网络的回归系数差异显著，则说明生命周期调节效应显著，社会网络在生命周期中发生演进。同时，结合本书的研究和实践需要，本书将采取总分的研究路线，即首先对社会网络与企业总体绩效水平的关系进行调节效应验证，目的是从总体上说明生命周期具有调节作用；然后对绩效各个指标分别进行验证，并按照生命周期的四个阶段分别研究内外网络对不同指标的影响作用，目的是得出更具实践意义的结论。

根据前述测量方式，企业总体绩效可以采用绩效六个指标的均值进行单一化处理，然后进行总体绩效水平的分组回归分析，结果如表 10.13、10.14 所示。

**表 10.13　分组回归模型总体情况**

| 生命周期阶段 | | $R^2$ | 调整的 $R^2$ | $R^2$ 的变化 | $F$ 的变化 | $F$ |
|---|---|---|---|---|---|---|
| 构想与发展阶段 | 模型 1 | 0.497 | 0.277 | 0.497 | 2.258 | 2.258 |
| | 模型 2 | 0.846 | 0.646 | 0.349 | 3.784 * | 4.231 * |
| 商业化运作阶段 | 模型 1 | 0.445 | 0.283 | 0.445 | 2.746 * | 2.746 * |
| | 模型 2 | 0.909 | 0.843 | 0.464 | 10.286 ** | 13.814 ** |
| 成长阶段 | 模型 1 | 0.221 | 0.091 | 0.221 | 1.700 | 1.700 |
| | 模型 2 | 0.813 | 0.746 | 0.592 | 19.041 ** | 12.064 ** |
| 稳定阶段 | 模型 1 | 0.345 | 0.218 | 0.345 | 2.710 * | 2.710 * |
| | 模型 2 | 0.835 | 0.764 | 0.490 | 9.850 ** | 11.682 ** |
| 模型 1：控制变量；模型 2：控制变量，自变量。　** ：$p<0.01$，* $p<0.05$。 | | | | | | |

表10.13的结果表明，生命周期四个阶段的四组回归方程均具有显著效应（$p$值至少小于0.05）；同时，构想与发展阶段的回归方程解释了总体绩效64.6%的方差变异，商业化运作阶段的回归方程解释了84.3%，成长阶段的回归方程解释了74.6%，稳定阶段的回归方程解释了76.4%。因此，分组回归模型的决定系数R平方具有显著性整体效果，满足分组回归分析的调节效应验证条件，证实了生命周期在内外网络与企业绩效的关系中具有调节作用，社会网络与企业绩效的关系在生命周期中发生了演进。

**表10.14　分组回归模型中各变量系数**

| | 构想与发展阶段 | | 商业化运作阶段 | | 成长阶段 | | 稳定阶段 | |
|---|---|---|---|---|---|---|---|---|
| | 模型1 | 模型2 | 模型1 | 模型2 | 模型1 | 模型2 | 模型1 | 模型2 |
| 性别 | 0.545 | 0.228 | −0.272 | −0.079 | −0.017 | 0.060 | −0.027 | 0.016 |
| 年龄 | 0.224 | 0.075 | −0.064 | 0.001 | 0.003 | −0.039 | −0.143 | −0.044 |
| 教育程度 | −0.080 | −0.047 | −0.012 | −0.076 | 0.397 | 0.084 | −0.187 | −0.154 |
| 公司成立时间 | −0.162 | 0.079 | 0.521* | 0.036 | −0.140 | −0.133 | 0.116 | −0.074 |
| 注册资本 | 0.019 | −0.126 | 0.148 | −0.051 | 0.233 | 0.236* | 0.496* | 0.269* |
| 职工人数 | 0.468 | 0.279 | 0.027 | 0.064 | −0.008 | −0.004 | 0.091 | 0.111 |
| 经营范围 | 0.159 | −0.033 | 0.065 | 0.116 | −0.133 | −0.105 | 0.081 | 0.000 |
| 内部网络规模 | | −0.719 | | 0.261 | | 0.206* | | 0.257 |
| 内部网络范围 | | 0.453 | | −0.273 | | 0.247* | | −0.260 |
| 内部网络关系强度 | | 0.200 | | 0.029 | | 0.549** | | −0.164 |
| 外部网络规模 | | 0.013 | | 0.137 | | 0.176 | | 0.235* |
| 外部网络范围 | | 0.430 | | 0.359* | | −0.114 | | 0.430** |
| 外部网络关系强度 | | 0.433 | | 0.462** | | −0.105 | | 0.294** |

模型1：控制变量；模型2：控制变量，自变量。　**：$p<0.01$，*$p<0.05$。

那么企业家内外网络与企业绩效的关系受到生命周期的调节作用后，分别又会发生怎么的变化，实现怎样的演进？表10.14表明，在构想与发展阶段，内外网络均没有表现出对企业总体绩效的显著影响；进入商业化运作阶段，外部网络的范围和关系强度对总体绩效有显著的促进作用；在成长阶段，内部网络三个维度均与总体绩效水平显著正相关；而在稳定阶段，外部网络再次发挥更加重要的作用，其三个维度均表现出对总体绩效的正向影响。因此，本书的H30得到了支持。

进一步地，同一网络的不同维度在生命周期不同阶段对企业绩效表现出不同的影响水平，比如在商业化运作阶段，外部网络规模对绩效没有显著影响，而在稳定阶段却表现出显著的正相关（系数 0.235，P 值小于 0.05）；在这两个阶段，外部网络范围与关系强度表现出一定的替代性（在一致显著的前提下，外部网络范围系数从 0.359 变化为 0.430，相应的关系强度系数从 0.462 变化为 0.294），这与 Birley，Cromie 和 Myers（1991）的研究结果类似。

此外，本书的总体绩效水平是通过六个指标进行测量，因此有必要对每个生命周期阶段，不同网络的各个维度对六个绩效指标的影响和相关性进行更深入地研究，从而得出对我国民营企业家更具实践意义和可操作性的结论，这也正是本书的研究目的。

（1）构想与发展阶段。

根据上述研究方法，首先比较在构想与发展阶段的内外网络对绩效影响的不同。前述假设提出，在这一阶段，相对于内部网络，外部网络将发挥更为重要的作用，回归分析结果如表 10.15 所示。

**表 10.15　内外网络在构想与发展阶段对绩效影响的回归分析**

| | 利润水平 | | 总销售量 | | 资产收益率 | |
|---|---|---|---|---|---|---|
| | 模型 1 | 模型 2 | 模型 1 | 模型 2 | 模型 1 | 模型 2 |
| 性别 | 0.339 | −0.012 | 0.544 | 0.292 | 0.487 | 0.282 |
| 年龄 | 0.062 | 0.103 | 0.293 | 0.316 | 0.230 | 0.085 |
| 教育程度 | −0.031 | −0.216 | 0.097 | 0.034 | 0.122 | 0.126 |
| 公司成立时间 | −0.082 | −0.020 | −0.174 | −0.080 | −0.150 | 0.029 |
| 注册资本 | −0.137 | −0.445 | 0.128 | −0.071 | −0.006 | −0.095 |
| 职工人数 | 0.443 | 0.096 | 0.292 | 0.076 | 0.489 | 0.405 |
| 经营范围 | 0.003 | −0.164 | −0.017 | −0.103 | 0.081 | −0.087 |
| 内部网络规模 | | −1.132 | | −0.611 | | −0.873 |
| 内部网络范围 | | 1.083 | | 0.449 | | 0.576 |
| 内部网络关系强度 | | 0.254 | | 0.107 | | 0.311 |
| 外部网络规模 | | −0.367 | | −0.308 | | 0.028 |
| 外部网络范围 | | 0.621 | | 0.448 | | 0.377 |
| 外部网络关系强度 | | 0.620 | | 0.428 | | 0.281 |
| $R^2$ | 0.240 | 0.739 | 0.429 | 0.639 | 0.461 | 0.775 |

续表10.15

| | 利润水平 | | 总销售量 | | 资产收益率 | |
|---|---|---|---|---|---|---|
| | 模型 1 | 模型 2 | 模型 1 | 模型 2 | 模型 1 | 模型 2 |
| 调整的 $R^2$ | −0.093 | 0.400 | 0.180 | 0.170 | 0.225 | 0.482 |
| $R^2$ 的变化 | 0.240 | 0.500 | 0.429 | 0.210 | 0.461 | 0.314 |
| $F$ 的变化 | 0.721 | 3.194 | 1.719 | 0.968 | 1.953 | 2.327 |
| $F$ | 0.721 | 2.182 | 1.719 | 1.361 | 1.953 | 2.649 |
| 性别 | 0.362 | −0.004 | 0.428 | 0.165 | 0.424 | 0.334 |
| 年龄 | 0.207 | −0.396 | 0.059 | −0.057 | 0.220 | 0.233 |
| 教育程度 | −0.356 | 0.118 | −0.160 | −0.102 | −0.171 | −0.256 |
| 公司成立时间 | −0.288 | 0.410 | −0.078 | 0.137 | 0.004 | −0.036 |
| 注册资本 | −0.136 | 0.107 | 0.272 | 0.157 | −0.166 | −0.361 |
| 职工人数 | 0.347 | 0.299 | 0.395 | 0.223 | 0.292 | 0.288 |
| 经营范围 | 0.303 | 0.013 | 0.174 | 0.018 | 0.320 | 0.235 |
| 内部网络规模 | | 0.521 | | −0.616 | | −0.617 |
| 内部网络范围 | | −0.961 | | 0.410 | | 0.471 |
| 内部网络关系强度 | | −0.065 | | 0.051 | | 0.337 |
| 外部网络规模 | | 0.765 | | −0.082 | | 0.254 |
| 外部网络范围 | | 0.228 | | 0.465 | | −0.220 |
| 外部网络关系强度 | | 0.037 | | 0.302 | | 0.412 |
| $R^2$ | 0.333 | 0.737 | 0.452 | 0.705 | 0.430 | 0.592 |
| 调整的 $R^2$ | 0.041 | 0.395 | 0.212 | 0.322 | 0.181 | 0.062 |
| $R^2$ 的变化 | 0.333 | 0.404 | 0.452 | 0.253 | 0.430 | 0.162 |
| $F$ 的变化 | 1.139 | 2.560 | 1.886 | 1.432 | 1.726 | 0.661 |
| $F$ | 1.139 | 2.153 | 1.886 | 1.841 | 1.726 | 1.117 |
| 模型 1：控制变量；模型 2：控制变量，自变量。**：$p<0.01$，* $p<0.05$。 | | | | | | |

回归分析的结果表明，在企业的构想与发展阶段，无论是企业家的内部网络还是外部网络对企业绩效六个测量变量均没有显著的影响，这与前述内外网络与总体绩效在构想与发展阶段没有显著关系一致。这主要是因为，根据本次研究使用的生命周期量表，此阶段的企业活动主要聚焦在产品的设计和开发、获得充足的财务资源以及对市场初期的探索与开发等方面，由此可见企业此时

并没有实际的产品进入市场，而本次研究的绩效指标均与产品销售有关（由前述探索性因子分析可知，六个绩效指标均属于同一维度）。同时，前人研究也证实了企业家外部网络在这一阶段的主要作用时获取创业的关键信息(Sedikides 和 Gregg，2003)、资金支持（Bhide，1999)、把握商业机会(Ozgen 和 Baron，2007）等非收入性的绩效影响，而将这些资源转化成产品的商业化和销售收入则代表企业进入了下一阶段。

尽管如此，本书仍然尝试通过 T 检验表明这一阶段内外网络的差异性。为了说明内外网络对应维度的差异性特征，本书采用配对样本 T 检验的方法分析其均值的差异，如表 10.16 所示。

**表 10.16　构想与发展阶段内外网络对应维度的配对样本 *T* 检验**

| | 均值 | 均值差 | *T* 值 | 显著性 |
|---|---|---|---|---|
| 内部网络规模 | 1.8958 | −1.713542 | −5.397 | 0.000 |
| 外部网络规模 | 3.60938 | | | |
| 内部网络范围 | 0.6354 | −0.1072917 | −1.854 | 0.077 |
| 外部网络范围 | 0.742708 | | | |
| 内部网络关系强度 | 3.339120 | −0.1875165 | −0.664 | 0.513 |
| 外部网络关系强度 | 3.526637 | | | |

通过 *T* 检验得知，在构想与发展阶段，外部网络三个维度的均值均大于内部网络，其中外部网络规模水平几乎是内部网络规模的两倍，但也仅有规模维度上，内外网络存在显著性差异。因此，这一阶段内外网络对绩效影响的差异性暂无明显结论，只能初步认为外部网络的规模明显大于内部。

（2）商业化运作阶段。

本书提出假设认为，在此阶段，外部网络对绩效影响的重要性仍然大于内部网络。对此，本书采取了同样的方法进行验证，比较此阶段内外网络各维度变量在对绩效指标回归中的系数是否具有显著性差异。表 10.17 是对这一阶段内外网络与企业绩效关系进行回归分析的结果。

表 10.17　内外网络在商业化运作阶段对绩效影响的回归分析

| | 利润水平 | | 总销售量 | | 资产收益率 | |
|---|---|---|---|---|---|---|
| | 模型 1 | 模型 2 | 模型 1 | 模型 2 | 模型 1 | 模型 2 |
| 性别 | −0.411 * | −0.093 | −0.120 | 0.115 | −0.313 | −0.325 |
| 年龄 | 0.106 | 0.012 | −0.151 | −0.115 | 0.013 | 0.284 |
| 教育程度 | 0.145 | 0.164 | −0.148 | −0.231 | 0.144 | −0.042 |
| 公司成立时间 | 0.485 * | 0.109 | 0.456 * | 0.046 | 0.550 | 0.054 |
| 注册资本 | 0.043 | 0.056 | 0.019 | −0.231 | −0.069 | −0.436 * |
| 职工人数 | −0.006 | −0.071 | −0.009 | 0.035 | 0.020 | 0.136 |
| 经营范围 | 0.114 | 0.024 | 0.040 | 0.152 | 0.043 | 0.296 |
| 内部网络规模 | | −0.292 | | 0.087 | | 1.057 * |
| 内部网络范围 | | 0.157 | | 0.060 | | −0.844 * |
| 内部网络关系强度 | | 0.088 | | 0.148 | | −0.005 |
| 外部网络规模 | | −0.108 | | 0.517 ** | | 0.303 |
| 外部网络范围 | | 0.224 | | 0.193 | | 0.271 |
| 外部网络关系强度 | | 0.722 ** | | 0.333 | | 0.097 |
| $R^2$ | 0.441 | 0.871 | 0.271 | 0.801 | 0.361 | 0.768 |
| 调整的 $R^2$ | 0.278 | 0.777 | 0.058 | 0.658 | 0.175 | 0.601 |
| $R^2$ 的变化 | 0.441 | 0.430 | 0.271 | 0.530 | 0.361 | 0.407 |
| $F$ 的变化 | 2.703 * | 9.978 ** | 1.274 | 8.000 ** | 1.938 | 5.275 ** |
| $F$ | 2.703 * | 9.328 ** | 1.274 | 5.579 ** | 1.938 | 4.594 ** |
| 性别 | −0.352 | −0.243 | 0.087 | 0.213 | −0.255 | −0.059 |
| 年龄 | −0.065 | 0.008 | −0.103 | −0.067 | −0.116 | −0.120 |
| 教育程度 | 0.070 | 0.047 | −0.131 | −0.139 | −0.134 | −0.159 |
| 公司成立时间 | 0.386 * | −0.024 | 0.380 | 0.166 | 0.352 | −0.155 |
| 注册资本 | 0.250 | 0.104 | 0.386 | 0.258 | 0.150 | 0.046 |
| 职工人数 | 0.123 | 0.164 | −0.031 | 0.059 | 0.044 | 0.000 |
| 经营范围 | 0.021 | −0.020 | 0.178 | 0.161 | −0.058 | −0.040 |
| 内部网络规模 | | 0.169 | | −0.152 | | 0.376 |
| 内部网络范围 | | −0.378 | | −0.039 | | −0.307 |
| 内部网络关系强度 | | −0.029 | | 0.127 | | −0.177 |

续表10.17

| | 利润水平 | | 总销售量 | | 资产收益率 | |
|---|---|---|---|---|---|---|
| | 模型 1 | 模型 2 | 模型 1 | 模型 2 | 模型 1 | 模型 2 |
| 外部网络规模 | | −0.250 | | 0.044 | | 0.120 |
| 外部网络范围 | | 0.592 * | | 0.401 | | 0.156 |
| 外部网络关系强度 | | 0.351 | | 0.133 | | 0.680 ** |
| $R^2$ | 0.458 | 0.820 | 0.387 | 0.633 | 0.354 | 0.754 |
| 调整的 $R^2$ | 0.300 | 0.691 | 0.208 | 0.368 | 0.166 | 0.577 |
| $R^2$的变化 | 0.458 | 0.363 | 0.387 | 0.246 | 0.354 | 0.400 |
| $F$ 的变化 | 2.894 * | 6.056 ** | 2.162 | 2. 015 | 1.880 | 4.888 ** |
| $F$ | 2.894 * | 6.323 ** | 2.162 | 2.390 * | 1.880 | 4.252 ** |
| 模型 1：控制变量；模型 2：控制变量，自变量。 ** ：$p<0.01$，* $p<0.05$。 | | | | | | |

回归分析的结果表明，在大部分绩效指标上，外部网络均产生了显著的影响，同时内部网络的回归系数不显著，比如，外部网络关系强度对利润水平（系数 0.722，$p$ 值小于 0.01）、资产增长（系数 0.68，$p$ 值小于 0.01），外部网络规模对总销售量（系数 0.517，$p$ 值小于 0.01），外部网络范围对销售增长（系数 0.592，$p$ 值小于 0.05）。

值得注意的是，在对资产收益的影响中，内部网络回归系数显著，既有正向影响（内部网络规模，系数 1.057，$p$ 值小于 0.05），也有负向影响（内部网络范围，系数 −0.844，$p$ 值小于 0.05）。而在对市场占有的回归模型中，内外网络均没有显著的影响。

综合企业生命周期前两个阶段对企业家内外网络与企业绩效关系的回归分析和研究，相对于内部网络，外部网络表现出了在大部分时候都表现出了更大重要性，对绩效相关指标有更为显著的影响；但在某些指标上，内部网络也表现出了比外部网络更显著的影响，如商业化运作阶段的资产收益情况，其具体原因有待进一步探讨。因此，H30. a 得到了部分支持。

（3）成长阶段。

进入到成长阶段，企业面临更多内部问题与制度危机，企业家需要提高组织协调的优先性，重视企业内部人际关系的管理，即提高内部网络水平。采用前述回归分析的方法，依次对此阶段企业绩效的各个指标进行检验，分析其内外网络影响的差异性，如表 10.18 所示。

**表 10.18　内外网络在成长运作阶段对绩效影响的回归分析**

| | 利润水平 | | 总销售量 | | 资产收益率 | |
|---|---|---|---|---|---|---|
| | 模型 1 | 模型 2 | 模型 1 | 模型 2 | 模型 1 | 模型 2 |
| 性别 | 0.018 | 0.109 | 0.126 | 0.178 | −0.089 | −0.014 |
| 年龄 | 0.047 | 0.023 | −0.158 | −0.223 | 0.012 | 0.013 |
| 教育程度 | 0.321 | 0.074 | 0.280 | 0.014 | 0.251 | 0.012 |
| 公司成立时间 | −0.177 | −0.182 | −0.052 | −0.061 | −0.198 | −0.196 |
| 注册资本 | 0.320 | 0.335 * | 0.306 | 0.345 * | 0.169 | 0.139 |
| 职工人数 | −0.213 | −0.231 * | −0.011 | 0.035 | −0.004 | −0.045 |
| 经营范围 | −0.106 | −0.155 | −0.084 | −0.059 | −0.038 | −0.093 |
| 内部网络规模 | | 0.171 | | 0.205 | | 0.217 |
| 内部网络范围 | | 0.158 | | 0.068 | | 0.172 |
| 内部网络关系强度 | | 0.558 ** | | 0.559 ** | | 0.403 * |
| 外部网络规模 | | 0.107 | | −0.072 | | 0.332 |
| 外部网络范围 | | 0.105 | | 0.055 | | −0.104 |
| 外部网络关系强度 | | −0.165 | | −0.040 | | −0.081 |
| $R^2$ | 0.250 | 0.681 | 0.216 | 0.647 | 0.116 | 0.475 |
| 调整的 $R^2$ | 0.125 | 0.566 | 0.085 | 0.520 | −0.031 | 0.285 |
| $R^2$ 的变化 | 0.250 | 0.431 | 0.216 | 0.432 | 0.116 | 0.358 |
| $F$ 的变化 | 2.004 | 8.103 ** | 1.648 | 7.343 ** | 0.791 | 4.096 ** |
| $F$ | 2.004 | 5.915 ** | 1.648 | 5.081 ** | 0.791 | 2.505 * |
| 性别 | −0.056 | 0.017 | −0.078 | −0.03[illegible] | −0.017 | 0.030 |
| 年龄 | 0.094 | 0.066 | 0.000 | −0.047 | 0.028 | −0.011 |
| 教育程度 | 0.441 | 0.129 | 0.358 | 0.105 | 0.288 | 0.074 |
| 公司成立时间 | −0.126 | −0.084 | −0.059 | −0.044 | −0.088 | −0.101 |
| 注册资本 | 0.176 | 0.209 | 0.127 | 0.092 | 0.040 | 0.029 |
| 职工人数 | 0.103 | 0.099 | 0.053 | 0.071 | 0.026 | 0.039 |
| 经营范围 | −0.177 | −0.125 | −0.048 | 0.034 | −0.197 | −0.122 |
| 内部网络规模 | | 0.122 | | 0.207 | | 0.093 |
| 内部网络范围 | | 0.274 * | | 0.278 * | | 0.264 |
| 内部网络关系强度 | | 0.490 ** | | 0.303 | | 0.373 * |

续表10.18

| | 利润水平 | | 总销售量 | | 资产收益率 | |
|---|---|---|---|---|---|---|
| | 模型1 | 模型2 | 模型1 | 模型2 | 模型1 | 模型2 |
| 外部网络规模 | | −0.183 | | 0.273 | | 0.443 |
| 外部网络范围 | | 0.193 | | −0.359 | | −0.463 |
| 外部网络关系强度 | | 0.059 | | −0.066 | | −0.228 |
| $R^2$ | 0.240 | 0.675 | 0.152 | 0.597 | 0.090 | 0.513 |
| 调整的$R^2$ | 0.113 | 0.557 | 0.011 | 0.451 | −0.061 | 0.337 |
| $R^2$的变化 | 0.240 | 0.435 | 0.152 | 0.445 | 0.090 | 0.423 |
| $F$的变化 | 1.895 | 8.017 ** | 1.076 | 6.614 ** | 0.594 | 5.204 ** |
| $F$ | 1.895 | 5.744 ** | 1.076 | 4.096 ** | 0.594 | 2.914 ** |
| 模型1：控制变量；模型2：控制变量，自变量。**：$p<0.01$，*$p<0.05$。 | | | | | | |

回归分析证实，在成长阶段，内部网络对绩效影响的重要性明显大于外部网络。外部网络没有对任何一个绩效指标产生显著影响，而内部网络的关系强度则对除了市场占有的其他绩效指标全部表现出显著的正向影响，内部网络范围则对销售增长（系数0.274，$p$值小于0.05）、市场占有（系数0.278，$p$值小于0.05）有促进作用。此外，内部网络的规模也没有任何显著影响，与前述整个生命周期中，内部网络的规模对绩效不产生影响的结论一致。因此，H30.b得到了支持，成长阶段的内部网络具有比外部网络显著的绩效影响。

（4）稳定阶段。

前述理论研究以及内外网络与总体绩效的实证结果表明，外部网络将在稳定阶段再次发挥更为重要的影响，这与企业生命周期的阶段特征有关。本书对此的实证分析结果如表10.19所示。

**表10.19　内外网络在稳定阶段对绩效影响的回归分析**

| | 利润水平 | | 总销售量 | | 资产收益率 | |
|---|---|---|---|---|---|---|
| | 模型1 | 模型2 | 模型1 | 模型2 | 模型1 | 模型2 |
| 性别 | 0.002 | 0.074 | 0.004 | 0.021 | 0.087 | 0.152 |
| 年龄 | −0.161 | 0.046 | −0.035 | −0.020 | −0.210 | −0.198 |
| 教育程度 | −0.180 | −0.046 | −0.019 | 0.006 | −0.259 | −0.269 |
| 公司成立时间 | 0.035 | −0.103 | 0.138 | 0.008 | 0.247 | 0.054 |

续表10.19

| | 利润水平 | | 总销售量 | | 资产收益率 | |
|---|---|---|---|---|---|---|
| | 模型 1 | 模型 2 | 模型 1 | 模型 2 | 模型 1 | 模型 2 |
| 注册资本 | 0.511 | 0.355 * | 0.441 | 0.241 | 0.192 | 0.050 |
| 职工人数 | −0.067 | −0.078 | −0.002 | 0.075 | −0.091 | −0.208 |
| 经营范围 | 0.116 | 0.027 | −0.068 | −0.121 | −0.014 | −0.067 |
| 内部网络规模 | | 0.134 | | 0.171 | | −0.130 |
| 内部网络范围 | | −0.337 | | −0.229 | | 0.314 |
| 内部网络关系强度 | | −0.144 | | −0.002 | | −0.183 |
| 外部网络规模 | | 0.070 | | 0.240 | | 0.065 |
| 外部网络范围 | | 0.274 | | 0.370 * | | 0.390 * |
| 外部网络关系强度 | | 0.551 ** | | 0.099 | | 0.228 |
| $R^2$ | 0.252 | 0.670 | 0.254 | 0.532 | 0.154 | 0.536 |
| 调整的 $R^2$ | 0.107 | 0.526 | 0.109 | 0.329 | −0.010 | 0.335 |
| $R^2$ 的变化 | 0.252 | 0.417 | 0.254 | 0.277 | 0.154 | 0.382 |
| $F$ 的变化 | 1.734 | 6.317 ** | 1.754 | 2.959 * | 0.937 | 4.112 ** |
| $F$ | 1.734 | 4.677 ** | 1.754 | 2.618 * | 0.937 | 2.664 * |
| 性别 | 0.104 | 0.113 | −0.154 | −0.146 | −0.149 | −0.120 |
| 年龄 | −0.268 | −0.094 | −0.039 | −0.042 | 0.058 | 0.098 |
| 教育程度 | −0.356 | −0.375 | −0.030 | −0.029 | −0.011 | −0.002 |
| 公司成立时间 | 0.059 | −0.046 | 0.067 | −0.071 | 0.011 | −0.164 |
| 注册资本 | 0.459 ** | 0.338 * | 0.417 | 0.201 | 0.252 | 0.041 |
| 职工人数 | 0.275 | 0.290 * | 0.076 | 0.170 | 0.227 | 0.255 |
| 经营范围 | 0.001 | −0.077 | 0.187 | 0.135 | 0.109 | 0.063 |
| 内部网络规模 | | 0.435 * | | 0.228 | | 0.334 |
| 内部网络范围 | | −0.404 | | −0.261 | | −0.247 |
| 内部网络关系强度 | | −0.309 * | | −0.007 | | −0.106 |
| 外部网络规模 | | 0.225 | | 0.288 | | 0.199 |
| 外部网络范围 | | 0.095 | | 0.401 * | | 0.464 ** |
| 外部网络关系强度 | | 0.230 | | 0.035 | | 0.187 |
| $R^2$ | 0.474 | 0.700 | 0.306 | 0.624 | 0.221 | 0.684 |

续表10.19

| | 利润水平 | | 总销售量 | | 资产收益率 | |
|---|---|---|---|---|---|---|
| | 模型 1 | 模型 2 | 模型 1 | 模型 2 | 模型 1 | 模型 2 |
| 调整的 $R^2$ | 0.372 | 0.569 | 0.171 | 0.461 | 0.069 | 0.548 |
| $R^2$ 的变化 | 0.474 | 0.226 | 0.306 | 0.318 | 0.221 | 0.464 |
| $F$ 的变化 | 4.635 ** | 3.755 ** | 2.266 | 4.230 ** | 1.455 | 7.347 ** |
| $F$ | 4.635 ** | 5.375 ** | 2.266 | 3.829 ** | 1.455 | 5.003 ** |
| 模型 1：控制变量；模型 2：控制变量，自变量。**：$p<0.01$，*$p<0.05$。 | | | | | | |

回归分析结果表明，在稳定阶段，外部网络对绩效的影响较为显著，其关系强度对企业利润有促进作用（系数 0.551，$p$ 值小于 0.01,），网络范围则对多个指标均有正向影响，包括总销售量（系数 0.37，$p$ 值小于 0.05）、资产收益（系数 0.390，$p$ 值小于 0.05）、市场占有（系数 0.401，$p$ 值小于 0.05）、资产增长（系数 0.464，$p$ 值小于 0.01），而外部网络规模则不对企业绩效产生直接影响。

另外，值得注意的是，尽管外部网络在这一阶段发挥着更为广泛的影响，但内部网络也对绩效某些指标产生了显著的影响。在对销售增长的回归分析发现，外部网络不能促进销售的增长，但内部网络规模却能产生显著的正向影响（系数 0.435，$p$ 值小于 0.05），而内部网络关系强度则与销售增长负相关（系数 −0.309，$p$ 值小于 0.05）。由此，在稳定阶段，外部网络发挥更为广泛的作用，但内部网络同样不能忽视，因此 H30. c 得到了部分支持。

综上所述，通过对生命周期各阶段企业家社会网络与绩效关系的分析，本书证实了企业生命周期在其中的调节作用，即内部网络与外部网络在企业不同阶段对企业绩效的影响关系发生显著变化。在构想与发展阶段，虽然内外网络均没有对相关绩效指标产生显著影响，但通过检验表明，外部网络水平仍然高于内部网络；在商业化运作阶段，外部网络与大部分绩效指标、内部网络与个别绩效指标均存在显著相关性，但外部网络发挥着更为广泛和重要的作用；在成长阶段，内部网络对各个绩效指标均有促进作用，外部网络则没有显著的联系；在稳定阶段，外部网络再次表现出显著的更为广泛和重要的影响和促进作用，同时内部网络也对个别绩效指标产生积极的影响。本书也将上述演进方式用示意图的形式更为直观的表示出来，如图 10.2 所示。

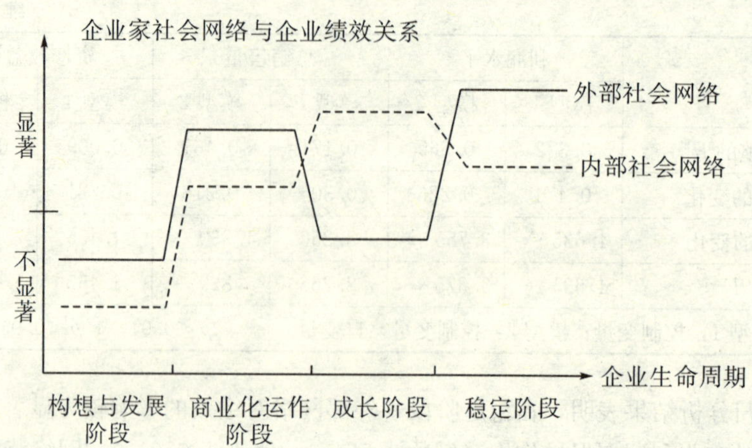


**图 10.2　企业家社会网络与企业绩效关系在企业生命周期中的演进示意**

## 10.6　假设检验总结

信度与效度分析表明了此次调查所用问卷具有良好的内在信度和构念效度，回收数据能够进行单一化处理，从而方便了回归方程模型的构建与分析。通过 SPSS17.0 提供的相关分析、T 检验、线性回归等过程，采用多层回归、分组回归等多种方式对数据进行了假设检验与分析，结果表明本书提出的假设均得到了不同程度的证实，具体情况如表 10.20 所示。

**表 10.20　假设验证情况总结**

| 假设 | 验证情况 |
|---|---|
| H27 | 部分支持 |
| H28 | 部分支持 |
| H29 | 有限地支持 |
| H30 | 支持 |
| H30. a | 部分支持 |
| H30. b | 支持 |
| H30. c | 部分支持 |

由于本书对企业家社会网络和企业绩效的测量采用了多维度或多指标的方式，因此具体结论情况将在后面部分进行总结和解释。

### 10.6.1　研究结论总结

本书从文献研究开始，提出研究模型与假设，通过问卷调查收集数据，然后运用 SPSS17.0 统计软件提供的多种统计分析方法对数据进行处理，从而验证了大部分假设，得出以下结论：

（1）外部网络的范围，即联系人的异质性，对利润水平、总销售量、资产收益、销售增长和市场占有均有显著的正向影响；外部网络的关系强度，即接触频率、时间、情感紧密程度，对利润水平、总销售量、资产收益、销售增长、市场占有和资产增长均有显著的促进作用；外部网络的规模，即联系人的数量，对市场占有具有显著的负向影响。

（2）内部网络的关系强度对企业绩效各指标，利润水平、总销售量、资产收益、销售增长、市场占有、资产增长，均有显著的正向影响；而内部网络的规模、范围与企业绩效不存在显著的影响关系。

（3）企业家内外网络规模的交互、范围的交互以及关系强度的交互均对企业绩效的不同指标产生了影响。但仅有内外网络的范围交互对总销售量产生了正向的影响；而内外网络的规模与关系的交互对绩效部分指标则是负向的影响。

（4）总体上看，企业生命周期在企业家内外网络与企业绩效（总体绩效水平）的关系中具有调节作用，使得内外网络与绩效的关系在不同生命周期阶段发生变化、演进，外部网络与绩效的关系表现出“U”型发展趋势，而内部网络与绩效的关系则表现出倒“U”型发展。

（5）在构想与发展阶段，对内外网络与企业绩效的回归分析发现，内外网络与绩效之间不存在显著的影响关系，但通过配对样本 T 检验说明了，外部网络水平高于内部网络，其中在网络规模上具有显著差异。

（6）在商业化运作阶段，外部网络的关系强度对利润水平、资产增长具有显著的正向影响，网络规模对总销售量有促进作用，网络范围与销售增长正相关。同时，内部网络的规模与资产收益有显著的正向相关，但网络范围具有负向影响。此外，内外网络均没有对市场占有表现出显著的影响。

（7）在成长阶段，内部网络的关系强度对利润水平、总销售量、资产收益、销售增长、资产增长等均表现出显著的正向影响；网络的范围则促进了销售增长、提高了市场占有；网络的规模则没有表现出任何显著影响。

（8）在稳定阶段，外部网络的关系强度对企业利润有促进作用，网络范围则对总销售量、资产收益、市场占有、资产增长有显著的正向影响，网络规模不对企业绩效产生直接影响。此外，内部网络规模对销售增长有促进作用，而关系强度则表现出负向影响。

10.6.2 关于研究结论的解释

通过文献研究，结合我国民营企业的一些实际情况，本书对上述结论作出了相应解释。

(1) 外部网络对绩效的促进作用已被广大学者所肯定，本书的相关结论进一步丰富了现有的理论成果。同时，本书发现企业家外部网络中联系人的数量对市场占有存在显著的负向影响，即外部联系人数量越多，企业市场占有率越低。类似的，在Collins和Clark（2003）的研究中，他们仅证实了外部网络的范围与关系强度对绩效的作用，而没有发现外部网络规模的影响。这可能是因为企业家在外部获取关键信息和资源的时候，依靠异质性网络中的弱联系、结构洞等获取信息，从中发现机会，进而依靠强联系获得必需的资源，尤其是在我国的市场环境下，资源的获取更需要"关系"（Baron和Tang，2008）。而维持强联系需要大量的时间和精力（Granovetter，1973），因此网络规模与关系强度必然存在一定的此消彼长，当网络规模过大，企业家就缺乏更多的时间、精力去维持对企业绩效更有帮助的强联系，进而对企业绩效产生负面影响。企业家通常的做法是建立与维持具有异质性、结构洞的网络，并加强与关键联系人的关系强度，而不是一味的扩大网络规模，这也可以解释网络规模对市场占有产生负向影响的同时，网络范围与关系强度对市场占有有积极的促进作用。

(2) 本书对内部网络与绩效关系的实证发现，关系维度是唯一具有显著影响的因素，并且都是正向的影响。这与Collins和Clark（2003）的研究成果不同，他们的研究发现内部网络的规模对销售增长有正向影响，范围则与股票表现正相关，而关系强度则没有显著关系。这可能是由于中西方企业文化差异造成，Gordon和Yanan（1993）对上海的2000名中国人进行调查，研究发现超过70%的中国人更倾向于运用关系，而不是正常的官方渠道去解决个人问题或满足个人利益。由此可见，在我国传统社会文化的影响下，企业家在企业内部更倾向于与企业问题的直接相关者建立较强的关系，从而解决问题、促进企业发展，而不是有意识的建立和发展内部网络、通过内部网络对信息传递、知识分享的促进去改善企业绩效（Inkpen和Tsang，2005）。另一方面也可能与我国民营企业发展情况有关，由于我国市场经济发展时间较短，体制尚不完善，我国经济又处于转型期，我国民营企业多为中小企业，企业家缺乏现代管理的思维和方法，在企业内多依靠权责、个人关系等进行管理，而不是建立正式的沟通渠道，或者说正式的沟通渠道没有发挥应有的作用，导致内部网络表现出个人关系的单一维度特征。

(3) 企业家内部网络与外部网络交互作用的检验首先说明二者之间确实存在对绩效的交互作用，这一结论填补了现有研究的空白，是本书的创新点之一。其次，内外网络的范围交互对企业绩效的正向影响，可以从信息理论的角度进行解释，其正向影响可以解释为当内部网络异质性较高时，能对企业外部获取的信息、资源等进行更好地传递和利用，因此当外部网络联系人的范围越广，能获得更多的信息、资源的时候，内部网络能够利用的信息、资源也就越多，从而二者互相促进，共同影响企业绩效。而内外网络的规模与关系的交互对绩效的负面影响可以从前述观点进行解释，企业家用于建立和发展内外网络的时间、精力有限，内外网络规模与关系强度的建立存在相互替代性，这一点在本书相关分析中内外网络的相关关系也有所体现（内外网络规模相关系数为 −0.393，$p$ 值小于 0.01）。在我国目前的社会经济环境下，企业家普遍认为外部“关系”之于企业显然具有更明显的重要作用（Yeung 和 Tung，1996；Park 和 Luo，2001），因此企业家更愿意把更多的时间、精力花在外部网络的建设上。

(4) 从总体绩效水平来看，企业生命周期调节效应明显，外部网络在商业化运作和稳定阶段发挥显著的影响；而内部网络则在成长阶段有更为重要的作用。但值得注意的是，在后续对绩效各个指标作进一步的研究发现，在商业化运作和稳定阶段，内部网络的某些维度对绩效某些指标同样具有显著影响。这说明内部网络在企业的经营与发展中，在某些方面具有外部网络的不可替代性，其重要性不容忽视，即使在外部网络更能促进企业绩效的发展阶段，内部网络同样发挥着重要作用。这也与组织信息理论（Galbraith，1973）的要求相一致。

(5) 学者们一般从信息和资源角度研究外部网络对企业创业初期的促进作用，由于企业在这一时期往往并没有实际的产品进入市场，因此通常采用抽象意义上的能力指标，如产品的服务与创新（Stam 和 Elfring，2008）、对市场的认识（徐婧，2010）等等。由于本书研究是在整个生命周期过程中考察社会网络与绩效的关系，因此采用了能适用于生命周期各阶段、直接测量企业绩效的相关指标。这些指标大多与企业销售有关，如利润水平、销售量等，市场占有与资产增长也往往在创业初期得不到体现，所以本书的结论并不与前人研究相矛盾，反而进一步说明了社会网络在企业创业初期的作用体现在对信息、资源、人力资本的获取以及能力的提升，只有在将这些获得物转化为实际的产品之后才能直接体现在本书采用的绩效指标上。

配对样本T检验的结果说明，尽管外部网络水平在三个维度上均高于内部网络，但只有规模维度上存在显著差异。这可能是因为创业初期，企业内部的人员要么是企业家的合伙人，要么是企业家通过自身网络关系找到的员工（Stuart 和 Sorenson，2005），这些人与企业家之间都存在着较强的关系，因为他们本来就是嵌入在企业家社会网络中的（Larson 和 Starr，1993），或者说这个时候的内部网络就是从外部网络中转化而来，因此两者的关系强度不存在显著性差异也就不难理解了。同样的，内外网络的范围也就存在一定的重合，比如企业家可能通过合伙人、员工等内部关系的介绍去寻找金融支持以及人力资本。而在规模上，企业家为了获得创业需要的信息、资源，就必须在现有的社会网络里寻找相关联系人，这样的过程在短时间内（构想与发展阶段往往时间较短，这是因为企业需要尽快地实现商业化，从而实现企业的生存以及发展）并不能直接增加社会网络的范围，而是从网络的规模扩大开始。

（6）在商业化运作阶段，企业的产品刚刚进入市场，由于缺乏开拓市场的人才和经验，市场的机会与渠道的获取都需要通过企业家社会网络（Batjargal，2007）。而为了销量的快速增长，企业家不可能仅与某些渠道维持较高的关系强度，所以企业家需要扩大网络的规模和范围以获取更多的市场信息和资源，从而促进销售增长，提高总销售量。尽管如此，企业家仍需要与某些渠道保持相对更紧密的关系，这是出于企业利润的要求。在进入市场的初期，较强的企业家网络关系能帮助企业获得有利的定价水平和条件，进而获取更好的利润空间，而资产的增长也是源于良好的利润水平而非直接的销量。因此，在此阶段的企业既需要企业家广泛的外部网络实现销售，也需要其中的某些关键关系获取更好的利润。

而内部网络对资产收益的影响也说明了，尽管在此阶段外部网络发挥着更为广泛和重要的作用，但内部网络的作用不容忽视。本书从生命周期理论的角度理解内部网络规模与范围的不同作用，由于此阶段企业内部的主要活动是研发产品的商业化形式并实现生产、销售，因此企业家需要更多的关注关于产品开发、生产的相关事宜，并与相关人员建立广泛的联系，以及时获取信息、发现问题、解决问题，而不是考虑如何建立完善的组织结构、职能分配、整个企业的沟通机制等，因此会表现出规模的正向影响，范围的负向作用。同时，由于企业的产品刚实现商业化运作，市场占有率必然不高，除非企业作为先驱者进入到一个新的行业市场，所以内外网络均没有对市场占有的显著影响。

（7）进入到成长阶段，企业面临更多的内部问题，由于市场关系的稳固，企业内部的关注焦点是如何批量生产并销售产品以获得利润。为此，企业家需要通过加强内部关系强度提高员工的士气、凝聚力、满意度等，帮助员工提高生产力、改善绩效，从而降低企业成本、提高利润，完成制定的生产目标以满足增长的市场需求，实现销售增长以及市场份额的提高，等等。同时，市场需求转化为生产目标再形成满足需求的产品销售，整个过程需要流畅的信息渠道和部门间的互相协调与合作，而我国民营企业内部机制还不健全，部门间缺乏有效的沟通与合作，甚至在很多企业内部出现部门冲突等现象，企业家作为企业的中心，自然成为了这一信息渠道、生产过程的枢纽，起到了“桥接”的网络效应，因此企业家在企业内部接触、沟通的部门越多，即范围越大，越有利于企业内部的信息传递、产出增加，从而保证销售与市场份额。

（8）进入生命周期的稳定阶段，随着企业内部组织结构的完善、正式机制的建立，企业活动再次聚焦到企业外部，寻找新的市场机会，获取新的金融支持，从而进一步扩大企业边界。企业家的外部强度关系有利于掌握一些特殊的资源渠道，如供应商，增强企业的议价能力，如金融机构，获取新的融资；通过与客户的良好关系，增强客户的品牌认知和忠诚，获取额外的利润。同时，企业家外部网络的范围，即异质性联系人越多，能够帮助企业获取更多的信息，帮助企业识别和利用新的商业机会，进入新的市场，增加销售，提高市场份额等。与此对应，外部网络规模可能带来冗余的网络关系和信息，因此对企业绩效的影响不显著。

此外，内部网络规模对销售增长具有促进作用，这与 Collins 和 Clark (2003) 的研究结论一致；而关系强度则与销售增长呈现负相关，这与前一阶段的结论正好相反，也正是生命周期不同阶段企业面临的问题不同、相同驱动因素表现不一致的体现，但其具体原因还有待进一步的研究与分析。

## 10.7 基于研究结论对我国民营企业的实践建议

从管理实践的角度来看，本书最重要的价值在于将企业家社会网络与企业绩效的关系置于生命周期模型中进行研究分析，为企业不同阶段对社会网络的有效应用提供了可供参考的结论。此外，本书还厘清了“社会资本”、“社会网络”和“关系”的联系与区别，证实了企业家内部网络对绩效的促进作用，以及其与外部网络的交互效应，理论上填补了现有研究的空白，实践上引导企业家重视内部网络的作用，避免片面强调外部网络带来的负面影响。具体来说，企业家在建立与发展社会网络的过程中，可从本书结论中得到以下三点启示。

其一，构建社会网络的方式。根据本书对社会网络的操作性定义，将企业家社会网络分为内部与外部网络，又将内部与外部网络分为规模（联系人的数量），范围（联系人的种类，即异质性），关系强度（接触频率、时间、情感紧密程度），企业家可以从这个角度出发，理清千丝万缕的各种社会关系，构建和发展社会网络。首先，企业家通过认清网络关系的内外性，从而更有目的性的进行网络的发展与维护。其次，企业家在明确企业当前需要的情况下，选择发展最能促进企业相关绩效的网络维度。然后，在明确当前需要的网络类型与维度后，企业家可以根据相应的维度定义进行有效的网络发展。比如企业需要增加外部网络规模以促进相关绩效或解决问题，则可以通过在企业外部现有的网络范畴里，增加新的联系人；而需要增加内部网络范围和关系强度的时候，则可以通过多接触不同部门、不同职能、不同职位的来实现，并增加与其的接触次数、每次沟通的时间以及参与一些可以增进情感紧密程度的活动。

其二，全面的发展内部网络与外部网络。受过我国传统社会文化以及当前经济体制的影响，企业家已经普遍认识到外部网络的重要性。但在实践上，企业家却容易走进片面强调外部网络的误区，甚至出现违规、违法的操作。这样的行为可能导致企业由于内部网络的缺失，而出现效率低下、出勤不出工等情况，无法有效利用获得信息和资源。这不仅使企业亏损，还使企业家先前的社会关系转换为社会的或企业家的黑色资源或社会债务（Batjargal，2003）。本书的研究结论证实，即使在外部网络发挥更为重要作用的商业化运作和稳定阶段，内部网络也同样对企业绩效产生不容忽视的影响。此外，本书的研究结论还指出，内外网络存在交互作用，需要平衡内部网络与外部网络，既避免单方面重视的负面效应，又通过交互作用的协同效应放大社会网络对企业绩效的促进作用。因此，企业家应当重视内部网络，加强内部网络建设，充分利用内部网络在促进信息传递、知识分享、组织公民行为、资源利用等方面的优势。

其三，平衡内外网络应建立在生命周期的基础上。在全面发展企业家内外社会网络、利用内外网络的交互效应时，企业家们还必须注意内外网络交互可能存在的不利影响，这可能是源于内外网络还存在相互的替代性，因此在强调内部网络的同时，本书也针对企业实际情况和需要进行了更具实践意义的研究。

作为本书最大的创新点，通过将企业家内外社会网络置于生命周期模型，证实了不同阶段不同网络类型、维度对绩效不同的影响。本书的研究结论不仅指出在某一特定生命周期阶段，企业家需要建立和发展相关网络的相关维度，同时也指出在该阶段，企业家需要注意某些可能对绩效造成负面影响的网络维度。比如，在商业化运作和成长阶段，在利用外部网络的规模、范围、关系强度以及内部网络规模的同时，还应注意内部网络范围与关系强度的负面影响。由此可见，企业家的内部网络与外部网络能促进企业绩效，但在某些特殊情况下也会产生负面影响，这一点也在前人的研究中得到体现（Ostgaard 和 Birley，1996；Adler 和 Kwon，2002；Oh Chung 和 Labianca，2004；Casson 和 Giusta，2007）。因此，片面地强调外部网络、内部网络或二者的平衡在实践上都存在各自的问题，企业家需要根据企业当前所处生命周期阶段、面临的主要问题，有目的的选择对企业绩效促进的网络类型、维度，避免对企业绩效不利的网络关系，并根据实际情况加以灵活应用。

## 10.8 研究的不足与展望

本次研究虽然取得了上述的一些研究成果，也对我国民营企业提出了一些建议，但由于客观条件、个人能力和研究资源的一些限制，本书还存在许多不足之处，具体表现在以下三个方面。

其一，由于此次研究对象是我国民营企业家，此类人群的可获取样本量较少，其地位的特殊性也使其一般不太愿意接受此类调查，因此未来的研究可预留更充分的问卷调查周期，并尝试更为有效的调查途径，提高样本数量以及地域分布的广泛性。

其二，本书为了便于引起国内民营企业家的重视和关注，强调内部网络在企业经营和发展中的重要作用，也由于时间和其他客观条件的限制，并没有研究企业家的个人特质，如性别、年龄、教育程度、家庭背景、过往经历等对社会网络的影响；也缺乏对社会网络作用于企业绩效的具体机制探讨；虽然讨论了企业家内外网络在生命周期中的演进关系，却没有进一步地分析同一网络不同维度在生命周期的演进情况。因此，未来的研究可集中于这些研究方向，完善本书提出的理论模型，也得出更为丰富的研究结论，为我国民营企业家利用社会网络提供更具体的实践建议。

其三，在本书的实证研究过程中，发现了一些有待进一步研究的问题。如，内外网络的部分交互作用以及商业化运作阶段的内部网络范围、稳定阶段的内部网络关系强度等，对企业绩效产生负向影响的具体原因是什么，这些有待未来的研究进一步的研究与证实。

# 参考文献


英文文献：

[1] Amar Bhide. The Origin and Evolution of New Businesses [M]. New York：Oxford University Press，2000.

[2] Bartel A P. Productivity Gains from the Implementation of Employee Training Programs [J]. Industrial Relations，1994，33 (4)：411－427.

[3] Abell D F. Competing Today While Preparing for Tomorrow [J]. Sloan Management Review，1999，40 (3)：73－81.

[4] Agho A O，Price J L，Mueller C W. Discriminant Validity of Measures of Job Satisfaction，Positive Affectivity and Negative Affectivity [J]. Journal of Occupational and Organizational Psychology，1992，65：185－196.

[5] Aldrich H E. Using an Ecological Perspective to Study Organizational Founding Rates [J]. Entrepreneurship：Theory and Practice，1990，14 (3)：7－24.

[6] Allen D G，Shore L M，Griffeth R W. The Role of Perceived Organizational Support and Supportive Human Resource Practices in the Turnover Process [J]. Journal of Management，2003，29：99－118.

[7] Allworth E.，Hesketh B. Construct－oriented biodata：capturing change－related and contextually relevant future performance [J]. International Journal of Selection and Assessment，1999，7：97－111.

[8] Almeida R，Carneiro P. The Return to Firm Investments in Human Capital [J]. Labour Economics，2009，16 (1)：97－107.

[9] Anderson A R，Miller C J. "Class Matters"：Human and Social Capital in the Entrepreneurial Process [J]. Journal of Socio－Economics，2003，32 (1)：1.

[10] Andrew C Inkpen，Eric W K Tsang. Social Capital，Networks，and

Knowledge Transfer [J]. Academy of Management Review, 2005, 30 (1): 146-165.

[11] Aragón-Sánchez A, Sánchez-Marín G. Strategic Orientation, Management Characteristics, and Performance: A Study of Spanish SMEs [J]. Journal of Small Business Management, 2005, 43 (3): 287-308.

[12] Arent Greve, Janet Salaff. Social Networks and Entrepreneurship [J]. Entrepreneurship Theory and Practice, 2003, 1: 22.

[13] Armstrong M, BaronA. Performance Management [M]. London: The Cromwell Press, 1998.

[14] Arnold J, Silvester J, Patterson F, et al. Work Psychology: Understanding Human Behavior in the Workplace [N]. London: FT/Prentice Hall, 2005.

[15] Arthur J B. Effects of Human Resource Management Systems on Manufacturing Performance and Turnover [J]. Academy of Management Journal, 1994 (37): 670-687.

[16] Aryee S, Budhwar P S, Chen Z X. Trust as a Mediator of the Relationship between Organizational Justice and Work Outcomes: Test of a Social Exchange Model [J]. Journal of Organizational Behavior, 2002, 23 (3): 267-285.

[17] Sherman A W, Bohlander G W, Chruden H J. Managing Human Resources [M]. South-Western Publishing Company, 1988.

[18] Baldwin T T, Ford J K. Transfer of Training: A Review and Directions for Future Research [J]. Personnel Psychology, 1988, 41: 63-105.

[19] Barney J B. Firm Resources and Sustained Competitive Advantage [J]. Journal of Management, 1991, 17: 99-120.

[20] Barney J B. Strategic Factor Markets, Expectations, Luck, and Business Strategy [J]. Management Science, 1986, 42: 1231-1241.

[21] Baron R M, D A Kenny. The Moderator - mediator Variable Distinction in Social Psychological Research: Conceptual, Strategic, and Statistical Considerations [J]. Journal of Personality and Social Psychology, 1986, 51 (6): 1173.

[22] Barron J M, Black D A, Loewenstein M A. Job Matching and on-the-Job Training [J]. Journal of Labor Economics, 1989, 7: 1-19.

[23] Bartel A P. Productivity Gains From the Implementation of Employee Training Programs [J]. Industrial Relations, 1994, 33 (4): 411-427.

[24] Bartel A P. Training, Wage Growth, and Job Performance: Evidence from a Company Database [J]. Journal of Labor Economics, 1995 (13).

[25] BatBatjargal, Manhong Mannie Liu. Entrepreneurs' Access to Private Equity in China: The Role of Social Capital [J]. Organization Science, 2004, 10 (2): 159-172.

[26] Bat Batjargal. Internet Entrepreneurship: Social Capital, Human Capital and Performance of Internet Ventures in China [J]. Research Policy, 2007, 36: 605-618.

[27] BatBatjargal. Social Capital and Entrepreneurial Performance in Russia: A longitudinal Study [J]. Organization Studies, 2003, 24 (4): 535-556.

[28] Bateman T S, Organ D W. Job Satisfaction and the Good Soldier: The Relationship between Affect and Employee "citizenship". [J]. Academy of Management Journal, 1983, 26: 587-595.

[29] Bates R A, Holton E F. Computerized Performance Monitoring: A Review of Human Resources Issues [J]. Human Resourse Management Reviews, 1995, 5 (4): 267-288.

[30] Beattie D F, Tampoe F M K. Human Resource Planning for ICL [J]. Long Range Planning, 1990. 23 (1).

[31] Bebchuk L A, Fried J M, Walker D I. Executive Compensation in America: Optimal Contracting or Extraction of Rents? [R]. National Bureau of Economic Research. 2001.

[32] Becker G. Human Capital: A Theoretical and Empirical Analysis with Special Reference to Education [M]. New York: National Bureau of Economic Research, 1964.

[33] Bellows R M. Psychology of Personnel in Business and Industry [M]. Englewood Cliffs, NJ: Prentice Hall, 1954.

[34] Bentler P M, Chou C P. Practical Issues in Structural Modeling. [J]. Sociological Methods & Research, 1987. 16 (1): 78-117.

[35] Bernardin H J, Beatty R W. Performance Appraisal: Assessing Human

Behavior at Work [M]. Boston: Kent, 1984.

[36] Bird, Allan, Beechler, Schon. Links Between Business Strategy and Human Resource Management Strategy in US－Based Japanese Subsidiaries: an Empirical Investigation. [J]. Journal of International Business Studies. 1995, 26 (1): 23－46.

[37] Birley S. The Role of Networks in the Entrepreneurial Process [J]. Journal of Business Venturing, 1985, 1 (1): 107－118.

[38] Birley S, Cromie S, Myers A. Entrepreneurial Networks: Their Emergence in Ireland and Overseas [J]. International Small Business Journal, 1991, 9: 57－74.

[39] Bishop J. The Impact of Previous Training on Productivity and Wages [M]. Training and the Private Sector, University of Chicago Press, 1994.

[40] Blaug M. The Empirical Status of Human Capital Theory: a Slightly Jaundiced Survey [J]. Journal of Economic Literature, 1976, 14 (3): 827－855.

[41] Blundell R, Dearden L, Meghir C, Sianesi B. Human Capital Investment: The Returns from Education and Training to the Individual, the Firm and the Economy [J]. Fiscal Studies, 1999, 20 (1): 1－23.

[42] Blundell R, Sianesi B. Returns from Education and Training to the Individual, the Firm and the Economy [J]. Fiscal Studies. 1999, 20 (1): 1－23.

[43] Blundell R, Dearden L, Goodman A, Reed H. Higher Education, Employment and Earnings in Britain [R]. London: Institute for Fiscal Studies. 1997.

[44] Blundell R, DeardenL, Meghir C, Sianesi B. Human Capital Investment: The Returns from Education and Training to the Individual, the Firm and the Economy [J]. Fiscal Studies, 1999, 20 (1): 1－23.

[45] Bo Hansson. Competency Models: Are Self－perceptions Accurate Enough [J]. Journal of European Industrial Training, 2001, 25 (9): 428－441.

[46] Bono J E, Judge T A. Core Self－evaluations: A Review of the Trait and its Role in Job Satisfaction and Job Performance [J]. European

Journal of Personality, 2003, 17: 5-18.

[47] Bontis N, Fitzenz J. Intellectual Capital ROI: A Casual Map of Human Capital Antecedents and Consequents [J]. Journal of Intellectual Capital, 2002, 3 (3): 223-247.

[48] Borman W C, Motowidlo S J. Expanding the Criterion Domain to Include Elements of Contextual Performance [J]. Personnel selection in organizations. 1993, 71: 98.

[49] Bourdieu P. The Forms of Capital [M]. In J. G. Richardson (Ed.), Handbook of Theory and Research For The Sociology Of Education, New York: Greenwood, 1986.

[50] Boyatzis R E. The Competent Manager: A Model for Effective Performance [M]. New York: Willey, 1982.

[51] Boyd B K. Strategic Planning and Financial Performance: a Meta-analytical Review [J]. Journal of Management Studies, 1991; 28: 354 - 74.

[52] Brief A P, Motowidlo S J. Prosocial Organizational Behaviors [J]. Academy of Management Review, 1986, 11: 710-725.

[53] Brooking A, Motta E. A Taxonomy of Intellectual Capital and A Methodology for Auditing it [C]. 17th Annual National Business Conference, Hamilton, Ontario: McMaster University, 1996 .

[54] Brumbrach. Performance Management [M]. London: The Cronwell Press, 1988.

[55] Burt R S. Structural Holes: The Social Structure of Competition [M]. Cambridge: Harvard University Press, 1992.

[56] Butcher K F, Case A. The Effect of Sibling Composition on Women's Education and Earnings [J]. Quarterly Journal of Economics, 1994 (109): 531-63.

[57] Collins C. Strategic Human Resource Management and Knowledge-creation Capability: Examining the Black Box between HR and Firm Performance [D]. University of Maryland, College Park, 2000.

[58] Campbell J P, Mccloy R A, Oppler S H, et al. A Theory of Performance [J]. Personnel Selection in Organizations, 1993.

[59] Campell J P. Modeling the performance Prediction Problem in Industrial

and Organizational Psychology [C]. Handbook of Industrial and Organizational Psychology. Palo Alto, CA: Consulting Psychologists Press, 1990: 687-732.

[60] Chaganti. Small Business Strategies in Different Industry Growth Environments [J]. Journal of Small Business Management, 1987, 6: 61-68.

[61] Chao G T. Exploration of the Conceptualization and Measurement of Career Plateau: a Comparative Analysis [J]. Journal of Management, 1990. 16: 181-193.

[62] Choonwoo Lee, Kyungmook Lee, Johannes M Pennings. Internal Capabilities, External Networks, and Performance: a Study on Technology Based Ventures [J]. Strategic Management Journal, 2001, 22: 615-640.

[63] Choy R M. Employee Plateauing: Some Workplace Attitudes [J]. Journal of Management Development, 1998, 17 (6): 392-401.

[64] Christine S Koberg, Nikolaus Uhlenbruck, Yolanda Sarason. Facilitators of Organizational Innovation: The Role of Life-Cycle Stage [J]. Journal of Business Venturing, 1996, 11: 133-149.

[65] Christopher Collins, Kevin Clark. Strategy Human Resource Practice, Top Management Team Social Networks, and Firm Performance: The Role of Human Resource Practices in Creating Organization Competitive Advantage [J]. Academy of Management Journal, 2003, 46 (6): 740-751.

[66] Christos Pantzalis, Jung Chul Park. Equity Market Valuation of Human Capital and Stock Returns [J]. Journal of Banking and Finance, 2009, 33 (9): 1610-1624.

[67] Colella A, Varma A. The Impact of Subordinate Disability on Leader-Member Exchange Relationships [J]. Academy of Management Journal, 2001, 44: 304-310.

[68] Coleman J S. Social Capital in the Creation of Human Capital [J]. American Journal of Sociology, 1988, 94: 95-120.

[69] Coleman J S. Foundations of Social Theory [M]. Cambridge, MA: Harvard University Press, 1990.

[70] Collins C. Strategic Human Resource Management and Knowledge-creation Capability: Examining the Black Box between HR and Firm Performance [D]. Unpublished doctoral dissertation. University of Maryland. College Park, 2000.

[71] Danny Miller, Peter H Friesen. A Longitudinal Study of the Corporate Life Cycle [J]. Management Science, 1984, 30 (10): 1161-1183.

[72] David C McClelland. Testing for Competence Rather than for "Intelligence" [J]. American Psychologist, 1973, 1: 1-14.

[73] David P, Lopez J. Knowledge, Capabilities and Human Capital Formation in Economic Growth [R]. New Zealand Treasury Working Paper 01/13, 2001.

[74] David P Lepak , Scott A Snell. The Human resource Architecture: Toward A Theory of Human Capital Allocation And Development [J]. Academy of Management Review , 1999, ( 24): 35.

[75] Dearden L. Ability, Families, Education and Earnings in Britain [R]. London: Institute for Fiscal Studies, 1998.

[76] Dess G G, Lumpkin G T, Covin J G. Entrepreneurial Strategy Making and Firm Performance: Tests of Contingency and Configurational Models [J]. Strategic Management Journal, 1997, (18): 677-695.

[77] Dessler G. Human behavior: Improving performance at work [M]. Reston Publishing Co, 1980.

[78] Donna Marie De Carolis, Patrick Saparito. Social Capital, Cognition, and Entrepreneurial Opportunities: A Theoretical Framework [J]. Entrepreneurship Theory and Practice, 2006, 30 (1): 41 - 56.

[79] Dubini P, Aldrich H E. Personal and Extended Networks Are Central to the Entrepreneurial Process [J]. Journal of Business Venturing, 1991, 6: 305-313.

[80] Edivinsson L, Malone M S. Intellectual Capital: Realizing Your Company' s True Value by Finding Its Hidden Brainpower [M]. New York: Harper Business, 1997.

[81] Eisenberger R, Huntington R, Hutchison S, Sowa D. Perceived Organizational Support [J]. Journal of Applied Psychology, 1986 (71): 500-507.

[82] Feldman D C , Weitz B A. Career Plateaus Reconsidered [J]. Journal of Management, 1988, 14 (1): 69−80.

[83] Ference T P, Stoner J A, Warren E K. Managing the Career Plateau [J]. Academy of Management Review, 1977, 2 (4): 602−612.

[84] Fitz−enz J. The ROI of Human Capital, Measuring the Economic Value of Employee Performance [M]. New York: Amacom, 2000.

[85] Flamholtz E. Human Resources Accounting: Measuring Positional Replacement Costs [J]. Human Resource Management, 1973. 12 (1): 8−16.

[86] Fleishman E A, Westrogen L I, Marshall−Mies J C. Development of Prototype Occupational Information Network Content Model [C]. In Peterson N G. , Mumford M D, Borman W C, Jeanneret P R, Fleishman E A 89 (Eds), Utah: Utah Department of Employment Security, 1995.

[87] Friederike Welter, Teemu Kautonen. Trust, Social Networks and Enterprise Development: Exploring Evidence from East and West Germany [J]. International Entrepreneurship and Management Journal, 2005, 1: 367−379.

[88] Galbraith J. Designing Complex Organizations [M]. Reading MA, 1973.

[89] GaryDessler. Human Behavior: Improving Performance at Work [M]. Reston Publishing Company, 1980.

[90] Gary S Becker, Nigel Tomes. Human Capital and the Rise and Fall of Families [J]. Journal of labor economics. 1986, 4 (3): 51−90.

[91] Gatewood R D, Field H S. Human Resource Selection [M]. TX: Dryden Press, 1998.

[92] Gatignon H, Xuereb J M. Strategic Orientation of the Firm New Product Performance [J]. Journal of Marketing Research, 1997, 34 (1): 77−90.

[93] Gautam Abuja. Collaboration Networks, Structural Holes, and Innovation: A Longitudinal Study [J]. Administrative Science Quarterly, 2000, 45: 425−455.

[94] George B Graen, Mary Uhl−Bien. Relationship−based Approach to Leadership: Development of Leader−Member Exchange (LMX) Theory

to Leadership over 25years: Apply a Multi－level Multi－domain Perspective [J]. Leadership Quarterly, 1995, 6 (2): 219－247.

[95] Gerald Z D Huang, Mattthew H Roy. Benchmarking the Human Capital Strategies of MNCs in Singapore [J]. Benchamanrking, 2002, 9 (4): 357.

[96] Gerard B, Fakhfakh F. Who Benefits from Training and R&D, the Firm or the Workers? [J]. British Journal of Industrial Relations, 2006, 44 (3): 473－495.

[97] Gerhart B, Wright P M, McMahan G C & Snell S A. Measurement Error in Research on Human Resources and Firm Performance: How Much Error is there and How Does it Influence Effect Size Estimates [J]. Personnel Psychology, 2000, (53): 803－834.

[98] Ginsberg A, Venkatraman N. Contingency Perspectives of Organizational Strategy: a Critical Review of Empirical Research [J]. Academy Management Review, 1985 (10): 421－434.

[99] Goldstein I L. Training in Organizations: Needs Assessment, Development, and Evaluation (2nd edition) [M]. Pacific Grove, CA: Cole Publishing, 1986.

[100] Gordon C Chu, Yan′an Ju. The Great Wall in Ruins: Communication and Cultural Change in China [M]. State University of New York Press, 1993.

[101] Gordon M E, Cohen S L. Training Behavior as a Predictor of Trainability [J]. Personnel Psychology, 1973 (26): 261－272.

[102] Granny C P, Smith E Stone. Job satisfaction: Advances in Research and Application [M]. Lexington, MA: Lexington Books, 1992.

[103] Granovetter M. The Strength of Weak Ties [J]. American Journal of Sociology, 1973, 78: 1360－1380.

[104] Grant J H, King W R. The Logic of Strategic Planning Boston [M]. Little, Brown Boston, MA, 1982.

[105] Gupta A K. Contingency Linkages Between Strategy and General Manager Characteristics: a Conceptual Examination [J]. Academy of Management Review, 1984 (9): 399－412.

[106] Guthrie J, Spell C, Nyamori R. Correlates and Consequences of High

Involvement Work Practices: the Role of Competitive Strategy [J]. The International Journal of Human Resource Management´, 2002, 13 (1): 183-197.

[107] Hansen E L. Entrepreneurial Networks and New Organizational Growth [J]. Entrepreneurial Theory Practice, 1995, 19 (4): 7-19.

[108] Hansen M. The Search-Transfer Problem: The Role of Weak Ties in Sharing Knowledge across Organizational Subunits [J]. Administrative Science Quarterly, 1999, 44: 82-111.

[109] Harald M Fischer, Timothy G Pollock. Effects of Social Capital and Power on Surviving Transformational Change: The Case of Initial Public Offerings [J]. Academy of Management Journal, 2004, 47 (4): 463-481.

[110] Harris R B , Harris K , Harvey P A . Test of Competing Models of the Relationships Among Perceptions of Organizational Politics, Perceived Organizational Support, and Individual Outcomes [J]. The Journal of Social Psychology, 2007, 147 (6): 631-655.

[111] Hay Management Consultants. Hay Realising Strategy Through People [R]. Boston : Haygroup , 1998.

[112] Hennart J F. Explaining the Swollen Middle: Why Most Transactions Are A Mix of Market and Hierarchy [J]. Organization Science, 1993, 4 (4): 529-547.

[113] Herzberg F, Mausner B. The Motivation to Work [M]. Wiley, New York, 1959.

[114] Hitt M A, Bierman K S, Kochhar R. Direct and Moderating Effects of Human Capital on Strategy and Performance in Professional Service Firms: Resource-based Perspective [J]. Academy of Management Journal, 2001, 44 (1): 13-28.

[115] Hongseok Oh, Myung-Ho Chung, Giuseppe Labianca. Group Social Capital And Group Effectiveness: The Role Of Informal Socializing Ties [J]. Academy of Management Journal, 2004, 47 (6): 860 - 875.

[116] Hoppock R. Job satisfaction [M]. New York: Harper, 1935.

[117] Hudson W. Intellectual Capital- How to Build It, Enhance It [M]. New York: John Wiley. 1993.

[118] Huiyan Zhang , Run－tian Jin. Value－added of Human Capital through Complementary Capital [J]. Journal of American Academy of Business, 2006, 9 (1): 191－196.

[119] Huselid M A. The Impact of Human Resource Management Practices on Turnover, Productivity, and Corporate Financial Performance [J]. Academy of Management Journal, 1995 (38): 635－672.

[120] Huselid M A, Jackson S E, Schuler R S. Technical and Strategic Human Resources Management Effectives as Determinants of Firm Performance [J]. Academy of Management Journal, 1997, 40 (1): 171－188.

[121] Ichak Adizes. Organizational Passages: Diagnosing and Treating Lifecycle Problems of Organizations [J]. Organizational Dynamics, 1979, 8 (1): 3－25.

[122] Irene Yeung, Rosalle Tung. Achieving Business Success In Confucian Societies: The Importance Of Guanxi [J]. Organizational Dynanics Autumn, 1996: 54－65.

[123] Ivancevich JS, et al. Managing for Performance [M], Business Publications, Inc. , 1980.

[124] Butler J E, Hansen G S. Network Evolution, Entrepreneurial Success, and Regional Development [J]. Entrepreneurship and Regional Development, 1991, 3: 1－16.

[125] Janicik G A, Larrick R P. Social Network Schemas and the Learning of Incomplete Networks [J]. Journal of Personality and Social Psychology, 2005, 88: 348－364.

[126] Jarillo J C. Entrepreneurship and Growth: The Strategic Use of External Resources [J]. Journal of Business Venturing, 1989, 4 (2): 133 - 147.

[127] Jauch L R, Glueck W F. Strategic Management and Business Policy [M]. McGraw－Hill, London, 1989.

[128] Jaworski B J, Kohli A K, Market Orientation: Review, Refinement, and Roadmap [J]. Journal of Market－Focused Management, 1996, 1 (2): 119－135.

[129] Jean L Johnson, Kelly D Martin , A Saini. The Role of a Firm's Strategic Orientation Dimensions in Determining Market Oorientation

[J]. Industrial Marketing Management, 2012. 41 ( 4): 715—724.

[130] Jennifer A Rooney, Benjamin H Gottlieb, Ian R Newby-Clark. How Support-related Managerial Behaviors Influence Employees: An Integrated Model [J]. Journal of Managerial Psychology, 2009, 24 (5): 410—427.

[131] Jing Lih Farh, Anne S Tsui, Katherine Xin, Bor—shiuan Cheng. The Influence of Relational Demography and Guanxi: The Chinese Case [J]. Organization Science, 1998, 9 (4): 471—488.

[132] Joel Podolny, Karen Page. Network Firms of Organization [J]. Annual Review Social, 1998, 24: 57—76.

[133] Johannes M Pennings, Kyungmook Lee, Arjen Witteloodtuijn. Human Capital, Social Capital and Firm Dissolution [J]. Academy of Management Review, 1998: 41.

[134] Johnson R W, D Neumark. Age Discrimination, Job Separation, and Employment Status of Older Workers: Evidence from Self—reports [J]. National Bureau of Economic Research , 1996.

[135] Judge T A, Piccolo R F, Ilies R. The Forgotten Ones? The Validity of Consideration and Initiating Structure in Leadership Research [J]. Journal of Applied Psychology, 2004, 89: 36 —51.

[136] Julie M Hite, WilliamsHesterly. The Evolution of Firm Networks: From Emergence to Early Growth of the Firm [J]. Strategic Management Journal, 2001, 22 ( 3): 275—286.

[137] Julie M Hite. Evolutionary Processes and Paths of Relationally Embedded Network Ties in Emerging Entrepreneurial Firms [J]. Entrepreneurship: Theory & Practice, 2005, 29 (1): 113—144.

[138] Julie M Hite. The Influence of the Firm Life Cycle on the Evolution of Entrepreneurial Dyadic Network Ties [J]. Academy of Management Proceedings, 1998, ENT: C1—C7.

[139] Kane M B, Mitchell R. Implementing Performance Assessment: Promises, Problems, and Challenges [ M ]. NJ: Lawrence Erlbaum, 1996.

[140] Kaplan R D, Norton. The Balanced Scorecard: Measures That Drive Performance [ J ]. Harvard Business Review, 1992, ( January/

February): 71—79.

[141] Katherine Xin, Jone Pearce. Guanxi: Connection as Substitutes for Formal Institutional Support. The Academy of Management Journal, 1996, 39 (6): 1641—1658.

[142] Ken G Smith, Terence R Mitchell, Charles E Summer. Top Level Management Priorities in Different Stages of the Organizational Life Cycle [J]. The Academy of Management Journal, 1985, 28 (4): 799—820.

[143] Khatri N. Managing Human Resource for Competitive Advantage: a Study of Companies in Singapore [J]. The International Journal of Human Resource Management, 2000 , 11 (2): 336—365.

[144] Knight F H. Risk, Uncertainty and Profit [J]. New York: Hart, Schaffner and Marx. 1921.

[145] Koch M J, McGrath R G.. Improving Labor Productivity: Human Resource Management Policies do Matter [J]. Strategic Management Journal, 1996, 17 (5): 335—354.

[146] Kodithuwakku S S, Rosa P. The Entrepreneurial Process and Economic Success in a Constrained Environment [J]. Journal of Business Venturing, 2002, 17 (5): 431—465.

[147] Larry E Greiner. Evolution and Revolution as Organizations Grow [J]. Harvard Business Review, 1972, 50 (4): 37—46.

[148] Larson A L, Starr J A. A Network Model of Organization Formation [J]. Entrepreneurship: Theory and Practice, 1993, 17 (2): 5—10.

[149] Larson A L. Network Dyads in Entrepreneurial Settings: A Study of the Governance of Exchange Relationships [J]. Administrative Science Quarterly, 1992, 37: 76—103.

[150] Lee B C P. Going beyond Career Plateau: Using Professional Plateau to Account for Work Outcomes [J]. Journal of Management Development, 2003, 22 (6) : 538—551.

[151] Lemire L, Saba T, Gagnon Y . Managing Career Hateaning in the Ouebec Public Sector [J]. Public Personnel Management, 1990, 28 (3): 375—391.

[152] Lentz E. The Link between the Career Plateau and Mentoring

Addressing the Empirical Gap [D]. Unpublished master's thesis, Florida: University of South Florida, 2004.

[153] Lepak D, Snell A S. The Human Resource Architecture: Toward A Theory of Human Capital Allocation and Development [J]. Academy of Management Review, 1999 (24): 31-48.

[154] Lester S W, Turnley W H, Bloodgood J M, Bolino M C. Not Seeing Eye to Eye: Differences in Supervisor and Subordinate Perceptions of and Attributions for Psychological Contract Breach [J]. Journal of Organizational Behavior, 2002, 23 (1): 39-56.

[155] Levinson H. Reciprocation: The Relationship Between Man and Organization [J]. Administrative Science Quarterly, 1965, 9: 370-390.

[156] Lismen L M Chan, Margaret A. In Search of Sustained Competitive Advantage: the Impact of Organizational Culture, Competitive Strategy and Human Resource Management Practices on Firm Performance [J]. The International Journal of Human Resource Management, 2004, 15 (1): 17-35.

[157] Locke E A. The Nature and Causes of Job Satisfaction in Dunnette. Handbook of Industrial and Organizational Psychology [J]. Rand McNally College, Chicago, United States, 1976, 1297-1349.

[158] London M, Mone E M. Continuous Learning [J]. Pulakos (Eds), The Changing Nature of Performance: Implications for Staffing, Motivation, and Development, 1999: 119-153.

[159] Lucas R E. On the Mechanics of Economic Development [J]. Journal of Monetary Economics, 1988, 22 (1): 3-42.

[160] Lumpkin G T, Dess G G. Clarifying the Entrepreneurial Orientation Construct and Linking it to Performance [J]. The Academy of Management Review, 1996, 21 (1): 135-172.

[161] Luo Y, Chen M. Does Guanxi Influence Firm Performance [J]. Asia Pacific Journal of Management, 1997, 14: 1-16.

[162] Luthans F. Positive Psychological Capital: Beyond Human and Social Capital [J]. Business Horizons, 2004, 47 (1): 45-50.

[163] Lynn B E. Performance Evaluation in the New Economy: Bridging the

Measurement and Evaluation of Intellectual Capital into the Management Planning Control System [J]. International Journal of Technology Management, 1998, 16: 162-176.

[164] Lynn G, Marone J, Paulson A. Marketing and Discontinuous Innovation: the Probe and Learn Process [J]. California Manage Review, 1996 (38): 8-37.

[165] Huselid M A. The Impact of Human Resource Management Practices on Turnover Productivity and Corporate Financial Performance [J]. Academy of Management Journal, 1995, 38: 635-672.

[166] March J G. Exploration and Exploitation in Organizational Learning [J]. Organizational Science , 1991, 2: 71-87.

[167] Marjorie Armstrong - Stassen, Nancy D Ursel . Perceived Organizational Support, Career Satisfaction, and the Retention of Older Workers [J]. Journal of Occupational and Organizational Psychology, 2009, 82: 201-220.

[168] MarkCasson, Marina Della Giusta. Entrepreneurship and Social Capital: Analysing the Impact of Social Networks on Entrepreneurial Activity from a Rational Action Perspective [J]. International Small Business Journal, 2007, 25 (3): 220-244.

[169] Mark Granovetter. Economic Action and Social Structure: The Problem of Embeddedness [J]. American Journal of Sociology, 1985, 91 (3): 481-510.

[170] Mark Granovetter. The Strength of Weak Ties: A Network Theory Revisited [J]. Sociological Theory, 1983, 1: 201-233.

[171] Masterson S, Lewis K, Taylor M. Integrating Justice and Social Exchange: the Differing Effects of Fair Procedures and Treatment on Work Relationships [J]. Academy of Management Journal, 2000 (7) : 738 - 748.

[172] Mathieu, Tannenbaum, Salas. Influences of Individual and Situational Characteristics on Measures of Training Effectiveness [J]. Academy of Management Journal, 1992, 35 (4): 828-847.

[173] Mehra A, Dixon A L, Brass D J, Robertson B. The Social Network Ties of Group Leaders: Implications for Group Performance and Leadership Reputation [J]. Organization Science, 2006, 17: 64-79.

［174］Melanie K Jones，Richard J Jones，Paul L Latreille，Peter J Sloane. Training，Job Satisfaction，and Workplace Performance in Britain：Evidence from WERS 2004［J］. Journal Compilation CEIS，Fondazione Giacomo Brodolini and Blackwell Publishing Ltd，2009：139－175.

［175］Menguc B，Auh S. A Test of Strategic Orientation Formation Versus Strategic Orientation Implementation：The Influence of TMT Functional Diversity and Inter－Functional Coordination［J］. Journal of Marketing，2005，4：21.

［176］Meyer，Marshall W. Finding Performance：The New Discipline of Management，in Business Performance Measurement：Theory and Practice［M］. Cambridge University Press，2002.

［177］Michie J，Sheehan M. Business Strategy，Human Resources，Labor Market Flexibility and Competitive Advantage［J］. The International Journal of Human Resource Management，2005，16（3）：445－464.

［178］Michie S，West M. Managing People and Performance：an Evidence Based Framework Applied to Health Service Organizations［J］. International Journal of Management Reviews，2005，5/6（2）：91－111.

［179］MikePeng，Yadong Luo. Managerial Ties and Firm Performance in a Transition Economy：The Nature of a Micro－Macro Link［J］. The Academy of Management Journal，2000，43（3）：486－501.

［180］Miles R E，Snow C C. Designing Strategic Human Resource Systems［J］. Oganizational Dynamics，1984，13（1）：35－52.

［181］Miles R E，Snow C C，Meyer A D. Organizational Strategy，Structure，and Process［J］. Academy of Management Review.，1978，7：546－563.

［182］Miller D，Friesen P. Strategy－making and Environment：the Third Link［J］. Strategic Management Journal. 1983（4）：221－235.

［183］Mills J H. Making Sense of Organizational Change［M］. Routledge，London，U K，2003.

［184］Mincer J. Human Capital and Earnings. Economic Dimensions of Education［M］. Washington，D C：National Academy of Education，1979.

[185] Mincer J. A Study of Income Distribution [M]. Columbia University, 1957.

[186] Mincer J. The Distribution of Labor Incomes: a Survey with Special Reference to the Human Capital Approach [J]. Journal of Economic Literature, 1970, 8 (1): 1-26.

[187] Morgan R E, Strong C A. Business Performance and Dimensions of Strategic Orientation [J]. Journal of Business Research , 2003, 56: 163-176.

[188] Morphy E. Measuring up [J]. Export Today, 1999, 15 (6): 52-57.

[189] Motowidlo S J , Borman W C , Schmit M J . A Theory of Individual Differences in Task Performance and Contextual Performance [J]. Human Performance, 1997, 10 (2).

[190] Motowidlo J S. Job Performance [J]. Handbook of Psychology: Industrial and organizational psychology, 2003: 39-53.

[191] Motowidlo S J, Van Scotter J R. Evidence that Task Performance should be Distinguished from Contextual Performance [J]. Journal of Applied Psychology, 1994, 79: 475-480.

[192] Murphy K R, Balzer W K. Rater Errors and Rating Accuracy [J]. Journal of Applied Psychology, 1989, 74: 619-624.

[193] Muse L A, Stamper C L. Perceived Organizational Support: Evidence for a Mediated Association with Work Performance [J]. Journal of Managerial Issues, 2007, 19 (4): 517-535.

[194] Myria W, Allen, Deborah J Armstrong, Margaret F Reid a, Cynthia K Riemenschneider. Factors Impacting the Perceived Organizational Support of IT Employees [J]. Information & Management, 2008, 45: 556 - 563

[195] Nahapiet J, Ghoshal S. Social capital, Intellectual Capital, and The Organizational Advantage [J]. Academy of Management Review, 1998, 23 (2): 242-266.

[196] Nan Lin. Social Networks and Status Attainment [J]. Annual Review Sociology, 1999, 25: 467-487.

[197] Natalia Weisz, Roberto S Vassolo, Arnold C Cooper. A Theoretical and Empirical Assessment of The Social Capital of Nascent Entrepreneurial Teams [J]. Academy of Management Best Conference

Paper, 2004, ENT: K1－K6.

[198] Nathalia Rogers. Social Networks and the Emergence of the New Entrepreneurial Ventures in Russia: 1987 - 2000 [J]. American Journal of Economics and Sociology, 2006, 65 (2): 295－312.

[199] Near J P. The Career Plateau: Causes and Effect [J]. Business Horizon, 1980, 23: 53－57.

[200] Neil C. Churchill, Virginia L Lewis. The Five Stages of Small Business Growth [J]. Harvard Business Review, 1983, 61 (3): 30－50.

[201] Nile W, Hatch, Jeffrey H. Human Capital and Learning as a Source of Sustainable Competitive Advantage [J]. Strategic Management Journal, 2004 (25): 1155－1178.

[202] Noe R A. Trainees' Attributes and Attitudes: Neglected Influences on Training Effectiveness [J]. Academy of Management Review, 1986, 11 (4): 736－749.

[203] Nordhaug O. Human Capital in Organizations [M]. Norway: Scandinavian University Press. 1993.

[204] Oniki H, Uzawa H. Patterns of Trade and Investment in a Dynamic Model of International Trade [J]. The Review of Economic Studies, 1965, 32 (1): 15－38.

[205] Orpen C. The Influence of the Training Environment on Trainee Motivation and Perceived Training Quality [J]. International Journal of Training and Development, 1999, 3 (1): 2－80.

[206] Ozgen E, Baron R A. Social Sources of Information in Opportunity Recognition: Effects of Mentors, Industry Networks, and Professional Forums [J]. Journal of Business Venturing, 2007, 22: 174－192.

[207] Paul S Adler, Seok－Woo Kwon. Social Capital: Prospects for a New Concept [J]. The Academy of Management Review, 2002, 27 (1): 17－40.

[208] Peck S R. Exploring the Link between Organizational Strategy and the Employment Relationship: The Role of Human Resources Policies [J]. Journal of Management Studies, 1994, 31: 715－736.

[209] Peter Moran. Structural vs. Relational Embeddedness: Social Capital

and Managerial Performance [J]. Strategic Management Journal, 2005, 26: 1129-1151.

[210] Pia Arenius, Dirk De Clercq. A Network - based Approach on Opportunity Recognition [J]. Small Business Economics, 2005, 24: 249-265.

[211] Piercy N F , Cravens D W, Lane N , Vorhies D W. Driving Organizational Citizenship Behaviors and Salesperson in-role Behavior Performance: the Role of Management Control and Perceived Organizational Support [J]. Journal of the Academy of Marketing Science, 2006, 34 (2): 242-62.

[212] Porter L W, Pearce J L, Tripoli A M , Lewis K M. Differential Perceptions of Employer' s Inducement: Implications for Psychological Contracts [J]. Journal of Organizational Behavior, 1998, 19 (1): 769-782.

[213] Porter M E. The Structure Within Industries and Companies Performance [J]. The Review of Economics and Statistics, 1979, 61 (2): 214-229.

[214] Portes A, Sensenbrenner J. Embeddedness and Immigration: Notes on the Social Determinants of Economic Action [J]. American Journal of Sociology, 1993, 98 (6): 1320-1350.

[215] Portes A. Social capital: Its Origins and Applications in Modern Sociology [J]. Annual Review of Sociology, 1998, 24: 1-24.

[216] Powell W W, Smith-Doerr L. Networks and Economic Life [J]. The Handbook of Economic Sociology, 1994.

[217] Prahalad C K, Hamel G. Competing for the Future [M]. Harvard Business Review, 1994, 72 (4): 122-128.

[218] Prahalad C K, Hamel G. Strategy As a Field of Study: Why Search for a New Paradigm? [J]. Strategic management journal, 1994, 15 (2): 5-16.

[219] Prasad Balkundi, Martin Kilduff. The Ties that Lead: A Social Network Approach to Leadership [J]. The Leadership Quarterly, 2006, 17: 419-439.

[220] Pulakos E D, Arad S, Donovan M A, Plamondon K E. Adaptability in

the Workplace: Development of A Taxonomy of Adaptive Performance [J]. Journal of Applied Psychology, 2000, 85: 612-624.

[221] Almeida R, Carneiro P. The Return to Firm Investments in Human Capital [J]. Labor Economics, 2009, 16 (1): 97-107.

[222] Raghuram S , Arvey. Business Strategy Links with Staffing and Training Practices [J]. Human Resource Planning, 1994 (17): 55-73.

[223] Rails R S, Klein K J. Trainee Cognitive Ability and Motivation: Effects on Computer Training Performance [C]. A Paper Presented at the Sixth Annual Conference of the Society of Industrial and Organizational Psychology, St Louis, 1991.

[224] Rajagopalan N, Finkelstein S. Effects of Strategic Orientation and Environmental Change on Senior Management Reward System [J]. Strategic Management Journal. 1992, 13: 127-141.

[225] Randall M L, Cropanzano R, Bormann C A, Birjulin A. Organizational Politics and Organizational Support as Predictors of Work Attitudes, Job Performance, and Organizational Citizenship Behavior [J]. Journal of Organizational Behavior, 1999, 20: 159-174.

[226] Raquel S, Ramon S. Human Resource Management and Business Strategy Links: an Empirical Study [J]. The International Journal of Human Resource Management, 1999, 10 (4): 655-671.

[227] Raymond T Sparrowe, Robert C Liden. Process and Structure in Leader-Member Exchange [J]. Academy of Management Review, 1997, 22 (2): 522-552.

[228] Raymond T Sparrowe, Robert C Liden, Maria L Kraimer. Social Networks And The Performance Of Individuals and Groups [J]. Academy of Management Journal, 2001, 44 ( 2): 316-325.

[229] Reed Nelson. The Strength of Strong Ties: Social Networks And Intergroup Conflict In Organizations [J]. Academy of Management Journal, 1989, 32 (2): 377-401.

[230] Rhoades L, Eisenberger R. Perceived Organizational Support: A Review of the Literature [J]. Journal of Applied Psychology, 2002, 87: 698-714.

[231] Richard W Johnson. The Impact of Human Capital Investment on Pension Benefits [J]. Jounal of Labor Economics, 1996, 14: 520-555.

[232] Robert Baron, Jintong Tang. Entrepreneurs' Social Skills and New Venture Performance: Mediating Mechanisms and Cultural Generality [J]. Journal of Management Online, 2008, 2.

[233] Robert E Quinn, Kim Cameron. Organizational Life Cycles and Shifting Criteria of Effectiveness: Some Preliminary Evidence [J]. Management Science, 1983, 29 (1): 33−51.

[234] Robert K Kazanjian, Robert Drazin. An Empirical Test of a Stage of Growth Progression Model [J]. Management Science, 1989, 35 (12): 1489−1503.

[235] Robert K Kazanjian. Relation of Dominant Problems to Stages of Growth in Technology − based New Ventures [J]. Academy of Management Journal, 1988, 31 (2): 257−279.

[236] Robertson I, Downs S. Leaming and the Prediction of Performance: Development of Trainability Testing in the United Kingdom [J]. Journal of Applied Psychology, 1979, 64: 42−50.

[237] Romer P M. Increasing Returns and Long − run Growth [J]. The Journal of Political Economy, 1986: 1002−1037.

[238] Rosa C. A Study of Human Resource Investment, Human Capital, and Firm Performance [Z]. Unpublished Doctoral Dissertation of National Sun Yat−sen University in Taiwan, 2006.

[239] Rotundo M, Sackett P R. The Relative Importance of Task, Citizenship, and Counterproductive Performance to Global Ratings of Job Performance: A Policy Capturing Approach [J]. Journal of Applied Psychology, 2002, 87: 66−80.

[240] Sackett P R, Larson J R. Research Strategies and Tactics in Industrial and Organizational Psychology [M]. Handbook of industrial and organizational psychology, Consulting Psychologists Press, 1990.

[241] Saint−Onge H. Tacit Knowledge: the Key to the Strategic Alignment Intellectual Capital [J]. Strategy & Leadership, 1996, 24 (2): 10 −14.

[242] Saks A. Antecedents and Consequences of Employee Engagement [J]. Journal of Managerial Psychology, 2006 (21): 600−619.

[243] Sandra E, Lisa M. Human−Capital Investments and Productivity [J].

The American Economic Review, 1996.

[244] Scarpello V, Campbell J P. Job Satisfaction: Are all the Parts there? [J]. Personnel Psychology, 1983, 36: 577—600.

[245] Schuler R S, Jackson S E. Linking Competitive Strategies with Human Resource Management [J]. Academy of Management Executive, 1987, 1 (3): 207—219.

[246] Schultz T W. Capital Formation by Education [J]. The Journal of Political Economy, 1960, 69 (6): 571—583.

[247] Schultz T W. Education and Economic Growth [J]. Social Forces Influencing American Education, Chicago, IL: University of Chicago Press, 1961.

[248] Schultz T W. Investment in Human Capital [J]. The American Economic Review, 1961, 51 (1): 2—20.

[249] Schultz S L. How Southeast—Asian Refugees in California Adapt to Unfamiliar Health Care Practices [J]. Health and Social Work, 1982, 1: 148—156.

[250] Scott A, James W. Integrated Manufacturing and Human Resource Management: A Human Capital Perspective [J]. Academy of Management Journal, 1992, 35 (3): 467—504.

[251] Sedikides C, Gregg A P. Portraits of the Self [J]. The Sage Handbook of Social Psychology: Concise Student Edition, 2007: 93.

[252] Setton R , Bennett N , Liden N. Social Exchange in Organizations : the Differential Effects of Perceived Organizational Support and Leader Member Exchanger [J] . Journal of Applied Psychology, 1996 (6) : 219 — 227.

[253] Seung Park, Yadong Luo. Guanxi and Organizational Dynamics: Organizational Networking in Chinese Firm [J]. Strategic Management Journal, 2001, 22 (5): 455—477.

[254] Shore L M, Tetrick L E. A Construct Validity Study of the Survey of Perceived Organizational Support [J]. Journal of Applied Psychology, 1991, 76: 637—643.

[255] Sitkin S B, Pablo A L. Reconceptualizing the Determinants of Risk Behavior [J]. Academy of management review, 1992: 9—38.

[256] Skaggs B C, Youndt M. Strategic Positioning, Human Capital, and Performance in Service Organizations: a Customer Interaction Approach [J]. Strategic Management Journal, 2004 (25): 85-99.

[257] Smith P. Behaviors, Results, and Organization Effectiveness: The Problem of Criteria In M. Dunnette (Ed) [M]. Handbook of industrial and organizational psychology, Chicago: Rand McNally, 1976.

[258] Snell S A, Dean J W. Integrated Manufacturing and Human Resource Management: a Human Capital Perspective [J]. Academy of Management Journal, 1992, 35: 467-504.

[259] Song J H. Diversification Strategies and the Experience of Top Executives of Large Firms [J]. Strategic Management Journal, 1982, 3: 377-380

[260] Spector P E. Measurement of Human Services Staff Satisfaction: Development of the Job Satisfaction Survey. American [J]. Journal of Community Psychology, 1985, 13: 693-713.

[261] Spencer L M, Spencer S M. Competence at Work: Models for Superior Performance [M]. New York: John Wiley & Sons, Inc, 1993.

[262] Starr J A, MacMillan I C. Resource Cooptation via Social Contracting: Resource Acquisition Strategies for New Ventures [J]. Strategic Management Journal, 1990, 11: 79-92.

[263] Steier L. Entrepreneurship and the Evolution of Angel Networks [J]. Organization Studies, 2000, 21 (1): 163-193.

[264] Sullivan P H. Value-driven Intellectual Capital: How to Convert Intangible Corporate Assets into Market Value [M]. New York: John Wiley&Sons, 2000: 45.

[265] Sveiby K E. The New Organization Wealth: Managing & Measuring Knowledge-based Assets [M]. San Francisco, CA: Berrett-Koehler Publishers, 1997.

[266] Davenport T H, Prusak L. Working Knowledge: How Organizations Manage What They Know, Cambridge [M]. Harvard Business School Press, 1998.

[267] Taggart W, Valenzi E. Assessing Rational and Intuitive Styles: A Human Information Processing Metaphor [J]. Journal of Management Studies, 1990, 27: 149.

[268] Tampoe M. Project Managers Do not Deliver Project, Teams Do Project [J]. Project Management Journal, 1989, 7 (1): 12-17.

[269] Tan H W, Batra G. Enterprise Training in Developing Countries: Incidence, Productivity Effects, and Policy [R]. Private Sector Development Department Occasional Paper, World Bank : 1995.

[270] Tan J J, Litschert R J. Environment-strategy Relationship and Its Performance Implications: an Empirical Study of the Chinese Electronics Industry [J]. Strategic Management Journal, 1994, 15 (1): 1-20.

[271] Tannenbaum S, Mathieu J, Salas E, Cannon-Bowers J. Meeting Trainees Expectations: The Influence of Training Fulfillment on the Development of Commitment, Self-efficacy, and Motivation [J]. Journal of Applied Psychology, 1991, 76: 759-769.

[272] Tett R P, Jackson D N, Rothstein M, et al. Meta-Analysis of Bi-directional Relations in Personality-Job Performance Research [J]. Human Performance, 1999.

[273] Thomas O. Davenport. Human Capital: What It is and Why People Invest It [M]. Jossey-Bass Inc Pub, 1999.

[274] Toby E Stuart, Olav Sorenson. Social Networks and Entrepreneurship [J]. International Handbook Series on Entrepreneurship, 2005, 2: 233-252.

[275] Tomer J. The Human Firm: A Socio-economic Analysis of Its Behavior and Potential in a New Economic Age [M]. Psychology Press, 1999.

[276] Tone A O stgaard, Sue Birley. New Venture and Personal Growth Networks [J]. Journal of Business Research, 1996, 36: 37-50.

[277] Tremblay M , Roger A. Individual, Familial and Organizational Determinants of Career Plateau: an Empirical Study of the Determinants of Objective and Subjective Career Plateau in a Population of Canadian Managers [J]. Group & Organization Management, 1993, 18 (4): 411- 425.

[278] Tremblay M, Roger A. Career Plateauing Reactions: the Moderating Role of Job Scope, Role Ambiguity and Participation among Canadian

Managers [J]. International Journal of Human Resource Management, 2004, 15 (6) : 996-1017.

[279] Tsui A S, Pearce J L, Porter L W , Tripoli A M. Alternative Approaches to the Employee-organization Relationship: Does Investment in Employees pay off? [J]. Academy of Management Journal, 1997, 40: 1089-1121.

[280] Uzawa H. Optimum Technical Change in An Aggregative Model of Economic Growth [J]. International Economic Review, 1965, 6 (1): 18-31.

[281] Uzzi B. Social Structure and Competition in Interfirmnetworks: The Paradox of Embeddedness [J]. Administrative Science Quarterly, 1997, 42: 35-67.

[282] Uzzi B. The Sources and Consequences of Embeddedness for the Economic Performance of Organizations: The Network Effect [J]. American Sociological Review, 1996, 61: 674-698.

[283] Valenzi E G. Dessler. Relationships of Leader Behavior, Subordinate Role Ambiguity and Subordinate Job Satisfaction [J]. Academy of Management Journal, 1978, 21: 671-78.

[284] VanSaane N, Sluiter J K, Verbeek J H A M , Frings-Dresen M H W. Reliability and Validity of Instruments Measuring Job Satisfaction - a Systematic Review [J]. Occupational Medicine, 2003, 53: 91-200.

[285] VanScotter J R, Motowidlo S J. Interpersonal Facilitation and Job Dedication as Separate Facets of Contextual Performance [J]. Journal of Applied Psychology, 1996, 81: 525-531.

[286] Veiga J F. Plateaued versus Nonplateaued Managers: Career Patterns, Attitudes and Path Potential [J]. Academy of Management Journal, 1981, 24: 566 - 578.

[287] Venkatraman N. Strategic Orientation of Business Enterprises: the Construct, Dimensionality, and Measurement [J]. Management Science, 1989, 35 (8): 942-961.

[288] Vroom V H. Work and Motivation [M], New York: Wiley, 1964.

[289] Vroom V H. Some Personality Determinants of the Effects of Participation [J], Prentice-Hall, Englewood Cliffs, NJ, 1960.

[290] Walker D C. Exploring the Human Capital Contribution to Productivity,

Profitability and the Market Evaluation of the Firm [D]. Unpublished doctoral dissertation of Webster University in St. Louis, USA, 2001: 20-35.

[291] Walsh K, Cathy AEnz, Linda Canina. The Impact of Strategic Orientation on Intellectual Capital Investments in Customer Service Firms [J]. Journal of Service Research. 2008, 10 (4): 300-317.

[292] Wanous J P, Reichers A E, Hudy M J. Overall Job Satisfaction: How Good are Single-item Measures? [J]. Journal of Applied Psychology, 1997.

[293] Wayne S J, Shore L M , Liden R C. Perceived Organizational Support and Leader-member Exchange: A Social Exchange Perspective [J]. Academy of Management Journal, 1997 (40): 82-111.

[294] Weick K E. Sensemaking in Organizations [M]. Thousand Oaks, CA: Sage, 1995.

[295] Wei-Ping Wu, W L Choi. Transaction Cost, Social Capital and Firms' Synergy Creation in Chinese Business Networks: An Integrative Approach [J]. Asia Pacific Journal of Management, 2004, 21: 325-343.

[296] Weiss H M. Special Issue on Emotional Experiences at Work [J]. Motivation and Emotion, 2002, 26 (1).

[297] Weiss D J, Dawis R V, England G W, Lofquist L H. Manual for the Minnesota Satisfaction Questionnaire [M]. Industrial Relations Center, University of Minnesota, 1967.

[298] Wetzel W E. The Informal Venture Capital Market: Aspects of Scale and Market Efficiency [J]. Journal of Business Venturing, 1987, 2: 299-313.

[299] White E. To Keep Employees, Domino' s Decides It' s not all About Pay [J]. Wall Street Journal, February 17: A1.

[300] Witt L A. Exchange Ideology as a Moderator of the Relationships between Importance of Participation in Decision Making and Job Attitudes [J]. Human Relations, 1992, 45 (1): 73-85.

[301] Wouter Stam, Tom Elfring. Entrepreneurial Orientation And New Venture Performance: The Moderating Role Of Intra- And Extra-

industry Social Capital [J]. Academy of Management Journal, 2008, 51 ( 1): 97-111.

[302] Wright P M, Boswell W R. Desegregating HRM: A Review and Synthesis of Micro and Macro Human Resource Management Research [J]. Journal of Management, 2002, 28 (3): 247-276.

[303] Wright P, Kroll M, Pray B, Lado A. Strategic Orientations, Competitive Advantage, and Business performance [J]. Journal Business Research, 1995 (33): 143-151.

[304] Yadong Luo. Industry Dynamic and Managerial Networking in an Emerging Market: The Case of China [J]. Strategic Management Journal, 2003, 24 (13): 1325-1327.

[305] Youndt M A, Snell S A, Dean J, Lepak D. Human Resource Management, Manufacturing Strategy, and Firm Performance [J]. Academy of Management Journal, 1996, 39 (4): 836-866.

[306] Youndt M A, et al. Human Resource Management, Manufacturing Strategy, and Firm Performance [J]. Academy of management Journal, 1996: 836-866.

[307] Zhou K Z, Li C B. How does Strategic Orientation Matter in Chinese Firms? [J]. Asia Pacific Journal of Management, 2007, 24 (4): 447-466.

**中文文献：**

[1] 安应民，胡树红. 论企业人力资本投资结构问题 [J]. 兰州大学学报（社会科学版），2003（5）.

[2] 彼得·德鲁克著，王永庆译. 管理使命、责任、事务 [M]. 机械工业出版社，2006.

[3] 边燕杰，刘翠霞，林聚任. 中国城市中的关系资本与饮食社交：理论模型与经验分析 [J]. 开放时代，2004（2）.

[4] 边燕杰，丘海雄. 企业的社会资本及其功效 [J]. 中国社会科学，2000（2）.

[5] 蔡永红，林崇德. 绩效评估研究的现状及其反思 [J]. 北京师范大学学报（社会科学版），2001（4）.

[6] 曾楠，高山行，崔宁宁. 企业内部资源、能力与外部网络对绩效的交互效应研究 [J]. 技术与创新管理，2011（3）.

[7] 陈楚. 人力资源投资、人力资本与组织绩效之研究. 台湾国立中山大学博士学位论文，2006.

[8] 陈佳贵. 关于企业生命周期与企业蜕变的探讨 [J]. 中国工业经济，1995 ( 11).

[9] 陈剑. 西方职业高原现象研究进展 [J]. 北京工业大学学报（社会科学版），2006 (3).

[10] 陈钦约. 基于社会网络的企业家创业能力和创业绩效研究 [D]. 南开大学，2010.

[11] 陈荣耀. 经济现代发展的“人本”效应 [J]. 学术月刊，1995.

[12] 陈淑妮. 我国人力资本投资现状分析及对策建议 [J]. 宁夏大学学报（人文社会科学版），2007 (9).

[13] 陈维政，刘苹，胡豪. 人力资本与公司治理. 大连理工大学出版社，2009.

[14] 陈维政，余凯成，程文文. 人力资源管理与开发高级教程. 高等教育出版社，2004.

[15] 陈伟荣. 电力企业员工培训效果的影响因素及其提升途径研究 [D]. 浙江大学硕士学位论文，2007.

[16] 程承坪，刘小平. 企业家人力资本的开发，管理与企业绩效关系的模型研究 [J]. 科学管理研究，2001.

[17] 程承坪，刘小平. 人力资本概念新论 [J]. 科学学与科学技术管理，2001.

[18] 单伟，张庆普，刘臣. 企业内部隐性知识流转网络探析 [J]. 科学学研究，2009 (2).

[19] 丁栋虹，刘志彪. 从人力资本到异质型人力资本 [J]. 生产力研究，1999 ( 3).

[20] 樊景立，郑伯埙. 华人自评式绩效考核中的自谦偏差：题意、谦虚价值及自尊之影响 [J]. 中华心理学刊，1997 (39).

[21] 方振邦. 绩效管理 [M]. 中国人民大学出版社，2003.

[22] 方竹兰. 论人力资本及其制度分析价值——与魏杰教授商榷. 学术月刊，2002 (10).

[23] 冯立波. 企业内部社会资本与跨部门知识搜寻研究 [D]. 东北财经大学，2010.

[24] 付宏，苏晓燕. 企业家社会网络与中小企业成长——结合华中地区的实

证分析 [J]. 湖北经济学院学报，2005 (1).
[25] 高闯，邵剑兵. 高科技企业的资本构成及其治理结构母 [J]. 经济管理，2001 (24).
[26] 郭玉林. 隐性人力资本的价值度量 [J]. 中国工业经济，2002 (7).
[27] 韩翼，廖建桥，龙立荣. 雇员工作绩效结构模型构建与实证研究 [J]. 管理科学学报，2007 (10).
[28] 韩志翔，陈怡静. 人力资本的概念与衡量 [M]. 华泰文化事业股份有限公司，2006.
[29] 何承金. 人力资本管理. 四川大学出版社，2000.
[30] 贺远琼，田志龙，陈昀. 环境不确定性、企业高层管理者社会资本与企业绩效关系的实证研究 [J]. 管理学报，2008 (5).
[31] 侯杰泰，温兆麟，成子娟. 结构方程模型及其应用 [M]. 教育科学出版，2005.
[32] 胡美琴，李元旭，骆守俭. 企业生命周期与企业家管理周期匹配下的动态竞争力模型 [J]. 当代财经，2006 (1).
[33] 黄建军，丁志铭，凡清. 论我国人力资本的新内涵及其产权性质 [J]. 经济问题探索，1998 (10).
[34] 黄亮. 社会网络对企业家战略执行能力影响的实证分析——来自中小民营企业的证据 [J]. 商业经济与管理，2011 (4).
[35] 黄孟复. 中国民营经济发展报告 No. 5 (2007-2008) [M]. 社会科学文献出版社，2008.
[36] 加里·S·贝克尔著，梁小民译. 人力资本——特别是关于教育的理论与经验分析 [M]. 北京大学出版社，1987.
[37] 蒋太才. 人力资本投资构成分析 [J]. 改革与战略，2005 (9).
[38] 蒋天颖，王俊江. 智力资本、组织学习与企业创新绩效的关系分析 [J]. 科研管理，2009，30 (4).
[39] 寇冬泉. 教师职业生涯高原的结构、特点及其与工作效果的关系 [D]. 西南大学博士学位论文，2007.
[40] 张黎明，胡豪. 浅谈中国企业的战略导向选择 [J]. 决策咨询通讯，2006.
[41] 李宝元. 战略性激励——现代企业人力资源管理精要 [M]. 经济科学出版社，2002.
[42] 李彬. 企业人力资本投资理论——国有企业存在的问题及其对策 [D].

厦门大学硕士学位论文，2000.
[43] 李桂兰，胡建平. 企业人力资本投资博弈分析 [J]. 财经理论与实践，2007 (1).
[44] 李华. 企业管理人员职业高原与工作满意度、组织承诺及离职倾向关系研究 [D]. 重庆大学博士学位论文，2006.
[45] 李建民. 人力资本通论. 三联书店上海分店，1999.
[46] 李建民. 人力资本与经济持续增长. 南开经济研究 [J]. 1999 (4).
[47] 李业. 企业生命周期的修正模型及思考 [J]. 南方经济，2000 (2).
[48] 李永峰，张明慧. 论企业生命周期 [J]. 太原理工大学学报（社会科学版），2004 (3).
[49] 李原，孙健敏. 雇用关系中的心理契约：从组织与员工双重视角下考察契约中"组织责任"的感知差异 [J]. 管理世界，2006 (11).
[50] 李忠民. 人力资本：一个理论框架及其对中国一些问题的解释 [M]. 经济科学出版社. 1999.
[51] 刘凤瑜，张金成. 员工工作满意度调查问卷的有效性及民营企业员工工作满意度影响因素研究 [J]. 南开管理评论，2004 (3).
[52] 刘贵生，余传贵. 于按人力资本分配问题的探讨 [J]. 财经理论与实践，2001，22 (6).
[53] 刘家国. 业人力资本投资风险与防范 [J]. 高科技产业，2003 (3).
[54] 刘苹，蔡鹏，蒋斌. 企业家社会网络对企业绩效的影响机制 [J]. 财经科学，2010 (9).
[55] 刘苹，陈维政，佳华. 人力资本的权变激励模式研究 [J]. 当代财经，2003 (5).
[56] 刘苹，陈维政. 基于相对能力分析的企业人力资本投资策略研究 [J]. 四川大学学报（哲学社会科学版），2008 (1).
[57] 刘小平. 组织承诺综合形成模型的验证研究 [J]. 科研管理，2005 (1).
[58] 刘仲文，王志忠. 人力资源会计（第1卷）. 首都经济贸易大学出版社，1997.
[59] 龙立荣，方俐洛，凌文辁. 组织职业生涯管理及效果的实证研究 [J]. 管理科学学报，2002 (4).
[60] 卢毅，彭燕. 基于企业生命周期理论的企业家素质 SVM 评价方法 [J]. 科学学与科学技术管理，2006 (4).
[61] 罗正学，朱霞，陈静，等. 任务绩效、关系绩效与工作绩效的关系研究

[J]. 中国行为医学科学，2006 (15).
[62] 马克思. 资本论 [M]. 人民出版社，2004.
[63] 马庆国. 管理统计——数据获取、统计原理、SPSS 工具与应用研究 [M]. 科学出版社. 2002.
[64] 瞿燕舞，华志忠，马剑虹. 战略导向的概念、先行因素及其绩效影响机制研究综述 [J]. 管理学报，2009 (3).
[65] 沈峥嵘，王二平. 关系绩效研究 [J]. 心理科学进展，2004 (6).
[66] 宋利，古继宝，杨力. 人力资源实践对员工组织支持感和组织承诺的影响实证研究 [J]. 科技管理研究，2006 (7).
[67] 孙宸. 论人力资本的保值增值 [J]. 青岛科技大学学报（社会科学版），2004 (2).
[68] 孙建强，许秀梅，高洁. 企业生命周期的界定及其阶段分析 [J]. 商业研究，2003 (18).
[69] 孙健敏，焦长泉. 对管理者工作绩效结构的探索性研究 [J]. 人类工效学，2002 (3).
[70] 孙健敏，张明睿. 所有制对高绩效工作系统与员工满意度关系的调节作用 [J]. 经济理论与经济管理，2009 (10).
[71] 孙静优. 组织公民行为与企业内部社会资本关系的实证研究——以北京 IT 行业为例 [D]. 东北财经大学，2010.
[72] 孙旭. 人力资本投资、人力资本存量与人力资本投入比较 [J]. 统计与决策，2007 (5).
[73] 覃成菊. 企业员工绩效影响因素：一个新的研究框架 [J]. 河南大学学报（社会科学版），2007 (9).
[74] 谭小宏，秦启文，潘孝富. 企业员工组织支持感与工作满意度、离职意向的关系研究 [J]. 心理科学，2007 (2).
[75] 王爱华. 人力资本投资风险. 经济管理出版社，2005.
[76] 王浩. 论人力资本投资及其激励性体制 [J]. 南京农业大学学报（社会科学版），2003 (4).
[77] 王辉，李晓轩，罗胜强. 任务绩效与情境绩效二因素绩效模型的验证 [J]. 中国管理科学杂志，2003 (4).
[78] 王鹏，时堪. 培训需求评价的研究概况 [J]. 心理学动态，1998 (4).
[79] 王秀丽，张昭俊 . 企业人力资本价值链模型的构建探讨. 中国人力资源开发，2009 (12).

[80] 王毅敏，封铁英，段兴民. 人力资本投资，一个经济学悖论? [J]. 科学学与科学技术管理，2003 (4).
[81] 王毅敏等. 人力资本范畴分析及现实思考 [J]. 中国人力资源开发，2003 (3).
[82] 韦雪艳，刘 辉. 社会网络理论对解决民营企业家资源获取问题的价值揭示 [J]. 西安电子科技大学学报 (社会科学版)，2009 (1).
[83] 魏光兴. 企业生命周期理论综述及简评 [J]. 生产力研究，2005 (6).
[84] 魏杰. 产权制度的设置必须注重人力资本 [J]. 经济纵横，2000 (2).
[85] 温忠麟，侯杰泰，张雷. 调节效应与中介效应的比较和应用 [J]. 心理学报，2005 (2).
[86] 翁杰. 企业的人力资本投资和员工流动 [J]. 中国人口科学，2005 (6).
[87] 吴继红，陈维政，刘云. 双向视角的员工 - 组织关系 I - P/C 模型研究 [J]. 科研管理，2009 (6).
[88] 吴利华. 银行员工工作满意度影响因素研究 [J]. 山西经济管理干部学院学报，2009 (3).
[89] 西奥多·舒尔茨著，吴珠华等译. 论人力资本投资 [M]. 北京经济学院出版社，1990.
[90] 西奥多·舒尔茨. 教育的经济价值 [M]. 吉林人民出版社，1982.
[91] 夏光. 企业人力资本投资价值拓展研究 [J]. 社会科学战线，2005 (5).
[92] 谢宝国，龙立荣. 职业生涯高原对员工工作满意度、组织承诺、离职意向的影响 [J]. 心理学报，2008 (8).
[93] 谢赓华. 社会资本对创业机会识别行为的影响研究 [D]. 中南大学，2010.
[94] 谢京生. 劳动价值论的深化和分配制度创新 [J]. 经济科学，2001 (5).
[95] 徐崇延. 人力资本保值增值新论 [J]. 财会通讯综合版，2002 (5).
[96] 徐光华，陈万明，王怀明. 基于人力资本与投入资本博弈的企业剩余价值分配模式研究 [J]. 管理世界，2006 (6).
[97] 徐光中. 工厂工人的工作满足及其相关因子之探讨 [J]. 中央研究院民族学研究所集刊，1977 (43).
[98] 徐婧. 企业家社会资本对孵化企业绩效的影响研究 [D]. 中南大学，2010.
[99] 徐鸣. 论人力资本的要素结构及其特性 [J]. 江西财经大学学报，2010 (6).

[100] 徐笑君. 个体智力资本增长 [R]. 浙江大学创新与发展研究中心（内部研究报告），2000.

[101] 薛薇. SPSS统计分析方法及应用 [M]. 电子工业出版社，2004.

[102] 亚当·斯密：《国民财富的性质和原因的研究（上卷）》. 商务印书馆，1997.

[103] 严善平. 人力资本，制度与工资差别——对大城市二元劳动力市场的实证分析. 管理世界，2007（6）.

[104] 杨杰，方俐洛，凌文栓. 绩效评价的若干问题 [J]. 应用心理学，2000（2）.

[105] 杨洁，黄寰. 民营企业家的社会网络 [J]. 社会科学家，2005（5）.

[106] 杨明健. 企业人力资本健康投资初探. 湖北经济学院学报（人文社会科学版），2007（6）.

[107] 杨新华. 对我国劳动力比较优势的理性思考 [J]. 北方经济，2008（1）.

[108] 杨忠，张骁，陈扬，廖文彦. "天生全球化"企业持续成长驱动力研究——企业生命周期不同阶段差异性跨案例分析 [J]. 管理世界，2007（6）.

[109] 姚树荣，张耀奇. 人力资本涵义与特征论析 [J]. 上海经济研究，2001（2）.

[110] 姚先国，翁杰. 企业对员工的人力资本投资研究 [J]. 中国工业经济，2005（2）.

[111] 余浩. 企业战略导向与技术创新绩效的实证研究 [J]. 科学学与科学技术管理，2010（9）.

[112] 俞钮凡. 企业人力资本投资及其ROI绩效评估 [D]. 武汉大学硕士学位论文，2004.

[113] 俞文钊. 合资企业的跨文化管理 [M]. 人民教育出版社，1996.

[114] 原文珍，邹平，康凯. 再论员工工作满意度及其管理 [J]. 技术经济与管理研究，2009（2）.

[115] 约翰，新帕尔格雷夫. 经济学大辞典（中译本）[M]. 经济科学出版社，1992.

[116] 张方华. 知识型企业的社会资木与技术创新绩效的关系研究 [D]. 浙江大学，2004.

[117] 张焕勇，杨增雄，张文贤，鲁德银. 企业家能力与企业生命周期的适配

性分析［J］. 华东经济管理，2008（12）.
［118］张维迎. 企业的企业家：契约理论［M］. 上海：三联书店上海分店，1995.
［119］张文贤. 人力资源会计制度设计［M］. 上海：立信会计出版社，1999.
［120］张运婷. 战略导向、人力资本投资和人力资本关系的实证研究［D］. 四川大学硕士毕业论文，2011.
［121］赵曙明，陈天渔. 经济增长方式转型与人力资本投资［J］. 江苏社会科学，1998（1）.
［122］仲理峰，时勘. 胜任特征研究的新进展［J］. 南开管理评论，2003（2）.
［123］周其仁. 市场里的企业：一个人力资本与非人力资本的特别合约［J］. 经济研究，1996（7）.
［124］周天勇. 劳动与经济增长［M］. 上海三联书店，1994.
［125］朱登兴. 企业人力资本投资策略分析［J］. 企业活力，2005（3）.
［126］朱舟. 人力资本投资的成本收益分析（第一版）［M］. 上海财经大学出版社，1999.